Frank Pilz
Der Steuerungs- und Wohlfahrtsstaat Deutschland

Frank Pilz

Der Steuerungs- und Wohlfahrtsstaat Deutschland

Politikgestaltung versus Fiskalisierung und Ökonomisierung

Springer Fachmedien Wiesbaden GmbH 1988

ISBN 978-3-8100-2004-8 ISBN 978-3-663-09634-4 (eBook)
DOI 10.1007/978-3-663-09634-4

Ursprünglich erschienen bei Leske+Buderich , Opladen 1998

Inhaltsverzeichnis

Einleitung

1. Fragestellungen

Ausgangspunkt des analytischen Interesses an Fragen des Steuerungs- und Wohlfahrtsstaats Bundesrepublik Deutschland sind die Erklärungsgründe und die politikfeldspezifischen Auswirkungen staatlichen Handelns auf die Ende der 70er/Anfang der 80er Jahre feststellbaren Verschiebungen in allen Bereichen der Staatlichkeit. Im Kern richtet sich das Untersuchungsinteresse auf die Beantwortung der Frage, welchen Einfluß der Paradigmenwechsel vom Konzept des aktivistischen Interventionismus bzw. des Keynesianischen Wohlfahrtsstaats zu neoliberalen, neokonservativen und angebotsorientierten Theorieansätzen sowie die Einwirkung des Konzepts politischer Netzwerke auf Fiskalisierungs- und Ökonomisierungstendenzen in ausgewählten Politikfeldern haben.

Wird *Fiskalisierung* allgemein als Aktionsmuster und Strategie des Fiskus (primär des Bundes) begriffen, die Politik der Mittelaufbringung und -verwendung zuvörderst an fiskalischen Zwecken der Sicherung solider Staatsfinanzen zu orientieren, rückt im Kontext der hier gewählten Thematik die Frage in den Vordergrund, welche theoretischen Konzepte mit welchen Wert- und Zielvorstellungen und welche Policy-Maßnahmen zur (offensichtlichen) Verstärkung von Fiskalisierungstendenzen beitragen.

Ökonomisierung als politische Entwicklung, Strategie und Aktionsmuster kann allgemein als umfassende Ausrichtung aller individuellen, gesellschaftlichen, wirtschaftlichen, politischen und kulturellen Verhaltensweisen und Handlungen auf ökonomische Kalküle verstanden werden. Die politikwissenschaftlich relevante Frage konzentriert sich darauf, welchen Beitrag die staatliche Politik zur Verstärkung oder zur Abschwächung von – ohnehin vorhandenen – Ökonomisierungstendenzen leistet. Da die Ökonomisierung nicht in allen Feldern der Wohlfahrtspolitik verallgemeinerungsfähig ist, stellt sich die Frage, welche Wertorientierungen, Interaktionssysteme und Policy-Maßnahmen in den einzelnen Politikfeldern welche Ökonomisierungsfolgen haben. Welche Auswirkungen auf Intensität und Reichweite der Ökonomisierung haben in den hier ausgewählten Politikfeldern Finanz- und Sozialpolitik sowie Umweltpolitik beispielsweise Einflußvariablen wie das auf wenige Akteure begrenzte Steuerungsgewicht des Bundes und die „Definitionsmacht" des Sachverständigenrats zur Begutachtung der gesamtwirtschaftlichen Entwicklung in der Finanz- und Sozialpolitik, und auf welche

Weise und in welchem Ausmaß bestimmen die in der Umweltpolitik vorherrschenden multiinstitutionellen Netzwerk-Systeme die Ökonomisierung dieses Wohlfahrtssektors?

Zwar werden als Ursachen für die Umorientierung der Staatlichkeit auf fiskalische Erfordernisse der „Staatsentlastung“ einerseits und Bedürfnisse des privaten Sektors bzw. einzelwirtschaftliche Gesichtspunkte andererseits die Heterogenisierung von sozialen Schichten, kollektiven Akteuren, Lebensstilen u.a., Veränderungen der Parteienstrukturen, Glaubwürdigkeitsverluste des reformistischen Etatismus, die Delegation zentraler Regierungsfunktionen auf regionale und EU-Ebene usw. angeführt. Den Verfasser interessieren jedoch vorrangig die politikfeldspezifischen Steuerungseinflüsse angebotspolitischer Ansätze auf die in den 80er und 90er Jahren verfolgte Finanz- und Sozialpolitik des Bundes und die Erklärungsmuster von Politiknetzwerken in der Umweltpolitik.

Da aber zum einen die Angebotspolitik als beherrschendes Paradigma auf die Schrumpfung staatlicher Zuständigkeiten und Aufgaben-/Ausgabenverantwortungen angelegt ist, zum anderen angesichts des wachsenden gesellschaftlichen Problembewältigungsdrucks der staatliche Finanz- und politische Steuerungsbedarf zugenommen hat, stellt sich die Frage nach dem politischen Gestaltungsspielraum des modernen steuernden Staates. Welche Leistungsfähigkeit und welche Defizite werden in steuerungsorientierten Sichtweisen mit der Politiksteuerung „von oben“ und „von unten“ verbunden? Ist heute im bundesstaatlichen System oder in Mehrebenenstrukturen hierarchische Steuerung überhaupt noch „machbar“? Sind dezentrale Politikentwicklungen die geeignete Antwort auf die Pluralisierung politisch-institutioneller Entscheidungseinheiten oder bietet gar die „Vergesellschaftung“ des (Wohlfahrts-)Staats einen demokratieadäquaten Steuerungsbeitrag?

Dem Verfasser stellt sich beim Entwurf seines normativen *Ansatzes aktiver Politikgestaltung*, der von der „Dehnbarkeit“ des politischen Handlungsspielraums unter Restriktionen ausgeht, die Steuerungsfrage, wo eventuell noch nicht ausgeschöpfte politische Potentiale liegen, die der Politik – entgegen den dominierenden Fiskalisierungs- und Ökonomisierungstendenzen – wieder verstärkt Handlungskompetenz und Verantwortung zubilligen und abverlangen. Dabei gilt besonderes analytisches Interesse der Fragestellung, ob und inwieweit das (steuer-)gesetzgeberische Mobilisierungspotential und das förderinstrumentelle Handlungspotential in der Finanzpolitik sowie kooperative Politikmodi in der Umweltpolitik als Ansatzpunkte für eine stärkere Politikgestaltung tauglich sind.

Im Kontext der Definitionen und Interpretationen des Steuerungs- und Wohlfahrtsstaates gilt im Hinblick auf Fiskalisierungs- und Ökonomisierungstendenzen in den 80er und 90er Jahren der Frage die Aufmerksamkeit, welche Aufgabenerfüllungen, Ziele und Instrumente dem Wohlfahrtsstaat zugewiesen werden und damit zur Abschwächung oder Verstärkung der vorherrschenden Strategien in der Finanz-, Sozial- und Umweltpolitik beitragen (konnten). Vor dem Hintergrund des kritischen Diskurses über die delegitimierenden und systemstabilisierenden Auswirkungen der wohlfahrtsstaatlichen Politik interessiert schließlich die Frage, wie in maßgeblichen Interpretationen expansive und systemgefährdende Tendenzen des Wohlfahrtsstaats begründet werden.

Im Mittelpunkt der Untersuchung steht die politikfeldbezogene Frage, ob und inwieweit der deutsche Ansatz der Angebotspolitik zur Erklärung von Fiskalisierungs- und Ökonomisierungstendenzen in der Finanz- und Sozialpolitik und das Konzept politischer Netzwerke zur Erklärung der Ökonomisierung der Politik im Wohlfahrtssektor Umwelt geeignet sind.

Welche Hauptdeterminanten und Policy-Maßnahmen in den ausgewählten Politikfeldern und welche instrumentenspezifische politische Gestaltungsmöglichkeiten welche Fiskalisierungs- und Ökonomisierungsfolgen haben können, soll das folgende vereinfachte Schaubild verdeutlichen:

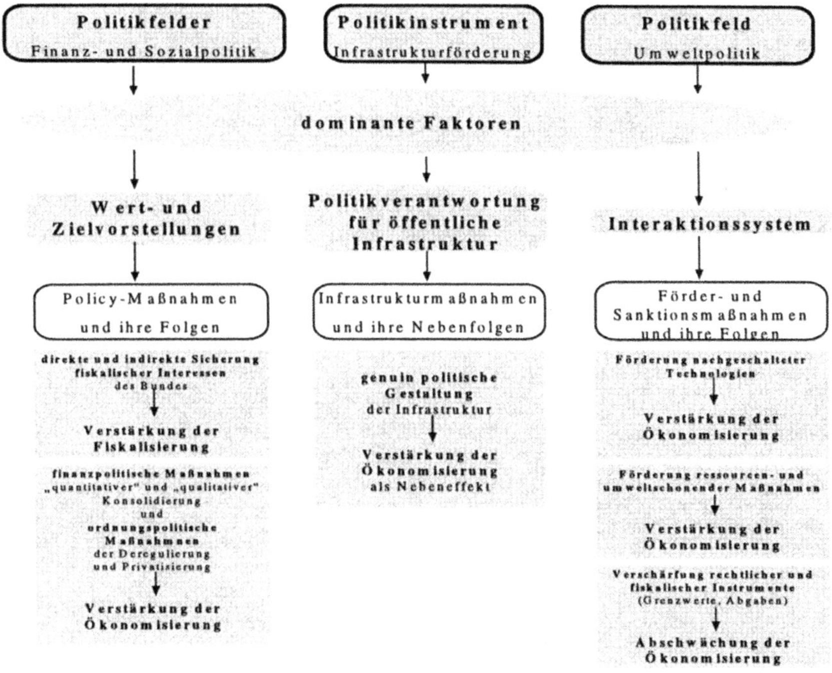

Bei der differenzierteren Beantwortung der Frage nach dem Steuerungseinfluß der *Angebotspolitik* wird von der Hypothese ausgegangen, daß finanz- und sozialpolitische Variablen wie

- Maßnahmen der „quantitativen" Konsolidierung mit ihren Schwerpunkten sozialer Ausgabensenkungen der öffentlichen Haushalte und Privatisierungsvorhaben,

- Maßnahmen der Deregulierung im Fall des Verzichts auf staatliche Vorschriften, Auflagen usw. und
- vom Bund veranlaßte soziale Leistungskürzungen, -streckungen, -begrenzungen und Leistungsausgrenzungen sowie die Verschärfung der Anspruchsvoraussetzungen für den Leistungsbezug bei den Parafiski

Fiskalisierungstendenzen verstärken.

Eine weitere Hypothese ist, daß *angebotspolitisch* angeleitete Variablen wie

- finanzpolitische Maßnahmen der „qualitativen" Konsolidierung zugunsten der Umschichtung von Sozial- zu Investitionsausgaben und der Umstrukturierung des Steuersystems von der direkten zur indirekten Besteuerung zu Zwecken einzelwirtschaftlicher Rentabilitätssteigerung und Kostenentlastung,
- ordnungspolitische Maßnahmen der (materiellen) aufgabenorientierten Privatisierung und der Deregulierung im Sinne der Vereinfachung und Beschleunigung von Verfahren zur Wettbewerbsstärkung und Kostenentlastung,
- die Rolle des Staats als Auftraggeber „wirtschaftsnaher" Infrastruktur zur Absatzsteigerung und Ertragsverbesserung beitragen

und damit die Verstärkung von *Ökonomisierungstendenzen* in der Politik erklären können.

Bei der Politik der Mittelverwendung kann allerdings von der Hypothese ausgegangen werden, daß nicht alle Policy-Maßnahmen ursächlich auf die Verbesserung einzelwirtschaftlicher Interessen und Zielsetzungen ausgerichtet sind: Die Politik verfügt vermutlich instrumentenspezifisch über eine genuin *politische Gestaltungsfähigkeit*, wenn sie wie beispielsweise in der Politik öffentlicher *Infrastrukturförderung* in eigener Regie nach politisch definierten Auswahlkriterien Entscheidungen trifft. Die politische Ausgestaltung von Infrastrukturmaßnahmen käme dann als – beabsichtigter oder unbeabsichtigter – Nebeneffekt einzelwirtschaftlichen Kalkülen zugute.

Schließlich bietet sich das analytische *Konzept des Politiknetzwerks* zur Formulierung der Hypothese an, daß in der Umweltpolitik Einflußvariablen wie

- die Strukturen der Interaktion (konfligierend, kooperativ, vertikale oder horizontale Koordination),
- Wertorientierungen (Leitbilder, Interventionsverständnis, Deutungsmuster),
- das Instrumentarium,
- der Grad der Formalisierung/Institutionalisierung politischer Netzwerke und
- das Ausmaß der Geschlossenheit oder Offenheit von Entscheidungsverfahren

die Beförderung oder Abschwächung von *Ökonomisierungstendenzen* erklären können.

Wird die Fragestellung verfeinert, dann ist für den Verfasser auch die Frage von besonderem Interesse, welche Akteure bzw. Akteurkonstellationen, welche Wertorientierungen, Zielvorstellungen, die Anwendung welcher Instrumente usw. in welchen Politikfeldern die Konfliktbewältigung und Konsensfindung und die Inhalte von Policy-Maßnahmen entscheidend prägen. Inwieweit haben unterschiedliche institutionelle Arrangements in den Politikfeldern der Finanz- und Sozialpolitik auf der einen Seite und in der Umweltpolitik auf der anderen Seite unterschiedliche Auswirkung auf das politische Gewicht der Fiskalisierung und Ökonomisierung der Politik? Haben in Politikfeldern wie denen der Finanz- und Sozialpolitik mit wenigen maßgeblichen Steuerungsakteuren wie dem Bund und dem – eine „Schlüsselrolle zufallenden" – Sachverständigenrat zur Begutachtung der gesamtwirtschaftlichen Entwicklung (SVR) Fiskalisierungs- und Ökonomisierungsstrategien eine „andere" Relevanz als die Ökonomisierungstendenzen im „Wohlfahrtssektor" der Umwelt als einem typischen politischen Netzwerk? Befördert in der Umweltpolitik die Vielzahl von staatlichen, wissenschaftlich-technischen, (industrie-)verbandlichen und administrativen Akteuren Ökonomisierungstendenzen oder kann sie zur Abschwächung der Ökonomisierung oder gar zur Stärkung der Politikgestaltung beitragen?

Schließlich wird im Resümee die Frage zu beantworten sein, ob die in der Kritik vertretenen Thesen gestützt werden können, daß eine („notwendig") verfolgte restriktive Leistungs- und Deregulierungspolitik dem Wohlfahrtsstaat seine Legitimation entzieht und seine Basis untergräbt. Verfügt nicht der deutsche Wohlfahrtsstaat über ökonomische und gesellschaftliche sowie politisch-institutionelle Faktoren, die sowohl einer (restriktiven) Finanz-, Sozial- und Umweltpolitik als auch dem wohlfahrtsstaatlichen System insgesamt eine außergewöhnliche Stabilität verleihen?

Letztlich stellt sich dem Verfasser die politikwissenschaftlich reizvolle Frage, welche („pragmatischen") Alternativen sich zu einer nicht vorrangig an fiskalischen und einzelwirtschaftlichen Kalkülen ausgerichteten Politik für eine genuin politische Gestaltung der Finanz-, Sozial- und Umweltpolitik unter international und national verstärkt restriktiven Handlungsbedingungen anbieten.

2. Gegenstand, Gang und Methode der Untersuchung

Das Interesse der Untersuchung richtet sich auf die Finanz- und Sozialpolitik sowie die Umweltpolitik, weil diese Politikfelder dem Verfasser als geeignet erscheinen, im Fall der Finanz- und Sozialpolitik (wenige) relevante Einflußvariablen der Fiskalisierung und Ökonomisierung im Politikformulierungsprozeß aufzuzeigen, und im Fall der Umweltpolitik als einem Politikfeld mit einer Vielzahl politischer Akteure die überwiegende Verstärkung, aber auch partielle Abschwächung netzwerkbestimmter Ökonomisierung sowohl auf Programmebene als auch in der Politikimplementation verdeutlichen zu können.

Die Analyse über die ausgewählten Politikfelder im Steuerungs- und Wohlfahrtsstaat der Bundesrepublik Deutschland gliedert sich in vier Kapitel. Untersuchungsgegenstände der Arbeit sind im ersten Kapitel die Bedeutung steuerungs- und wohlfahrtsbezogener Begriffe, die unterschiedlichen steuerungsorientierten Sichtweisen einschließlich der Anforderungen und Potentiale des eigenen Strategieansatzes der politischen Gestaltung sowie Erklärungen der Entstehung, inhaltlicher Wandlungen und systemgefährdender Tendenzen des Wohlfahrtsstaats.

Die Ordnung der Untersuchung mit ihren Schwerpunkten im zweiten und dritten Kapitel folgt dem „klassischen" Vier-Felder-Schema, d.h. daß nach der Kennzeichnung der theoretischen Erklärungsansätze der Angebotspolitik und der politischen Netzwerk-Konzepte im zweiten Kapitel die Politikberatungs- und policy-bezogenen Begründungen für die Relevanz der Fiskalisierung und Ökonomisierung in den entsprechenden Politikfeldern im dritten Kapitel erfolgen.

Die Analyse der – die Fiskalisierung und Ökonomisierung verstärkenden – Steuerungseinflüsse der angebotsorientierten Ansätze konzentriert sich in der Finanz- und Sozialpolitik auf die Schlüsselrolle des Sachverständigenrats und auf die Inhalte politischer Maßnahmen. In der Umweltpolitik mit ihren politischen Netzwerken sind dagegen normenspezifische und politisch-institutionelle Einflußvariablen der Ökonomisierung Hauptgegenstände der Untersuchung.

Im vierten Kapitel soll in einem Resümee aufgezeigt werden, welche legitimationsbedingten systemstabilisierenden Tendenzen eine insgesamt restriktive Finanz- und Sozialpolitik hervorbringen und welche politik- und systemsichernden Einflüsse von der praktizierten Umweltpolitik seit den 80er Jahren ausgehen. *Schließlich wird aufzuzeigen sein, welche politikgestaltenden Alternativen sich zur dominierenden Fiskalisierung und Ökonomisierung in den ausgewählten Politikfeldern anbieten.*

2.1. Rezeption angebotsorientierter Ansätze und politischer Netzwerkkonzepte zur Erklärung von Fiskalisierungs- und Ökonomisierungstendenzen

Die (schwerpunktmäßigen) Untersuchungen der Theorieansätze des zweiten Kapitels konzentrieren sich deshalb auf die angebotsorientierten Positionen des Public-Choice-Ansatzes und des darauf aufbauenden Ansatzes der konstitutionellen Budgetreform, weil sie für das Verständnis der Grundlagen der in der öffentlichen Diskussion vorherrschenden Kritik an den expansiven und letztlich sich selbst zerstörenden Tendenzen des Wohlfahrtsstaats unerläßlich sind. Die Aufmerksamkeit des Public-Choice-Ansatzes richtet sich dabei sowohl auf seinen politikwissenschaftlich interessierenden Beitrag zur Sicherung der individuellen Freiheit, zum Minderheitenschutz und zur Begrenzung der Staatstätigkeit als auch auf die Kritik an dieser angebotsorientierten Grundorientierung. Dem Ansatz der konstitutionellen Budgetreform gilt deshalb analytisches Interesse, weil er nach wohlfahrtsstaatlich relevanten Wegen sucht, über verfassungsrechtlich oder gesetzlich beschränkte staatliche Kompetenzen und gleichzeitig erschwerte Abstimmungsmodalitäten eine steuer- und ausgabenbegrenzende Politik zu fördern.

Einen Schwerpunkt der Analyse bilden Kennzeichnung und Kritik des Konzepts der Angebotspolitik mit ihren Zielsetzungen, Grundsätzen und Instrumenten sowie der beiden wesentlichen Konzeptvarianten der quantitativen und qualitativen Konsolidierung. Vor der Darstellung der einzelnen angebotspolitischen Elemente und deren Einfluß auf finanz- und sozialpolitische Maßnahmen des Bundes sind zumindest „Wahlverwandtschaften" zwischen bestimmten theoretischen Programmen und politischen Gruppierungen hervorzuheben. Im Unterschied zum „keynesianischen Konsensus" der 60er und 70er Jahre, der als politische Grundorientierung SPD und CDU gleichermaßen umfaßte, sind seit den 80er Jahren für die Mehrheit der CDU/CSU und FDP und der von diesen Parteien geführten Bundesregierung, der meisten Mitglieder der Bundesbank und der Führung der Industrieverbände die maßgeblich vom wirtschaftlichen Sachverständigenrat geprägten Elemente des angebotspolitischen Konzepts Orientierungsmaße ihres Handelns.

Der Diskussion des quantitativen und qualitativen Konsolidierungskonzepts der Angebotspolitik gilt deshalb besondere Beachtung, weil anhand der Zielrichtung der Konsolidierungspolitik des Bundes das seit anderthalb Jahrzehnten vorherrschende Politikmuster und die damit verbundenen Fiskalisierungs- und Ökonomisierungsfolgen verdeutlicht werden können: Die angebotspolitische Konsolidierungspolitik setzt primär bei sozialen Ausgabenkürzungen zur Rückführung des „strukturellen Defizits“ an, um letztlich im Interesse der Leistungs-, Wachstums- und Wettbewerbsförderung die steuerliche Belastung von der Einkommensentstehung auf die (konsumtive) Einkommensverwendung zu verlagern.

Aus der Vielzahl der vorgeschlagenen Wege zur Bewältigung der Krise des Wohlfahrtsstaats gilt schließlich der Charakterisierung und Kritik der von Scharpf entwickelten sozialdemokratischen Variante der Angebotspolitik das Interesse. Den politisch-ökonomischen Aspekten dieses sozialdemokratischen Ansatzes, der Arbeitsmarkt- und Sozialpolitik miteinander zu verknüpfen versucht und den Zwängen des internationalen Kapitalmarktes Rechnung trägt, kommt in dem Maße wachsende Bedeutung zu, wie im Rahmen des Diskurses über die „Globalisierung der Ökonomie“ behauptete Einflüsse des „Weltmarkts“ auf die Politik eine Reorganisation des Wohlfahrtsstaats unumgänglich machen.

Ein weiteres relevantes Untersuchungsobjekt des zweiten Kapitels sind die analytischen Konzepte politischer Netzwerke, um den Ökonomisierungseinfluß im Wohlfahrtssektor Umwelt erklären zu können. Hier wird im Anschluß an die Definition des Politikwissenschaftlers Wolf-Dieter Narr der weiten Fassung des Begriffs Umwelt und der darauf bezogenen Politik gefolgt, wonach die Umwelt als „sozialräumliche und sozialzeitliche Kategorie“ begriffen wird und auch die die Umwelt betreffende Politik als Denk- und Handlungsmuster interpretiert wird, die umgebungsbezogene (Haus, Wohnung, Dorf, Nachbarschaft, Arbeitsplatz usw.), psychische, zeitliche und materielle Elemente enthält. Wegen der der Umweltpolitik innewohnenden „sozialen Bezüge“ wird dieses Politikfeld in der vorliegenden Analyse als integraler Bestandteil der sozial- bzw. wohlfahrtsstaatlichen Politik aufgefaßt.

Das Untersuchungsinteresse gilt nicht nur dem Beitrag des akteursorientierten Teilsystemkonzepts zur Ökonomisierung der Umweltpolitik, sondern vor allem den „Logiken“, denen Netzwerkstrukturen und einzelne Akteure folgen, die die Verstärkung oder Abschwächung von Ökonomisierungstendenzen erklären können. Die Beschreibung der Strukturlogik, wie die Interessen und Strategien der Gesamtheit der in ein Netzwerk wie der Umweltpolitik eingebundenen Akteure zu Zwängen für die einzelnen Akteure führen, diesen zugleich aber auch sichere Orientierungsmöglichkeiten und Handlungsmuster bieten, kann Ökonomisierungsprozesse im Netzwerk erklären. Auch die Akteurlogik, die den einzelnen Akteur für Außenkontakte und für Umfeldabhängigkeiten „sensibilisiert“, legt dem Akteur nahe, sich auf begrenzte, aber kalkulierbare Handlungsoptionen, Strategien und Charakteristika von Interaktionen einzustellen. Struktur- und Akteurlogiken können demzufolge Erklärungsbeiträge dafür leisten, inwieweit Wertorientierungen, Prinzipien und Instrumente, die Formalisierung und Institutionalisierung politischer Netzwerke, die Geschlossenheit oder Offenheit von Entscheidungsverfahren usw. auf die Ökonomisierung einwirken.

2.2. *Überprüfung der Fiskalisierungs- und Ökonomisierungsrelevanz angebotsorientierter und netzwerkbezogener Konzepte*

Im dritten Kapitel wird die Relevanz der angebotspolitisch angeleiteten Fiskalisierung und Ökonomisierung der Finanz- und Sozialpolitik und der netzwerkbestimmten Ökonomisierung der Umweltpolitik untersucht. Diese politikfeldspezifische Analyse versucht die Erklärungsgründe für die Schlüsselrolle des wirtschaftlichen Sachverständigenrats bei der finanz- und sozialpolitischen Poltikformulierung zu eruieren, die nicht nur auf den gesetzlichen Auftrag der Politikberatung, sondern auf Faktoren wie der internationalen Dominanz angebotsorientierter Argumentationsmuster, der programmatischen „Nähe" zwischen Angebotstheoretikern und konservativ-liberal zusammengesetzten Regierungen, den engen und dauerhaften Beziehungen des Sachverständigenrats zu Regierungs- und wissenschaftlichen Institutionen während der Erstellung der Gutachten usw. zurückzuführen sind. Um die Fiskalisierungs- und Ökonomisierungsbeiträge des angebotspolitischen Konzepts belegen zu können, werden die Inhalte relevanter Policy-Maßnahmen zu benennen sein, die in den 80er und 90er Jahren Einfluß auf die Fiskalisierung und Ökonomisierung der Finanz- und Sozialpolitik genommen haben.

Bei der Überprüfung der von Netzwerken in der Umweltpolitik ausgehenden Ökonomisierungseinflüsse wird im Unterschied zur Finanz- und Sozialpolitik eine größere Zahl von Einflußvariablen zu berücksichtigen sein. Die Untersuchung der Bedeutung von Einflußvariablen wird also das in Netzwerken herrschende breite – für die Ökonomisierung relevante – Spektrum, das vom Interventionsverständnis über umweltpolitische Prinzipien und Instrumente, normenspezifische Faktoren bis zu unterschiedlichen Konstellationen des Akteursystems in der Politikformulierung und -umsetzung reicht, zu reflektieren haben. Die Ökonomisierungseinflüsse im Politiknetzwerk der Umwelt werden dabei am Beispiel der Luftreinhalte- und Gewässerschutzpolitik analysiert.

Am Ende jedes der auf die Relevanz von Fiskalisierung und Ökonomisierung hin untersuchten Politikfeldes wird der Versuch unternommen, die verschiedenen Formen der vorherrschenden Strategien und Aktionsmuster zu kennzeichnen und die Fiskalisierung und Ökonomisierung politikfeld- und instrumentenspezifisch zu definieren.

2.3. *Politik- und systembezogene Ergebnisse und Entwurf politikfeldspezifischer Alternativen*

Im vierten Kapitel wird im Hinblick auf systemstabilisierende Fragen ein Resümee der insgesamt restriktiven wohlfahrtsstaatlichen Politik in der Finanz- und Sozialpolitik und in der partielle emissionsbezogene Verbesserungen vorweisenden Umweltpolitik gezogen. Um die systemstabilisierenden Tendenzen trotz restriktiver wohlfahrtsstaatlicher Leistungs- und Deregulierungspolitik offenlegen zu können, soll zunächst in einer Bestandsaufnahme gezeigt werden, daß weder der Rückgang noch der Anstieg systemsensibler fiskalischer Indikatoren wie der Staats-, Sozialleistungs-, Abgaben- oder Schuldenquote die Fortsetzung der Konsolidierungspolitik bzw. das wohlfahrtsstaatliche System insgesamt gefährden konnten. Darüber hinaus wird die Untersuchung den Stabilisierungsbeitrag politisch-ökonomischer und gesellschaftlicher Faktoren bei einer restriktiven wohlfahrtsstaatlichen Politik zu eruieren haben. Auch bezüglich der Umweltpolitik werden die Gründe dafür zu explizieren sein, daß weder punktuelle Proteste und Widerstände noch die nur bescheidenen „Erfolge" bei der Reduzierung der Umweltverschmutzung politik- und systemgefährdende Potentiale aktivieren konnten.

Im letzten Abschnitt gilt das analytische Interesse politikfeldspezifischen Alternativen zur Fiskalisierung und Ökonomisierung der Politik. Dabei werden unter heute wesentlich restriktiveren Handlungsbedingungen Chancen und Risiken von Ansatzpunkten für Alternativen zur Fiskalisierung und Ökonomisierung in den ausgewählten Politikfeldern aufzuzeigen und kritisch zu beurteilen sein.

Abschließend ist zur gewählten Methode hervorzuheben, daß die Untersuchung weder als internationale Systemvergleichs-Studie angelegt noch primär eine empirische Analyse ist. Die vorliegende Studie über den Steuerungs- und Wohlfahrtsstaat Bundesrepublik Deutschland ist eine Sekundäranalyse vor allem politikwissenschaftlich relevanter theoretischer Erklärungsansätze und des Analysekonzepts politischer Netzwerke sowie eine Überprüfung der Fiskalisierungs- und Ökonomisierungseinflüsse von Theoriebestandteilen und institutionellen Arrangements auf die Prozesse der Politikformulierung und -umsetzung in der Finanz-, Sozial- und Umweltpolitik.

Das „verwandtschaftliche" Verhältnis von Politikfeldanalyse und politischen Netzwerkkonzepten erleichtert den methodischen Zugang zu den Strukturen und Prozessen in den ausgewählten Politikfeldern: Während in der Politikfeldanalyse über die angebotspolitisch angeleitete Finanz- und Sozialpolitik im Prozeß der Politikformulierung vorrangig die Steuerungsakteure und ihre inhaltlichen Strategien sowie fiskalische und einzelwirtschaftliche Interessen interessieren, soll die Netzwerkanalyse der Umweltpolitik die Relevanz prinzipieller, normenspezifischer Variablen und politisch-institutioneller Bedingungen für die Fiskalisierung und Ökonomisierung in der Phase der Programmentwicklung und Politikimplementation erklären. Die in dieser Studie verwendeten Politikfeld- und Netzwerkanalysen enthalten also ein Methodenarsenal, das die politische Grundorientierung, die Zielsetzungen, die Anwendung der Instrumente, die Akteurkonstellationen, die Interaktionsstrukturen, Ressourcenabhängigkeiten u.a. in den Formulierungs-, Abstimmungs-, Verhandlungs- und Durchsetzungsprozessen elaborieren kann. Die beiden methodischen Instrumente sind nach Auffassung des Verfassers besonders geeignet, Typus und Intensität von Steuerung in einzelnen Politikfeldern deutlich zu machen, d.h. Fiskalisierungs- und Ökonomisierungstendenzen in der Finanz- und Sozialpolitik und die Verstärkung, Abschwächung oder Verfestigung der Ökonomisierung im Wohlfahrtssektor Umwelt aufzudecken.

3. Normative Positionen

Normativer Ausgangspunkt für die Formulierung der Fiskalisierungs- und Ökonomisierungsthese in den ausgewählten Politikfeldern ist die Kritik an der praktizierten angebotsorientierten (wohlfahrtsstaatlichen) Politik und der bevorzugt auf einzelwirtschaftliche Interessenwahrnehmung und Gefahrenabwehr bedachten Umweltpolitik seit den 80er Jahren. Die Kritik entzündet sich einmal an der empirisch zu belegenden vorrangigen Ausrichtung der Politik auf fiskalische Zwecke, d.h. daß wohlfahrtsstaatlich relevante Ziele wie beispielsweise die Verbesserung des Beschäftigungsniveaus oder die Beachtung gerechtigkeitsorientierter Prinzipien und Zielsetzungen verstärkt einer Politik der fiskalischen Ressourcensicherung untergeordnet werden. Die Bedenken richten sich im Kern gegen eine angebotspolitisch angeleitete Argumentation, die mit den ökonomischen und ordnungspolitischen Vorzügen des Koordinationsmechanismus des Marktes gegenüber politischen Entscheidungsmechanismen die Zurückdrängung wohlfahrtsstaatlicher Interventionen zu rechtfertigen versucht. Der Verfasser geht von der normativen Voraussetzung aus, daß die wachsenden ökonomischen, sozialen und ökologischen Herausforderungen neue (Steuerungs-)Anforderungen an die demokratisch legitimierte Politik stellen, also der Politikgestaltung und -durchsetzung im demokratischen Wohlfahrtsstaat größere Verantwortung abverlangen und ein eigenständiges Gewicht zubilligen.

Die vorwiegend fiskalisch und ordnungspolitisch begründete (angebotsorientierte) Politik der „Staatsentlastung" von Aufgaben findet insoweit Unterstützung, wie bestimmte staatliche Aufgaben genauso effizient und effektiv von Privaten erfüllt werden können. Auf Kritik stößt allerdings eine Privatisierungspolitik, die den Staat seiner politischen Gestaltungsfähigkeit gegenüber Aufgaben von herausragender struktur-, regional- und sozialpolitischer Bedeutung beraubt. Auch die angebotsorientierte Deregulierungspolitik wird, je nach den betroffenen Politikbereichen, ambivalent beurteilt: Erleichtern beispielsweise vereinfachte und beschleunigte Planungs- und Genehmigungsverfahren die Durchführung von öffentlichen Infrastrukturmaßnahmen wie die von dringlichen Verkehrsprojekten, ohne die bisher erreichten Umweltstandards zu gefährden, trägt eine solche staatliche Förderpolitik zwar zur Ökonomisierung bei (z.B. Ertragsverbesserung von Bauunternehmen!), ermöglicht aber zugleich eine vom Verfasser für vorrangig erachtete genuin politische Gestaltung der öffentlichen Infrastruktur. Bedenken löst dagegen eine Deregulierungspolitik aus, die auf den Abbau tarif-, arbeits- und sozialrechtlicher Schutzbestimmungen (z.B. Verschlechterung des Kündigungsschutzes) angelegt ist.

Die zuvörderst über die Kürzung der Wohlfahrtsetats betriebene Fiskalisierung des Bundeshaushalts hat unmittelbare Auswirkungen auf die Sozialversicherungsträger, verpflichtet also die Parafiski zu einer restriktiven Leistungspolitik. Die Folgerung aus dieser in der Bundesrepublik der 80er und 90er Jahre verstärkt praktizierten Fiskalisierungsstrategie des Bundes lautet deshalb, die einseitige Orientierung der Politik auf fiskalische Zwecke zu überwinden und in der Finanz- und Sozialpolitik sozialer Aufgabenverantwortung, ausreichender öffentlicher Infrastrukturversorgung, dem wirtschaftlichen Leistungsfähigkeitsprinzip als Gerechtigkeitsmaß und in der Umweltpolitik genuin politischer Steuerung größere Geltung zu verschaffen. Die Fähigkeit zur finanz- und sozialpolitischen Gestaltung „in eigener Regie" nimmt in dem Maße zu, wie der Bund als der in diesen Politikfeldern maßgebliche Steuerungsakteur von seinen – nach Auffassung des Verfassers unausgeschöpften – (steuer-)gesetzgeberischen Mobilisierungs- und förderinstrumentellen Handlungspotentialen Gebrauch macht. In der Umweltpolitik sollte die nicht nur einzelwirtschaftlichen Kalkülen folgende politische Gestaltungsfähigkeit durch Nutzung kooperativer Interaktionsmöglichkeiten mit der Vielzahl verbandlicher, industrieller und wissenschaftlicher Akteure gestärkt werden.

Diese politikfeldspezifische Grundorientierung verlangt eine Finanzpolitik, die – angesichts gestiegener sozialer Leistungsverpflichtungen in den 90er Jahren – zur Sicherung des sozialen Ausgabenniveaus aller öffentlichen Haushalte angehalten ist, zumindest für die Dauer eines Jahrzehnts Ausgabenumstrukturierungen zugunsten der öffentlichen Infrastruktur und zulasten der Subventionierung privater Investitionen zu leisten. Überdies impliziert eine leistungsfähigkeits- und gleichmäßigkeitsorientierte Steuerpolitik – unter Berücksichtigung national nur begrenzt besteuerungsfähiger Produktion – die Verbreiterung der Bemessungsgrundlage. Eine gerechtere Mittelaufbringung der Leistungen des sozialen Sicherungssystems beinhaltet darüber hinaus, daß als gesellschaftlich interpretierte Aufgabenerledigungen aus dem Staatshaushalt, also von allen erwerbstätigen Bürgern, zu finanzieren sind.

Außerdem gilt die Kritik den Ansatzpunkten, Zielsetzungen und Instrumenten der Angebotspolitik, in der ökonomische Kalküle wie die Präferenz für Marktregulative, Effizienz- und Rentabilitätssteigerung, Kostenentlastung und Ertragsverbesserung entscheidende Orientierungsmaße der Politikentwicklung bilden und damit eine fortschreitende Ökonomisierung der Politik verstärken. Um die durch die angebotsorientierte Politik verstärkten Ökonomisierungstendenzen abzuschwächen oder umzukehren, sollte der Staat – zur Stärkung des Primats der Politik – die Förderung privater Investitionen verringern und die Förderung infrastruktureller Investitionen, deren Art und Umfang er in eigener Regie ausgestalten kann, ausweiten. Die Rolle des

Staates als Auftraggeber von Infrastrukturmaßnahmen sollte sich dabei – im Gegensatz zu angebotspolitischen Positionen – nicht auf die „wirtschaftsnahe" Infrastrukturförderung begrenzen, sondern die Vielzahl der von den Regierungsakteuren als „infrastrukturell bedeutsam" eingestuften Projekte einschließen.

In der Umweltpolitik, in der die Komplexität, die hohe Unsicherheit über Ursache-Wirkungs-Zusammenhänge und die Risikoträchtigkeit der Problemstellungen sowie schließlich ein politisches Netzwerk mit vorherrschend technischen und ökonomischen Wertorientierungen charakteristisch sind, kommt der Politikgestaltung umso größere Bedeutung zu, je mehr die umweltspezifischen Risiken zunehmen und die Chancen des Einzelnen sinken, sich vor ihnen zu schützen. Die Stärkung einer am Verursacher- und Vorsorgeprinzip orientierten umweltpolitischen Gestaltungsverantwortung schließt einen intensivierten Einsatz fiskalischer Steuerungsinstrumente ein: Um den Hauptnachteil des in Deutschland dominierenden Ordnungsrechts zu überwinden, erst am Ende des ressourcenverzehrenden Produktionsprozesses anzusetzen, können finanzielle Anreize oder Belastungen das politisch erwünschte Verhalten beeinflussen.

I. Steuerungs- und wohlfahrtsbezogene Begriffserklärungen sowie Interpretationen der politischen Steuerungsrolle und politikfeldspezifischer Gestaltungspotentiale

Zu Beginn der Untersuchung über den Steuerungs- und Wohlfahrtsstaat Bundesrepublik Deutschland sollen zunächst Schlüsselbegriffe wie politische Steuerung definiert und die unterschiedlichen steuerungsorientierten Sichtweisen einschließlich ihres konstruktivistischen Charakters herausgearbeitet werden. Im Anschluß daran wird der eigene Strategieansatz (aktiver) Politikgestaltung vorgestellt, der unter heute erheblich restriktiven Bedingungen von der „Dehnbarkeit" des politischen Handlungskorridors ausgeht und auf die Nutzung politikfeldspezifischer Gestaltungs- und Netzwerkpotentiale angelegt ist. Schließlich werden der Wohlfahrtsbegriff zu definieren und die unterschiedlichen Positionen zum (steuernden) Wohlfahrtsstaat zu rezipieren sein.

1. Begriffsbestimmung und Sichtweisen der politischen Steuerung

Nach der Definition des Begriffs und der Formen politischer Steuerung werden die in der Literatur vorherrschenden steuerungsorientierten Sichtweisen vorgestellt. Dabei widmet sich die Darstellung zunächst den Steuerungsperspektiven „von oben“ und „von unten“, die die Steuerungsdiskussion lange Zeit geprägt haben, um danach das seit Ende der 80er Jahre in den Mittelpunkt gerückte neue „Steuerungsparadigma“ der politischen Netzwerke in Grundzügen zu kennzeichnen.

Bei der Kennzeichnung der verschiedenen Sichtweisen der politischen Steuerung bzw. politischen Gestaltung ist vom unterschiedlichen Grad begrifflicher Verfestigung auszugehen. Während herkömmliche Strategien, Institutionen und Prinzipien wie Demokratisierung, Parlamentarisierung, Regierung, Verwaltung, Föderalismus, Rechtsstaat usw. terminologisch gut fixiert („kondensiert“) sind, ist der Konstruktcharakter besonders Kategorien eigen, die begrifflich noch nicht ausformuliert sind und demzufolge interpretationsbedürftig bleiben. Wie Begriffe der politischen Steuerung oder der politischen Gestaltung im politischen Willensbildungs- und Entscheidungsprozeß inhaltlich ausgefüllt werden, wird sich erst in längeren Zeiträumen erweisen. Da die Komplexität der politischen Wirklichkeit nur begrenzt erfaßt werden kann, hat auch der eigene Ansatz politischer Gestaltung zu einem nicht geringen Teil konstruktivistischen Charakter.

Der Steuerungsstrategie-Ansatz aktiver Politikgestaltung versteht sich als Gegenposition zu Prozessen und Strategien der Fiskalisierung und Ökonomisierung (wohlfahrts-)staatlicher Politik. Nach der allgemeinen Neudefinition der Agenda staatlichen Handelns und der für notwendig befundenen Stärkung politischer Steuerungsfähigkeit unter vorfindbaren Restriktionen konzentriert sich das normative Erkenntnisinteresse auf die Möglichkeiten und Grenzen der Nutzung politikfeldspezifischer Gestaltungs- und Netzwerkpotentiale. Das Kernanliegen des hier vertretenen Steuerungsansatzes der aktiven Politikgestaltung ist es, in der Finanz- und Sozialpolitik die fiskalischen Mobilisierungs- und Gestaltungspotentiale insbesondere des Bundes zu erfassen und in der Umweltpolitik die Vorzüge kooperativer Politikmodi in vernetzten Verhandlungssystemen darzustellen.

1.1. Begriffsdefinitionen der politischen Steuerung

Der Steuerungsbegriff, der sich Anfang der 70er Jahre in der politik- und sozialwissenschaftlichen Literatur im Zusammenhang mit der staatlichen Planungsdiskussion zu einer gebräuchlichen Kategorie entwickelt hat, hat Ende der 80er Jahre im Kontext der Beschäftigung mit vernetzten Entscheidungssystemen wieder erhöhte Beachtung gefunden (Mayntz 1987; Segert 1987; Scharpf 1988 b; 1989; 1991). In den 90er Jahren schließlich dominiert das Konzept der politischen Netzwerke als neues „Steuerungsparadigma" die Steuerungsdiskussion (vgl. Kap. II.2.).

Der Begriff der Steuerung wird häufig in Begriffszusammensetzungen wie Gesellschaftssteuerung, Steuerungsprobleme, Steuerungsmedien oder mit ähnlichem oder identischem Bedeutungsgehalt in Form adjektivisch-substantivischer Wendungen wie „aktiver" Politik oder politischer Gestaltung verwendet (Widmaier 1970; Mayntz/Scharpf 1973; Schmid/Treiber 1975; Sanmann 1975; Böhret u.a. 1988; Schuppert 1990).

Der aus der Alltagssprache stammende Steuerungsbegriff (z.B. die Steuerung von Autos) bedeutet nicht nur gezielte Beeinflussung, sondern auch die Bewegung von einem Ort oder Zustand zu einem anderen (Meyers Großes Taschenlexikon 1981, Band 21, S. 120). In der sozialwissenschaftlichen Begriffserklärung setzt die Steuerung ein Steuerungssubjekt (Steuerungsakteur) (anders Luhmann 1987, S. 32-48), also Personen oder handlungsfähige Kollektive, voraus. Politische Steuerung weitet den Kreis der Akteure insofern aus, als die zweckgerichtete Beeinflussung der Umwelt nicht von einem einzigen Akteur, sondern von „Konstellationen von kollektiven oder korporativen Akteuren" ausgeübt wird (Scharpf 1989, S. 14). In dieser Definition sind „Markt" oder „Solidarität" keine Steuerungsakteure, allenfalls Steuerungsinstrumente, die als Marktprinzipien für Steuerungszwecke eingesetzt werden (Mayntz 1987, S. 93).

Die allgemeine Systemtheorie (Parsons 1969; 1975; Luhmann 1987) hat zunächst den Begriffsinhalt der Steuerung durch Einbeziehung des Geldes als generalisiertes Steuerungsmedium ausgeweitet. Damit findet der Markt (Geld) als Steuerungssystem wachsende Aufmerksamkeit, so daß sich begrifflich allmählich die drei wichtigen Steuerungsmedien Markt, Staat (Recht, Finanzen) und Gemeinschaft (Solidarität) herausbilden (Gretschmann 1981; Herder-Dorneich u.a. 1984; Opielka/Ostner 1987, S. 15ff.). Als vierter Steuerungsbegriff treten schließlich die Terminiformen oder Modelle (Systeme) der sozialen Ordnung hinzu, so daß durch diese Gleichsetzung der Steuerung mit Handlungskoordination die begriffliche Schärfe verloren geht.

Deshalb wird im sozial- und politikwissenschaftlichen Kontext wieder eine engere Fassung des Begriffes Steuerung als „konzeptionell orientierte Gestaltung der gesellschaftlichen Umwelt durch politische Instanzen" angestrebt, d.h., im Sinne des handlungstheoretischen Ansatzes für eine „Koppelung an die Akteursperspektive" plädiert (Mayntz 1987, S. 92; Vobruba 1983, S. 27-35; anstelle vieler Jansen/Schubert 1995, S. 9-21). Die bisherigen begrifflichen Unklarheiten ergeben sich daraus, daß Steuerung manchmal als politischer Prozeß oder als Systemfunktion bezeichnet und ein anderes Mal in Verbindung mit einem Attribut (politische Steuerung) oder als Steuerungssubjekt sowie als Steuerungsobjekt verwendet wird (Willke 1983).

Folglich wird in sozialwissenschaftlichen Begriffsbestimmungen darauf bestanden, daß Steuerung „als Aktivität einem Subjekt zurechenbar sein muß" (Mayntz 1987, S. 93; 1993, S. 45ff.; Scharpf 1989, S. 16). In dieser Auslegung kann der Steuerungsakteur die komplexen Interaktionszusammenhänge nur selektiv erfassen, also Ausschnitte der gesellschaftlichen Umwelt gestalten, während das Steuerungsobjekt Adressat ist, sein „Handeln" folglich Reaktion bleiben muß (Anpassung, Ausweichen, Opposition).

Dieser Begriff von politischer Steuerung schließt auch ein, die Steuerungsziele sowie den Mitteleinsatz (Instrumentarium) zu definieren und sich Vorstellungen über die Folgen des Steuerungshandelns (Steuerungswirkung) zu machen. Schließlich impliziert diese Begriffsbestimmung, daß der Steuerungsakteur selbst zum Steuerungsobjekt, also Teil des zu steuernden Systems werden kann (Mayntz 1987, S. 94; Schuppert 1990, S. 73f.). Der politische Steuerungsbegriff kann ferner nach Politikfeldern/Agenden staatlichen Handelns, Steuerungsarten, Steuerungsinstrumenten und nach der Steuerungsintensität differenziert werden (Schuppert 1990; Le Grand 1993; König/Dose 1993; Derlien 1993; Jansen/Schubert 1995).

Der Differenzierung des Steuerungsbegriffs nach Politikfeldern kommt deshalb eine so große Bedeutung zu, weil – je nach Eigenart des Politikfeldes – die Zahl der Akteure, die Wertorientierung, die Machtverteilung zwischen den Akteuren, der Grad der Formalisierung und Institutionalisierung, die Anwendung des Instrumentariums, die Interaktionsmerkmale (konfliktorientiert, kooperativ), die Offenheit oder Geschlossenheit der Entscheidungsverfahren usw. unterschiedlich sind (Schuppert 1990, S. 80; Jansen/Schubert 1995, S. 2f.; Schubert 1995, S. 232f.; Mayntz 1997). Politikfeldspezifische Policy-Maßnahmen bringen auch verschiedene Steuerungsergebnisse hervor, können also z.B. in der Finanz- und Sozialpolitik eine Leistungsbeschränkung, -ausweitung oder -übertragung bewirken oder Fiskalisierungs- oder Ökonomisierungstendenzen verstärken oder abschwächen (vgl. Kap. III.1. und 2.).

Als „Unterfälle der Steuerung durch Recht" (Schuppert 1990, S. 76ff.) können folgende Steuerungsarten genannt und gekennzeichnet werden: In systemtheoretischen Ansätzen wird zwar dem Staat seine Sonderrolle als allkompetente Steuerungsinstanz abgesprochen, doch eine „dezentrale Kontextsteuerung" zwischen den Teilsystemen für möglich und als der ausdifferenzierten Gesellschaft entsprechende Steuerungsart interpretiert (Willke 1987, S. 285ff.). Die „dezentrale Kontextsteuerung" wird also als Steuerungsform definiert, die dem „Ausdifferenzierungsprozeß in einer polyzentrischen Gesellschaft mit überwiegend sich selbst steuernden Teilsystemen" gerecht wird (kritisch F.W. Scharpf 1989, S. 10-21).

Betreffen politische Maßnahmen Organisations- oder Verfahrensfragen von Verbundsystemen zwischen staatlichen Institutionen (z.B. Bund-Länder-

Politikverflechtung), bezieht sich also die Steuerung auf die „Reorganisation des staatlichen Entscheidungsmodus selbst“ (Offe 1975, S. 264f.), handelt es sich um „reflexive Steuerung“. Die reflexive Steuerung wird aufgrund ihrer prozeduralen Orientierung auch als Unterform der „prozeduralen Steuerung“ als einer über Verfahren der Entscheidungs- und Konsensbildung erfolgenden Steuerung bezeichnet (Mayntz 1983, S. 123-143; Schuppert 1990, S. 81).

Die prozedurale Steuerung will über Entscheidungs- und Konfliktregelungsverfahren nicht nur Verbundsysteme zwischen staatlichen Institutionen, sondern auch zwischen staatlichen und privaten Akteuren und zwischen Privaten schaffen (König/Dose 1993, S. 108). Die prozedurale Steuerung kann durch Integration von Programmen und Entscheidungsebenen (z.B. durch gemeinsame Infrastrukturmaßnahmen von Gemeinden oder europäische Weltraumprojekte) die Handlungsoptionen erweitern (Offe 1975, S. 34) und durch die „Konzertierung der Ziele separater Entscheidungssysteme“ die Informations- und Handlungsspielräume ausdehnen helfen (Scharpf 1974 b, S. 35), also im Sinne des hier befürworteten Strategieansatzes (vgl. Kap. I.1.3.) einen Beitrag zur intensiveren Nutzung politischer Gestaltungspotentiale leisten.

Mit dem Begriff der strukturellen Steuerung wird der Zusammenhang von Verwaltungsorganisation und Verwaltungshandeln erfaßt (Fürst 1987, S. 187ff.). Strukturelle Steuerung erfolgt nicht durch individuelle Akteure, sondern definiert politische „Handlungskorridore“, die durch handlungseinschränkende, aber auch durch handlungserweiternde Variablen bestimmt werden (Merkel 1993, S. 9-12). Nach dem im eigenen Ansatz vertretenen politischen Gestaltungsverständnis (vgl. Kap. I.1.3.) wird das strukturelle Steuerungspotential weder in der Finanz- noch der Umweltpolitik hinreichend ausgeschöpft.

Wird der politische Steuerungsbegriff nach Instrumenten differenziert, sind vor allem folgende Programmformen mit den jeweils typischen Instrumenten bedeutsam: Die regulierende Steuerung mit regulativen Programmen von Geboten und Verboten ist die klassische Form politischer Steuerung (Schuppert 1990, S. 81). Regulative (ordnungsrechtliche) Instrumente sind vielfach Anzeige- und Genehmigungspflichten und Strafandrohungen (Rottleuthner 1985, S. 229). Diese „harten“ Steuerungsinstrumente werden häufig durch „sanfte“ Anreizprogramme mit fiskalischen Instrumenten wie Finanzhilfen, Steuervergünstigungen oder Abgaben ergänzt oder ersetzt (Hagen 1988, S. 1996). Seit den 80er Jahren wird eine verstärkte Verwendung flexiblerer (fiskalischer) Steuerungsinstrumente und damit eine zunehmende Verdrängung von Geboten und Verboten konstatiert (Horst 1991, S. 19; Le Grand 1993, S. 225-231; Mayntz 1997) (vgl. Kap. I.1.2.1.).

Leistungsprogramme umfassen finanzielle Transfers im Sinne finanzieller Mittelübertragung an dazu Berechtigte und die unmittelbare Bereitstellung von Gütern und Diensten. Letztlich sind persuasive Programme darauf ausgerichtet, mit Informations- und Beratungshilfen Mobilisierungs- und Überzeugungsarbeit zu leisten (z.B. im Bildungs- und Energiebereich, in der Kriminalitätsbekämpfung) (Hucke/Wollmann 1982, S. 55ff.).

Schließlich können staatliche Steuerungsinstrumente nach der Intensität des Eingriffs differenziert werden (Scharpf 1974a, S. 4f.). Diese „Einflußinstrumente“ zielen auf Änderungen des Verhaltens und der Leistungserstellung ab: Die direkte Verhaltenssteuerung arbeitet „im Extremfall“ mit Geboten und Verboten, die indirekte Verhaltenssteuerung wendet positive und negative Anreize an und die mittelbare Verhaltenssteuerung ist auf die Bereitstellung von Infrastruktur-Vorleistungen ausgelegt (Scharpf 1976, S. 15).

1.2. Steuerungsorientierte Sichtweisen

In der Diskussion über die politische Steuerungsproblematik galt den Vorzügen und Defiziten der Steuerungsperspektiven „von oben“ und „von unten“ lange Zeit besondere Aufmerksamkeit. Ende der 80er/Anfang der 90er Jahre rückte das Konzept der politischen Netzwerke in den Mittelpunkt der Steuerungsdiskussion und entwickelte sich zum beherrschenden neuen „Steuerungsparadigma“.

1.2.1. Steuerungsperspektiven „von oben“ und „von unten“

In der Debatte über Möglichkeiten und Grenzen der politischen Steuerung bildet der systemtheoretische Steuerungsansatz Helmut Willkes in den 80er Jahren insofern einen Höhepunkt, als dem Staat in dieser extrem steuerungskritischen Sicht die wirkungsvolle Rolle der zentral und hierarchisch steuernden Instanz gegenüber den gesellschaftlichen Subsystemen (z.B. Wirtschafts-, Wissenschafts-, Gesundheitssystem) abgesprochen wird und letztere als die maßgeblichen „politischen Akteure in demokratischen Gesellschaften bezeichnet werden (Willke 1992, S. 71). Da mit der fortschreitenden Ausdifferenzierung der Gesellschaft in autonome und „operativ geschlossene Funktionssysteme“ (Willke 1992, S. 42) gesellschaftlich bedeutsame Entscheidungen nicht mehr in die Zuständigkeit des politischen Systems fallen, sind sie dem Zugriff der (zentralen) Politik weitgehend entzogen. Zwar ist nach diesem Steuerungsverständnis hierarchische Steuerung nicht mehr „machbar“ (Willke 1992, S. 64, 111), doch steht der Politik, die dennoch steuernd eingreifen will, weiterhin der Weg nicht-hierarchischer Kooperation und Koordination im Verhandlungssystem offen (Benz 1997, S. 3f.).

In neueren Erklärungsansätzen zur Steuerungsfähigkeit des Staates wird zwar eine Enthierarchisierung der Beziehungen zwischen Staat und Gesellschaft registriert, d.h. eine Entwicklung weg von der hierarchischen Steuerung hin zu „fragmentierten und vielfach vernetzten Strukturen des neuen Mittelalters“ festgestellt (Scharpf 1991, S. 625), aber dem Staat noch immer ein beachtliches Steuerungspotential zugebilligt. Damit ist keine umfassende staatliche Steuerung gemeint, da (vernetzte) politische Teilsysteme wie das

Gesundheits-, Wissenschafts- oder Umweltsystem über eigenständige Wohlfahrtspotentiale verfügen, die den staatlichen Instanzen in der Regel nur noch „korrigierende Interventionen und komplementäre Partizipation" einräumen (Scharpf 1991, S. 630).

Gleichwohl verschafft die Einbeziehung politisch-administrativer Institutionen in Verhandlungssysteme als prinzipiell Gleiche unter Gleichen dem Staat gewisse Handlungsspielräume. Der Staat verfügt nicht nur über die wirkungsvollen Steuerungsmedien des Rechts (Rechtsetzungskompetenz) und des Geldes (Steuermonopol), sondern auch über das Drohpotential, „Verhandlungen im Schatten der Hierarchie" führen zu können (Scharpf 1991, S. 629; 1993a, S. 125ff.). Der in diesem Fall nicht auszuschließende Oktroi schafft eine wichtige Verhandlungskonstellation, die nicht nur die Kosten einvernehmlicher Lösungen senken, sondern auch „konsensuale Lösungen" befördern kann.

Auch wenn die Politik heute weniger von einer „zentralen Autorität" – sei dies die Bundesregierung oder der Bundesgesetzgeber – sondern in einem Prozeß entwickelt wird, in den eine Vielzahl von öffentlichen und privaten Akteuren (Organisationen) eingebunden ist, schränkt diese netzwerkartige Form politischer Steuerung die (relative) Autonomie hierarchischer Organisationen (wie staatliche Institutionenen oder private Unternehmen) nicht wesentlich ein (Mayntz 1993, S. 42ff.).

1.2.1.1. Die Sicht der Politiksteuerung „von oben"

Der Ansatz der politischen Steuerung „von oben nach unten" (Peters 1993, S. 289-302), der die Fähigkeit einer „starken" politischen Führung durch Regierung und Parlament impliziert und von der Vorstellung ausgeht, daß sich die „durchführenden" Akteure weitgehend fügen, muß zwar relativiert werden, doch behält die hierarchische Politikgestaltung ihre Relevanz. Die „Tugenden" der Politiksteuerung „von oben", Verbindlichkeit und (gesetzliche) Gleichheit von Policy-Maßnahmen, verschaffen den (zentralen) formalen Institutionen und Verfahren die notwendige Legitimation. Die Politiksteuerung „von oben" kann über die „legitimen" rechtlichen Steuerungsmedien formaler Regierungsinstitutionen hinaus auf das rechtsstaatliche Prinzip der Bindung aller staatlichen Gewalt an Verfassung, Recht und Gesetz verweisen (March/Olsen 1989). Zwar werden die von zentralen Instanzen vorgegebenen Ziele in den Implementationsprozessen selten vollständig erreicht (Goggin 1987), doch haben Hierarchien die Fähigkeit, bewußt Ziele zu verfolgen und deren weitgehende Durchsetzung zu kontrollieren (Mayntz 1993, S. 45).

Der Politikansatz „von oben" fordert einen Politikstil, der bevorzugt mit den (Förder-)Instrumenten der direkten staatlichen Versorgung mit Infrastruktur und Dienstleistungen sowie mit rechtlichen Instrumenten, d.h. mit Geboten und Verboten, operiert. Im Modell der Politikgestaltung „von oben" werden spezifisch „autoritative Ressourcen" verwendet (Page 1985, S.

246ff.), um eine größere Sicherheit der Güter- und Leistungsversorgung zu gewährleisten. Daß der Einsatz der Instrumente auch die gewünschten Politikergebnisse hervorbringt, beruht auf der Annahme, daß die formalen bürokratischen Strukturen und Verfahren in der Lage sind, die zentral festgelegten Ziele und Programme auch umzusetzen. Der in der Sicht „von oben" favorisierte Instrumenteneinsatz kann als wichtige analytische Einflußvariable dazu dienen, die Abschwächung oder Verstärkung der Ökonomisierung der Politik im Wohlfahrtssektor Umwelt abzuschätzen.

In neueren Steuerungsansätzen werden dem Zentralstaat im Interesse der Problem- und Aufgabenentlastung vor allem „strategische Aufgaben" zugewiesen (Jänicke 1993, S. 70), um sich auf Gestaltungsfunktionen wie die Festlegung von Mindeststandards, das Setzen von Rahmenbedingungen, regionen- und sektorenübergreifende Problemlösungen usw. konzentrieren zu können. Zur Entlastung des überforderten Zentralstaats werden (öffentlichen und privaten) dezentralen Akteuren deshalb zunehmend Detailregelungen überantwortet (Knoepfel/Kissling-Näf 1993, S. 273ff.).

Moderne Interpretationen der Möglichkeiten und Grenzen staatlichen Handlungsspielraums stimmen grundsätzlich in dem Urteil überein, den Staat, insbesondere den Zentralstaat mit seinem demokratischen Legitimationsgewicht und seinem gewaltigen Finanzvolumen nicht aus der Verantwortung für die Bewältigung gesellschaftlicher Probleme zu entlassen. Trotz der Defizite hierarchischer Steuerung wie der Rigidität, mangelnden Flexibilität und geringen Anpassungsfähigkeit an zeitliche und räumliche Unterschiede wird der Zentralstaat als politikgestaltende Instanz weiterhin für unverzichtbar gehalten. Von wohlfahrtsstaatlicher Relevanz ist dabei die vermutlich steigende Verantwortung, die dem hierarchisch steuernden Staat im Gefolge der zunehmend unkalkulierbaren gewaltigen ökologischen Probleme zuwächst (Beyme 1990, S. 473).

In neueren Steuerungsansätzen werden Erklärungen dafür angeboten, warum gerade in verflochtenen Entscheidungsstrukturen und -verfahren zentrale politische Instanzen an möglichst konkreten und detaillierten Regelungen interessiert sein müssen (Krasner 1988, S. 67; Ingram/Schneider 1990, S. 67-78; Peters 1993, S. 295ff.; Scharpf 1994, S. 19f.). In Mehrebenenstrukturen wie im deutschen Föderalismus oder in der Europäischen Union sind die zentralen Institutionen auf die Durchsetzung ihrer Regelungen bei den Verwaltungen der Gliedstaaten angewiesen. Um eine weitgehende Implementation der Policy-Maßnahmen zu gewährleisten, ist ein hoher Grad der Konkretisierung der Normen erforderlich. Je präziser die zentralstaatlichen Akteure die Regeln formuliert haben, um so wirkungsvoller kann die Umsetzung der Policy-Maßnahmen gesteuert und kontrolliert werden (Scharpf 1994, S. 20). Während eine „weiche" Rahmensteuerung den zentralen Instanzen in kritischen Fällen nicht erlaubt, den Verwaltungen (der Gliedstaaten) Weisungen zu erteilen, verschaffen detaillierte Rechtsverordnungen, Richtlinien usw. der Politikgestaltung „von oben" eine beachtliche Durchsetzungsfähigkeit.

1.2.1.2. Die Sicht der Politikentwicklung „von unten": Dezentralisierung und Demokratisierung der Willensbildung und Entscheidungsfindung

In Interpretationen über den politischen Strukturwandel und die Folgen für die politische Steuerung wird sich die Politikgestaltung auf unaufhaltsame Dezentralisierungstendenzen einzustellen haben (Mayntz 1993, S. 44). Die Entstehung dezentraler Verhandlungssysteme wird vor allem mit der funktionalen Differenzierung der Gesellschaft und dem organisatorischen Wachstum erklärt: Der moderne Staat hat sich mit zunehmender Expansion „intern differenziert" und bildet heute ein komplexes System aus vielen korporativen Akteuren, die längst keine „einzige, integrierte Hierarchie" mehr kennen. Ein ähnlicher Prozeß hat sich insofern in der Wirtschaft vollzogen, als sich im Zuge fortschreitender wirtschaftlicher Konzentration mit der Expansion von Großunternehmen die Firmen selbst „intern dezentralisiert" haben und als „lose gekoppelte Systeme" interorganisatorisch horizontal miteinander verbunden sind (Mayntz 1993, S. 44).

Mit zunehmender Ebenen- und sektoraler Politikverflechtung wird das Erfordernis umschrieben, daß öffentliche Politiken in den örtlichen und regionalen Kontext „eingewoben" werden müssen, um überhaupt Wirksamkeit zu entfalten. Dies hat – aus der Sicht der Vertreter der „Verräumlichung von Politik" – zur Folge, daß der Zentralstaat „zwangsläufig zum verhandelnden und konsensbeschaffenden Zentralstaat wird und vor allem bei kommunal- und regionalpolitischen Aufgaben weitgehend auf eine Steuerung „von oben" verzichten muß (Knoepfel/Kissling-Näf 1993, S. 267-286).

Die Sicht politischer Steuerung „von unten", die sich auf kritische Demokratietheorien mit der Forderung nach Einführung einer „diskursiven Demokratie" (Barber 1984; Dryzek 1990) bezieht, plädiert bei der Politikgestaltung für die Verwendung von Instrumenten, die am „Ende" des politisch-administrativen Prozesses ansetzen: Den Policy-Maßnahmen werden um so größere Umsetzungschancen eingeräumt, je früher und umfangreicher Wünsche und objektive Gegebenheiten auf den unteren Ebenen in die Politikgestaltung integriert werden. Kooperative Politikentwicklung und die Demokratisierung des Willensbildungsprozesses verlangen einen permanenten Diskurs (Habermas 1984, S. 459). Die diskursive Demokratie, die die politische Teilhabe, Mitwirkung und Zusammenarbeit der gesellschaftlichen Akteure über den engen Akteurskreis des politisch-administrativen Systems erweitern möchte, kann zugleich zur Stärkung der Legitimationsbasis und Akzeptanz der Demokratie beitragen (Ritter 1987, S. 343; Dettling 1995, S. 6). Die Demokratisierung der Willensbildung in Gestalt der Erweiterung der Zahl beteiligter und betroffener Akteure bietet nicht nur einen gewissen Ausgleich für den – durch das Repräsentationsprinzip bewirkten – unmittelbaren Ausschluß vom Entscheidungsprozeß, sondern kann auch Nachteile der Mehrheitsregel kompensieren (Offe 1984, S. 173): Mehrheitsentscheidungen sind in Zeiten fundamentaler Werteänderungen, in denen die Basis für einen gesellschaftlichen „Grundkonsens“ immer brüchiger wird, nur begrenzt tragfähig, sodaß lediglich auf der Grundlage offener Kooperation ein Kompromiß erzielt werden kann. Auch die Periodizität von Wahlen erschwert die Flexibilität des Handelns und Regierens. Demgegenüber bieten auf erweiterte Wertberücksichtigung angelegte offene und permanente Verhandlungssysteme die Chance, auf sich ändernde Bedürfnisse und Interessen flexibel zu reagieren.

Die drei unterschiedlichen Formen politischer Konfliktaustragung und Konsensbildung – die repräsentativ-demokratische, die kooperative und die unmittelbare (Beteiligungs-)Form – verlangen unterschiedlich wahrzunehmende Steuerungsaufgaben (Offe 1987, S. 317f.; Ritter 1987, S. 344):

Mehrheitlich legitimierte (repräsentative) Entscheidungen behalten infolge ihrer „Rechtsförmigkeit“ ihre Bedeutung, um nach der Konfliktaustragung die Verbindlichkeit der Ergebnisse zu gewährleisten.

Kooperative Entscheidungen unter Mitwirkung dezentraler Einheiten und verbandlicher Akteure sind geeignet, das Interessen- und Bedürfnisspektrum zu erweitern und auch bei differenzierten Zielsetzungen den Mitteleinsatz abzustimmen.

Die unmittelbare Beteiligung der Steuerungsadressaten kann der konkreten Abstimmung zwischen den festgelegten Zielen und ihrer politischen Umsetzung zugute kommen. Diese Form politischer Beteiligung wirkt als „Frühinformationssystem“, das sensibel auf Änderungen der Präferenzen und Bedürfnisse reagiert und sie ins politisch-administrative System rückmeldet.

Eine Politikgestaltung „von unten“ impliziert einen bestimmten Politikstil (Linder/Peter 1989, S. 35-58): Grundsätzlich gilt, daß „von unten“ initiierte Policy-Prozesse Instrumente bevorzugen, die auf Verhandlung mit den betroffenen Interessen, also auf kooperative Politikmodi, ausgerichtet sind. Im Unterschied zur Verwendung von „autoritativen“ Instrumenten wie Geboten und Verboten entspricht dem Ansatz der Politiksteuerung „von unten“ ein Instrumentarium, das „sanften“ Instrumenten wie fiskalischen Anreizen (z.B. Steuervergünstigungen und Finanzhilfen für private Investitionen), deren „Annahme“ der Entscheidungsfreiheit der korporativen Akteure grundsätzlich vorbehalten bleibt, den Vorzug gibt (Le Grand 1993, S. 225f.). Der von basisdemokratischen und partizipatorischen Demokratieansätzen bevorzugte und in demokratischen Systemen beobachtbare verstärkte Einsatz marktwirtschaftlicher Instrumente ermöglicht dem modernen Staat, in bestimmten Politikfeldern „aus einer gewissen Distanz zu regulieren“ (Hurst 1991, S. 39). Diese abnehmende staatliche Steuerungsintensität verschafft dem Staat zwar eine Entlastung von Problembearbeitung und von Konflikten, bedeutet aber zugleich einen teilweisen Verzicht auf politische Gestaltungsmöglichkeiten. In dem Maße, wie „sanfte“ marktwirtschaftliche Instrumente als Anreize zur Förderung privater Investitionen zur Anwendung kommen und Mittel für die Bereitstellung öffentlicher Infrastruktur und öffentlicher Dienste gekürzt werden, verliert eine selektive politische Steuerung an Bedeutung und verfestigen sich bisher schon dominante Ökonomisierungstendenzen in bestimmten Politikfeldern.

Die Verlagerung detaillierter Regelungskompetenzen auf obere Hierarchieebenen eröffnet einer – zur Ökonomisierung – alternativen Politik nur dann stärkere genuin politische Steuerungsmöglichkeiten, wenn innerhalb des politisch-administrativen Systems die grundsätzlich größeren Handlungsspielräume (zentraler) relevanter politischer Akteure gegenüber Vollzugsbehörden (Benz 1995, S. 198ff.) auch für eine innovative Politik genutzt werden. Inwieweit aber eine Übertragung detaillierter Regelungskompetenzen auf zentrale Steuerungsinstanzen eine Alternative zur angenommenen Ökonomisierung der Politik bieten kann, wird anhand des Modus der Politikgestaltung im Wohlfahrtssektor Umwelt noch näher zu analysieren sein (vgl. Kap. III.2.).

Die Konzipierung einer Politik „von unten" wirft allerdings immer die Frage auf, inwieweit eine verstärkte Partizipation die Qualität der politischen Entscheidungsergebnisse verbessert: Zwar gibt es Beispiele auch in technisch komplexen Bereichen, in denen eine öffentliche Beteiligung einmal „die technisch-praktische Qualität" der Policy-Maßnahmen nicht verbesserte (Schneider 1993), in anderen Fällen aber die Qualität der Policy-Entscheidungen durchaus „gesteigert" werden konnte (Majone 1989). Für die Einbeziehung einer breiteren Öffentlichkeit in die Politikgestaltung spricht in der Regel die Verbesserung des Informationsflusses: Die Berücksichtigung der Interessen der Öffentlichkeit und der Druck des Publikums können die mit dem nötigen technischen Wissen ausgestatteten Akteure „veranlassen", nötige Informationen in die Politikdebatte einzubringen und nötigenfalls neue Informationen zu beschaffen. Der offenere Ansatz des Politikprozesses „von unten" (Sabatier 1989, S. 129-186) bietet damit einen theoretischen Bezugspunkt für die im Wohlfahrtssektor Umwelt zu untersuchende Frage, ob alternative (praktische und technische) Gesichtspunkte neue Problemeinschätzungen, erweiterte Interessen- und Wertberücksichtigungen und damit aufgefächerte Deutungsmuster die vermutete ökonomisch dominierte Bestimmung von Politikinhalten abschwächen können.

In der „Buttom-up-Perspektive" werden die Forderungen nach verstärkter politischer Partizipation und erweiterter gesellschaftlicher Wertberücksichtigung insbesondere mit den konstatierten institutionellen Defiziten der Verfassungsordnung und des politischen Systems und mit parteipolitischen Abkoppelungs- und Monopoltendenzen begründet (Fraenkel 1974, S. 117; Narr 1984, S. 13f.; Gebhardt 1987; Offe 1987). Gerade die Geschlossenheit des deutschen (Groß-)Parteiensystems gegenüber politischen Neuformierungen wie sozialen Bewegungen oder dem Sozialstruktur- und Wertewandel einschließlich zunehmender Protestaktionen mit teilweise gewalttätigen Formen habe die Bevölkerung vom demokratischen Politikprozeß „abgekoppelt" (Raschke 1990, S. 39-54; Czada/Lehmbruch 1990, S. 55-78; Luthardt 1993, S. 173-188).

Die Befürworter erweiterter politischer Partizipation wenden sich gegen eine Überbetonung repräsentativer Strukturen und Verfahren des politischen Systems der Bundesrepublik. Negative politische Folgen werden in der Kluft gesehen, die sich zwischen den politischen Repräsentanten und den von ihnen vermittelten Entscheidungen einerseits und gesellschaftlichen Bewegungen andererseits zunehmend vergrößert. Diese institutionellen Defizite trügen dazu bei, abweichende, alternative und unkonventionelle Problemeinschätzungen und Forderungen schon im Vorfeld des Politikprozesses abzuwürgen und als der Demokratie abträgliche Aktionen zu diskreditieren („subversive Demokratie"!) (Herbert-Rothe 1985, S. 5).

In der Sicht der Anhänger verstärkter politischer Partizipation kann das institutionelle Defizit durch intensivere Institutionalisierung verschiedener Formen direkt-demokratischer Politikinstrumente wie Volksbegehren oder Volksentscheid, Urabstimmungen, Mitgliederbefragungen usw. und durch Öffnung politischer Entscheidungsverfahren für neue korporative und individuelle Akteure behoben werden sowie zu einer größeren Kontrolle politischer Entscheidungen und zur Integration „alternativer" Gruppen beitragen (Döring 1984, S. 151; Stein 1986, S. 148).

Am partizipatorischen Ansatz der Politikentwicklung („von unten") wird die zugrunde liegende Annahme in Frage gestellt, daß direkt-demokratische Instrumente eine hinreichende Gewähr dafür bieten, Proteste, Demonstrationen, Hausbesetzungen, Betriebsstillegungen usw. institutionell zu „kanalisieren" und damit zu legalisieren und zu legitimieren (Luthardt 1993, S. 180). Ferner wird bezweifelt, ob direkt-demokratische Politikprozesse und die Öffnung von Entscheidungsverfahren hinlänglich geeignet sind, die Qualität der Politikformulierung zu verbessern. Für die Kritik kann die Veränderung der „partizipativen Input- und Outputseite" die politische Entscheidungsfindung durchaus erschweren (Luthardt 1993, S. 183). Da sich als Folge der Ausweitung direkt-demokratischer Politikinstrumente die Input-Seite erheblich vergrößert, können die politischen Entscheidungsprozesse nicht nur verzögert, sondern auch blockiert werden (Hertig 1984, S. 247-277).

Gleichwohl räumt die Kritik dem partizipativen Politikansatz erweiterte Möglichkeiten gesellschaftlicher Interessen- und Wertberücksichtigung ein. Wird Partizipation lediglich quantitativ als relativ breite Beteiligung der Bevölkerung am politischen Prozeß verstanden, so schließt die Bewältigung zunehmend komplexer werdender Entscheidungsprobleme, die breite inhaltliche Kenntnisse voraussetzt, umfassende Rechte und Teilnahme am politischen Willensbildungsprozeß aus. Wird dagegen Partizipation in sich differenziert, also qualitativ betrachtet, haben die aus dem Umfeld zahlreicher Bürgerinitiativgruppen und wissenschaftlicher Institute rekrutierten „Detailexperten" zur intensiveren Interessen- und Wertberücksichtigung beigetragen (Luthardt 1993, S. 187). Experten, die öffentliche Interessen wie Gesundheits-, Verbraucher- oder Umweltschutzinteressen vertreten, können nicht nur ihre politische Klientel sachkundig informieren, sondern auch ein politisch relevantes „issue" in größere Politikkontexte einbetten. Damit erhält eine breitere politische Öffentlichkeit die Möglichkeit, die unterschiedlichen Interessen und Wertorientierungen kontrovers zu diskutieren.

Die Öffnung von Entscheidungsverfahren erschwert eine Politik der Dethematisierung, d.h. interessengeleitete Versuche, bestimmte Themen aus dem Set kontrovers diskutierter politischer Fragen herauszunehmen. Inwieweit aber letztlich verstärkte politische Partizipation zu einer Bereicherung der gesellschaftlichen Interessen- und Wertberücksichtigung beiträgt, hängt von „neu auftauchenden politischen Entwicklungen", vom Gewicht der etablierten kollektiven Akteure und damit von den dominanten Deutungsmustern politischer Themen ab (Luthardt 1993, S. 187f.; Offe 1990, S. 181f.).

Auch wenn das (dezentrale) Politikkonzept wegen seiner umfangreichen Beteiligungsmöglichkeiten insgesamt positiv bewertet wird, löst das „Regieren von unten" Kritik aus, weil die auf gesamtgesellschaftliche Aufgabenerfüllung und Problemlösung verpflichtete Regierungspolitik des Bundes konterkariert werden kann (Peters 1993, S. 293). Orientiert sich die Politikgestaltung „von unten" vor allem am Kriterium der „Machbarkeit" (Majone 1975, S. 49-69), müssen zwangsläufig Diskussionen und Entscheidungen über die Rangfolge zu erfüllender politischer Aufgaben durch demokratisch legitimierte zentrale Regierungsinstitutionen in den Hintergrund treten. Die Einwände richten sich gegen die Einschränkungen politischer Handlungsmöglichkeiten in beiden Politikauffassungen: Während im Konzept „von oben" die Handlungsalternativen nach den Wertvorstellungen und Interessen der politischen und technokratischen Eliten definiert werden, unterliegt die Sicht der Politikgestaltung „von unten" der Gefahr, daß die regionalen und lokalen Akteure einseitig egoistische Interessen ihrer Klientel vermitteln (Peters 1993, S. 300).

Je mehr die dezentralen Organisationen den Widerständen der Bürger „vor Ort" nach dem „Nimby" („Not-in-my-back-yard")-Verhalten Rechnung tragen, umso mehr werden Problemlösungen wie Entscheidungen über gesellschaftlich notwendige Einrichtungen für Müllentsorgung, Behinderteneinrichtungen oder Gefängnisse verlagert oder verzögert (Peters 1993, S. 293, Fn. 5). Direkt-demokratische Arrangements bleiben gerade in staatlichen Systemen mit erweiterten Zugangsmöglichkeiten auch zu „unteren" Politikarenen anfällig für formale und informelle Formen der Manipulation („Capture"). Insbesondere die Entscheidungsebenen „vor Ort" oder der „eigenen" Region sind der permanenten Gefahr der Ausbeutung oder „Gefangennahme durch Sonderinteressen" ausgesetzt (Stelzenmüller 1994).

Zwar muß im Modell „von unten" nicht gleich die „Gefangennahme" von staatlichen Behörden durch die Klienten angenommen werden (Lowi 1979), doch wohnt dieser Form der Politikgestaltung die Tendenz inne, Forderungen „von unten" stärker zu berücksichtigen als die legitimierter Entscheidungsträger an der Spitze hierarchischer Organisationen. Darüber hinaus ist die Gefahr nicht von der Hand zu weisen, daß komplexe Policy-Probleme auf wenige politische Fragen und Konflikte reduziert werden, selbst wenn die Problemstellungen im inklusiven Entscheidungsverfahren diskutiert sowie die Konflikte offen und demokratisch ausgetragen werden.

Die Kritik am Ansatz „von unten" hebt desweiteren hervor, daß dezentrale Entscheidungsprozesse in der Regel sehr zeitaufwendig sind. Während die meisten politischen Akteure nur über ein knapp bemessenes Zeitbudget verfügen und der Zeitaspekt einen hohen Stellenwert hat, sind für lokale Akteure vielfach Ideen, Wertvorstellungen usw. bedeutendere Entscheidungskriterien (Majone 1993, S. 109ff.). Die Politikgestaltung „von unten" ist ferner der Gefahr ausgesetzt, sich in Richtung eines „devided government" (Fiorina 1991, S. 236-249) mit neuen Formen der Blockade zu entwickeln.

Den Befürwortern der Politik „von unten" wird außerdem vorgehalten, die Möglichkeiten intensiver Diskussion und effektiver Entscheidungsbildung zu optimistisch einzuschätzen (Peters 1993, S. 294). Selbst die Verfechter dezentraler Steuerungsformen, die die – gegenüber hierarchischer Politiksteuerung – überlegene Wirkungsbreite und Wirkungsgeschwindigkeit hervorheben, verweisen auf die Grenzen der Wirksamkeit der Dezentralisierung von Politik. In ihrer Sicht bedeuten dezentrale Verhandlungssysteme „nicht selbstverständlich mehr Partizipation und Inklusion" (Jänicke 1993, S. 71).

a) Dezentralisierung als Pluralisierung politisch-institutioneller Entscheidungseinheiten

Die Befürworter dezentraler Verhandlungssysteme und erweiterter politischer Partizipation gehen von der Notwendigkeit aus, daß hochkomplexe und ausdifferenzierte Gesellschaften „flexible Steuerungsformen" verlangen (Ritter 1987, S. 340). Der steuernde Staat ist auf aktive Mitarbeit der Steuerungsadressaten angewiesen, d.h., daß er als „kooperativer Staat" beim Aushandeln mit einer Vielzahl von Beteiligten zusammentrifft und bei der Konsensfindung ein „sensibles, anpassungsfähiges ... und offenes Instrumentarium der Steuerung" benötigt. Außerhalb formaler Politikstrukturen und -prozesse läuft die Steuerung wesentlich über Argumentationen, Verweise auf gemeinsame Grundorientierungen, die Betonung wechselseitiger Vorteile usw. hinaus. Diese Steuerungsform zielt auf „soziale Integrationsmechanismen" und entzieht dem Recht einen Teil seines Steuerungseinflusses (Ritter 1987, S. 339). Aber trotz dieses Bedeutungsverlustes des Steuerungsmediums Recht eröffnet jede Verrechtlichung wegen ihrer „Rechtsförmigkeit" Legitimations- und Kontrollmöglichkeiten. Außerdem ist zu beachten, daß auch die repräsentativ-demokratische Willensbildung legitimatorische Schwachpunkte aufweist: Die Legitimationsfrage verschärft sich nicht nur mit zunehmender Verflechtung von Staat und Gesellschaft, sondern auch dann, wenn der Kern repräsentativer Demokratie von „neuen Zwischenzonen" der Politikentwicklung umgeben wird (Ritter 1987, S. 342).

Um in der auf Verständigung angelegten Demokratie die Legitimationsbasis zu stärken, müssen vor allem Präferenz- und Akzeptanzprobleme ständig überprüft werden. Angesichts der Vielzahl der beteiligten und betroffenen Akteure sowie der Offenheit und Unbeständigkeit der menschlichen Bedürfnisskala (Tenbruck 1972, S. 24f.) müssen die Präferenzen immer wieder ausfindig gemacht und eingeordnet werden. Auch Fragen der politischen Akzeptanz sind um so legitimationsbedürftiger, je weniger die an Entscheidungen Beteiligten und die Betroffenen identisch sind, und je mehr aktuelle Entscheidungen unwägbare Folgeprobleme aufwerfen.

Dezentrale Politikentwicklungen verbleiben prinzipiell im herkömmlichen System staatlicher und halbstaatlicher Aufgabenplanung und -erledigung (Bund, Länder, Gemeinden, regelsetzende und implementierende Verbände). Eine Politik der Dezentralisierung läuft auf eine Pluralisierung politisch-institutioneller Entscheidungseinheiten hinaus, um problemadäquate Lösungen zu erreichen. Dezentrale Politik im Sinne „eigenverantwortlicher Selbststeuerung der unteren Einheiten" oder der Mitwirkung der unteren Ebene an höherstufigen Politikprozessen (Fürst 1985, S. 158) ist geeignet, das repräsentativ-demokratische System sensibler und anpassungsfähiger zu machen. Dezentralisierungspolitik kann in dem Maße produktiv sein, wie die Koordinierung zwischen zentralen und dezentralen Einheiten für die notwendige Berücksichtigung gesamtgesellschaftlicher Interessen und Bedürfnisse sorgt. Politiknetzwerke, die sich ohne starre Hierarchien vom Prinzip der Zusammenarbeit leiten lassen, können durch Einvernehmen kooperative Aufgabenerledigungen erreichen (Ritter 1977, S. 151). Das Anliegen der Dezentralisierung, durch Delegation von Steuerungsaufgaben von der zentralen politischen Instanz auf nachgeordnete politisch-administrative Einheiten größere Detailkenntnisse für die Problembearbeitung zu gewinnen, ist allerdings an nur schwer realisierbare Voraussetzungen gebunden. Abhängigkeiten und übergeordnete Zusammenhänge erschweren autonome Entscheidungen der dezentralen Einheiten oder erlauben überhaupt kein selbständiges Handeln.

Funktionale Dezentralisierung kann nur dann einen Beitrag zur Verringerung von Steuerungsmängeln leisten, wenn die Problemlösung nur von internen Bedingungen des damit befaßten Teilsystems abhängt, und sich die Auswirkungen der dezentralen Entscheidungen auf dieses Subsystem begrenzen lassen, da anderenfalls neue mannigfache Koordinierungsprobleme auftreten (Voigt 1993, S. 66). Der dezentralen Steuerung stehen also infolge der Unmöglichkeit der Begrenzung der Folgen dezentraler Entscheidungen prinzipiell nur enge Handlungsfelder zur Verfügung.

b) Demokratisierung durch Ausweitung direkt-demokratischer Politikprozesse

Während in den 80er Jahren die Möglichkeiten und Grenzen von Plebisziten wie Volksbegehren, Volksentscheiden, Volksbefragungen, Bürgerinitiativen und neuen szialen Bewegungen (Umweltschutz-, Frauen-, Friedensbewegung) die Partizipations-Diskussion weitgehend bestimmten, hat die Deutung der Demokratie und des Wohlfahrts-/Sozialstaats in ihren „Krisenerscheinungen" die Debatte über ein neues Verständnis der Rolle der Gesellschaft und über Art und Umfang des sozialen Engagements von Bürgern neu entfacht. In dieser (scheinbar) neuen Sicht können soziale Fragen nur beantwortet werden, wenn sie zugleich als demokratische Fragen formuliert werden.

Aus der Perspektive der Befürwortung der Ausweitung unmittelbarer Beteiligung weiter Bevölkerungskreise am Politikprozeß wird eine Chance darin gesehen, sowohl die politisch-institutionellen Defizite des demokratischen Repräsentativsystems als auch die Abkoppelungs- und Monopolisierungstendenzen der „großen" Parteien abzubauen oder teilweise auszugleichen (Fraenkel 1974, S. 117; Narr 1984, S. 12ff.; Raschke 1990, S. 39-54): Um die Kluft zwischen den repräsentativ-demokratischen Institutionen und ihren politischen Akteuren einerseits und gesellschaftlichen Bewegungen und Prozessen andererseits zu verringern, wird die Ergänzung direkt-demokratischer Instrumente für notwendig erachtet. Direkte Bürgerbeteiligungen können nicht nur die Legitimation und Akzeptanz des parlamentarisch-repräsentativen Systems erhöhen, sondern auch zur Thematisierung von Entscheidungsproblemen, zur Verbesserung der Information beteiligter und betroffener Bürger und zur öffentlichen Kontrolle der politischen Führung beitragen (Vilmar 1983, S. 339f.; Herbert-Rothe 1985; Evers 1986, S. 423-434; Nohlen 1985, S. 694-695; Wassermann 1986; Gabriel 1988, S. 3-20; 1994, S. 69-72; Naßmacher 1994, S. 23-30; Luthardt 1993, S. 173-188). Direkt-demokratische Politikinstrumente sind darüber hinaus geeignet, möglichst viele Protestaktionen in das politische System zurückzuführen und zu integrieren (Wassermann 1984, S. 9; 1986) sowie Vetopositionen von Parteien und konfliktfähigen Großorganisationen zu überwinden (Evers 1986, S. 432f.).

Ferner könnten direkte Beteiligungsformen die Defizite der Parteien – Monopolstellung und Schließungstendenzen – abbauen und teilweise beheben helfen. Damit könnte die Begrenzung der Demokratie auf die Parteiendemokratie durchbrochen und der institutionellen Verfestitung der politischen Systeme entgegengewirkt werden (Stein 1986, S. 148).

Die Kritik an der Stärkung direkt-demokratischer Politikprozesse gibt zu bedenken, daß die mit der „Demokratisierung" der Politik angenommene bessere Qualität der Politikformulierung weder theoretisch überzeugend noch empirisch hinreichend belegbar ist (Czada/Lehmbruch 1993; Luthardt 1993, S. 183). Die unterstellte Ökonomisierung (wohlfahrts-)staatlicher Politik könnte dann in dem Maße unangetastet dominieren, wie die durch die Bürger direkt gefällten Entscheidungen eher konservativer Natur sind, d.h. die Betroffenen „vor Ort" zuvörderst „persönliche" Interessen verfolgen, allgemeine Interessen wie gesellschaftspolitische oder regionenübergreifende Problemlösungen dagegen hintangestellt oder ignoriert werden.

Die Ausgestaltung der direkten Demokratie der Schweiz ist insofern lehrreich, als sie Aushandlungssysteme gestärkt hat, die „nur hinter verschlossenen Türen richtig funktionieren" (M.G. Schmidt 1995, S. 262), also die Herausbildung von Schließungsmechanismen begünstigen. Unbestritten ist zwar der Befund, daß die schweizerische Direkt-Demokratie wichtige Integrationsleistungen vollbringt (z.B. die Kooptation des katholisch-konservativen Oppositionslagers oder die Einbindung der Sozialdemokratie in demokratische Strukturen), doch wirkt sie als Sicherung gegen staatsinterventionistische Umverteilungsmaßnahmen zugleich konservativ-stabilisierend, ist also nicht nur „eher konservativ", sondern „antietatistisch und antizentralistisch" (Neidhart 1992, S. 32; Jung 1994; Butler/Ranny 1994).

Zwar wird seitens der Befürworter der Ausweitung direkt-demokratischer Politikinstrumente nicht die potentielle Gefahr bestritten, daß die gestiegenen Anforderungen an die Politik die Entscheidungsprozesse verzögern und teilweise sogar blockieren können (Hertig 1984, S. 247-277; Werder 1978). Die Verfassungsinitiativen in der Schweiz sind auf die Öffnung des politischen Systems angelegt und unterwerfen den Input der politischen Prozesse der Kontrolle der Bürger, d.h. veranlassen die politische Führung dazu, politische Probleme auf die Tagesordnung der etablierten Politik zu setzen. Diese Erfahrungen werden als positives Beispiel angeführt, zur Stärkung der öffentlichen Meinungsbildung beitragen zu können. Mit dem Verweis auf die Schweiz müssen die Anhänger erweiterter Beteiligungsmöglichkeiten aber zugleich die beschränkte Wirksamkeit solcher Instrumente einräumen: Das politische System öffnet sich zwar durch die Direktdemokratie den unterschiedlichen politischen Anforderungen, ihre konkrete Umsetzung ist damit aber noch nicht hinreichend gewährleistet (Kriesi 1991, S. 47). Auch die Grenzen erweiterter Möglichkeiten unmittelbarer politischer Beteiligung werden angesichts der zunehmenden Komplexität von Politikprozessen, die Experten erfordert, nicht negiert. Desweiteren wird nicht bestritten, daß eine breitere Beteiligung der Bevölkerung am Willensbildungs- und Entscheidungsprozeß voraussetzt, sich inhaltliche Kenntnisse der anstehenden politischen Entscheidungsmaterie verschaffen zu müssen. Diese Erfolgsbedingung kann letztlich wiederum nur von einer Minderheit der Bürger erfüllt werden. Diesbezüglich sind die Lehren der schweizerischen Direktdemokratie insofern instruktiv, als Studien über die politische Kompetenz der Bürger belegen, daß zahlreiche Stimmbürger – je nach abzustimmender Materie – überfordert sind (Kriesi 1991, S. 25; Linder 1994): Während weltanschaulich kontrovers diskutierte Vorlagen emotional bedingte hohe Beteiligungen an direkt-demokratischen Abstimmungen (z.B. über Ausländerpolitik oder das Stimmrechtsalter) mobilisieren, fühlt sich die Mehrheit der Bürger bei „komplexen, interventionsstaatlichen Entscheidungen (z.B. über die Aufnahme konjunktur- oder strukturpolitischer Instrumente in die Verfassung) vielfach überfordert (M.G. Schmidt 1995, S. 261).

Ferner werden Spaltungsgefahren und die Stärkung opportunistischer Verhaltensweisen bei parteiinternen Plebisziten wie der Mitgliederbefragung der SPD über die Nominierung des Parteivorsitzenden im Jahr 1993 oder der FDP über den „Lauschangriff" im Jahr 1995 hervorgehoben (Lösche 1995, S. 17): Direkt-demokratische Personalabstimmungen bergen die Gefahr innerer parteilicher Zerklüftungen, da die Kandidaten innerhalb ihrer eigenen Parteien regelrechte „Wahlkampforganisationen“ gegeneinander aufbauen. Auch Mitgliederentscheide über Sachfragen werden als höchst problematisch interpretiert, da Parteiführer dazu neigen, sich dem vermeintlichen Mehrheitsvotum anzupassen. Direkt-demokratische Abstimmungsverfahren werden lediglich bei „fundamentalen Richtungsentscheidungen“ (z.B. der Westintegration der alten Bundesrepublik in den 50er Jahren) oder auf überschaubarer lokaler Ebene für zweckmäßig erachtet.

Auf der anderen Seite wird Partizipation auch als ein „in sich differenzierter Prozeß" der Teilnahme und Teilhabe von Bürgern begriffen, der zugleich die Chancen erhöht, sich mit Hilfe der durch Experten vermittelten Informationen zu einer rationaleren Urteilsfindung zu gelangen (Luthardt 1993, S. 187). Diesen sich aus dem Umfeld von Bürgerinitiativgruppen rekrutierenden „Detailexperten" werden nicht mehr vorwiegend Manipulationsversuche unterstellt, sondern ihnen wird nunmehr die Fähigkeit zugesprochen, ihre politische Klientel sachkundig zu informieren und in Fachgremien wie in Enquête-Kommissionen, Arbeitskreisen, Hearings usw. das Interessen- und Bedürfnisspektrum zu erhöhen.

In bezug auf den zu thematisierenden Wohlfahrtssektor Umwelt bieten erweiterte unmittelbare politische Beteiligungsformen die Chance, die schon im Vorfeld politisch-administrativer Politikformulierung wirksame Dominanz der Ökonomisierung durch Präsentation alternativer Positionen und Verbreiterung der Interessenberücksichtigung zu durchbrechen. Je mehr eine um die Teilnahme „kritischer" Akteure erweiterte Problemsicht einer „Deutungspolitik" Impulse gibt, die die Relevanz ökologischer und sozialer Belange ins öffentliche Bewußtsein rücken, umso mehr kann die Einseitigkeit der Orientierung auf ökonomische Kalküle überwunden werden (Offe 1990, S. 181f.).

c) Demokratisierung als Vergesellschaftung des Wohlfahrtsstaats

In der Sicht der Reformer des Wohlfahrtsstaats „von unten", in der die soziale Frage eng mit der Beantwortung der demokratischen Frage verknüpft wird, wird ein wesentlicher Ansatzpunkt zur Überwindung der konstatierten „Krise der Demokratie"[1] darin gesehen, die Demokratie in Zukunft als „gemeinschaftliche Veranstaltung der Bürger zu revitalisieren" (Guéhenno 1994). Nach diesem Demokratieverständnis ist eine bürgerschaftliche Reform des Sozial-/Wohlfahrtsstaats nicht nur aus sozialen und fiskalischen, sondern vor allem aus demokratiepolitischen Gründen überfällig. In dem auf stärkere Beteiligung der Bürger abstellenden demokratischen Reformprojekt bedarf Demokratie also nicht nur einer politischen Verfassung und einer funktionsfähigen Wirtschaft, sondern auch der Mitwirkung einer Vielzahl gesellschaftlicher Akteure (Dettling 1995, S. 6; 1995a, S. 100-110). Der Ansatz der Vergesellschaftung des Wohlfahrtsstaats stellt dabei auf drei wesentliche Maximen ab: ein ziviles Selbstverständnis des Staates zu entwickeln, das soziale Engagement der Bürger zu mobilisieren und vor allem die Rolle der demokratischen Gesellschaft zu aktivieren (Osborn/Gaebler 1992; Dettling 1995; 1995a).

Den Befürwortern einer „Zivilisierung" des (Wohlfahrts-)Staates geht es nicht um die „falsche" Alternative „mehr" oder „weniger" Staat, sondern um

---

1 Für Guéhenno sind Krisenerscheinungen der liberalen Demokratie der Verfall ihrer eigentümlichen Kraft, durch politische Dynamik und kontrollierten Wettbewerb, durch Teilhabe und Selbstbestimmung den politischen und sozialen Fortschritt zu befördern. Vgl. dazu Jean-Marie Guéhenno, 1994, S. 6-19.

die entscheidende Frage, wie er seine Aufgaben erfüllt, ob als bürokratischer Steuerungsakteur in Zusammenarbeit mit den großen Verbänden oder als Katalysator „unternehmerischer Kräfte“ im gesellschaftlichen Wettbewerb (Gore 1993; Dettling 1995a).

Um den in Deutschland tief verwurzelten Etatismus, zuerst überall vom Staate her und nicht von den Bürgern her zu denken, zu überwinden, wird sowohl den Bürgern als auch der Gesellschaft eine aktive Rolle zugewiesen. Der Wohlfahrtsstaat, der anfänglich auf Teilhabe und Selbstbestimmung der Bürger angelegt war, hat unter seinem Regime mannigfache Formen von Abhängigkeit entwickelt (Dettling 1995a, S. 103f.). Er hat bezüglich sozialer Dienste und Leistungen zum Zerfall in zwei Gruppen beigetragen: in Klienten und Konsumenten sozialer Dienste und Leistungen sowie in Professionelle (z.B. Ärzte, Krankengymnasten, Psychotherapeuten usw.) und Produzenten. Eine solche Organisation des Wohlfahrtsstaats hat die Passivität der Bürger unterstützt und die Verschwendung knapper Ressourcen begünstigt, anstatt die Beteiligten zu Schöpfern sozialer Werte zu machen. Damit die Menschen im Wohlfahrtsstaat nicht nur versorgt werden und nicht nur überwiegend Bund, Länder und Kommunen soziale Aufgaben übernehmen, sind soziale Aktivitäten „wieder stärker in die Hände der Bürger zurückzugeben“ (Dettling 1995, S. 6), ist der Wohlfahrtsstaat also in eine Wohlfahrtsgesellschaft zu transformieren (Walzer 1994). Dem Wohlfahrtsstaat wird dabei die Rolle zugewiesen, eine möglichst breite Mobilisierung des sozialen Engagements von Bürgern zu unterstützen.

Um der überall feststellbaren Auflösung des „sozialen Zusammenhalts“ und der Gefährdung der Grundlagen der Demokratie entgegenzuwirken, müssen in der Sicht der Reformer des Wohlfahrtsstaats „von unten“ das „soziale Kapital“ und damit „die Normen und Netze für bürgerliches Engagement“ gestärkt werden (Putnam 1995, S. 16). Die Reaktivierung bürgerschaftlichen Engagements kann dazu beitragen, die negativen sozialen und politischen Folgen des Dahinschmelzens des sozialen Kapitals wie Drogenkonsum von Jugendlichen, Kriminalität, Politik- und Demokratieverdrossenheit zu überwinden. Vermutete Ursachen für den Verlust des sozialen Zusammenhalts werden in der Eingliederung der Frauen in den Arbeitsmarkt mit der Folge vermeidbarer verminderter Zeit für die Bildung sozialen Kapitals und im technologischen Fortschritt, der einen Keil zwischen „individuelle und gemeinsame Interessen“ treibt, gesehen (Putnam 1995, S. 17). Bürger und Politiker werden deshalb aufgefordert, neue Wege zu entdecken, die sozialen Ressourcen in der Gesellschaft zu mobilisieren. Die Stärkung des sozialen Kapitals einer Gesellschaft wird als eminent demokratiepolitisches Projekt begriffen, das letztlich „die Demokratie am Laufen hält“ („Making Democracy Work“).

In der in sozialer Hinsicht zu aktivierenden Demokratie wird das Leitbild verfolgt, über die Beteiligung möglichst vieler Menschen an der „Produktion“ sozialer Güter und Dienste die „soziale Produktivität der Gesellschaft“ (Dettling 1995a, S. 107ff.) zu steigern. Die Betroffenen zu Beteiligten zu machen, d.h. anstelle anonymer konkrete Hilfen zu leisten (z.B. Herstellung und Vertrieb von Zeitschriften durch Obdachlose, Versorgung der Bedürftigen mit übriggebliebenem Essen von Hotels, großen Firmen und Großmärkten oder konkrete Hilfen von Bürgern durch die Übernahme von Vormundschaften für minderjährige Flüchtlinge), mobilisiert in dieser Perspektive die Solidarität der Gesellschaft, befördert die ökonomische Rationalität und erzeugt persönliche Zufriedenheit (Bolisch 1995, S. 10).

Der Ansatz der Vergesellschaftung des Wohlfahrtsstaats plädiert ferner für die Stärkung des Wettbewerbs auch im sozialen Bereich: In dieser Sicht wird Wettbewerb nicht als eine Form verstärkter Reprivatisierung verstanden, sondern als Chance, im gesellschaftlichen Wettbewerb „unternehmerische Kräfte" im öffentlichen und sozialen Sektor zu wecken und freizusetzen (Dettling 1995a, S. 108; Olson/Gaebler 1992). Der Wettbewerb eignet sich dazu, die öffentlichen und sozialen Anbieter und Einrichtungen zum Vergleich zu zwingen, indem über Ausschreibung beispielsweise ermittelt wird, welche Kirchengemeinden oder Initiativen Obdachlose am kostengünstigsten aufnehmen.

Auch bezüglich der Reorganisation von Institutionen möchte die Perspektive des „Reinventing Government" über die Aktivierung gesellschaftlicher Ressourcen hinaus politisch-administrative in „unternehmerische" Institutionen verwandeln, die einem starken Wettbewerb ausgesetzt sind und ihre finanziellen Mittel stärker zugunsten sozialer Projekte verwenden. Ein solcher Strategiewechsel beinhaltet eine öffentliche Mittelverwendung, die weniger den Anbietern (sozialen Oligopolen) als vielmehr der Nachfrage nach sozialen Diensten zugute kommen soll: Anstelle kostenbedingter Schließungen von Jugendhäusern könnten über Ausschreibungen Angebote stimuliert werden, die mittels Kooperation von „Experten" und „Laien" eine bessere und billigere Jugendarbeit ermöglichen (Dettling 1995a, S. 108).

Wettbewerb kann einer neuorientierten Finanz- und Sozialpolitik dazu verhelfen, mehr und bessere Leistungen für weniger Geld anzubieten (Gore 1993). Dieser Steuerungsmechanismus bietet einen Ansatzpunkt für eine Reform des Wohlfahrtsstaats, die hier als These formulierte Fiskalisierung der wohlfahrtsstaatlichen Politik zu überwinden, denn die Politik verfügt über ein Steuerungspotential, das Wachstum der sozialen Dienste und Leistungen vom Wachstum der öffentlichen Haushalte abzukoppeln.

Die Kritik am Wohlfahrtsstaat „von unten", das bürgerschaftliche Engagement zu aktivieren, wendet sich sowohl gegen die mit „rationalen" Argumenten begründeten starken Zweifel an der Mobilisierbarkeit sozialer Ressourcen als auch gegen die Wirksamkeit solcher Strategieansätze zur Überwindung tiefreichender Krisen: Den Vertretern der „Vergesellschaftung" des Wohlfahrtsstaats wird das „rationalistische Vorurteil" vorgehalten, „rationale" Begründungen für die Stärkung bürgerschaftlicher Netzwerk-Engagements könnten der Willensbildung mobilisierungsfördernde Impulse geben (Greven 1994). Gegen die zivilgesellschaftliche Ausrichtung des Wohlfahrtsstaats wird eingewendet, daß dieser „Reformansatz" aufgrund der Pluralisierung und Fragmentierung der modernen politischen Gesellschaft in zahlreiche „relativ diffuse, schwer ansprech- und kalkulierbare kollektive Akteure“ wie Selbsthilfegruppen, Bürgerinitiativen, soziale Bewegungen usw. zerfällt (Offe 1990, S. 188) und die Heterogenisierung von Milieus, Lebensstilen und Assoziationsverhältnissen (Lash/Urry 1987; Leibfried 1996) „den tatsächlichen Problemen“ der modernen politischen Gesellschaft zu „entkommen“ versucht (Greven 1995, S. 273). Die Zweifel richten sich schließlich gegen die Wirksamkeit der Belebung bürgerschaftlicher (sozialer) Engagements, daß zur Bewältigung so umfangreicher und tiefgreifender wohlfahrtsstaatlicher Krisen wie der Arbeitslosigkeit und der „Überforderung“ des sozialen Sicherungssystems (Offe 1995, S. 33ff.) der Rückgriff auf soziale Ressourcen der Bürger nicht ausreicht, sondern eine Neugestaltung der institutionalisierten Politik erforderlich ist.

Daß sich politisch-administrative Organisationen neuen Herausforderungen flexibel anpassen können, wird in Studien über den deutschen Einigungsprozeß hervorgehoben: So trug beispielsweise die Konstruktion der Treuhandanstalt als „Hybrid-Organisation“, die in ihrem organisatorischen Kern Erbstrukturen der klassischen DDR-Wirtschaftsverwaltung mit föderativen, neo-korporatistischen Strukturen der alten Bundesrepublik vereinte, wesentlich zur Durchsetzung ihrer Privatisierungspolitik bei. Die zentralistischen DDR-Verwaltungsstrukturen ermöglichten die rasche Umsetzung der Privatisierungsstrategie, und das flexibel gestaltete Interaktionssystem mit einer Vielzahl föderativer und korporativer Akteure sorgte für die notwendige soziale und politische Akzeptanz dieser Politik (Seibel 1995, S. 243, 247f.).

1.2.2. Neuorientierung der Steuerungsdiskussion

In den 80er Jahren wurde die wissenschaftliche und politische Diskussion von den „Deutungsmustern“ bestimmt, die eine „Überforderung“ und „Selbstüberhebung“ der Politik infolge der von ihr übernommenen staatlichen Zuständigkeiten und öffentlichen Verantwortlichkeiten mit der Folge einer „Überschuldung“ konstatierten (Offe 1990, S. 175). Aus derartigen „Enttäuschungserlebnissen“ wurden die Agenden staatlichen Handelns immer restriktiver definiert. Das aktive, präventive und positiv koordinierte Politikkonzept mit seinem interventionistischen Steuerungsanspruch auf weiteren sozialstaatlichen Fortschritt, Vollbeschäftigungsgarantie, gerechtere Einkommens- und Vermögensverteilung schien sich offenkundig verbraucht zu haben (Offe 1990, S. 176). Je mehr aber manifest werdende Krisen wie die hohe und anhaltende Arbeitslosigkeit oder die Deformierung wohlfahrtsstaatlicher Institutionen die Diskussion über Art und Ausmaß politischer „Untersteuerung“ entfachen (Offe 1995, S. 37f.), umso mehr rücken wieder Fragen nach Chancen und Restriktionen (zentraler) politischer Gestaltung und nach der Wahrnehmung von Potentialen kooperativer Politik in den Vordergrund des wissenschaftlichen und politischen Interesses.

Nach Aufdeckung bedeutender Dysfunktionalitäten der Dezentralisierung (z.B. Restriktionen für autonome Entscheidungen dezentraler Einheiten!) und angesichts des enorm gestiegenen Finanzbedarfs seit der deutschen Vereinigung und des mobilisierbaren Finanzierungspotentials des Bundes verlagert sich die Steuerungsdiskussion in der Finanz- und Sozialpolitik auf Möglichkeiten der Nutzung zentraler politischer Steuerungspotentiale. Die politische Bewältigung der steigenden Risiken und Notlagen, die sich vor allem auf physisch-materielle Lebensumstände und gesellschaftliche Teilhabechancen der Individuen (vor allem Zugang zum Erwerbseinkommen) beziehen, drängt in dem Maße auf die „zentralstaatliche Agenda", wie andere Entscheidungsebenen (Gemeinden, Bundesländer, EU) nicht zur Bearbeitung dieser Probleme in der Lage sind (Offe 1990, S. 180f.). Daß dem Bund als zentralem Steuerungsakteur wieder verstärkt Steuerungsaufgaben zugewiesen werden, liegt deshalb nahe, weil zuvörderst der Zentralstaat in der Lage ist, die ihm vom Grundgesetz zugewiesenen (steuer-)gesetzgeberischen und (förder-)instrumentellen Gestaltungspotentiale stärker zu nutzen (vgl. Kap. I.1.3.2.1.).

Seit Ende der 80er Jahre befaßt sich die sozialwissenschaftliche Literatur verstärkt mit den Vorzügen und Grenzen eines Wandels des Instrumenteneinsatzes. Ein Problem wird darin gesehen, unter Bedingungen zunehmender Regelungsdichte und Individualisierungstendenzen über regulative Normierungen ein Verhalten für mehr Eigeninitiative und Innovationen anzureizen. Um die Adressaten staatlicher Interventionen stärker zu motivieren, wird als alternative Steuerungsform die Verwendung fiskalischer Steuerungsinstrumente (z.B. Finanzhilfen und Steuervergünstigungen) empfohlen (Luhmann 1981; Voigt 1985; 1986; Windhoff-Héritier 1987). Mit der zunehmend geforderten und auch empirisch feststellbaren Verdrängung „harter" Instrumente der Gebote und Verbote und der verstärkten Anwendung „flexiblerer" Anreize setzender Instrumente soll die Anpassungsfähigkeit der Politik sowohl an die Herausforderung komplexer Problemkonstellationen als auch an die Erfüllung regionen-, sektoren- und politikfeldspezifischer Aufgaben verbessert werden (Le Grand 1993, S. 225ff.; M.G. Schmidt 1993, S. 451f.).

In den 90er Jahren hat sich die Steuerungsdiskussion sowohl auf die Leistungen als auch auf die Defizite politischer Netzwerke konzentriert (vgl. Kap. II.2.). Politiknetzwerke als neues „Steuerungsparadigma" können sich damit auch für die im Wohlfahrtssektor Umwelt zu begründende Ökonomisierungsthese eignen, Antworten auf die Frage zu geben, welche Vorzüge die Nutzung (vernetzter) kooperativer Politikmodi in Verhandlungssystemen und Mehrebenenstrukturen bietet (vgl. Kap. I.1.3.2.2.).

1.3. Strategieansatz aktiver Politikgestaltung

Im Gegensatz zu Erklärungen des Public-Choice-Ansatzes, der angebotsorientierten Politikansätze und der fiskalischen Restriktions-Ansätze (vgl. Kap. II.1.), die im Kern auf die Eingrenzung des politischen Handlungsspielraums hinauslaufen, wird hier die Gegenposition vertreten, daß weniger institutionelle Bindungen wohlfahrtsstaatlicher Entscheidungen notwendig sind als vielmehr politische Gestaltungspotentiale aktualisiert werden müssen. Der hier formulierte Steuerungsstrategie-Ansatz notwendiger gestaltender Politik, eines weiterentwickelten „aktiven" Politikkonzepts, setzt bei maßgeblichen Ursachen der Wohlfahrtsstaatskrise, bei der Unfähigkeit zur komplexen und vorsorgenden politischen Gestaltung und der unzulänglichen Ausschöpfung der Potentiale der politischen Steuerbarkeit gesellschaftlicher Teilsysteme wie des hier interessierenden Politikfeldes der Umweltpolitik an. Mit politischer Steuerung ist hier vor allem die an der Programmreichweite und -zielsetzung sowie an der Entscheidungsphase orientierte qualitative und präventive politische Gestaltung gemeint. Der politische Steuerungsansatz ist also – je nach Spezifik des Politikfeldes – sowohl auf qualitative Gestaltung im Sinne einer sachlich umfassenden, längerfristig konzipierten und gezielten (selektiven) Politik als auch auf die Nutzung kooperativer Politikmodi und eine frühzeitig eingreifende (vorsorgende) Beeinflussung politischer Prozesse angelegt.

Zur Begründung des Strategieansatzes notwendiger aktiver Politikgestaltung des modernen Wohlfahrtsstaats Bundesrepublik wird auf Elemente des aktiven Politikkonzepts zurückgegriffen. Das Konzept der aktiven Politik wird allerdings insofern weiterentwickelt, als zwar die Erklärung für die Stärkung der (zentralen) politischen Steuerungsfähigkeit ihr Gewicht behält, aber die einseitige Orientierung auf regierungs- und verwaltungsinterne Regelungsfragen überwunden wird, d.h. auch die wohlfahrtsstaatlich relevante Frage der politischen Steuerbarkeit gesellschaftlicher Teilsysteme (Steuerungsobjekte) und die mit der Nutzung kooperativer Interaktionssysteme verbundene Stärkung staatlicher Steuerungspotentiale nähere analytische Aufmerksamkeit erfahren soll. Die Strategie einer notwendigen Stärkung politischer Steuerung setzt bei maßgeblichen Steuerungsdefiziten der politischen Willensbildung und Entscheidungsfindung des modernen Staates, insbesondere des Wohlfahrtsstaats, an. Die Politikgestaltung steht vor umso größeren ökonomisch-fiskalischen sowie interaktions- und steuerungsbezogenen Herausforderungen, je mehr sich erweist, daß die demokratischen Wohlfahrtsstaaten funktionsstörenden Mechanismen unterliegen. In dem hier vertretenen Ansatz aktiver Politikgestaltung wird der eher optimistischen Interpretation gefolgt, wonach das PAS noch über erhebliche unausgeschöpfte Steuerungsressourcen verfügt (Grottian 1974; Mayntz 1987; Scharpf 1989; Voigt 1993; Offe 1995a). Während im Gegensatz zur Definition des ursprünglichen aktiven Politikansatzes die Variable Organisationsstruktur noch am wenigsten zur Verbesserung der politisch-administrativen Steuerungsressource geeignet erscheint, und die Defizite der Variablen Problembewußtsein des Verwaltungspersonals für reduzierbar gehalten werden, werden vor allem bei der Gestaltung der Ziele und Inhalte politischer Programme brachliegende Reserven ausgemacht.

1.3.1. Allgemeine Anforderungen an die aktiv gestaltende Rolle der Politik

Der Bezug auf das aktive Politikkonzept erfolgt vor allem deshalb, weil für die staatliche Problembearbeitung und -bewältigung zwar pragmatisch hohe Handlungsrestriktionen gesehen werden, der Gestaltungsspielraum des Staates aber trotz der „externen" – außerhalb des politisch-administrativen Systems liegenden – Restriktionen als weit eingeschätzt wird, also dessen Grenzen als noch längst nicht erreicht interpretiert werden (Mayntz/Scharpf 1973, S. 110). Die Agenda staatlichen Handelns werden umso mehr mit dem Ziel der Nutzung staatlicher Steuerungsressourcen neu geordnet werden müssen, je mehr sich manifest werdende Krisen als Ergebnis politischer „Untersteuerung" oder „Unterforderung" des Staates erweisen, und die Anwendung „subtilerer" Steuerungsformen des Staates eingefordert wird (Offe 1990, S. 190, 1995, S. 33ff.; Koslowski 1990, S. 37f.; Treutner 1993, S. 364-369).

Den Erklärungen des aktiven Politikkonzepts wird insofern gefolgt, als das politisch-administrative System als nicht völlig von der Ökonomie, sondern auch von kulturellen Faktoren bestimmt begriffen wird und daher grundsätzlich über einen nicht ausgeschöpften Handlungsspielraum verfügt. Das Anliegen des aktiven Politikansatzes ist, die vorherrschend praktizierte Politik, die erst bei akuten Problemen ansetzt und deshalb als kompensatorisch bzw. reaktiv charakterisiert werden kann, zu überwinden.

Zunächst wird die Anforderung des aktiven Politikansatzes an die politische Steuerungskapazität aufgegriffen, die Qualität staatlicher Politik an der Qualität der jeweiligen Handlungsprogramme zu messen (Mayntz/Scharpf 1973, S. 123; Mayntz 1987; Scharpf 1989; 1993). Als Defizite der vorherrschenden reaktiven Politik werden vor allem benannt:

- die vielfach durch mächtige Interessengruppen und die Bürokratie bestimmte Programmentwicklung,
- die sachlich begrenzte und kurzfristige Reichweite politischer Programme und schließlich
- die sich den vermeintlich unveränderbaren sozialökonomischen Trends anpassenden Zielsetzungen.

Diese Faktoren sprechen dafür, der aktiven Politikorientierung stärkere Geltung zu verschaffen. Zur Begründung der politikstärkenden Gestaltungsthese wird auch hier das die staatliche Steuerungsfähigkeit bestimmende Kriterium der Steuerungsressourcen aufgegriffen (Grottian/Murswieck 1974, S. 17f; Mayntz/Scharpf 1975, S. 7). Für die Vertreter des aktiven Politikkonzepts sind wichtige Voraussetzungen für die Verwirklichung ihrer Reformvorstellungen, daß sich der Staat die nötigen Ressourcen beschafft, also für eine stärkere finanzielle Ausstattung, bessere Informationen, eine angemessenere Organisationsform und politische Unterstützung, d.h. effektivere Macht- und Konsensmechanismen sorgt (Kohn/Latzelsberger 1977; Kommission für wirtschaftlichen und sozialen Wandel 1977).

Die Durchsetzungschancen der Intention des Ansatzes der aktiven Politik, über die Steigerung der politisch-administrativen Rationalität Regierung und Verwaltung „intelligenter" zu machen, sprich: Verfahrensweisen, Organisation und Personal zu reformieren, werden heute retrospektive zwar „nüchterner" und damit geringer eingeschätzt, doch werden die informationellen und organisatorischen Ressourcen heute noch oder aufgrund des wachsenden gesellschaftlichen Problemdrucks wieder verstärkt als verbesserungsbedürftig angesehen (Koslowski 1990, S. 37-43; Offe 1990a, S. 179-184).

Ein gegenüber dem traditionellen aktiven Politikkonzept modifizierter Ansatz aktiver Politikgestaltung, der die funktionellen Interdependenzen und kausalen Vernetzungen im modernen Wohlfahrtsstaat erfassen will, wird die verengte technokratische Sichtweise des auf die Verbesserung der Binnenstrukturen von Regierung und Verwaltung abstellenden Politikkonzepts erweitern müssen. Ein qualitativ verbessertes Konzept politischer und wohlfahrtsstaatlicher Gestaltung wird daher die Reform von Regierung und Verwaltung theoretisch und praktisch mit den veränderten Bedingungen der privaten Ökonomie (z.B. zunehmende Auswirkung der Automatisierung auf die Verteilung der Arbeit, Globalisierung der Güter- und Kapitalmärkte, verstärkte Anforderungen an Ressourcen- und Naturschonung) (Pilz 1983; Naschold 1985, S. 14-18; Bentele/Reissert/Schettkat 1995, S. 9-18) und den Verselbständigungstendenzen gesellschaftlicher Teilsysteme zu verknüpfen haben (Mayntz/Rosewitz 1988; Grande 1993, S. 51-68).

In komplexen industriellen Systemen erhält die Rückgewinnung oder der Erhalt gestaltender Regierungsfähigkeit als eines „wesentlichen Elements" politischer, ökonomischer und sozialer Entwicklung eine wachsende Bedeutung (Hilpert 1996, S. 4). Die Fähigkeit zum Regieren als Gestaltung von Zukunft (Hartwich 1991, S. 240-246) hängt maßgeblich von der „Perzeptions- und Antizipationsfähigkeit" des die Entscheidungen vorbereitenden administrativen Apparats ab (Böhret 1990; 1993, S. 181-244). Da Regieren als gestaltendes Einwirken auf Wirtschaft und Gesellschaft zunehmend mit neuen, risikoreichen Situationen konfrontiert wird, also nur noch begrenzt auf handlungsorientierende „Wissensvorräte" zurückgreifen kann, genügt heute eine reaktive, auf Tendenzen antwortende Politik immer weniger den Anforderungen an politische Gestaltung (Preuß 1994, S. 523-548). Für die Ausprägung politischer Handlungs- und Gestaltungskompetenz kommt deshalb der administrativ gouvernementalen „Wahrnehmung von aktuellen und zukünftig relevanten Entwicklungstrends" (Hilpert 1996, S. 4) sowie der Koordination unterschiedlicher gouvernementaler Aktivitäten (Derlien 1990, S.

77-88) entscheidende Funktion zu. Der Politik wird die Fähigkeit abverlangt, die Konstellationen von institutionellen Arrangements und die Entwicklungsbedigungen „selbst formen“ zu können. Deshalb gewinnt mit wachsender Komplexität der Prozesse die Beachtung politischer Strukturen, die nur in längeren Zeiträumen veränderbar und für Akteure verhaltensbestimmend sind, der Policyanforderungen und der beteiligten Interessenkonstellationen an Gewicht: eine ziel- und ergebnisorientierte (aktive) Politikgestaltung erfordert demzufolge, die administrativ-gouvernementalen Zuständigkeiten und die vorfindbaren politikfeldspezifischen Problemlagen[2] zu berücksichtigen sowie die angestrebten Politikergebnisse (z.B. Staats-, Sozialleistungs-, Schuldenquoten, Beschäftigungseffekte) zu formulieren (Hilpert 1996, S. 8).

Je komplexer die Entwicklungen in fortgeschrittenen Industriegesellschaften werden, umso bedeutender wird gestaltendes Regieren auf den verschiedenen gouvernementalen Ebenen und das Zusammenwirken der Vielzahl staatlicher, verbandlicher, wissenschaftlicher und individueller Akteure für die Bewältigung wirtschaftlicher und sozialer Probleme. Der Gestaltung durch Politik bedürfen vor allem „strukturbildende und risikoträchtige Politikfelder wie die der Technologie- oder Umweltpolitik“, in denen politische Entscheidungen wegen der für die Betroffenen unwägbaren Folgen und der sinkenden Chancen des Einzelnen, sich vor den zunehmenden Risiken zu schützen, nicht anonymen „Marktgesetzen“ überlassen werden dürfen (Grimm 1994, S. 625ff.; Hilpert 1996, S. 17). Demokratisch legitimierter Politik wird umso größere Gestaltungsverantwortung abverlangt, je mehr sich der Wohlfahrts-/Sozialstaat zum weltmarktorientierten „Konkurrenzstaat“ entwickelt (Narr/Schubert 1994, S. 131, 153)[3], die Politik sich in zunehmendem Maße dem Primat der (Weltmarkt-)Ökonomie unterordnet (C. Koch 1995, S. 79-85). Dabei gilt jenen Positionen, Strategien und politischen Akteuren die besondere Aufmerksamkeit, die „Gegenentwürfe“ zu dem angebotsorientierten und weltmarktfixierten dominanten „mainstream“ repräsentieren und präsentieren (vgl. Kap. IV.2.2.) und ihm unter heute zweifellos handlungsrestriktiveren Bedingungen Geltung verschaffen. Der auf stärkere

2 Für Hilpert verändern sich auch mit den zu behandelnden Problemlagen die Gewichtungen innerhalb der politischen „Settings“: Die Bedeutung administrativer Organisationstrukturen nimmt zu, wenn es sich um finanzpolitische Probleme handelt (Straßenbau oder Länderfinanzausgleich), institutionelle Arrangements bestimmen das Regierungshandeln in umweltpolitischen Fragen, und strukturelle Bedingungen sind entscheidend, wenn wie in der (industriellen) Technologiepolitik Gestaltungsmöglichkeiten antizipiert werden sollen. Vgl. Hilpert 1996, S. 8.

3 Der von Narr und Schubert verwendete Begriff des Konkurrenzstaates meint, daß mit der Ablösung des „nach innen gerichteten Wohlfahrtsstaats“ auch ein Funktionswandel des Staats einhergeht. Die sozialstaatlichen Strukturen des fordistischen Regulierungsmodells werden als Hindernisse für die Flexibiliseirung der Arbeits- und Produktionsprozesse begriffen: Demzufolge müssen tarifrechtliche Standards (z.B. Arbeitszeiten, Lohn- Leistungsregelungen) flexibilisiert, soziale Rechte (Kündigungsschutz, Sozialpläne, Mitbestimmmung des Betriebsrats) „gelockert“ und das Niveau der Sozialeinkommen abgesenkt werden. Siehe Urban 1995, S. 12.

Gestaltung der Politik angelegte Ansatz hat „Kontrapunkte" zu der in den 90er Jahren vor allem von konservativen und (wirtschafts-)liberalen Parteien und Medien, Arbeitgeberorganisationen und der angebotspolitisch dominierten wissenschaftlichen Politikberatung vertretenen Politik zu setzen, die die „Logik" der Standortkonkurrenz zunehmend als „Sachzwänge" akzeptieren und sich immer mehr zu „standortgerechtem" Handeln selbst verpflichten (Deutschmann 1989, S. 374-396).

Für die hier zu untersuchenden ausgewählten Politikfelder der Finanz-, Sozial- und Umweltpolitik bedeuten eine Mobilisierung politischer Gestaltungspotentiale in der Bundesrepublik Deutschland, die nicht geringen verbleibenden politikfeldspezifischen nationalen Handlungsspielräume auch politisch zu nutzen. Einer genuin wohlfahrtsstaatlichen Politik fällt also grundsätzlich die Steuerungsverantwortung zu, die Selektions- und Ausgrenzungsmechanismen des (Arbeits-)Markts nicht zu stützen, sondern auszugleichen, soziale Risiken – bedarfsorientiert – abzusichern sowie auf eine (Umwelt-)Politik der Ressourcenschonung und Risikovermeidung hinzuwirken (Preuß 1994; Urban 1995) (vgl. Kap. IV.2.

1.3.1.1. Prämisse: Dehnbarkeit des politischen Handlungsspielraums unter ökonomischen und politisch-institutionellen Restriktionen

In zahlreichen sozial- und politikwissenschaftlichen Interpretationen wird der Politik nur noch eine sehr begrenzte und weiter erodierende Handlungsfähigkeit zugesprochen: Als wichtige Gründe für das schwindende Steuerungsvermögen wurden und werden die Globalisierung der Kapital- und Gütermärkte (Scharpf 1991, S. 622; 1994, S. 1-5), die Heterogenisierung von zu vertretenden Interessen, sozialen Schichten und Lebensstilen (Beck 1986; Lash-Urry 1987) und die funktionale Differenzierung gesellschaftlicher Teilsysteme (Willke 1987; Luhmann/Scharpf 1989, S. 4-21) angeführt. Im Zuge der Globalisierung und Europäisierung droht der zentralen nationalstaatlichen Entscheidungsebene prinzipiell eine Schwächung ihrer Autonomie und damit ihrer Steuerungsfähigkeit. Im Gegensatz zu anderen Politikfeldern ist die Beschneidung nationaler (zentraler) finanzpolitischer Entscheidungskompetenzen als gering einzuschätzen, da die Abgabe nationaler zentraler Kompetenzen an die EU vor allem die Entscheidungsbefugnisse über marktschaffende Regelungen des EU-Binnenmarkts und die im Maastrichter Vertrag festgelegte Europäisierung der Geldpolitik betreffen (Scharpf 1994).

Die im eigenen Ansatz für notwendig befundene Stärkung der zentralen Politikgestaltung in der Finanz- und Sozialpolitik hat folglich von der Existenz variabler politisch-ökonomischer Restriktionen auszugehen, die den politischen Handlungsspielraum begrenzen. Staatliches Handeln verfügt aber zugleich über relevante handlungserweiternde Ressourcen und eine beachtenswerte Anpassungsfähigkeit. Im Gegensatz zu systemtheoretischen und korporatistischen Positionen, in denen sowohl dem Staat (als interner Regelstruktur des politischen Systems) die Fähigkeit zu hierarchischer Lenkung als auch neokorporatistischen Verhandlungssystemen kooperative Leistungen infolge des Bedeutungsverlustes der Gewerkschaften abgesprochen werden (Willke 1987, S. 289; Luhmann 1986, S. 167ff.; Lash-Urry 1987), werden nach dem hier vertretenen politischen Gestaltungsverständnis der politische Handlungskorridor für „dehnbar" und die strukturellen Restriktionen für variabel erachtet (M.G. Schmidt 1993, S. 451ff.).

Wird davon ausgegangen, daß politisches Handeln in einem doppelt gefilterten Prozeß stattfindet (Elster 1979, S. 112-117), definieren in einem ersten Filter strukturelle Restriktionen wie ökonomische Bedingungen, soziale Interessenlagen, politische Institutionen und politisch-kulturelle Wertvorstellungen die Handlungskorridore (M.G. Schmidt 1987, S. 192). In einem zweiten Filterprozeß treffen die politischen Akteure aus der begrenzten Anzahl von Handlungsalternativen innerhalb des Korridors ihre Auswahl. Diese Policy-Wahl verschiebt in der Implementations-Phase im staatlichen Innen- wie Außenverhältnis die Bedeutung der einzelnen Restriktionen, d.h., daß die Handlungskorridore dehnbar werden und damit eingeschränkt oder ausgeweitet werden können (Schmidt 1987, S. 1992; 1993, S. 451).

Wichtige politikfeldspezifische Einflußvariablen, die den staatlichen Handlungsspielraum restringieren und gleichzeitig erweitern, sind in der Finanzpolitik der ökonomische Entwicklungsgrad sowie die Höhe und die bundesstaatliche Verteilung der Staatsquote und in der Umweltpolitik vernetzte Interaktions- und Steuerungssysteme (Merkel 1993, S. 9-12).

Der relativ hohe ökonomische Entwicklungsgrad, das enorme staatliche Finanzvolumen und der annähernd 50-prozentige Staatsanteil der alten Bundesrepublik verschaffen dem Bund und den westdeutschen Ländern unmittelbar nach der deutschen Vereinigung die nötige finanz-, wirtschafts- und sozialpolitische Handlungsfähigkeit (Czada 1995, S. 14-18), die hohen West-Ost-Transfers für die Modernisierung der ostdeutschen Wirtschaft, den Ausbau der Infrastruktur und die zahlreichen sozialpolitischen Maßnahmen zu leisten (Monatsberichte der Deutschen Bundesbank, Juli 1995, S. 51ff.; Pilz/Ortwein 1995, S. 377). Auch wenn der Anteil des Bundes an den staatlichen Gesamtausgaben in den 90er Jahren „lediglich" um die 40% schwankt (Finanzbericht 1995, S. 217ff.), hat der deutsche Zentralstaat verfassungsrechtlich verbürgte, gesetzgeberische und fiskalische Gestaltungskompetenzen (vgl. Kap. I.1.3.2.1.). Die zentrale Politikgestaltung verfügt also trotz gestiegener und weiterhin steigender Finanzierungsanforderungen und schwieriger Abstimmungsprozesse in den Mehrebenenstrukturen (vgl. Kap. I.1.3.2.3.) prinzipiell über beachtliche fiskalpolitische Steuerungsmöglichkeiten (Rürup 1990, S. 288f.).

In der Umweltpolitik als politisch bedeutendem Netzwerk hängt der politische Handlungsspielraum maßgeblich von institutionellen Variablen ab (Waschkuhn 1985, S. 376ff.; Scharpf 1990, S. 111-147; Holtmann 1994, S. 258). Bedeutende institutionelle Einflußvariablen (umwelt-)politischer Gestaltung sind neben den (industrie-)verbandlichen und wissenschaftlich-technischen Institutionen administrative Strukturen und Verfahren und wohlfahrtsstaatliche Regimes (Esping-Andersen 1990, S. 69, 222ff.; Merkel 1993, S. 14-21; Lessenich 1994, S. 228ff.).

Während in der Phase der Politikformulierung insbesondere industrieverbandliche Akteure (z.B. das DIN) und der Sachverständigenrat für Umwelt infolge der Übertragung öffentlicher Aufgaben erheblichen Steuerungseinfluß haben, kommt in der Phase der Politikimplementation bürokratisch-industriellen Interaktionsmechanismen außergewöhnliches Gestaltungsgewicht zu (vgl. Kap. III.2.2. und 2.3.). Die Vollzugsbehörden in der Umweltpolitik sind durch ihre gesetzliche Aufgabenstellung zur Berücksichtigung „wirtschaftlicher Interessen“ verpflichtet, begünstigen also Ökonomisierungstendenzen. Kooperatives Verwaltungshandeln und informelle Absprachen (Informalisierung der Politik!) können allerdings auch rationale Politik befördern, beispielsweise bei drohenden Blockaden umweltschonende Maßnahmen durchsetzen (vgl. Kap. I.1.3.2.3.).

Das deutsche institutionelle sozialpolitische Regime (Leibfried 1990, S. 300; Offe 1993, S. 83-86) ist dadurch gekennzeichnet, daß die staatliche Politik zum großen Teil keine unmittelbare Wohlfahrtsverantwortung übernimmt, sondern auf nachgeordnete Sicherungsinstitutionen wie die Renten- oder Arbeitslosenversicherung verweist und damit familiäre und korporative Bindungen und Abhängigkeiten aufrecht erhält (Lessenich 1994, S. 228). Die Institution der deutschen gegliederten Sozialversicherung als Zwangsversicherung (Döring 1989, S. 61-65) trägt konservativen Wertvorstellungen der Sicherung des individuellen ökonomischen Status und der Status-Unterschiede insofern Rechnung (Offe 1990 a, S. 179-194), als die Entstehung von Leistungsansprüchen an Erwerbsarbeit gekoppelt ist. In diesem durch das Äquivalenzprinzip, der Beitragsbemessungsgrenze und begrenzter Bundeszuschüsse gekennzeichneten „Erwerbspersonen-Sozialstaat“ (M.G. Schmidt 1988, S. 159) hat die gestaltende Politik nur insoweit einen Spielraum für „Reformen“, als diese wichtigen Strukturprinzipien des wohlfahrtsstaatlichen Regimes in ihrem Kerngehalt nicht zur Disposition gestellt werden.

Wird der politikwissenschaftlich gängigen Typologisierung der Restriktionen gefolgt, werden diese nach ihrer Art in formelle und materielle unterteilt und nach Wirkungsschranken differenziert, so spielen formell-ökonomische und materiell-ökonomische Restriktionen sowie formell-politische und materiell-politische Beschränkungen eine Rolle (Ronge/Schmieg 1973; Offe 1975; Scharpf 1977, 1991, 1994; M.G. Schmidt 1992).

Auf formell-ökonomische Begrenzungen stoßen vor allem Reformbestrebungen, die soziale Prinzipien wie Solidarität oder sozialen Ausgleich zulasten von Markt- und Leistungsprinzipien stärken wollen. Wirtschaftsverfassungsrechtliche Regelungen erweisen sich als besonders „harte“ Restriktionen, da die wirtschaftliche Handlungsfreiheit und das private Eigentum einschließlich der darauf aufbauenden Prinzipien der Investitionsfreiheit, Gewinnverwendungsfreiheit und Preisgestaltungsfreiheit sowie tarifrechtliche Garantien für die Sozialpartner einen hohen „Bestandsschutz" genießen. Solche rechtlich sanktionierten und weitgehend akzeptierten Prinzipien, Leitbilder und Werte der marktwirtschaftlichen Ordnung bilden für politische Korrekturen Barrieren, die selbst bei vorhandenem politischen Gestaltungswillen nur unter größten Schwierigkeiten beiseite geräumt werden können.

Die Wirtschaftsverfassung der Bundesrepublik schränkt den politischen Steuerungskorridor für tiefgreifende Reformen nicht unerheblich ein, errichtet also Schranken, die für „progressive", auf weitreichende politische Korrekturen setzende Regierungen massiver zum Tragen kommen als für konservative und mehr an pragmatischen Anpassungen interessierte Regierungen. Konservative Regierungen sind aufgrund ihrer politischen Programmatik ohnehin nicht an der Überwindung der von der Wirtschaftsverfassung vorgegebenen Garantien für Eigentumsschutz, Tarifautonomie oder (massiven) Umverteilungsmaßnahmen interessiert. Eine auf moderate Korrekturen ausgerichtete Politik kann folglich die gegebenen politisch-ökonomischen Schranken „von Natur aus" leicht akzeptieren. Der hier vertretene Ansatz stärkerer genuin-politischer Steuerung wird bei allen Reformprojekten – auch vor dem Hintergrund drohender Klagen vor dem Bundesverfassungsgericht – stets die relativ geringen Chancen für wirtschaftsverfassungsrechtliche Änderungen zu beachten haben.

Erklärungsansätze zu materiell-ökonomischen Restriktionen politischen Handelns wie beispielsweise die des „Steuerstaats" (Schumpeter/Goldscheidt 1976) oder des „Interesses des Staates an sich selbst" (Offe 1975), wonach die Rücksichtnahme des Staates auf die Steuer- bzw. Sozialabgaben-Quellen (sprich: eine moderate Belastung besteuerungs- und sozialabgabenfähiger Produktion) den Handlungsspielraum beschränkt, haben als allgemeine Aussagen weiterhin und mit der Verschärfung des internationalen Wettbewerbs verstärkt Gültigkeit. Nach dem hier vertretenen Verständnis politischer Gestaltung bedarf die Belastung von Unternehmen und Bürgern aber immer einer differenzierten Betrachtung, derzufolge die Politik durchaus noch über unausgeschöpfte fiskalische Mobilisierungsfähigkeit verfügt.

Grundsätzlich unterliegt die (Politikgestaltung zur) Mobilisierung von Finanzierungsreserven dort den härtesten Restriktionen, wo es gilt, auf die Investitionsneigung und die unternehmerische Kostenentwicklung Rücksicht zu nehmen. Ansatzpunkte für eine zusätzliche Mittelaufbringung können deshalb nicht weitere Belastungen von Unternehmen über höhere (Unternehmens-)Steuern und/oder steigende Sozialabgaben (Lohnnebenkosten) sein. Auch der Weg weiterer Staatsverschuldung ist neben fragwürdigen verteilungspolitischen Folgen (Umverteilung zugunsten der Zinseinkünfte-Empfänger), konjunktur-, wachstums- und europapolitischen Grenzen vor allem deshalb versperrt, weil er den zukünftigen finanzpolitischen Handlungsspielraum bedenklich einengt (Rohwer 1992, S. 54-56).

Eine sozial- und umweltverträglich gestaltende Politik, die zur Deckung des enormen Finanzbedarfs zusätzliche Einnahmequellen erschließen will, muß deshalb prinzipiell bei den oberen Einkommensbeziehern und großen Vermögensbesitzern ansetzen: Eine solche auf die Dehnung des finanzpolitischen Handlungsspielraums bedachte Finanz- und Steuerpolitik wird zuvörderst die hohen Einkommen privater Haushalte (durch eine erweiterte Bemessungsgrundlage und verschärfte Steuerprogression) und die über die höchstrichterlich geschützten „Gebrauchsvermögen" hinausgehenden Vermögen fiskalisch stärker „abzuschöpfen" haben. Eine sich stärker am Gerechtigkeitsprinzip der wirtschaftlichen Leistungsfähigkeit orientierende Steuerpolitik (Nowotny 1996, S. 239ff.) schließt die Umkehr der verteilungspolitisch ungleichen Sozialbeitrags- und Steueraufkommensentwicklung ein, die den Arbeitnehmern seit den achtziger Jahren und verstärkt seit der deutschen Vereinigung durch zunehmende Anteile der Lohnsteuer am gesamten Steueraufkommen überproportionale Mehrbelastungen aufbürdet (Entwicklung zum „Lohnsteuerstaat"!)[4]. Die erwartbaren politischen und rechtlichen Widerstände der von den höheren Fiskalbelastungen Betroffenen werden allerdings der fiskalischen Mobilisierbarkeit nur schwer abschätzbare Grenzen setzen.

Eine Politik der Mobilisierung finanzieller Ressourcen wird auch in dem Maße stärkere Legitimation und Akzeptanz erfahren, wie es ihr gelingt, den fiskalischen Zweck der Aufkommenserhöhung mit der allokationspolitischen Notwendigkeit „richtiger" Preise für natürliche Ressourcen und Umweltschutzgüter zu verknüpfen: Diesen Anforderungen würde eine Politikgestaltung gerecht werden, die beispielsweise eine Erhöhung der Mineralölsteuer

---

4 Der mäßige Anstieg der realen Nettolöhne und -gehälter (Kaufkraftgewinn!) zwischen 1980 und 1994 von nur 3% und der Kaufkraftrückgang der westdeutschen Abeitnehmereinkommen seit 1990, aber die überproportionale Zunahme der Gewinne (1980 hatte ein Selbständigen-Haushalt ein doppelt so hohes verfügbares Einkommen, 1994 ein dreimal so hohes Einkommen wie ein Arbeitnehmer-Haushalt!) sind auch das Ergebnis der angebotsorientierten Steuerpolitik. Während die Belastung der Selbständigen-Einkommen mit Sozialbeiträgen und direkten Steuern rückläufig war, hat dagegen die der Angestellten- und Arbeitereinkommen kräftig zugenommen: In den letzten 15 Jahren hat sich zwar der Anstieg der Mittelaufbringung in der Sozialversicherung durch Arbeitgeber und Arbeitnehmer nur wenig geändert, d.h., daß der Arbeitgeberanteil an den Sozialbeiträgen von 13% auf 15% des Bruttoeinkommens aus unselbständiger Arbeit und der Arbeitnehmeranteil an den Sozialversicherungsbeiträgen von weniger als 13% auf reichlich 16% der Bezüge zunahm. Bei der Lohnsteuer ist die Belastung allerdings erheblich angestiegen: Die Lohnsteuerquote lag 1995 mit gut 19% der Bruttolöhne und -gehälter um nahezu 4% über der der westdeutschen Arbeitnehmer im Jahr 1980. Insgesamt betrug 1980 der Anteil der Sozialbeiträge und der Lohnststeuer an den Bruttolöhnen und -gehältern noch 29%, stieg aber im Jahr 1995 auf immerhin 36% an. Vgl. dazu Tofaute 1995, S. 197ff.; DIW-Wochenbericht 18/95, S. 358; DIW-Wochenbericht 22/23/96, S. 387-393 .
Während im Jahr 1995 die jeweiligen Anteile der veranlagten Einkommenssteuer, der Körperschaftssteuer und auch der Mehrwertsteuer am gesamten deutschen Steueraufkommen von knapp 770 Mrd. DM zurückgingen, nahm infolge der Steigerung des Lohnsteueraufkommens von rd. 6% der Lohnsteueranteil am Gesamtsteueraufkommen weiter überproportional zu.

und die damit angestrebte Mehrbelastung des Energie- und Ressourcenverbrauchs nutzt, um die daraus resultierenden Steuermehreinnahmen für die Senkung der Sozialversicherungsbeiträge und damit auch der Lohnnebenkosten zu verwenden. Die zentrale Politikgestaltung verfügt bei der Ausgestaltung „reiner" Bundessteuern wie beispielsweise der Mineralölsteuer (nach Art. 106 Abs. 1 GG) über außergewöhnliche Gestaltungsspielräume, da sie nicht nur aus umweltpolitischen Gründen mit einer breiten Akzeptanz rechnen kann, sondern auch wegen der Nicht-Zustimmungsbedürftigkeit des Bundesrats kein absolutes Veto zu befürchten ist.

Eine sozial verantwortliche Politikgestaltung sollte darüber hinaus die vorhandenen fiskalischen Spielräume nutzen, Steuermehreinnahmen – sowohl im Interesse der Arbeitgeber als auch der Arbeitnehmer – für die schrittweise Umstellung von beitrags- auf steuerfinanzierte Aufgaben/Leistungen zu verwenden (Rosenberg 1995, S. 358-364). Eine solche am Solidaritätsprinzip orientierte Neugestaltung der Mittelaufbringung erfordert eine stärkere Einbeziehung von Beamten, Freiberuflern und Unternehmern in die Finanzierung gesamtgesellschaftlicher Aufgaben (Bäcker 1995, S. 8-17).

Formell-politische Restriktionen wie die verfassungsrechtlich gewährleisteten individuellen und kollektiven „Abwehrrechte" gegen staatliche Eingriffe setzen der Ausweitung und Intensivierung der politischen Steuerung nicht zu unterschätzende Schranken. Auch die bundesstaatliche Kompetenzverteilung, die um die EU erweiterten Mehrebenenstrukturen, die „Mitregenten" Bundesverfassungsgericht und Deutsche Bundesbank restringieren den Spielraum zentraler Politikgestaltung (Pilz/Ortwein 1995, S. 200-236). Gleichwohl verfügt der Bund als zentraler Steuerungsakteur insbesondere im Gesetzgebungs- und Finanzbereich über politisch bei weitem noch nicht ausgeschöpfte Gestaltungspotentiale (vgl. Kap. I.1.3.2.1.).

Auf handlungseinschränkende und -erweiternde institutionelle Aspekte des öffentlichen Sektors haben neben politikwissenschaftlichen Restriktions- und Wahlanalysen schon ökonomische Theorieansätze der Politik wie die des Public-Choice-Ansatzes Bezug genommen (Blankart 1994; Frey/Kirchgässner 1994; Nowotny 1996) (vgl. Kap. II.1.1.). Auch der Public-Choice-Ansatz versucht das Verhalten wirtschafts- und finanzpolitischer Akteure eines demokratischen Staates mit (neoklassischen ökonomischen) Verhaltensannahmen wie insbesondere denen der Nutzenmaximierung zu erfassen. Die an Wiederwahl und an „Stimmenmaximierung" interessierten politischen Akteure verhalten sich dann „nutzenmaximierend", wenn sie „unter der Restriktion der Sicherung der nötigen Mehrheit" den individuellen Präferenzen der Wähler quasi als „‚Konsumenten' auf dem ‚politischen Markt'" adäquat Rechnung tragen[5] (Nowotny 1996, S. 79f.).

5 Die Kritik richtet sich zum einen gegen die dem Public-Choice-Ansatz zugrunde liegende neoklassische Annahme vorgegebener individueller Präferenzen, da es in der realen Politik in erheblichem Maß um die Einflußnahme bzw. Änderung von Präferenzen gehe. Außerdem wird zu bedenken gegeben, daß analog zur wirklichkeits-

Die Kritik an dieser (zu simplen) Anwendung des Paradigmas der individuellen Nutzenmaximierung auf politische Prozesse hebt hervor, daß gerade bei der Politikformulierung und -umsetzung historische Bestimmungsfaktoren, Wertorientierungen, institutionelle Arrangements usw. charakteristisch sind, der politische Handlungsspielraum aber als nicht primär von Nutzenkalkülen restringiert werden kann (Etzioni 1994). Der politische Handlungskorridor werde vielmehr durch eine Vielzahl zusätzlicher spezifischer Einflußfaktoren wie dominanter Wertvorstellungen, Unsicherheiten über Ursachen-Wirkungs-Zusammenhänge, der Verfügbarkeit über Informationen, politisch-institutioneller Besonderheiten usw. bestimmt.

Aus politikwissenschaftlicher Perspektive liegen beachtenswerte politisch-institutionelle Restriktionen in mehrheitsdemokratischen Strukturen und Verfahren (M. G. Schmidt 1992): Der Handlungsspielraum für tiefgreifende Reformen wird durch den Zwang der politischen Eliten eingeschränkt, ungeachtet mannigfacher Aufgaben- und Problemstellungen kurzfristig Erfolge vorweisen zu müssen. Die politische Gestaltungsfähigkeit nimmt in der Regel mit der zeitlichen Nähe zur nächsten Wahl ab, da mit dem sich verschärfenden Parteienwettbewerb die Bereitschaft aller Akteure zur Konsensfindung sinkt. Eine langfristig orientierte Politikgestaltung unterliegt deshalb engen politisch-institutionellen Restriktionen, weil nicht nur die Häufigkeit der Wahlen im Bund und in den Ländern die politischen Akteure unter akute Befähigungs- und Rechtfertigungszwänge setzt, sondern auch die innerparteilichen Auswahlprinzipien für die Wiederwahl rasche Erfolge erfordern. Politisch-institutionelle Bedingungen des Bundesstaats, mehrheitsdemokratische Mechanismen und nicht zuletzt handlungseinschränkende Vorgaben des Bundesverfassungsgerichts sind zwar ernst zu nehmende Barrieren für eine auf langfristige Projekte angelegte aktive Politikgestaltung, stellen aber nicht die prinzipielle Dehnbarkeit des (zentralen) politischen Handlungkorridors in Frage.

1.3.1.2. Stärkung der politischen Steuerungsfähigkeit des Zentralstaats und Nutzung der Potentiale der politischen Steuerbarkeit von Teilsystemen

In der Finanz- und Sozialpolitik, in denen dem Bund wegen des vorhandenen enormen Finanzvolumens und des durch die (Steuer-)Gesetzgebung mobilisierbaren Finanzierungspotentials und wegen des zur Verfügung stehenden förderpolitikspezifischen Instrumentariums besondere Verantwortung zufällt, bedeuten grundsätzlich neudefinierte Agenda staatlicher Aufgaben unter restriktiven Bedingungen von (Transformations-)Krisen und begrenzter fiskalischer Abschöpfbarkeit bei gleichzeitig gewachsenen fiskalischen, ökonomi-

---

fremden Vorstellung einer „Mechanik vollkommener Märkte" nun eine „politische Mechanik" abgeleitet werde. Vgl. Nowotny 1996, S. 79, 86.

schen, sozialen und ökologischen Ansprüchen an den Staat, notwendigerweise eine Strategie der „Staatsentlastung“ und Aufgabenreduzierung zu verfolgen. Darüber hinaus wird im Rahmen einer stärker leistungsfähigkeitsorientierten Mittelaufbringung und verstärkter steuer- statt beitragsfinanzierter Aufgabenerfüllung (vgl. Kap. I.1.3.2.) die Mittelverwendung nicht mehr bevorzugt an einzelwirtschaftlichen Kriterien auszurichten (vgl. Kap. IV.2.), sondern gezielter auf arbeitskraftqualifizierende, infrastrukturpolitische und ressourcenschonende Maßnahmen zu konzentrieren sein.

Zwar plädiert auch die Angebotspolitik für mehr öffentliche Infrastrukturinvestitionen, doch wird deren staatliche Förderpolitik nicht nur strengen Kriterien zeitlicher Begrenzung und degressiver Staffelung unterworfen, sondern auch auf „wirtschaftsnahe“ Infrastruktur begrenzt. Im Rahmen der Strategie verstärkter politischer Steuerungsfähigkeit kommt dem Ausbau öffentlicher Infrastruktur deshalb besondere Funktion zu, weil im Unterschied zur öffentlichen Förderung privater Investitionen, bei denen das Letztentscheidungsrecht beim Investor liegt, über die Deckung des „Bedarfs“ an öffentlichen Infrastrukturinvestitionen in eigenverantwortlicher politischer Regie entschieden werden kann. Der Ansatz politischer Gestaltung muß deshalb darauf gerichtet sein, die Tendenzen abnehmenden Investitionsanteils im öffentlichen Haushalt in den 90er Jahren umzukehren[6] (Vgl. Kap. IV.2).

Im Rahmen dieses nur grundlegend formulierten Ansatzes aufgabenkonzentrierter Politikgestaltung kann und soll keine konkrete Neudefinition der Agenda staatlichen Handelns geleistet werden. Da die Grenzen des Handlungsfeldes und damit Art, Umfang und Rangfolge staatlicher Aufgaben und Interventionsvollmachten nicht unverrückbar sind, sondern als Variable maßgeblich von der Organisations- und Konfliktfähigkeit sowie der Deutungspolitik kollektiver Akteure abhängen, werden im Strategieansatz lediglich allgemeine Anforderungen an eine gestaltende Politik vorgestellt.

In der Umweltpolitik hat der Staat die technische Regelsetzung weitgehend – staatliche und quasi-staatliche Aufgaben wahrnehmenden – Normungsgremien (z.B. DIN, VDI, TÜV) übertragen, um die Vorteile kooperativ orientierter Verhandlungssysteme zu nutzen (vgl. Kap. III.2.2. und 2.3.). In diesem staatlich-verbandlichen Interaktionssystem wirkt zwar der Staat nicht mehr als „zentrale Steuerungsstelle, sondern Mitspieler in einem Netz von Handelnden“ (Fürst 1987, S. 266), in dem er über Instrumente „prozeduraler Steuerung“ verfügt: Damit die technischen Umweltstandards auch den politischen Gestaltungszielen entsprechen, können die staatlichen Instan-

---

6 Die Struktur öffentlicher Haushalte hat sich seit Anfang der 90er Jahre zugunsten der konsumtiven und zulasten der investiven Ausgaben verschoben. Während beim Bund der Investitionsanteil im Haushalt von 15,4 % im Jahr 1992 lediglich auf 14,7% im Jahr 1996 zurückging, sank die Investitionsquote bei den Ländern von 18,4 % im Jahr 1991 immerhin auf 16,2 % im Jahr 1995. Am deutlichsten fiel aber der Rückgang der investiven Ausgabenanteile bei den Gemeinden aus: Hier sank der Investitionsanteil am Gesamthaushalt von 28,8 % im Jahr 1991 auf 20,3 % im Jahr 1995. Vgl. hierzu Süddeutsche Zeitung vom 14./15.9.1996, S. 31.

zen den regelsetzenden Organisationen mit Kompetenzentzug drohen, organisatorische und verfahrensmäßige Strukturvorgaben machen oder staatliche Förderhilfen gezielt bestimmten korporativen Akteuren gewähren. Diese „Verbundproduktion staatlicher Aufgaben“ (Offe 1975, S. 105), die die Nutzung des Informationspotentials der an der Standardsetzung Beteiligten, eine bessere Akzeptanz der Verhandlungsergebnisse sowie geringere Implementationsprobleme verspricht, genügt in dem Maße den Anforderungen aktiver (technischer) Politikgestaltung, wie die Berücksichtigung „öffentlicher Interessen“ sichergestellt wird, also eine „Demokratisierung“ durch Öffnung der regelsetzenden Verbände erfolgt. Die verstärkte Installierung partizipationsfördernder Strukturen und Verfahren auf der Programm- wie der Implementationsebene soll dazu beitragen, eine „Gegenmacht“ zu den in den (industrie-)verbandlichen Organisationen und Vollzugsbehörden dominierenden Wirtschaftsinteressen zu bilden. Die Aufgabenentlastung gouvernementaler und parlamentarischer Instanzen durch die Externalisierung der Regelsetzung beeinträchtigt nicht zwingend eine auf breitere Interessen- und Wertberücksichtigung setzende Politikgestaltung.

Die Politik sollte ihren Steuerungseinfluß auf die Standardsetzung dahingehend nutzen, den Kriterien der Offenheit und Transparenz sowie organisations- und konfliktschwachen Interessen stärkere Geltung zu verschaffen: Der Ansatz aktiver Politikgestaltung verlangt daher im netzwerkartigen Verhandlungs- und Entscheidungssystem der Umweltpolitik nicht nur eine offene Konsensbildung für alle von den Entscheidungen Betroffenen, sondern im Interesse kontrollierbarer Ergebnisse auch eine durchsichtige Willensbildung und Entscheidungsfindung und die Einbeziehung von Gruppen und Bedürfnissen, die „sich nicht artikulieren oder artikulieren können“ (Ritter 1987, S. 347). Die Politik, die brisante Regelungsmaterien den technischen Normungsgremien zu entziehen und in ein (herkömmliches) Rechtsetzungsverfahren zu überführen in der Lage ist, kann und sollte ihre „überdurchschnittliche Verhandlungsstärke“ (Voelzkow 1993, S. 112) in den netzwerkartigen Arrangements dazu nutzen, das gesellschaftliche Wertberücksichtigungspotential zu erweitern. Diese demokratisch begründete Öffnung vernetzter Entscheidungsverfahren für „alternative“ Deutungsmuster ist eine notwendige, wenn auch keine hinreichende Bedingung dafür, öffentliche Interessen wie Gesundheits- oder Verbraucherinteressen wirksamer in die Politikformulierung und -umsetzung einzubringen.

Der im Wohlfahrtsstaat der Bundesrepublik dominierende nachsorgende Politikmodus impliziert den „teuren Staat“, d.h., daß die staatlichen Steuerungsverzichte um so stärkere kostentreibende Wirkungen haben, je später der Staat den ökonomischen, sozialen und ökologischen Fehlentwicklungen in den gesellschaftlichen Teilsystemen gegensteuert. Der Überwindung dieser sich „selbstverstärkenden Wirkung staatlicher Interventionsverzichte“ (Jänicke 1986, S. 56) gilt deshalb besondere Aufmerksamkeit, weil grundsätzlich mit der Abkehr vom nachsorgenden Politikmodus die fiskalische Abhängigkeit vom ökonomischen System schwindet: Je stärker die Problemnachvollzugs-Kapazität des Staates ist, um so geringer sind die Reparatur- und Entsorgungskosten und der aus der Privatökonomie zu deckende Finanzbedarf (Wicke 1986; Leipert 1987; Scharpf 1988b; Guggenberger 1988; Glaser 1988).

Das Potential der politischen Steuerbarkeit gesellschaftlicher Teilsysteme hängt nicht nur vom Ausmaß der Globalisierung der Austauschbeziehungen, sondern auch vom Grad der eigenen Organisiertheit ab: Teile des Wirtschaftssystems (z.B. die Landwirtschaft, das Verkehrswesen, die Energieversorgung) schotten sich in dem Maße gegen (zentrale) nationale Steuerungsversuche ab, wie sich die Märkte für Güter, Kapital und Dienstleistungen internationalisieren (Scharpf 1987). Der Politikgestaltung des Arbeitsmarktes (als eines bedeutenden wohlfahrtsstaatlichen Steuerungsobjekts) kommt dagegen deshalb eine so herausragende Bedeutung zu, weil die auch im europäischen Binnenmarkt nach wie vor überwiegend national strukturierten Arbeitsmärkte noch am ehesten erfolgreiche Interventionen zulassen (Altvater 1988; Offe 1995a, S. 222-231). Die nationale politische Steuerung verfügt also über ein nicht ausgeschöpftes Potential, auf die Beschäftigungsentwicklung wirksam Einfluß zu nehmen (Glaser 1988; M.G. Schmidt 1993, S. 275ff.).

Der Ansatz verstärkter politischer Gestaltung hat allerdings auch die ambivalenten Wirkungen der politischen Steuerung auf differenzierte Funktionssysteme zu beachten: Zwar dient auf der einen Seite eine hohe Handlungs- und Selbststeuerungsfähigkeit der Teilsysteme eher der Entlastung der Politik von Steuerungsaufgaben (z.B. Übertragung von Regelungsaufgaben auf technische Normungsgremien wie das DIN, den VDI usw.) (Fürst 1987, S. 264; Voelzkow 1993, S. 108ff.; Eichener/Voelzkow 1994, S. 256-283), erschwert aber auf der anderen Seite die Durchsetzbarkeit politischer Maßnahmen gegen konträre Positionen hochorganisierter Teilsysteme (Scharpf 1988b, S. 61-87).

Das Potential politischer Steuerbarkeit großer differenzierter Organisationen darf gleichwohl nicht geringgeschätzt werden, weil ein „komplexer wechselseitiger Ressourcentransfer zwischen Staat und Verbänden“ im Interesse aller Interaktionspartner liegt (Traxler/Vobruba 1985, S. 19; Lehmbruch 1988; 1994, S. 371ff.). Steuerungs- und handlungsfähige staatliche Partner-Organisationen, die einen relativ hohen Monopolgrad haben, vielfach hochgradig zentralisiert sind und ein relativ konstantes Führungspersonal aufweisen (Scharpf 1988 b, S. 71), sind nicht nur für politische Steuerungsintentionen besonders offen, sondern auch infolge ausgebildeter struktureller und prozeduraler Vorkehrungen in ihrem Handeln meist rational und berechenbar. Außerdem verfügen sie über eine hohe Artikulationsfähigkeit, die ihnen im Prozeß der Programmentwicklung und -durchsetzung Gehör verschafft (Mayntz 1987, S. 103f.). Aber auch der Staat profitiert von der „Durchorganisation“ gesellschaftlicher Teilsysteme, indem er die Überzeugungskraft der Organisationen den eigenen Mitgliedern gegenüber zur Durchsetzung seiner Programme nutzt (Fürst 1987, S. 270).

Kooperative Beziehungen erscheinen unter gesellschaftlichen Bedingungen hoher Unsicherheit und hoher Risiken als rational, weil die einzelnen Entscheidungssysteme immer weniger bereit sind, die Verantwortung für unwägbare Folgen allein zu übernehmen. Kooperative Umgangsformen eröffnen nicht nur staatlichen Organisationen zusätzliche Steuerungschancen, sondern liegen im Interesse sowohl staatlicher als auch privater Akteure: Die vielfältigen Kooperations- und Tauschbeziehungen sind für Vollzugsbehörden rational, weil sie leichter Zugang zu betriebsspezifischen Ressourcen erhalten. Die administrative Problembearbeitung kann effektiver werden, weil die Unternehmen beispielsweise nicht nur die Ursachen von Umweltschädigungen (Verschmutzungsquellen!) am besten kennen, sondern weil sie auch ihre technologischen Möglichkeiten selbst am besten realistisch einschätzen können. Die Unternehmen rechnen ihrerseits durch regelmäßige Interaktionen mit Zugeständnissen der Verwaltung, einen Teil der (umwelt-)politischen Aufgaben (z.B. Abwasserreinigung) selbst regulieren zu können (Hawkins 1984). Die Vorzüge dieser kooperativen Interaktionsstrukturen und -prozesse kommen also betriebswirtschaftlichen Interessen zugute und dienen damit gleichzeitig der Stabilisierung von Ökonomisierungstendenzen.

Der häufig hervorgehobene Gegensatz zwischen wohlfahrtsstaatlichen Interventionen und der Selbststeuerung der gesellschaftlichen Teilsysteme wird in dem Maße obsolet, in dem der Staat von einem Teil seiner Steuerungsaufgaben entlastet wird (Offe 1990, S. 174-183), dafür aber den gesellschaftlichen Organisationen Mitspracherecht einräumt (z.B. formelle Anerkennung als korporatistische Verhandlungspartner). Der Preis für einen solchen Tauschhandel oder eine persuasive Mitwirkung der gesellschaftlichen Akteure ist, daß der Staat den Organisationen Mitsprache zumindest in der Politikformulierung einräumen muß. Auf diese Weise kann zwar die politische Steuerbarkeit über eine erhöhte Kooperationsbereitschaft der gesellschaftlichen Teilsysteme gestärkt werden, doch wird das Interaktionsverhältnis zwischen Staat, Unternehmen und Gruppen auch deshalb instabiler, weil die kollektiven oder korporativen Akteure jederzeit von ihrer Vetoposition Gebrauch machen können (Fürst 1987, S. 271).

Dieser Instabilität der Austauschbeziehungen und der – vernetzten Entscheidungssystemen immanenten – geringen Innovationsfähigkeit kann dadurch begegnet werden, daß die politische Steuerung bei der Programmentwicklung stärker die Dynamik hochgradig komplexer Gesellschaften berücksichtigt. Eine adäquate „Organisationsform" der politischen Gestaltung muß gewährleisten, daß nicht nur Informationen über die Strategie der Interaktionspartner, sondern auch gesellschaftliche Neben- oder Rückwirkungen und Interdependenzen bei der Entscheidungsfindung berücksichtigt werden (Mayntz 1987, S. 106f.).

1.3.1.3. Notwendigkeit des Zusammenwirkens hierarchischer Steuerung und vernetzter Verhandlungssysteme

Vertreter des Netzwerk-Konzepts warnen davor, Netzwerke lediglich als Alternative zu den traditionellen Steuerungsstrukturen („governance structures“) Hierarchie und Markt zu betrachten, denn die Entwicklung von Netzwerken kann nur im Zusammenhang mit hierarchischen und marktmäßigen Strukturen gesehen werden. Renate Mayntz verweist deshalb auf den Prozeß des Zusammenspiels von hierarchischer Organisation/Steuerung und Netzwerkstrukturen (Mayntz 1991, S. 11). Netzwerke sind zwar als Reaktion auf spezifische Defizite hierarchischer Organisation oder des Marktes entstanden, aber nicht in der Lage, deren positive Funktionen vollständig zu übernehmen. Will die Politik funktionsfähig bleiben, bedarf es des Zusammenwirkens der unterschiedlichen Steuerungsstrukturen.

Nach Jänickes modernisierungsorientiertem Steuerungsverständnis vollzieht sich – neben der notwendigen Konzentration zentralstaatlicher Instanzen auf „Gestaltungsaufgaben“ – ein Paradigmenwechsel, der durch folgende politische Umorientierung gekennzeichnet ist (Jänicke 1993, S. 70f.):

- von (detaillierter) bürokratischer Problembearbeitung zu verstärkter Rahmensteuerung,
- von zentralstaatlichen zu eher dezentralen Problemlösungen und
- von exklusiven zu eher inklusiven (vernetzten) Entscheidungsverfahren.

In neueren Ansätzen zur politischen Steuerung wird deshalb die Herausbildung eines komplexen politisch-gesellschaftlichen Nebeneinanders konstatiert: Danach formiert sich neben der hierarchischen, mehrheitslegitimierten Steuerung des Nationalstaats die neue Steuerungsform horizontal verflochtener, konsensualer Verhandlungssysteme (Benz/Scharpf/Zintl 1992; Scharpf 1994; Héritier 1995, S. 205-220; Benz 1995, S. 185-204).

In der Sichtweise der Vertreter des notwendigen Miteinanders der beiden Steuerungstypen ist dieses „Zusammenspiel“ Ausdruck politischer und gesellschaftlicher Modernisierung (Mayntz 1993, S. 43; Jänicke 1993, S. 72ff.; Czada 1993, S. 73-94). Dem Modernisierungs-Ansatz geht es durch eine verbesserte Strategie- und Innovationsfähigkeit im Kern um die Stärkung der politischen Problemlösungsfähigkeit sowie um das Wirksamwerden eines kooperativen Politikstils: Der Zentralstaat kann und muß seine gestaltende Rolle wirksamer wahrnehmen, indem er sich von Detail-Interventionen entlastet. Für eine Politikgestaltung „von oben“ bieten sich alle Policy-Maßnahmen an, „bei denen Gleichheit eine wichtige Rolle spielt“, die sich primär auf grundlegende bürgerliche Teilhaberechte beziehen (Peters 1993, S. 301). Auch die „zunehmend turbulente Interdependenz von Ereignissen und Entscheidungen“ in der modernen Welt (Scharpf 1993, S. 57) mit ihren globalen (umwelt-)politischen, ökonomischen und sozialen Folgeproblemen verlangt dem Zentralstaat politikfeldspezifische eigenverantwortliche Prioritätensetzungen ab, erfordert aber auch Konfliktaustragungen und Konsensbildungen innerhalb vernetzter Entscheidungssysteme.

Der auf das Zusammenwirken der Steuerungsmechanismen setzende Ansatz meint mit politischer Modernisierung die Stärkung der Strategiefähigkeit staatlicher, parastaatlicher und privater Akteure. Politische Systeme können ihre Strategiefähigkeit dadurch verbessern, daß relevante Akteure auf die langfristige und koordinierte Wahrnehmung und Bewältigung von Problemen verpflichtet werden (Knoepfel/Kissling-Näf 1993, S. 273ff.).

Die Vertreter des Nebeneinanders von hierarchischen und vernetzten Steuerungsstrukturen und -mechanismen stellen ferner darauf ab, die Innovationsfähigkeit der Politik zu verbessern (Braun 1993, S. 204-206). Wie schon oben angeführt, ist eine notwendige, wenn auch keine hinreichende Erfolgsbedingung für erhöhte Innovationsfähigkeit die Offenheit der Institutionen der Meinungs- und Willensbildung (Feick/Jann 1988, S. 196-220; Jänicke 1990, S. 213-233). Die Innovationsfähigkeit der Politik kann in dem Maße gestärkt werden, wie die Öffnung von Entscheidungsverfahren, die Offenlegung kritischer Positionen und „neue" (alternative) Begründungen und Schlußfolgerungen gelingen.

Schließlich kommt dem kooperativen Politikstil erhebliche Bedeutung zu, weil durch das Zusammenspiel der Steuerungsmechanismen eine effizientere politische Implementation erreicht werden kann. Je größer die Bereitschaft der Interaktionspartner zur Kooperation ist, um so größer sind die Chancen einer „integrierten Durchsetzung politischer Ziele" (Jänicke 1993, S. 79). Studien über politikfeldspezifische Konsultations- und Aushandlungsmechanismen belegen, daß eine kooperative Politikkonzertierung die ausgehandelten Ziele und Maßnahmen implementationsfähiger macht (M.G. Schmidt 1988; Lehner 1988). Ein kooperativer Politikstil begünstigt darüber hinaus eine innovative Politikentwicklung, indem in „dialogischen" Verhandlungssystemen „Innovateure" nicht mehr ausgeschlossen werden und Einfluß auf Politikinhalte nehmen können.

1.3.2. Nutzung politikfeldspezifischer Gestaltungs- und Netzwerkpotentiale

Auch wenn „multiple, sich überlagernde Verhandlungssysteme in nichthierarchischen, netzwerkartigen Strukturen" überhandnehmen (Scharpf 1991, S. 623), sprechen ubiquitäre Krisensymptome (Böhret 1990) für die Notwendigkeit (gemeinwohlorientierter) politischer Steuerung. Der Steuerungsmodus Hierarchie ist zwar überall dort nur noch begrenzt wirksam, wo die Folgebereitschaft für Steuerungsmaßnahmen gering ist, und der Zweck der Steuerung auch nicht durch Sanktionen (z.B. Strafen, finanzielle Nachteile usw.) gesteigert werden kann, doch erfordert der wachsende politikfeldübergreifende Steuerungsbedarf andere Möglichkeiten der Politikgestaltung.

Während für die Politikentwicklung im Wohlfahrtssektor Umwelt mit seiner Vielzahl von Akteuren verstärkte kooperativ verhandelnde Politikmodi für politisch produktive Politikergebnisse geeignet erscheinen, sprechen „übergreifende" Aufgabenstellungen wie die Herausforderungen der sich eher noch verschärfenden Finanzierungsprobleme und die zuvörderst beim Bund mobilisierbaren Finanzmittel sowie verfassungsrechtliche Anforderungen an die Herstellung „gleichwertiger" Lebensverhältnisse im Bundesstaat für eine auf bestimmte Aufgaben konzentrierte zentralstaatliche Politikgestaltung.

In dem Maße aber, wie der hoheitlich-hierarchisch handelnde Staat an seine Grenzen stößt, werden kooperative Formen von Interaktion und Steuerung unverzichtbar. Ein grundsätzlich wesentlicher Vorzug der kooperativen Steuerung wird darin gesehen, die politisch-administrative Problembearbeitung und die organisierte Interessenvermittlung zu integrieren. Eine auf kooperative Verhandlung angelegte Politikgestaltung hat trotz ihrer offensichtlichen Defizite gegenüber anderen Modi der Konfliktaustragung und Konsensbildung den Vorzug, daß die Teilnehmer durch wechselseitige Präsentation ihrer Auffassungen oder Vorschläge ihre Positionen annähern und nach einer für alle Akteure akzeptablen Lösung suchen können (Benz 1995a, S. 86). Die kooperative Handlungslogik wandelt sich dann vom Tausch als bloßem Interessenausgleich („bargaining") zur Verhandlung, bei der die Akteure – im Idealfall – an optimaler Aufgabenerfüllung („problem solving") interessiert sind (Mayntz 1993, S. 46ff.).

Unter realen Verhandlungsbedingungen kann von der Vermutung ausgegangen werden, daß Kombinationen von Koordinationsmechanismen bessere Wohlfahrtseffekte erwarten lassen, als wenn jede Form von Verhandlung für sich praktiziert wird: Bleiben integrative Verhandlungen („kooperative Interaktionsorientierungen"[7]) als zwar leistungsfähigste, aber auch voraussetzungsvollste Form der Koordination zunächst einmal außer Betracht, bestätigen Untersuchungen die Leistungsfähigkeit der Kombination von Koordinationsmechanismen insbesondere der distributiven Verhandlung („bargaining"), der negativen und der positiven Koordination (Scharpf 1994c, S. 397- 404).

In distributiven Verhandlungen ist zwischen den Akteuren die Verteilung von Vorteilen und Lasten strittig. In Tarifverhandlungen oder in politischen Verhandlungen, bei denen Verteilungsfragen explizit zum Verhandlungsgegenstand gemacht werden, wird eine „mittlere Linie" zwischen den Maximalforderungen der Beteiligten gesucht. Ist wie in Tarifverhandlungen die Mög-

---

7 Im Anschluß an Walton und McKersie verwendet Scharpf nicht mehr die Begriffe „Bargaining" und „Problem Solving", die Einstellungen der Beteiligten zueinander charakterisieren, sondern inzwischen die Begriffe „individualistische" und „kooperative" Interaktionsorientierungen, die auf die Gegenstände der Verhandlungen abstellen. Beim integrativen Verhandlungsmechanismus blenden die Beteiligten alle Fragen nach der Verteilung von Vorteilen und Lasten aus und orientieren sich in den Verhandlungen ausschließlich an Kriterien ihres gemeinsamen Interesses. Vgl. hierzu Scharpf 1993; 1994c, Fn 17.

lichkeit verbindlicher Vereinbarungen institutionell gesichert, können distributive Verhandlungen grundsätzlich immer stattfinden (Scharpf 1994c, S. 402).

Unter Wohlfahrtsaspekten sind allerdings die Bedingungen negativer Koordination kritisch zu beurteilen. Die Leistungsfähigkeit dieses Koordinationsmechanismus hängt von der Institutionalisierung von Schutzrechten und Vetopositionen ab. Die strukturellen Voraussetzungen der negativen Koordination liegen dann vor, wenn beispielsweise Eigentumstitel und Verfahrensregeln sanktioniert werden, formale Organisationen oder wechselseitige Abhängigkeitsverhältnisse in dauerhaften Netzwerken geschaffen werden. Ähnliche strukturelle Bedingungen herrschen auch im deutschen Föderalismus, wenn die von der Bundestagsmehrheit getragene Bundesregierung im Bundesrat einer parteipolitisch anders zusammengesetzten Mehrheit gegenübersteht. Schließlich gelten in pluralistischen Politiknetzwerken, in denen politisch interessierte Verbände, politische Parteien, Fraktionsarbeitskreise, Parlamentsausschüsse und Ministerien auf die Politikformulierung Einfluß nehmen wollen, ähnliche Bedingungen: Exklusive Koalitionen zwischen dem zuständigen Bundesminister und einem Koalitionspartner, die beispielsweise im Rahmen der „dritten Stufe“ der Gesundheitsreform ein „Einfrieren“ der Arbeitgeberbeiträge zur Krankenversicherung und damit eine Abkehr vom paritätischen Finanzierungsmodus beschlossen haben, erfordern im weiteren Gesetzgebungsverfahren die Rücksichtnahme auf die ausgeschlossenen Interessen. Im Kabinett oder im Parlament treten Gruppierungen innerhalb der Koalitionsfraktionen (z.B. CDU-Sozialausschüsse), die Ländermehrheit im Bundesrat oder spätestens die Oppositionsinteressen im Vermittlungsausschuß auf, die eine Einbeziehung ausgeschlossener Akteure wie die der Kassen, der Wohlfahrtsverbände oder der Bundestagsopposition erzwingen können (Mayntz 1991a, S. 285ff).

Die Verhandlungsform der positiven Koordination ist zwar in der Regel mit wesentlich höheren Transformationskosten verbunden, aber an Kooperation und Interessenausgleich gelegene verhandlungsbereite Partner können wohlfahrtssteigernd wirken. Je stärker die Verhandlungen institutionell eingebunden sind, umso mehr wird die Vertrauensbildung erleichtert und umso unprofitabler werden Täuschungsversuche. Solche institutionellen Bedingungen werden vor allem in hierarchischen Strukturen (wie in der Ministerialbürokratie) oder in dauerhaften Netzwerken von wechselseitig abhängigen Akteuren gewährleistet (Scharpf 1993d; 1994c, S. 402).

Untersuchungen zur Praxis der interministeriellen Koordination konnten die Tendenzen zum „Herunterkoordinieren“ innovativer Politikentwürfe offenlegen (Mayntz/Scharpf 1975): Während in interministeriellen Projektgruppen der Mechanismus der positiven Integration zum Tragen kam, zwang das Letztentscheidungsrecht des Kabinetts die Beteiligten zur negativen Koordination, d.h. daß der ursprüngliche Projektentwurf solange verändert werden mußte, bis bei der Kabinettsentscheidung von keinem Ressort mehr ernsthafte Einwände erhoben wurden. Während aber die Autoren damals die

Koordinationsmechanismen hinsichtlich der Förderlichkeit problemgerechter „aktiver Politik“ kritisch beurteilten, räumen sie heute ein, „die Leistungsfähigkeit einer systematischen Kombination von negativer und positiver Koordination eher unterschätzt (zu) haben“ (Scharpf 1994c, S. 398).

In parlamentarischen Demokratien kann zwar das Veto-System durch Intervention der politischen Führung oder durch die Mobilisierung breiter politischer Mehrheiten außer Kraft gesetzt werden, doch bedürfen solche Interventionen außergewöhnlicher, nicht oft wiederholbarer politischer Anstrengungen. Für die überwiegende Zahl politischer Entscheidungen ist aber der „institutionalisierte Zwang zur negativen Koordination“ charakteristisch (Scharpf 1994c, S. 404). Gleichwohl wird in pluralistischen Netzwerken die Kombination von positiver und negativer Koordination und distributiver Verhandlung praktiziert. Scharpf konstatiert deshalb, daß die Politik in pluralistischen Demokratien oft „brauchbare Ergebnisse“ hervorbringen kann, die weder zu vollständigen Blockaden noch zur Destabilisierung politischer Strukturen und Verfahren führen müssen (Scharpf 1994c, S. 404).

Kooperation könnte ein wesentliches Merkmal eines neuen Interaktions- und Steuerungsmusters sein, in dem der Staat die Rolle eines kooperativen Akteurs übernimmt. Ein kompromiß- und konsensorientierter Verhandlungsstaat hat dann die Interaktions- und Willensbildungsarrangements so zu „orchestrieren“ (Beck 1993, S. 216), daß Partikularinteressen hintangestellt und „gesamtgesellschaftlich vertretbare verbindliche Entscheidungen“ erreicht werden (Schimank 1989, S. 252).

Werden auf Kooperation angelegte Verhandlungssysteme zwischen Staat und Privaten sowie mehrheitsdemokratische Verfahren als sich ergänzende Entscheidungsmechanismen betrachtet, haben die Akteure in beiden Politikarenen Verantwortung zu tragen. Dies führt auf der einen Seite zu einer „Verdoppelung“ der Verantwortlichkeit, da die kooperierenden Regierungsvertreter ihre Verhandlungsergebnisse sowohl gegenüber den verbandlichen Interaktionspartnern als auch gegenüber dem Parlament vertreten müssen. Auf der anderen Seite tragen diese verbundenen Entscheidungssysteme nicht nur durch staatlich-verbandliche Kooperation, sondern durch ihre Einbeziehung in parlamentarische Verfahren zur Erhöhung der Legitimation bei. Eine sich auf diese „Doppelverantwortung“ stützende Politikgestaltung ist politisch deshalb rational, weil sie auf Dauer mit der Akzeptanz der Mehrheit der gesellschaftlichen Akteure rechnen kann.

Die in Verhandlungssystemen angestrebte Kompromißfindung, die Kooperations- und Konzessionsbereitschaft voraussetzt, wird umso eher erreicht, je mehr die Beteiligten befürchten müssen, bei einem Beharren auf ihren Positionen „größere Nachteile zu erleiden, als wenn sie in Verhandlungen nachgeben“ (Benz 1995a, S. 86). Verhandlungssysteme können auch dann zu integrativen Problemlösungen beitragen, wenn die Beteiligten aufgrund der Kommunikation ihre Perspektiven in Übereinstimmung bringen und ihre Interessen neu definieren. Kooperative Interaktionen zwischen Regierung, Verwaltung und Verbänden sind ferner besonders „erfolgreich“, wenn sie sich gegen störende Außeneinflüsse abschließen, auch wenn dies zulasten demokratischer Verfahren in Parlament und innerverbandlicher Entscheidungsfindung geht. Je mehr dagegen die Interaktionen in mehrheitsdemokratischen Verfahren erfolgen, sich also dem konfliktverschärfenden Parteienwettbewerb aussetzen, umso mehr wird die Kooperation zwischen Exekutive und Verbänden erschwert oder sogar verhindert.

Beim Steuerungsmodus der Kooperation werden für den Konfliktaustragungsprozeß zwischen den unterschiedlichen Interessen Verfahrensregeln festgesetzt, ohne daß der staatliche Steuerungsakteur von vornherein das Ergebnis inhaltlich zu determinieren versucht. Der kooperative Steuerungsmodus bezieht sich sowohl auf das Verhältnis der einzelnen staatlichen Ebenen und Sektoren als auch auf das Zusammenspiel des Staates mit gesellschaftlichen Gruppen (z.B. Interessenverbänden, Bürgerinitiativen) und individuellen Akteuren. Kooperatives staatliches Handeln ist zumindest auf die Abschwächung der Über- und Unterordnungsverhältnisse zwischen Staat und Gesellschaft angelegt. Der kooperative Staat macht von der Anwendung autoritativer Mittel des Rechts nur behutsam Gebrauch, bleibt aber „Herr des Verfahrens", da staatliche Steuerung (verfassungs-)rechtlich durchaus möglich und „die Folgebereitschaft der Adressaten erzwingbar" bleiben (Voigt 1995, S. 42).

1.3.2.1. Ausschöpfung des (steuer-)gesetzgeberischen Mobilisierungspotentials und des förderinstrumentellen Handlungspotentials des Bundes in der Finanzpolitik

Die finanzpolitische Verarbeitung der deutschen Vereinigung hat gezeigt, daß der Finanzpolitik im Bundesstaat, insbesondere der zentralen finanzpolitischen Steuerung zwar keine umfassende Reformfähigkeit, aber doch eine beachtliche Anpassungsfähigkeit zuzuschreiben ist (Benz 1989, S. 181-192; 1995, S. 143-161; Renzsch 1994, S. 116-138). Vor allem hat der Bund sein finanzpolitisches Steuerungspotential genutzt, um eine beachtliche „Kehrtwende" zu vollziehen: In Abweichung von der bis dahin verfolgten Konsolidierungspolitik sind zur Finanzierung der deutschen Einheit eine weitreichende Staatsverschuldung sowie steigende Steuern und Abgaben in Kauf genommen worden, und der Bund hat eine massive ausgabenwirksame und einnahmenmindernde Förderpolitik verfolgt (M.G. Schmidt 1993, S. 451; Pilz/Ortwein 1992, S. 71-107). Die Mobilisierung dieser Anpassungselastizität im finanzpolitischen Bund-Länder-Gefüge macht deutlich, daß manch „ältere" Theorie der Politikverflechtung über Immobilismus, Inkrementalismus oder Reformunfähigkeit im Lichte einigungsbedingter Erfahrungen korrigiert werden muß (Scharpf 1989, S. 121-162; Mayntz 1995, S. 141). Der in der alten Bundesrepublik vorhandene und seit der deutschen Vereinigung enorm gestiegene politische Problemlösungsbedarf legt die Verfolgung von Problemlösungsstrategien nahe, die dem Bund – je nach Spezifik des Politikfeldes – eine mehr oder minder starke Steuerungskompetenz zuweisen. So kommt ihm bei der Gestaltung seiner Finanzpolitik aufgrund seiner gesetzgeberischen und fiskalischen Gestaltungskompetenzen, seines Koordinierungspotentials und seines Legitimationsgewichts eine zentrale Steuerungsrolle zu (Eckstedt/Henning 1988), während im Politiknetzwerk der Umwelt die Nutzung der Leistungsfähigkeit vernetzter Handlungssysteme dominiert (vgl. Kap. I.1.3.2.2.).

Dem Bund stehen als verfassungsrechtliche Potentiale der Politikgestaltung vor allem das Institut der konkurrierenden Gesetzgebung mit seiner gleichwertigkeits- und einheitsorientierten Normierung (Art. 72 Abs. 2 GG), die (Steuer-)gesetzgebungszuständigkeiten des Bundes (Art. 105 Abs. 2 GG) und das förderpolitikspezifische Instrumentarium der Gemeinschafts-aufgaben und der vertikalen Hilfen (Finanzhilfen und Bundesergänzungszuweisungen) (Art. 91a GG, Art. 104a Abs. 4 GG, Art. 107 Abs. 2 GG) zur Verfügung. Die im Zuge der deutschen Vereinigung erfolgten Verfassungsänderungen haben – trotz anfänglich angestrebter Aufgabenverlagerung vom Bund auf die Bundesländer – den Handlungsspielraum des Bundes bezüglich der Mittelaufbringung und -verwendung nicht wesentlich beeinträchtigt.

Der Bund konnte in der alten Bundesrepublik die im Art. 74 GG aufgeführten Zuständigkeiten in bezug auf die Bedingungen des Art. 72 Abs. 2 GG sukzessive erweitern: Sobald dem Bund Kompetenzen zugewachsen waren, weil die drei Bedingungen des Art. 72 Abs. 2 GG als gegeben oder erfüllt angesehen wurden, erlosch in diesem Bereich die Länderzuständigkeit (Abromeit 1992, S. 40). Von den Vorschlägen zur Dezentralisierung der Kompetenzen nach der deutschen Einheit ist nur wenig umgesetzt worden (Benz 1995, S. 154ff.): Während die Rahmenkompetenz des Bundes für das Hochschulwesen (nach Art. 75 GG) und die konkurrierende Gesetzgebungszuständigkeit lediglich für das Bodenrecht eingeschränkt worden sind, ist der Katalog der konkurrierenden Gesetzgebung um das Staatshaftungsrecht sowie das Recht der künstlichen Befruchtung beim Menschen, der Gentechnologie und der Organtransplantation erweitert worden. Da die Mitglieder des Bundesrats primär an der Erweiterung von Zustimmungsrechten bei der Bundesgesetzgebung interessiert waren, ist von der Forderung nach Übertragung konkreter Gesetzgebungsbefugnisse letztlich wenig übrig geblieben: Die Bedürfnisklausel des Art. 72 Abs. 2 GG, welche die Nutzung der konkurrierenden Gesetzgebung durch den Bund erst ermöglichte, ist dahingehend eingeengt worden, daß der Begriff der Einheitlichkeit der Lebensverhältnisse durch den – größere wirtschaftliche und soziale Disparitäten zulassenden – Begriff der „Gleichwertigkeit" ersetzt wurde.

Auch die auf die bundesstaatliche Angleichung der wirtschaftlichen und sozialen Standards innerhalb Deutschlands zielenden investitions- und infrastrukturfördernden Instrumente der Gemeinschaftsaufgaben (Art. 91a GG), der vertikalen Hilfen wie der Finanzhilfen des Bundes für besonders bedeutsame Investitionen der Länder und Gemeinden (Art. 104a Abs. 4 GG) und Bundesergänzungszuweisungen (Art. 107 Abs. 2 GG) räumen dem Bund dominierende oder eigenständige Gestaltungsmöglichkeiten auf der Grundlage der gleichwertigkeits- und einheitsorientierten Verfassungsnorm des Art. 72 Abs. 2 GG ein. Die Politik des Bundes nutzte nach der deutschen Vereinigung dieses förderspezifische, auf den Abbau von Disparitäten gerichtete Mobilisierungs- und Steuerungspotential des Grundgesetzes, um die außergewöhnlichen Herausforderungen der wirtschaftlichen und politischen Transformationsprobleme bewältigen zu können (Renzsch 1994; 1996; M.G. Schmidt 1994). Mit der Aufstockung der zentralen Förderprogramme wie insbesondere der Mittel für die Gemeinschaftsaufgabe zur „Verbesserung der regionalen Wirtschaftsstruktur“[8], der vertikalen Hilfen[9], der ERP-Kredite im Rahmen der Existenzgründungs-, Aufbau-, Umwelt- und Energiesparprogramme[10] und steuerlicher Vergünstigungen (vor allem Investitionszulagen und Sonderabschreibungen)[11] hat sich die Finanz- und Sozialpolitik des Bun-

---

8 Bei der Gemeinschaftsaufgabe „Verbesserung der regionalen Wirtschaftsstruktur“ (GA) sind von den 1995 insgesamt knapp 11 Mrd. DM bewilligten Mitteln (Bundes- und Ländermittel einschließlich der an die GA gekoppelten Mittel des Europäischen Regionalfonds) rund 82% abgeflossen (Bundestags-Drucksache 13/4733, S. 24). Bezüglich der Verteilung der GA Fördermittel auf Gewerbe- und Infrastrukturinvestitionen ist der private Investitionsanteil an der Gesamtförderung von rund dem Dreifachen (1991) auf etwa die Hälfte zurückgegangen (1994). Vgl. dazu Monatsbericht der Deutschen Bundesbank, Juni 1995, S. 16.

9 Nach dem in den „Solidarpakt“- Verhandlungen zwischen den Regierungschefs von Bund und Ländern vom März 1993 beschlossenen „Föderalen Konsolidierungsprogramm“ (FKP) sind die Finanzhilfen des Bundes für Investitionen und die Bundesergänzungszuweisungen erheblich erhöht und der Förderzeitraum zum Teil auf 10 Jahre festgelegt worden: Im Ausführungsgesetz zum Art. 104a Abs. 4 GG, dem Investitionsförderungsgesetz für den Aufbau Ost, wurde festgelegt, den neuen Ländern und ihren Gemeinden über 10 Jahre jährlich 6,6 Mrd. DM für zweckgebundene Infrastrukturmaßnahmen zu geben. Die ostdeutschen Länder und Kommunen sollen dabei mindestens 10% der Kosten übernehmen. Weitere 4,4 Mrd. DM der insgesamt 10 Mrd. DM umfassenden Hilfen werden als „freie“ Ergänzungszuweisung den Ländern zugeschlagen, d. h., daß sie über deren Verwendung selbst entscheiden können. Auch die Bundesergänzungszuweisungen (BEZ) an die ostdeutschen Länder sind im FKP erheblich ausgeweitet worden: Neben den „ Fehlbetrags-BEZ“, die Länder mit einer Finanzkraft von lediglich 95% des Bundesdurchschnitts erhalten, „Übergangs-BEZ“ für westdeutsche Länder, die durch die Einbeziehung Ostdeutschlands in den Länderfinanzausgleich Verschlechterungen hinnehmen mußten, „Sonderbedarfs-BEZ“ für kleine Bundesländer mit hohen Kosten der politischen Führung fallen vor allem „Sonderbedarfs-BEZ“ in Höhe von über 11 Mrd. DM ins Gewicht, die zum Abbau teilungsbedingter Sonderlasten und zum Ausgleich schwacher Finanzkraft der Kommunen den ostdeutschen Ländern und Berlin bis zum Jahr 2005 zufließen. Vgl. dazu JG 93/94, Ziff. 164-167; Hickel/Priewe 1994, S. 147f. .

10 Für zinssubventionierte ERP-Kredite wurden 1995 über 6 Mrd. DM ausgezahlt. Siehe Bundestags-Drucksache 13/4733, S. 24.

11 Mit dem Jahressteuergesetz 1996 wurde die Fortsetzung der steuerlichen Investitionsförderung in den neuen Bundesländern beschlossen. Die Verlängerung des Investitionszulagen- und Fördergebietsgesetzes sah sowohl eine Verlängerung spezifischer Investitionszulagen um 2 Jahre (für die Jahre 1997 und 1998) als auch eine Absenkung der Sonderabschreibungen ab 1997 vor. Die steuerlichen Mindereinnah-

des als unerwartet anpassungsfähig erwiesen. Dieser „Kurswechsel" der Politik des Zentralstaates zugunsten stärker interventionistischer Politik widerspricht zwar angebotspolitischen Ordnungsvorstellungen, belegt aber zugleich, daß der Bund unter den phasenabhängigen Bedingungen vereinigungsbedingten Problemdrucks das ihm zur Verfügung stehende förderspezifische Gestaltungspotential auch zu nutzen wußte.

Auf die Mittelverwendung wirkte der Bund insofern gestaltend ein, als er Prioritäten setzte hinsichtlich

- der Verteilung der Fördermittel auf private und öffentliche Investitionen,
- der Differenzierung der Fördersätze nach Branchen, Beschäftigtenzahl, Regionen und Investitionsarten und des Förderzeitrahmens sowie
- der Festlegung von infrastrukturellen Aufgabenschwerpunkten (z.B. zugunsten des Ausbaus der wirtschaftsnahen Infrastruktur, des Wohnungs- und Städtebaus, der Förderung von Wissenschaft und beruflicher Bildung und der Erneuerung sozialer Einrichtungen).

Ferner sichert das Grundgesetz dem zentralstaatlichen Akteur relevante Gestaltungskompetenzen im Verbundsystem des Finanzwesens, dessen Steuerungseinfluß durch das Scheitern der Finanzverfassungsreform nach der Wiedervereinigung nicht geschmälert worden ist. Der Bund hat deshalb in der steuer- und finanzpolitischen vertikalen Politikverflechtung die maßgebliche Gestaltungskompetenz („Steuerhoheit"!), weil er nach Art. 105 GG die konkurrierende Gesetzgebungsbefugnis über nahezu alle Steuern hat (mit Ausnahme der Länderbefugnis über die örtlichen Verbrauchs- und Aufwandssteuern), „wenn ihm das Aufkommen der Steuern ganz oder zum Teil zusteht oder die Voraussetzungen des Art. 72 Abs. 2 vorliegen" (Art. 105 Abs. 2 GG). Da diese Voraussetzungen auch nach dem neuen Kriterium der „Gleichwertigkeit" der Lebensverhältnisse meist als gegeben angesehen werden können, ist der Bund der entscheidende Steuerungsakteur, der über eine beachtliche fiskalische Mobilisierungsfähigkeit verfügt. Die Landeskompetenz zur Regelung der örtlichen Verbrauchs- und Aufwandssteuern ist praktisch auch deshalb erloschen, weil keine Steuern zu finden sind, die „nicht bundesgesetzlich geregelten Steuern gleichartig" sind (kein „Steuererfindungsrecht"!). Der Bund hat also weitgehende Gestaltungskompetenzen nicht nur für die eigenen Einnahmenquellen, sondern auch – mit Ausnahme der Landesgesetzgebung über „Gebühren und Abgaben" (z.B. der niedersächsischen Ölförderabgabe) – für die Einnahmen der Bundesländer.

---

men der Investitionsförderung für die neuen Länder wurden von der Bundesregierung auf fast 16 Mrd. DM im Jahr 1996, auf eine geringe Abnahme auf jeweils über 13 Mrd. DM in den Jahren 1997 und 1998 und auf einen starken Rückgang im Jahr 1999 geschätzt. Im Jahr 2000 sollen dann die steuerlichen Fördermaßnahmen weitgehend auslaufen. Vgl. dazu Aktuelle Beiträge zur Wirtschafts- und Finanzpolitik, hrsg. vom Presse- und Informationsamt der Bundesregierung, Nr. 15/1995, Bonn 1995.

Die größte Handlungskompetenz, sich auch gegen den politischen Widerstand im Bundesrat zusätzliche Mittel zu beschaffen, hat der Bund bei der Gestaltung von Steuern, deren Aufkommen ihm allein zusteht (Art. 106 Abs. 1 GG). Da es sich bei der Regelung des Aufkommens von Bundessteuern um Einspruchsgesetze (mit nur aufschiebendem Veto des Bundesrats!) handelt, hat der Bund seit der Vereinigung bevorzugt Bundessteuern wie die Ergänzungsabgabe (Solidaritätszuschlag), die Mineralöl-, Tabak-, Branntwein- und Versicherungssteuer erhöht (Vesper 1995, S. 165-182).

Auch beim Finanzausgleich als wichtigem Element der vertikalen und horizontalen Politikverflechtung hat der Bund – abgesehen von der Regelungszuständigkeit der Länder im Finanzausgleich zwischen ihnen und den Kommunen – die Gestaltungskompetenz. Mit der verfassungsrechtlichen Bestimmung, daß das Ländersteueraufkommen und der Länderanteil an den Einkommen- und Körperschaftsteuern nach dem Kriterium des „örtlichen Aufkommens" verteilt werden (Art. 107 Abs. 1 GG), wurde zugleich das Auseinanderfallen von Steuerkraft und Steuerbedarf akzeptiert, so daß regelmäßig ein nachträglicher „Finanzausgleich" erforderlich wurde und wird. Für die Sicherstellung eines „angemessenen" Ausgleichs zwischen finanzstarken und finanzschwachen Ländern ist wiederum der Bundesgesetzgeber zuständig. Im Bundesgesetz kann ferner bestimmt werden, daß der Bund den „leistungsschwachen" Ländern durch vertikalen Finanzausgleich Zuweisungen ... (Ergänzungszuweisungen) gewährt (Art. 107 Abs. 2 GG).

Der Kritik an der gesetzgeberischen und finanziellen Politikverflechtung, daß die Länder wegen ihrer weitgehend fehlenden Gestaltungskompetenz auf der Einnahmenseite als „keine wirklichen Staaten" bezeichnet werden können (Abromeit 1992, S. 44), und daß der Föderalismus der Bundesrepublik wegen der negierten Länderautonomie im Bereich des Finanzausgleichs als „Pseudo-Föderalismus" zu etikettieren ist (C.C.v. Weizsäcker 1987, S. 221), muß allerdings entgegengehalten werden, daß der absehbar eher noch steigende Finanzierungsbedarf insbesondere der finanzschwachen föderativen Einheiten dem Bund außergewöhnliche fiskalische Förderhilfen abverlangt. Der Strukturwandel der vertikal differenzierten Entscheidungsstrukturen des Bundesstaats, der „parallele Zentralisierungs- und Dezentralisierungsprozesse" erzeugt, hat tiefgreifende Folgen (Benz 1993, S. 460): Die Herausbildung eines Föderalismus mit „zwei Geschwindigkeiten" zeichnet sich ab, d.h., daß die großen finanzstarken Länder weiterhin Infrastrukturaufgaben wie solche der regionalen Wirtschaftsförderung finanzieren können, während die kleinen und finanzschwachen Länder von Bundes-Zuweisungen abhängig bleiben und damit dem Bund auf Jahre hinaus die Steuerungsverantwortung für die Herstellung „gleichwertiger" Lebensverhältnisse zukommt.

1.3.2.2. *Nutzung der Vorzüge kooperativer Politikmodi in Verhandlungssystemen und Mehrebenenstrukturen in der Umweltpolitik*

Dem Ansatz aktiver Politikgestaltung geht es vor allem darum, die Chancen kooperativer Politikmodi aufzuzeigen, die in der Nutzung netzwerkartiger Beziehungen und in der Wahrnehmung von Mehrebenenstrukturen und -prozessen liegen. Den informellen Netzwerken gilt deshalb besondere Aufmerksamkeit, weil sie flexibel auf konflikthafte Problemstellungen reagieren und konsensuale Lösungen befördern können. In Weiterentwicklung bisheriger bürokratiekritischer Positionen setzt der Steuerungsansatz aktiver Politikgestaltung auf die Vorzüge kooperativen Verwaltungshandelns, das den hauptverantwortlichen staatlichen und privaten Akteuren (Regierungsmitgliedern, Partei-, Fraktions- und Verbandsführungen, professionellen Leistungsträgern, Experten usw.) bei „intelligenter" Nutzung des Wissens und der Kommunikationsnetze der Bürokratie politische Gestaltungsspielräume eröffnen kann.

a) Ausschöpfung der Leistungspotentiale von Politiknetzwerken

Politische Netzwerke als Verhandlungs- und Entscheidungssysteme mit einer Vielzahl staatlicher, halbstaatlicher und privater Akteure (vgl. Kap. II.2.2.) haben zwar zahlreiche nicht zu ignorierende Defizite, doch setzt der hier vertretene normative Ansatz stärkerer politischer Steuerung auf die Leistungspotentiale dieser Konfiguration vertikaler und horizontaler politischer Interessenvermittlung.

Nicht zu leugnen ist, daß die Netzwerke insofern defizitär sind, als sie der Gefahr unterliegen, sich zu „quasi-institutionellen Entscheidungsarenen" mit spezifischen internen Verfahrens- und Interaktionsregeln zu „verfestigen" (Wellman/Wostley 1990, S. 566) und wegen ihrer Entwicklung zur Exklusivität „zu Kartellen konservativer Interessen" zu werden drohen (Benz 1995, S. 202f.). Netzwerke können weiterhin dysfunktional sein, weil Aktivitäten innovativer Politikgestaltung „von oben" „auf ihrem Weg durch die verflochtenen Strukturen leicht versickern" (Benz 1995, S. 202). Ferner sind überwiegend informelle Kommunikationsstrukturen und -prozesse von Netzwerken nur unzulänglich politisch legitimiert und haben entsprechend geringe politische Verbindlichkeit (March/Olsen 1989, S. 118ff.). Schließlich wird kritisiert, daß Netzwerke einschließlich ihrer informellen Kontaktbeziehungen nur einen „Ausschnitt der Realität" aufnehmen, da die Erfassung der realen Komplexität von Politik ein Zusammenspiel zwischen Entscheidungen nach dem Majoritätsprinzip, nach dem Konsensprinzip und nach dezentralen Kommunikationsprozessen erfordern würde (Benz 1995a, S. 100).

In wichtigen Bereichen der Finanz-, Geld- und Strukturpolitik kommt allerdings die nicht-hierarchische Koordination der staatlichen Binnenbeziehungen nur unzulänglich zum Tragen: Der im Zuge der Einführung der mehrjährigen Finanzplanung institutionalisierte Finanzplanungsrat (§ 50

Haushaltsgrundsätzegesetz), in dem die Finanzminister von Bund und Ländern sowie die Vertretung der Gemeinden ihre Finanzplanung koordinieren, kann für öffentliche Ausgabensteigerungen nur „Empfehlungen" vereinbaren. Wegen dieses unverbindlichen Charakters seiner Beschlüsse und der haushaltsrechtlichen Unabhängigkeit von Bund, Ländern und Gemeinden konnte dieses bundesstaatliche Koordinierungsgremium sein erklärtes Ziel nicht erreichen, die einmal „abgestimmten" Ausgabenanstiege auch einzuhalten und die öffentliche Ausgabenentwicklung auf Dauer wirksam zu begrenzen (Sturm 1995, S. 116ff.). Um diese bislang unzulänglichen finanzpolitischen Abstimmungsverfahren zu reformieren, schlägt die wissenschaftliche Politikberatung vor, für das Ausgaben- und Verschuldungsgebaren der föderativen Ebenen „verpflichtende Festlegungen" vorzuschreiben („Maastricht-Gutachten" des Wissenschaftlichen Beirats beim Bundesfinanzministerium 1994, S. 20f.). Eine bundesstaatliche Kooperation, die die bindende Umsetzung einmal getroffener Arrangements versucht, muß allerdings nicht nur verfassungsrechtliche Bedenken, sondern zwangsläufig auch politische Widerstände vor allem seitens der Länder gegen Versuche der Beschränkung der Haushaltsautonomie hervorrufen.

Auch der Konjunkturrat für die öffentliche Hand bietet ein weiteres Beispiel für die Defizite kooperativ-konsensualer Problemlösungen zwischen Bund, Ländern und Gemeinden (§ 18 Stabilitäts- und Wachstumsgesetz). Diesem zu einem antizyklischen Haushaltsgebaren angehaltenen Koordinierungsgremium mißlang insbesondere die infrastrukturpolitisch wichtige „Einbindung" des Haushaltsgebarens der Gemeinden, die (weit) mehr als zwei Drittel der öffentlichen Investitionen tätigen. Die Länder sind trotz ihrer „Haushaltsaufsicht" gegenüber den Gemeinden politisch nicht bereit und in der Lage, eine den konjunkturpolitischen Erfordernissen entsprechende Haushaltspolitik bei den Gemeinden durchzusetzen (Nahamowitz 1995, S. 124). Die geringe Funktionsfähigkeit der nicht-hierarchischen Koordination hat also bewirkt, daß die Gemeinden durch ihre prozyklische Haushaltspolitik (Kürzung der Investitionen in der Rezession und Investitionssteigerungen im Boom!) die im Stabilitätsgesetz vorgeschriebene antizyklische Finanzpolitik weitgehend konterkariert haben (Faber 1982).

Die Einwände gegen kooperativ-konsensuale politische Problemlösungen richten sich gegen die demokratischen Defizite kooperativer Interaktions- und Steuerungssysteme. Konsensmethoden begünstigten nicht nur die Verteidigung alter Positionen und die Fortsetzung einmal gewährter Subventionen, sondern entwerten tendenziell auch die demokratischen Wahlentscheidungen von Bürgern: Partei- und gruppenübergreifende wie konsensorientierte Politik nehmen „dem Bürger letztlich seine Wahlchancen" (Hoffmann 1995, S. 26).

Auch die Kooperationsbeziehungen zwischen Bundesregierung und Bundesbank belegen die Dysfunktionalität nicht-hierarchischer Koordination staatlicher Entscheidungsinstitutionen (Stober 1992). Zwar ist die Bundesbank von Weisungen der Bundesregierung unabhängig, doch ist gleichzeitig das Kooperationsprinzip zwischen den beiden Institutionen gesetzlich verankert, indem die Zentralbank die Wirtschaftspolitik der Bundesregierung zu unterstützen hat (§ 12 und § 13 Abs. 3 Bundesbankgesetz). Die primär auf Preisstabilität verpflichtete Bundesbank hat allerdings in der Vergangenheit immer wieder die Forderungen der Bundesregierung abgelehnt oder ignoriert, im Interesse der Konjunkturbelebung und Beschäftigungssteigerung ihre restriktive Geldpolitik zu lockern (Nahamowitz 1989, S. 257-278; Kuschel 1994, S. 144-146; Pilz/Ortwein 1995, S. 234ff.). Die nicht-hierarchische Zusammenarbeit funktioniert also unzulänglich, wenn die Autonomie einer Institution wie die der Bundesbank es der Bundesregierung nicht gestattet, die Kooperation zu erzwingen.

Auch in den kooperativen Institutionen der „tripartistischen Politik", also in den Abstimmungsmechanismen zwischen Staat, Gewerkschaften und Arbeitgebern und des Politiknetzwerks des Gesundheitssystems hat der kooperative Steuerungsmodus nur begrenzt funktioniert oder ist letztlich an gravierenden Interessengegensätzen gescheitert: So hatte die Konzertierte Aktion des Stabilitäts- und Wachstumsgesetzes (§ 3 StWG) – „das korporatistische Großexperiment in der Geschichte der Bundesrepublik" (Nahamowitz 1995, S. 127) – infolge kurzlebiger hoher Konsensbereitschaft bei den Tarifparteien lediglich im Jahr 1967 unmittelbar nach ihrer Einrichtung und während der ersten tieferen Rezession der Nachkriegsgeschichte ihre Wirksamkeit. Aber bereits 1968, als sich die Schere zwischen Lohn- und Gewinnentwicklung weiter öffnete, geriet die Konzertierte Aktion zunehmend in die Krise, und 1977 wurde mit dem Ausscheiden der Gewerkschaften – in Reaktion auf die Mitbestimmungsklage der Arbeitgeber – die Zusammenarbeit endgültig beendet (Abromeit 1993, S. 150-169).

Auch die harten Auseinandersetzungen um die Gesundheitsreform dekken die Defizite kooperativer Interaktions- und Steuerungsformen auf. Immer dann, wenn die Konzertierte Aktion im Gesundheitswesen (§ 405 a RVO) keine kooperativ-konsensualen Problemlösungen erzielen konnte, mußte der Gesundheitsminister seine Reformvorhaben „letztlich autoritativ" durchsetzen (Nahamowitz 1995, S. 127).

Schließlich belegen die Kontroversen um die Durchsetzung der Vermeidung, Verringerung und Verwertung von Abfällen die begrenzte Funktionsfähigkeit kooperativer Steuerungsmodi. Die Verpackungsverordnung (VerpackVO) vom 12.6.1991 (BGBl. I, S. 1234) hält zwar partiell am Kooperationsprinzip fest, indem sie insbesondere dem Verbraucher keine näheren Verhaltenspflichten vorgibt und für die Adressaten lediglich den Ordnungsrahmen aufstellt, die Entsorgung vertraglich zu regeln (§ 11 VerpackVO). Als die Zielvorgaben nicht im erwarteten Umfang realisiert werden konnten, setzte die Bundesregierung autoritative Mittel ein und machte von ihrem Recht der Ermächtigung Gebrauch (§ 14 Abs. 2 S. 3 Abfallgesetz). Dementsprechend wurden für den Verpackungshersteller und -vertreiber Rücknahmepflichten für gebrauchte Verpackungen eingeführt, deren Verletzung als Ordnungswidrigkeit geahndet werden kann.

Dem auf die Vorzüge kooperativer Politikmodi setzenden eigenen Ansatz politischer Gestaltung stehen also empirisch belegbare, nicht zu ignorierende Defizite gegenüber: Kooperativen Interaktions- und Steuerungsmustern werden demzufolge sowohl in den politisch-administrativen Innenbeziehungen als auch im Verhältnis des Staates zur Gesellschaft zwar nicht geringe, aber auch nicht zu überschätzende Nutzungschancen einzuräumen sein.

Die hier angestrebte Neubestimmung der Steuerungsrolle der Politik setzt dagegen auf die Nutzung der Leistungspotentiale von Netzwerken als „funktionale", politisch-produktive Formen und Subjekte politischer Interaktion und Steuerung.

Netzwerkbeziehungen, die sich vielfach durch einen Grundbestand an gemeinsamen Kenntnissen, Erfahrungen und Wertorientierungen auszeichnen, reduzieren Unsicherheiten über das strategische Verhalten anderer bedeutsamer Akteure. Solche „policy-communities" (Jordan 1990, S. 333) erleichtern die Annäherung von Problemeinschätzungen und Interessendefinitionen und erzeugen auf Vertrauen beruhende „kooperative Verhaltensorientierungen" (Scharpf 1993a, S. 150). Diese gemeinsamen Orientierungen können auch helfen, frühzeitig Interessendivergenzen und potentielle Konflikte sowie Blockaden aufzuzeigen und Gegenstrategien zu entwickeln.

Schließlich können Netzwerkbeziehungen zur Ausbalancierung von Machtverhältnissen beitragen, indem sie neben den formalen Strukturen und Verfahren zusätzliche Einflußmöglichkeiten eröffnen. Der im Zug der Bund-Länder-Politikverflechtung beklagte Machtverlust von Parlamenten (Abromeit 1992, S. 50ff.) kann durch informelle Koordination zwischen Parlamentsfraktionen und politischen Parteien teilweise korrigiert werden. Netzwerke können damit nicht nur der exekutiven Stärkung in vertikalen Verhandlungssystemen, sondern auch der Dominanz von Spezialisten in den Verwaltungen entgegenwirken (J.J. Hesse/Renzsch 1990, S. 562).

Eine wesentliche Leistung stabiler Netzwerke liegt auch darin, Verknüpfungen zwischen unterschiedlichen Konfliktthemen herzustellen, Regeln über Kompensationen von Nachteilen zu entwickeln und Auseinandersetzungen über Verteilungsnormen zu versachlichen (Scharpf 1993a, S 151f.). Akteure, die sonst strengen Regeln einer spezifischen Entscheidungsarena unterliegen, berücksichtigen in Netzwerken „neue" Positionen und erweitern ihre Problemsicht.

Als Fazit kann festgehalten werden, daß kooperative Aushandlungs- und Steuerungsmodi entweder zu Verhandlungsdilemmatas führen oder häufig lediglich „im Schatten der Hierarchie" zur Geltung kommen. Gleichwohl nehmen kooperative Handlungsformen in erster Linie „in relativ jungen und besonders dynamischen" Politikfeldern wie der Umweltpolitik zu (Nahamowitz 1995, S. 129). Überdies wirken informelle Interaktion und Steuerung in dem Maße konsensfördernd, wie durch das Umgehen formaler (demokratischer) Verfahren aufwendige und konfliktverschärfende Rechts- oder Parteienstreitigkeiten vermieden werden können.

Hierarchische Steuerung wird dort ihre Bedeutung behalten oder ihren Einfluß zu verstärken haben, wo es die „Präponderanz des Gesetzgebers" zu gewährleisten gilt (Dreier 1991, S. 141). Darüber hinaus behält die hierarchische Steuerung dort ihre Relevanz, wo aufgrund des Finanzvolumens, des Legitimationsgewichts und überregionaler wie übersektoraler Problem- und Aufgabenstellungen die zentrale Politikgestaltung gefordert ist.

Auch wenn der moderne Staat deutlich „hoheitsreduziert" ist (Wolf 1990, S. 129-153) und die zentrale Instanz politischer Gestaltung ihre Aufgabenerfüllung im Interesse einer Politik der „Staatsentlastung" (Offe 1990, S. 176ff.) reduzieren muß, müssen Umfang und Inhalt staatlicher Aufgaben und ihre Verteilung auf die verschiedenen politischen Ebenen immer wieder neu definiert werden. Der begrenzte und zugleich dehnbare staatliche Handlungskorridor ist maßgeblich das Resultat politischer Konfliktregelung und Konsensbildung, also das „Ergebnis des Konflikts soziopolitischer und politisch-kultureller Deutungen" der am politischen Prozeß Beteiligten (Offe 1991, S. 181).

b) *Wahrnehmung der Funktionalität von Mehrebenenstrukturen und -prozessen*

Mehrebenenstrukturen und -prozesse, die Verhandlungssysteme und mehrheitsdemokratische Verfahren verbinden, sind zwar wegen der schwierigen Übertragung der Entscheidungen von einer Ebene auf die andere für Entscheidungsblockaden anfällig, doch können diese stets drohenden Blockaden durch einflußreiche Akteure mit Kontakten zu mehreren Ebenen durch hierarchische Zuordnung der Entscheidungen zu einer bestimmten Ebene oder durch Bildung „sekundärer" Netzwerke teilweise überwunden werden (Benz 1995a, S. 88): Da die Mehrebenenstrukturen und -mechanismen infolge unterschiedlicher Entscheidungsregeln und Interaktionsweisen „inkompatibel" sind und die Beziehungen zwischen den Ebenen vielfach nur in Gestalt von verfassungsrechtlichen Aufgabenabgrenzungen geregelt sind, reichen die Steuerungswirkungen dieser institutionellen Regeln meist nur begrenzt über die einzelnen Entscheidungsebenen hinaus. Diese meist nur lose institutionalisierten Mehrebenen-Verflechtungen verschaffen den an den „Grenzstellen" zwischen Exekutive und privaten Organisationen tätigen Akteuren außergewöhnliche Handlungsspielräume, weil sie sich durch ihre Außenkontakte den internen organisatorischen Bindungen zum Teil entziehen können (Skinner/Guiltinan 1986, S. 702-713). Die „Grenzstelleninhaber" können strategisch als Akteure in mehreren Entscheidungsebenen, d.h. ihre Rolle als „multilateral brokers" (Mandell 1988, S. 408f.) nutzen, indem sie auf den Abbau organisatorischer Restriktionen für Konfliktregelungen hinwirken. Auch eine hierarchische Zuordnung von Kompetenzen zu bestimmten Entscheidungsebenen kann eine effiziente und sequentielle Abarbeitung notwendiger Entscheidungen durch Kooperation der Ministerialbürokratie mit Interessenorganisationen erleichtern, auch wenn damit formale parlamentarische Entscheidungsverfahren entwertet werden. Gleichwohl müssen Regierungen und Verbandsführungen bei strittigen Entscheidungen damit rechnen, gegenüber (kontrollierendem) Parlament oder Mitgliederversammlungen unter Rechtfertigungsdruck zu geraten mit der Folge, daß ihnen die Zustimmung verweigert wird.

Solche kooperativen Strategien sind zwar politisch rational, da sie Entscheidungsblockaden verhindern und konsensfördernd wirken können, doch tragen sie zugleich zur Hierarchisierung der internen Strukturen in nachgeordneten Stufen bei, beeinträchtigen die Geltung demokratischer Verfahren und begrenzen demokratische Mitwirkungsmöglichkeiten (Benz 1995a, S. 94).

Zum Ausgleich für Einflußverluste können die Akteure, die keine „Grenzstellen" besetzen, informelle Verbindungen zu anderen Akteuren in anderen Politikarenen aufnehmen. Solche die bestehenden Strukturen überlagernden informalen Netzwerke haben sich in der deutschen föderativen Organisation von Staat und Verbänden auf unterschiedlichen Organisationsstufen entwickelt (Laufer 1991, S. 171, 176-180). Informale Netzwerke sind infolge ihrer nichtverfestigten Strukturen nicht nur anpassungsflexibel, sondern auch insofern funktional, als sie Verbindungen formal inkompatibler Verfahren ermöglichen und stabilisieren können. Auch wenn sie die inkompatiblen Entscheidungsregeln nicht aufheben können, tragen sie durch ihre Funktionen der Informationsvermittlung und Entscheidungsvorbereitung dazu bei, bei drohenden Blockaden die Kontakte nicht abbrechen zu lassen und den Entscheidungsprozeß aufrechtzuerhalten (Scharpf 1993, S. 150). Diese bei Bedarf in Anspruch zu nehmende und von den informalen Netzwerken bereitgestellte „Gelegenheitsstruktur" genügt insofern den Anforderungen des Strategieansatzes aktiver Politikgestaltung, als die Leistungsfähigkeit der Mehrebenen-Verflechtungen im kooperativen Staat erheblich erhöht werden kann (Benz 1995a, S. 96).

Wird von der in Deutschland empirisch feststellbaren engen Verkoppelung ausgegangen, dann kann ein flexibles strategisches Handeln darin bestehen, die Leistungen institutionalisierter Konfliktregelungen und die Vorteile informeller Politiknetzwerke zu nutzen (Wiesenthal 1990, S. 84-90; Benz 1996, S. 38). Die Verkoppelung beider Entscheidungsebenen begünstigt einen parallelen Prozeß, der durch ständige Veränderungen und partielle Instabilität von Institutionen sowie korrespondierende Anpassungen von Politiknetzwerken, also durch Paradoxien [12], gekennzeichnet ist.

---

12 Netzwerke tragen dazu bei, einerseits Koordinationsprobleme zu lösen und damit die Entscheidungsfähigkeit zu stärken, schaffen andererseits mit der Bildung einer zweiten Interaktionsebene Probleme der Verteilung und Legitimation. Benz bezeichnet deshalb diese Probleme, die auf Widersprüchlichkeiten interorganisatorischer Beziehungen beruhen, als Paradoxien: Inhaber von „Grenzstellen" bzw. Vertreter großer, intern differenzierter Organisationen (z.B. Gebietskörperschaften, Unternehmen, Verbände) benötigen in interorganisatorischen Verhandlungen für eine effektive Kooperation Handlungsspielräume, unterliegen aber gleichzeitig den Zielen

Die „Grenzstellenparadoxie“ zeigt sich in der widersprüchlichen Problemzuschreibung der Inhaber von Grenzstellen: Einerseits übernehmen sie die formal definierte Rolle eines Repräsentanten ihrer Organisation, andererseits die Rolle eines Kooperationspartners, dem Verhandlungsfähigkeit zugeschrieben wird. Das Verhalten der Repräsentanten ist zwar berechenbar, verringert aber zugleich die Chancen für problemorientierte Kooperation. Die Rolle eines Kooperationspartners ist dagegen weniger kalkulierbar, erleichtert aber potentielle Konfliktlösungen. Netzwerkartige Verflechtungen bieten in dem Maße einen Ausweg, wie intra- und interorganisatorische Prozesse nur lose verbunden werden. Netzwerke ermöglichen also Kooperation zwischen formal autonomen Organisationen und bieten hinreichend Flexibilität, um das Spannungsverhältnis zwischen intraorganisatorischen Bindungen und interorganisatorischen Verhandlungsspielräumen auszutarieren (Benz 1996, S. 28f.).

„Verteilungsparadoxien“ ergeben sich darüber hinaus immer dann, wenn Verteilungskonflikte auftreten. Da die Verantwortlichen von Verteilungsentscheidungen stets die Kritik der Benachteiligten auf sich ziehen, versuchen die zuständigen Akteure distributiv oder redistributiv wirkende Entscheidungen zu vermeiden. Institutionen (Regierungs-,Verwaltungseinheiten, Parlamente) neigen dazu, Verteilungsnormen abstrakt zu definieren (z.B. Orientierung am Leistungsfähigkeitsprinzip!), weil allgemein anerkannte Normen der Verteilungsgerechtigkeit die Konsensfindung erleichtern. Die Umsetzung der Verteilungsnormen in konkrete Auf- oder Umverteilungen als der eigentlich konfliktträchtige Prozeß wird dann in Netzwerke verlagert. Eine solche Konfliktsegmentierung kann also „politisch rational“ sein, indem beispielsweise das direkt gewählte Parlament Verteilungsregeln beschließt, die dann in netzwerkartigen Verhandlungsprozessen ausgeführt werden (Benz 1996, S. 31).

Schließlich wird das Legitimationsdefizit von Netzwerken zur Paradoxie (Benz 1996, S. 31f.): Netzwerke sind zwar auf konkrete Probleme und Interessen spezialisiert und erfassen auch Themen und Interessen, die in formalen Organisationen nicht aufgenommen werden, tendieren aber auch zu exklusiven Strukturen und Verfahren. Da aber Netzwerke solche Ausschließungsmechanismen nicht hinreichend legitimieren können, auch wenn die Politik durch einen Konsens gestützt wird, kann die notwendige Legitimation nur durch demokratisch institutionalisierte Strukturen und Verfahren geleistet werden [13]. Eine unter Legitimationsaspekten gebotene Verlagerung von Entscheidungen in formal zuständige Institutionen ist aber deshalb paradox, weil darunter die Effektivität von Netzwerken, ihre Informalität und Flexibilität, leiden müßte. Funktional betrachtet sind Netzwerke auf die Legitimationsbei-

---

und Kontrollen ihrer Organisation. Diese Mehrebenen-Situation befördert „harte“ Positionsbehauptungen statt flexibles Verhandlungsverhalten, begünstigt also den Verhandlungsstil „bargaining“ statt „problem-solving“.

13 Neben anerkannten demokratischen Verfahren beruht Legitimation auch auf der Qualität von Ergebnissen, ist also input- und outputorientiert zu begründen. Siehe hierzu M.G. Schmidt 1995, S. 352.

träge von Institutionen wie diese auf Kommunikations- und Kooperationsleistungen von Netzwerken angewiesen. Die eigentliche Paradoxie interorganisatorischer Politik liegt also in der notwendigen Koexistenz von kooperativen Netzwerken und demokratisch legitimierten Institutionen.

Eine auf diese Weise ermöglichte Koexistenz von Institutionen und Netzwerken führt zu dem paradoxen Ergebnis, durch Instabilität der Entscheidungsstrukturen eine Stabilität interorganisatorischer Politik(verflechtung) zu erreichen. Während eine solche Instabilität von Institutionen aus staats- und verwaltungsrechtlicher Sicht wegen implizierter unklarer Zuständigkeiten, partieller Entwertung formaler Organisations- und Verfahrensregeln und Rechtsunsicherheit sowie aus ökonomischer Sicht wegen der Ineffizienz von Strukturen, inkrementeller Veränderungen usw. auf Kritik stoßen muß, werden aus politikwissenschaftlicher Sicht auch die Vorteile flexibler Strukturen und Institutionen hervorgehoben (Benz 1996, S. 39).

Die laufende Änderung der politischen Problemstellung und der Bedingungen der öffentlichen Aufgabenerfüllung erfordert eine Politik, nicht mehr allein klare Kompetenzzuordnung oder Effizienz zum Maßstab zu erheben, sondern ebenso die Fähigkeit zur Flexibilität, die Lernfähigkeit durch Kooperation und die Problemorientierung in Verhandlungen zu berücksichtigen. Die stärkere Orientierung an solchen politischen Kriterien rechtfertigt sich umso mehr, je mehr die Vorteile des Zusammenspiels zwischen formalen Institutionen und informellen Akteurnetzwerken manifest werden (Scharpf 1985a, S. 164-170).

Unter Aspekten demokratischer Legitimation staatlichen Handelns ist einerseits kritisch hervorzuheben, daß die Instabilität von Strukturen sowohl die Abgrenzung von Verantwortung als auch die Kontrolle durch die Wählerschaft und parlamentarische Organe erschweren kann. Andererseits wirken instabile Strukturen auch der dauerhaften Etablierung informeller Netzwerke entgegen. Ein „dynamisches Gleichgewicht" zwischen Institutionen und Netzwerken sorgt überdies dafür, daß die „formale Legitimation" von Institutionen durch die „outputorientierte Legitimation" effizienter Problembearbeitung in Netzwerken ergänzt wird (Benz 1996, S. 39).

Eine kooperativ angelegte Politikgestaltung sollte deshalb die Dynamik und Flexibilität von Mehrebenenstrukturen strategisch nutzen, um je nach konkreter Situation die Entscheidung auf der jeweils „adäquaten" Ebene zu treffen. Im Interesse der Sicherung oder Stärkung der Handlungsfähigkeit gestatten flexible Strategien den politisch führenden Akteuren, drohende Blockaden zu vermeiden und Konflikte zu entschärfen, indem sie die Konfliktregelung auf eine andere Entscheidungsebene verlagern oder informelle Politikmodi wählen. Das Umgehen formaler Regeln bzw. die Wahl für ein informelles Entscheidungsverfahren kann aber lediglich bei außergewöhnlichem Zeit- und Problemdruck und bei akuten gesellschaftlichen Konflikten ohne massive politische Widerstände akzeptiert werden. Regierungsvertreter können sich also nur kurzfristig und punktuell in mehr oder weniger informellen Interaktionssystemen verständigen. Auf Dauer können sie sich mehrheitsdemokratischen Verfahren nicht entziehen, womit sie dem konfliktverschärfenden Parteienwettbewerb ausgesetzt werden. Deshalb können Verhandlungssysteme nur solange stabil bleiben, wie die Kooperationsbeziehungen nicht zulasten ihrer „eigenen" Partei gehen, der die Akteure Amt und Mandat verdanken.

Die Nutzung der Gestaltungsspielräume der Politik verlangt nicht nur, auf den einzelnen Entscheidungsebenen Aufgabenprioritäten zu setzen, sondern auch, die unterschiedlichen ebenenspezifischen „Durchsetzungschancen zum richtigen Zeitpunkt zu nutzen" (Benz 1995a, S. 99). Die „Kunst" des Regierens muß also darin bestehen, sowohl den prioritären Anforderungen in den unterschiedlichen Entscheidungsarenen als auch dem Mehrheitsprinzip im demokratischen Verfahren gerecht zu werden (Ellwein 1966, S. 171).

Als relevante Beispiele für eine zunehmende und kooperativ angelegte „Informalisierung von Politik"[14] (Czada 1995, S. 36-39), deren Aushandlungs- und Entscheidungsprozesse bewußt den verfassungsrechtlich, gesetzlich oder geschäftsordnungsrechtlich vorgesehenen Verfahren entzogen werden und damit den meist konfliktverschärfenden Parteienwettbewerb umgehen, können seit der deutschen Vereinigung die Solidarpaktverhandlungen von 1992/93 und die informellen, allerdings sich immer mehr institutionalisierenden „Kanzlerrunden" angeführt werden: In den informellen, intergouvernementalen und exklusiven Solidarpaktverhandlungen zwischen den Regierungschefs von Bund und Ländern wurde unter hohem Problem- und Zeit-

14 Informalisierung der Politik meint das Umgehen formaler Entscheidungsstrukturen und -prozesse, um nicht den schwierigen potentiell blockadegefährdeten föderalen Verhandlungsmechanismen und dem in formalen Gesetzgebungsverfahren üblichen konfliktverschärfenden Parteienwettbewerb ausgesetzt zu sein. Die Informalisierung politischer Prozesse kennzeichnet die Vereinigungspolitik insgesamt, und speziell die Solidarpaktverhandlungen anfangs 1993 markieren einen Höhepunkt dieser Form der Entscheidungsfindung: Bei den Verhandlungen des Bundeskanzlers mit den Ministerpräsidenten der Länder vom März 1993 gerieten zwar die Parlamente zu „Ratifizierungsorganen intergouvernementaler Verhandlungsnetzwerke", doch hätte das formelle Verfahren für Zustimmungsgesetze bis hin zum Vermittlungsausschuß nicht nur viele Monate in Anspruch genommen, sondern das Verfahren, an dessen Ende immerhin enorme Finanztransfers beschlossen worden sind, der Parteienkonkurrenz mit der Gefahr der Konfliktverschärfung oder des Scheiterns insgesamt ausgesetzt. Die institutionell verursachte Komplexität politischer Konfliktlinien – wie aus der Vielfalt und Verflechtung der Arenen während der Auseinandersetzungen um die Finanzierung der deutschen Einheit zu erkennen ist – fördert die Informalisierung der Politik und gleichzeitig ihre Anpassungsflexibilität. Die Informalisierung der Politik im Sinne der Einigung der Akteure außerhalb der „normalen" und parlamentarischen Verfahren erleichterte zwar konsensuale Lösungen, erschwerte aber zugleich Änderungen formaler Verfahren und Strukturen (z.B. den föderalen Finanzausgleich oder die Verhandlungssysteme der Tarifpolitik), setzte also ex post Formalstrukturen (z.B. die erforderliche Zustimmung des Bundestags und Bundesrats) lediglich als „Vollzugsrahmen" ein. Die Politik der Finanzierung der deutschen Einheit zeigt, wie „informelle Flexibilität" zur „institutionellen Stabilität" beitragen kann. Vgl. hierzu Czada 1994, S. 247ff.; 1995, S. 23f., 36-39.

druck (einigungsvertraglich vorgegebene Neuregelung des föderativen Finanzausgleichs!) die Konsensfindung über die enorme Mittelumschichtung vom Bund und in geringerem Umfang die der alten zugunsten der neuen Länder („Zehn-Punkte-Erklärung“ 1993, S. 185ff.) auch deshalb erleichtert, weil sich der Parteienwettbewerb mit seinen drohenden Blockaden und konfliktverschärfenden Diskussionen gar nicht erst entfachen konnte. Auch die in der Verfassung oder Geschäftsordnung der Bundesregierung nicht festgelegten und seit Februar 1990 tagenden Kanzlerrunden als „tripartistische“ Verhandlungssysteme zwischen Regierungsvertretern des Bundes und der Spitzenvertreter der Arbeitgeber und Gewerkschaften sind im Kern darauf angelegt, konsensfähige Lösungen an mehrheitsdemokratischen Verfahren vorbei zu erzielen. Die seit 1995 von 50 auf 15 Teilnehmer verringerte exklusive Kanzlerrunde, in der auf der Grundlage eines offenen Meinungsaustausches und vereinbarter Vertraulichkeit die Annäherung der Positionen gelingt, erzielte Anfang 1996 immerhin Einigung über die kontrovers diskutierten Themen des „Bündnisses für Arbeit“ wie Frühverrentung und Altersteilzeit. Diese informellen Interaktionssysteme stärken zwar die zentrale Politikgestaltungsfähigkeit im Sinne des hier vertretenen Politikansatzes, doch tragen solche „tripartistischen“ informellen Netzwerke zugleich zur (latenten) Entwertung demokratisch legitimierter Verfahren bei (vgl. Kap. I.1.2.2.).

c) Erweiterung des politischen Gestaltungsspielraums durch kooperatives Verwaltungshandeln

Die in Ministerien, Ämter und Vollzugsbehörden untergliederte staatliche Exekutive hat als Institution der Interessenvermittlung mit beachtlicher gesellschaftlicher Außenbindung einen erheblichen Spielraum gegenüber der politischen Führung entwickelt (Böhret 1983, S. 135). Die Fähigkeit der Ministerialbürokratie und der Vollzugsbehörden, sich in Kooperation mit verbundenen Interessen und Betroffenen Informationen zu beschaffen, Widerstände abzubauen und nötigenfalls Unterstützung für ihre eigenen Ziele zu mobilisieren, hat nicht unwesentlich dazu beigetragen, den Politikprozeß berechenbarer und weniger riskant zu machen (Benz/Seibel 1992).

Die kooperativen Beziehungen der Ministerialbürokratie begünstigen nicht nur die Entwicklung politischer Konfliktregulierung zur Konsensbildung, sondern stellen auch der politischen Führung Informations- und Problemeinschätzungskapazitäten zur Verfügung, die den Handlungskorridor aktiver Politikgestaltung erweitern helfen können. Kooperatives Verwaltungshandeln bedeutet also nicht nur die Fortdauer und Verstärkung ministerialbürokratischer Ausarbeitung von Gesetzentwürfen und Entwicklung politischer Programme, sondern auch die – für die aktive Politikgestaltung nutzbare – Bereitstellung verbesserter informationeller und reflexiver Steuerungsressourcen (Kleger 1995, S. 112).

Auch in der Phase der Politikimplementation kommt der kooperative Politikstil der Vollzugsbehörden der „Entlastung“ zentralstaatlicher Politik und damit der zentralen aktiven Politikgestaltung (Konzentration auf „Gestaltungsaufgaben"!) in dem Maße zugute, wie das Kooperationsprinzip an die Stelle einseitig hoheitlichen Handelns tritt (Rengeling 1989). Die Informalisierung der Politik im Sinne der Nutzung verstärkter Absprachen mit den Betroffenen kann zugleich einer wirkungsvolleren Umsetzung der von der zentralen Politikinstanz intendierten Ziele und einer erweiterten Interessenberücksichtigung dienen. Die Chancen zur Zurückdrängung der bisher in der (Umwelt-)Politikformulierung dominierenden einzelwirtschaftlichen Kalküle zugunsten einer zentralen und interessenerweiterten Politikgestaltung nehmen in dem Maße zu, wie die traditionelle Neigung der deutschen Verwaltung überwunden wird, bilaterale Verhandlungen mit den Steuerungsadressaten anstelle eines umfassenden Interessenclearings unter Einbeziehung aller Betroffenen zu führen (Hoffmann-Riem 1990, S. 25).

Um infolge fehlender Informationen und/oder Machtmittel Implementationsblockaden zu verhindern, können sich kooperative Beziehungen für alle Beteiligten als vorteilhaft erweisen (Hoffmann-Riem 1990; Benz 1992; Hauff 1995). Investitionen auf lokaler oder regionaler Ebene können kalkulierbarer werden, da die Investoren über die gesetzlichen Voraussetzungen hinaus auf der Grundlage (informaler) Vereinbarungen an Planungssicherheit beispielsweise zur Erteilung der Genehmigung einer aufwendigen Industrieanlage gewinnen können (Dose 1993, S. 549).

Gerade im Umweltschutz-Bereich verzichtet der Staat zeitweilig und/ oder teilweise auf „hoheitliche" Maßnahmen zur Durchsetzung gesetzlicher Umweltstandards, um beispielsweise die Sanierung einer alten Anlage durch den Betreiber zu erreichen (Dose 1995, S. 11ff.). Während früher häufig rechtlich unverbindliche Sanierungsabsprachen – wenn auch „im Schatten der Hierarchie" – getroffen wurden, werden heute vielfach Verwaltungsverträge zwischen staatlichen Behörden und Privaten abgeschlossen (z.B. nach § 54 Verwaltungsverfahrensgesetz oder § 10 Bundesimmissionsschutzgesetz).

Kooperative Beziehungen in der Politikumsetzung können also nicht nur den (zentralen) politischen Zielerreichungsgrad erhöhen, sondern erweisen sich auch als politisch effizient, indem sich die Vollzugsbehörden flexibel an veränderte Rahmenbedingungen anpassen und einen leichteren Zugang zu den Informationen der Adressaten erhalten können. Vernetzte Ursachenzusammenhänge lassen sich so eher erfassen, die Akzeptanz und Mitwirkungsbereitschaft der Adressaten ist leichter mobilisierbar und aufwendige und langwierige Rechtsstreitigkeiten können vermieden werden (Voigt 1995, S. 62f.).

Das informale Verwaltungshandeln wird zwar unter rechtsstaatlichen Aspekten kritisiert, da nicht nur die Orientierung an rechtlichen Grundlagen abgeschwächt werde (Schulze-Fielitz 1994, S. 657), sondern auch der „Gesetzesvollzug zum Handelsobjekt" zu werden drohe (Treutner 1995, S. 284ff.). Empirische Untersuchungen beispielsweise im Bereich des Immissionsschutzgesetzes belegen allerdings, daß Absprachen das „rechtsförmige" Verwaltungshandeln nicht ersetzen, sondern lediglich „begleiten" (Dose 1993 a, S. 373).

Den rechtsstaatlichen Bedenken, projektorientierte Absprachen (z.B. hinsichtlich immissionsschutzrechtlicher Anlagen) könnten die Rechtsschutzmöglichkeiten des Art. 19 Abs. 4 GG verkürzen, wird entgegengehalten, daß den Behördenvertretern meist technisch und juristisch hochqualifizierte Vertreter der (großen) Betreiberfirmen gegenübersitzen. Empirische Studien über Verhandlungen zwischen der Gewerbeaufsichtsverwaltung und den Betreibern belegen ferner, daß fehlende technische und rechtliche Kenntnisse bei kleinen Unternehmen teilweise durch besonders intensive Beratung seitens der allgemeinen Verwaltung und der Fachbehörden kompensiert werden konnten (Bulling 1989, S. 277-289; Dose 1992).

2. Definitionen des Wohlfahrtsbegriffs sowie Interpretationen und Reformvorschläge zum Wohlfahrtsstaat

Um einen Zugang zum modernen Begriff der Wohlfahrt und zum heutigen Steuerungs- und Wohlfahrtsstaatsverständnis zu bekommen, werden der sich wandelnde Bedeutungsgehalt des Wohlfahrtsbegriffs zu skizzieren sowie unterschiedliche sozialpolitische Regimes, der Aufgabenwandel und maßgebliche Zielsetzungen des modernen Steuerungs- und Wohlfahrtsstaats zu kennzeichnen sein. Besondere Beachtung gilt den in den 80er und 90er Jahren relevanten Deutungsmustern, die aus kritischer Perspektive dem Wohlfahrtsstaat vor allem expansive und systemgefährdende Tendenzen zuschreiben. Schließlich werden noch die Reformvorschläge vorzustellen sein, die eine Reorganisation der Finanzierungs- und Leistungsseite des Sozialsystems für unumgänglich erachten.

2.1. Grundlegende historische Entwicklung des Begriffs der Wohlfahrt und des Wohlfahrtsstaats

Das Bedeutungsspektrum der aus dem germanischen Verb wol varn abgeleiteten und im ganzen Nordwesten Europas verwendeten Substantivbildung Wohlfahrt ist breit. Mit wol vart ist sowohl irdisches, geschäftliches Gedeihen als auch religiöses, jenseitiges (Glücks-)Streben, privates und gemeines Wohl, gemeint (Schiller/Lübben 1983, S. 765).

Während im frühen 16. Jahrhundert wolfaria als „Bezeichnung des (noch utopischen) Sozialstaats" lediglich ein semantisches Experiment ist (Rassem 1986, S. 449), wird im Laufe des 16./17. Jahrhunderts Wohlfahrt in der lateinischen Übersetzung von salus (rei publicae) zu einem zentralen Begriff der deutschen, insbesondere protestantischen Staatslehre. Der Begriff Wohlfahrt wird als Verantwortung und Verpflichtung der Fürsten (der christlichen Obrigkeit) ausgelegt, nicht nur ihren eigenen Nutzen zu verfolgen, sondern auch den „gemeinen Nutz" aller Untertanen im Auge zu behalten (Biechling 1972, S. 230ff.).

Anfang des 18. Jahrhunderts werden in der von Christian Wolff entwikkelten Wohlfahrtsstaatslehre „more geometrico“ dem Gemeinwesen noch umfangreiche „natürlich fundierte Staatszwecke“ zugewiesen. Die Leitidee der „salus civitatis“ überträgt der Obrigkeit die Verantwortung, für „Eudaimonie, Rechtssicherheit, Bildung (perfectio des Menschen), religiöse Erziehung, ja sogar Schönheit des Lebens“ Sorge zu tragen (Rassem 1986, S. 54). Das großen Einfluß ausübende Wohlfahrtsverständnis von Adam Smith läuft dagegen auf eine sehr enge Begriffsauslegung hinaus (Adam Smith 1759, Part VI, 2,2). Die (wohlfahrts-)staatlichen Tätigkeiten werden auf Gewährleistung der Rechtssicherheit und der freien Wirtschaft reduziert, was sich „als Option gegen naturrechtlich fundierte Welfare-Politik, gegen Fürsorge (charities)“ auswirkt (Rassem 1986, S. 450).

Im 19. Jahrhundert werden in Deutschland in der Präambel der Reichsverfassung von 1871 als Staatszwecke neben dem Schutz des Bundesgebietes und des geltenden Rechts auch die Pflege der Wohlfahrt des deutschen Volkes genannt (Schuster 1985, S. 71). Während aber die Vorstellungen dieses in der Verfassung verankerten Staatsziels noch ganz von der „wohlfahrtsstaatlich-patriarchalischen Tradition“ in Deutschland geprägt sind (Grimm 1983, S. 53), gewinnt der Begriff der Wohlfahrt um die Jahrhundertwende an praktischer Bedeutung. Es kommt zu einer Begriffsverschiebung und Aufgabenerweiterung: Der Ausdruck Wohlfahrt tritt nicht nur zunehmend an die Stelle der Wohltätigkeit, sondern setzt sich auch auf Seiten des Staates als offizieller Ausdruck durch und drückt gleichzeitig sich stetig erweiternde sozialpolitische Interventionen aus (z.B. Lohnregelungen, Kündigungen, Maßnahmen gegen Arbeitslosigkeit, Regelungen von Streiks und Wohnungsversorgung) (van der Borght 1904).

In der Weimarer Republik wird mit dem Artikel 9 der Begriff Wohlfahrtspflege in die Reichsverfassung eingefügt (Schuster 1985, S. 101). Der Begriff wird hier zwar konkreter gefaßt als 1871, doch erfährt er gleichzeitig eine Verengung, weil die Wohlfahrtspflege auf Hilfen für besonders Bedürftige begrenzt wird.

Nach dem Zweiten Weltkrieg dominiert zunächst in Anlehnung an das Sozialstaatsgebot des Grundgesetzes sowohl in Wissenschaft und Politik als auch im alltäglichen Sprachgebrauch der Begriff Sozialstaat. Der Begriff des Wohlfahrtsstaats wird erst wieder stärker in negativer Auslegung verwendet, als in den 70er Jahren in bewußter Abgrenzung vom „Musterbeispiel“ Wohlfahrtsstaat Schweden die ordnungspolitische Kritik zunimmt (z.B. Vorwurf der Freiheitsgefährdung, der Schwächung der wirtschaftlichen Leistungsfähigkeit und individuellen Leistungsbereitschaft).

Der semantische Wiederaufstieg von Wohlfahrt und die Wiederbelebung der Diskussion über die Politik des Wohlfahrtsstaats erfolgt in Westeuropa und in der Bundesrepublik – auch als Reaktion auf die Wohlfahrtsstaats-Kritik in den USA – spätestens in den 80er Jahren (Ritter 1989, S. 1-28). Der in der Bundesrepublik wieder geläufigere, über den engeren Sozialstaatsbegriff hinausreichende „mehrdimensionale“ Begriff des Wohlfahrtsstaats

(Hauchler 1985; Pilz 1985 b; Streit 1986; 1988) ist zwar in der herrschenden Diskussion weiterhin negativ „besetzt" (z.B. Abgabenbelastungen, Leistungsbeeinträchtigungen und -mißbräuche), wird aber unter Aspekten der notwendigen Umgestaltung (neue Finanzierungs- und Leistungsorientierung!) zusehends für zweckmäßig und geeignet erachtet (anstelle vieler Offe 1988, S. 24; Heinze/Olk/Hilbert 1988; Möschel 1988).

Ein entwicklungsgeschichtlich geprägter Erklärungsansatz des Wohlfahrtsstaats geht vom Verhältnis der Institutionen und Akteure des Wohlfahrtsstaats und der wohlfahrtsstaatlichen Klientel aus (Kaelble 1985; Vobruba 1985, S. 17ff.; Flora 1986, S. 33 und 37). Diese sich in der zweiten Hälfte des 19. Jahrhunderts entwickelnde „wohlfahrtsstaatliche Relation" ist gekennzeichnet einmal durch Leistungsverpflichtungen sowie Forderungen in Gestalt von Steuer- und Beitragserhebungen des Staates und zum anderen durch Erwartungen und Ansprüche der Individuen an den Staat (Vobruba 1983, S. 52-60; Kaufmann 1983, S. 474ff.). Der Wohlfahrtsstaat wird also in dieser historischen Erklärung im Kern durch die spezifische Ausgestaltung dieses Verhältnisses bestimmt.

Als die Industriearbeiterschaft im Zuge der Industrialisierung nach der Mitte des 19. Jahrhunderts in Deutschland immer stärker zur „dominierenden Sozialkategorie" wird (Flora 1986, S. 33), muß es den „staatstragenden" Kräften darum gehen, die Interessen der Arbeiter an der sozialen Sicherung möglichst an die Interessen des Staates (Reiches) an der Sicherung des Status quo zu binden. Je mehr es dem Staat gelingt, daß die Arbeiterschaft „das Reich als eine wohltätige Institution" begreift (Bismarck, zit. nach Baron 1970, S. 38), um so mehr Wählerstimmen aus der Arbeiterschaft können für die herrschenden Parteien (z.B. für das konservative Zentrum) mobilisiert werden (Born 1973, S. 82).

In dieser Deutung liegt die „Logik" des Ausbaus der „wohlfahrtsstaatlichen Relation" darin, daß sich die eindimensionalen zu mehrdimensionalen Zuständigkeiten des Wohlfahrtsstaats erweitern (Vobruba 1985, S. 19): Ist nämlich zum einen der Staat erst einmal für einen bestimmten Kreis von Versicherten oder Begünstigten zuständig geworden, sind langfristig die Ansprüche weiterer Teile der Bevölkerung nur schwer abzuwehren (Alber 1982; Hentschel 1983). Zum anderen zieht eine sozialpolitische Intervention des Staates weitere Interventionen nach sich, so daß es zu einer mehrdimensionalen Erweiterung des Wohlfahrtsstaates kommt.

Diese „Gesetzmäßigkeit" der Expansion, wonach erste Sicherungs- und Versorgungskompetenzen „zwingend" zur Erweiterung des Wohlfahrtsstaates führen, wird damit erklärt, daß der Staat als Leistungsträger prinzipiell „Nicht-Produzent" ist und folglich auf die Mittelzufuhr von privatwirtschaftlichen Produzenten angewiesen ist (Grauhan 1975, S. 55). Weil die staatliche Leistungsfähigkeit notwendigerweise vom „Funktionieren der Ökonomie" abhängig ist, muß dem Staat aus eigenem Interesse an der Leistungsfähigkeit der Ökonomie, d.h. an hoher Investitionstätigkeit und hohen Ertragszuwächsen, gelegen sein (Vobruba 1983, S. 56f.). Der Staat trägt durch arbeitsmarktorientierte Wirtschaftsinterventionen in Form von Investitionsanreizen (rentabilitätssteigernde Subventionen) oder einer kostensenkenden Politik (Unterstützung von Tarifabkommen mit mäßigen Lohnsteigerungen, Senkung von Lohnnebenkosten) dazu bei, daß seine eigenen finanziellen Fundamente, die Überschüsse der privaten Wirtschaft, nicht untergraben werden.

Für den Staat ist die Sicherung der finanziellen Mittelzufuhr aus der Ökonomie mit Hilfe wirtschaftlicher Interventionen solange ohne Schwierigkeiten steuerbar, wie relativ krisenunabhängige Risiken (Krankheit, Alter, Unfall) abgedeckt werden müssen. Sobald der Staat aber auch für die Unterstützung von Arbeitslosen aufkommen muß, haben die Wirtschaftsinterventionen darüber hinaus für sozialpolitische Problementlastung zu sorgen. Der arbeitsmarktorientierte Wirtschaftsinterventionismus hat also die doppelte sozialpolitische Funktion zu erfüllen, sowohl die finanziellen Grundlagen des Wohlfahrtsstaates zu sichern als auch den Problemdruck auf den Staat zu verringern.

In dieser Betrachtungsweise geht die Expansion des Wohlfahrtsstaates auch auf arbeitsmarktorientierte Wirtschaftsinterventionen zurück, da sie einen kumulativen Prozeß in Gang setzen: Je mehr sich nämlich der Staat aus finanziellen Gründen auf die „Funktionserfordernisse der Ökonomie“ einlassen muß, um so mehr hat er die „funktionsrelevanten Interessen“ des ökonomischen Systems zu beachten, d.h., er wird gezwungen, immer häufiger zum Adressaten dieser (Kapitalverwertungs-)Interessen zu werden (Vobruba 1985, S. 20). Die Wohlfahrtssektoren Umwelt und Gesundheit sind adäquate und relevante Beispiele für das Interesse und die Verpflichtung des Staates, sowohl durch den Kauf von Umwelt- und Gesundheitsgütern als auch durch die (steuerliche) Subventionierung der Umweltschutz- und der medizintechnischen Geräteindustrie zur Verbesserung der ökonomischen Kapitalverwertung beizutragen (Jänicke 1986, S. 63-80).

2.2. Regime-, aufgaben- und zielorientierte Deutungen des Steuerungs- und Wohlfahrtsstaats

Im Anschluß an die Schmidt'sche Abgrenzung wohlfahrtsstaatlicher Positionen lassen sich allgemein vier wohlfahrtsstaatliche bzw. sozialpolitische Interpretationsgruppen/Schulen unterscheiden (M.G. Schmidt 1988a, S. 140ff.):

- die sozialökonomischen Interpretationen der Ursachen und Folgen der Sozialpolitik (z.B. Wilensky 1975),
- der neomarxistische Erklärungsansatz, für den einerseits der Konflikt zwischen Kapital und Arbeit sowie demokratische Legitimationsaspekte und andererseits die funktionalen Imperative der Ökonomie mit ihren widersprüchlichen Folgen für die wohlfahrtsstaatliche Entwicklung im Vordergrund stehen (z.B. Stephens 1979 oder Offe 1990a),

- die makrosoziologische Schule, die dem Sozialstaat die Verantwortung zuweist, die negativen Folgen des Industrialisierungs- und Modernisierungsprozesses einschließlich der Auflösung traditioneller Strukturen zu bearbeiten (z.B. Flora 1986a; Alber 1989),
- die politisch-institutionalistische Interpretationsgruppe (z.B. M.G. Schmidt 1988a; Higgins 1981; 1986; Esping-Andersen 1990), die sich der Frage widmet, wie die internationalen Unterschiede in der Entwicklung und im Niveau der Sozialpolitik zu erklären sind, und wie sich soziale und wirtschaftliche Zwänge zusammen mit genuin politischen Faktoren auswirken.

Die Vertreter der politisch-institutionalistischen Schule heben die institutionelle Eigendynamik und die relative Autonomie der Sozialpolitik hervor. Diese Strukturmerkmale lassen sich mit der Binnenkomplexität des Wohlfahrtsstaats, der kein monolithisches Gebilde darstellt, erklären. Da die höchst verschiedenen Institutionen des Wohlfahrtsstaats in unterschiedlichen historischen Phasen geprägt wurden, sind je nach der Art der anstehenden Probleme auch jeweils unterschiedliche Institutionen für soziale Veränderungen empfänglich und für Problembearbeitungen vorrangig verantwortlich. In dieser Deutung des Wohlfahrtsstaats ist die Entwicklung wohlfahrtsstaatlicher Strukturen nur partiell determiniert und muß im historischen Kontext gesehen werden. Wesentliche Bestimmungsfaktoren des Auf- und Ausbaus des Wohlfahrtsstaats sind politische Interessengruppen, spezifisch nationale politische Konfigurationen und variierende Muster der Staatsorganisation (Pierson 1991; Kaufmann 1994a, S. 374f.).

Regimeorientierte Interpretationen des Wohlfahrtsstaats gehen von der Theorie eines Entsprechungsverhältnisses zwischen wohlfahrtsstaatlichen/sozialpolitischen und arbeitsmarktpolitischen Regulierungsstrukturen aus, die eine idealtypische Konstruktion jeweils spezifischer „welfarestate-regimes“ erlaubt (Esping-Andersen 1990; Kohl 1993, S. 76).

Während Esping-Andersen die „Regimes“ als historisch relativ stabile, institutionalisierte „Regulierungsarrangements“ faßt, deren Muster wohlfahrtsstaatlicher bzw. sozialpolitischer Intervention sich in verschiedenen arbeitsmarktpolitischen Regulierungsformen widerspiegeln, gehen für andere Autoren die regimetypischen Regulierungsstrukturen aus dem jeweiligen historisch-konkreten System staatlich institutionalisierter Lohnarbeit hervor (Krätke 1990, S. 681; Lessenich 1994, S. 226).

Die Unterschiede institutionalisierter Regulierungsarrangements lassen sich an drei relevanten Kriterien festmachen: Jedes Regime kennzeichnet sich durch die je spezifische Bedeutung der Versorgungsinstitutionen des Staates, des Marktes und der Familie bzw. des Haushalts. Darüber hinaus variieren die Regimes je nach Qualität und Reichweite sozialer Rechte, insbesondere bezüglich der Fähigkeit staatlicher Politik, die Marktabhängigkeit der Individuen zu reduzieren, also den Warencharakter der Arbeitkraft zu „dekommodifizieren“. Schließlich zeichnen sich alle Wohlfahrtsstaaten durch unterschiedliche Beteiligung am Prozeß sozialer Strukturierung aus (Esping-Andersen 1990, S. 69).

Anhand dieser Kriterien können demokratische Wohlfahrtsstaaten drei Gruppen zugeordnet werden, die sich je nach Kombination des öffentlich-privaten „welfare mix“, nach ihren Dekommodifizierungsleistungen und sozialen Strukturierungslogiken voneinander unterscheiden. Nach der Typologisierung Esping-Andersens können die drei Regimetypen als idealtypische Konstruktionen des sozialdemokratischen, des liberalen und des konservativen Typus im skandinavischen, angelsächsischen und kontinentaleuropäischen Raum verortet werden. Diese Typologisierung ist für die Kennzeichnung der hier primär interessierenden deutschen politisch-institutionellen Bedingungen von Poltikfeldern wie denen der Finanz-, Sozial- und Umweltpolitik insofern hilfreich, als Esping-Andersen über die Beschreibung von sozial-politischen Philosophien hinaus insbesondere die institutionelle Realisierung wohlfahrtsstaatlicher Politik untersucht (Lessenich 1994, S. 227): Das skandinavische Modell kennzeichnet die Sozialpolitik als „modernes Wohlfahrtsregime“ (Leibfried 1990, S. 299f.) bzw. als System der Staatsbürgerversorgung – unabhängig vom erwerbsarbeitsvermittelten Status – mit prinzipiell gleichen Rechten der Individuen auf die Inanspruchnahme umfangreicher sozialer (Dienst-)Leistungen (Esping-Andersen/Korpi 1984, S. 185-190). Das angelsächsische Modell sozialpolitischer Organisation wird als „residuales sozialpolitisches Regime“ (Leibfried 1990, S. 300) charakterisiert, das die sozialen Akteure zur Übernahme individueller „Eigenverantwortung“ zwingt und lediglich den Bedürftigen öffentliche Fürsorgeleistungen zuspricht (Esping-Andersen 1990, S. 25). Der deutsche Sozial-/Wohlfahrtsstaat wird schließlich als „institutionelles sozialpolitisches Regime“ gefaßt (Leibfried 1990, S. 300). Die („konservative“) deutsche Sozialpolitik als Beispiel für das kontinentaleuropäische Modell sozialpolitischer Organisation mit seinen paternalistischen, etatistischen und korporatistischen Elementen verweist die Wohlfahrtsverantwortung vorwiegend auf nachgeordnete Sicherungsinstitutionen wie die der gegliederten Sozialversicherung (Döring 1989, S. 61-65). Das deutsche sozialpolitische Regime entspricht insofern konservativen Wertvorstellungen der Sicherung des ökonomischen Status des Einzelnen, als die Entstehung von Sicherungsansprüchen an das System der Erwerbsarbeit gekoppelt ist. Dieser „Erwerbspersonen-Sozialstaat“ (M.G. Schmidt 1988, S. 159) mit seinen zentralen Prinzipien der Pflichtversicherung, des Äquivalenzprinzips und der Defizithaftung des Staates gewährleistet, daß Anspruchsberechtigte Leistungen erhalten, die sie „verdienen“, und verhindert, daß „Nicht-Berechtigte“ etwas erhalten, was sie nicht „verdient“ haben (Offe 1990a, S. 182-185).

In regimeorientierten Interpretationen des Wohlfahrtsstaates werden die aus Lohnarbeit resultierenden Strukturen materieller Ungleichverteilungen nicht nur sozialpolitisch ex post bearbeitet, sondern bereits durch ex ante regulierende Einflußnahme auf dem Arbeitsmarkt geprägt. In den Arbeitsmarktregimes kontinentaleuropäischer Wohlfahrtsstaaten wie Deutschland hat sich das „Normalarbeitsverhältnis“ als wichtiger Bezugspunkt arbeitsmarktpolitischer Eingriffe herausgebildet (Mückenberger 1985, S. 429). Dieses Konstrukt grenzt nicht nur die Nicht-Erwerbsarbeit aus dem System beschäftigungspolitischer Normalität aus, sondern schafft auch – je nach Nähe zur Normalitätsnorm – Hierarchien innerhalb der abhängig Beschäftigten (Kern- und Randbelegschaften). Als Reaktion auf den ökonomischen Strukturwandel wird das „überschüssige" Arbeitskräftepotential aus dem Arbeitsmarkt ausgegliedert und durch staatliche Subventionen in arbeitsmarktexternen Institutionen (z.B. Sozialversicherung, Bildungssystem) temporär oder endgültig „stillgelegt" (Berger/Offe 1982, S. 359f.). Der Politik muß gleichzeitig daran gelegen sein, die Geltungszone des Normalarbeitsverhältnisses abzusichern, um aus den „Überschüsssen" der Segmente des hochproduktiven Arbeitsmarkts die „Verwohlfahrtsstaatlichung" von Nicht-Beschäftigung (Blanke u. a. 1987, S. 309) finanzieren zu können.

Die Kritik an der Esping-Andersenschen Typologisierung gibt zu bedenken, ob nicht die Dekommodifizierung das Gegenteil der Behandlung der Arbeitskraft als Ware sein kann, nämlich eine Voraussetzung dafür, daß sich Arbeitnehmer „sozial überhaupt ausbilden können" und gesellschaftlich integrationsfähig bleiben (Offe 1993, S. 84). Ferner wird gegen das Wohlfahrtsverständnis als ein die soziale Schichtung gestaltendes Politikinstrument (Esping-Andersen 1990, S. 23) eingewendet, daß sich zwar soziale Bewegungen und Regimes wechselseitig beeinflussen und damit ihre eigenen Entfaltungsmöglichkeiten steigern können, aber die unterstellte Unabänderlichkeit des einmal eingeschlagenen Weges in Richtung auf ein Regime endogene Veränderungschancen zu wenig berücksichtige.

Auch die institutionelle Charakterisierung beispielsweise des konservativen Regimetyps mit seinen insitutionellen Bestandteilen von Paternalismus, Etatismus und Korporatismus ignoriere die Vielzahl institutioneller Merkmale, die selten in einem Regimetyp zusammentreffen und nicht exklusiv sind: So trage etwa auch der sozialdemokratische Regimetyp etatistische und korporatistische Züge (Kohl 1993, S. 75-79). Regimetypen seien in ihren regionalen Varianten ohnehin „unrein" und näherten sich durch Prozesse gegenseitiger Beeinflussung und Anpassung einander an. Diese Interdependenzen implizierten „unbeabsichtigte Folgen" und „Widersprüche", die Esping-Andersens Argumentation angreifbar machen, da ungewollte Folgen politischen Handelns, latente Konflikte und Anpassungszwänge nicht näher thematisiert werden (Offe 1993, S. 84f.; Schmid 1996, S. 59ff.).

Schließlich hebt die Kritik das Defizit hervor, daß das Schicksal des politischen Projekts der Dekommodifizierung offenbleibe. Das anfänglich als „Projekt der Befreiung" favorisierte Konzept werde zwar zum Schluß wegen des „Versagens" aller drei Regimetypen, eine nachhaltige Vollbeschäftigungspolitik zu erreichen (Kohl 1993, S. 79ff.) und einen „tragfähigen Verteilungskompromiß zwischen den Klassen zu stabilisieren" (Offe 1993, S. 86), nüchterner beurteilt, doch werden keine Ansätze einer Perspektive aufgezeigt.

Wird die Rolle des Staates im Kontext der Wohlfahrtsproduktion allgemein interpretiert, bestehen wesentliche Aufgaben des Staates in der Gewährleistung der Inklusion durch Einräumung und Schutz sozialer Rechte und in der Institutionalisierung funktionsfähiger Leistungssysteme (Kaufmann 1994a, S. 374ff.). Bei fortschreitender funktionaler Ausdifferenzierung der Wohlfahrtssektoren fällt einer verantwortlichen Politikgestaltung zunehmend die Aufgabe zu, auf das Zusammenspiel der Eigendynamik der verschiedenen gesellschaftlichen Funktionssysteme (Staat, Wirtschaft, Gesundheit, Umwelt) hinzuwirken und deren Steuerungspotentiale nutzbar zu machen. „Als ‚Steuerungsaufgaben' lassen sich (dann) solche Erwartungen an die Staatstätigkeit bezeichnen" (Kaufmann 1994a, S. 377), die die Beziehungen zwischen Staat und sonstigen gesellschaftlichen Funktionssystemen nicht mehr als gegeben, sondern immer wieder als reflexiv politisch zu gestaltende Interaktionssysteme thematisieren.

Die aufgabenbezogenen Deutungsmuster der für notwendig befundenen Reorganisation des (Wohlfahrts-)Staates gewannen in dem Maße an Bedeutung, in dem der keynesianische Wohlfahrtsstaat mit seiner Gewährleistung von Vollbeschäftigung und generalisierten Massenkonsumnormen[15] in die

---

15 Der zuerst von Gramsci verwendete Begriff des Fordismus bezeichnet eine bestimmte Art der Produktionsorganisation, die in den 20er Jahren in den USA entwickelt wurde und nach dem 2. Weltkrieg auch in Westeuropa Verbreitung fand: Die Verknüpfung extremer Arbeitsteilung (Taylorismus), Rationalisierung der Produktion (Fließbandarbeit), Serienfertigung und Massenabsatz. Französische Autoren (z.B. Michel Aglietta) haben den Begriff des Fordismus als „Regulierungstyp" des Kapitalismus wieder aufgegriffen und neu interpretiert. In der deutschen Literatur (vor allem Joachim Hirsch und Roland Roth) ist im Rahmen des Begriffs Fordismus das sozialdemokratische „Modell Deutschland" interpretiert worden. Vgl. dazu Gramsci 1967; Aglietta 1979; Hirsch/Roth 1980, S. 14ff.

Die Herausbildung des sozialdemokratisch-keynesianischen Politikansatzes des Sozial-/Wohlfahrtsstaates hatte das „Akkumulationsregime" des Fordismus, nämlich eine bestimmte Korrespondenz von Massenproduktion und Massenkonsum, zur Voraussetzung, um als wirtschafts-, sozial- und gesellschaftspolitische Konsens- und Kompromißformel politische Bedeutung zu erlangen (Jessop 1986, S. 11ff.; 1994, S. 63-68).

Erst der Übergang zum Fordismus schuf die ökonomischen und sozialen Grundlagen des Wohlfahrtsstaats (Aglietta 1979; Lipietz 1985; Hurtienne 1986). Die Verbindung von Massenproduktion (insbesondere im Konsumgütersektor durch spezialisierte Serienproduktion sowie jährliche Modellveränderungen) und von Massenkonsum standardisierter, in Großserien hergestellter Güter (Naschold 1984, S. 16f.) versetzen den Staat in die Lage, durch „ein Programm von Vollbeschäftigung und sozialer Wohlfahrt" (Jessop 1986, S. 13) die Interessen der Unternehmer und der Arbeitnehmerschaft gleichermaßen zu berücksichtigen. Der Fordismus förderte also über die Nachfragesicherung eine sozialdemokratisch-keynesianisch angeleitete Politik der Vollbeschäftigung und des Ausbaus sozialer Leistungen und ermöglichte damit die „Balance" zwischen Kapital und Arbeit (Przeworski 1985). Der fordistische Wohlfahrtsstaat wies dem Staat die Rolle zu, über Lohn-, Arbeitsmarkt- und Nachfragepolitik auf die Rahmenbedingungen für die Kapitalakkumulation und die individuelle Wohlfahrtslage Einfluß zu nehmen.

Die beiden großen Interventionstypen des fordistischen Wohlfahrtsstaats, die Förderung der Massenkaufkraft über Lohnsteigerungen und die Förderung der Gewinne über staatliche Subventionen verhalfen in der Bundesrepublik mit der Bildung der großen Koalition dem Strategieansatz der sozialdemokratisch-keynesianischen

Krise geriet: Diese spiegelt sich in politischer Hinsicht wider in Repräsentationskrisen, in denen sich die Zustimmung der Wählerschaft zu Regierungsparteien und korporatistischen Arrangements als instabil erwiesen, in institutioneller Desintegration mit unterschiedlichen Krisenstrategien der verschiedenen politischen Ebenen, in der Zunahme neuer sozialer Bewegungen und in einer Legitimationskrise mit Vertrauens- und Glaubwürdigkeitsverlusten gegenüber der Leistungsfähigkeit des Interventionsstaats (Offe 1990, S. 180ff.; Kaufmann 1994, S. 62f.).

Angesichts des Einflusses der wirtschaftlichen Entwicklung auf den Ausgang demokratischer Wahlen richteten sich die „Reformbestrebungen" auf die Reorganisation der wirtschaftlichen Interventions- und Steuerungskapazitäten des Staates. Das Ordnungskonzept bzw. die „Deutungspolitik" verschafften sich zunehmend Geltung, die die krisenhafte Beschäftigungs-, Finanzierungs- und Sozialprobleme nicht durch verstärkte staatliche Interventionen, sondern durch „Staatsentlastung", Stärkung der Wettbewerbsfähigkeit und durch Flexibilisierung des Arbeitsmarktes zu lösen verprach (Offe 1990, S. 180; An. Benz 1995, S. 337-359). Das dominant werdende Staatsprojekt des „Schumpeterschen Workfare State" (Kaufmann 1994, S. 57, 63-68) beinhaltet eine komplexe Reorganisation der Staatstätigkeit, die vor allem auf die Förderung der Konkurrenzfähigkeit und der wirtschaftlichen Flexibilität gerichtet ist, d.h. Ökonomisierungstendenzen in der Politik zusätzliche Anstöße gibt (vgl. Kap. II.1.3.).

Diese Verlagerung von der nachfrageorientierten zur angebotsorientierten Politik geht mit einer Verschiebung in allen Sphären der Staatlichkeit einher: Parteien erhalten verstärkten Aufschwung, die die Bedingungen verschärften internationalen Wettbewerbs akzeptieren und offensiv zu vertreten wissen, netzwerkartige Strukturen und Verfahren expandieren gegenüber (tripartistischen) korporatistischen Arrangements, zentrale Regierungsfunktionen werden an andere Ebenen und/oder Instanzen delegiert, und gleichzeitig behält der Zentralstaat wichtige (Koordinierungs-)Aufgaben und werden ihm neue (Finanzierung-)Aufgabenverantwortungen zugemutet (vgl. Kap. I.1.3.). Schließlich bedeutet die Verlagerung der Interventionen auf die Angebotsseite eine verstärkte Ökonomisierung der Politik im Sinne der Umorientierung der Staatstätigkeit auf einzelwirtschaftliche Interessen, Bedürfnisse und Erfordernisse. Die neue Rolle des Staates, der sich als Förderer, Auftraggeber, „Steuerentlaster", Deregulierer und Privatisierer usw. der Wettbewerbssicherung und Arbeitsmarktflexibilisierung zuwendet (vgl. Kap. I.1.2.), trägt zur Entwicklung eines „stärker selektiven Wohlfahrtssystems" bei (Kaufmann 1994, S. 65).

Steuerung des Wohlfahrtsstaats zum politischen Durchbruch (Vobruba 1983, S. 1939ff.). Dieser auch als „wohlfahrtsstaatlicher Kompromiß" bezeichnete Politikansatz trug wesentlich dazu bei, daß der ökonomische Grundkonflikt zwischen gesellschaftlicher Produktion und privater Aneignung zumindest für eine historisch begrenzte Phase neutralisiert werden konnte (Dubiel 1985, S. 83ff.).

Angebotsorientierte Konzepte und Strategien beinhalten eine Mischung aus Privatisierung, Deregulierung und eine verstärkte Ausrichtung auf einzelwirtschaftliche Kriterien wie Rentabilitätsförderung, Absatz- und Umsatzsteigerung, Kostenentlastung usw. bei der staatlichen Aufgabenwahrnehmung. Die angebotsorientierte Politik führt überdies zur Schwächung sozialpartnerschaftlicher Arrangements zugunsten von Führungsprivilegien, Marktkräften und einem starken Staat: Vielfach bringen Deregulierungsmaßnahmen neue Regulierungen mit sich, gehen also mit „Re-Regulierungen" einher (Majone 1990, S. 7-59).

In jüngster Zeit hat sich der Diskurs über (wohlfahrts-)staatliche Aufgaben auf neue politische Anforderungen an die Staatstätigkeit, d.h. auf Fragen der Steuerungsfähigkeit des modernen Staates, sprich: des „Steuerungsstaates" (Kaufmann 1994, S. 28ff.) bezüglich der Aufgabenverantwortung für den Schutz natürlicher Ressourcen und staatlicher Verpflichtung zu präventivem Eingreifen verlagert.

Das diagnostizierte „Steuerungsdefizit" des Staates wird allerdings unterschiedlich beurteilt: Während in steuerungsbefürwortenden Positionen die Erosion hoheitlicher Steuerungsfähigkeit, die wachsende Abhängigkeit von der Kooperationswilligkeit gesellschaftlicher Akteure und die sinkende Steuerungsrelevanz des Rechts beklagt werden (Grimm 1990, S. 11-47; 1994, S. 618-621), werden in steuerungskritischen Positionen die Defizite hierarchischer Steuerung und die Chancen vernetzter Interaktions- und Steuerungssysteme hervorgehoben (anstelle vieler Jansen/Schubert 1995) (vgl. Kap. II.2.).

Ferner weisen die durch die Umweltverschmutzung gefährdeten Individuen und die gefährdete Natur den staatlichen Akteuren auf nationaler wie internationaler Ebene eine wachsende Aufgabenverantwortung zu (Windhoff-Héritier 1994, S. 427-448). Auch die Verwendung neuer Technologien, insbesondere der Kern-, Informations- und Gentechnologien, der Einsatz neuer chemischer Stoffe, die Verbreitung von Seuchen usw. erzeugen Risiken, die häufig sinnlich nicht wahrnehmbar und deren Wirkungen oft zeitlich verzögert und räumlich weit entfernt sind (Beck 1986; 1988).

Je schneller die Risiken zunehmen und die Chancen der Einzelnen sinken, sich vor ihnen zu schützen, desto nachhaltiger richten sich die Anforderungen an den Staat, der gesellschaftlichen Risikoproduktion „Grenzen der Sozialverträglichkeit" zu setzen (Grimm 1994, S. 625). Darüber hinaus wird dem Staat die Fähigkeit zugesprochen und abverlangt, nicht nur Risiken zu kontrollieren und Schäden zu beseitigen bzw. zu kompensieren, sondern durch frühzeitiges Eingreifen möglichst der Entstehung von Schäden an den Gefahrenquellen vorzubeugen (Preuß 1994, S. 626). Da das traditionelle System der Gefahrenabwehr mangels eindeutig fixierbarer Verursacher und räumlich wie zeitlich eingrenzbarer Schäden nicht mehr greift, können eingetretene Schäden auch nicht mehr durch Schadensersatz oder Versicherungsschutz kompensiert werden (vgl. Kap. III.2.1.1.). Die Aufgabe des Staates wandelt sich deshalb von der status-quo-orientierten Gefahrenabwehr zur zukunftsorientierten Risikovorsorge, die den Prozeß der wissenschaftlich-technischen Veränderung zu steuern versucht (Kirsch 1989; Preuß 1994).

Bei der Erfüllung neuer Aufgaben gerät aber der Staat in ein Dilemma, als er mit Rücksicht auf die internationalen Wettbewerbsbedingungen „weitgehend an den wissenschaftlich-technischen Innovationsprozeß gekettet" ist, also bestenfalls die Risiken kanalisieren kann (Grimm 1994, S. 626). Gleichwohl haben unter Ungewißheit getroffene Entscheidungen vielfach irreversible Folgen, die wegen der Belastung zukünftiger Generationen politische Entscheidungsverzichte nicht zulasssen. Eine für notwendig befundene Politik steuernder Risikovorsorge kann folglich nur mit geringer Akzeptanz rechnen und wird nur schwer Konsens schaffen können (Evers/Nowotny 1987).

Die Ausweitung von Aufgaben und Verantwortlichkeiten des Staates hat auch Auswirkungen auf das zur Anwendung kommende Instrumentarium: Auch wenn das wachsende Bedürfnis nach staatlicher Steuerung die politischen Eingriffsschwellen gesenkt hat, bleiben die gesellschaftlichen Teilsysteme weitgehend autonom. Der Staat muß infolgedessen bei seinen sozial- und umweltgestaltenden Tätigkeiten zunehmend auf den Einsatz „harter" Steuerungsinstrumente wie Befehle und Zwang verzichten. Als Konsequenz dieser sich öffnenden Kluft zwischen wachsenden Staatsaufgaben und abnehmender staatlicher Durchsetzungsfähigkeit muß der Staat, will er seine Aufgaben wirksam erfüllen, verstärkt indirekte nicht-imperative Mittel einsetzen (Windhoff-Héritier 1980; Grimm 1994, S. 628). In erster Linie sind fiskalische Instrumente, die den Steuerungsadressaten die freie Verhaltenswahl belassen, dafür geeignet, erwünschtes privates Verhalten durch Anreize verlockend und ein unerwünschtes durch Abgaben, Steuern, Gebühren usw. unattraktiv zu machen. Außerdem kann der Staat im Wege von Informationen oder Überzeugungen oder durch den Aus- oder Abbau öffentlicher Einrichtungskapazitäten das private Verhalten direkt beeinflussen.

Da der Staat beim Einsatz indirekter Steuerungsmittel von der Folgebereitschaft der Privaten abhängig ist, lassen sich private Steuerungsadressaten „ihr Mitziehen" vielfach in Verhandlungen honorieren. Der Staat ist bei diesem „Tauschhandel" deshalb nicht von vornherein in einer unterlegenen Position, weil die privaten Akteure ihrerseits von staatlichen Steuerungsleistungen abhängig sind. Vielfach kann allein schon die Möglichkeit des Einsatzes oder die Ankündigung von Zwangsmaßnahmen die private Folgebereitschaft erhöhen, obwohl in kooperativ angelegten Verhandlungssystemen gerade die Ausspielung dieser imperativen Mittel vermieden werden soll (vgl. Kap. I.1.3.2.).

In empirischen Studien über die Einschätzungen von Gemeinsamkeiten, aber auch von Unterschieden im Hinblick auf die Begriffe Sozialstaat und Wohlfahrtsstaat[16] werden die – soziale Zwecke verfolgenden – Interventionen

---

16 Die „herrschenden" Interpretationen des Sozialstaatsgebots des Art. 20 GG fassen den Begriff Sozialstaat enger als den des Wohlfahrtsstaats, indem das Sozialstaatspostulat der Verfassung als staatliche Aufgabe begriffen wird, neben der Fürsorge-

des Staates als entscheidendes Kriterium genannt. Die Untersuchung Rollers über die Einstellungen zum Wohlfahrtsstaat hat ergeben, daß die überwiegende Mehrheit der Bevölkerung grundsätzlich sowohl unter dem Begriff Sozialstaat als auch unter dem Begriff Wohlfahrtsstaat eine Intervention des Staates zur Realisierung sozialer Sicherheit und sozialer Gerechtigkeit versteht (Roller 1992). Unterscheidungskriterien der beiden Termini Sozialstaat und Wohlfahrtsstaat sind aber der Umfang staatlicher Interventionen und die Bedeutung sozialer Organisationsprinzipien. Mit „Wohlfahrtsstaat" wird eine extensive staatliche Zuständigkeit für sozioökonomische Sicherheit und Gleichheit, mit „Sozialstaat" ein begrenzter Umfang staatlicher Interventionen verbunden. Hinsichtlich der Organisationsprinzipien räumt der Wohlfahrtsstaat dem Versorgungs- und Fürsorgeprinzip Priorität ein, während der Sozialstaat durch limitierte Staatsintervention und das Versicherungsprinzip gekennzeichnet ist (Pioch/Vobruba 1995, S. 114).

Aus der breiten Akzeptanz des Wohlfahrtsstaats Deutschland, der von den Bürgern in erster Linie als Sozialstaat begriffen wird, folgert Roller, daß der Sozialstaat in erster Linie seine Legitimation aus seinem limitierten Umfang und dem Versicherungsprinzip bezieht (Roller 1992, S. 96).

Politisch-ökonomische, sozial- und politikwissenschaftliche Interpretationen und Begriffserklärungen des Wohlfahrtsstaats gehen über die in der Finanzwissenschaft entwickelten Kategorisierungen staatlicher Funktionen (Musgrave 1969) hinaus und machen die Definition des Wohlfahrtsstaats an Kriterien vorherrschender Staatstätigkeiten und angestrebter politischer Zielsetzungen und Programme fest (Gäfgen 1984, S. 56-62; G. Schmid 1984, S. 6-27). Während über die allgemeinen Ziele des Wohlfahrtsstaats noch ein breiter Konsens besteht, verdeutlichen die kontrovers geführten Diskussionen über Art und Umfang des Mitteleinsatzes zur Erreichung der politischen, ökonomischen und sozialen Zielsetzungen, wie weit die Interpretationen des Wohlfahrtsstaats und die Positionen zur wohlfahrtsstaatlichen Politik auseinander liegen.

Die Staatstätigkeiten zeigen in dem Maße eine immer „eindeutiger wohlfahrtsstaatliche Ausrichtung an" (Gäfgen 1984, S. 57), wie der Staat seine Aufgabenwahrnehmung von der Ordnungspolitik auf die Verteilungskorrektur verlagert. Die Interpretationen über die Spanne staatlicher und wohlfahrtsstaatlicher Aktivitätsbereiche reichen von Ordnungsaufgaben der inneren und äußeren Sicherheit, dem auf Mindestaufgaben begrenzten „Minimalstaat" (Nozick 1974) über den Hoheitsstaat, der einen stabilisierungs- und strukturpolitischen Ordnungsrahmen setzt, den Leistungsstaat, der produktive

---

hilfe vor allem die Leistungen der „klassischen" Sozialpolitik zu gewährleisten. Darüber hinausgehende staatliche Leistungsvolumina oder „Teilhaberechte", wie sie im demokratie-identischen Ansatz des Sozialstaates vertreten werden, oder vorausschauend steuernde Eingriffe, wie sie im steuerungsorientierten Ansatz des Sozialstaates gefordert werden, sind Minderheitenpositionen geblieben. Vgl. Benda 1981; Pilz 1985 b, S. 9-12; Ritter 1989.

und konsumtive Infrastrukturpolitik betreibt, bis zum Ausgleichsstaat mit seinen sozialen Sicherungs- und Verteilungsaufgaben.

Die ziel- und instrumentenorientierten Deutungen des Wohlfahrtsstaats gehen von der Feststellung aus, daß weniger die Ziele wohlfahrtsstaatlicher Aktivitäten als vielmehr die Ausgestaltung der Finanzierungsinstrumente und die bürokratischen Formen der Bereitstellung wohlfahrtsstaatlicher Leistungen strittig sind (Greven 1978; Tennstedt 1976; Luhmann 1981; Herder-Dorneich 1982; Herder-Dorneich/Klages/Schlotter 1984; Gretschmann u.a. 1987; Heinze/Olk/Hilbert 1988; Ritter 1989, D. 17ff.).

In Wissenschaft und Politik besteht in der Interpretation einer wohlfahrtsstaatlichen Politik, die die folgenden ersten drei allgemeinen Ziele anstrebt, weitgehende Übereinstimmung, während das vierte Ziel große Kontroversen auslöst:

- Der Wohlfahrtsstaat soll, neben der Fürsorge für Hilfsbedürftige, vor allem die „klassischen" Leistungen der sozialen Sicherung erbringen, d.h., den Einzelnen gegen soziale Risiken absichern, also in Zeiten der Erwerbslosigkeit (Krankheit, Unfall, Alter, Behinderung) und der (kurzfristigen) Arbeitslosigkeit den Lebensunterhalt sichern.
- Der Wohlfahrtsstaat soll auch die „bedürfnisgerechte" Versorgung mit existentiell wichtigen Gütern[17] und Leistungen wie Bildung, Gesundheit,

17 Die in der Finanzwissenschaft entwickelte „Theorie der öffentlichen Güter" unterscheidet zwischen reinen öffentlichen Gütern, unvollkommenen öffentlichen Gütern (Mischgütern) und meritorischen Gütern. Vgl. dazu Krause-Junk 1974, 1977; Nowotny 1996, S. 37-42.
Kriterien der öffentlichen Güter sind erstens die Nichtausschließbarkeit, d.h., daß niemand aus Gründen technischer Unmöglichkeit oder kostenmäßiger Unzweckmäßigkeit von der Nutzung dieser Güter ausgeschlossen werden kann (z.B. gilt in der Landesverteidigung der Schutz für alle Bewohner), und zweitens die Nicht-Rivalität im Konsum, d.h., daß der Konsum (Nutzung) eines Individuums den eines anderen nicht beeinträchtigt (z.B. mindert kein Schiff in Sichtweite eines Leuchtturms die „Nutzungsmöglichkeit" der anderen).
Als öffentliche Güter gelten die „gerechte" Einkommensverteilung und die Preisstabilität, wenn Gründe wie z.B. die Berücksichtigung negativer externer Effekte wie Armut als Folge von Krankheit, Verbrechen usw. oder die Sicherung der Kaufkraft für alle Mitglieder eines Wirtschaftsraumes eine stärker egalitäre Einkommensverteilung nahelegen.
Kennzeichen der Mischgüter ist vor allem die unterschiedliche Nutzungsmöglichkeit für die Bewohner eines Wirtschaftsgebietes. Diese Unterschiede hängen nicht nur von der geographischen Lage (z.B. von der Nähe zur öffentlichen Einrichtung), sondern auch von notwendigen komplementären privaten Gütern ab (z.B. die Abhängigkeit der Nutzung eines entfernt gelegenen, sauberen Sees vom Besitz eines Autos).
Für die „meritorischen" Güter, die den größten Anteil am staatlichen Ausgaben-volumen für Güter und Dienstleistungen haben, ist grundsätzlich eine „marktmäßige" Erstellung und Verwertung möglich, liegt also Ausschließbarkeit vor. Werden die Ergebnisse des Marktprozesses „als ökonomisch und/oder gesellschaftspolitisch unerwünscht angesehen" (Nowotny 1987, S. 31), hat der Staat das Angebot dieser Kategorien von Gütern zu übernehmen. Die staatliche Bereitstellung meritorischer Gü-

Umwelt und Wohnungen sichern, also diese Versorgung nicht primär von Einkommen und sozialem Status abhängig machen.

- Der Wohlfahrtsstaat soll außerdem zur Verringerung einkommensabhängiger Ungleichheiten bei der privaten Versorgung beitragen, indem er insbesondere die „marktmäßigen" Einkommen über die Besteuerung korrigiert (z.B. über progressive Tarife) und ausgleichende öffentliche Leistungen (soziale Transfers wie Wohn- oder Kindergeld) gewährt.
- Der Wohlfahrtsstaat soll schließlich nicht den Mangel verteilen, sondern das allgemeine Wohlfahrtsniveau durch (aktive) Wirtschafts-, Beschäftigungs- und Sozialpolitik befördern.

Zusammenfassend kann der Wohlfahrtsstaat als die Gesamtheit derjenigen staatlichen Funktionen verstanden werden, die in der Verfolgung materieller Wohlstands- und sozialer sowie ökologischer Wohlfahrtsziele als Interventionsstaat (Maßnahmen der Sozialpolitik, Bildungs-, Gesundheits-, Umwelt-, Wohnungs-, Steuer- und Subventionspolitik sowie Maßnahmen einer „sozialverpflichteten" Wirtschafts-, Finanz- und Beschäftigungspolitik) auf die gesellschaftlichen Entwicklungen Einfluß nimmt.

Die Auffassungen über Ausmaß und Eignung der Instrumente zur Erreichung dieser Ziele gehen allerdings weit auseinander. Die Ausgestaltung des Finanzierungs- und Leistungssystems ist in der Wohlfahrtsstaats-Kritik deshalb so umstritten, weil die zunehmende Entkoppelung von Abgaben bzw. Beitragszahlung und Leistungsinanspruchnahme den Boden für mißbräuchliches Verhalten bereitet (Herder-Dorneich u.a. 1984; Wasem 1988). Werden Güter und Dienste kollektiv angeboten, handelt der einzelne Interessent „rational", wenn er seinen Eigenbeitrag zu minimieren, aber seine Leistungsinanspruchnahme zu maximieren versucht (Trittbrettfahrersyndrom). Solange also jedermann die Trittbrettfahrer-Position offen steht, existiert für diese Güter kein Marktpreis, der die Produzenten zu einem Marktangebot anreizt und die Interessenten von einer unentgeltlichen Inanspruchnahme abhält (Eickhoff 1986, S. 472).

Markt- und ordoliberale Interpretationen zur Neugestaltung der Finanzierungsinstrumente sind grundsätzlich auf eine weitgehende Reprivatisierung der sozialen Risiken, also auf Ausbreitung individueller Selbstversicherung statt der bisher üblichen Regelversicherung angelegt (Kronberger Kreis 1986 a; 1986 b; 1987 a; 1987 b). Vereinzelt wird auch für die Kombination einer

---

ter wird zum einen mit Informationsdefiziten gerechtfertigt (z.B. setzt die Beurteilung des Nutzens von Schulbildung Kenntnisse über ihre Wirkung auf Lebenschancen, wirtschaftliche Ergebnisse etc. voraus). Zum anderen begründen verteilungspolitische Zielsetzungen das staatliche Angebot dieser Güter: Die Bereitstellung meritorischer Güter anstelle von Geldleistungen gewährleistet, daß die Versorgung den hilfsbedürftigen Gruppen zukommt (z.B. kostenlose Schulbücher an Kinder anstatt Erziehungsgelder an Eltern) und die erwarteten Wirkungen redistributiver Programme auch tatsächlich eintreten (z.B. Förderung des Baus von Sozialwohnungen zugunsten einkommensschwacher Gruppen in Verbindung mit „wirksamen" Fehlbelegungsabgaben).

staatlich finanzierten Grundsicherung mit individuell finanzierten zusätzlichen Sicherungsmaßnahmen plädiert. Dabei wird eine staatliche (Rahmen-) Organisation für notwendig erachtet, um ein solches duales System von allgemeiner Existenzsicherung und individueller Zusatzsicherung zu garantieren (Wegner 1987; Leienbach 1988; Biedenkopf 1988).

Sozialdemokratisch-alternative Positionen heben unter dem Vorzeichen einer flexibleren Arbeitsordnung darauf ab, das Äquivalenzprinzip der Versicherung zu relativieren, also die strenge erwerbsorientierte Zuordung von Beitragserhebung und Leistungsgewährung zu lockern und nach neuen Finanzierungs- und Leistungsinstrumenten der sozialen Sicherung zu suchen (anstelle vieler Lessenich 1996; Bäcker 1995; Dettling 1995). Ansatzpunkte für die Umgestaltung eines neuen Systems der Finanzierung sozialer Transfers und der sozialen Sicherung sind nicht mehr beschäftigungsorientierte („arbeitszeitorientierte"), sondern ressourcen- und wertschöpfungsbezogene Steuern und Sozialabgaben (Evers/Opielka 1985; Gretschmann 1985; Vobruba 1987; Lafontaine 1988; 1989; Heinze/Olk/Hilbert 1988; Gretschmann u.a. 1988; Bermbach/Blanke/Böhret 1990).

Ansatzpunkte für Leistungsalternativen zum herkömmlichen sozialen Sicherungssystem werden in verschiedenen Versionen der „Mindestsicherung" gesehen, die im Kern auf den Schutz ausgegrenzter Problem- und Risikogruppen vor Verarmung zielen. Während die „Bürgergeld"-Vorschläge jedem Bürger eine Transferzahlung vom Staat garantieren wollen (Scharpf 1994a, S. 111f.), geht es den „Sockelungs"-Konzepten im wesentlichen darum, im Gegensatz zu „lebenslagenunabhängigen" Zuteilungsmechanismen bedarfsbezogene Elemente in die soziale Sicherung „einzubeziehen" (anstelle vieler Pilz/Ortwein 1997, S. 349-351).

Die bei der Bürokratie des Wohlfahrtsstaats ansetzende Kritik fand zwar Anfang der 80er Jahre in Wissenschaft und Politik außergewöhnliche Beachtung, wurde aber in der zweiten Hälfte der 80er Jahre zunehmend von Problemen der Finanzierung wohlfahrtsstaatlicher Aufgaben, von Fragen der Neudefinition der Arbeit und von der Diskussion über die Inhalte der Gesundheits- und Renten-„Reform" überlagert. Das auf die bürokratische Bereitstellung wohlfahrtsstaatlicher Leistungen bezogene „Drückebergersyndrom" meint, daß die „Produzenten" anonymer Verwaltungsbürokratien tendenziell zur Leistungszurückhaltung und Ineffizienz neigen (Herder-Dorneich 1982). Aufgrund unkündbarer Beschäftigungsverhältnisse und sicherer Einkommen der Beamten sowie der meisten Angestellten werden die staatlichen Geldleistungen (vor allem die Arbeitsentgelte) weitgehend unabhängig von den individuellen Gegenleistungen gewährt. Durch die Entkoppelung von Leistung und Gegenleistung, wobei die Effizienz einer Produktionseinheit von der Gesamt- und nicht von der Einzelleistung abhängt, erhält der Einzelne nur schwache Anreize zur Leistungssteigerung. Die im Vergleich zum Konkurrenzsystem des Marktes geringere Produktivität der (wohlfahrts)staatlichen Bürokratie geht in dieser Betrachtungsweise auf das „dysfunktionale Anreizsystem" zurück, das weder ausreichende Belohnung für effizientes noch Bestrafung für ineffizientes Handeln kennt (Recktenwald 1978; Engels 1981).

(Neo)Konservative Interpretationen und die neoliberale Schule des Public-Choice weisen der Bürokratie (des Wohlfahrtsstaats) die ihr immanente Tendenz zu, weniger an einem hohen Ertrag (Output) als vielmehr an einem großen Mitteleinsatz (Input) interessiert zu sein (Heilbronner 1980; Kalmbach 1981; Frank 1983). Inputmaximierung wird deshalb belohnt, weil mit der Größe der Verwaltungen und ihrer überdurchschnittlichen Budgets sowie ihrer starken Personalausstattung der Einfluß auf die politische Willensbildung zunimmt. Die Folge davon ist ein Hang zur Verschwendung, da die Einsparung von Personal- und Sachmitteln nicht honoriert wird, große und wachsende Etats dagegen den Einkommens- und Einflußinteressen der Bürokratie dienen. Die Verteter des Public-Choice-Ansatzes argwöhnen, daß die Staatsvertreter nicht demselben „Zwang zur Minimierung ihrer Produktionskosten" ausgesetzt sind, wie dies für Manager der Privatwirtschaft gilt (Lepage 1979, S. 124). Je mehr also die Leistungsproduktion über den Wohlfahrtsstaat erfolgt, umso mehr „bezahlt die Gesellschaft ihre Dienste teurer als nötig" (Lepage 1979, S. 124).

Auch die Umverteilungseffekte wohlfahrtsstaatlicher Instrumente (z.B. Steuerungs- und Sozialleistungen) sind der Kritik ausgesetzt. So wird nicht nur die ungleiche Inanspruchnahme sozialer Leistungen hervorgehoben, sondern auch moniert, daß überzogene Ansprüche geltend gemacht werden, aufwendige sowie unsoziale Umverteilungen erfolgen und das Leistungsangebot geradezu zu Mißbrauch einlädt (Merklein 1980; Transfer-Enquête-Kommission 1981, Hartmann 1985, Biedenkopf 1985; kritisch Skarpelis-Sperk 1978).

Die Diskussion über die soziale „Ausgewogenheit" und Aspekte der sozialen Gerechtigkeit im Sozial-/Wohlfahrtsstaat Bundesrepublik findet im Laufe der 80er Jahre zweimal in der politischen Auseinandersetzung besondere Resonanz: Ein erster Höhepunkt in der verteilungspolitischen Kontroverse wird im Zusammenhang mit den sogenannten Haushaltsoperationen '82, '83 und '84 erreicht. Gegen diese Konsolidierungspolitik wird der Vorwurf erhoben, daß ihre Kürzungen der Sozialleistungen beim Fiskus und den Parafiski auf eine einseitige („unausgewogene") Umverteilung zu Lasten der Sozialeinkommen und zugunsten unternehmerischer Einkommen hinauslaufen (anstelle vieler Memorandum '84 der Arbeitsgruppe Alternative Wirtschaftspolitik).

Einen zweiten Höhepunkt erreicht die verteilungspolitische Auseinandersetzung um die beiden großen innenpolitischen Reformvorhaben der Bundesrepublik in den Jahren 1987 und 1988, die Steuer- und die Gesundheitsreform. Der Vorwurf der einseitigen Gruppen-Begünstigung durch steuerpolitische Maßnahmen konzentriert sich auf die im Jahre 1990 in Kraft getretene dritte Steuerentlastungsstufe, die infolge der Senkung des Einkommensteuer-Spitzensatzes und der Einführung des linear-progressiven Tarifs den hohen Einkommensgruppen außerordentliche absolute Steuerersparnisse bringe, während die unteren Einkommensgruppen durch Verbrauchsteuer-Erhöhungen wie im Jahre 1989 relativ stark belastet würden (anstelle vieler Wiegard 1987; Krause-Junk 1987; Hickel 1988; Memorandum '88).

2.3. Interpretationen expansiver und systemgefährdender Tendenzen des Wohlfahrtsstaats sowie Vorschläge zur Reorganisation des Sozialsystems

Entwicklung und Zustand des modernen Wohlfahrtsstaats Bundesrepublik werden seit den 80er Jahren vor allem unter Aspekten seiner Finanzierbarkeit begriffen, d.h., daß die fiskalische Dimension der Finanzierbarkeit der wohlfahrtsstaatlichen Aktivitäten und „nicht die Wünschbarkeit umfassender Daseinsvorsorge" zum Problem werden (Mayntz 1987, S. 90).

In der hier gewählten analytischen Vorgehensweise wird der von Krisentendenzen geprägte moderne Wohlfahrtsstaat vor allem an den Faktoren gemessen, die zum einen die Entwicklung des Wohlfahrtsstaats bestimmen und zum anderen die Grundlagen des Wohlfahrtsstaats gefährden, also seine legitimatorischen Fundamente untergraben. Diese Methode der Begriffserklärung setzt maßgeblich bei den – die Expansion begünstigenden – Wechselwirkungen, sprich: den Interaktionen zwischen dem repräsentativ-demokratischen System und dem Wohlfahrtsstaat, der Marktwirtschaft und dem Wohlfahrtsstaat, und in vernetzten Entscheidungssystemen an (Streit 1986, S. 100 ff; Opielka/Ostner 1987, S. 123-131; Streit 1988; Scharpf 1988 b, S. 68-77; Vobruba 1985, S. 18 ff; Hayek 1977, S. 30; Vaubel 1984, S. 90; Giersch 1983, S. 27; Schatz 1988, S. 197-207). Inwieweit die Fundamente des Wohlfahrtsstaates untergraben werden, wird danach zu beurteilen sein, ob angesichts der Tendenzen zur Fragmentierung der Gesellschaft und Individualisierung das auf Erwerbsarbeit gegründete deutsche soziale Sicherungssystem weiterhin mit politisch-moralischer Unterstützung rechnen kann (Heinze u.a. 1988, S. 44 ff; Offe 1988, S. 24).

Ansatzpunkte für Erklärungen krisenhafter Entwicklungen des Wohlfahrtsstaats sind in konservativen (markt-)liberalen Auslegungen primär die Mechanismen der repräsentativen Demokratie und die Rückwirkungen auf die Entwicklung des Wohlfahrtsstaats und die Leistungsfähigkeit der Marktwirtschaft. Die Interpretationsgruppen der politischen Linken (sozialdemokratisch-gewerkschaftliche und grün-alternative Positionen) setzen dagegen im wesentlichen bei der Kausalbeziehung zwischen Marktwirtschaft und Wohlfahrtsstaat an, d.h. daß sie die auf Wachstums- und Gewinnsteigerung angelegte marktwirtschaftliche Wirtschaftsform ursächlich für sozial-, beschäftigungs- und umweltpolitische Fehlentwicklungen verantwortlich machen. Die der Marktwirtschaft zugeordnete Krisenverursachung liefert folglich die Begründung für (wohlfahrts-)staatliche vorsorgende und aktive Interventionen.

Zwar wird hinsichtlich der festgestellten Tendenzen des Wohlfahrtsstaats in wissenschaftlichen Interpretationen wie in der praktischen Politik weitgehende Übereinstimmung erzielt, doch weichen die daraus gezogenen Schlußfolgerungen in den großen „gesellschaftspolitischen Lagern" erheblich voneinander ab.

Um die Argumentation wichtiger Interpretationsgruppen zum Wohlfahrtsstaat vorstellen zu können, gilt folgenden Beziehungsmustern, Deutungen der Systemgefährdung und Alternativentwürfen besondere Aufmerksamkeit:

- den Interaktionsmechanismen zwischen repräsentativer Demokratie und Wohlfahrtsstaat,
- der Kausalbeziehung zwischen Marktwirtschaft und Wohlfahrtsstaat,
- den Tendenzen zur Gefährdung der wohlfahrtsstaatlichen Fundamente und
- den Lösungsvorschlägen zur Reorganisation des Sozialsystems.

Im Rahmen der Interpretationen zum Wohlfahrtsstaat spielen insbesondere Varianten liberaler Positionen wie die Neue Politische Ökonomie[18] und Ansätze der Ordnungspolitik[19] eine entscheidende Rolle. Während die Neue Politische Ökonomie (NPÖ) politische Prozesse in Demokratien endogen vor allem aus sozio-ökonomischen Variablen erklären will und ihr bevorzugtes Interesse dem Wechselverhältnis zwischen Demokratie und Wohlfahrtsstaat widmet (Tuchtfeldt 1994; Nowotny 1996, S. 65f.; S. 78f.), befaßt sich die Ordnungspolitik primär mit Fragen des Zusammenwirkens von Marktwirtschaft und Wohlfahrtsstaat bzw. des „Sozialen" in der marktwirtschaftlichen Ordnung (Dierkes/Zimmermann 1996, S. 13-34). Schließlich wird noch auf

---

18 Die Neue Politische Ökonomie (NPÖ) oder der synonym verwendete Begriff der ökonomischen Theorie der Politik ist ein individualistisch-methodischer Ansatz, der sich rigoros auf den Einzelmenschen als Untersuchungseinheit konzentriert und das Streben nach Rationalität als Optimierungsprozeß des Kosten-Nutzen-Verhältnisses interpretiert. Die NPÖ will außerdem über die engen Grenzen der Wirtschaftswissenschaften hinaus einen Beitrag zur Analyse primär demokratischer Strukturen und Prozesse leisten. Schließlich geht sie von der Annahme aus, daß sich – analog zum Marktmodell der Wirtschaft – soziale Beziehungen am besten durch Wettbewerb regulieren lassen. Siehe Kirsch 1993; Sturm 1995.

19 Der Ordnungspolitik, deren Grundidee auf den Ordoliberalen Walter Eucken zurückgeht, geht es maßgeblich um Quantität und Qualität des „Sozialen" in der Marktwirtschaft, d.h. um Fragen, wieviel Soziales die Marktwirtschaft „braucht" und wieviel Soziales die Marktwirtschaft „verträgt". Vgl. Radnitzky/Bouillon 1991; Dierkes/Zimmermann 1996. Die Neue Politische Ökonomie wird von einigen Autoren auch als „liberale Ordnungspolitik" verstanden (Dettling 1980, S. 316), die ihre Analysen nicht vorwiegend auf den Markt (Preissystem), sondern auch auf die „Vielfalt der Steuerungssysteme" – z.B. Hierarchie (Verwaltung), Polyarchie (Wahl) und Bargaining (Gruppenverhandlungen) – bezieht. Deshalb wird dieses Ordnungskonzept als „pluralistische Ordnungstheorie" bezeichnet, deren Vertreter sich selbst zwischen den neoliberalen, „reinen" Marktwirtschaftlern und den keynesianisch orientierten „Etatisten" einordnen. Siehe Kirsch u.a. 1982, S. 7; Dettling 1982, S. 5 und Herder-Dorneich 1984, S. 13ff.

jene – in den 80er und 90er Jahren stark diskutierten – Interpretationen zur Weiterentwicklung des Wohlfahrtsstaats einzugehen sein, die Vorschläge einer für unumgänglich befundenen Reorganisation der Finanzierungs- und Leistungsseite des Sozialsystems unterbreitet haben.

2.3.1. Die parlamentarische Demokratie in ihrem Wechselverhältnis zum Wohlfahrtsstaat

Wesentliche Beiträge zur Erklärung der Kausalbeziehung zwischen parlamentarischer Demokratie und Wohlfahrtsstaat haben vor allem die amerikanische neoliberale Public-Choice-Schule und im Anschluß daran der deutsche Ansatz der Neuen Politischen Ökonomie[20] geleistet (anstelle vieler Buchanan/Tullock 1962; Tidemann/Tullock 1976; Buhbe/von Lüde 1983; Giersch 1983; Schatz 1988; Jahrbuch für Neue Politische Ökonomie, laufende Jahrgänge; Streit 1986, 1988; Streit/Mummert 1996; Kirsch 1993; Nowotny 1996).

In neoliberalen Positionen wird der individuellen Freiheit als adäquatem Organisationsprinzip für eine (wohlfahrtsstaatliche) Demokratie ein hoher Stellenwert eingeräumt: Das Argument für die individuelle Freiheit wird wesentlich mit der Unkenntnis der Kausalfaktoren begründet, „von denen die Erreichung unserer Ziele und unserer Wohlfahrt abhängt“ (von Hayek 1971, S. 38).

Der streng individualistische Public-Choice-Ansatz, dem das Verhaltensmodell des homo-oeconomicus zugrunde liegt, die Annahme also, daß jeder Mensch seinen persönlichen Nutzen zu maximieren sucht, fragt nach dem „Rechtsstaat“, der das Institut des freien Individualeigentums schützt und die Vertragsfreiheit gewährleistet. Denn wenn jedes Individuum über sein Eigentum frei verfügen kann, wird es annahmegemäß nutzenmaximierend verwendet. Der Rechtsstaat und die durch ihn geschützte „Tauscharena“ der Marktwirtschaft haben Vorrang vor dem öffentlichen Bereich, in dem (wohlfahrtsstaatliche) „Politik gemacht wird“ (Buchanan 1984, S. 63ff.).

Nach dieser vertragstheoretischen Interpretation des Public-Choice-Ansatzes hat der dem Rechtsstaat nachgeordnete „Leistungsstaat“ seine Aktivitäten nur im „pareto-superioren“ Bereich zu entfalten. Zur Begrenzung staatlicher Tätigkeiten wird deshalb theoretisch Einstimmigkeit für die Bestimmung eines Gutes als „Kollektivgut“ für notwendig erachtet. Wegen der Gefahr der mißbräuchlichen Handhabung des Vetoinstruments wird allerdings darauf verzichtet, die konkreten Entscheidungen über Umfang und

---

20 Die Begriffe Neoklassik und Neoliberalismus werden oft synonym verwendet. Ein gewisser Unterschied wird darin gesehen, daß mit Neoklassik eher das wissenschaftliche Instrumentarium und die Methodik gemeint sind, während mit Neoliberalismus eher die praktisch-politische Seite dieser „Schule“ bezeichnet wird. Vgl. dazu Böhret u.a. 1988, S. 132.

Priorität der Produktion nach der Einstimmigkeitsregel zu fällen (Buchanan 1984, S. 54ff.; Brennan/Buchanan 1986). Für diese Fälle wird eine vertragliche Einigung auf ein niedrigeres Quorum für noch vertretbar angesehen. Dieser Theorieansatz sieht also einen wichtigen Ansatzpunkt für seine Kritik in der unbeschränkten Geltung des demokratischen Mehrheitsprinzips (Frank 1983; Müller-Plantenberg 1985; Opielka/Ostner 1987).

Für die neoliberalen Vertreter des Public-Choice liegt das Problem darin, daß die auf Stimmenmaximierung zielende demokratische Politik erhebliche Entscheidungskosten verursacht und deshalb mit der individuellen Nutzenmaximierung in Konflikt gerät (Downs 1978; Buchanan/Tullock 1985). Das Verfahren der Mehrheitsentscheidung erscheint hier nicht mehr als Ausdruck der Volkssouveränität, sondern als Ergebnis individueller Kosten-Nutzen-Kalküle. Da also die Mehrheitsregel keine pareto-optimalen Lösungen[21] sichern kann, stellt sich die Frage, ob und inwieweit dieses Problem durch die Beschränkung des Geltungsbereichs des Mehrheitsprinzips selbst (z.B. durch qualifizierte Mehrheiten, Plebiszite, Zweite Kammern) oder durch marktkonforme Mechanismen behoben werden kann. Im Interesse individueller Nutzenmaximierung bedarf es einer Verfassung, die nicht nur den Ausdehnungsbereich der Staatstätigkeiten genau und eng begrenzt, sondern auch weitgehend für bestimmte staatliche Tätigkeiten erhöhte Abstimmungsquoren festlegt. Um den – Wohlfahrtsstaaten inhärenten – Ausgaben- und Verschuldungsanstieg und den Steuerbelastungen entgegenzuwirken, werden verfassungsrechtliche und gesetzliche Begrenzungen der Steuer- und Ausgabenentwicklung und der staatlichen Schuldenaufnahme angestrebt und die Stärkung plebiszitärer Instrumente befürwortet[22] (Buchanan 1979; Buchanan/Wagner 1977; Brennan/Buchanan 1986; kritisch: Wiesenthal 1991).

Demokratischen Abstimmungsverfahren in Wohlfahrtsstaaten nach der Regel „One man, one vote" wird in neoliberalen Positionen wegen der enormen Verfahrenskosten mit Skepsis begegnet. Außerdem ist nicht nur die Abgrenzung des „Wahlvolkes" so schwierig (vor allem auf stark internationalisierten Märkten), sondern bei mehr als zwei Wählern und zwei Alternativen ermöglicht das Wahlverfahren häufig keine „eindeutigen" Kollektiventscheidungen mehr[23] (Borchardt 1981). Schließlich gewährleisten die Abstimmungen nach Mehrheitsregeln in Wohlfahrtsstaaten viel weniger den Minderheitenschutz als die Koordinationsmechanismen des Marktes. In die-

---

21 Für Müller-Plantenberg ist nach diesem „extrem individualistischen Wohlfahrts-Kriterium" eine Veränderung oder Handlung dann pareto-optimal oder „eindeutig gut", wenn durch sie die Lage wenigstens einer Person verbessert wird, ohne daß sich gleichzeitig die Lage auch nur einer anderen Person verschlechtert. Siehe Müller-Plantenberg 1985, S. 44.

22 Dieser in der ordnungspolitischen Diskussion bedeutende Vorschlag geht auf Wicksell zurück. Siehe hierzu Wicksell 1896.

23 Die geringe „Eindeutigkeit" von Kollektiventscheidungen bei Wahlverfahren mit mehr als zwei Wählern und Alternativen verweist auf das sogenannte Arrow-Paradoxon. Vgl. Arrow 1963.

sen Auslegungen hat der „unpersönliche Markt" (Friedman 1976, S. 44) den Mehrheitsregeln wohlfahrtsstaatlicher Demokratien gegenüber den Vorteil, wirtschaftliche Aktivitäten und politische Ansichten voneinander zu trennen und somit den Einzelnen vor Diskriminierung zu schützen. Der Marktmechanismus bietet grundsätzlich die Gewähr dafür, daß intensive wirtschaftliche Beziehungen gepflegt werden, ohne die „religiösen und politischen Ansichten aufgeben zu müssen" (Borchardt 1981, S. 15).

Eine wichtige begriffliche und inhaltliche Prämisse der Neuen Politischen Ökonomie ist die Klassifizierung moderner Demokratien als Wohlfahrtsstaaten, also die Kennzeichnung dieses Staatstypus als demokratischen Wohlfahrtsstaat. Die Theorieansätze der Neuen Politischen Ökonomie kritisieren den demokratischen Wohlfahrtsstaat oder den „schleichenden Sozialismus" nicht wegen seiner vorgegebenen Intention, benachteiligten und notleidenden Bevölkerungsgruppen zu helfen, sondern wegen seiner auf demokratische Mechanismen zurückgehenden Tendenz, nur wenig zugunsten der Bedürftigen umzuverteilen, aber viel zur wirtschaftlichen Stagnation beizutragen (Weede 1988, S. 89).

Im Anschluß an Schumpeter und Downs werden in Politikern eigennützige Akteure und in Parteien Vereinigungen mit den Hauptinteressen Machterwerb und Machterhaltung gesehen. Daraus ergibt sich zwangsläufig, daß Politikern und Parteien mehr am Ziel der Stimmenmaximierung liegt als an der Durchsetzung wohlfahrtsstaatlicher Ziele, der „gleichmäßigeren" und „bedürfnisgerechten" Versorgung mit „öffentlichen" Gütern. Da die Politiker auf Stimmenmaximierung angewiesen sind, ziehen sie große Bevölkerungsmehrheiten durch eine „kaum merkliche" progressive Besteuerung zur Finanzierung der Staatsaufgaben heran und halten gleichzeitig die wohlhabende Minderheit durch Steuervergünstigungen „ruhig" (vor allem durch Abschreibungs- und Absetzungsmöglichkeiten) (Weede 1988, S. 89f.).

Der deutsche Ansatz der Neuen Politischen Ökonomie geht über das sich am Mehrheitswahlrecht der amerikanischen und englischen parlamentarischen Demokratie orientierende „Medianwählermodell"[24], das einen „Drang zur Mitte" in bezug auf wohlfahrtsstaatliche Programme erwarten läßt, hinaus und bezieht seine Interpretationen stärker auf das für Kontinentaleuropa typische Verhältniswahlrecht (Frey/Kirchgässner 1994; Nowotny 1996). In dieser Betrachtungsweise wird es für politische Parteien im repräsentativ-demokratischen Wohlfahrtsstaat Deutschland sinnvoll sein, sich auf eine Ver-

---

24 Das Downs'sche „Medianwählermodell" orientiert sich an den angelsächsischen politischen Systemen mit zwei konkurrierenden Parteien. Dieses Modell geht von der Annahme aus, daß eine bestimmte Verteilung der Präferenzen der Wähler für die Programme der einzelnen Parteien gegeben ist. An Stimmenmaximierung interessierte Parteien werden dann die „Median"-Position einzunehmen versuchen, also die Position der Wählergruppe, die bezüglich ihrer Präferenzen die „Mitte" der Wählerschaft repräsentiert. Demnach unterscheiden sich die Parteiprogramme vor allem aufgrund unterschiedlicher Einschätzungen der Wählerpräferenzen. Vgl. Downs 1957.

tretung spezifischer Wählerinteressen zu konzentrieren und sich nicht zuvörderst an der angenommenen „Medianwähler"-Position zu orientieren. Unter den Bedingungen des Verhältniswahlrechts muß den Parteien daran gelegen sein, die Mehrheit durch die Erfüllung von Forderungen und Spezialinteressen möglichst vieler Minderheiten zu gewinnen (Rauch 1994, S.36ff.).

In der Sicht der Neuen Politischen Ökonomie hat sich die Verbindung von repräsentativer Demokratie und Wohlfahrtsstaat zu einer „gigantischen Rationalitätenfalle" entwickelt, in der einerseits eine wachsende Zahl von Bürgern immer höhere Anspüche an den Staat richtet und andereseits sich immer mehr Bürger der steigenden Steuer- und Abgabenlast durch Protest (voice) und Abwanderung (exit) zu entziehen versuchen (Prosi 1990, S. 39ff.; W.Schäfer 1996, S. 129). Für die Neue Politische Ökonomie versagt der Mechanismus der Eindämmung von Forderungen bei steigenden Kostenbelastungen umso mehr, je mehr wohlfahrtsstaatliche Leistungen für die Begünstigten zwar erkennbar sind, die Kosten aber durch Überwälzung auf große Bevölkerungsgruppen und „durch indirekte Abgaben und Steuern anonym bleiben" (Prosi 1996, S. 151).

Die in allen Wohlfahrtsstaaten beobachtbare „Ausbeutung des Staates durch die Bürger und der Bürger durch den Staat" bedroht nicht nur die Freiheit aller Bürger (Prosi 1996, S. 151), sondern das Zusammenwirken von „Gefälligkeitsdemokratie" und Wohlfahrtsstaat führt letztlich zur Gefährdung der Legitimationsbasis demokratischer Institutionen und zur Handlungsunfähigkeit des Staates (Rauch 1994 1994, S. 121ff.; kritisch dazu Scharpf 1996).

Außerdem kritisiert die Neue Politische Ökonomie die zur Offenheit des Sozialstaatsprinzips komplementären „institutionellen Bedingungen", die nahezu unbeschränkten Kompetenzen des Parlaments und „die schon im Wohlfahrtsstaat charakteristische Expansion des Richterrechts" (Streit 1986, S. 101). „Politischen Unternehmern" und der Parlamentsmehrheit wird vorgehalten, sich aus Gründen der Machterhaltung Unterstützung seitens der Interessengruppen zu verschaffen, d.h. minderheitlichen Gruppen permanent Privilegien zu gewähren und zu erhalten.

In der Kritik der NPÖ hat die Wechselbeziehung von Demokratie und Wohlfahrtsstaat nur noch wenig mit der von Joseph Schumpeter formulierten Idee politischen Unternehmertums[25] gemein: Die moderne Demokratie hat sich weniger zu einer dem Gemeinwohl verpflichteten, effizienten „Methode" der Elitenauswahl als vielmehr zu einem System entwickelt, in dem Politiker wie Unternehmer zunehmend einer analogen Logik folgen, d.h., daß sich politische Unternehmer wie Wirtschaftsunternehmen aus Geld als dem

25 Für Schumpeter sind Bedingungen erfolgreichen Wirkens des politischen Unternehmertums in Demokratien Fähigkeiten oder die moralische Integrität der politischen Unternehmer, eine möglichst enge Begrenzung der Entscheidungskompetenzen, ein Verantwortungsbewußtsein gut ausgebildeter öffentlich Bediensteter, eine funktionierende demokratische Selbstkontrolle und Toleranz gegenüber abweichenden Meinungen. Vgl. Schumpeter 1942.

gleichen Medium und als der Grundlage individuellen Erfolges speisen (Sturm 1995, S. 26ff.).

Die Neue Politische Ökonomie erhebt außerdem den Vorwurf, daß die Parlamente nicht mehr ihre klassische Aufgabe der Kontrolle der Ausgaben der Regierung wahrnehmen. Im „Wettbewerb der Wahlversprechen" fordert die Parlamentsmehrheit immer neue Leistungen für jederzeit neu entdeckbare Minderheiten. Die herkömmliche parlamentarisch-demokratische Kontrollfunktion wird isofern umgekehrt, als der Finanzminister die Ausgabenforderungen der Parlamentarier eindämmen muß, um den verfassungsrechtlich vorgegebenen Defizitrahmen einzuhalten (Prosi 1993, S. 15ff.; 1996, S. 150).

Die Parlamentsmehrheit wird in Konkurrenz mit der Minderheit letztlich „auch gegen Widerstreben" den Forderungen der Interessengruppen nachgeben (müssen) (Bernholz/Breyer 1984, S. 354ff.). Die unvermeidbaren Folgen davon sind Ausgabenanstiege der öffentlichen Haushalte, zunehmende Steuerbelastungen und geringe Widerstände gegen tendenziell hohe und ansteigende Staatsverschuldung.

Schließlich schlägt sich in dieser kritischen Einschätzung der institutionellen Bedingungen die Überforderung des demokratischen Entscheidungsverfahrens darin nieder, daß zur Regelung von Konflikten zunehmend das Bundesverfassungsgericht in Anspruch genommen wird. Dem Rechtsstaat und seinem höchsten Gericht wird häufig die Rolle zugewiesen, die aus dem Sozialstaatsprinzip allgemein abgeleitete „Ermächtigung" zu sozial verantwortlicher Politik durch richterliche Rechtsetzung inhaltlich auszugestalten (Benda 1984, S. 510; 1996, S. 39-42).

In der Sichtweise der Neuen Politischen Ökonomie sind mit Ausdehnung sozial- und wohlfahrtsstaatlicher Interventionen, die das Ergebnis des inhaltlich offenen Sozialstaatsprinzips sind (Benda 1981, S. 11; Pilz 1985 b), zwei kritische Entwicklungsfaktoren entstanden: Der demokratische Wohlfahrtsstaat trägt einmal zur „institutionellen Verkrustung des marktwirtschaftlichen Systems" bei und „überfordert" zum anderen als verteilungspolitisches Instrument das demokratische Entscheidungsverfahren (Streit 1986, S. 100f.; Streit/Mummert 1996, S. 14-18). Institutionelle Verkrustungen sind hier das Ergebnis umverteilungsorientierter Interventionen in den Marktsektor sowie produktionspolitischer Maßnahmen zur Absicherung einmal erreichter wirtschaftlicher Positionen (z.B. „Erhaltungssubventionen"). Diese wohlfahrtsstaatlich motivierten Interventionen beeinträchtigen nicht nur „die Selektionskraft", sondern auch die Anpassungsfähigkeit des marktwirtschaftlichen Prozesses (Scitovsky 1980, S. 1-9; K.-D. Schmidt 1984; Streit 1986, S. 100).

Die Haupteinwände dieser politisch-ökonomischen Wohlfahrtsstaats-Kritik richten sich gegen die – auf demokratische Entscheidungsmechanismen zurückzuführende – zunehmende Umverteilungs- und Regelungsdichte. Die umverteilende und regulierende Politik des Wohlfahrtsstaats zugunsten von „Verteilungskoalitionen" (Olson 1985) bedeutet gleichzeitig, daß zunehmend politische Entscheidungen und im geringeren Maße marktwirtschaftliche Mechanismen über die Verteilung der Produktion und der Einkommen bestimmen. Die Ausweitung verteilungs- und protektionspolitischer Entscheidungen fördert aber den zirkulär-kumulativen Prozeß, da staatliche Leistungen an begünstigte Gruppen für die Nicht-Begünstigten Anlaß sind, ihrerseits Forderungen an den Wohlfahrtsstaat zu richten. Da Art und Umfang sozialstaatlicher Maßnahmen den demokratischen Entscheidungsverfahren überantwortet sind, kennzeichnet das „Gerangel um Verteilungs- und Sicherungsprivilegien" immer mehr den modernen Wohlfahrtsstaat (Streit 1986, S. 101).

Im Vergleich zu den überlegenen Güter- und Einkommenszuweisungen des Marktes stellt der demokratisch legitimierte Verteilungsprozeß die Bedürftigen nicht besser, weil gerade politische Konfliktregelungen große Ungleichheiten bei der Bildung von Verteilungskoalitionen zulassen. Da im Anschluß an Olson und Bernholz in der parlamentarischen Demokratie privilegierte Minderheiten generell für organisations- und handlungsfähiger als Großgruppen oder Mehrheiten gehalten werden (Olson 1985, S. 229f.), müssen wirkungsvolle wohlfahrtsstaatliche Umverteilungsmaßnahmen zugunsten der Mehrheit der unteren und mittleren Einkommensgruppen letztlich immer wieder fehlschlagen (Bernholz 1977; Olson 1968; 1985).

In diesen Interpretationen wird folglich der demokratische Wohlfahrtsstaat als „relativ erfolglose Veranstaltung" bewertet, sein erklärtes Ziel der Umverteilung von oben nach unten zu erreichen. Um diese verteilungspolitische Kennzeichnung des Wohlfahrtsstaats zu stützen, wird auf empirische Studien verwiesen, wonach Umverteilungsprogramme linker und sozialistischer Parteien in den westlichen Industrieländern „eher eine Umverteilung von den reichsten 20% zu den mittleren 40% als zu den unteren 40%" bewirkt haben (Jackman 1980, S. 146; Pampel/Williamson 1986; Lee 1987).

Stoßrichtung der Kritik am demokratischen Wohlfahrtsstaat mit seinem egalitären Wahlrecht und seinen auf Stimmenmaximierung angewiesenen Politikern ist der Vorwurf, das Ziel „der Umverteilung von oben nach unten" verfehlt zu haben (Weede 1988, S. 89). Außerdem wird dem demokratischen Wohlfahrtsstaat vorgehalten, eine aufwendige politische Organisation zu sein, die Fehlallokationen begünstigt, die Gewinn- und Wachstumsentwicklung beeinträchtigt und Anreize für Engagements im politischen Verteilungskampf schafft, die der Reduzierung von Steuerbelastungen und der Beschaffung von Wohlfahrts-Vorteilen statt der Steigerung der Produktion dienen (Bernholz 1986, S. 675).

Je mehr sich also die (wohlfahrts-)staatlichen Tätigkeiten ausdehnen, umso mehr sind Preisverzerrungen und „falsche" Anreize – die Effizienz[26]

26 Der – hier auf den Staatssektor bezogene – vieldeutige Begriff der Effizienz bedeutet allgemein die „Fähigkeit, zur Realisierung eines angestrebten Ziels beizutragen" (die Kapazität „to carry out a program"): Vgl. Reding 1981, S. 26. Wird Effizienz normativ als „maximaler Zielbeitrag" (Hansmeyer 1969, S. 57) definiert, ist die Maximalforderung erst dann aussagefähig, wenn die fiskalischen Grenzen bei der Verfolgung bestimmter Ziele beachtet werden: So wäre z.B. das Ziel „Versorgung der Bürger mit Erholungseinrichtungen" nur dann maximal zu realisieren, wenn dafür alle

hemmende – Folgen dieses expandierenden Steuer- und Wohlfahrtsstaates. Die mit dem Ausbau des Wohlfahrtsstaates verbundene zunehmende Umverteilungs- und Regulierungsdichte macht die Bürger und Unternehmer in immer stärkerem Maße von politischen und administrativen Entscheidungen abhängig (Bernholz 1986). In dieser Sichtweise ist der demokratische Wohlfahrtsstaat wegen der fortschreitenden Ersetzung unternehmerischer Entscheidungen durch Kollektiventscheidungen nicht nur innovationsfeindlich, sondern bindet auch enorme Ressourcen, womit immer mehr „Rent-Seeking“[27] anstelle von Wertschöpfung tritt (Buchanan/Tollison/Tullock 1980).

Haushaltsmittel verwendet werden könnten, also um den Preis von Opportunitätskosten der Nichterreichung anderer Ziele.
Wird der Effizienzbegriff (entsprechend der Produktivitätsdefinition) als sehr allgemein gehaltene Output-Input-Relation gefaßt, ist die Vorgabe von „Günstigkeitsgraden“ deshalb äußerst problematisch, weil es zum einen meistens an einer gemeinsamen Bewertungseinheit für Zähler und Nenner fehlt (z.B. für monetäre Grössen). Zum anderen sagt z.B. eine Effizienzziffer von 1,4 bei einer bestimmten Aufgabenerfüllung wenig aus, da letztlich politische Werte darüber befinden, diesen rechnerischen „Günstigkeitsgrad“ als „politisch vertretbar“ einzuschätzen. Siehe dazu Grove 1973, S. 353.
Angesichts dieser operationalen Schwierigkeiten begnügen sich viele Autoren damit, Effizienz als Konkretisierung rationalen Handelns in Form des Minimal- oder Maximalprinzips zu definieren: Ein gegebener Output ist mit minimalem Input zu erstellen oder bei einem gegebenen Input ist dessen Output zu maximieren.
Die Verwendung des Attributs maximal oder minimal gilt allerding so lange als fragwürdig, wie alternative Möglichkeiten unberücksichtigt bleiben. Werden aber staatliche Aktivitäten miteinander verglichen, kann der Effizienzbegriff hinreichender definiert werden: „Effizienz einer Handlung bzw. Entscheidung ist dann gegeben, wenn sie ein bestimmtes Ziel mit geringerem Aufwand ... verwirklicht als eine alternative Handlungsweise“ (Derlien 1976, S. 4).
Neben der häufigen Definition der Effizienz als Verhältnis von Ertrag und Aufwand (Recktenwald 1967, S. 64) wird der Begriff der Effizienz in Form eines gemischten Bewertungsansatzes erklärt: Während im Zähler physische Outputs gemessen werden (z.B. Autobahnkilometer, Krankenhausbetten), werden im Nenner die Kosten erfaßt. Diese im Zähler und Nenner mit unterschiedlichen Größen formulierte Effizienz ist zwar hinsichtlich der Kosten einer ganz bestimmten staatlichen Leistung sehr aussagefähig, für den Vergleich unterschiedlicher Leistungen aber wenig geeignet. Vgl. Timmermann 1978, S. 731.
Während das generelle Effizienzkonzept, einen Bezug zwischen Outputs und Inputs einer Aktivität herzustellen, weitgehend anerkannt ist, liegt das Problem im „Auffüllen“ dieser Relation mit höchst unterschiedlichen Begriffen: Damit wird Effizienz zu einem „interdisziplinär verwendbaren, auf jede Zweck-Mittel-Relation anwendbaren Kriterium“, dessen Begriffsstruktur sich einer eindeutigen wissenschaftlichen Begründung entzieht. Vgl. Eichhorn/Siedentopf 1976, S. 22; Reding 1981, S. 30.

27 Für Olson orientieren sich kleine, spezifische Interessengruppen („Lobbies“) weniger an gesamtwirtschaftlichen Überlegungen als vielmehr an speziellen Einkommensvorteilen für ihre Klientel. Dieser Kampf um spezifische Gruppenvorteile („rent-seeking“-Verhalten) verfolgt den Zweck, den Mitgliedern der entsprechenden Interessengruppe Verteilungsvorteile in Form von staatlich abgesicherten „Monopolrenten“ zu verschaffen (z.B. den Bauern Importbeschränkungen für Konkurrenz-

Während die marktwirtschaftliche Koordination mit einem Minimum an Zwang und Konsens auskommt und damit der Entfaltung der wirtschaftlichen Kreativität einen weiten Spielraum läßt, werden mit der Ausweitung wohlfahrtsstaatlicher Tätigkeiten gleichzeitig auch mehr Entscheidungen rigiden staatlichen Regelungen unterworfen. Diese Innovationsbremsen erschweren gleichzeitig die Konfliktregelungen, d.h., daß in den Kollektivverhandlungen der Konsens- und Zwangsbedarf erheblich steigt (Albert 1986; Rosenberg/Birdzel 1986).

2.3.2. Interpretation der Kausalbeziehung zwischen Marktwirtschaft und Wohlfahrtsstaat

Für die Ordnungspolitik, die der Kausalbeziehung zwischen Marktwirtschaft und Wohlfahrtsstaat besondere Bedeutung beimißt, haben das Koordinierungs- und Informationssystem des Marktes und der Wettbewerb deshalb große wohlfahrtsstaatliche Relevanz, weil der Wettbewerb allein als machthemmender Faktor politisch-soziale Funktionen erfüllt, und der über Märkte ausgetragene Wettbewerb immer wieder verkrustete politische Strukturen aufbrechen hilft (Radnitzky/Bouillon 1991; Schulenburg 1996, S. 79f.). Ein funktionsfähiger Wettbewerb beinhaltet auch deshalb wesentliche soziale Elemente, weil er dazu beiträgt, daß die „Verteilung der Einkommen nicht durch wirtschaftliche Machtpositionen verzerrt wird“ (Hasse 1996, S. 105f.).

In ordnungspolitischer Sicht ist die wettbewerbsorientierte Marktwirtschaft zwar in der Lage, Leistungsgerechtigkeit, nicht aber Bedarfsgerechtigkeit zu erfüllen. Der Sozialpolitik fällt deshalb in der Marktwirtschaft die Aufgabe zu, bedarfsgerechte Maßnahmen zu treffen „für die weniger Wettbewerbsfähigen“ wie für Kinder, Jugendliche in der Ausbildung, Kranke und Mitbürger, die zu alt sind, um am Markt weiterhin Leistungen anzubieten (Hasse 1996, S. 108).

Die Sozialpolitik wird zwar als komplementär zur Politik in der Marktwirtschaft begriffen, doch insofern als subsidiär eingestuft, als sie von der Leistungsfähigkeit der wettbewerblichen Produktion abhängt. Nach ordnungspolitischem Verständnis haben der Wohlfahrtsstaat und die wohfahrtsstaatliche Politik „marktkonform“ zu sein, d.h. sich als Teil des marktwirtschaftlichen Systems und der Wirtschaftspolitik zu betrachten (de Jasay 1993, S. 9-18 ; Höfer 1994, S. 77-88).

In den Interpretationen der Ordnungspolitik unterliegt die wohlfahrtsstaatliche Ausrichtung der Politik immer der Gefahr der Verletzung und Miß-

---

produkte oder Freiberuflern Zugangsbeschränkungen für „Nicht-Akademiker“). Die Bedeutung solcher Lobbies nimmt in dem Maße zu, wie die öffentliche Kontrolle gegenüber der Politik und Bürokratie abnimmt, und wie die politischen Akteure auf Wahlkampf-Finanzierung und Expertisen der Interessengruppen angewiesen sind. Siehe Olson 1968.

achtung der Grundvoraussetzung der Sozialen Marktwirtschaft, daß soziale Leistungen erst auf den Märkten erwirtschaftet werden müssen. Deshalb werden die Grenzen der wohlfahrtsstaatlichen Politik dort gesehen, wo Umverteilungsmaßnahmen das Koordinierungssystem des Marktes beeinträchtigen, und die Steuer- und Sozialabgabenbelastung der Wirtschaftssubjekte so groß wird, daß sich die Belasteten der „sozialstaatlichen Zwangssolidarität" zu entziehen versuchen (Hasse 1996, S. 109). Da die Sozialpolitik die Grenzen der Solidarität zu beachten hat, sollten nach ordnungspolitischem Verständnis die Selbsthilfe- und Versicherungsprinzipien nicht verdrängt und die Versorgungs- und Fürsorgeprinzipien nicht überbewertet, d.h. Tendenzen der „Monopolisierung der Daseinsvorsorge durch den Staat" entgegengewirkt werden (Soltwedel 1994, S. 35-49; W.Schäfer 1996, S. 143).

Um die von der Ordnungspolitik beklagte zunehmende Abkoppelung der Sozialpolitik von den ökonomischen Bedingungen und der Wirtschaftspolitik zu überwinden, sollten nicht nur die Sozialpolitik in die Wirtschaftspolitik reintegriert und Selbsthilfe- und Versicherungselemente gestärkt, sondern auch das „investive Denken bei der Bildung von Humankapital" gefördert werden (Hasse 1996, S. 119f.). Demnach hat die wohlfahrtsstaatliche Politik aus den Änderungen des (Aus-)Bildungssystems wie der steigenden Nachfrage nach längeren Bildungsgängen, der massiven Verkürzung der Lebensarbeitszeit und den damit verbundenen höheren Kosten für das Sozialsystem, der Verweigerung der Anerkennung der gesellschaftlichen Kosten von den Nachfragern der (Aus-)Bildung usw. Konsequenzen zu ziehen. Um die mit diesen Strukturänderungen einhergehenden Tendenzen der „Entökonomisierung" des Investitionscharakters der Bildung umzukehren, müßten insbesondere die individuellen Beiträge für die Inanspruchnahme der Bildungsinstitutionen verstärkt werden (Tuchtfeldt 1984, S. 34ff.; Hasse 1996, S. 119f.).

In ordnungspolitischen Interpretationen des Wohlfahrtsstaats werden auch – diesem Staatstypus innewohnende – zirkulär-kumulative Prozesse für die Schädigung seiner Fundamente verantwortlich gemacht (vor allem die Veröffentlichungen des Kronberger Kreises; Herder-Dorneich 1984; Gäfgen 1984; Fels 1988; Sievert 1988; Eekhoff 1996). Danach ist ein wesentliches Kennzeichen des Wohlfahrtsstaats die Ingangsetzung eines Teufelskreises von ansteigenden Lohn- und Lohnnebenkosten – breiterer Anwendung arbeitssparender moderner Technologien – zurückgehender Nachfrage nach Arbeitskräften – erhöhtem Bedarf an sozialen Transferleistungen – weiterem Anstieg der Lohnkosten usw. Dieser zirkuläre Prozeß des Wohlfahrtsstaats schädigt nicht nur die Güter- und Arbeitsmärkte, sondern trägt letztlich zur Aushöhlung seiner eigenen Fundamente bei.

Dieser Teufelskreis kommt im sozialen Sicherungssystem insofern zum Tragen, als die zunehmende Arbeitslosigkeit auf der einen Seite Steuerausfälle beim Fiskus und Beitragsausfälle bei den Parafiski verursacht und auf der anderen Seite gleichzeitig steigende Leistungsausgaben nach sich zieht. Dieser „Scherenbewegung" steigender Einnahmenausfälle und Ausgabenzuwächse kann aber die Politik nur durch notwendige verbesserte Rahmenbedingungen (z.B. Steuerreform zur Investitionsbelebung, Innovationssteigerung zur Wettbewerbsstärkung, Abbau beschäftigungshemmender Vorschriften) und nicht durch Weiterreichung der Lasten („Verschiebebahnhof") begegnen (Pilz 1985a). In der Sicht der Ordnungsspolitik wird aber der Kreislauf solange nicht durchbrochen, wie die Zunahme der Langfrist-Arbeitslosen zu steigenden Sozialhilfeausgaben führt und die Gemeindehaushalte übermäßig belastet. Wachsende Sozialhilfeetats schwächen aber insbesondere die Investitionsfähigkeit der Gemeinden mit einem hohen Anteil von Sozialhilfe-Empfängern und hindern diese, arbeitsplatzschaffende Investitionen zu tätigen (Fels/Seffen/Vogel 1984; Breuel/Palm/Voss/Schmalstieg 1988, S. 231-241).

Aus ordnungspolitischer Perspektive ist also eine Wachstums- und Vollbeschäftigungsökonomie und die ihr entsprechende, auf Erwerbsarbeit basierende Arbeitsgesellschaft eine Voraussetzung für die nachhaltige Sicherung des Wohlfahrtsstaates. Deshalb gilt folgenden Prinzipien „marktwirtschaftskonformer" Sozial- und Wohlfahrtspolitik besondere Beachtung (Möschel 1988, S. 32): Nur wenn die Leistungsfähigkeit der Wirtschaft gestärkt und hohe Einkommen erzielt werden, können soziale Lasten leichter getragen werden. Dieser Grundzusammenhang schließt ein, daß individuelle Vermögensbildung über die gesetzliche Alterssicherung hinaus nicht diskriminiert und produktive Investitionen als eine Form der Vermögensbildung steuerlich gefördert oder zumindest nicht diskriminiert werden. Da zugestanden wird, daß der Wettbewerb, verglichen mit den Güter- und Kapitalmärkten, auf dem Arbeitsmarkt „nicht hinreichend funktionsfähig" ist, aber die traditionellen „Kartell-Lösungen" wie das Tarifvertragsystem mehr Schaden als Nutzen anrichten, empfiehlt sich eine auf mehr Flexibilisierung angelegte Reform des Arbeitsrechts (Kronberger Kreis 1986a). In den sozialen Sicherungssystemen sind wieder die „echten Versicherungslösungen" zu stärken, d.h., daß Beiträge den Risiken entsprechend festgesetzt werden (z.B. höhere Kassenbeiträge für gesundheitsschädigendes Rauchen und Trinken), und „quasistaatliche Leistungen" (Fremdleistungen) nicht mehr als Leistungen des Sicherungssystems gewährt werden (z.B. sollten Arbeitsbeschaffungsmaßnahmen aus dem Bundeshaushalt finanziert werden) (Herder-Dorneich u.a. 1984).

Schließlich liegt – aus der Perspektive ordnungspolitischer Wohlfahrtsstaats-Kritiker – ein wichtiger Ansatzpunkt einer Reform des Wohlfahrtsstaates darin, das Steuer- und Transfersystem zu integrieren[28]. Die Grundidee ist,

28 Das auf die Integration des Steuer- und Transfersystems zielende Konzept der negativen Einkommensteuer ist seit den 60er Jahren vor allem in den USA und Großbritannien diskutiert worden. In allgemeinster Form kann das Konzept als ein System einkommensabhängiger Transfers an Haushalte charakterisiert werden. Dieses System ist mit der Einkommensbesteuerung derart abgestimmt, daß sowohl für Transferleistungen (negative Einkommensteuer) als auch für die Steuerzahlungen (positive Einkommensteuer) eine einheitliche Bemessungsgrundlage gilt und nachteilige hohe Marginalbelastungen vermieden werden. Das Neue der auf eine Privatisierung aller

die von Steuerpflichtigen zu zahlenden Transfers (Steuern und Beiträge) und die empfangenen Transfers (Sozialleistungen) zu saldieren, so daß per Saldo entweder Steuern zu entrichten sind oder Unterstützungsleistungen zufließen. Diese Integration dient nicht nur der stärkeren Transparenz der Umverteilung, sondern auch der Konzentration der Sozialleistungen auf die „wirklich" Bedürftigen. Die Umverteilung dieses integrierten Systems wirkt dann zugunsten der unteren Einkommensgruppen, wenn die Grund- und Kinderfreibeträge der Einkommensteuer so angesetzt werden, daß sie mindestens das Sozialhilfeniveau erreichen, und damit viele Leistungsempfänger keine Hilfen mehr aus diesem letzten „Auffangnetz" der sozialen Sicherung benötigen (Kronberger Kreis 1986 b; Möschel 1988).

„Linkslibertäre" Interpretationen der Kausalbeziehungen zwischen Marktwirtschaft und Wohlfahrtsstaat greifen Ende der 80er Jahre wieder verstärkt die These auf, daß die fiskalische Krise des Wohlfahrtsstaats Ursache und Wirkung umdrehe (Offe 1988, S. 24; Guggenberger 1983; 1988; Glaser 1988). In diesem Wohlfahrtsstaats-Verständnis sind nicht die auf Wählerstimmen und Interessengruppen angewiesene Politik und nicht die wachsende Anspruchsinflation der Bürger ursächlich für die Expansion des Wohlfahrtsstaats verantwortlich, sondern negative Folgewirkungen des Wachstums (Ressourcenverbrauch, Umweltschäden, Gesundheitsgefährdung) erzeugen einen steigenden Bedarf an wohlfahrtsstaatlichen Leistungen. Erst der Verzicht auf eine aktive, vorsorgende Politik beispielsweise in Gestalt beschäftigungsorientierter Investitionsförderungsprogramme (etwa im Umweltschutz oder Wohnungsbau), einer konsequenten Verhinderung von Umweltschäden und einer verstärkt präventiven Gesundheitspolitik macht kompensatorische wohlfahrtsstaatliche Entsorgungsmaßnahmen notwendig (Guggenberger 1983; G. Schmid, 1984).

In diesen Interpretationen des Wohlfahrtsstaats werden also die Ursachen für den Anstieg und die Höhe der sozialen Lasten im privatwirtschaftlichen Streben nach Produktions- und Gewinnsteigerung gesehen. Da die Wirtschaft diese wachsenden Fehlentwicklungen selbst „produziert" (Strasser 1983, S. 154), wird der Sozial- und Wohlfahrtsstaat als „Pendant zur expansiven Arbeits- und Produktionsgesellschaft" begriffen (Guggenberger 1988, S. 77). Außerdem wird die in Theorie und Praxis vorherrschende Trennung von Wirtschaftspolitik als „Produktionspolitik" und Sozialpolitik als „Distributionspolitik" als von der Sache her nicht (mehr) gerechtfertigt abgelehnt[29]

Sozialversicherungen und eine Reform der Sozialhilfe abstellenden Vorschläge liegt darin, daß nicht nur die Sozialhilfe aus dem Steueraufkommen finanziert, sondern diese auch beim Eintritt in den Arbeitsmarkt mit steigenden (zu versteuernden) Einkommen schrittweise „weggesteuert" werden soll. Vgl. hierzu Friedman 1962; Krätke 1986, S. 359; Nowotny 1987, S. 431ff. .

29 Im Gegensatz zu der dem Modell des fordistischen Wohlfahrtsstaats adäquaten keynesianischen Globalsteuerung zielt die moderne Angebotspolitik verstärkt auf die Mikrosteuerung, indem sie bestimmte betriebliche Qualifikationen und Branchen fördert (z.B. Zuschußprogramm für FuE-Personalkosten oder Mikroelektronik-

(Nell-Breuning 1970, S. 18f.; Jessop 1986, S. 26; Guggenberger 1988, S. 77). Zur „sozialpolitischen Agenda" gehören demnach nicht nur Konjunktur-, Arbeitsmarkt-, Renten- und Gesundheitspolitik, sondern auch die Bildungs-, Wohnungsbau-, Verkehrs- und Umweltpolitik (Pilz 1978; 1985b). Da die Politik des modernen Sozial-/Wohlfahrtsstaats durch ihre Infrastrukturpolitik die allgemeinen Produktionsvoraussetzungen selbst „mitproduziert", wird der oft angeführte Gegensatz zwischen freier Marktwirtschaft und sozial etatistischen Interventionen lediglich als „wortgebrauchspolitische Fassade" bezeichnet (Guggenberger 1988, S. 77).

2.3.3. Der Wohlfahrtsstaat und die Tendenzen zur Gefährdung seiner Fundamente

„Kritisch-beschreibende" Interpretationsgruppen sehen Probleme der Sicherung des zukünftigen Wohlfahrtsstaats vor allem in Einflußfaktoren, die die moralischen und politischen Grundlagen der überlieferten Struktur des Wohlfahrtsstaats (Habermas 1985; Opielka/Ostner 1987; Offe 1988; Heinze/Olk/Hilbert 1988; Kaufmann 1997) gefährden können.

Die Grundlage des deutschen Wohlfahrtsstaats, aus Beiträgen der beschäftigten Arbeitnehmer Leistungen für ihre nicht mehr oder vorübergehend nicht beschäftigten Kollegen zu finanzieren, wird in dem Maße brüchiger, wie die Zahl der Beschäftigten (aufgrund der Arbeitslosigkeit und der demographischen Entwicklung) gegenüber der Zahl der ehemals Beschäftigten zurückgeht und der „Jedermannsmarkt" für ungesicherte Beschäftigungsverhältnisse zunimmt (Sengenberger 1987; Gansmann/Weggler/Wolf 1987, S. 139ff.; Gretschmann u.a. 1987, S. 15-30; Kaufmann 1997, S. 77-82). Geringfügige Beschäftigung („620-DM-Jobs") sowie gering bezahlte und häufig wechselnde Jobs sind für das soziale Sicherungssystem mit enormen Beitragsausfällen verbunden.

Diesem auf Arbeit gegründeten System wird nicht nur die materielle Basis entzogen, sondern mit Fortdauer der hohen Arbeitslosigkeit und zunehmender Überalterung der Bevölkerung ist die Solidarität der Arbeitnehmer starken Belastungen ausgesetzt (Heinze 1986; Badura 1987, S. 87-91; Lafontaine 1988; Glaser 1988; S. 126f.). In diesen Deutungen des Wohlfahrtsstaats bzw. der Arbeitsgesellschaft wird davon ausgegangen, die Solidarität nur dann stabilisieren oder sogar revitalisieren zu können, wenn die „erwerbsarbeitszentrierten" sozialen Sicherungen so umgestellt werden, daß nicht mehr „Arbeitnehmer für Arbeitnehmer sorgen, sondern Bürger für Bürger" (Offe 1988, S. 24). Zwar weisen in diesen Erklärungen notwendige Reformschritte wie die teilweise Umstellung von der Beitrags- auf die gesamtgesellschaftlich begründete Steuerfinanzierung (Bieback 1986) oder eine stärkere Bedarfs-

---

hin nicht gerechtfertigt, weil jede Makropolitik mikrorelevant ist. Vgl. Pilz 1985 a, S. 62.

orientierung anstatt der statussichernden Verteilungspolitik (Leibfried 1987, S. 141-149; Weede 1988) in die richtige Richtung, ein umfassendes Konzept zur „sozialen Sicherheit der Bürger" ist allerdings bisher nicht vorgelegt worden (Offe 1988, S. 24).

Zu den „Entkoppelungs"-Vorschlägen des sozialen Sicherungssystems ist grundsätzlich kritisch anzumerken, daß Maßnahmen zur Zurückdrängung einer lohnbezogenen Beitragsfinanzierung schon von der Größenordnung her an Grenzen stoßen: Da nämlich rund 70 Prozent des Volkseinkommens in der Bundesrepublik auf Löhne verteilt werden, haben alle Änderungsvorschläge davon auszugehen, daß die Beitragsfinanzierung der sozialen Sicherung überwiegend aus diesem Lohnanteil am Volkseinkommen bestritten werden muß. Trotz dieser historisch „gewachsenen" Struktur der lohnbezogenen Finanzierung in der sozialen Sicherung hängt letztlich das Verhältnis von Steuer- und Beitragsfinanzierung vom – politisch bestimmten – Aufgabenverständnis ab: Alle als soziale Sicherungsaufgaben definierten Leistungen sind aus den Haushalten der Sozialversicherungsträger, alle als gesamtgesellschaftliche Aufgaben definierten Aktivitäten aus dem Staatshaushalt zu finanzieren (Tofante 1997, S. 418f.).

Die Zweifel, ob der Wohlfahrtsstaat den für wahrscheinlich gehaltenen wachsenden gesellschaftlichen Turbulenzen standhält, werden von diesen „ein breites Spektrum umfassenden" Interpretationsgruppen moralisch mit dem Bedeutungsverlust solidarischer Werte und insbesondere politisch-kulturell mit der Gefährdung des wohlfahrtsstaatlichen Konsenses begründet (Habermas 1985; Spieker 1986; Em 1988, S. 249-254; Groser 1988, S. 257-271; Hondrich/Koch-Arzberger 1992, S. 115; Kaufmann 1992; 1997, S. 141-156).

Zum einen wird bezweifelt, ob die (wohlfahrts-)staatlichen Arrangements der lohnbezogenen sozialen Sicherung und des Generationenvertrags auch weiterhin die nötige moralische Unterstützung erhalten. Zum anderen werden in der modernen Industriegesellschaft als „Zweiklassengesellschaft der Arbeitsbesitzer und der Arbeitslosen" schwerwiegende Verluste an kollektiver Identität und Solidarität ausgemacht (Glaser 1988, S. 126). Beide Faktoren untergraben aus dieser Perspektive die Legitimationsbasis der Wohlfahrtsstaatskultur und -politik.

In dieser Sicht reflektiert die neuerliche Thematisierung von Solidarität nicht nur die Auflösung traditioneller Solidarpotentiale wie die der Arbeiterbewegung, sondern auch die konfessioneller Subkulturen und der durch sie stabilisierten Familienbeziehungen. Der Bedeutungsverlust dieser Subkulturen und die daraus folgende „Individualisierung" haben die Bereitschaft zur Solidarität geschwächt (Beck 1993, S. 29, 38; M. und S. Greiffenhagen 1993, S. 156ff.; Hondrich/Koch-Arzberger 1996, S. 115; Gabriel 1996, S. 393-402). In diesen Interpretationen äußert sich der Verlust an Solidarität im Sinne einer eigene und fremde Interessen ausbalancierenden Verantwortung darin, daß im wohlfahrtsstaatlichen Kontext zunehmend (illegale) Gelegenheiten ökonomisch rational ausgenützt werden und von Rechtsnormen zweckwidrig Gebrauch gemacht wird (z.B. Steuerumgehung, Steuerflucht, Erschleichung von Sozialleistungen usw.) (Kaufmann 1992; 1997, S. 154f.).

Die Interpretationen, die in Zukunft die Aufrechterhaltung des wohlfahrtsstaatlichen Konsenses in Frage gestellt sehen, führen diese Entwicklung auf Gründe der Internationalisierung, zurückgehender Beschäftigung und demographischer Veränderungen zurück (Bommes/Halfmann 1994, S. 406-424): Die wachsende internationale Vernetzung von Politik und Wirtschaft lockere nicht nur den Zusammenhang von Demokratie und (Sozial-)Staatlichkeit, sondern mache auch das Ziel eines Vollbeschäftigung sichernden Wachstums immer unerreichbarer. Ferner bleibe ungewiß, inwieweit die Politik und die deutsche Bevölkerung im Zuge für notwendig befundener kontinuierlicher Immigration die institutionelle und soziale Integration der neuen Bevölkerungsteile als „entscheidende Bedingung zukünftiger Sozialstaatlichkeit“ akzeptiert (Kaufmann 1997, S.146). Je mehr diese Integration, auf die die deutsche Gesellschaft angewiesen sei, erschwert werde, umso brüchiger drohen die Fundamente des Wohlfahrtsstaates zu werden. Schließlich gefährde die Auflösung bisheriger „stiller Reserven“ kollektiver Wohlfahrtsproduktion wie die der unentgeltlichen Beschäftigungsverhältnisse des informellen Sektors (z.B. Haushaltsproduktion) die Bewahrung des wohlfahrtsstaatlichen Konsenses (Evers/ Olk 1996, S. 9-60).

Resümierend kann festgehalten werden, daß die Ursachenerklärungen, die Beurteilungen der Folgewirkungen und die Schlußfolgerungen der wohlfahrtsstaatlichen Politik ein breites Interpretations-Spektrum umfassen. Während – gemessen am Kriterium der staatlichen Zielorientierung – noch ein Grundkonsens über die Sicherung der „klassischen“ Sozialleistungen, d.h. über die Notwendigkeit „bedürfnisgerechter“ Versorgung mit Gütern und Diensten und über finanzpolitische Korrekturen marktbedingter Einkommensverteilung besteht, findet eine staatlich „aktive“ Politik mit dem Ziel der allgemeinen Anhebung des Wohlfahrtsniveaus nur begrenzte Zustimmung. Entsprechend groß ist in Theorie und Praxis der Dissens über Art und Umfang des wohlfahrtsstaatlichen Instrumentariums zur Erreichung wirtschafts-, finanz-, beschäftigungs- und sozialpolitischer Ziele.

In allgemeiner Form wird hier der Wohlfahrtsstaat als Gesamtheit derjenigen staatlichen Funktionen definiert, die in der Verfolgung materieller Wohlstands- und sozialer sowie ökologischer Wohlfahrtsziele als Interventionsstaat (Maßnahmen der Sozial-, Umwelt-, Gesundheits-, Bildungs-, Wohnungs- sowie Beschäftigungspolitik und Programme „sozialverpflichteter“ Wirtschafts-, Finanz-, Steuer- sowie Subventionspolitik) auf gesellschaftliche Entwicklungen Einfluß nimmt.

2.3.4. Vorschläge zur Reform der Finanzierungs- und Leistungsseite des Sozialsystems

In weitgehender Übereinstimmung mit konservativen und liberalen Positionen heben auch sozialdemokratische Vorschläge zur Reform des Wohlfahrtsstaats die Notwendigkeit hervor, im Übergang vom Fordismus zum Postfordismus[30], im Zuge fortschreitender Flexibilisierung der Produktion[31] und der Arbeitsverhältnisse (z.B. Teilzeitarbeit, Wochenendarbeit) neue Ansätze für die Finanzierungs- und Leistungsseite der sozialen Sicherung zu entwickeln und umzusetzen (Glaser 1988; Lafontaine 1988; Leibfried 1987). Auch die Internationalisierung der Kapital- und Dienstleistungsmärkte und die Folgen des vom internationalen „Steuersenkungswettbewerb" ausgehenden niedrigeren Aufkommen aus Kapitalsteuern verschieben die Anforderungen an den Wohlfahrtsstaat und seine Aufgabenerfüllung (Scharpf 1988 a; 1994 a; Clement 1988; Däubler 1988; Fricke 1995; Bäcker 1995; „Gemeinsame Texte 9" der Kirchen 1997; IW 1997).

Die Interpretationen zur „notwendigen" Modernisierung des Wohlfahrtsstaats knüpfen an den Sachverhalt Arbeitsgesellschaft der Marktwirtschaft der Bundesrepublik an und widmen sich der beobachtbaren Tendenz der zunehmenden fiskalischen Belastung des Wohlfahrtsstaats, die sich aus der Erwerbsarbeitszentrierung für die Beitragsfinanzierung und die Leistungsgestaltung der sozialen Sicherung ergibt (Matthes 1983; Offe 1984; 1986; 1988; Guggenberger 1988). Der Wohlfahrtsstaat befindet sich in dieser Deutung in seinem wesentlichen Bestandteil, der sozialen Sicherung, in einem Dilemma: Zum einen muß er im Interesse des Beschäftigungsziels auf maßvolle Lohnabschlüsse und niedrigere Beschäftigungskosten hinwirken, um Anreize für die Nachfrage nach Arbeitskräften zu schaffen. Zum anderen muß er aber auf der Basis der geltenden lohnbezogenen Beitragsfinanzierung und Leistungsgewährung an steigenden Arbeitseinkommen interessiert sein, um seinen wachsenden Finanzbedarf für die Bedienung der Ansprüche einer „vornehmlich demographisch bedingten" Zunahme des Anteils der „Nicht-Erwerbstätigen" decken zu können (Offe 1986).

Bei den sozialdemokratisch, gewerkschaftlich und grün-alternativ geprägten Reformvorschlägen für neue Finanzierungsgrundlagen des Wohlfahrtsstaats geht es in der Tendenz um die Verringerung der Beitragsfinanzierung, also um die Erweiterung des steuerfinanzierten Anteils am sozialstaat-

---

30 Der Erklärungsansatz des „Akkumulationsregimes" des Fordismus wird vor allem durch die spezialisierte Großserienproduktion, die von kollektiven Tarifverhandlungen bestimmten Lohnmechanismen und die zentrale Rolle des Massenkonsums für den Kapitalkreislauf gekennzeichnet. Vgl. Piore/Sabel 1985 und Hurtienne 1986.

31 Flexible Fertigungssysteme haben vorteilhafte Kurzzeiteffekte für „Avantgarde-Firmen", ihre Kosten zu senken und den Ausstoß zu steigern. Das langfristige Potential der flexiblen Automatisierung liegt in der Produktion neuer Massenkonsumgüter, indem die Preise gesenkt, die Produktivität und die Löhne gesteigert und damit die Profitabilität gesichert werden kann. Vgl. Jessop 1986, S. 15.

lichen Aufgabenpensum. Steuerfinanzierte Zuschüsse an Parafiski werden allgemein damit begründet, daß gesamtgesellschaftliche Aufgaben wie z.B. die Hinterbliebenenversorgung oder die Anerkennung von Ausbildungs- und Kindererziehungszeiten in der Rentenversicherung auch aus dem dafür verantwortlichen Staatshaushalt zu finanzieren sind. Angesichts der demographischen, ökonomischen und ökologischen Herausforderungen an den gesamten Wohlfahrtsstaat wird in einer steuerfinanzierten Erhöhung des Bundeszuschusses der geeignete Finanzierungsmodus gesehen, die nicht gruppenspezifisch zurechenbaren neuen Probleme bewältigen zu können (Bäcker 1985, S. 43; Sozialpolitisches Programm der SPD 1988, S. 20-28; IW 1997, S. 174-177).

Die auf die Anhebung der Bundeszuschüsse zielenden Vorschläge gehen von dem Grundsatz aus, daß die Begünstigung der Nicht-Beitragspflichtigen – wie der Beamten oder Selbständigen – oder der oberhalb der Beitragsbemessungsgrenze liegenden Einkommensgruppen in dem Maße abnimmt, wie die Steuerfinanzierung der Sozialleistungen zunimmt (Ruland 1989, S. 556).

Die Bundeszuschüsse sind vor allem in ihrer technischen Ausgestaltung umstritten, weil Entscheidungen über die Niveaufestlegung, Dynamisierungsmodi und über das „richtige" Verhältnis zwischen Steuer- und Beitragsfinanzierung politisch normativ sind und damit einen weiten Interpretationsspielraum zulassen (Ruland 1987; 1989). Die zahlreichen diskretionären Eingriffe beispielsweise in das Rentenrecht und der tendenzielle Rückgang des Anteils der Bundeszuschüsse an den Rentenausgaben[32] während der 80er Jahre belegen die politisch-fiskalische Instabilität dieses Finanzierungsinstruments. Auch die Befürworter eines langfristig verläßlichen Konzepts mit der Intention steigender Steuerfinanzierung primär der Renten-, aber auch der Arbeitslosenversicherung sehen das politisch brisante Problem darin, daß im Fall höherer Bundeszuschüsse die Widerstände gegen „verwendungsanonyme Steuererhöhungen" größer sind als gegen Sozialbeiträge, denen angesichts des Äquivalenzprinzips zurechenbare Gegenleistungen gegenüberstehen (Mackscheidt 1985, S. 27ff.).

Weitere, vor allem von der Sozialdemokratie unterstützte Reformkonzepte zur Beitragsfinanzierung der sozialen Sicherung sind der Wertschöpfungsbeitrag[33] (auch „Maschinensteuer"[34]) und die Ressourcensteuer (Tofaute

---

32 Der Bundeszuschuß ist seit der Rentenreform 1957 von 31,8% kontinuierlich auf 17,7% im Jahre 1986 zurückgegangen. Siehe Ruland 1987, S. 607.

33 In der Volkswirtschaftlichen Gesamtrechnung (VGR) wird die Bruttowertschöpfung allgemein als Differenz von Produktionswert und Vorleistungen definiert. Der Bruttoproduktionswert ist die Summe aller in einer Periode hergestellten Sachgüter und Dienstleistungen, die identisch ist mit der Summe aus Umsätzen, Bestandsveränderungen der Halb- und Fertigwaren aus eigener Produktion und selbsterstellten Anlagen („marktpreisbewerteter Produktionsausstoß"). Werden vom Bruttoproduktionswert die Vorleistungen (Summe aller im Produktionsprozeß verbrauchten, fremdbezogenen Sachgüter und Dienstleistungen wie z.B. Rohstoffe, Hilfs- und Betriebsstoffe, Handelswaren, Transportkosten und gewerbliche Miete) abgezogen, erhält man

1994; SRU 1996, S. 324f.). Das Kernanliegen des Wertschöpfungsbeitrags ist, die lohnbezogene Beitragsfinanzierung zwar beizubehalten, sie aber durch eine wertschöpfungsbezogene Bemessung zu erweitern. Ziele dieses Instrumentes sind, nicht nur eine „ausgewogenere" Finanzierung des Wohlfahrtsstaats durch Anknüpfung an Arbeit und Kapital zu erreichen (allokationspolitische Zielsetzung), sondern auch durch Senkung der Lohnnebenkosten (Verteilung der Abgaben auf mehrere Faktoren!) die Anreize für arbeitssparende Rationalisierungen abzuschwächen (arbeitsmarktpolitische Zielsetzung). Die Bedeutung für Fiskus und Parafiski liegt darin, daß sich durch die Verbreiterung der Bemessungsgrundlage die Chance verbessert, bei abnehmender Arbeits- und steigender Kapitalintensität nicht nur mit einer stetigeren, sondern auch mit einer unabhängigeren, sich nicht nur auf einen Faktor stützenden Mittelzufuhr rechnen zu können (Gretschmann u.a. 1987, S. 34).

Von den wertschöpfungsbezogenen Größen gilt die Wahl der Bruttowertschöpfung deshalb als „vorzugswürdigste" Bemessungsgrundlage, weil sie wegen ihrer Breite einen niedrigen Beitragssatz und relativ stabile Beitragseinnahmen ermöglicht und nur geringe Ausweichreaktionen zuläßt. Außerdem garantiert die Einbeziehung der Gewinne eine stärkere Berücksichtigung der wirtschaftlichen Leistungsfähigkeit (Krätke 1986; Heinze/Olk/Hilbert 1988, S. 62-68).

Diese Finanzierungsalternative wird allerdings als „politisch wenig aussichtsreich und als beschäftigungspolitisch wenig effektiv" beurteilt (Offe 1986, S. 40). Der politischen Umsetzung des Vorschlags des Wertschöpfungsbeitrags wird in dem Maße Widerstand entgegengesetzt, wie die arbeitsmarkt- und fiskalpolitischen Argumente für diese Finanzierungsalternative an Überzeugungskraft verlieren. Die Bedenken der „Umbasierung" dieses Sanierungskonzepts richten sich aber vor allem gegen die von der Sozialdemokratie und den Gerwerkschaften erhofften Beschäftigungswirkungen. So argumentieren die Gegner des Wertschöpfungsbeitrags, daß mit der zusätzlichen Beitragsbelastung des Kapitals vor allem kapital- und technologieintensive Unternehmen getroffen werden, was negative Auswirkungen auf die internationale Wettbewerbslage und auf die Beschäftigung hat.

Zwar wird auf große Unsicherheiten in der wissenschaftlichen Einschätzung der Substitutionseffekte verwiesen, die aus der relativen Verteuerung des Kapitaleinsatzes resultieren, eine Beschäftigungsrelevanz geänderter Finanzierungsmodalitäten wird aber dann unterstellt, wenn „die Wahl kapitalintensiver bzw. arbeitssparender Technologien wesentlich" von der Relation

---

den Nettoproduktionswert (Bruttowertschöpfung). Vgl. dazu Schreiber 1987, S. 96, 525, 547.

34 Der Begriff „Maschinensteuer" für lohnunabhängige Arbeitgeberbeiträge wird deshalb als irreführend bezeichnet, weil als Bemessungsgrundlage nicht nur der Faktor Kapital, sondern die ganze ökonomische Potenz des Unternehmens herangezogen wird. Siehe Rürup 1986, S. 14.

der Faktorpreise und den Anforderungen der Absatzmärkte abhängt (Gretschmann u.a. 1987, S. 36).

Wie gegenläufig die Argumente zu den Beschäftigungseffekten und dem Ausmaß der Anwendung neuer Technologien sind, geht daraus hervor, daß die einen im Wertschöpfungsbeitrag kontraproduktive Effekte sehen, weil gerade die Entlastung bei den Lohnkosten die Anreize dämpft, mit dem Angebot technologieintensiver Güter auf dem Weltmarkt konkurrieren zu können (Kronberger Kreis 1987 b). Für die anderen schafft dagegen die Umbasierung auf wertschöpfungsbezogene Arbeitgeberanteile Anreize für Innovationen, weil der Einsatz neuer Technologien weniger durch die Kosten des Produktionsfaktors Arbeit als vielmehr durch Wettbewerbsvorteile (Qualität, Kundendienst usw.) auf den Absatzmärkten bestimmt wird (Bäcker 1987; Rürup 1987).

Neben der arbeitsmarktpolitischen gilt der fiskalpolitischen Zielsetzung des Wertschöpfungsbeitrags besondere Aufmerksamkeit, da weiterhin starke Zweifel bestehen, ob das maßgebliche wohlfahrtsstaatliche Konstruktionsprinzip der lohnbezogenen Beitragsfinanzierung auf Dauer den Anforderungen der „Arbeitsgesellschaft" gewachsen ist. Der Wandel der Beschäftigungsverhältnisse (zunehmende Teilzeitarbeit, befristete Beschäftigung, zunehmende Werkvertragsarbeiten usw.) läßt befürchten, daß die Defizite bei fortbestehend lohnbezogener Finanzierung der Parafiski tendenziell ansteigen (Krätke 1986, S. 370ff.; Bäcker 1987).

Während die einen die fiskalischen Vorzüge des Wertschöpfungsbeitrags hervorheben, daß bei tendenziell sinkender Arbeits- und steigender Kapitalintensität die Beitragsfinanzierung der sozialen Sicherung vom relativen Gewicht der Faktorpreise unabhängiger werden kann, sehen die anderen in diesem Instrument die Gefahr steigender Beitrags- und Steuerbelastungen (Krelle u.a. 1985). Die Kritik am Wertschöpfungsbeitrag wendet sich nicht nur dagegen, daß die Sozialversicherungsträger mit einer verbreiterten Bemessungsgrundlage für die Beitragserhebung ein größeres Abschöpfungspotential erhalten, sondern daß sich auch der Fiskus über (nominal) erhöhte Umsätze zusätzliche (Mehrwertsteuer-)Einnahmen verschaffen kann.

Für die Befürworter des Wertschöpfungsbeitrags legen nicht nur die strukturellen Veränderungen der Beschäftigungsverhältnisse eine Umbasierung nahe, sondern die sich verschärfenden demographischen Herausforderungen und die damit verbundene Gefährdung des bisherigen Sicherungsniveaus machen Einschnitte in die überkommene Finanzierungsstruktur der sozialen Sicherung dringend notwendig (Rürup 1987; Kaufmann 1997, S. 69-82). In diesen Interpretationen würde dem fiskalischen Ziel einer stabilen und ergiebigen Finanzierung der Sozialpolitik dann stärker Rechnung getragen, wenn – auch nach Berücksichtigung zentraler Kritikpunkte – die Bemessungsgrundlage für die Arbeitgeberbeiträge erweitert und sich „ein Stück weit von den Lohn- und Einkommensverhältnissen" ablösen würde (Heinze/ Olk/Hilbert 1988, S. 66).

Bei der Suche nach neuen Finanzierungsfundamenten des Sozial-/Wohlfahrtsstaats findet schließlich die Ressourcensteuer in Wissenschaft und Politik zunehmende Beachtung. Um sowohl fiskalischen Interessen als auch der Schonung des Wohlfahrtsgutes Umwelt zu dienen, wird eine stärkere Ausrichtung der Finanzierung der allgemeinen Staatsleistungen und/oder der sozialen Sicherung auf energie- und umweltpolitische Kriterien für erforderlich erachtet (Binswanger u.a. 1983; Leipert/Simonis 1985; Voelzkow/Heinze/Hilbert 1986; Gretschmann/Voelzkow 1986; SRU 1996, S. 324f.; „Gemeinsame Texte 9" der Kirchen 1997, S. 89-92). Entscheidende Zielkriterien für die Beurteilung der Ressourcenbesteuerung sind nicht nur fiskalische Erfordernisse der Mittelbeschaffung, sondern auch umwelt- und beschäftigungsorientierte Zweckbestimmungen.

Die Ressourcensteuer als Finanzierungsalternative des Wohlfahrtsstaats ist darauf angelegt, nicht nur fiskalische Ressourcen zu mobilisieren (Fiskalisierung!), sondern auch die privaten Produktions- und Konsumentscheidungen zu beeinflussen (Gretschmann u.a. 1987, S. 38). Die Anhänger dieser Ressourcensteuer setzen darauf, im Fall niedrigerer Beiträge der Arbeitgeber und Arbeitnehmer nicht nur die Anreize zur Substitution von Arbeit durch umweltbelastende Techniken abzuschwächen, sondern Investitionen in ressourcenschonende und emissionsmindernde Produktionsverfahren und Produkte durch Steuervergünstigung oder -erlaß neue Impulse zu verschaffen (auch SPD-Programm „Arbeit und Umwelt"; kritisch: Klemmer 1985, S. 561; Hickel 1989).

Auch für dieses alternative Finanzierungsinstrument gilt prinzipiell, daß neben den fiskalischen Effekten die erwarteten positiven Beschäftigungseffekte mit zahlreichen Unwägbarkeiten behaftet sind. Da über den Einfluß der Ressourcensteuer auf die substitutive Beziehung zwischen Arbeit und Ressourceneinsatz lediglich „plausible Annahmen" vorliegen, werden gegenläufige Wirkungen nicht ausgeschlossen. So wird auf das ungelöste Spannungsverhältnis verwiesen, das zwischen dem fiskalischen Ziel der Ressourcenbeschaffung für die soziale Sicherung und dem Anreiz- bzw. Steuerungsziel (Beschäftigungssicherung und umweltverträgliche Produktion) besteht (Gretschmann u.a. 1987, S. 39).

In extremer Formulierung liegt das Paradoxon der Erhebung dieser Ressourcensteuer darin, daß die Verfolgung der Lenkungsfunktion (umweltschonende Produktion!) eine Abgabenhöhe verlangt, die möglichst viele Betriebe veranlaßt, ihre Produktion in die gewünschte Richtung umzustellen, um keine Abgaben zahlen zu müssen. Der Fiskus und die Parafiski dürften folglich kein ernsthaftes Interesse an umweltschonender Produktion haben, weil sie nur so ihren Finanzbedarf decken können (Gretschmann/Voelzkow 1986, S. 563ff.). Die Konstruktion der Ressourcensteuer „leidet offenbar an dem Widerspruch", entweder Beschäftigungssicherung und Ressourcenschonung, aber keinen fiskalischen Ertrag zu erzielen, oder Mittel für die soziale Sicherung zu erhalten, aber dafür keine wirksame Änderung der Beschäftigungslage und der Umweltschädigung zu erreichen (Offe 1986, S. 43).

Die am weitesten reichenden Reformperspektiven der politischen Linken setzen beim zentralen Bestandteil des Wohlfahrtsstaats, seiner grundlegenden

Verknüpfung von Arbeitsverhältnis und Transferanspruch, an (Th. Schmid 1984; Gerhardt/Weber 1984; Vobruba 1986; Glaser 1988; Guggenberger 1988). Für diese Meinungsgruppe bedingen sich die marktwirtschaftlich strukturierte Arbeitsgesellschaft und der Sozial/Wohlfahrtstaat wechselseitig. In diesem auf Arbeit gegründeten deutschen sozialen Sicherungssystem können Transferansprüche nur dann geltend gemacht werden, wenn vorher lohnbezogene Beiträge entrichtet worden sind und aufgrund der Tatbestände von Arbeitslosigkeit, Krankheit und Alter keine Arbeitseinkommen mehr bestehen (Offe 1988).

Diese Verquickung von Erwerbsarbeit und Transfereinkommen wird in dem Maße zu einem Problem der Finanzierung der Aufgaben des zukünftigen Wohlfahrtsstaats, wie die „Vorleistungen“ in Gestalt von Beiträgen von einer beachtlichen Minderheit der Bevölkerung nicht mehr oder zumindest nicht mehr in ausreichender Höhe erbracht werden können. Die Ursachen für diese Untergrabung der Finanzierungsbasis der sozialen Leistungen sind vor allem die auf hohem Niveau verharrende Arbeitslosigkeit, die damit zusammenhängende Zahl der „Leistungsausgegrenzten“ und der Wandel der Beschäftigungsverhältnisse (z.B. Teilzeitarbeit, Teilruhestand) (Balsen/Nakielski/Rössel/Winkel 1986; Heinze/Olk/Hilbert 1988).

Als wichtige Herausforderung an die „Funktionsfähigkeit“ des modernen Wohlfahrtsstaats werden deshalb Notwendigkeit und Chancen diskutiert, die sozialen Leistungen von den vorher erbrachten Beitragszahlungen abzukoppeln. Diese als „Antwort auf Armutsfallen und Sicherungslücken“ konzipierte garantierte Mindestsicherung will die bisherige kausale (von erworbenen Anwartschaften abhängige) Leistungsgewährung so umstellen, daß durch die Auszahlung von Sozialtransfers Armut vermieden werden kann (Heinze/Olk/Hilbert 1988, S. 69). Sozialpolitische Orientierung soll nicht mehr die Kausalität, die mit ungerechtfertigter Leistungskumulation und teilweise mit Unterversorgung verbunden ist, sondern die sozialpolitische Zwecksetzung sein (Strasser 1983; Vobruba 1986, S. 46).

Während das allgemeine Ziel einer erwerbsarbeitsunabhängigeren Leistungsalternative noch breite Unterstützung findet, gehen die Vorstellungen über die Konkretisierung der Leistungsbemessung weit auseinander: Wichtige Unterscheidungskriterien der hier zu skizzierenden Varianten der garantierten Mindestsicherung, des Modells der negativen Einkommensteuer, des Grundeinkommens und der Sockelungs-Konzeption sind die Größe der Zielgruppe, das Verhältnis der jeweiligen Grundsicherungsmechanismen zur traditionellen Leistungsbemessung und Begründungen, die über die Gewährung mindestsichernder Leistungen hinausreichen (Mückenberger/Offe/Ostner 1989, S. 248f.): In bezug auf die Ausgestaltung der garantierten Mindestsicherung ist nicht nur der Versichertenkreis umstritten (z.B. Grundsicherung nur für Rentner bis zur garantierten Mindestsicherung oder für die gesamte Bevölkerung), sondern auch das Verhältnis der verschiedenen Formen der Grundsicherung zur herkömmlichen, lohnbezogenen Beitrags- und Leistungsbemessung (z.B. Mindestsicherung anstelle aller anderen Versicherungsleistungen oder in Form von Aufstockungsbeträgen). Darüber hinaus setzen die Befürworter von Mindesteinkommen neben größeren Möglichkeiten individueller Lebensgestaltung auf Entlastungseffekte auf dem Arbeitsmarkt (Vobruba 1986).

Die auf den Oberbegriff der „garantierten Mindestsicherung“[35] ausgerichteten Konzepte zur Reform des Wohlfahrtsstaats umfassen ein breites Spektrum unterschiedlicher ordnungspolitischer Ansatz- und Zielpunkte (WSI-Mitteilungen Heft 15/1987). Generell befürworten in der Bundesrepublik christdemokratische, liberale und grün-alternative Interpretationsgruppen[36] die Modelle der negativen Einkommensteuer und des Bürgergelds, während sozialdemokratisch-gewerkschaftliche Gruppierungen Sockelungsmodelle bevorzugen.

Das Modell der negativen Einkommensteuer (mit proportionalem Steuersatz), das zwischen Arbeitseinkommen, negativer Steuer (Transferzahlungen vom Staat) und positiver Steuer (Abführungen an den Fiskus) unterscheidet, ist darauf angelegt, alle anderen sozialen Sicherungssysteme (vor allem die Renten- und Arbeitslosenversicherung) abzuschaffen. Grundsätzlich gilt, daß die Höhe der staatlichen Transfers mit zunehmendem Arbeitseinkommen abnehmen. Wenn also gar kein Arbeitseinkommen besteht, wird das Maximum an negativer Steuer, d.h. das garantierte Minimum, ausbezahlt (Gerhardt/Weber 1984; Krätke 1986, S. 361-365; Scharpf 1994 a, S. 111-117; Pilz/Ortwein 1997, S. 344-349).

Das Grundeinkommen in der Version des Bürgergelds (auch „Sozialdividende“) soll für jeden Bürger eine Transferzahlung vom Staat garantieren, die unabhängig vom Einkommen und steuerfrei gewährt wird. Dieses auch von der FDP und christdemokratischen Arbeitnehmern vorgeschlagene Bürgergeld soll die über 90 steuerfinanzierten unterschiedlichen Geldleistungen durch eine einzige Transferleistung ersetzen. Das einkommensunabhängige Bürgergeld soll nicht nur Personen ohne Einkommen das Existenzminimum sichern, sondern auch erworbenes Einkommen soll – nach den meisten Vorschlägen – bis zur Hälfte auf das Bürgergeld angerechnet werden. Dieser Anrechnungssatz soll dazu beitragen, daß die Anreize für die Aufnahme und Aufrechterhaltung von Erwerbsarbeit erhalten bleiben.

Die nur teilweise Anrechnung des eigenen Einkommens auf das Bürgergeld verschiebt die Grenze des (steuerfreien) Grundfreibetrags nach oben, so daß der Fiskus mit enormen Steuerausfällen zu rechnen hätte. Die Deckung

35 Unter dem Begriff Grundeinkommen werden gewöhnlich die Modelle der „negativen Einkommensteuer“ und des „Bürgergelds“ („Sozialdividende“) subsumiert. Grundsicherung steht dagegen für das Konzept der Aufstockung auf ein bestimmtes Mindestniveau („Sockelung“) innerhalb des bestehenden sozialen Sicherungssystems. Vgl. Heinze/Olk/Hilbert 1988, S. 71.

36 Auch die Autoren marktliberaler Ansätze und Positionen (z.B. Kronberger Kreis, Wolfram Engels) unterstützen Modelle des garantierten Grundeinkommens, die allerdings prinzipiell lediglich als Grundlage für individuelle Zusatzversicherungen gedacht sind. Vgl. Glotz 1986, S. 135.

eines solchen Finanzbedarfs könnte nur erreicht werden, wenn das Bürgergeld entweder unter das Existenzminimum abgesenkt oder der Anrechnungssatz für eigenes Einkommen drastisch erhöht würde. Solche fiskalisch motivierten Modifizierungen würden aber nicht nur den sozialpolitischen Zweck der Verhinderung von Armut verfehlen, sondern auch den arbeitsmarktpolitischen Zweck in Frage stellen, wenn ein höherer Anrechnungssatz nur noch geringe oder gar keine Anreize mehr für die Aufnahme von Erwerbsarbeit bietet. Beide Ziele könnten nur erreicht werden, wenn zur Finanzierung des Bürgergelds die Steuerlast auf höhere Einkommmensgruppen verlagert würde. Eine solche Erhöhung direkter Steuern widerspricht nicht nur dominanten angebotspolitischen Grundsätzen, sondern wäre auch bei den Parteien nicht konsensfähig, die die Bürgergeld-Vorschläge vorgestellt haben (Scharpf 1994a, S. 115ff.; Pilz/Ortwein 1997, S. 348f.).

Die Sockelungs-Konzepte zielen auf die Garantie einer Grundsicherung, d.h., daß die Transferzahlungen innerhalb der bestehenden sozialen Sicherungssysteme auf ein bestimmtes Mindestniveau angehoben werden sollen. Die Sockelungs-Vorschläge sind insofern bedarfsorientiert, als sie die Teilsysteme der sozialen Sicherung – Rentenversicherung, Arbeitslosenversicherung, Sozialhilfe – durch „bedarfsbezogene und bedarfsgeprüfte Elemente ergänzen und nicht ersetzen wollen (Arbeitsgruppe Armut und Unterversorgung 1985; Heinemann 1987; Scherf 1987; Markmann 1987; Leibfried/ Leisering 1995, S. 83-99; Pilz/Ortwein 1997, S. 349-351). Das Grundelement der Sockelung ist, eine „kausale Zuordnung zum Kostenträger bei finaler Gestaltung der Leistungen“ zu erreichen (Auerbach, zitiert nach Arbeitsgruppe Armut und Unterversorgung 1985, S. 100). Im Falle der Arbeitslosigkeit bedeutet dies, daß die Bundesanstalt für Arbeit beim Nachweis „ungenügenden“ Einkommens die Arbeitslosenunterstützung mindestens auf das Sozialhilfeniveau aufzustocken hat. Diese Aufstockungs-Regelungen sollen auch für die gesetzliche Rentenversicherung gelten (IW 1997, S. 174-196).

Liegen die Sozialleistungen unterhalb des Sozialhilfeniveaus, greift die Sozialhilfe nach dem „Fürsorgeprinzip“ ergänzend ein. Um „die Bewältigung des Problems von Verarmung und Ausgrenzung in die bestehenden Versicherungsinstitutionen zurückzuholen“ (Bäcker/Welzmüller 1987, S. 6), sollen fortan die Sozialversicherungen für „ihren“ Risikobereich zuständig sein und über der Sozialhilfe liegende bedarfsabhängige Leistungen [37] gewähren.

Die in ihren Grundzügen vorgestellten Vorschläge zur Entkoppelung von Arbeit und Einkommen sind in der wissenschaftlichen und politischen Diskussion stark umstritten (Kaufmann 1997, S. 175-189). Im Prinzip wird der negativen Einkommensteuer vorgehalten, am bisherigen Steuerrecht und

---

37 Nach der Definition von Bäcker/Welzmüller heißt bedarfsabhängig bzw. bedarfsorientiert zum einen, daß die Leistungen ein „soziokulturelles Minimum“ gewährleisten sollen, und zum anderen, daß „die Leistungen nur dann gewährt werden, wenn der Bedarf nicht durch anderweitiges Einkommen und (verwertbares) Vermögen gedeckt werden kann. Vgl. Bäcker/Welzmüller 1987, S. 8.

damit an dessen „Haushaltsbezogenheit“ festzuhalten, also eine eigenständige Absicherung von Frauen zu erschweren (Riedmüller 1987; Beer 1987). Die Kritik bezieht sich auch auf die Finanzierung und die Verteilungswirkungen: Zur Finanzierung des Mindesteinkommens (mindestens ca. DM 1.000,-- monatlich) ist nicht nur ein hoher Steuersatz (ca. 60%) erforderlich, sondern die Konstruktion des proportionalen Steuertarifs ist auch mit sozialstaatlich unerwünschten Umverteilungseffekten zu Lasten niedriger Einkommen verbunden (Gretschmann u.a. 1987, S. 41.; anders Wegener 1988).

Gegen die negative Einkommensteuer sowie gegen die Sozialdividende wird eingewendet, damit „prekäre oder schlecht bezahlte Beschäftigungsverhältnisse“ zu subventionieren (Heinze/Olk/Hilbert 1988, S.81). Für diese Form der Integration von Steuer- und Transfersystem wird mit der Begründung argumentiert, daß darin auch eine Fülle arbeitsmarkt- und wirtschaftspolitischer Chancen liegen (z.B. materielle Absicherung von Teilzeitarbeitsplätzen in sozialen Organisationen) (Auhagen 1987, S. 66f.).

Hauptkritikpunkt der Sozialdividende ist die enorme Höhe der aufzubringenden Transferbeträge (Schreyer 1986, S. 165f.). Die Einwände richten sich vor allem gegen Transferzahlungen an hohe Einkommensbezieher, weil eine solche „Sicherung“ als Verletzung des wohlfahrtsstaatlichen Ziels „bedürfnisgerechter“ Versorgung ausgelegt wird (Krätke 1986, Kaufmann 1997, S. 150ff.). Ein weiterer Nachteil dieser Form des Grundeinkommens ist ihre große Manipulierbarkeit, da steuerfinanzierte Transfers aufgrund ihrer Abhängigkeit von politischen und ökonomischen Faktoren leicht als „Manövriermasse“ eingesetzt werden können.

An den Sockelungs-Konzepten wird hauptsächlich kritisiert, daß sich Erwerbsarbeit und Einkommen nicht so stringent wie andere Mindestsicherungsformen entkoppeln lassen. Zwar wird eingeräumt, daß die bedarfsbezogene Grundsicherung zur Verringerung von „Armutsfallen“ und Unterversorgung beiträgt, hingegen „freiwillige Erwerbsarbeitslosigkeit“ nur als Ausnahmezustand erlaubt ist (Gretschmann u.a. 1987, S. 43). Außerdem werden Bedenken dagegen erhoben, daß die (erniedrigenden) Bedürftigkeitsprüfungen beibehalten werden und keine eigenständige Mindestsicherung für nichterwerbstätige Ehefrauen vorgesehen ist. Resümierend wird der Sockelung zugute gehalten, Bedarfselemente und Rechtsansprüche „aufs Überleben“ zu stärken, doch wird ihr vorgehalten, als „erwerbsarbeitszentriert, diskriminierend und privilegierend“ den hergebrachten Merkmalen des Sozialstaats zu entsprechen und wegen der unangetasteten Wachstums- und Konsumorientierung ökologischen Anforderungen nicht mehr zu genügen (Opielka/Stalb 1985, S. 11; „Gemeinsame Texte 9“ der Kirchen 1997, S. 89-92).

II. Ansätze zur Erklärung von Fiskalisierungs- und Ökonomisierungstendenzen (wohlfahrts-)staatlicher Politik

Um die Dimension der Einflüsse theoretischer Ansätze und politischer Netzwerk-Konzepte auf die Fiskalisierung und Ökonomisierung in den ausgewählten Politikfeldern der Finanz- und Sozialpolitik sowie der Umweltpolitik erfassen zu können, gilt im folgenden Kapitel angebotsorientierten Erklärungsansätzen und dem Paradigma politischer Netzwerke besondere analytische Aufmerksamkeit. Nach Auffassung des Verfassers eignen sich Wertorientierungen, Prinzipien, Zielvorstellungen, Instrumente, formalisierte oder informelle, exklusive oder inklusive Entscheidungsverfahren angebotsorientierter und netzwerkbezogener Konzepte im Rahmen einer Politikfeldanalyse in besonderer Weise, angebotspolitisch angeleitete Fiskalisierungs- und Ökonomisierungstendenzen in der Finanz- und Sozialpolitik und die Verstärkung oder Abschwächung der Ökonomisierung von Politik in den Netzwerkstrukturen und -verfahren des Umweltsektors erklären zu können.

1. Angebotsorientierte Ansätze und ihr Steuerungseinfluß auf die Fiskalisierung und Ökonomisierung der Finanz- und Sozialpolitik

Das im Mittelpunkt der Analyse stehende deutsche Konzept der Angebotspolitik zur Erklärung der Fiskalisierung und Ökonomisierung macht einen Rückgriff auf theoretische Positionen des Public-Choice-Ansatzes und des darauf aufbauenden Ansatzes der konstitutionellen Budgetreform erforderlich, um die Grundlagen und Zielrichtungen der in Deutschland dominierenden angebotsorientierten Konsolidierungspolitik explizieren zu können. Weil angebotspolitische Elemente auch sozialdemokratische wohlfahrtsstaatliche Argumentationsmuster prägen, soll schließlich noch auf die Variante sozialdemokratischer Angebotspolitik eingegangen werden.

1.1. Der Public-Choice-Ansatz als Grundorientierung angebotsorientierter Politik

Der Analyse des Public-Choice-Ansatzes und seiner institutionellen Varianten gilt im Rahmen der Wohlfahrtsstaats-Untersuchung insofern Beachtung, als diese Theorieansätze auf der Basis individualistischer Staats- und Demokratievorstellungen den ordnungspolitischen Fragen nach der Notwendigkeit und den Möglichkeiten der Beschränkungen expansiver demokratischer Entscheidungsverfahren im Wohlfahrtsstaat und nach geeigneten institutionellen Arrangements für eine effiziente Leistungserstellung nachgehen. Der Argumentation des Public-Choice-Ansatzes und seiner Varianten liegt die gemeinsame Betonung des Vorrangs individueller Freiheitsprinzipien zugrunde, was zum Schutz der Individualsphäre Beschränkungen für den Umfang (wohlfahrts-)staatlicher Tätigkeiten bzw. für demokratische Entscheidungsverfahren impliziert. Die verschiedenen Ausprägungen des Public-Choice-Ansatzes sind also prinzipiell auf individuelle Entfaltungsmöglichkeiten und auf die Begrenzung (expansiver) staatlicher Entscheidungskompetenzen und -verfahren angelegt.

Der neoliberale Theorieansatz des Public-Choice richtet sein Hauptinteresse auf die Analyse kollektiver Entscheidungen, vor allem auf die Erforschung politischer Entscheidungsprozesse. Dem Public-Choice-Ansatz geht es darum, durch Anwendung ökonomischer Methoden und Instrumente auf die Analyse politischer Phänomene die Unterschiede der Leistungsfähigkeit zwischen dem ökonomischen und dem politischen „Markt“ herauszuarbeiten[1] (C.C. von Weizsäcker 1982, S. 334; Frank 1983, S. 264ff.). Auf die Analyse der neoklassischen Wohlfahrtsökonomie und ihrer Kritik wird hier nur insofern eingegangen, als die Interpretationen der Bedingungen der Pareto-Optimalität einen wesentlichen Bezugspunkt für die wohlfahrtsstaatlich relevanten Aussagen des Public-Choice-Ansatzes zu den Defiziten und Grenzen politischer Entscheidungen und den für notwendig befundenen Beschränkungen (wohlfahrts-)staatlicher Entscheidungsverfahren bilden. Dieser Ansatz geht zwar von der traditionellen Analyse des Marktversagens aus, folgert aber daraus nicht zwangsläufig die Notwendigkeit staatlicher Eingriffe.

Der Erörterung des wohlfahrtsökonomischen Pareto-Optimums[2] gilt hier insoweit Aufmerksamkeit, als aus der Verletzung pareto-optimaler Bedingungen konträre Schlußfolgerungen für das (wohlfahrts-)staatliche Aufgabenpensum gezogen werden: Einmal wird Marktversagen festgestellt, das staatliche Regulierungen legitimiert, ein anderes Mal wird Staatsversagen registriert, das eine Stärkung der Marktmechanismen erforderlich macht.

Dem auf Public-Choice-Erklärungen gründenden deutschen Ansatz der konstitutionellen Budgetreform gebührt deshalb Beachtung, weil er die Frage zu beantworten versucht, inwieweit institutionelle Bindungen im Sinne quantitativer oder verfahrensmäßiger Beschränkungen für die Begrenzung wachsender staatlicher Fiskalbelastungen geeignet sind.

1.1.1. Grundlegender demokratietheoretischer Ansatzpunkt

Der Charakterisierung des Public-Choice-Ansatzes gilt insofern Aufmerksamkeit, als es um die Analyse der Fragen geht, welche Entscheidungsverfahren geeignet sind, den dem demokratischen (Wohlfahrts-)Staat innewohnenden expansiven Tendenzen entgegenzuwirken.

Dem von Buchanan als Hauptvertreter des Public-Choice entwickelten „neuen“ vertragstheoretischen Ansatz liegt ein individualistisches Staats- bzw. Demokratieverständnis und eine individualistische Methodologie zugrunde. Oberste Prinzipien dieses streng individualistischen Konzepts des Public-Choice sind die Idee der individuellen Freiheit und die Idee einer demokratischen Gesellschaft, die als wichtige Orientierungsmaße für die Kon-

1 Während die „normativen“ Theorien der Kollektiv-Entscheidungen Kriterien dafür entwickeln, ob und wie staatliche Eingriffe (Regulierungen) erfolgen sollten, also die allgemeine Wohlfahrtstheorie wirtschaftspolitisch nutzbar machen wollen, fragen „positive“ Theorien der Regulierungen danach, warum und in welchen Ausprägungen Regulierungen tatsächlich auftreten. Vgl. dazu C.C. Weizsäcker 1982, S. 334.

2 Das Pareto-Optimum gilt in allgemeinster Form im Zustand des Gleichgewichts dann als realisiert, wenn die Bedürfnisbefriedigung eines Individuums nicht mehr verbessert werden kann, ohne die eines anderen zu verschlechtern. Vgl. dazu Pareto 1975.

trolle politischer Macht und für den Minderheitenschutz begriffen werden (Buchanan 1984, S. 1ff.; Nagel 1982, S. 191).

Das Prinzip der individuellen Freiheit, das in seiner antikollektivistischen Grundposition den Ideen des Gemeinwohls, des Fortschritts und der Solidarität mit großer Skepsis begegnet, wirft die Frage auf, welche vertragliche Regelung auf der Basis des Eigentumsrechts und der Vertragsfreiheit den Schutz der Individualsphäre am besten gewährleistet. Diesem Modell des Gesellschaftsvertrags geht es wesentlich darum, dem Individuum Möglichkeiten zu verschaffen, ihre „ureigensten Bedürfnisse" in Abstimmungsverfahren selbst artikulieren zu können. Der Public-Choice will solchen kollektiven Regelungen Geltung verschaffen, die das Ergebnis freiwilliger Zustimmung sind und deshalb auch als legitim akzeptiert werden.

Das Prinzip der demokratischen Gesellschaft legt zur Sicherung individueller Freiheiten ein rechtliches Normensystem oder Regelwerk nahe, das der staatlichen Gewalt bzw. den Entscheidungen des demokratischen Prozesses klar definierte Beschränkungen (constraints) auferlegt (Buchanan 1983, S. 130f.). Da die überragende Rolle individueller Freiheit als „Ausfluß der Anerkennung der individualistischen Methodologie" verstanden wird, betonen die Vertreter des Public-Choice-Ansatzes die Verpflichtung zum methodischen Individualismus: Danach sind die Gegenstände sozialwissenschaftlicher Erklärung in erster Linie die Interessen, Präferenzen und Bedürfnisse von Individuen, während Kollektive als „eigenständige Wesen" entweder nicht existieren oder als „Aggregate von Individuen" aufgefaßt werden (Buchanan 1984, S. 3; Zintl 1986, S. 113). Konsequenz dieser individualistischen Position ist ein Demokratieverständnis weniger im Sinne unbeschränkter Mehrheitsherrschaft als vielmehr im Sinne politischer Machtkontrolle, radikalen Minderheitenschutzes und der Ablehnung inhaltlich „richtiger" Lösungen.

1.1.2. Traditioneller Bezugspunkt: Die Bedingungen neoklassischer Wohlfahrtsökonomie und ihre Kritik

Das Pareto-Optimum ist in allen kritischen Betrachtungen der Marktwirtschaft maßgeblicher Anknüpfungspunkt für die Erklärungen neuerer Ansätze der Wohlfahrtstheorie (Hanusch 1972, S. 15).

Die hier primär interessierende Kritik an der Begründung der Legitimation von Staatsaufgaben durch die neoklassische Wohlfahrtsökonomie knüpft an die Bewertung der Bedingungen an, unter denen ein Pareto-Optimum realisiert ist (Jochimsen 1966, S. 24f.). In der neoklassischen Ökonomie bilden die „Totalbedingungen" (gegebener Faktorbestand, gegebene Produktionstechnik, gegebene Verteilung, konstante Präferenzen der Individuen) den Rahmen, dessen optimale Ausfüllung durch die „Marginalbedingungen" garantiert wird (z.B. durch optimale Allokation der Produkte, optimalen Spezialisierungsgrad und optimale Verteilung der Faktoren auf die Unternehmen) (Zinn 1970, S. 117; G. Hesse 1979, S. 310). „Marktkritischen“ Interpretationen dienen diese Bedingungen als Orientierungsmaßstäbe, um denkbare „Schwächen des Marktes aufzuzeigen“ (Boulding 1973, S. 112; Hanusch 1972, S. 16f.; Samuelson 1969, S. 179f.).

Für die paretianische (neoklassische) Wohlfahrtsökonomie ergibt sich eine erste Legitimation von Staatsaufgaben aus der Nicht-Existenz vollkommener Konkurrenz[3]. Der Staat hat also die Aufgabe, für die Beseitigung von Marktunvollkommenheiten[4] zu sorgen (Sohmen 1976, S. 70f.). Die wohlfahrtsstaatlich bedeutende Frage nach der verteilungs- und beschäftigungspolitischen Legitimation von Staatseingriffen wird in der paretianischen Wohlfahrtsökonomie entweder unzureichend erörtert, weil das Konkurrenzmodell bezüglich der Verteilungsfragen „keinerlei Aussagekraft“ (Häuser 1967, S. 56) hat, oder erübrigt sich, weil im Pareto-Optimum keine unfreiwillige Arbeitslosigkeit existiert (Sohmen 1976, S. XIV/XV).

Um die Bedingung vieler Marktteilnehmer mit kleinen Marktanteilen zu realisieren, müßte der Staat nach Vorstellung der Wohlfahrtsökonomie eine konsequente Atomisierung der Marktseiten anstreben. Die Verwirklichung dieser Bedingung der vollkommenen Konkurrenz gerät aber mit der Forderung nach effizienter Allokation der Ressourcen in Konflikt: Da nämlich vielfach mit größeren Betriebseinheiten die „Skalenerträge“ zunehmen, d.h. die Durchschnitts- und Grenzkosten abnehmen (G. Hesse 1979, S. 314), wäre es unter Effizienzgesichtspunkten geradezu „kontraproduktiv“, wenn der Staat die Aufteilung vieler Groß-Produzenten in viele kleinere Produzenten anordnete. Es kann also nicht das Bestreben und die Aufgabe des Staates sein, nur um die Bedingungen der vollkommenen Konkurrenz zu erfüllen, durch Atomisierung der Marktseite eine weniger effiziente Produktion zu verordnen (Sohmen 1976, S. 404ff.).

Aber auch die vollkommene Konkurrenz garantiert nicht die Realisierung der Bedingungen für ein Pareto-Optimum, wenn die Produktion und/oder der Verbrauch von Gütern externe Effekte haben. Da in diesem Fall auch der vollkommene Markt keine Gewähr für eine optimale Allokation der Ressourcen bietet, legitimiert dieses Marktversagen staatliche Regulierungen (Sohmen 1976, S. 100, S. 222, S. 226ff.). Auch wenn externe Effekte in Produktion und Konsum[5] die Erfüllung von Optimalbedingungen verhindern,

---

3 Für Fest sind Kriterien der Vollkommenheit des Marktmechanismus: „1. Vollkommenheit der Märkte, vollkommene Voraussicht der Wirtschaftsobjekte, 3. atomistische Märkte, 4. freier Zugang zu den Märkten bzw. Industrien für Konsumenten bzw. Unternehmer sowie 5. volle Mobilität der Faktoren und freier Zugang zu allen Berufen ..., Vollkommenheit der Markttransparenz ...“. Siehe Fest 1971, S. 43.

4 Die Widersprüchlichkeit dieser wohlfahrtsökonomischen Argumentation ergibt sich daraus, daß eine Minimumbedingung vollkommener Konkurrenz die reine Mengenanpassung aller Marktteilnehmer ist, d.h. für jeden Marktteilnehmer der Preis gegeben ist, da (bei homogenen Gütern) viele Marktteilnehmer nur kleine Marktanteile haben. Vgl. Sohmen 1976, S. 70f.

5 Externe Effekte liegen dann vor, „wenn Kosten und Nutzen der Güter von den Produzenten und/oder den Konsumenten nicht ... internalisiert werden (können), son-

können staatliche Eingriffe in Gestalt von Subventionen oder von Steuern und Verboten die Allokation der Ressourcen zumindest verbessern (G. Hesse 1979, S. 217; Buchanan/Stubblebine 1962, S. 222-236).

Die Kritik hebt die „Haltlosigkeit“ der Argumentation hervor, da nicht nur die optimalen Subventions- und Steuersätze nicht errechnet werden können (dies würde ein realisiertes Pareto-Optimum voraussetzen) (Baumol 1952, S. 165), sondern sich aus der „Ubiquität externer Effekte“ sogar eine „totale Staatszuständigkeit“ (D. Hesse 1979, S. 318) ergeben würde:

Zum einen liegt die Unzulänglichkeit der wohlfahrtsökonomischen Doktrin des allokativen Marktversagens darin, daß eine bestehende Allokation der Ressourcen nur dann als „ineffizient“ bezeichnet werden kann, wenn eine „effiziente Vergleichsallokation ‚objektiv'“ feststellbar ist (Windisch 1983, S. 582). Die reale ökonomische Umwelt ist aber von „strategischer (d.h. nicht objektiv bestimmbarer) Unsicherheit“ (Windisch 1984, S. 582) der Wirtschaftssubjekte gekennzeichnet. Das bedeutet, daß die „Opportunitätskosten“, die bei produktiven Investitionen anfallen, nicht nur die direkten Ausgaben einschließlich der Normalverzinsung der Investitionen, sondern auch die subjektiv erwarteten Gewinne bei einer alternativen Realkapitalinvestition umfassen. Da aber die alternative Investition tatsächlich nicht stattfindet, kann auch nicht „objektiv“ festgestellt werden, ob die angenommenen Gewinnchancen die „wirklichen“ Opportunitätskosten widerspiegeln. Folglich sind „objektive“ Effizienzanalysen über die „Allokationsabteilung“ des Budgets realiter nicht möglich (Windisch 1984, S. 583).

Zum anderen versuchen die Vertreter der Gleichgewichtsökonomie (Krüsselberg 1969) der Ausweitung des Begriffs der öffentlichen Güter auf alle externe Effekte auslösenden Güter und der damit einhergehenden totalen Staatszuständigkeit dadurch auszuweichen, daß die Differenzierung zwischen „öffentlichen“ und „privaten“ Gütern zu einer Entscheidungsfrage erhoben wird (Cansier 1972, S. 429; Sohmen 1976, S. 287). Die Entscheidung über die Art der Güter wird durch den Vergleich des politischen Prozesses mit dem Marktprozeß getroffen. Die Entscheidungspräferenz gilt dem Mechanismus, der in der Lage ist, „ein Gesamtmaximum an Bedürfnisbefriedigung“ sicherzustellen (G. Hesse 1979, S. 323). Den für die Realisierung dieses Gesamtmaximums erforderlichen „einheitlichen Willen“ (W. Herr 1979, S. 323) kann der politische Prozeß nach dem Verständnis der Wohlfahrtsökonomie wegen politischer Konflikte, wegen der Minderheiten, die überstimmt werden und Wohlstandsverluste erleiden, nicht herstellen. In der Schwierigkeit, eine „konsistente politische Meinungsbildung“ in einer pluralistischen Gesellschaft zu erreichen, wird dann auch das entscheidende Argument für ein politisch-ökonomisches System gesehen, „so viele Entscheidungen wie nur möglich aus dem politischen Prozeß auszulagern“ (Sohmen 1976, S. 367).

---

dern in die Produktions- oder Nutzenfunktion anderer Produzenten und Konsumenten eingehen“. Siehe G. Hesse 1979, S. 317. Vgl. auch Buchanan/Stubblebine 1962, S. 372.

Diesem wohlfahrtsökonomischen Verständnis entsprechend zeigt sich die Überlegenheit des Marktprozesses darin, daß er sogar „zu einem hinlänglich eindeutigen Ergebnis der gesellschaftlichen Entscheidungsprozesse über die Struktur der Produktion und des Faktoreinsatzes“ führt (Sohmen 1976, S. 367; Fritsch 1963, S. 545).

Dieser wohlfahrtsökonomischen Marktdoktrin wird allerdings entgegengehalten, daß in der Realität der Marktmechanismus kein gesellschaftlicher Entscheidungsprozeß ist. Der Marktprozeß sei nicht durch eine gesellschaftliche Entscheidung ausgelöst, sondern bestenfalls nachträglich sanktioniert worden (Hensel 1968).

Für die Wohlfahrtsökonomie verdeutlicht gerade die Produktion von Kollektivgütern, deren wesentliches Merkmal externe Konsumeffekte sind (Sohmen 1976, S. 291)[6] , die Nachteile des politischen Prozesses. Während nämlich der Marktmechanismus mit zunehmender Zahl der Teilnehmer immer besser funktioniert, gilt umgekehrt für den politischen Prozeß, daß mit zunehmender Zahl der Konsumenten bzw. der von Schadenswirkungen eines öffentlichen Gutes Betroffenen alle Versuche aussichtslos werden, die Produktion bzw. die Beseitigung der Schäden dieser Kollektivgüter durch freiwillige Beiträge zu finanzieren (Mackscheidt 1973, S. 71). Jedes Wirtschaftssubjekt handelt individuell nur rational, d.h. verhält sich nutzenmaximierend, wenn es seine Präferenzen für ein Gut möglichst verschleiert, um keine Beiträge zahlen zu müssen. Nach dem Verständnis der Wohlfahrtsökonomie gelingt diese „free-rider-Position“ um so leichter, je größer die Gruppe ist, da dann der Einzelne davon ausgehen kann, daß seine individuellen Präferenzen verborgen bleiben und er sich als Nicht-Zahlender ungestraft Sondervorteile verschaffen kann.

Im Extremfall, wenn also alle eine „free-rider-Position“ einnehmen, müssen sogar alle Verfahren scheitern, die auf der Basis freiwilliger Beiträge (voluntary exchange) eine pareto-optimale Allokation von Kollektivgütern bewirken sollen (Schleicher 1971, S. 238ff.).

Die Kritik an dieser wohlfahrtsökonomischen Begründung der Schwächen der Kollektivgüterbereitstellung setzt bei der Interpretation der politischen Ökonomie an. Diese müsse als sozialer Prozeß begriffen werden, der kein „übergreifendes Subjekt und demnach auch kein Gesamtmaximum kennt“ (G. Hesse 1979, S. 327). In der Sicht der Kritik ist die in der Gleichgewichtsökonomie verhaftete Theorie des pareto-genügenden Allokationsverfahrens für Kollektivgüter „nicht bloß abstrakt oder unvollständig, sondern irreführend“ (Borner 1975, S. 12f.; Kolm 1973, S. 42f.).

---

6 Für Sohmen existiert die „volle Äquivalenz des Kollektivgutproblems mit Konsumexternalitäten“. Siehe dazu Sohmen 1976, S. 291. Für Musgrave sind Nichtrivalität und Nichtausschließbarkeit fundamentale Kriterien öffentlicher Güter. Siehe dazu Musgrave 1971, S. 307 und Samuelson 1971, S. 208ff.

1.1.3. Interpretationen des Staatsversagens und Kritik am demokratischen Mehrheitsprinzip

a) Einwände gegen das Wachstum des Staatssektors

In Anlehnung an die Neue Institutionsökonomik (Coase 1963) identifizieren die Vertreter des Public-Choice als wesentliche Gründe für das Anwachsen des staatlichen Sektors Informationsmängel und damit verbundene Kosten, unzulängliche öffentliche Gütererstellung und unüberwindliche Koordinationshindernisse. Zunächst wird eingeräumt, daß sowohl politische wie privatwirtschaftliche Akteure beim „Marktaustausch" vor allem mit Informationskosten konfrontiert werden (sogenannte Transaktionskosten), doch wird gleichzeitig hervorgehoben, daß politische und bürokratische Entscheidungsmechanismen dennoch spezifische Merkmale aufweisen (Lepage 1979, S. 124; Eickhof 1986, S. 471ff.): Marktteilnehmer werden in der Regel die Verhandlungen unterbrechen oder beenden bzw. die marktliche Koordination unterlassen, wenn Transaktionskosten wie Informations-, Vertrags- und Anpassungskosten deren Wert übersteigen, also transaktionales Marktversagen vorliegt. In diesem Fall bieten hierarchische Organisationen kostengünstigere Organisationsmöglichkeiten, so daß der Zusammenschluß von Unternehmen oder auch die Ausweitung von Staatstätigkeiten hier gerechtfertigt werden kann (Williamson 1981, S. 1537-1568; Kaufer 1981, S. 155ff.).

Für die Anhänger des Public-Choice kann aber das transaktionale Marktversagen in dem Maße eingeschränkt werden, wie es gelingt, die Transaktionskosten neben staatlichen Maßnahmen wie verbesserte Preisauszeichnung durch private Entscheidungen wie rationalere Gestaltung des Informationsflusses, durch Ausarbeitung von Musterverträgen, verstärkte Werbung usw. zu senken (Eickhof 1986, S. 471f.). Da dem ökonomischen Markt im Gegensatz zum politischen „Markt" größere Fähigkeiten zur effizienten Koordination zugebilligt werden, verliert auf die Dauer das transaktionale Marktversagen ohnehin seine Relevanz für die Rechtfertigung bestehender und zusätzlicher staatlicher Aktivitäten.

Während also marktliche und politische Entscheidungsprozesse grundsätzlich durch ähnliche Informationsprobleme gekennzeichnet sind, weisen aufgrund des fehlenden Wettbewerbs und des unterentwickelten Gewinnmotivs bürokratische Entscheidungen spezifische Mängel auf. Der Public-Choice greift in seiner Begründung für die zu teuren und zu umfangreichen staatlichen Produktionen auf traditionelle Bürokratiekritiken zurück (Parkinson 1962). Der Vorwurf, daß staatliche Bürokratien zu teure Güter und Dienste erstellen, wird auf bürokratieimmanente Mechanismen zurückgeführt. Es entspricht dem „Wesen" bürokratischer Organisation, Inputmaximierung zu belohnen, d.h., es liegt im bürokratischen Interesse, sich weniger um einen hohen Ertrag (Output) als vielmehr um einen größeren Mitteleinsatz zu bemühen. Da ein großes Budget mit erheblichen Sachmitteln und viel Personal der Bürokratie auch außergewöhnlichen Einfluß und hohes Ansehen verschafft, ist ein Hang zur Verschwendung unausweichlich. Im Gegensatz zur Rentabilitätsausrichtung der Manager der Privatwirtschaft unterliegen die Bürokraten „nicht demselben Zwang zur Minimierung ihrer Produktionskosten", so daß „die Gesellschaft ihre Dienste teurer als nötig" bezahlt (Lepage 1979, S. 124).

Der Public-Choice-Ansatz erklärt die falsche Bewertung der staatlichen Güter und Dienste mit den unzureichenden Kriterien, die bei politischen Entscheidungen über Preis und Umfang staatlicher Produkte angelegt werden (Gilder 1981). Die Tatsache, daß die Preise öffentlicher Güter und Dienste nicht Ausdruck der Knappheit, sondern politisch motiviert sind, birgt die tendenzielle Gefahr der Überproduktion und Übernachfrage (Lepage 1979, S. 124).

Staatliche Monopolsituationen wie z.B. Elektrizitäts-Versorgungsunternehmen begünstigen Überproduktionen, da die Entscheidungsträger in der Regel einen zu hohen Bedarf unterstellen und folglich überzogene Produktionsziele setzen. Die Gefahr der Übernachfrage ergibt sich auch dann, wenn den Interessenten öffentlicher Güter und Dienste die Trittbrettfahrer-Position offensteht. Dann ist es für jeden kostenbewußten Leistungsempfänger nur rational, vom billigen oder sogar unentgeltlichen Leistungsangebot so viel wie möglich zu konsumieren (Herder-Dorneich 1982, S. 25f.). Das Trittbrettfahrersyndrom verhindert also die Herausbildung eines Marktpreises, der die Produzenten zu einem Marktangebot veranlassen und Interessenten von einer unentgeltlichen Nutzung abhalten könnte. Folge davon ist, daß die übermäßig nachgefragten billigen staatlichen Leistungen und der damit verbundene Anstieg des Staatssektors Mittel binden, die bei „wahren" Knappheitspreisen rentabler eingesetzt werden könnten (Tideman/Tullock 1976).

Dem politischen Prozeß wohnt außerdem eine ausgabensteigernde Tendenz inne, weil die Wünsche nach staatlichen Leistungssteigerungen größere politische Durchsetzungschancen haben als Bemühungen, die steuerlichen Belastungen niedrig zu halten. Den Forderungen nach (wohlfahrts-)staatlichen Ausgabenerhöhungen werden deshalb höhere Realisierungschancen eingeräumt, weil ausgabenwirksame Leistungen wie Finanzhilfen (direkte Subventionen) nur einer kleinen Gruppe von Begünstigten zugute kommen (z.B. Bergleuten, Bauern oder Stahlarbeitern), während bei Steuervergünstigungen oder Steuerbelastungen die Gewinne oder Verluste in der Regel auf Millionen von Steuerzahlern verteilt werden und dementsprechend gering ins Gewicht fallen.

Für den Public-Choice-Ansatz liegt also ein wichtiger Grund für die Expansion des Staatssektors darin, daß sich einerseits Leistungsbegünstigungen auf wenige konzentrieren und andererseits die Staatsausgaben auf viele umgelegt werden können, für deren Finanzierung die Mehrheit der Steuerzahler aufkommen muß. Die Politiker richten ihre Anstrengungen auf die Ausgabenseite ihres Wahlprogramms, um sich die Unterstützung minderheitlicher pressure groups zu sichern. Weil aber Änderungen der Einnahmenseite nur unmerkliche Steuerbelastungen oder Steuerersparnisse bei der Vielzahl der

Steuerzahler bewirken, haben die Politiker nur schwache Anreize, sich für die Reduzierung der Steuerbelastung einzusetzen. Die Finanzierung der Staatsausgaben durch Viele und die Konzentration der Leistungen auf Wenige hat zur Folge, „daß die Aufrechterhaltung einer ‚Anti-Ausgaben-Koalition' teurer und schwieriger ist als die einer ‚Pro-Ausgaben-Koalition'" (Meltzer 1977, zitiert nach Lepage 1979, S. 129).

Für die deutschen Kritiker der auf Fragen der Leistungsfähigkeit (wohlfahrts-)staatlicher Prozesse und Strukturen konzentrierten Analyse des Public-Choice-Ansatzes liegt eines der bedeutendsten Defizite dieses Theorieansatzes in der analytischen Nichtexistenz des Unternehmens (Naschold 1989; Jürgens u.a. 1989; Dörr 1989). Der zentrale Vorwurf lautet, daß das Unternehmen als strategische Institution marktlicher und nichtmarktlicher Interessenvermittlung, als „zentrale gesellschaftliche Institution der Transformation" von Inputs in Outputs, in relevanten theoretischen und empirischen Analysen weitgehend außer Betracht bleibt (Naschold 1989, S. 217).

Da im Public-Choice-Ansatz die Unternehmen als reaktive soziale Systeme „mit gleichgerichteten Verhaltensroutinen und ähnlichen Struktur- und Umweltbedingungen", nicht jedoch als strategiefähige Akteure gelten, werden die Unternehmen folgerichtig als politische Einflußgrößen analytisch vernachlässigt, d.h., sie gehen dann „im Aggregat der Branche oder Gesamtwirtschaft auf" (Naschold 1989, S. 218). Die Ausrichtung der wissenschaftlichen Analyse des Public-Choice-Ansatzes auf politische Entscheidungsprozesse und das weitgehende Ignorieren des Untenehmens in seiner Funktion als relevanter gesellschaftlicher Akteur hat sich auch in der analytischen Orientierung politikwissenschaftlicher internationaler Vergleichs-Studien niedergeschlagen (Scharpf 1987): Hier richtet sich die Aufmerksamkeit primär auf die strategischen Akteure der Regierung, der Gewerkschaften und der Zentralbank, während Unternehmen als „Verursachungssphäre sozialpolitischer Problemlagen" zum großen Teil außer acht gelassen werden (Naschold 1985).

Die Kritik gilt auch der Public-Choice-Analyse der Funktionen und der Bedeutung von Verbänden und Gruppierungen. Auch hier wird duch die analytische Konzentration auf das Feld der großen gesellschaftlichen Interessengruppen das Unternehmen als Untersuchungsobjekt ausgeschlossen (Cawson 1985). Mit dieser Überschätzung der Verbandsebene und der wissenschaftlichen Nichtexistenz der Firma, so lautet die grundsätzliche Kritik an der Politischen Ökonomie der Verbände, wird das politische Gewicht der Unternehmen im gesellschaftlichen Interaktionsgefüge in seinem Ausmaß nicht erfaßt. Die Kritik resümiert, daß angesichts zunehmender Oligopolisierung und Internationalisierung der Unternehmen, also unter Bedingungen fortschreitender wirtschaftlicher „Vermachtung" die „‚Gesetze' einer politischen Ökonomie und nicht einer neoklassischen Marktlogik gekoppelt mit einer neokorporatistischen Verbandslogik" gelten (Naschold 1989, S. 218).

b) Plädoyer für erschwerte Abstimmungsmodalitäten

Der Public-Choice-Ansatz sieht im Unvermögen des Wählers, sich über die Fülle der ausgabenwirksamen Rechtsnormen einen Überblick zu verschaffen und deren ökonomische Auswirkungen abzuschätzen, einen entscheidenden Grund, einer unbeschränkten Anwendung des Mehrheitsprinzips Einhalt zu gebieten (Buchanan/Tullock 1961). Der Public-Choice-Ansatz nimmt auf die schon 1942 entwickelte Demokratie-Theorie Schumpeters Bezug, der bereits damals Vergleiche zwischen dem politischen und dem Marktprozeß anstellte und von der wohlfahrtsstaatlich relevanten Prämisse ausging, daß die Demokratie wie der Marktmechanismus auf Nutzenmaximierung angelegt seien (Schumpeter 1950, S. 428).

Auch die sich auf Schumpetersche Elemente gründende ökonomische Theorie der Politik mit ihrem Hauptvertreter Anthony Downs setzt sich mit der Frage auseinander, ob und inwieweit unter Bedingungen demokratischer Mehrheitsregeln individuelle „Wohlfahrts“-Steigerungen möglich sind. Der Downs'schen ökonomischen Demokratie-Theorie liegt die normative Annahme zugrunde, daß alle politischen Akteure sowohl in der Rolle des Politikers als auch in der Funktion des Wählers im eigenen Interesse strenge Kosten-Nutzen-Kalküle zu beachten haben.

Diese Prämisse vom Eigennutzkalkül, wonach alle rational handelnden Individuen ihren ökonomischen Nutzen zu maximieren trachten, greift der Public-Choice als Theorie der „Kollektiventscheidungen“ auf. Danach verlangt das Eigennutzmotiv, daß Politiker und Parteien auf dem politischen „Markt“ ihre Zielsetzungen, Zwecke, Programme, Absichtserklärungen usw. auf die (Wähler-)Mehrheitsinteressen ausrichten, um möglichst viele Wählerstimmen zu gewinnen (Stimmenmaximierung!).

Für den Public-Choice-Ansatz ist also das Eigennutzmotiv für die Umsetzung von Wählerstimmen in Politikinhalte verantwortlich. Damit entscheiden im wesentlichen nicht mehr die demokratisch legitimierten Politiker und Parteien in eigener Regie über die Inhalte der Politik, sondern die „von Politik Betroffenen, sofern sie Wähler sind“. Da die einzelnen Politiker und Parteien um die Stimmen der Wähler konkurrieren, kann der einzelne Wähler eine „Wohlfahrtssteigerung“ in dem Maße erwarten, wie der Politiker in Verfolgung seines eigenen Nutzens auf die Stimmen einzelner Wähler bzw. Wählergruppen angewiesen ist.

Die Befürworter dieses Ansatzes sehen aber die Gefahren sowohl für die wirtschaftliche Leistungsbereitschaft als auch für den öffentlichen Haushalt darin, daß auf Stimmenmaximierung angewiesene Parteien und Regierungen zu einer Politik der Einkommensumverteilung vornehmlich zugunsten mittlerer und niedriger Einkommensbezieher neigen (Downs 1968, S. 199). Diese demokratischen Strukturen immanente Gefährdung bildet auch einen wichtigen Ansatzpunkt für die neoliberale These der „redistributiven Dominanz staatlicher Aktivität“ (Windisch 1983, S. 578). Je weniger folglich die den Wähler umwerbenden und um Macht konkurrierenden politischen Minderheiten „konstitutionellen Beschränkungen" unterliegen, umso mehr verstärkt sich beim Staat die Tendenz, im Interesse der politischen Nutzenmaximierung umfangreiche Transferleistungen zu gewährleisten. Die Bedenken richten sich also gegen die pluralistischen Demokratien innewohnende, wohlfahrtsstaatlich motivierte Neigung, „im Wege rechtlich abgesicherter Umverteilungszüge" private und damit „produktive Verfügungsrechte zu verdünnen" (Brennan/Buchanan 1980; 1986).

Für den Public-Choice-Ansatz begünstigt also das Mehrheitswahlrecht nicht nur über den Stimmentausch (logrolling) minderheitlicher pressure groups Entwicklungen zu höheren Fiskalbelastungen (Anstiege der Ausgaben, Steuern und Kredite), sondern fördert auch Umverteilungsmaßnahmen, von denen nur wenige profitieren, deren Kosten aber vielen aufgebürdet werden (Windisch 1983, S. 592; kritisch Frank 1983, S. 266).

Das vom Neoliberalismus so kritisch betrachtete Mehrheitsprinzip nährt eine „Fiskalillusion" (Carter 1982, S. 343-360), die Ausgaben- und Steuererhöhungen erleichtert. Wesentliche Gründe für diese „Fiskalillusion" liegen darin, daß die von Staatsausgaben Begünstigten sich keine konkreten Vorstellungen über die Lastenverteilung der zu finanzierenden Leistungen machen, und die Steuerzahler in der Regel die breit und diffus verteilten Steuern nicht als „merkliche" Belastungen registrieren (Ordeshook 1981, S. 285-296).

Das Mehrheitsprinzip schließt darüber hinaus eine ungleiche Verteilung des Nutzens der Informationsbeschaffung nicht aus: Während es sich für eine Minderheit von Nutznießern staatlicher Ausgabenprogramme lohnt, gut informiert zu sein, ist die große Mehrheit gegenüber Ausgabenprogrammen und Steuergesetzen uninteressiert und dementsprechend uninformiert. Nach Auffassung des Public-Choice-Ansatzes verwendet folglich eine gut informierte, „passionierte" Minderheit mehr Zeit darauf,

- sich um den Empfang spezifischer ausgabenwirksamer Leistungen zu kümmern als
- um Steuersenkungen, deren Begünstigungen vorwiegend allen Bürgern gewährt werden und deshalb beim Einzelnen vom Entlastungsvolumen her nicht ins Gewicht fallen.

In der Interpretation von Downs kann das Pareto-Optimum als jener individuelle Wohlfahrtszustand, bei dem die Lage einer einzelnen Person nur noch verbessert werden kann, wenn gleichzeitig die Lage einer anderen verschlechtert wird, nur im Modell (freier Markt mit völlig freier Konkurrenz) erreicht werden (Downs 1968, S. 170). In einer realen demokratischen Ordnung aber, in der die Regierung auf Stimmenmaximierung angewiesen ist, läßt sich für Downs die Pareto-Optimalität nur theoretisch herstellen. Die Wähler könnten ihren maximalen Nutzen nur dann realisieren, wenn ein freier Markt für Wählerstimmen geschaffen würde, d.h. der freie Kauf und Verkauf von Wählerstimmen möglich wäre (Downs 1968, S. 199). In einer solchen „Vermarktung" demokratischer Stimmrechte sieht auch Downs eine Gefährdung bzw. Verletzung verfassungsrechtlich garantierter politischer Freiheiten. Downs wie auch Buchanan und Tullock als Hauptsprecher des Public-Choice halten folglich prinzipiell am demokratischen Mehrheitsprinzip fest.

Den Public-Choice-Ansatz interessiert besonders die Frage, wie aus dem Prinzip der individuellen Nutzenmaximierung eine „freie" demokratische Verfassung möglichst geringer institutioneller Fehlleistungen mit Hilfe der Begrenzung der Besteuerungsmöglichkeiten, der Ausgabenexpansion, der staatlichen Schuldenaufnahme und der Einführung des Instruments des Referendums entwickelt werden könnte (Buchanan 1979; Buchanan/Wagner 1977, S. 173ff.). Der Public-Choice fragt nach demokratischen Mehrheitsverfahren, die dem Kosten-Nutzen-Kalkül eines jeden Einzelnen Rechnung tragen und mit möglichst geringen Kosten der Informationsbeschaffung und Entscheidungsfindung verbunden sind. In diesem Demokratieverständnis ist dann das Verfahren der Mehrheitsentscheidung nicht mehr Ausdruck der Volkssouveränität, sondern in erster Linie ein Verfahren, das möglichst vielen Wählern eine Senkung der Entscheidungskosten ermöglichen soll.

Für die Public-Choice-Theorie entsteht nun aber das Problem, daß die Mehrheitsregel keine pareto-optimale Lösung verspricht, also demokratische Mehrheitsentscheidungen nicht automatisch garantieren, daß die individuellen Kosten politischer Maßnahmen nicht den individuellen Nutzen übersteigen.

Das neoliberale Mißtrauen gegenüber dem demokratischen Prinzip der Mehrheitsentscheidung wird durch die Skepsis genährt, daß die Mehrheit insofern die Minderheit ausbeuten könne, als sich „Koalitions-Mehrheiten" ohne Schwierigkeiten dann bilden, wenn damit „nach dem Kuchenverteilungsmodell" ein größerer Anteil wohlfahrtsstaatlichen Leistungsvolumens erworben werden kann. Das Mehrheitsprinzip begünstigt für sich genommen generelle öffentliche Ausgabenanstiege, ohne daß damit schon eine Aussage darüber gemacht wird, wer die Begünstigten und die Zahler dieser Leistungen sind (Downs 1968, S. 174ff.).

Der Public-Choice-Ansatz konzentriert sich auf die Frage, welches Ausmaß institutioneller (konstitutioneller) Regelungen erforderlich wäre, so daß sich im Fall negativer politischer Entscheidungen die Situation des Einzelnen zunächst nicht wesentlich verschlechtert. Um annähernd pareto-optimale Lösungen zu erreichen, stellt der Public-Choice-Ansatz auf eine restriktive Anwendung der Mehrheitsregel ab, indem z.B. politische Entscheidungen über neue Aufgaben, Ausgabenerhöhungen oder zusätzliche steuerliche Belastungen qualifizierte Mehrheiten erfordern sollen.

Da der staatliche Sektor tendenziell zu stärkeren Fiskalbelastungen neigt, geht es darum, dem annähernd pareto-optimal operierenden Markt ein größeres Entscheidungsgewicht einzuräumen. Der Ausdehnungstendenz des öffentlichen Sektors wird dann ein Riegel vorgeschoben, wenn für jede bestehende Aufgabe ein möglichst hohes Quorum und für die Aufnahme neuer staatlicher Aufgaben Einstimmigkeit erforderlich ist (Buchanan/Tullock 1962, S. 119ff.; Brennan/Buchanan 1986).

Die Kritik an der neoliberalen Eingrenzung des Geltungsbereichs des Mehrheitsprinzips richtet sich weniger gegen offensichtliche Kosten demokratischer Entscheidungsprozesse oder gegen Selbstverständlichkeiten, daß die bei jeder politischen Entscheidung unterlegene Minderheit Benachteiligungen und Vernachlässigungen erleidet. Kritik löst vielmehr die mit dem Kriterium der Pareto-Optimalität verbundene Festschreibung des gesellschaftlichen Status quo aus, da alle politischen Reformen, die zu Lasten der „Wohlfahrtslage" eines Wählers (Konsumenten oder einer sozialen Gruppe) gehen, notwendig das Pareto-Optimum verletzen und somit möglichst zu unterlassen sind (Bobbio 1984).

Der Public-Choice-Ansatz wird durch seine einseitige Ausrichtung, wonach die Politik wesentlich von vermeintlich „echten" oder auch von verzerrten (Wähler-)Mehrheitsinteressen bestimmt sei und somit tendenziell den wohlfahrtsstaatlichen Leistungsanstieg begünstige, leicht verletzbar: Der Ansatz kommt dann in Erklärungsschwierigkeiten, wenn die Politik Minderheitsinteressen verfolgt, also offensichtlich Mehrheitsinteressen verletzt, ohne daß die stimmenmaximierenden Politiker Schaden erleiden. Die Erklärung einer solchen Politik, die die Mehrheitsinteressen negativ tangiert, zwingt die Anhänger des Public-Choice-Ansatzes, das Eigennutz-Axiom zu relativieren: Die nutzenmaximierenden Wähler können dann aufgrund unzulänglichen Informationsstandes (Fleischmann 1974), strategisch motivierter Stimmenabgabe (Frey 1977, S. 102) oder der unübersichtlichen Vielzahl politischer Strategien (H.P. Widmaier 1976, S.76ff.) zwischen den alternativen Politikangeboten nicht mehr rational entscheiden.

Ein Ansatz, der die Gestaltung der Politikinhalte „in die Beliebigkeit von Wählerinteressen entläßt" (Vobruba 1983, S. 30f.), vermag nicht Entstehung, Ausmaß und Qualität der Funktionen des Staates im Verhältnis zum ökonomischen System zu erklären: Der Public-Choice-Ansatz blendet damit das „Problem der gesellschaftlichen und isbesondere der ökonomischen Bedingtheit des Staates" (Vobruba 1983, S. 31) aus. Die verengte Problemsicht kommt darin zum Ausdruck, daß explizit politische Probleme (z.B. Abhängigkeit der staatlichen Finanzressourcen von der Höhe der Arbeitslosigkeit) primär als Verstöße der auf Stimmenmaximierung angelegten Politik gegen die ökonomische Rationalität begriffen werden (Downs 1974).

Der Argumentation der Neoliberalen, eine weitgehende Beschränkung des Mehrheitsprinzips bzw. einen extremen Minderheitenschutz als Gewähr für fiskalische Ausgabendisziplin und geringe steuerliche Belastung zu fördern, wird vorgehalten, damit einen Dualismus von Minderheitenschutz und Mehrheitsprinzip zu konstruieren. Die Kritik an der restriktiven neoliberalen Auslegung des Mehrheitsprinzips hebt hervor, daß Minderheitenschutz und Mehrheitsprinzip keine Gegensätze sein müssen. Die Anwendung des Mehrheitsprinzips schließe die Respektierung autonomer Bereiche des Individuums ein (z.B. Gewissen, Privatsphäre), bedeute also „Herausnahme des Unabstimmbaren aus dem Objektbereich demokratischer Entscheidungsfindung" (Dreier 1986, S. 108). Das Mehrheitsprinzip sei darüber hinaus durchaus mit allen „Formen des Schutzes struktureller sozialer (sprachlicher, religiöser, konfessioneller) sowie temporärer politischer Minderheiten" zu vereinbaren (Becker 1984, S. 78ff.).

Im Gegensatz zu neoliberalen Positionen betonen die Befürworter mehrheitlicher Entscheidungsverfahren, daß die Mehrheitsregel als eine Verfahrensregel solange akzeptiert werden könne und müsse, wie das Mehrheitsprinzip Geltung behalte (Bobbio 1984). Das Mehrheitsprinzip wäre folglich beachtet, wenn sichergestellt sei, daß die gegenwärtige Minderheitenposition eine reale Chance habe, die Mehrheit der Wählerstimmen zu erlangen[7]. Die Umkehrbarkeit schwerwiegender Mehrheitsbeschlüsse verschaffen also dem Mehrheitsprinzip die notwendige Legitimationsbasis[8]. In der Sicht der Kritik des Public-Choice-Ansatzes bedarf es nicht unbedingt eines extremen Minderheitenschutzes (z.B. Einstimmigkeitsprinzip) (Tomuschat 1976, S. 278-316; Gusy 1985, S. 140ff.), um auch Strukturminoritäten zu schützen, die „auf Dauer keine Chance der Umkehr der Mehrheitsverhältnisse zu ihren Gunsten haben" (Dreier 1986, S. 109).

Mit der Heraufsetzung des Abstimmungsquorums oder bei Geltung des Konsensverfahrens sind infolge langwieriger Prozeduren überdies zeit- und kostenaufwendige Nachteile verbunden (Dreier 1986, S. 111f.), die die – mit der Zurückdrängung des Mehrheitsprinzips – von den Neoliberalen erwarteten Vorteile der Ausgaben- und Steuerbegrenzung kompensieren können.

Während sich die Public-Choice-Analyse vor allem für die Eignung der Bedingungen interessiert, die mittels erhöhter Abstimmungsquoren nicht nur die Fiskalbelastungen und die Verfahrenskosten der wohlfahrtstaatlichen Mehrheitsdemokratie begrenzen, sondern auch einen besseren Minderheitenschutz gewähren sollen, widmen sich schließlich „kritisch-beschreibende" Positionen der Frage, ob die real existierenden Mehrheitsverhältnisse in den westlichen Demokratien überhaupt die Entscheidungseffizienz verbessern können. Die Kritik wirft also vor allem die Frage auf, ob angesichts der abgesicherten Dominanz minderheitlicher Eliten strengere Verfahrensregeln in Gestalt eingeschränkter Anwendung der Mehrheitsregeln überhaupt greifen, um übergangene Interessen stärker zu berücksichtigen, Entscheidungskosten zu senken und die politisch-administrative Steuerungsfähigkeit zu verstärken. Es geht also um die Frage, ob der Public-Choice mit seiner Absicht der Anhebung des Abstimmungsquorums überhaupt den Kern des Problems erfaßt, da auch strengere Verfahrensregeln im wesentlichen nichts an der Definitions- und Entscheidungsmacht von (Pareto-)Eliten ändern (Hennis 1977; Lehner 1979; H.-P. Müller 1986, S. 127ff.).

---

7 Für Narr ist die Mehrheitsentscheidung als Entscheidungstyp dadurch gerechtfertigt, daß allein durch die Organisierbarkeit einer wirkungsvollen Opposition einmal getroffene Entscheidungen durch neue Mehrheiten aufgehoben werden können. Siehe hierzu Narr 1984, S. 18.

8 So stellt z.B. Offe einen Katalog von „Geltungsbedingungen" auf, die den Geltungsbereich der Mehrheitsregel charakterisieren und die Schranken aufzeigen, von wo ab die Mehrheitsbeschlüsse keine Gültigkeit mehr haben können. Vgl. dazu Offe 1984, S. 150ff.; Preuß 1984, S. 104ff.; 284ff.

Die demokratisch und fiskalisch begründete Befürwortung des Public-Choice, plebiszitäre Elemente zu mobilisieren, hat in den USA nicht nur theoretische Resonanz gefunden, sondern ist in einzelnen Bundesstaaten bereits in praktische Politik umgesetzt worden (bekanntester Fall: kalifornisches Referendum über Steuerbegrenzung) (siehe dazu die Ausführungen zum fiskalischen Restriktionsansatz!, vgl. Kap.II.1.2.).

Da mit der amerikanischen Verfassung keine unmittelbare, sondern primär eine repräsentative Demokratie konzipiert worden ist (Keller 1971, S. 439), trachteten die Verfassungsgründer besonders danach, Vorkehrungen gegen eine uneingeschränkte Herrschaft der Mehrheit zu treffen (Bugil 1987, S. 405). Alle Vorschläge für eine beschränkte Anwendung des Mehrheitsprinzips haben deshalb in den USA von den geltenden verfassungsrechtlichen Prinzipien der „gemischten Ordnung“ und der Gewaltenteilung auszugehen (Fraenkel 1962, S. 40). Deshalb fallen alle Initiativen für ein Gesetzesreferendum in die Kompetenz der Einzelstaaten, auch wenn in jüngerer Zeit einige Versuche unternommen worden sind, ein bundesweites Gesetzesreferendum zu etablieren (Ranney 1978, S. 4).

Zu (Public-Choice-)Vorschlägen, das Referendum als mögliches ausgaben- und steuerbegrenzendes Instrument zu mobilisieren, verweist die Kritik auf die plebiszitären Erfahrungen des Schweizer Konkordanz- bzw. Proporzsystems, in dem sich die vielfältigen Formen der Volksabstimmung (vor allem das kantonale obligatorische Gesetzesreferendum, aber auch Finanz- und Verwaltungsreferenden) als „konservatives, retardierendes Veto-Instrument“ erwiesen haben (Abromeit 1987, S. 432; Schürmann 1971, S. 61).

Vor allem die vorherrschenden nachträglichen Gesetzesreferenden, weniger hingegen Gesetzes- und Verwaltungsinitiativen wirken sich deshalb negativ aus, weil das „Volk“ im Plebiszit vielfach eine Gelegenheit sieht, sich gegen Regierungsbeschlüsse behaupten zu können. Diese negative und konservierende Tendenz wird damit erklärt, daß sich gegen bestimmte Maßnahmen leichter ad-hoc-Koalitionen bilden als für bestimmte politische Vorhaben, da politische Aktivitäten meist mit Eingriffen in den Status quo verbunden sind.

Die Unkalkulierbarkeit des Ausgangs von Volksabstimmungen hat in der Schweiz nicht generell zu einem verstärkten Minderheitenschutz oder erhöhter Partizipation der Mehrheit geführt, sondern politische Tendenzen verstärkt, das unberechenbare Risiko zu minimieren: alle referendumsfähigen Minderheiten werden allmählich in die politischen Institutionen und Verfahren „eingebunden“.

Gegen die Hoffnungen von Referendums-Befürwortern, der an niedrigen Steuern und administrativen Ausgaben interessierten Basis mit Hilfe von Plebisziten stärkere Mitwirkungsmöglichkeiten zu verschaffen, macht die Kritik relevante Vorbehalte geltend: Entwicklungen wie in der Schweiz, wo sich in den letzten Jahren die Plebiszite vorwiegend auf „zweitrangige Einzelaktionen“ beschränkten (Neidhart 1970, S. 25), haben auch für die USA ihre prinzipielle Gültigkeit. Erfolgreich sind bisher vor allem Referenden mit lokalpolitischen Bezügen gewesen (z.B. Steuersenkungen für Grundsteuern oder lokale Abgaben), während gesamtgesellschaftliche, bundesweit gültige Gesetzesinitiativen bezüglich institutioneller Bindungen (z.B. der gesetzlich vorgesehene Konsolidierungsautomatismus für den US-Bundeshaushalt nach dem Gramm-Rudman-Gesetz) entweder für verfassungswidrig erklärt oder politisch stark verwässert werden. Außerdem ist die Macht der beteiligten Minderheiten ungleich verteilt, so daß sich die politisch relevanten Minderheiten „gegen systemverändernde" Volksabstimmungen, die ihre Status-Privilegien beeinträchtigen, meistens erfolgreich zur Wehr setzen (Lehner 1981, S. 35).

Ist darüber hinaus der Föderalismus geeignet, die Idee des Schutzes von Minderheitenrechten stärker in die Realität umzusetzen oder bewirken föderative Institutionen und Verfahren eher zunehmende Effizienzverluste? Das Prinzip des Föderalismus dient nicht nur der zentralstaatlichen Entlastung von bestimmten Konflikten, sondern rechtfertigt sich auch durch das Prinzip der Demokratieadäquanz (Schutz regionaler Minderheiten und vermehrte Partizipationschancen) (Laufer 1986). Außerdem gilt im Modell des „Fiscal-Federalism" das bundesstaatliche Prinzip als pareto-optimal (Neumann 1971, S. 502), da auf jeder föderativen Ebene entweder durch Einstimmigkeit eine Entscheidung getroffen oder absichtlich auf Entscheidungen verzichtet wird (Oats 1977).

In der konfliktträchtigen Realität föderativer Systeme trifft aber die wesentliche Annahme der regionalen Homogenität nur in Ausnahmefällen zu. Da es innerhalb bestimmter Regionen erhebliche sozialökonomische Differenzierungen gibt (z.B. stehen in der Region Ruhrgebiet prosperierende Städte und Gemeinden den von starken Strukturkrisen betroffenen Kommunen gegenüber), bietet der Föderalismus auch keine zwingende Gewähr dafür, ein geeignetes Mittel zum Schutz von Minderheiten zu sein.

Die Bundesrepublik als föderative Ordnung liefert ein Beispiel dafür, daß die Zweite Kammer, der Bundesrat, gerade als Folge überwiegend überregional wirkender wohlfahrtsstaatlicher Leistungen weniger schwache Wähler-Minderheiten schützt (z.B. Arbeitslose, Sozialhilfeempfänger) als etablierten Partei-Eliten zusätzliche Mitwirkungsmöglichkeiten verschafft (Abromeit 1982, S. 462-472; 1987, S. 425). Die wohlfahrtsstaatliche Politik der Bundesrepublik in den 80er Jahren stützt also nicht die These des Public-Choice, daß sich immer wieder „passionierte" Minderheiten auf gesamt- wie einzelstaatlicher Ebene zu Verteilungskoalitionen mit der Folge staatlicher Leistungsausgaben zusammenschließen. Auch die Public-Choice-Aussage, daß sich die Aktivitäten der Politiker und minderheitlicher pressure-groups aus Wiederwahlgründen wenig um Steuerbegrenzungen oder -senkungen bemühen, hat für die Bundesrepublik keine Gültigkeit: Während der sozialliberalen Koalition im Bund hat sich die Partei-Elite des kleinen Koalitionspartners FDP erfolgreich gegen Steuererhöhungs-Vorhaben (z.B. Ergänzungsabgaben auf höhere Einkommen oder Abbau des Ehegatten-Splittings) gewandt, und auch nach dem Regierungswechsel 1982/83 sind bei gleicher parteipolitischer Zusammensetzung vom Bundestag und Bundesrat teilweise massive Steuersenkungs-Beschlüsse (z.B. Senkung der Vermögen-, Gewerbe- und vor allem der Einkommen- und Körperschaftsteuer) getroffen worden (Hickel/Priewe 1989, S. 140-143).

Im Wohlfahrtsstaat bildet also der Föderalismus kein ausreichendes Korrektiv der Mehrheitsentscheidungen, weil neben der Dominanz minderheitlicher Pareto-Eliten in Bund und Ländern die undurchsichtige Rolle der Zweiten Kammer die Zurechenbarkeit von Verantwortungen für wohlfahrtsstaatliche Beschlüsse weiter erschwert. Die im Gefolge zunehmenden sozialstaatlichen Handlungsbedarfs entstehenden Institutionen und Verfahren des kooperativen Föderalismus (Scharpf/Reissert/Schnabel 1976, 1977; Böckenförde 1980, S. 182-199) beeinträchtigen zusätzlich die Effizienz des gesamten politischen Entscheidungssystems: Die föderative Politikverflechtung (z.B. Planungsausschüsse für Gemeinschaftsaufgaben nach Art. 91a GG) und die damit verbundene Verwischung von Zuständigkeiten führt nicht notwendigerweise zur problemadäquaten Aufgabenerfüllung und hat darüber hinaus überproportional steigende Entscheidungskosten zur Folge.

Der wesentlich auf demokratische Legitimation und den Schutz regionaler Minderheiten angelegte Föderalismus könnte auch im Fall der vom Public-Choice geforderten angehobenen Abstimmungsquoren nicht hinreichend zur Stärkung des Minderheitenschutzes und zur Begrenzung der Fiskalbelastungen beitragen: Höhere Abstimmungsquoren in föderativen Systemen stärken eher die ohnehin vorhandene Dominanz minderheitlicher Parteieliten, ohne deren Zustimmung keine wirkungsvollen Ausgaben- und Steuerbegrenzungen zu erreichen sind, und die auch nicht mit dem Verweis auf notwendige Kostensenkung zu bewegen sind, Aufgaben- und Finanzierungszuständigkeiten in föderativen Gremien aufzugeben (Kisker 1985, S. 23-37).

Wie schwer heute in stark fragmentierten (segmentierten) Gesellschaften ein breiter Basiskonsens als Voraussetzung für den Schutz auch schwacher Minderheiten zu erreichen ist, manifestiert die in westeuropäischen Systemen typische Herausbildung von Konkordanzsystemen, in denen „minimale Gewinnquotationen" herrschen. Das als „European polity model" (Heisler/Kvavik 1974, S. 27) bezeichnete Konkordanzsystem ist dadurch gekennzeichnet, daß alle relevanten Interessen (Exekutive, parlamentarische und außerparlamentarische Positionen) nicht überstimmt werden können, also einflußreiche (Minderheiten-)Gruppen über ein Vetorecht verfügen. Dieses durch Proportionalität charakterisierte System politischer Repräsentation ist nicht nur auf proportionale Stellenbesetzung und proportionale Allokation der Mittel bezogen, sondern umfaßt auch die Entscheidungsautonomie aller Gruppierungen in ihrem eigenen Bereich (Lijphart 1977, S. 25ff.).

Inwieweit die Interessen von Minderheiten im Konkordanzsystem berücksichtigt werden, hängt neben ihrer Konfliktfähigkeit (Organisationsfähigkeit und Drohpotential) von der Dauer ihrer Einflußnahme ab, ob sie sich also im Wettstreit der Interessen etabliert haben oder sich als neu formierende Gruppe erst Gehör verschaffen müssen (Schattschneider 1975). Für die

Berücksichtigung relevanter Interessen ist außerdem unter Aspekten parlamentarischer Mehrheitsherrschaft bedeutend, daß die organisatorische Spitze, nicht die Basis, die Inhalte der Entscheidungen definiert (Abromeit 1987, S. 428).

Wenn also der Public-Choice zur Erreichung eines breiteren Basiskonsensus, der auch stärker abweichende Meinungen berücksichtigt, für die Anhebung der Abstimmungsquoren plädiert, ist dabei die Funktionalisierung der Basis im realen Konkordanzsystem nicht aus dem Auge zu verlieren: Die Elitenkartelle der Parteien und Gruppen instrumentalisieren die Basis zur Durchsetzung ihrer eigenen Ziele, indem sie der Basis auf der einen Seite für ihre Entscheidungen Disziplin abverlangen, auf der anderen Seite aber die Mobilisierbarkeit der Basis aufrechtzuerhalten versuchen, um ihren Forderungen nötigenfalls Nachdruck zu verleihen. Die mit der Anhebung der Quoren verfolgten Zwecke laufen in realen Konkordanzsystemen ins Leere, weil minderheitliche Eliten der Basis stets eine instrumentelle Rolle zuweisen. Solange eine – wenn auch breitere – Basis grundsätzlich apathisch und mobilisierbar bleibt[9], d.h. minderheitliche Eliten die Definitionsmacht behalten, werden auch erschwerte Abstimmungsmodalitäten, die zur Überwindung „fataler Defekte“ der Mehrheitsdemokratie auf institutionelle Bindungen wie Beschränkungen der parlamentarischen Kompetenzen zur Steuererhöhung und Neuverschuldung setzen, die von minderheitlichen Eliten dominierte expansive Tendenz der Ausgaben-, Steuer- und Kreditpolitik nicht umkehren.

Die Entscheidungen des Konkordanzsystems sind aber längerfristig insofern effektiv, als die Interessen von – vor allem großen – Minderheiten auf Dauer nur schwer übergangen werden können. Dieser Effizienzvorteil kann allerdings durch relativ hohe Konsens- bzw. Kompromißfindungskosten (über)kompensiert werden. Außerdem werden die (Minderheiten-)Interessen vernachlässigt, die als gesamtstaatliche Probleme und Bedürfnisse keine oder nur schwache spezifische Interessenvertretung seitens der Partei- und Gruppeneliten erfahren. Schließlich bedeuten die politischen Kompromisse eine Einigung auf der Basis des kleinsten gemeinsamen Nenners, so daß die auf (breiten) Minderheiten-Konsens zielenden Konkordanzsysteme zur Beibehaltung des Status quo tendieren, sprich: einer auf Reformen zielenden aktiven Politikgestaltung enge Grenzen ziehen (Gräf 1977).

Die Stabilität der Konkordanzsysteme kann maßgeblich damit erklärt werden, daß die minderheitlichen Eliten zur Sicherung ihrer Macht- und Einkommenspositionen eine große Kooperationsbereitschaft zeigen (Daalder 1971, S. 357f.), und die in Apathie und weitgehender Entpolitisierung verharrende

---

9 Während sich die für Konkordanzsysteme typischen „strukturellen Minderheiten“ („Exklusivminoritäten“) durch im großen und ganzen unveränderliche Statusprivilegien auszeichnen, setzen die „progressiven“ Befürworter der Beschränkung von Mehrheitsentscheidungen für (über)lebensrelevante Fälle (z.B. zur Rettung der Natur und der Menschheit) auf sachkundige, engagierte, dynamische und expansive „Inklusivminoritäten“. Vgl. dazu Guggenberger 1987, S. 50 und S. 60; kritisch dazu Oberreuter 1987, S. 72f.

Mehrheit die bestehenden Strukturen nicht infrage stellt. Wenn der Public-Choice der Mehrheitsdemokratie die inhärente Tendenz zu Ausgaben- und Steueranstiegen vorwirft, vernachlässigt diese Kritik, daß auch mittels überhöhter Abstimmungsquoren betriebene institutionelle Bindungen keine Gewähr gegen steigende Fiskalbelastungen bieten: Gerade die in Konkordanzsystemen mit Vetopositionen ausgestatteten Minderheiten einigen sich tendenziell auf die Abwehr einschneidender kostenentlastender Leistungsbegrenzungen.

Je höheren Quoren politische Entscheidungen zum Schutz von Minderheiten und zur Begrenzung von Fiskalbelastungen unterworfen werden, umso mächtiger werden minderheitliche Positionen. Der extreme Fall von Einstimmigkeit ist immer Ausdruck für die „Mächtigkeit individueller Vorbehalte“ (Guggenberger 1987, S. 50f.). Diese auf minderheitliche Konsens-Beschaffung angelegten Konkordanz- und korporatistischen Systeme (Lehmbruch 1985) funktionieren also größtenteils „negativ“, d.h. sie verhindern „unerwünschte“ gravierende Eingriffe in staatliche Steuer- und Sozialleistungen (Abromeit 1987, S. 435).

1.2. Der Ansatz der konstitutionellen Budgetreform

Die sich auf den Public-Choice-Ansatz gründenden Erklärungen des Ansatzes der konstitutionellen Budgetreform widmen sich der Frage, ob und inwieweit institutionelle Bindungen in Gestalt quantitativer und verfahrensmäßiger Beschränkungen der Politik geeignet sind, die staatlichen Fiskalbelastungen zu begrenzen und die einzelnen Bürger stärker vor finanziellen Zugriffen des Staates zu schützen (Buchanan/Tullock 1962; v. Hayek 1966; Brennan/Buchanan 1986).

Ausgehend von der neoliberalen Skepsis gegenüber staatlichen und insbesondere wohlfahrtsstaatlichen Interventionen favorisiert dieser in der Bundesrepublik entwickelte restriktive fiskalische Ansatz eine Stärkung individueller Entfaltungsmöglichkeiten bei gleichzeitiger Beschränkung staatlicher Kompetenzen: Die damit postulierte „konstitutionelle Selbstbindung der politischen Verfügungsrechte“ (Schelling 1982, S. 77-80) impliziert die Einschränkung demokratischer Rechte, da politische Institutionen und Prozesse des demokratischen Wohlfahrtsstaats zahlreiche Mängel aufwiesen, die dem funktionsfähigen Wettbewerb als „produktivem sozialen Siebungsverfahren“ unterlegen seien (v.Hayek 1973, 1976, 1979; Windisch 1983; Folkers 1983).

1.2.1. Begrenzung der Fiskalbelastung durch plebiszitäre Abstimmungsverfahren

Die Befürworter des Ansatzes der konstitutionellen Budgetreform zielen zwar prinzipiell auf eine Senkung der Fiskalbelastung durch erschwerte Abstimmungsmodalitäten für bestimmte Steuer-, Ausgaben- und Kreditbeschlüsse, sind sich aber gleichzeitig bewußt, daß alle fiskalisch motivierten, um plebiszitäre Elemente erweiterten Abstimmungsverfahren in der Bundesrepublik neben verfassungsrechtlichen Bedenken nur geringe politische Realisierungschancen haben (Windisch 1983). Angesichts der Zurückhaltung des Grundgesetzes gegenüber plebiszitären Elementen (Troitzsch 1979; Steffani, 1983, S. 7-11) dürften die in der Schweiz und teilweise in den USA und England praktizierten Abstimmungsverfahren, Ausgaben- und Steuerentscheidungen einer Volksabstimmung zu unterwerfen (Vaubel 1982, S. 43), in der Bundesrepublik nur geringe Erfolgsaussichten haben.

Die Befürworter der direkten Demokratie beklagen, daß die herrschende Interpretation des Grundgesetzes die unmittelbare Beteiligung des Volkes auf eine Mitwirkung bei der Neugliederung des Bundesgebiets reduziert (Art. 29 und 118 GG) (Hesse 1985, Rndz 148; Kriele 1971, S. 60). Die Ansätze dagegen, die das verfassungsrechtliche Institut der „Abstimmung" (Art. 20 Abs. 2 S. 2 GG) als Ermächtigung des Gesetzgebers zur Einführung plebiszitärer Rechte deuten, sind Minderheitspositionen geblieben (Fuß 1958, S. 394f.; H. Meyer 1975, S. 115; Graf von Pestalozza 1981, S. 12; Wassermann 1986, S. 182f.; Fijalkowski 1986, S. 236, 251f.).

Die Forderung nach erweiterten plebiszitären Entscheidungsformen in Gestalt von Volksabstimmungen[10] werden nicht nur mit dem Verweis auf ausländische Verfassungen (vor allem auf die Schweizerische[11] begründet, sondern finden auch als Ausdruck des „Zutrauens zum mündigen Bürger" zunehmende Unterstützung (Oppermann 1975, S. 47; Häberle 1985, S. 611ff.). Das in der Schweiz praktizierte (Gesetzes-)Referendum wird als eine reale Möglichkeit begriffen (vgl. die Gesetzesinitiative der Grünen betreffs

---

10 Der Begriff Volksabstimmung ist der Oberbegriff für alle staatsrechtlich relevanten Artikulierungen des Volkes außer Wahlen. Ein Volksentscheid ist eine verbindliche Abstimmung für einen Gesetzentwurf oder eine bestimmte Sachfrage, eine Volksbefragung hat lediglich informativen (konsultativen) Charakter und ist somit rechtlich nicht bindend. Das Volksbegehren ist ein „Antrag aus dem Volk" mit einer vorgeschriebenen Mindestzahl von Stimmberechtigten und zielt als Initiativakt auf meist parlamentarische Diskussionen und Entscheidungen. Siehe dazu Art. 20 Abs. 2, S. 2 GG; von Münch, in: derselbe (Hrsg.): Grundgesetz-Kommentar, Bd. 2, München 1983, Art. 29 Rz. 4 d; Fell 1964.

11 Während die einen die Schweizer Verhältnisse als plebiszitäre Strukturen „sui generis" einschätzen, die keine Anwendung auf Deutschland finden können (z.B. von Krockow, Scheuner), sehen andere darin ein Gestaltungspotential für den Gesetzgeber, auf unterschiedliche Weise Plebiszite in die Verfassung einzufügen (Neumayer). Vgl. dazu von Krockow 1984, S. 24; Scheuner 1970, S. 371; Neumayer 1968, S. 321f.

Durchführung einer konsultativen Volksbefragung zur Stationierung von Mittelstreckenraketen, BT-Drucksache 10/519), Bürger und politische Repräsentanten zumindest miteinander ins Gespräch zu bringen (Denninger 1977, S. 86; Schmidt-Jortzig 1985, S. 81; Ipsen 1986). Zur Überwindung der „politischen Entmündigung der Bürger in der Bundesrepublik Deutschland" (Meyer-Abich 1978, S. 43) zielen die verfassungsrechtlichen Änderungsvorschläge darauf, die repräsentativ geprägte Besonderheit der Bundesrepublik zu überwinden und die plebiszitären Elemente zu stärken (Wassermann 1986, S. 183): Dabei werden aber direkt-demokratischen Möglichkeiten in Form außerparlamentarischer Gesetzgebung auf Bundesebene als Ergänzung zur repräsentativ verfaßten Demokratie (z.B. ein Bundesabstimmungsgesetz zur Regelung von Volksbegehren und Volksentscheid[12]) nur geringe Durchsetzungschancen weniger aus verfassungsrechtlichen als vielmehr aus politischen Gründen eingeräumt (keine zu erwartende Unterstützung durch die herrschenden Parteien!) (Bleckmann 1978, S. 270, 219). Als gesetzliche Möglichkeit der politischen Akteure in Regierung und Parlament, durch institutionalisierte Verfahren ihre Entscheidungsfindung abzusichern, werden dem Institut der konsultativen Volksbefragung die größten Chancen entgegengebracht (Bugiel 1987, S. 407).

Mit Hilfe dieses plebiszitären Instruments könnte, wenn die Volksabstimmung zwar keine rechtliche, aber doch faktische Bindungswirkung entfaltet, eine steuer- und ausgabenbegrenzende Politik im Sinne des fiskalischen Restriktionsansatzes zum Tragen kommen. Die Regierung und das Parlament könnten dabei dem Druck der an Ausgabensteigerungen interessierten relevanten Minderheiten mit Rekurs auf die Entscheidung der Wählermehrheit wirkungsvoller widerstehen und schwachen Interessen leichter zum Durchbruch verhelfen (Bleckmann 1978, S. 290).

Den aus den USA stammenden konstitutionellen Budgetvorschlägen wird auch wegen der nur bedingten Vergleichbarkeit der westlichen politischen Systeme mit Skepsis begegnet, da sich die parlamentarisch-repräsentative Demokratie der Bundesrepublik von ihrer Konzeption her erheblich vom

12 Nach dem Verfassungsverständnis der Grünen gibt es keine überzeugenden verfassungsrechtlichen Bedenken gegen die Einführung des Plebiszits, da nach Art. 20 Abs. 2 GG das Volk die Staatsgewalt sowohl in Wahlen als auch in Abstimmungen ausüben kann. Da die in den meisten Landesverfassungen möglichen Plebiszite wegen zu hoch angesetzter Quoren für Volksbegehren oder dort, wo sie erreicht wurden (z.B. Volksbegehren gegen die Startbahn-West in Hessen, gegen die Wiederaufarbeitungsanlage in Wackersdorf in Bayern), mit dem Verweis auf die Bundeskompetenz scheitern, schlagen die Grünen eine Bundesregelung vor. Dabei wären für ein „bürgernahes" direkt-demokratisches Bundesabstimmungsgesetz drei Kriterien von Bedeutung: Die Quoren dürfen nicht zu hoch angesetzt werden; damit das Volk nicht erst bereits durch Parteien/Regierungen gefaßte Entscheidungen bestätigt, müssen die Initiativen aus der Bevölkerung kommen; die gleichberechtigte Information von Gegnern und Befürwortern muß gewährleistet sein. Siehe dazu Bleckmann 1986, S. 97-99.

Präsidialsystem (USA, Frankreich) oder vom Direktorialsystem der Schweiz unterscheidet (Oppermann 1975, S. 10).

So weist das Bonner parlamentarische System der Volksvertretung eine stärker legitimierende Funktion zu als etwa das nordamerikanische Präsidial- oder das schweizerische Direktorialsystem. Dem Parlament stehen nicht nur Entscheidungs- bzw. Mitwirkungsrechte bei der Wahl des Bundeskanzlers und der Kontrolle der Regierung zu, sondern auch wichtige politische Aufgaben wie die Feststellung des Haushalts fallen in die Gesetzgebungskompetenz des Bundestags: Z.B. können Funktionen nach Art. 80 Abs. 1 S. 2 GG nicht pauschal von anderen Organen wahrgenommen und nach höchstrichterlichem Urteil auch nicht anderen Stellen innerhalb und außerhalb der Staatsorganisation zur freien Verfügung überlassen werden (BVerfGE 33, 125/129).

Die Ausdehnung plebiszitärer Abstimmungsregeln für budgetäre Entscheidungen würde nicht nur die herrschende normative Interpretation von der „einzigartigen verfassungsrechtlichen Position der Volksvertretung" (Graf Vitzthum 1978, S. 229) in Frage stellen, sondern auch die faktischen Tendenzen zur Schwächung des parlamentarisch-repräsentativen Systems verstärken: Für die herrschende Verfassungsinterpretation ergeben sich legitimitätsvermittelnde Stellung und Funktion des Parlaments aus dem politisch-ethischen Anspruch der parlamentarischen Demokratie (Hennis 1976, S. 31ff.), dem Parlament „als der höchsten institutionellen Autorität im Verfassungsstaat" (Graf Vitzthum 1978, S. 230) und „dem demokratisch legitimierten Gesetzgeber", der „die Ordnung wichtiger Lebensbereiche" regelt (BVerfGE 41, 251, 260), eine herausragende Gestaltungskompetenz zuzubilligen. Ein personales Legitimationsübergewicht des Bundestags (K. Hesse 1973, S. 19; Enquête-Kommission, Verfassungsreform des Deutschen Bundestags 1976, S. 49) wird überdies damit erklärt, daß das Parlament das einzige Verfassungsorgan sei, „das seine personelle Besetzung unmittelbar auf eine Willensäußerung der Wahlbürgerschaft zurückführt" (K. Hesse 1973, S. 21). Schließlich wird die Notwendigkeit der auf dem Mehrheitsprinzip beruhenden parlamentarischen Entscheidungsfindung damit gerechtfertigt, daß die vom Grundgesetz (nach Art. 42 Abs. 1 S. 1 GG) gebotene öffentliche Plenardebatte durch das Austragen kontroverser Positionen dazu beiträgt, eine gewisse Qualität der Parlamentsentscheidungen zu gewährleisten (Starck 1970). Nach Auffassung des Bundesverfassungsgerichts ist dann auch wesentlicher Bestandteil der parlamentarischen Ordnung, „daß der gesamte Willensbildungsprozeß für den Bürger durchschaubar ist.... Denn dies ist die einzig wirksame Kontrolle. Die parlamentarische Demokratie basiert auf dem Vertrauen des Volkes; Vertrauen ohne Transparenz ... ist nicht möglich" (BVerfGE 40, 296, 327).

Dieser herrschenden Meinung über die institutionelle, personelle und verfahrensmäßige Rechtfertigung parlamentarischer Entscheidungsregeln stehen jene Interpretationen gegenüber, für die angesichts zahlreicher Strukturdefizite der parlamentarischen Demokratie (Narr 1984, S. 101-106) Fragen parlamentarischer Kompetenzen zweitrangig sind. In dieser Sichtweise ist es dann politisch nicht mehr von Bedeutung, wenn dem ohnehin geschwächten Parlament in gewichtigen budgetären Fragen weitere Zuständigkeiten entzogen werden. Das Parlament kann dann – wie schon immer, und heute in gesteigertem Maße – im wesentlichen nur soweit seine Wirkung entfalten, wie dies Regierungsapparat als gesetzesvorbereitende und gesetzesvollziehende Instanz und Rechtsprechung zulassen (Benjamin 1966, S. 66ff.).

Wenn der Befund ergibt, daß die Fülle immer detaillierter und komplexer werdender Entscheidungen das Parlament überfordert, daß „der die Repräsentation konstituierende Akt, die Wahl als Legitimationsmechanismus versagt" (Benjamin 1966, S. 105), und schließlich durch die fortschreitende Internationalisierung von Wirtschaft (z.B. IWF, Weltbank, OECD) und Politik (EU) beharrlich Kompetenzen aus dem formell obersten nationalen Organ der parlamentarischen Demokratie ausgelagert werden, ist den Vorhaltungen gegen den durch Plebiszite unterstützten Machtverlust des Parlaments längst der Boden entzogen.

Im Gegensatz zu den Befürwortern der konstitutionellen Budgetreform, die in erster Linie an der prozeduralen Erschwerung der Verabschiedung von staatlichen (Sozial-)Ausgabenprogrammen sowie Steuer- und Krediterhöhungen interessiert sind, zielen die Kritiker der bestehenden repräsentativ-parlamentarischen Demokratie auf den gesamtgesellschaftlichen Ausbau direktdemokratischer Elemente mit der Möglichkeit außerparlamentarischer Gesetzgebung auf Bundesebene. Während also die konservativen Budgetreformer mit geänderten Abstimmungsverfahren primär aus den Mechanismen des demokratischen Wohlfahrtsstaats herrührende fiskalische Intentionen verfolgen, geht es den „Strukturkritikern" parlamentarischer Mechanismen um die direktdemokratische Ergänzung der parlamentarisch verfaßten repräsentativen Demokratie.

1.2.2. Verfassungsrechtliche und gesetzliche Beschränkungen haushaltspolitischer Entscheidungen

Die über plebiszitär erweiterte Abstimmungsmodalitäten für Fiskalbelastungen hinausreichenden Vorschläge zielen darauf ab, die haushaltspolitischen Entscheidungen direkten gesetzlichen oder verfassungsrechtlichen Begrenzungen zu unterwerfen.

1.2.2.1. Politisch-ökonomische Ansatzpunkte

In Analysen des Public-Choice-Ansatzes und der Neuen Politischen Ökonomie wird immer wieder hervorgehoben, daß die politisch-administrativen Prozesse der Wohlfahrtsstaaten Wählerpräferenzen unzulänglich berücksichtigen, so daß ineffiziente staatliche Aufgabenerfüllungen Maßnahmen zur Entstaatlichung, Deregulierung usw. unumgänglich machen. Eine Variante dieser politisch-ökonomischen Interpretation, die sich auf die Analyse budgetärer Entscheidungen konzentriert, sieht in institutionellen Änderungen mit dem Ziel strengerer Regelungen für das staatliche Finanzgebaren einen wichtigen Ansatzpunkt für die Überwindung politisch-bürokratischer Unvollkommenheiten, für die Verbesserung staatlichen Handelns (Folkers 1983). Die Befürworter eines „Ordnungsrahmens für eine funktionsfähige Finanzwirtschaft des Staates" (Folkers 1986, S. 208f.) gehen davon aus, daß institutionelle Bedingungen das Verhältnis von Markt und Staat maßgeblich prägen, also die Anwendung politisch-ökonomischer Mechanismen auf den Staatssektor auch zur Verbesserung der Allokationsmechanismen des Staates, insbesondere zu effizienteren fiskalischen Aktivitäten, beitragen können (Reding 1981, S. 18-81).

Dieses institutionelle Finanzreform-Konzept erklärt die Zunahme der Staatsverschuldung mit der Attraktivität dieses Finanzierungsinstruments für die Politik. Denn kreditfinanzierte Ausgabenprogramme wirken als zusätzliche Leistungen positiv auf die Wähler, ohne daß die damit ausgelösten Steuererhöhungen, da sie in der Regel auf viele Wähler verteilt werden, als Belastungen empfunden werden und somit kaum Stimmenverluste nach sich ziehen. Dieser an der Rückführung der Staatsverschuldung interessierte Ansatz verweist denn auch darauf, daß die Gründe für den Anstieg der Staatsverschuldung nicht primär in der für notwendig befundenen keynesianischen Defizitfinanzierung, sondern im Interesse der politischen Entscheidungsträger liegen, insbesondere durch wohlfahrtsstaatlich bedingte Leistungsausweitung oder -stabilisierung ihre Wiederwahlchancen zu verbessern. In diesem Verständnis kann der den staatlichen Institutionen innewohnende Mechanismus wachsender Staatsschulden nur durch strenge gesetzliche Vorgaben durchbrochen werden.

1.2.2.2. Gesetzlicher Konsolidierungsautomatismus

In Anlehnung an fiskalische Ordnungsvorstellungen des Public-Choice-Ansatzes verabschiedet Ende 1985 der amerikanische Kongreß das Gramm-Rudman-Gesetz mit dem Ziel, über ein automatisches Konsolidierungsverfahren schrittweise das Defizit des Bundeshaushalts zu verringern (Wasser 1988, S. 170-175). Zur Beseitigung des Budgetdefizits wurden für den Zeitraum 1986-1991 jährliche Senkungsraten von 36 Mrd. Dollar festgelegt. Das Gesetz verpflichtet zunächst den Präsidenten, in den jährlichen Haushaltsansätzen das Kürzungsvolumen von 36 Mrd. Dollar einzuhalten und fordert vom Parlament, die Haushaltswerte insgesamt nicht zu überschreiten. Erst wenn dem Parlament die gesetzlich beschlossene Rückführung des Defizitbetrags nicht gelingt, setzt ein automatisches Konsolidierungsverfahren ein, wonach im Wege einer proportionalen Kürzung aller Haushaltstitel die Defizitgrenze erreicht wird (Vaubel 1982, S. 43). Nach den Vorstellungen der institutionellen Budgetreformer soll die Drohung mit einer linearen Kürzung (Folkers 1986, S. 209) die Bemühungen um einen parlamentarischen Kompromiß fördern, Prioritäten und Posterioritäten für die Begrenzung von Ausgaben und/oder die Erhöhung von Steuern zu setzen (Folkers 1982, S. 173ff.).

Um den parlamentarischen Handlungsspielraum durch die Selbstbindung an bestimmte Höchstgrenzen für die Staatsverschuldung nicht übermäßig einzuschränken, ist das institutionelle Reformkonzept darauf angelegt, den Kürzungsautomatismus nur so lange gelten zu lassen, bis das Budgetdefizit das beschlossene niedrige Niveau erreicht hat oder ganz beseitigt ist. Die Befürworter der institutionellen Reform sehen die Vorzüge der finanzpolitischen Neuerung auch darin, daß die Ersetzung einer diskretionären Finanzpolitik durch neue Verfahrensregeln, also ein mit möglichst breiter parlamentarischer Zustimmung beschlossener Kürzungsautomatismus, den Politikern und Parteien erlaubt, von den Wählern für daraus resultierende Belastungen nicht gezielt verantwortlich gemacht werden zu können (Folkers 1986, S. 210). Die einzelnen Politikern oder Parteien nicht mehr klar zurechenbare Kürzungsmaßnahme dürfte den Reformwiderstand gegen solche Konsolidierungsverfahren erheblich verringern.

Abgesehen von verfassungsrechtlichen Bedenken, ob das Parlament auf diese Weise sein Budgetrecht selbst beschneiden kann, wird von den Anhängern gesetzlicher Verfahrensregeln zur Beseitigung des Haushaltsdefizits bemängelt, daß die beschlossenen proportionalen Kürzungen wegen zahlreicher Ausnahmen, insbesondere gegenüber den Sozialprogrammen, lediglich rund die Hälfte des Haushaltsvolumens umfassen, sodaß weitere Sonderregelungen die ganze Kürzungskonzeption zu sprengen drohen. Außerdem gerät der ganze Konsolidierungsautomatismus angesichts des dominierenden militärischen Einflusses durch den Beschluß ins Wanken, daß das Kürzungsvolumen je zur Hälfte vom zivilen und militärischen Bereich getragen werden muß (Folkers 1986, S. 210f.).

Die Befürworter dieses gesetzlichen Konsolidierungsautomatismus befürchten überdies, daß infolge mangelnder politischer Kompromißbereitschaft die Politik der Versuchung unterliegt, die über Ausgabensenkung angestrebte Defizit-Reduzierung im Wege der Steuererhöhung zu erreichen. Ferner wird eine Gefahr für die konsequente Durchführung des Konzeptes darin gesehen, daß das Konsolidierungsverfahren gerade in Zeiten des Konjunkturabschwungs oder der Rezession verstärkt ins Stocken gerät, weil dann Steuermindereinnahmen noch höhere Defizitabbaubeträge oder sogar Steuererhöhungen erforderlich machen (Folkers 1986, S. 211).

Die Geltung des Konsolidierungsmaßstabes der staatlichen Ausgaben hat den Vorteil, daß in Phasen der Hochkonjunktur mit normalerweise höheren Preissteigerungen höhere Beträge (höhere Nominal-, aber gleiche Realbeträge) zur Beseitigung des Haushaltsdefizits verwendet werden können. Außerdem wird die Konsolidierungsvorschrift als unzulänglich angesehen, weil das

Gramm-Rudman-Gesetz lediglich als Übergangsregelung Vorschriften für den Defizitabbau bis 1993 enthält. Nach Auffassung der Theoretiker des Staatsversagens muß aber, um den Ursachen des institutionellen Konsolidierungsproblems auf Dauer beizukommen, eine verfassungsmäßige Budgetausgleichsregel eingeführt werden (Anderson 1985).

Schließlich müssen alle Konzepte, die generell politische Automatismen enthalten und speziell auf automatische Konsolidierung angelegt sind, Kritik bei denen auslösen, die, wie z.B. die Vertreter des „aktiven Politikkonzepts" (Mayntz/Scharpf 1973, S. 115ff.) oder auch das Bundesverfassungsgericht, dem Gesetzgeber und der Exekutive eine weitgehende Gestaltungsfreiheit vor allem in wirtschaftlichen und sozialen Fragen zubilligen (BVerfGE 7, 377 (400); 25, 1 (19f.); 30, 292 (317, 319); 50, 336ff.).

1.2.2.3. Quantitative und verfahrensmäßige fiskalische Restriktionen

Neuere Ansätze der politischen Ökonomie, die nach Wegen zur Überwindung des institutionellen Politikversagens suchen, sehen sowohl in quantitativen bzw. ergebnisorientierten als auch in verfahrensmäßigen Begrenzungen der Fiskalbelastungen eine Möglichkeit, ein effizienteres und „wählerpräferenzgerechteres" Einnahmen- und Ausgabengebaren des Fiskus zu erreichen.

Modellcharakter für die deutsche Diskussion über die Qualität des Konzepts der fiskalischen Begrenzung hat das im Jahre 1978 mit Zwei-Drittel-Mehrheit angenommene Referendum des Bundesstaats Kalifornien über die Beschränkung insbesondere von Steuerbelastungen (Folkers 1982, S. 163). Die als „Proposition 13" bekanntgewordene Kürzungsaktion (Oakland 1979, S. 387) legt neben der Verminderung des Personalbestands, dem zeitlich begrenzten Einfrieren der Nominallöhne im öffentlichen Dienst und der realen Senkung der Ausgaben den Schwerpunkt auf niedrigere Steuern (vor allem auf die Reduzierung kommunaler Steuereinnahmen wie der Grundsteuer). Steuerliche Entlastungen in Bundesstaaten regten in der Folgezeit die Diskussion über die Frage an, auf welche Weise und in welchem Ausmaß sich auch die Politik auf Bundesebene fiskalischen Beschränkungen zu unterwerfen hat[13]. Die Befürworter des fiskalischen Restriktionskonzepts ziehen quantitative Restriktionen deshalb verfahrensmäßigen Beschränkungen vor, weil ab Erreichen bestimmter Grenzwerte automatisch z.B. steuerliche Entlastungen einsetzen, also politische Ausweichmöglichkeiten erschwert werden.

Die Forderung nach Begrenzung der Fiskalbelastung durch Steuern wird auch mit dem mittelfristig erwarteten Preisdämpfungseffekt gerechtfertigt. Dieses stabilitätspolitische Ziel könnte am effektivsten durch Indexierung des

---

13 In den USA wird in bezug auf politische Aktivitäten zur Begrenzung von Steuern, Ausgaben und Krediten von einer „fiskalischen Begrenzungsbewegung" gesprochen. Siehe dazu Folkers 1983.

Einkommensteuer-Aufkommens erreicht werden, d.h., daß die durch die Preissteigerungen verursachten progressionsbedingten, überproportionalen Zuwächse des Steueraufkommens durch Anrechnung eines Preisabschlags auf das nominal aufgeblähte Einkommen verhindert werden. Eine solche quantitative Aufkommens-Begrenzung wäre gleichzeitig mit einer verfahrensmäßigen Restriktion zu verbinden, die inflationär bedingte Steuererhöhungen einer expliziten Parlamentszustimmung unterwürfen. Die seitens der staatlichen Finanzpolitik willkommenen „heimlichen" Steuererhöhungen stünden dann nicht mehr oder nur noch abgeschwächt zur Finanzierung „überhöhter Staatsausgaben" wie konsumtive Sozialprogramme zur Verfügung. In den USA wird heute schon preisbedingten automatischen Aufkommenssteigerungen durch sogenannte „full disclosure laws" ein Riegel vorgeschoben, indem eine aufkommensneutrale Senkung der Steuersätze (z.B. der Grundsteuer) erfolgt (Folkers 1982, S. 170, Fn 12).

a) Verfassungsrechtliche und verfassungspolitische Argumentation

Seit der 1969 erfolgten Änderung der Verschuldungsregeln ist die Kreditaufnahme im Regelfall auf die Investitionssumme des Haushalts begrenzt (Art. 115 Abs. 1 Satz 2, 1. Halbsatz GG) und kann nur im Ausnahmefall der Störung des gesamtwirtschaftlichen Gleichgewichts überschritten werden (Art. 115 Abs. 1 Satz 2, 2. Halbsatz) (Begründung des Regierungsentwurfs, in: BT-Drucksache V/3040, S. 39, 47).

An der Spitze der budgetären Regelungen des Grundgesetzes steht Art. 109 GG, dessen Absatz 2 die Haushaltswirtschaft von Bund und Ländern dem stabilitätspolitischen Gleichgewichtgebot unterwirft. Da auch Kreditaufnahmen Elemente der Haushaltswirtschaft sind, unterliegen sie ebenfalls dem Gleichgewichtserfordernis des Art. 109 GG. Nach herrschender Verfassungsinterpretation (Arnim 1981, S. 540ff.; Birk 1984, S. 745f., 748; Heyn 1985, S. 1ff.; anders Püttner 1980) ist die Verschuldungsregel des Art. 115 Abs. 1 GG keine spezielle Regelung des Art. 109 Abs. 2 GG, sondern das stabilitätspolitische Gleichgewichtsgebot des Art. 109 GG überlagert die Dekkungsregel der Investitionssumme (Heun 1985, S. 23f.; Wiebel 1986, Art. 115 RdNr. 95, 113), wirkt also implizit innerhalb des Art. 115 Abs. 1 GG (Maunz 1986, Art. 115 RdNr. 17; Piduch 1985, Art. 115 RdNr. 29). Aus diesen Verschuldungsregeln wird ein abgestuftes System der Begrenzung staatlicher Kreditaufnahme abgeleitet, das auf der ersten Ebene das stabilitätspolitische Gleichgewichtsgebot, auf der zweiten Ebene die auf die begrenzte Verschuldungshöhe bezogene Investitionssumme[14] und auf der dritten Ebene die quantitativ unbegrenzte Störungsabwehr enthält (Donner 1987, S. 440).

---

14 Die Definition der Regelgrenze der Investitionssumme stößt auf erhebliche Schwierigkeiten. Die Definition der Investitionen als „öffentliche Ausgaben für Maßnahmen ..., die bei makroökonomischer Betrachtung die Produktionsmittel der Volkswirtschaft erhalten, vermehren oder verbessern" (BT-Drucksache V/ 3040, S. 47), ist für einen auf künftige Produktivität ausgerichteten Investitionsbegriff wenig hilfreich

Für die Vertreter des fiskalischen Restriktionsansatzes hat die Kreditaufnahme nicht nur eine herkömmliche Finanzierungs-, sondern auch eine wirtschaftspolitische Gestaltungsfunktion, die allerdings ihre Berechtigung in dem Maße verliert, wie von der Kreditfinanzierung „extensiver Gebrauch" gemacht wird (Birk 1984, S. 746, 748f.). In dieser Sicht wird die dem Art. 115 Abs. 1 Satz 2 GG innewohnende Begrenzungsfunktion hervorgehoben, um finanz- und wirtschaftspolitische Wirksamkeit überhaupt entfalten zu können.

Angesichts des konturenschwachen Gleichgewichtsgebots des Art. 109 Abs. 2 GG stellt sich die verfassungsrechtliche und -politische Frage, nach welchen Kriterien die Grenzen für die Staatsverschuldung festzulegen sind (H. P. Schneider 1980, S. 103ff.). Wie schwer „Grenzüberschreitungen" auf der ersten Ebene rechtlich beurteilt werden können, geht allein daraus hervor, daß öffentlich-rechtliche Interpretationen auf die vom Sachverständigenrat entwickelten Maßstäbe der „Normalverschuldung" zurückgreifen (vgl. Kap. II.1.3.2. und II.1.3.3.) (Donner 1987, S. 443). Das Fehlen hinreichender Maßstäbe manifestiert sich auch darin, daß ein Mißbrauch der Kreditaufnahme auf der ersten Ebene nur für den „Extremfall" angenommen wird (kritisch H. P. Schneider 1980, S. 105f.), also eine nicht hinlänglich definierte „Evidenz" mißbräuchlicher Kreditaufnahme vorliegen muß.

Bei der dritten Ebene der Staatsverschuldung, der Störungsabwehr, wird auf das faßbarere Kriterium der Verhältnismäßigkeit abgestellt (Birk 1984, S. 53; Henseler 1983, S. 489ff.). Um dem Verhältnismäßigkeitsprinzip gerecht zu werden, werden für die Beurteilung der „zulässigen" Staatsverschuldung nicht nur die Alternativen der Steuererhöhungen oder Ausgabenkürzungen, sondern auch das Ausmaß der Störung des gesamtwirtschaftlichen Gleichgewichts und die notwendige Kreditaufnahme zur Störungsabwehr gegeneinander abzuwägen sein (Birk 1984, S. 749).

Eine verfassungspolitisch orientierte Interpretationsgruppe leitet aus dem Demokratie- und Sozialstaatsprinzip des Grundgesetzes eine restriktive Verschuldungspolitik ab, die die Verantwortung für kommende Generationen gebietet (Püttner 1980, S. 11; Kirchhof 1984, S. 271ff.; von Arnim 1981, S. 518ff.). Die in der Präambel des Grundgesetzes postulierte „Verantwortung vor den Menschen" legt eine Begrenzung staatlicher Kreditaufnahme nahe, um den finanziellen Handlungsspielraum künftiger Gesetzgeber nicht zu rigide einzuengen. Da nach dem Demokratieprinzip des Art. 20 GG Parlament und Regierung ihr Mandat lediglich für eine zeitlich begrenzte Amtsperiode erhalten, können die Regierenden nur über die Einnahmen ihrer Legislaturperiode verfügen und dürfen die Entscheidungen künftiger Gesetzgeber nicht wesentlich präjudizieren (Püttner 1980, S. 11). Das Demokratieprinzip einer

---

(Wiebel 1986). Definitorisch wenig aussagefähig sind überdies Kriterien der Investitionssumme wie „allgemeinverbindliche Rentabilität" (Kirchhof, zitiert nach Patzig 1985, S. 294, 304) oder „politische Bremsfunktion" (Wissenschaftlicher Beirat beim Bundesministerium der Finanzen 1980, S. 63ff.).

„Macht auf Zeit“ (Stern 1984, S. 609) und einer „verantworteten Herrschaft“ (Laufer 1970) soll die Möglichkeiten offenhalten, daß spätere Wähler und Parlamente nach dann geltenden Maßstäben neue Aufgaben und Programme entwickeln und realisieren können. Wachsende Schuldendienste (Zins- und Tilgungszahlungen) zu Lasten künftiger Steuerzahler und Parlamente verringern die Chancen der Realisierung für spätere, dann als vordringlich beurteilte Politikstrategien (Kirchhof 1984, S. 277; Kratzmann 1982, S. 324; Brenner/Haury/Lipp 1980, S. 236ff., 245).

Gegen die Argumentation, daß der Gesetzgeber lediglich für die Dauer der Legislaturperiode über die Verwendungen der Einnahmen einschließlich der Krediteinnahmen demokratisch legitimiert ist, gibt es zahlreiche Einwände:

Jede staatliche Kreditaufnahme und die Verwendung der Finanzierungsmittel für investive oder konsumtive Maßnahmen schafft zunächst einmal Maßnahmen in Gestalt von Güter-, Personal- und Leistungsstrukturen, die die Handlungsfreiheit zukünftiger Gesetzgeber einschränken. Die Begründung für die spezifische Begrenzung der Kreditaufnahme, daß im Gegensatz zu revidierbaren Gesetzen die Staatsverschuldung den Gesetzgeber in der Regel auf Jahre hinaus präjudiziere (Püttner 1980, S. 12), kann in der Sicht der Kritik nicht überzeugen (Henseler 1983, S. 498f.). Bezüglich der Revidierbarkeit von Gesetzen wird darauf verwiesen, daß auch Gesetzesrevisionen in dem Maße erschwert werden, in dem gesetzgeberische Maßnahmen einen weiten Zeithorizont haben und damit nicht nur einmalige Investitionskosten, sondern langfristige Folgekosten auslösen (Graf Vitzthum 1987, S. 57).

Außerdem betont die Kritik, daß aus dem Demokratieprinzip nicht zwingend das fiskalische Gebot folgt, die Verschuldung lediglich auf die für politisch gegenwärtig als erstrebenswert erachteten Maßnahmen zu begrenzen und langfristige Folgekosten verursachende Maßnahmen weitgehend zu unterlassen. Eine solche kurzatmige Kreditpolitik gilt deshalb als kontraproduktiv, weil sie bestenfalls antizyklische Stabilisierungserfolge erzielen kann, aber nicht die Chancen einer langfristig angelegten Politik wahrnimmt, über eine Kreditexpansion (z.B. zugunsten von Investitions- und Beschäftigungsprogrammen) auch die Voraussetzungen für zukünftige Mehreinnahmen und Ausgabenentlastungen zu schaffen (Schuldenparadoxon!)[15].

Auch wenn diese Selbstkonsolidierung der Staatsverschuldung nicht eintritt und damit die „disponible“ Masse immer geringer wird und/oder überkommene rechtliche (Kredit-)Verpflichtungen den Handlungsspielraum des zukünftigen Gesetzgebers einengen, sind dies keine hinreichenden Gründe, den Gesetzgeber auf eine restriktive Verschuldungspolitik festzulegen

15 Von einem „Schuldenparadoxon“ wird gesprochen, wenn in einer Rezession eine staatliche Neuverschuldung Beschäftigungs- und Einkommenseffekte erzielt, die wiederum dem Fiskus Mehreinnahmen und Ausgabenentlastungen verschaffen. Vgl. dazu Oberhauser 1985, S. 333f.

(BVerfGE 45, 1, 32). Nach höchstrichterlicher Auffassung darf also das gegenwärtige Parlament aus Gründen der Rücksichtnahme auf die Interessen der Nachfolger nicht zu einer quantitativen und verfahrensmäßigen Verschuldungsbegrenzung verpflichtet werden. Die Nachfolger des die Staatsverschuldung begründenden Gesetzgebers haben dementsprechend den legal und legitim gestalteten Verschuldungsrahmen zu akzeptieren (Henseler 1983, S. 506; anders Kloepfer 1982, S. 73ff., 84). Die Kritik an kreditbegrenzenden Entscheidungsregeln hebt hervor, daß im Konflikt zwischen der Gestaltungsfreiheit des amtierenden und des künftigen Gesetzgebers zur Aufrechterhaltung der Politikfähigkeit dem gegenwärtigen Gesetzgeber Vorrang gebietet (Fischer-Menshausen 1983, Art. 109 GG, RdNr. 30f.; Piduch 1985, Art. 115 GG, RdNr. 6; Henseler 1983, S. 507).

Den Positionen strengerer Regeln für die Neuverschuldung wird überdies vorgehalten, daß das Sozialstaatsgebot einer rigiden Kreditbegrenzung im Wege steht, weil es die Politik zu weitgehender Daseinsvorsorge verpflichtet (BSGE Ziff. 6, S. 213, 219; Erbel 1968; Suhr 1970, S. 77; Ridder 1975; Wassermann 1986). Strengere quantitative oder verfahrensmäßige Begrenzungen der staatlichen Kreditaufnahme würden dem sozialstaatlichen Auftrag zur Gestaltung der Rechtsordnung den Boden entziehen. Das Sozialstaatsgebot schließt eine Verschuldungspolitik ein, die über die bloß bewahrende Daseinsvorsorge hinausgeht und eine periodenübergreifende Gestaltung der ökonomischen, sozialen und ökologischen Lebensgrundlagen erlaubt (Henseler 1983, S. 499; Vitzthum 1978, S. 29f., 46ff., 61ff.). Daß eine vorausschauend gestaltende (wohlfahrts-)staatlich motivierte Verschuldungspolitik „die Entscheidungsgrundlage nachfolgender Gesetzgeber präjudiziert" (Donner 1987, S. 447), ist im Sozialstaatsprinzip des Grundgesetzes angelegt. Die verfassungspolitisch begründete Politik wehrt sich also gegen eine restriktive Kreditfinanzierung, da eine als Vermeidung von sozialen und ökologischen Fehlentwicklungen konzipierte Politikgestaltung zwar vollendete Tatsachen schafft, aber „der unvermeidbare Tribut" an den vorsorgenden Sozial-/Wohlfahrtsstaat ist (Donner 1987, S. 447).

b) Politik- und sozialwissenschaftliche Argumentation

Entscheidungen über die Höhe der Netto-Neuverschuldung, die im Falle strengerer Mehrheitserfordernisse in der Regel die Zustimmung der jeweiligen Opposition voraussetzen, heben haushaltspolitische Entscheidungen nicht nur auf die Ebene quasi verfassungsändernder Verfahren, sondern engen auch die budgetäre Gestaltungsfreiheit der Bundesregierung in einem vom Grundgesetz nicht intendierten Maße ein (Ellwein 1966; BVerfGE 9, 268, 281; BVerfGE 27, 44).

Eine über die qualifizierte Mehrheit eingeführte Mitbestimmung der Opposition birgt überdies die Gefahr in sich, daß politische Prioritätensetzung erschwert oder sogar unmöglich gemacht wird, da der Zwang zur Konsensfindung nur noch etablierten oder „herunterkoordinierten" Ausgabenprogrammen Zustimmungschancen verschafft (König 1977, S. 80; Treiber 1977, S. 216; Scharpf 1973, S. 81ff.; Offe 1984, S. 150-183), umstrittene ausgabenverursachende Reformmaßnahmen aber blockiert (Stabilisierung des Status quo!).

Um das Ausgabenwachstum und den Defizitanstieg zu erschweren, wird zudem seitens des fiskalischen Begrenzungs-Ansatzes erwogen, entweder die Zulässigkeit der staatlichen Neuverschuldung an die Stellungnahme „unabhängiger" Sachverständigen-Gremien zu knüpfen, also den Regierungsbeschlüssen zur Kreditaufnahme Begründung und Kritik von Experteninstitutionen vorzuschalten (Wissenschaftlicher Beirat beim Bundesministerium der Finanzen 1985, S. 49f.), oder Kreditbeschlüsse durch die Einrichtung von „parteipolitisch unabhängigen Kammern" einer schärferen Kontrolle zu unterwerfen (von Hayek 1973).

Selbst die Vertreter einer stärkeren Einbindung unabhängiger Fachgremien in die Erörterung von Verschuldungsfragen räumen ein, daß die bereits existenten Kreditberatungs-Gremien (z.B. Konjunkturrat, Finanzplanungsrat, Sachverständigenrat zur Begutachtung der gesamtwirtschaftlichen Entwicklung) den überproportionalen Anstieg der Nettokreditaufnahme Mitte der 70er und Anfang der 80er Jahre nicht verhindern konnten (Wissenschaftlicher Beirat beim Bundesministerium der Finanzen 1984). Außerdem entbindet die fachliche und wissenschaftliche Schuldenpolitik-Beratung die politische Führung nicht vom Recht und von der Verpflichtung, auf der Grundlage der Empfehlungen und Schlußfolgerungen der „unabhängigen", mit „Sachverstand" ausgestatteten Gremien eigene und politisch zu verantwortende budgetäre Prioritäten zu setzen (Ellwein 1987; Greven 1984, S. 19-28).

Schließlich werden im fiskalischen Konsolidierungskonzept Bestrebungen favorisiert, daß Bundesregierung und Landesregierungen bei Vorlage des Haushaltsentwurfs die geplante Netto-Neuverschuldung eingehender begründen müssen (Wissenschaftlicher Beirat beim Bundesfinanzministerium 1984, S. 50). Dabei sollte die Exekutive auf die Verträglichkeit der Kreditaufnahme mit der gesamtwirtschaftlichen Entwicklung, insbesondere der Preisentwicklung sowie auf den Umfang kreditfinanzierter privater Investitionen eingehen und auch die zu erwartende Belastung der Haushalte durch die jährlichen Zinsleistungen, die Abtragung sogenannter „politischer Hypotheken", erläutern.

Ob vom verstärkten Zwang zur Begründung der Neuverschuldung in Gestalt der Darstellung der Veränderungsraten globaler budgetärer Indikatoren und der Wirkungszusammenhänge von Kreditaufnahme und Preis- sowie privater Investitionsentwicklung der nötige Druck auf die angestrebte Rückführung der Neuverschuldung ausgelöst wird, ist zu bezweifeln: Solange nämlich die kreditfinanzierten Wirkungen auf Beschäftigung, Wachstum und Inflation aufgrund unzureichender Diagnose- und Prognoseinstrumente ungewiß bleiben (Frerichs/Kübler 1980), sind kontroversen Interpretationen zur Verschuldungsproblematik seitens Regierung, Parteien und Interessengruppen weiterhin Tür und Tor geöffnet.

1.3. Das Konzept der Angebotspolitik

Die interessierenden normativen und inhaltlichen Berührungspunkte der Interpretation der deutschen Angebotslehre mit dem Erklärungsmuster des amerikanischen Public-Choice-Ansatzes und des deutschen Ansatzes der konstitutionellen Budgetreform liegen in der Frage, ob und inwieweit die expansiven budgetären Tendenzen demokratischer Entscheidungsprozesse im Wohlfahrtsstaat Beschränkungen unterworfen und sozialpolitisch veranlaßte eigentumsrechtliche Einschränkungen zurückgenommen werden sollen. Angebotspolitische Interpretationen zum expansiven Wohlfahrtsstaat haben deshalb für politikwissenschaftliche Fragestellungen eine herausragende Bedeutung, weil die Angebotspolitik in den westlichen Industrieländern als das „beherrschende konservative Paradigma" seit den 80er Jahren maßgeblichen Einfluß auf die finanz- und sozialpolitisch relevante Problemdefinition, Politikformulierung und Politikimplementation hatte und weiterhin hat. Dabei fällt dem deutschen Sachverständigenrat zur Begutachtung der gesamtwirtschaftlichen Entwicklung (SVR) als der gesetzlich institutionalisierten Politikberatung eine „Schlüsselrolle" zu (vgl. Kap. III 1.1.).

Das politikwissenschaftliche Interesse richtet sich im Kern auf Begründungen und Schlußfolgerungen der – die Fiskalisierung und Ökonomisierung rechtfertigenden – Angebotspolitik, daß dem demokratischen Wohlfahrtsstaat die Tendenz zu Ausgabensteigerungen, wachsenden Steuerbelastungen und zur Verschuldungsexpansion innewohne und deshalb die Verfolgung einer (strengen) Konsolidierungspolitik unumgänglich sei.

Die im wesentlichen auf Konsolidierung der Wohlfahrts-Etats angelegten angebotsorientierten Erklärungsansätze sind zunächst eine Reaktion auf die – in den 60er Jahren und der ersten Hälfte der 70er Jahre – dominante politische Grundorientierung des „Keynesianischen Konsensus" (Galbraith 1981), dessen Politik ursächlich für die expansiven Tendenzen verantwortlich gemacht wird. Zur Stärkung des prinzipiell als überlegen begriffenen Koordinationsmechanismus des Marktes ist der als ineffizient und ineffektiv eingeschätzte wohlfahrtsstaatliche Interventionsmechanismus auf ein „sozial notwendiges" Maß zurückzuführen. Dem auf das Setzen von „Rahmenbedingungen" begrenzten (Wohlfahrts)-Staat wird die Aufgabe zugewiesen, über die Konsolidierung primär der Sozial- bzw. Wohlfahrtsausgaben und die damit mögliche Schuldenrückführung wieder Handlungsspielraum für die Stärkung der privaten Investitionsbereitschaft, die Wachstumsförderung und Beschäftigungszunahme zu gewinnen. Der (Wohlfahrts-)Staat hat nach angebotspolitischen Vorstellungen Steuerungsleistungen (Sach- und Transferausgaben) an die Ökonomie zu erbringen, damit diese akzeptierte Form der Ökonomisierung der Politik über finanzielle Anreize zu erhöhtem Wachstum und verbesserter Beschäftigung beiträgt und damit letztlich zu Steuermehreinnahmen führt. Diese angebotspolitisch gerechtfertigte Ökonomisierung der (wohlfahrts-)staatlichen Politik dient somit letztlich fiskalischen Zwecken, kommt also der praktizierten Fiskalisierungsstrategie des Bundes entgegen.

Die in der Wissenschaft entwickelten und der Politikberatung dienenden Konzepte der Angebotspolitik sind also grundsätzlich auf Haushaltskonsolidierung und Investitions- sowie Wachstumsförderung ausgerichtet. Herkömmliche, zunächst für die amerikanische Administration entwickelte (angebotspolitische) Sparkonzepte setzen bei der Ausgabenseite der Etats an, um die expansiven Tendenzen demokratischer Wohlfahrtsstaaten einzudämmen. Die auf die „Policy"-Dimension großen Einfluß ausübenden politikberatenden Institutionen der Bundesrepublik richten ihre Aufmerksamkeit sowohl auf die Einnahmen- als auch auf die Ausgabenseite der Etats, insbesondere der Wohlfahrts-Etats.

Das vom deutschen Sachverständigenrat zur Begutachtung der gesamtwirtschaftlichen Entwicklung konzipierte angebotsorientierte quantitative Konsolidierungskonzept will in den öffentlichen Haushalten das „strukturelle Defizit" und die steuerliche Belastung für Unternehmen zurückführen, indem zuvörderst die als konsumtiv bewerteten Sozialausgaben gekürzt werden und somit die Neuverschuldung verringert werden kann. Das aus einer Minderheitsposition im SVR entwickelte qualitative Konsolidierungskonzept geht insofern noch einen Schritt weiter, als es vorrangig darauf bedacht ist, nach Erfüllung des quantitativen Teils der Konsolidierung die Steuerbelastung zur Stärkung der Investitions- und Leistungsbereitschaft zu senken. Die Angebotskonzeption seitens des SVR und auch der wissenschaftlichen Beiräte bei den Bundesministerien plädieren nach Abschluß der quantitativen Konsolidierung für Ausgabenumschichtungen zugunsten öffentlicher und privater Investitionen und für die „leistungsfördernde" Verlagerung der steuerlichen Belastung von der Einkommensentstehung auf die konsumtive Einkommensverwendung (qualitative Konsolidierung!).

Den im folgenden zu charakterisierenden angebotspolitischen Positionen der politikberatenden wissenschaftlichen Institutionen ist prinzipiell die finanz- und ordnungspolitische Zielsetzung gemeinsam, die durch die Senkung der Abgaben- und Staatsquote freiwerdenden Ressourcen für die Stärkung individueller und unternehmerischer Initiativen einzusetzen, die Effizienz durch Aufgabenübertragung auf Private zu steigern und die sozialpolitisch verfügten Beschränkungen der Nutzung privater Eigentumsrechte abzubauen.

1.3.1. Angebotspolitische Positionen

Die zuerst in den USA entwickelte Angebotspolitik ist für die deutsche wohlfahrtsstaatliche Diskussion insofern von Bedeutung, als wesentliche Elemente dieses „Policy-Mix" aus den Schulen der Supply-Side-Economics (SSE), des Balance-Budget-Konzepts und des Monetarismus erheblichen Einfluß auf Theorie und politische Praxis des Sozial-/Wohlfahrtsstaats der Bundesrepublik ausüben (Buhbe/von Lüde 1983). Die Angebotspolitik macht für die ökonomische Krisenentwicklung der 70er Jahre mit den hohen Inflationsraten, Zinsen und niedrigen Investitions- und Produktionsraten übereinstimmend die keynesianische Wirtschafts-, Finanz- und Sozialpolitik verantwortlich (Regan 1980). In der Sicht der Angebotspolitik geht es im wesentlichen darum, die Schwächen des keynesianischen Ausgaben-, Steuer- und Wohlfahrtsstaats dadurch zu überwinden, daß der Förderung des Produktions- und Produktivitätswachstums Vorrang eingeräumt wird (Buttler u.a. 1985; Sievert 1984; 1988).

1.3.1.1. Zielsetzungen, Grundsätze und Instrumente

Die vom SVR hervorgehobenen Defizite der keynesianischen Politik werden vor allem an den Bedingungen der Tarifautonomie und an staatlich verursachten Angebotsstörungen festgemacht:

So haben die Tarifvertragsparteien ausreichende Gewinne als Voraussetzung für eine wettbewerbsfähige Angebotsentwicklung durch überhöhte Reallöhne und kostenwirksame tarifvertragliche Verzerrungen (z.B. Rationalisierungsschutzabkommen) verhindert. Der wachsenden Anspruchsmentalität in der Lohnpolitik haben die Arbeitgeber nicht genügend Widerstand entgegengesetzt, solange sie damit rechnen konnten, die gestiegenen (Lohn-)Kosten auf die Preise zu überwälzen. Unaufhaltsame Preissteigerungen sind deshalb beiden Tarifvertragsparteien anzulasten (JG 81/82, S. 295ff.).

Die Angebotspolitik lokalisiert die Hemmnisse und Beschränkungen für die freie und letztlich erfolgreiche Entfaltung der Marktkräfte auf der Angebotsseite der Gütermärkte. Da dort, so lautet eine zentrale Annahme, „Anreizmechanismen" gestört sind, ist der Staat gefordert, günstigere „Rahmenbedingungen" für die Angebotsseite zu schaffen (K.-D. Schmidt 1984). Dem Staat wird vorgeworfen, bisher in nahezu allen Bereichen wirtschaftlich bedeutsamer Staatstätigkeiten Angebotsstörungen bewirkt zu haben (JG 81/82, S. 295ff.). Staatlich ausgelöste Angebotsbelastungen schlagen sich nieder in der Minderung der Investitions- und Arbeitsbereitschaft durch Unternehmens- und Einkommensteuern, in der Förderung der Anspruchs- und Versorgungsmentalität der Sozialleistungen, in der innovationshemmenden staatlichen Regulierung usw. (Buhbe/von Lüde 1983, S. 229ff.). Leitmuster angebotspolitischer Argumentation ist deshalb die Verbesserung staatlicher „Rahmenbedingungen", um größere Freiräume für private und unternehmerische Initiativen zu ermöglichen, günstige Voraussetzung für (Sach-)Kapitalbildung und Innovationen sowie mehr Flexibilität in der Produktion und auf dem Arbeitsmarkt zu schaffen (JWB '88, Ziff. 17; Fels 1988, S. 9-24; Jessop 1994, S. 62, 66; JG 93/94, Ziff. 375-382; JWB '96, Ziff. 20).

Die beiden zentralen Zielsetzungen der Angebotspolitik des SVR, die finanzpolitische Zielsetzung der Konsolidierung und die ordnungspolitischen Zielsetzungen der Effizienzsteigerung durch Privatisierung[16] und stärkerer

16 Angelika Benz unterscheidet zwischen den beiden Formen der formellen und materiellen Privatisierung: Während die formelle Privatisierung vor allem die Veräußerung staatlicher Beteiligungen an Liegenschaften und Industrieunternehmen meint, kennzeichnet die materielle Privatisierung eine Verlagerung öffentlicher Aufgaben-

Nutzung privater Eigentumsrechte durch Deregulierung[17], leisten angesichts der institutionalisierten Interaktionen zwischen wissenschaftlicher Politikberatung und Bundesregierung (vgl. Kap. III.1.1.) Beiträge zur Verfestigung bzw. Verstärkung von Fiskalisierungs- und Ökonomisierungstendenzen in der Politik.

Die finanzpolitische Zielsetzung der quantitativen Konsolidierung setzt bei der Senkung der Staatsquote[18] an, um damit die Neuverschuldung zu reduzieren und/oder Handlungsspielräume für die Senkung von (Unternehmens-)Steuern zu gewinnen. Die auf die Reduzierung der Staats-, Steuer- und Abgabenquote setzende Konsolidierungspolitik wird im wesentlichen damit begründet, die staatliche Beanspruchung von fiskalischen und personellen Ressourcen (vor allem Steuern und öffentliches Personal) zurückzuführen und die freiwerdenden Ressourcen dem – als effizienter deklarierten – privaten Sektor zuzuführen.

Angesichts der vereinigungsbedingten Finanzierungslasten und der von der Angebotspolitik unterstützten Forderung nach „Verschlankung des öffentlichen Sektors" muß sich nach angebotspolitischer Auffassung die Finanzpolitik auf den quantitativen Teil der Konsolidierung wie den des Ab-

---

wahrnehmung in den privaten Sektor, also bisher von öffentlichen Gebietskörperschaften produzierter Güter und angebotener Leistungen auf Private. Privatisierung beinhaltet auch die Privatisierung kleiner Bundesunternehmen mit Sonderaufträgen wie beispielsweise die Bundesanzeiger-Verlagsgesellschaft oder die Heimbetriebsgesellschaft von Bundeswehrheimen und mit einer Gemeinwohlverpflichtung wie insbesondere der Bahn und Post. Vgl. dazu An. Benz 1995, S. 342ff. Schuppert führt für den Privatisierungstyp, der allein fiskalische Zwecke verfolgt, die Kategorie der Finanzierungsprivatisierung ein. Siehe Schuppert 1994, S. 548f.

17 Der Deregulierungsbegriff wird in der vorliegenden Abhandlung weit gefaßt, umfaßt also nicht nur die Reduzierung oder Aufhebung allgemeiner rechtlicher Normen und den Abbau von Marktzugangsbeschränkungen infolge von Monopolen durch Zulassung von Wettbwerbern, sondern auch Maßnahmen der Rechtsvereinfachung und die Beschleunigung und Vereinfachung von Planungs- und Genehmigungs- sowie Rechtsverfahren. Vgl. dazu Rohde 1993, S. 512-536.

18 Die Aussagekraft der Staatsquote ist deshalb eingeschränkt, weil sie aus methodischen Gründen infolge der Bruttoerfassung von Verrechnungen zwischen den Institutionen überhöht ist und auch sehr unterschiedliche Ausgaben wie die unmittelbaren Kosten staalicher Tätigkeiten (z. B. Personal-, Sachkosten), beitrags- und steuerfinanzierte Sozialleistungen erfaßt. Die Staatquote, die als Maß staatlicher Beanspruchung von Ressourcen der Staatsausgaben (Zähler) und das Bruttoinlandprodukt als Indikator für gesamtwirtschaftliche Aktivitäten (Nenner) aufeinander bezieht, ist zwar begrenzt aussagefähig, aber die in der Abgrenzung der Volkswirtschaftlichen Gesamtrechnung „üblicherweise" verwendete Größe (JG 94/95, Ziff. 287; Nowotny 1996, S. 320-336). Der Anstieg der Staatsquote darf nicht durchgängig als „Zunahme ordnungspolitisch bedenklicher Staatsaktivitäten" interpretiert werden: Steigt die Staatsquote rezessionsbedingt an, weil die Entwicklung des BIP – wie im Jahr 1993 – hinter der der Ausgaben zurückbleibt, muß eine solche Zunahme der Staatsquote aus beschäftigungspolitischen Gründen positiv beurteilt werden; im Zuge eines wirtschaftlichen Aufschwungs bildet sie sich entprechend wieder zurück (JG 94/95, Ziff. 287).

baus der Staats- und Abgabenquote sowie der Neuverschuldung konzentrieren („Ausgabenpolitik“-Gutachten 1994, S. 6ff.; Scholz-Kommission 1996, S. 1-4). Das erklärte Ziel der angebotspolitisch angeleiteten Finanzpolitik ist, bis zum Jahre 2000 die Staatsausgabenquote auf das vor der Wiedervereinigung erreichte Niveau von rd. 46% zu senken (JWB ’96, S. 28). Eine wesentliche Voraussetzung hierfür wird darin gesehen, den Ausgabenanstieg aller öffentlichen Haushalte „deutlich unterhalb des Anstiegs des nominalen Bruttosozialprodukts“ zu begrenzen. Bei der von der offiziellen Finanzpolitik erwarteten Zunahme des nominalen Bruttoinlandsprodukts von jahresdurchschnittlich 5% „muß der Zuwachs der Staatsausgaben auf höchstens 3% pro Jahr begrenzt bleiben“ (BMF-Finanznachrichten 25/95, S. 3). Diese auch vom Finanzplanungsrat beschlossene und mehrmals bekräftigte Steigerungsrate der Ausgabenentwicklung der Gebietskörperschaften von 3%[19] kann – angebotspolitischen Leitlinien entsprechend – nur erreicht werden, wenn die „konsumtiven Ausgaben“ wie beispielsweise Sozial- und Personalausgaben „energisch“ begrenzt werden (BMF-Finanznachrichten 22/95, S. 4).

Im Rahmen der quantitativen Konsolidierungspolitik werden Einsparungen bei den Lohnnebenkosten in dem Maße für möglich gehalten, wie es der Finanz- und Sozialpolitik gelingt, „die Selbstverantwortung der Versicherten“ zu stärken (Donges u.a. 1995, S. 11). Demzufolge sollten insbesondere dem Subsidiaritäts- und Äquivalenzprinzip stärkere Geltung verschafft werden (JG 94/95, Ziff. 289; Donges u.a. 1995, S. 11). Die Revitalisierung des Subsidiaritätsgrundsatzes sollte einen Beitrag für Leistungs- und Beitragskürzungen leisten, indem solidarische Hilfen der Parafiski erst dann einsetzen, wenn Selbsthilfe nicht mehr möglich ist. Die Angebotspolitik redet also einer restriktiven Deutung des Subsidiaritätsprinzip das Wort, wonach erst nach Erschöpfung der individuellen Hilfsquellen die übergeordnete organisatorische Instanz das Recht, aber auch die Pflicht hat, Unterstützung zu leisten.

Das in der gesetzlichen Krankenversicherung zu stärkende Äquivalenzprinzip zielt darauf ab, „finanzielle Verantwortung und Kostenverursachung zusammenzuführen“ (JG 92/93, Ziff. 381). In dem Maße, wie das Äquivalenzprinzip beispielsweise in der privaten Lebensversicherung (streng) angewandt wird, kann lohnnebenkostentreibenden „versicherungsfremden Leistungen“ Einhalt geboten werden. Im Interesse der Eindämmung der Dynamik der Beitrags- und Ausgabenentwicklung plädiert deshalb der SVR nicht nur für eine Regelung der Pflegeversicherung „auf privatwirtschaftlicher Basis“, sondern auch für eine stärkere Steuerfinanzierung der Leistungen der Arbeitslosenversicherung in den neuen Bundesländern (JG 94/95, Ziff. 289).

19 Der Bund sieht in seiner mittelfristigen Finanzplanung von 1996 bis zum Jahr 2000 nach einer Ausgabenreduzierung im Bundeshaushalt 1997 für die darauffolgenden Jahre sogar nur noch jährliche Ausgabensteigerungen von knapp einem Prozent vor. Vgl. Süddeutsche Zeitung vom 9. Juli 1996, S.1.

Die sich an den Zielvorstellungen der Konzeption der Angebotspolitik orientierende Fiskalisierung der Politik verschaffte sich insofern Geltung, als die quantitativen „Konsolidierungserfolge" der 80er und 90er Jahre vor allem das Ergebnis zahlreicher, bei Leistungseinschränkungen, -verschiebungen und -ausgrenzungen des Fiskus und der Parafiski ansetzenden Gesetzesänderungen sind (vgl. Kap. III.1.2.).

Das finanzpolitische Ziel der qualitativen Konsolidierung, die nach Abschluß der quantitativen Konsolidierung verbleibenden Staatsausgaben und das Steuersystem in „investitions- und wachstumsfreundliche Richtung" umzustrukturieren, hat in angebotspolitischer Sicht einen hohen Stellenwert. Die qualitative Konsolidierung zielt darauf ab, die Strukturen der öffentlichen Ausgaben „stärker an der Dringlichkeit der öffentlichen Aufgaben zu orientieren" (JG 94/95, Ziff. 155), d.h. aufgrund des enormen Sanierungs- und Modernisierungsbedarfs in den neuen Ländern den öffentlichen Infrastrukturaufbau und im Interesse der internationalen Wettbewerbssicherung auch im gesamtdeutschen Rahmen die privaten Investitionen besonders zu fördern (JG 94/95, Ziff. 175; JG 95/96, Ziff. 306). Ferner ist die qualitative Konsolidierung zur Stärkung der „Leistungsanreize und Investitionsbereitschaft" und wegen der damit erwarteten Einnahmenverbesserungen darauf ausgerichtet, die steuerliche Belastung der Einkommensentstehung zu mildern und die der konsumtiven Einkommensverwendung zu erhöhen (z.B. über höhere Verbrauchssteuern) (JG 95/96, Ziff. 317).

Zur Überwindung der mannigfachen Angebotshemmnisse ist nach dem Programm des SVR eine Angebotspolitik erforderlich, die sich in den jeweiligen Politikarenen an folgenden Leitlinien zu orientieren hat:

- die Lohn- und Finanzpolitik an neoklassischen Interpretationen von Arbeitslosigkeit und Investitionen,
- die Privatisierungs- und Deregulierungspolitik an ordnungspolitischen Leitideen.

Einen Schwerpunkt der neoklassisch angeleiteten Argumentation des Angebotskonzepts bildet die Senkung der „Arbeitskosten" (Soltwedel 1979, S. 27ff.; Fels 1983, S. 47ff.). Der Lohnpolitik wird also die Schlüsselrolle bei der Belebung der Investitionen zugewiesen, d.h. daß die Gewerkschaften die „Vorleistung" mäßiger Lohnanstiege zu erbringen und die Unternehmer dies „mit höheren Investitionen, die zum Wachstum der Beschäftigung und letztlich auch der Nachfrage führen", zu honorieren haben (Buhbe/von Lüde 1983, S. 230).

Die nach neoklassisch angebotspolitischer Argumentation „überhöhte" Lohnpolitik hat insbesondere auf dem Arbeitsmarkt die Entwicklung zum Gleichgewicht verhindert, folglich die notwendige „Markträumung" erschwert, weil die Preise für das Arbeitsangebot zu hoch sind (kritisch: Scheuer 1987, S. 71-109). Da „Arbeitslosigkeit immer und überall eine Folge überhöhter Löhne" ist (Vaubel 1984, S. 90), gilt die angebotspolitische Kritik der marktwidrigen Überhöhung der Preise nicht nur infolge der zu stark gestiegenen Löhne, sondern auch der staatlich bedingten hohen Lohnnebenkosten. Hier hat der Staat insofern einen Beitrag zu leisten, als die Finanz- und Sozialpolitik auf die Senkung der lohnbezogenen Sozialabgaben, also der gesetzlichen Lohnnebenkosten, hinzuwirken hat, um Anreize für Neueinstellungen zu schaffen (Sievert 1980, S. 23; George-Papier 1983; Lipp/Pfister 1984, S. 18). Die Angebotspolitik weist also der Finanz- und Sozialpolitik die maßgebliche Rolle zu, durch Kostenreduktion zu einzelwirtschaftlichen Rentabilitätssteigerungen beizutragen. Diese durch die wissenschaftliche Politikberatung begründete und öffentlich immer wieder angemahnte Politik stützt und verstärkt damit ohnehin vorhandene Ökonomisierungstendenzen in der Politik.

Für den SVR kommt es in der Lohnpolitik auf „die Arbeitskosten insgesamt" an, wozu selbstverständlich die Lohnnebenkosten gehören (JG 93/94, Ziff. 369). Auch wenn die tariflichen Lohnzusatzkosten (z.B. Urlaubs- und Weihnachtsgeld) und die betrieblichen Lohnzusatzkosten (z.B. betriebliche Altersversorgung, Belegschaftseinrichtungen, Familienbeihilfen) für die Arbeitnehmer ein „sichtbarer Einkommensbestandteil" sind und Kürzungsversuche an diesen Sonderleistungen Widerstände hervorrufen, gelten in angebotspolitischer Sicht diese Leistungen für die Unternehmen als „gestaltbar" und damit prinzipiell auch als „abänderbar" (JG 93/94, Ziff. 369).

Der SVR sieht insofern eine Gefahr für die Verteuerung von Arbeitskosten darin, als nicht ausgeschlossen werden kann, daß die Arbeitgeber den Anstieg der Lohnnebenkosten nicht oder nicht voll zurückwälzen können. Diese nicht auszuschließenden Kostenbelastungen sollten nicht nur die staatlichen Akteure der Sozialpolitik, sondern auch die Tarifvertragsparteien bei ihren Verhandlungen bedenken: Orientierungsmaß des Spielraums für den Anstieg der gesamten Arbeitskosten sollte demzufolge der Produktivitätsfortschritt sein (JG 93/94, Ziff. 369).

Die Hauptverantwortung für die Senkung der Lohnnebenkosten wird allerdings der staatlichen Finanz- und Sozialpolitik zugewiesen: Entscheidende Ansatzpunkte für eine lohnnebenkostenbedingte Entlastung der Unternehmen liegen auch nach angebotspolitischer Auffassung in einer stärkeren Steuerfinanzierung „versicherungsfremder Leistungen" wie der Anrechnungszeiten für Ausbildung und Kindererziehung in der Rentenversicherung, der Weiterbildungsmaßnahmen und Vorruhestandsregelungen in der Arbeitslosenversicherung und der Leistungen bei Schwangerschaft und Mutterschaft und der beitragsfreien Familienversicherung in der Krankenversicherung (JG 94/95, Ziff. 289; JG 95/96, Ziff. 189ff.; JWB '96, Ziff. 21).

Der angebotspolitischen Argumentation liegt die normative Vorstellung zugrunde, daß der privatwirtschaftliche dem öffentlichen Sektor „überlegen" ist, d.h., daß die marktregulierte Privatwirtschaft aus ihren „Funktionsmechanismen" heraus in der Lage ist, ein vollbeschäftigungskonformes Wirtschaftswachstum zu gewährleisten (Sievert 1984; Buttler u.a. 1985; SVR-Jahresgutachten; Frey 1988). Folglich wird dem – in den Marktmechanismus – intervenierenden (Wohlfahrts-)Staat nicht nur Erfolglosigkeit bescheinigt, sondern ihm auch die Verantwortung für gesamtwirtschaftliche Fehlentwicklungen zugewiesen. Massenarbeitslosigkeit sowie Wirtschaftskrisen werden dann ursächlich dem außerhalb des Marktes erzeugten „Fehlverhalten“ der Politik zugeschrieben (Sievert 1988). Damit rücken neben der Lohnpolitik im Rahmen der politisch weitgehend respektierten Tarifautonomie der intervenierende Sozial-/Wohlfahrtsstaat ins Zentrum der angebotsorientierten Kritik.

Die Finanzpolitik hat die Lohnpolitik zu unterstützen, indem sie zur Senkung der Lohnnebenkosten (Sozialkosten) und der Gewinnsteuern beizutragen hat. Die Finanzpolitik hat also sowohl durch eine „weitere Durchforstung der Sozialhaushalte“ Spielraum für eine Umschichtung hin zu „investitionsfördernden Maßnahmen der Angebotspolitik“ zu schaffen, also durch eine investitionsfreundliche Steuerpolitik „die kapitalbildungsfeindlichen Elemente des Steuersystems“ zu eliminieren (Fels 1983, S. 42ff.). Die angebotsorientierte Finanzpolitik hat ferner die die Wettbewerbsfähigkeit beeinträchtigenden „Angebotsfesseln“ dadurch zu beseitigen, daß sie eine innovations- und produktivitätsfördernde Politik betreibt (Subventionsabbau mit Ausnahme der Subventionierung von Forschung und Technologie und des Risikokapitals!).

Die angebotsorientierte Finanzpolitik weist dabei der staatlichen Forschungs- und Technologiepolitik die relevante Aufgabe zu, die Produktion stärker auf international wettbewerbsfähige, hochwertige Technologien, also auf „intelligente“ Produkte zu richten (Gahlen 1980; K.-D. Schmidt 1984; RWI-Strukturberichterstattung, Bd. 3, 1987; Schabidot/Weckenmann 1988; Grande 1993; Naschold 1993). Dieser auf die Modernisierung und damit auf die Stärkung der Wettbewerbsfähigkeit der Wirtschaft zielenden Politik wird aber lediglich die Rolle zugebilligt, „Hilfestellung bei der Mehrproduktion von forschungs- und technologieintensiven Gütern“ zu leisten (Institut für Weltwirtschaft 1981, S. 20). Der auf Modernisierung setzende Wachstumsbeitrag der Finanzpolitik wird also darin gesehen, „das Risiko- und Ertragskalkül für Investitionen und Innovationen zu entlasten“ (Institut für Weltwirtschaft 1981, S. 20).

Die für die Angebotspolitik bedeutende ordnungspolitische Zielsetzung wird mit den Instrumenten der Privatisierung und Deregulierung verfolgt (Feldhoff u.a. 1988; An. Benz 1995, S. 337-359).

Prämisse der angebotsorientierten Ordnungspolitik ist die Grundüberzeugung vom „Effizienzvorsprung der privaten Produktion“ (JG 95/96, Ziff. 306), die Betonung des Vorrangs der privaten Initiative und des Privateigentums vor „staatlicher Unternehmertätigkeit und staatlichem Eigentum“ (Finanzbericht 1988, S. 29).

Vor dem Hintergrund des wissenschaftlichen Paradigmenwechsels zu angebotsökonomisch und angebotspolitisch orientierten Konzepten und der von der Regierungspolitik als Finanzkrise, Kostenkrise, Strukturkrise, Flexibilitätskrise, Regulierungskrise usw. diagnostizierten Strukturen und Prozesse des Standorts Deutschland, wachsender Ausgaben seit der deutschen Vereinigung und der Entdeckung immer neuer Aufgaben etwa im Umweltschutz („Standortbericht“ der Bundesregierung 1983; An. Benz 1995, S.337-343) wird immer massiver die Forderung nach „Entlastung“ des zunehmend

„überforderten" Staates und der Wirtschaft, aber auch nach Förderung von Bildung, Ausbildung, Forschung und Wissenschaft erhoben (Ellwein/Hesse 1994).

Privatisierung und Deregulierung als ordnungspolitische Instrumente der Strategien der „externen Staatsentlastung" (im Unterschied zur internen Entlastung durch Verwaltungsmodernisierung!) sollen also neben der Stärkung der Marktmechanismen und der Wettbewerbsfähigkeit im Kern zur Entlastung des Staates von Aufgaben und Leistungen beitragen (An. Benz 1995, S.337). Mit der Konzentration des Staates auf seine „Kernaufgaben" („Eckpunkte" der Solidarpakt-Beschlüsse vom März 1993 und des „Standortberichts" der Bundesregierung vom September 1993) soll nicht nur privaten und unternehmerischen Aktivitäten größerer Spielraum verschafft werden, sondern mit der Konzentration auf „wesentliche Schutzzwecke" soll auch die Funktionsfähigkeit des sozialen Sicherungssystems (An. Benz 1995, S.341) gewährleistet werden. Die Befürworter forcierter Privatisierungs- und Deregulierungspolitik betonen – je nach den spezifischen Eigenheiten des jeweiligen Marktsektors – die zu beachtenden engen Zusammenhänge zwischen Privatisierungsmaßnahmen, der Aufhebung von Marktzugangsbeschränkungen infolge von Monopolen sowie dem Abbau von marktwidrigen Regulierungen (Deregulierungskommission 1991; JBW '96, Ziff. 21).

Die angebotspolitisch primär mit Effizienzargumenten begründeten Privatisierungen kommen in ihren beiden Ausprägungen der „formellen" wie der „materiellen" Privatisierung fiskalischen Interessen entgegen: Formelle Privatisierungen, die vor allem die Veräußerung von Unternehmensbeteiligungen und Liegenschaften kennzeichnen (Schoch 1994, S.962ff.; Schuppert 1994, S.541-564; An. Benz 1995, S.342, 347), verschaffen dem Fiskus zusätzliche Einnahmen, und materielle Privatisierungen, die die Übertragung bisher staatlich bereitgestellter Güter und Dienstleistungen auf Private meinen (Bach 1994), tragen zur finanziellen Entlastung des Staates bei. Beide Formen der Privatisierung geben damit Fiskalisierungstendenzen der Politik neue Nahrung.

Ein weitgehender Verzicht auf Regulierung findet bei Privatisierungen am häufigsten dort statt, wo kein unmittelbarer Zusammenhang mehr mit dem öffentlichen Charakter von Aufgaben bzw. der Wahrnehmung „materieller" Staatsaufgaben erkennbar ist (Monopolkommission 1992, S.24). Diese Form der Privatisierung und Deregulierung findet dann auch in kritischen Positionen Unterstützung, wenn staatliche Aufgaben wie beispielsweise „alltäglich" anfallende Bank- oder Versicherungsdienstleistungen genauso „technisch-effizient" von Privaten erledigt werden können, oder sog. Annex-Aufgaben, die einfache Fertigkeiten verlangen und untergeordnete Tätigkeiten umfassen und bei denen Wettbewerb besteht (z.B. Reinigungsdienste), unverändert auf Private übertragen werden (An. Benz 1995, S. 347).

Da dem Privatisierungskonzept der Angebotspolitik die ordnungspolitische Prämisse vom privaten „Effizienzvorsprung" zugrunde liegt, plädiert der SVR für eine stetige Überprüfung der Notwendigkeit des Zwecks staatlicher Aufgabenerfüllung. Das angebotspolitisch angeleitete Privatisierungskonzept will vor allem vermeiden, daß der Staat Aufgaben behält oder übernimmt, „die ebenso gut, sogar billiger, rascher und nachfragegerechter von Privaten wahrgenommen werden können" (JG 93/94, Ziff. 404).

In der grundsätzlich kontraktiven angebotspolitischen Definition der öffentlichen Aufgaben (Offe 1994, S. 317-322) wird Infrastrukturmaßnahmen nur insoweit ein „öffentlicher Charakter" zugebilligt, wie sie als „Vorleistungen" für privates Wirtschaften die nötige Produktionsnähe haben und/oder ein privatwirtschaftliches Angebot nicht hinreichend zustande kommt (JG 95/96, Ziff. 306). Aufgabenbereiche wie beispielsweise der Krankenhausbau und Versorgungs- und Verkehrsunternehmen, eingeschränkt auch Bildung, Wissenschaft und Forschung gelten zwar seitens des SVR als noch privatisierbare Staatsaufgaben. Doch werden solche bereichsspezifische Privatisierungsforderungen nur moderat vorgetragen, da die Angebotspolitik eine Übertragung der staatlich finanzierten infrastrukturellen (produktionsnahen) „Vorleistungen" auf den privaten Sektor wegen der dann noch höheren Finanzierungslasten ambivalent beurteilen müßte (JG 95/96, Ziff. 306).

Die von der angebotsorientierten Politikberatung immer wieder angemahnte Fortsetzung des Privatisierungskurses hat in den 80er und 90er Jahren mit dazu beigetragen, daß Teil- oder Vollprivatisierungen wie die bekannten Fälle des Verkaufs der Bundesbeteiligungen an der Volkswagen AG oder die vollständige Privatisierung der VEBA umgesetzt wurden. Neben der Verpflichtung des Bundes, auf die wiederholten Aufforderungen zur verstärkten Privatisierung seitens der Politikberatung (insbesondere seitens des SVR) und der wissenschaftlichen Beiräte beim Bundesfinanz- und Bundeswirtschaftsministerium reagieren zu müssen, hat der Bund gerade unter erschwerten Finanzierungsbedingungen ein eigenes fiskalisches Interesse, sich über weitere Privatisierungsmaßnahmen zusätzliche Mittel zu beschaffen. Die Bereitschaft zur Nutzung dieser Form der Fiskalisierung schlägt sich in „Ankündigungen" der Bundesregierung nieder, „den Privatisierungskurs konsequent fortsetzen zu wollen (JWB '96, Ziff. 31). Auf der Agenda der Privatisierungsvorhaben stehen so bekannte Unternehmen wie die Deutsche Lufthansa AG, die Deutsche Postbank AG, die Deutsche Telekom AG und die Flughafenbeteiligungen des Bundes in Hamburg und Köln/Bonn (vgl. Kap. III.1.2.).

Die Politik der Deregulierung ist auf „Marktöffnung" bisher staatlich regulierter Märkte (z.B. Energiesektor, Wohnungsbau, Bundespost) für neue Wettbewerber angelegt. Die Deregulierungspolitik ist auch darauf ausgerichtet, durch Aufweichung („Lockerung") insbesondere arbeits-, sozial- und umweltrechtlicher Vorschriften und Auflagen Investitions- und Beschäftigungshemmnisse zu überwinden (Tofaute 1977; Buhbe/von Lüde 1983, S. 230f.; Watrin 1986, S.14-23; Kirsch 1988, S. 38; Bäcker 1995, S. 345ff.). Ferner zielt die Deregulierungspolitik darauf ab, zeitaufwendige und investitionsverzögernde Gerichtsverfahren infolge rechtsstaatlicher Einspruchsmöglichkeiten der Bürger durch kürzere Instanzenwege zu beschleunigen (vgl. Kap. III. 1.2.). Die auf Wettbewerbssicherung, Innovationsförderung und Kostenentlastung der Unternehmen ausgerichteten Deregulierungsmaßnahmen verstärken damit Ökonomisierungstendenzen und durch die Entlastung des Staates von Aufgaben-/ Ausgabenverantwortungen gleichzeitig Fiskalisierungstendenzen der Politik.

Für die Vertreter der wissenschaftlichen und praktizierten Angebotspolitik hat das im marktwirtschaftlichen System entstandene enge ordnungspolitische Geflecht regulierender Eingriffe in den Markt (z.B. Markteintrittsbeschränkungen, Marktaufteilungen, Kapazitäts- und Preiskontrollen) zahlreiche Fehlentwicklungen hervorgebracht: Unternehmerische Initiativen und innovative Investitionsbereitschaft könnten sich nicht voll entfalten, Produktivitätsreserven könnten nur unzulänglich erschlossen werden, Kosten und Preise seien infolge fehlenden Wettbewerbs überhöht, das Angebot passe nach Umfang und Struktur nicht zur Nachfrage, arbeitsplatzschaffende Investitionen würden blockiert oder sogar verhindert und schließlich blähe der administrative Aufwand die Staatsausgaben und letztlich die Steuerbelastung auf (Deregulierungskommission 1991; Held 1993, S. 215f.; Clement/Röhreke 1994, S. 294ff.; Kuschel 1994, S. 59; JG 93/94, Ziff. 396; JWB '96, Ziff. 21). Die vor allem in den 90er Jahren daraus abgeleiteten, an ökonomischen Maßstäben orientierten Forderungen nach Deregulierung haben nicht unwesentlich Ökonomisierungstendenzen in der Sozial- und Umweltpolitik usw. verstärkt (Schlichter-Kommissions-Bericht 1994; Küffmann 1995, S. 67ff.).

Zur Überwindung dieser überall feststellbaren „Überregulierungen" definiert die Angebotspolitik das Regulierungsfeld des Staates außergewöhnlich restriktiv und stellt an die Begründung von speziellen Regulierungen strenge Anforderungen: Beispielsweise rechtfertigt der SVR Regulierungsmaßnahmen nur insoweit, wie keine wettbewerbswirksame „effiziente Steuerung" beim Einsatz der Produktivkräfte stattfindet. Die angebotspolitische Politikberatung konzediert „nur wenige Felder" von immanentem Marktversagen (z.B. natürliches Monopol, externe Effekte von Produktion und Konsum, Gefahr vertragswidrigen Verhaltens) und sieht in den wiederholten Hinweisen auf Marktversagen allzu oft den Versuch von Interessengruppen, sich vor Konkurrenz zu schützen und Besitzstände wahren zu wollen (JG 93/94, Ziff. 397).

Ebenso wie der SVR hält die Deregulierungskommission noch eine Vielzahl von marktspezifischen Regulierungen für abbaubar (Deregulierungskommission 1981). Schwerpunkte für die Rückführung marktwidriger Regulierungen werden im Versicherungs- und Verkehrswesen, in der Stromwirtschaft, im Prüfungs- und Sachverständigenwesen, in der Gas- und Fernwärmeversorgung, auf den Telekommunikations- und Medienmärkten, im Banken- und Börsenwesen, im öffentlichen Auftragswesen, in der Wohnungswirtschaft und im staatlichen Gesundheits- und Bildungswesen gesehen.

Die angebotspolitisch angeleitete Politikberatung führt als herausragende Beispiele für marktwidrige und wettbewerbsfeindliche Regulierungen die Elektrizitätswirtschaft und das Fernmeldewesen an. Darüber hinaus werden behördliche Planungs- und Genehmigungsverfahren wie für gewerbliche Neuansiedlungen und Betriebserweiterungen, für die Installierung oder die

Änderung umweltschutzrelevanter Anlagen, für verkehrsinfrastrukturelle Vorhaben oder die Prüfungsverfahren für forschungssensible Projekte der Gen- oder Biotechnologie als (zu) zeitraubend und die rechtsstaatlichen Einspruchsmöglichkeiten der Bürger als (zu) weitreichend kritisiert (JG 93/94, Ziff. 396; JWB '96, Ziff. 21).

Auch für den SVR ist das Deregulierungspotential noch lange nicht ausgeschöpft. Zwar wird gewürdigt, daß die bisher nach angebotspolitischen Grundsätzen beschleunigten und vereinfachten Planungs- und Genehmigungsverfahren wie das Investitionserleichterungs- und Wohnbaulandgesetz in Kraft getreten sind, doch wird die Umsetzung weiterer Deregulierungsmaßnahmen angemahnt. Darüber hinaus wird eingeräumt, daß die Bundesregierung im Sinne angebotspolitischer Deregulierungsintentionen „der Steigerung der Investitions- und Innovationsdynamik" (JWB '96, Ziff. 45) anfangs 1996 mehrere Gesetzesinitiativen zur Vereinfachung und Beschleunigung von Planungs- und Genehmigungsverfahren verabschiedet hat (vgl. Kap. III.1.2.), doch werden zusätzliche Anstrengungen für unumgänglich gehalten.

Auf der staatlichen Agenda stehen ordnungspolitische Schwerpunkte wie die Privatisierung und der Abbau weiterer marktwidriger Regulierungen des Telekommunikationssektors, d.h., daß die Umwandlung der Deutschen Bundespost in Aktiengesellschaften mit den drei Schwesterunternehmen Postdienst, Postbank und Telekom mit der Öffnung des Marktes für neue Wettbewerber verbunden wird. Mit dem Inkrafttreten des Telekommunikationsgesetzes im Jahr 1996 und dem damit verknüpften Wegfall des Monopols der Telekom (ab 1998) im Bereich der öffentlichen Netze und des Telefondienstes soll nach den Deregulierungsintentionen der Angebotspolitik eine „neue Wachstumsdynamik" zur Entfaltung kommen und „die Wettbewerbsfähigkeit der gesamten Wirtschaft" verbessert werden (JWB '96, Ziff. 21; Jessop 1994, S. 63f.).

Die Fortsetzung der Deregulierungspolitik wird auch mit dem Verweis auf Telekommunikationsmärkte wie die der USA und Großbritanniens begründet, die einen höheren Qualitätsstandard der telekommunikativen Infrastruktur haben und billigere Telefondienste anbieten. Die Deregulierungspolitik soll einen Beitrag dafür leisten, die zahlreichen institutionellen Behinderungen unternehmerischen Handelns zu beseitigen: Die Telekom unterliegt verfassungsrechtlichen Beschränkungen bei direkten Investitionen im Ausland, bei der Bildung strategischer Allianzen, ist zum Abführen von Gewinnen an den Bund und zum Defizitausgleich bei den Schwesterunternehmen Postdienst und Postbank verpflichtet. Schließlich sollen durch Deregulierung die merklichen Ineffizienzen im Vergleich zu ausländischen Telefongesellschaften bei der Kapitalproduktivität und dem Personalüberhang überwunden werden (JG 93/94, Ziff. 409).

Die ordnungspolitischen Bedenken richten sich auch gegen die im Zuge der Privatisierung institutionalisierte bundeseigene Holding, die als Anstalt des öffentlichen Rechts über den drei privatrechtlichen Unternehmen steht. Im Art. 87 f des Grundgesetzes ist festgelegt worden, daß nach Maßgabe eines zustimmungspflichtigen Gesetzes „der Bund im Bereich des Postwesens und der Telekommunikation flächendeckend angemessene und ausreichende Dienstleistungen" zu gewährleistet hat. Nach dem Ausführungsgesetz dazu übernimmt die Holding über die Kapitalanteile des Bundes an den Aktiengesellschaften operative Aufgaben wie die koordinierende Beratung der drei Unternehmen und den Abschluß von Manteltarifverträgen. Die Angebotspolitik befürchtet, daß diese Aufgabenstellung das Deregulierungsziel verfehlt, unternehmerische Entscheidungen „ausreichend marktgerecht und wettbewerbsorientiert" treffen zu können (JG 93/94, Ziff. 411).

Darüber hinaus werden ordnungspolitische Einwände gegen die Mehrheitsbeteiligung des Bundes an der Telekom erhoben, die die Unternehmen politischen Einwirkungen aussetzen und mit privatwirtschaftlichen Zielen kollidieren. Aus der Perspektive angebotsorientierter Deregulierungspolitik können damit innerbetriebliche Kostensenkungspotentiale wie die Befreiung von den starren Laufbahn- und Besoldungsregeln des öffentlichen Dienstes und die Zugangsmöglichkeiten zum Kapitalmarkt nicht konsequent genutzt werden (JG 93/94, Ziff. 411).

Da die Angebotspolitik den notwendigen „Zusammenhang zwischen Lohn-, Finanz-, Steuer- und Sozialpolitik" betont, sollten auch die für die Finanz- und Sozialpolitik relevanten institutionellen Bedingungen des Arbeitsmarktes geändert werden (JWB '96, Ziff. 20; JG 95/96, Ziff. 452ff.). Die angestrebte Deregulierung auf den Arbeitsmärkten ist darauf ausgerichtet, den durch arbeits- und sozialrechtliche Regelungen eingeschränkten unternehmerischen Entscheidungsspielraum wieder zu erweitern und somit zusätzliche Anreize für die Einstellung von Arbeitskräften zu schaffen. Den Beschäftigungshemmnissen ist dadurch zu begegnen, daß z.B. der regionale und berufliche Mobilitätsdruck auf die Arbeitskräfte verstärkt wird, indem befristete Beschäftigungsverhältnisse zugelassen werden, der Kündigungsschutz gelockert wird, die Anspruchsvoraussetzungen für den Bezug von Arbeitslosenunterstützung verschärft und die Leistungsansprüche von Arbeitslosen gekürzt werden (JG 82/83, Ziff. 386ff.).

Die Angebotspolitik wendet sich ferner gegen die nach ihrer Auffassung zu weit gefaßten Kündigungsschutzbestimmungen in Deutschland. Da mit zunehmender Beschäftigungsdauer selbst betriebsbedingte Entlassungen immer schwieriger werden, also die arbeitsrechtlichen Regulierungen des Kündigungsschutzes zu einem „fixen Kostenfaktor" der unternehmerischen Kalkulation werden, gelte es, diese Form von „Beschäftigungshemmnissen" abzubauen. Ein Ausweg aus dieser „allzu rigiden Kündigungsschutzpraxis" wird deshalb in der Zulassung zeitlich befristeter Arbeitsverträge gesehen. Der arbeitsmarktpolitischen Deregulierungsforderung der Angebotspolitik, das die erleichterte Befristung von Arbeitsverträgen zulassende Beschäftigungsförderungsgesetz von 1985 über 1995 hinaus zu verlängern, ist mit der Novellierung des Beschäftigungsförderungsgesetzes von 1994 entsprochen worden (vgl. Kap. III.1.2.).

1.3.1.2. Kritik

Ansatzpunkte der Kritik am angebotspolitischen Konzept sind weniger die kontraktive Definition der Agenda staatlicher Aufgaben als vielmehr die angebotspolitisch angeleitete Umstrukturierung staatlicher Ausgaben und Aufgabenerfüllungen zugunsten einzelwirtschaftlicher Interessen (Offe 1990, S. 180f.; 1994, S. 317-325; Jessop 1994, S. 63-68; Ellwein 1994; An. Benz 1995, S. 337-359). Die grundsätzlichen Bedenken richten sich gegen Politikkonzepte, deren Argumentationen und Rechtfertigungen vorwiegend auf (einzel-)wirtschaftlich-funktionale Gesichtspunkte hinauslaufen. Die angebotspolitischen Zielsetzungen und der damit verbundene Rückzug aus wohlfahrtsstaatlichen Verantwortungen und Zuständigkeiten bedeuten für die Kritik eine Neubestimmung der Rolle des (Wohlfahrts-)Staates: Die praktizierte Ökonomisierung der Politik erfährt eine zusätzliche (theoretische) Rechtfertigung, indem die politischen Aktivitäten verstärkt auf die Verbesserung rentabler Angebotsbedingungen ausgerichtet werden sollen. Dabei fällt der Finanzpolitik die Aufgabe zu, über Sachausgaben für den Kauf privat hergestellter Güter und über Transferausgaben an Unternehmen (Finanzhilfen und Steuervergünstigungen) die einzelwirtschaftlichen Rentabilitätsbedingungen zu stärken. Diese zunehmende Instrumentalisierung der (wohlfahrts-)staatlichen Politik für Zwecke der Rentabilitätsförderung findet ihre Ergänzung in ordnungspolitischen Zielen: Die von der Angebotspolitik propagierte Entstaatlichung im Sinne direkter Privatisierung und Deregulierung greift schwerpunktmäßig in wohlfahrtsstaatliche Aufgabenbereiche ein: In der Sicht der Kritik erweisen sich aber vor allem die angebotspolitischen Argumentationsmuster, daß die rentabilitätsorientierte Verbesserung der Angebotsbedingungen und die „Staatsentlastung" von wohlfahrtsstaatlichen Aufgaben zur einzelwirtschaftlichen Kostensenkung, gesamtwirtschaftlichen Wettbewerbsstärkung und fiskalischen Entlastung und damit letztlich zum Abbau der Arbeitslosigkeit beitragen, zunehmend als brüchig. Das zentrale Manko angebotsorientierter Politikstrategien wird in ihrer Unfähigkeit gesehen, „des gesellschaftlichen Hauptproblems, der Massenarbeitslosigkeit, Herr zu werden" (Urban 1995, S.17f.; Huffschmid 1995, S.70-84).

In der Sicht der (struktur-)keynesianischen Kritik an der Angebotspolitik vernachlässigt die quantitative Konsolidierungspolitik nicht nur die gesamtwirtschaftliche Nachfrageseite[20] , sondern die mit der Steuerentlastung der Unternehmen erwarteten Beschäftigungsziele und Einnahmensteigerungen wurden und werden schlicht verfehlt. Für die von der Angebotspolitik unterstellten Wirkungszusammenhänge zwischen (Unternehmens-)Steuersenkungen, Investitionsbelebung, Beschäftigungssteigerung und Steuermehreinnah-

20 In der strukturkeynesianischen Steuerungskonzeption muß eine beschäftigungsorientierte Finanzpolitik die Nachfrage solange expansiv steuern, wie auch im Konjunkturaufschwung „bei annährend voller Kapazitätsauslastung der ‚Arbeitslosensockel' hoch bleibt". Siehe dazu Hickel/Priewe 1989, S. 260.

men gebe es keine empirisch hinreichenden Belege (Krupp 1994, S. 25; Memorandum '94, S. 68ff.; Memorandum '95, S. 66ff.). Besonders in beschäftigungspolitischer Hinsicht muß das Resultat der Angebotspolitik „als nicht gerade ermutigend" bewertet werden. Nach anderthalb Jahrzehnten praktizierter Angebotspolitik ist das in Aussicht gestellte Ziel, zumindest mittel- und langfristig die Beschäftigungskrise zu überwinden, „nicht eingetreten" (Krupp 1994, S. 25; Kuschel 1994, S. 59f.).

Die angebotsorientierte Finanzpolitik trage mit ihrem „eigentlichen" Zweck, nach der Senkung der Staatsquote zur Schaffung von Leistungs- und Investitionsanreizen die Abgabenquote und insbesondere die (Unternehmens-) Steuerbelastung zurückführen zu wollen, zu einem letztlich für alle Industrieländer schädlichen „internationalen Steuersenkungswettlauf" bei (Krupp 1994, S. 25; Hopf 1996, S. 107-129). Zwar müsse eingeräumt werden, daß sich durch die Globalisierung von Produktion, Kapitalbewegungen, Arbeitsteilung usw. der internationale Wettbewerb enorm verschärft und der Anpassungsdruck auf Löhne, Sozialleistungen und Regulierungsnormen erhöht habe, doch haben die angebotspolitisch angeleiteten Konzepte und Strategien einen die fiskalische Basis des Staates und die Einkommen der Beschäftigten bedrohenden Prozeß beschleunigt. Die Angebotspolitik in ihren verschiedenen Ausprägungen habe diese „Abwärtsspirale" im Sinne von fortschreitenden Lohnkürzungen und Senkungen sozialer und ökologischer Standards zumindest verstärkt (Bäcker 1995, S. 325; Pieper 1996, S. 17).

Für die (struktur-)keynesianische Kritik an der angebotspolitischen Behauptung vom „überbordenden" Staatssektor liegt ein „manifester Widerspruch" darin, daß sich trotz des hohen gesamtwirtschaftlichen Wohlstandsniveaus die Bundesrepublik diesen öffentlichen Sektor jetzt nicht mehr leisten könne (Memorandum '94, S. 116). Abgesehen von den – auch seitens der Angebotspolitik – für notwendig erachteten unmittelbaren produktionsbezogenen Infrastrukturleistungen ist die Beschneidung (sozial-)staatlicher Zuständigkeiten und Verantwortungsbereiche (Privatisierung!), die noch als wohlfahrtssteigernd „beschönigt" werden, das Ergebnis von „Enttäuschungserfahrungen" mit dem anspruchsvolleren Konzept des sozialdemokratischen Etatismus. Angebotsorientierte Konzepte erfüllen willkommene „Entlastungsfunktionen", die den „Nachweis" zu führen versuchen, daß Vollbeschäftigung und Haushaltskonsolidierung „nicht durch staatliche Politik, sondern durch staatliche Politikenthaltung und Deregulierung des Arbeitsmarktes" erreicht werden können (Offe 1990, S. 180). In dieser kritischen Position können weniger (zwingende) angebotsorientierte Argumente die restriktive Neudefinition des Umfangs und der Inhalte von Staatsaufgaben erklären als vielmehr die Mobilisierungs- und Organisationsfähigkeit kollektiver Akteure sowie die „Deutungspolitik" der Träger politischer Willensbildung (Offe 1990, S. 181).

In politik- und verwaltungswissenschaftlichen Studien wird davor gewarnt, Privatisierungs- und Deregulierungsmaßnahmen durchgängig als Rückzug des Staates aus seiner Aufgabenverantwortung zu deuten (W.C. Müller/Wright

1994; An. Benz 1995, S.347). Vielfach handle es sich bei der Veräußerungsprivatisierung und der Verlagerung von Aufgaben um eine „Veränderung der Form“ staatlicher Aufgabenwahrnehmung. Im Falle der Veräußerung staatlicher Beteiligungen oder von Liegenschaften, also bei formellen Privatisierungen, gebe der Staat schon in seiner Eigenschaft als (Mehrheits-)Eigentümer seine politischen Gestaltungsmöglichkeiten nicht preis. Auch wenn sich die Güter- oder Dienstleistungserstellung zum Teil verselbständige, sorgten verfassungsrechtliche oder gesetzliche Regelungen weiterhin für politische Einwirkungsmöglichkeiten (z.B. durch Gewährleistung „flächendeckender“ Dienstleistungen und bei der Post durch Errichtung einer bundeseigenen Holding). Diese bei der Post gewählte „Public-Private-Partnership“ verändert insofern die Form der Aufgabenwahrnehmung, als die Holding „operative Aufgaben“ im Sinne der Koordinierung zwischen den einzelnen privatrechtlichen Schwesterunternehmen (Postbank, Postdienst, Telekom) wahrnimmt und auch Tarifverträge abschließen kann. Die Wahrnehmung der Aufgaben selbst oder von Teilen hiervon erfolgt dagegen in mehr oder weniger großer Unabhängigkeit vom Staat.

Auch im Fall der Übertragung bisher staatlich produzierter Güter oder Dienste auf Private, also bei materiellen Privatisierungen wie etwa im Bereich der (Verkehrs-)Infrastruktur, greifen Bund, Länder und Kommunen häufig regulierend ein. Diese Regulierungstätigkeit gilt sowohl für die (dauerhafte) Übertragung von Teilen von Verwaltungsaufgaben auf Private (z.B. private Durchführung von Planungsaufgaben) als auch für formelle oder materielle Privatisierungen (z.B. Einrichtung von Betreibermodellen bei der Privatisierung kommunaler Kläranlagen oder Übertragung der Arbeitsvermittlung von Sozialhilfeempfängern auf Private – nach dem niederländischen „Maatwerk“-Modell – gegen staatliche Zahlung einer Vermittlungsprämie).

Abgesehen von der nur unzulänglich ausgeführten angebotspolitischen Prämisse vom „Effizienzvorsprung privater Produktion“ hebt die Kritik an den angebotspolitisch angeleiteten Privatisierungsmaßnahmen hervor, daß zwar die daraus resultierenden Verkaufserlöse gerade unter erschwerten Finanzierungsbedingungen dem staatlichen Fiskalisierungsinteresse entgegenkommen, den Staat aber gleichzeitig seiner politischen Gestaltungsmöglichkeiten berauben. Mit der Vollprivatisierung oder dem Verkauf von Beteiligungen verzichtet der Bund darauf, auf unternehmerische Entscheidungen von struktur-, regional- und arbeitsmarktpolitischer Bedeutung Einfluß zu nehmen (Pilz/Ortwein 1992, S. 64-105).

Die Kritik verweist darüber hinaus auf die teilweise negativen Erfahrungen mit Privatisierungen in Großbritannien (Claasen 1996, S. 21). Beispielsweise war das privatisierte Gasversorgungsunternehmen British Gas aus Kostengründen mit den Kraftwerken riskante Verträge mit „Unterbrechungsklauseln“ eingegangen, die dem Erzeuger erlaubten, im Falle eigenen hohen Bedarfs (z.B. bei extremer Kälte) die Gaslieferungen einzustellen. Diese vertraglich mögliche Versorgungsunterbrechung offenbart, daß nach der Privatisierung keine Instanz mehr für eine angemessene und ausreichende Stromversorgung zuständig und verantwortlich ist. Gleichzeitig müssen die Verbraucher mit drohenden Stromausfällen rechnen, da seit der Privatisierung aus Rentabilitätsgründen die Kapazitäten gekürzt worden sind, die außergewöhnliche „Verbrauchsschübe" nicht mehr zulassen.

Die privatisierten Wasserwerke in Großbritannien sind wegen wiederholter Wasserabschaltungen einer noch stärkeren Kritik ausgesetzt. Trotz drastischer Tariferhöhungen seit der Privatisierung 1989, die mit der Finanzierung der zu beseitigenden Infrastrukturmängel begründet wurden, gelten manche Reservoirs weiterhin als unzureichend saniert und noch immer versickern zu hohe Anteile des Wassers im Boden. Die Versorgungsmängel rufen auch deshalb Kritik hervor, weil die Gewinne der Wasserversorgungsunternehmen überproportionale Zuwachsraten aufweisen, die nicht hinreichend für die Sanierung und Modernisierung der Infrastruktur verwendet worden sind (Guy/Marvin 1996, S. 37-60).

Die Gründe für die Mängel der britischen Privatisierungspolitik liegen weniger in der Tarifpolitik als vielmehr in der Verkaufspolitik der staatlichen Unternehmen und vor allem in der betrieblichen Beschäftigungspolitik: Daß die Betriebe „unter Preis" an Private verkauft worden sind, läßt sich am Börsenwert der Stromversorger ablesen, der sich auf das Fünf- bis Sechsfache des Emissionspreises vor 6 Jahren beläuft. Die Kritik räumt zwar ein, daß Preisbeschränkungsformeln (Inflation minus x) zu moderaten Tarifsenkungen bei Strom und Gas führten, den Gewinnsteigerungen aber keine Grenzen setzten. Diese Gewinnzuwächse, klagen die Gewerkschaften, sind mit Tausenden von Entlassungen „erkauft" worden (z.B. hat die British Telecom seit der Privatisierung über 100.000 Mitarbeiter freigesetzt) (Claasen 1996, S. 21).

Der Deregulierungspolitik wird vorgehalten, die in Jahrzehnten „erkämpften" sozial- und arbeitsrechtlichen Schutzbestimmungen in Frage zu stellen. Die auf erweiterte private und unternehmerische Freiräume sowie auf Effizienzsteigerung und Stimulierung von Innovationen setzende Deregulierungspolitik stößt umso mehr auf gewerkschaftliche und politische Kritik, je mehr diese Form der Ökonomisierung zu Lasten von betrieblichen Mitgestaltungs- und Mitwirkungsrechten geht (Bäcker 1995, S. 356f.).

Zunächst verweist die Kritik auf das Paradoxon, daß die meisten Deregulierungsmaßnahmen eine neue Festlegung von Regulierungsnormen voraussetzen, also eine „Re-Regulierung" mit sich bringen (Majone 1990, S. 7-59). Der angebotspolitisch betriebene Rückzug bisher wahrgenommener (wohlfahrts-)staatlicher Aufgaben findet nicht einfach als „Unterlassen" bisheriger Aufgabenerfüllungen, sondern als ein kostenträchtiges und/oder regulierungsintensives „Tätigwerden" des Staates statt: Werden beispielsweise wohlfahrtsstaatliche Leistungsprogramme gekürzt oder eingestellt, muß der Staat im Sinne verschärfter Bedürftigkeitsprüfungen und Kontrollen der Leistungsempfänger tätig werden (Abromeit 1990, S. 22; Offe 1994, S. 329; An. Benz 1995, S. 337-359). Auch Deregulierungsmaßnahmen wie die Vereinfachung und Beschleunigung von Planungs- und Genehmigungsverfahren im Verkehrs- und Umweltbereich erfordern neue Regulierungsnormen (vgl. Kap. III.1.2.).

Aus umweltpolitischer Sicht wird der Klage der langen Dauer von Planungs- und Genehmigungsverfahren entgegengehalten, daß weniger materielle Umweltanforderungen oder Forderungen der Öffentlichkeitsbeteiligung, sondern vielmehr „ungenügendes Verfahrens- und Projektmanagement“ sowohl bei den Antragstellern als auch bei den Behörden verantwortlich sind. Die Kritik verweist auf empirisch gestützte Befunde, wonach die Dauer von Planungs- und Genehmigungsverfahren gegenüber anderen Faktoren (z.B. Arbeitskosten, Fachkräfteangebot, Infrastrukturausstattung, Steuerbelastung) „einen geringeren Stellenwert“ für die Investitionsbereitschaft der Unternehmen hat (SRU 1996, Ziff. 55; Gawel 1996, S. 199-206). Die Dauer der Genehmigungsverfahren stellt insofern kein relevantes Entscheidungsproblem dar, als rund drei Viertel der z.B. in Nordrhein-Westfalen und Baden-Württemberg untersuchten immissionsschutzrechtlichen Verfahren innerhalb eines Jahres abgeschlossen waren. Auch die Auswertungsergebnisse der Berichte von Gewerbeaufsichtsämtern stützen nicht die These, daß Bürgerbeteiligungen und das Einlegen von Rechtsmitteln gravierende Investitionshemmnisse sind (Gebers u. a. 1995).

Die Kritik an der Deregulierungspolitik wendet sich dagegen, daß die Politik der „Marktöffnung“ durch Zulassung neuer Wettbewerber nicht nur die „Newcomer“, sondern auch die Bundesunternehmen selbst dazu anreizt, sich auf einzelwirtschaftlich rentable Bereiche und Tätigkeiten zu konzentrieren („Rosinenpickerei“!). Infrastrukturell bedeutende Aufgaben wie die flächendeckende Grundversorgung, die nicht mehr die nötigen Kosten „trägt“, werden langfristig gefährdet (Hickel/Priewe 1989, S. 92). Die Bedenken richten sich schließlich auch dagegen, daß die Politik der Marktöffnung wichtige Teile des sozialen Sicherungssystems untergraben kann. Die angebotspolitische Prämisse, die Eigenverantwortung der Bürger und die private Eigenvorsorge zu stärken, kommt den versicherungswirtschaftlichen Interessen entgegen, sich gegen Risiken im Alter, bei Krankheit und Arbeitslosigkeit auf privatwirtschaftlicher Basis abzusichern (Hickel/Priewe 1989, S. 92).

Gegen die von der Angebotspolitik massiv vorgetragene These von der wachsenden Kostenbelastung der Betriebe durch den Sozialstaat wendet die Kritik ein, daß die Steigerung von Lohnkosten einschließlich der Lohnnebenkosten durch Produktivitätssteigerungen im Durchschnitt der Branchen und Sektoren „verdient“ worden sei (DIW-Wochenbericht 23/1994, S. 551). Hinsichtlich der von der Angebotspolitik zur Senkung der Arbeitgeberbeiträge zur Sozialversicherung befürworteten teilweisen Umschichtung von der Beitrags- zur Steuerfinanzierung verweist die Kritik auf bedenkliche Folgewirkungen: Ein stärker durch Erhöhung von Einkommens- und/oder Verbrauchssteuern finanziertes System werde sich auf die Dauer auch auf die Produktionskosten auswirken. Das vergleichsweise stärker steuerfinanzierte dänische Sozialsystem ist insofern instruktiv, als die Kostenentlastung den dänischen Unternehmen nicht automatisch eine stärkere internationale Wettbewerbsposition verschafft hat. Da die Angebotspolitik für die Umschichtung der Finanzierung versicherungsfremder Leistungen nur unter der Bedingung votiert, die Steuerquote deswegen nicht ansteigen zu lassen, befürchten die Kritiker Leistungskürzungen an anderer Stelle. Angesichts der seit der Vereinigung verschärften Finanzierungsengpässe besteht die Gefahr, daß die erforderlichen Sparmaßnahmen zuerst die „versicherungsfremden Ausgleichsleistungen" erfassen (Bäcker 1995, S. 353; Weeber 1996, S. 82f.).

1.3.2. Das quantitative Konsolidierungskonzept der Rückführung des „strukturellen Defizits"

Das Mitte der 70er Jahre vom Sachverständigenrat (SVR) entwickelte Konsolidierungskonzept der nötigen Verringerung des „strukturellen Haushaltsdefizits"[21] hat in der Wissenschaft und praktischen Politik zunehmend Beachtung gefunden und ist zur maßgeblichen Richtschnur der staatlichen Verschuldungspolitik geworden (siehe Schaubild 1a des Anhangs).

1.3.2.1. Ansatzpunkt und budgetärer Orientierungsmaßstab

Ansatzpunkt dieses strukturellen Defizitabbau-Konzepts ist die für erforderlich erachtete Umkehr der überkommenen Ausgaben-Einnahmenentwicklung, indem die öffentlichen Ausgabenzuwächse über mehrere Jahre unter die Veränderungsraten des nominalen Sozialprodukts gedrückt werden sollen. Defizitanstiege werden nur insoweit geduldet, als sie als zeitlich begrenzte, konjunkturbedingte Entwicklungen angesehen werden. Zwar wird die Möglichkeit, die Konsolidierung einnahmenseitig über Steuererhöhungen zu betreiben, grundsätzlich zur Diskussion gestellt, aber wegen der Gefahren eines Überschreitens der Belastungsgrenzen und zunehmender Steuerwiderstände gleich wieder verworfen (JG 81/82, Ziff. 373).

Der Sachverständigenrat sieht in der Rückführung der laufenden Nettoneuverschuldung das zentrale haushaltspolitische Anliegen, das der keynesianisch angeleiteten kreditfinanzierten Ausgabensteuerung mit ihrer erhofften nachfrageseitigen Wirkung angesichts der steuerlichen Belastungen der Angebotsseite positive Impulse abspricht (JG 81/82, Ziff. 370). Der Rat kritisiert die hohe Staatsverschuldung nicht nur wegen der aus den bezweifelten Wachstums- und Beschäftigungseffekten resultierenden negativen fiskalischen Rückwirkungen, sondern auch wegen der angenommenen Crowding-Out-Effekte, d.h., daß die staatliche Kreditfinanzierung eine stabilitätspolitisch unerwünschte Verdrängung privater wirtschaftlicher Aktivitäten bewirkt (JG 81/82, Ziff. 182ff.).

---

21 Das zur Konsolidierung anstehende „strukturelle Defizit" gründet sich auf das Konzept des „konjunkturneutralen Haushalts", das erstmals im Jahresgutachten 1967/68 vorgestellt worden ist. Siehe hierzu SVR-Jg. 67/68, Ziff. 157ff.; SVR-Jg. 75/76, Ziff. 231ff.; SVR-Jg. 85/86, Ziff. 130ff.

Das Konzept der strukturellen Defizitbeseitigung weist dem Staat das Recht, aber auch die Verpflichtung zu, für einen konjunkturneutralen Haushalt zu sorgen, der eine „konjunkturneutrale Verschuldung des Staates“ impliziert (JG 82/83, Ziff. 182ff.): Das Neutralitätskriterium des (fiktiven) konjunkturneutralen Haushalts dient dazu, den Umfang des Staatshaushalts für ein bestimmtes Jahr anzugeben, von dem weder expansive noch kontraktive konjunkturelle Wirkungen ausgehen sollen. In der Interpretation des Sachverständigenrats gilt das Budget dann als konjunkturneutral, wenn sich die Auslastung des (gesamtwirtschaftlichen) Produktionspotentials nicht verändert, d.h., daß alle konjunkturneutralen Größen des Basishaushalts (Ausgaben, Steuereinnahmen, Finanzierungssaldo) entsprechend der Zuwachsrate des Produktionspotentials steigen müssen.

Der SVR gesteht dem Staat grundsätzlich einen Finanzierungsrahmen zu, der den sogenannten konjunkturneutralen Finanzierungssaldo und die durch die Arbeitslosigkeit bedingten Bundeszuschüsse an die Bundesanstalt für Arbeit sowie Investitionszulagen umfaßt (JG 1986/87, Ziff. 78ff., 133ff.; Anhang IV A, IV D). Der konjunkturneutrale Finanzierungssaldo ergibt sich aus der Summe der Normalverschuldung („potentialorientierte Kreditaufnahme“) und der konjunkturbedingten Steuermindereinnahmen abzüglich der inflationsbedingten Steuermehreinnahmen und der als „anomal“ definierten Gewinnabführung der Bundesbank (JG 84/85, Ziff. 348; Thormählen/Leibinger 1977, S. 150, Tab. 3). Dieser Finanzierungssaldo wird als konjunkturpolitisch „vertretbar“ interpretiert, jede über diese Defizitkomponenten hinausgehende Verschuldung wird also wegen ihrer stabilitäts- und allokationspolitischen sowie den politischen Handlungsspielraum eingrenzenden Effekte negativ beurteilt (JG 83/84, Tab. 36, S. 186; JG 84/85, Tab. 35; S. 178; Metelsiefen 1984, S. 65ff.).

Auf der Ausgabenseite des Haushalts sind nach dem SVR-Verschuldungskonzept nur die Defizitanstiege zu rechtfertigen, die keine unerwünschten konjunkturellen Impulse geben. Die nach Art. 120 GG aus der Defizithaftung des Bundes für die Arbeitslosenversicherung resultierenden Bundeszuschüsse werden so lange gerechtfertigt, wie arbeitslosigkeitsbedingte kontraktive Effekte vermieden werden (JG 83/84, Ziff. 376; JG 84/85, Ziff. 244 u. 349). Dementsprechend wird eine Verschuldung für konjunkturell unbedenklich angesehen, die der Finanzierung „konjunkturbedingter Mehrausgaben“ in Gestalt der Bundeszuweisungen an die Bundesanstalt für Arbeit dient (JG 81/82, Ziff. 249; Sondergutachten des JG 1981/82, Ziff. 34; Buhbe/Gretschmann 1984, S. 82ff.). Auch eng bemessene Investitionszulagen werden als „konjunkturbedingte Mehrausgaben“ interpretiert, gelten also als Leistungen des Bundes, die den Anforderungen an einen konjunkturneutralen Finanzierungsrahmen noch entsprechen (Thormählen/Leibinger 1987, S. 150). Werden schließlich vom tatsächlichen Finanzierungssaldo der einnahmenseitige konjunkturneutrale Finanzierungssaldo und die ausgabenseitigen Bundeszuschüsse an die Bundesanstalt für Arbeit sowie die Investitionszulagen abgezogen, erhält man das – zu reduzierende – strukturelle Defizit.

Der SVR hat seit der deutschen Vereinigung auf das Konzept des strukturellen Defizits wieder zurückgegriffen (JG 93/94, Ziff. 175ff.) und in seinem Jahresgutachten 1994/95 dessen defizitbezogene Grundidee und die konjunkturelle Funktion unverändert gelassen, aber das Konzept in Teilen modifiziert (JG 94/95, Ziff. 178ff.) (siehe Schaubild 1a, 1b und 1c des Anhangs). Die Grundidee des strukturellen Defizitkonzepts bleibt erhalten, nur jenen Teil des budgetären Fehlbetrags zu konsolidieren, „der dauerhaften Charakter hat“: Das zu beseitigende strukturelle Defizit als „Ausweis“ der erreichten quantitativen Konsolidierung (JG 95/96, Ziff. 178) ist jener Teil des Gesamtdefizits, der bei einer Normalauslastung des gesamtwirtschaftlichen Produktionspotentials (weiterhin 96,5%) „die dauerhaft akzeptable Neuverschuldung“ überschreitet. Unverändert bleibt ferner die Funktion des konjunkturellen Impulses, mit dem die Anstoßwirkung von Defiziterhöhungen auf die konjunkturelle Entwicklung gemessen werden soll, die über die dauerhaft akzeptable Neuverschuldung und die konjunkturbedingten Haushaltsbelastungen hinausgeht (JG 94/95, Ziff. 179; Hüther 1995, S. 332-340).

Die erneute Modifizierung des Defizitkonzepts betrifft die Normalverschuldung, an deren Stelle die dauerhaft akzeptable Neuverschuldung („investitionsorientierte Verschuldung“) getreten ist (JG 94/95, Ziff. 183). Für die Begrenzung der jährlichen Kreditaufnahme dienen als Primärkriterium die staatlichen Ausgaben für Bauinvestitionen vorrangig für die wirtschaftsnahe Infrastruktur (z.B. für Bildung, Wissenschaft, Forschung, Versorgungs- und Verkehrsunternehmen, Energie- und Wasserwirtschaft, Krankenhäuser, kommunale Gemeinschaftsdienste) und als Sekundärkriterium die „gegebene Schuldenstandsquote“. Um die akzeptable Kreditfinanzierung öffentlicher Ausgaben auf eine objektivierbare Grundlage zu stellen, bieten sich in der Sicht des SVR das Kriterium der „Tragbarkeit“ zusätzlicher Kreditaufnahme und die an den Umfang der öffentlichen Investitionen gekoppelte Kreditfinanzierung an (JG 94/95, Ziff. 183). Während das Kriterium der Tragbarkeit die Obergrenze für die jährliche Neuverschuldung bei dem konstant zu haltenden Niveau der Schuldenstandsquote festlegt, wird die an den öffentlichen Investitionsausgaben ansetzende Kreditbegrenzung wachstumspolitisch begründet. Der SVR rechtfertigt eine „restriktive Festlegung der Neuverschuldungsgrenzen“ insbesondere damit, daß nicht nur die Verschiebung von Zahllasten auf zukünftige Generationen in Grenzen zu halten, sondern auch die finanzpolitische Handlungsfähigkeit des Staates zu gewährleisten ist.

Die „investitionsorientierte Verschuldung“ als dauerhaft akzeptable Kreditfinanzierung sollte also das bauinvestitionsbezogene Primärkriterium und das schuldenstandsbezogene Sekundärkriterium erfüllen: Die jährliche Neuverschuldung aller Gebietskörperschaften (einschließlich Nebenhaushalte und ERP-Sondervermögen) sollte den Umfang der tatsächlichen Nettoausgaben für Bauinvestitionen nicht überschreiten und die Schuldenstandsquote nicht erhöhen (JG 94/95, Ziff. 183).

1.3.2.2. Einzelelemente des Budgetkonzepts

Die mit dem SVR-Jahresgutachten 1986/87 zum dritten Mal erfolgte Änderung des Budgetkonzepts betrifft zwar nicht dessen Grundstruktur, aber vor allem die Neuberechnung des Produktionspotentials, des Auslastungsgrades und der Normalverschuldung (JG 86/87, Ziff. 78ff., 139ff., Anhänge IV A, IV D).

Der Sachverständigenrat geht bei der Berechnung des Produktionspotentials – im Gegensatz zur Bundesbank[22] – nach wie vor von einem kapitalorientierten Ansatz aus, d.h., daß lediglich Sachkapazitäten und nicht der Faktor Arbeit (z.B. Arbeitslose) zugrunde gelegt werden. Das Produktionspotential eines Jahres ist demnach definiert als Produkt aus dem durchschnittlichen Bruttoanlagevermögen und der potentiellen Kapitalproduktivität desselben Jahres (Thormählen/Leibinger 1987, S. 46).

Im Unterschied zum alten Budgetkonzept (Thormählen/Stahl 1980, S. 103ff.; Leibinger 1985, S. 204ff.) bezieht sich das neue Potentialkonzept nur noch auf die gewerbliche Wirtschaft, nachdem bei der Abgrenzung des Unternehmenssektors die Landwirtschaft nicht mehr berücksichtigt wird. Bedeutsamer ist allerdings die neue Festsetzung der Bezugsperiode („Stützperiode") für die Ermittlung der Kapitalproduktivität: Während bisher die trendmäßige Kapitalproduktivität der letzten 10 Jahre für das aktuelle Jahr einfach fortgeschrieben wurde, nimmt das neue Schätzverfahren Rücksicht auf abgeschlossene Konjunkturzyklen. Außerdem trägt die sogenannte „geknickte" Schätzmethode dem trendmäßigen Rückgang der Kapitalproduktivität insofern Rechnung, als für die Ermittlung der Veränderungsraten der potentiellen Kapitalproduktivität einmal die Stützperiode 1963-1975, zum anderen der Zeitraum 1975-1982 verwendet werden (Thormählen/Leibinger 1987, S. 46). Die neue Potentialschätzung unter Berücksichtigung von zwei Stützperioden hat zur Folge, daß das Wachstum des Produktionspotentials ab 1976 höher angesetzt wird.

Eine weitere Änderung des Budgetkonzepts betrifft die Ermittlung der „Normalauslastung" des Produktionspotentials. Nachdem nach der alten Bemessungsmethode der Auslastungsgrad kontinuierlich anstieg, ergibt sich – unter Zugrundelegung der Durchschnittswerte der Jahre 1963-1985 – eine Auslastung der Sachanlagen von 96,5% (JG 1986/87, Anhang IV A; JG 94/95, Ziff. 181).

Das Problem einer geeigneten Referenzperiode liegt für den SVR darin, als Basis möglichst solche gegenwartsnahen Perioden zu wählen, die eine einigermaßen „spannungsfreie gesamtwirtschaftliche Entwicklung" spiegeln

---

22 Die Berechnungsmethode der Bundesbank ist deshalb umfassender, weil das Produktionspotential nach der Cobb-Douglas-Produktionsfunktion ermittelt wird, d.h., daß neben den Faktoren Kapital, Arbeit und technischer Fortschritt noch der Faktor Energie aufgenommen wird. Vgl. Deutsche Bundesbank, Monatsberichte Nr. 10/1981, S. 32ff.

(JG 1982/83, Ziff. 182ff.; JG 1986/87, Ziff. 142). Der Sachverständigenrat hat sich deshalb für das Jahr 1985 als neues Basisjahr entschieden, weil der Auslastungsgrad der Kapazitäten in diesem Jahr etwa dem langjährigen Durchschnitt entspreche, dieses Jahr von inflatorischen Spannungen frei sei und keine finanzpolitischen Entscheidungen wirksam wurden (JG 1986/87, Ziff. 142).

Schließlich hat das neue Budgetkonzept die Normalverschuldung, von der erhebliche konjunkturelle Impulse und damit Veränderungen des strukturellen Defizits ausgehen, erhöht. Nach der Interpretation des SVR gehen in die Festsetzung der Höhe der Normalverschuldung, an welche die Wirtschaft gewöhnt werden soll, wertbezogene Entscheidungen ein (JG 1981/82, Ziff. 201; JG 1982/83, Ziff. 183).

Da für diese potentialorientierte Kreditaufnahme, die sich nach einem bestimmten Prozentsatz des Produktionspotentials bemißt, keine hinreichende Begründung gegeben wird, setzen Politiker oder Wissenschaftler – je nach eigenen normativen Vorstellungen – die Normalverschuldung zwischen Null und 2% des Produktionspotentials an. Der breite Interpretationsspielraum dafür, an welche Verschuldungshöhe sich die Wirtschaft gewöhnt hat, kommt in der Wahl der Referenzperioden zum Ausdruck: Warum der SVR das Verschuldungsverhalten des Staates zuerst im Basisjahr 1966, dann im Zeitraum 1966-1977 und heute im Basisjahr 1985 mit einer Verschuldung von 1,5% des Produktionspotentials als „normal" auffaßt, kann nur mit unterschiedlichen Anforderungen an die Höhe des strukturellen Defizits erklärt werden: Eine niedrige Normalverschuldung bzw. ein hohes strukturelles Defizit ist für die einen eine Aufforderung an die Politik, das „überhöhte" Strukturdefizit abzubauen, und für die anderen eher ein Beleg für die „Überkonsolidierung" oder für „erfolgreiche" Konsolidierungspolitik, die Spielraum für Steuersenkungen schafft (Gutachten des Bundesministeriums der Finanzen, Schriftenreihe, Heft 34).

1.3.2.3. Kritik

Daß das neue Wachstum des Produktionspotentials als Ergebnis der „geknickten" Schätzmethode hinsichtlich der Kapitalproduktivität über dem alten Ansatz liegt, erscheint der Kritik noch plausibel: Die Zunahme des Produktionspotentials kann mit der breiteren Anwendung der Mikroelektronik und dem Wechsel der Arbeitskräfte in weniger kapitalintensive Sektoren und Branchen erklärt werden (Thormählen/Leibinger 1987, S. 47). Der neuen Schätzmethode wird auch zugute gehalten, sich damit den Schätzergebnissen der anderen Institutionen anzunähern (BMWi-Tagesnachrichten v. 20.12. 1983, S. 2; Monatsbericht der Deutschen Bundesbank, Nr. 10/1981, S. 34).

Der Kritik bleibt aber unverständlich, warum für die Berechnung der Normalauslastung nicht derselbe Schätzzeitraum wie für die Potentialschätzung, also die Jahre 1963-1982, verwendet wird. Durch diese „überzeugendere Anbindung“ an den Zeitraum der Ermittlung des Produktionspotentials wäre die Normalauslastung (86,8%) höher ausgefallen (Thormählen/Leibinger 1987, S. 47). Je höher aber das normalauslastbare Produktionspotential angesetzt wird, umso höher fallen die auslastungsbedingten (konjunkturbedingten) Steuermindereinnahmen aus, anders ausgedrückt: Die mit der Herabsetzung der Normalauslastung gleichzeitig verbundene Reduzierung des konjunkturbedingten Teils des Finanzierungsdefizits („Erhöhung des strukturellen Defizits“) kommt der Version der Angebotspolitik entgegen, für die ein hohes strukturelles Defizit die Aufforderung zur Fortsetzung der strengen Ausgabendisziplin bedeutet (Lipp/Siedenberg 1980, S. 201ff.).

Besonderes Unverständnis löst bei der Kritik die Wahl des Jahres 1985 als neues Basisjahr für wichtige Defizitkomponenten aus. Wenn für die Wahl des Basisjahres das Kriterium der „spannungsfreien gesamtwirtschaftlichen Entwicklung“ herangezogen wird, dann wird dem SVR vorgehalten, daß gerade das Jahr 1985 durch gesamtwirtschaftliche Ungleichgewichte gekennzeichnet ist (z.B. niedriger Auslastungsgrad, geringes wirtschaftliches Wachstum, hohe Arbeitslosigkeit). Als „konjunkturneutrale“ Basis wird deshalb das Jahr 1985 nicht nur als ungeeignet, sondern sogar als die schlechteste Basis, die der SVR bislang gewählt hat, angesehen (Thormählen/Leibinger 1987, S. 48).

Gegen den „wertbezogenen“ Maßstab der Normalverschuldung wird eingewendet, daß eine auf die finanzpolitische „Glättung konjunktureller Schwankungen“ angelegte Orientierungsgröße dann ihre Bedeutung verliert, wenn neue Ziele wie Stärkung des Wachstums, Bewältigung des Strukturwandels und Sicherung der Wettbewerbsfähigkeit in den Vordergrund gerückt werden (Geschäftsbericht der Deutschen Bundesbank für 1983, S. 24f.). Wenn nach Auffassung der Bundesbank die Wirtschafts- und Finanzpolitik vor neue strukturelle Herausforderungen gestellt wird, ist eine in konjunkturellen Normallagen entwickelte potentialorientierte Kreditaufnahme nicht mehr gerechtfertigt. Diese auf Ausgabendisziplin abstellende angebotsorientierte Position wendet sich deshalb dagegen, durch eine Konzeptänderung des SVR die Normalverschuldung (von 1,2% auf 1,5% des Produktionspotentials) noch heraufzusetzen; nach dem Verständnis der Bundesbank wäre dagegen eine niedrigere Normalverschuldung strukturpolitisch vonnöten.

Da es sich in der Sicht des ehemaligen SVR-Mitglieds Krupp um eine „normative Vorgabe“ handelt, sollte auf Versuche verzichtet werden, die Höhe der Normalverschuldung – nach dem neuen Basisjahr 1985 sind dies 1,5% des Produktionspotentials – empirisch abzuleiten (Minderheitengutachten des SVR-JG 82/83, Ziff. 184). Deshalb plädiert Krupp auch dafür, daß der SVR schlicht zugestehen soll, welchen Prozentsatz des Produktionspotentials er als normale Verschuldung für politisch „angemessen“ hält.

Der die SVR-Minderheitsmeinung repräsentierende Schmidt betont dagegen „sachliche“ Argumente, die für eine Rückführung der Normalverschuldung sprechen: Der schuldenfinanzierte Staatsanteil vermittle den Bürgern keinen Eindruck von den Kosten der Staatstätigkeit (allokationspolitisches Argument), der tendenzielle Bevölkerungsrückgang lege eine gegenwärtige Deckung der Kosten zugunsten eines höheren Kapitalbestands in der Zukunft nahe (Konsumeinschränkung in der Gegenwart zugunsten der Investitionen!), und schließlich enge eine höhere Zinslastquote die „Manövriermasse" auf der Ausgabenseite immer mehr ein (K. Schmidt 1984, S. 274ff.).

Das mit der Änderung des Budgetkonzepts verbundene Zulassen höherer „neutraler" Posten (Normalverschuldung und auslastungsbedingte Steuermindereinnahmen) bedeutet, daß das strukturelle Defizit gleichzeitig niedriger angesetzt wird. Der Ausweis eines niedrigeren strukturellen Defizits läßt eine politische Deutung zu, die Konsolidierungsaufgabe für weitgehend gelöst zu erklären. Ein durch die geänderte Berechnungsmethode reduziertes strukturelles Defizit erleichtert die angebotsmotivierte Rechtfertigung einer Strukturentlastungspolitik, da der geringere strukturelle Konsolidierungsbedarf und der damit zurückgewonnene fiskalische Handlungsspielraum eine Politik leistungsfördernder Steuersenkungen zulassen (Krause-Junk 1983, S. 52ff.; Rohwer 1983, S. 299ff.). Niedriger angesetzte strukturelle Defizite kommen also jener Version angebotsorientierter Konsolidierungspolitik entgegen, der es nicht mehr vorrangig um Konsolidierungserfolge, sondern um Steuerentlastungen zum Zwecke verstärkter Investitionsanreize geht (siehe Kap.II.1.3.3.). Die Kritik weist außerdem darauf hin, daß das berechnungsmethodische Herunterdrücken des strukturellen Defizits dem Sachverständigenrat zwar „die Argumentation für künftige kraftvolle Steuersenkungen" erleichtert (Thormählen/Leibinger 1987, S. 51f.), in der Realität aber die Konsolidierung stärker vorangetrieben werden muß, um Spielraum für Steuerentlastungen in den 90er Jahren zu schaffen. Angesichts des enormen Schuldenstands und damit weiter steigender Zinsausgaben wird eine Politik für unverzichtbar gehalten, die vom Finanzplanungsrat beschlossene Vorgabe des Ausgabenwachstums von 3% als Obergrenze weiterhin einzuhalten (BMF-Finanznachrichten 37/1986 v. 25.11.1986).

Schließlich gibt die Kritik zu bedenken, daß die im staatlichen gegenüber dem privaten Sektor grundsätzlich zurückbleibende Produktivitätssteigerung (Felderer 1978, S. 449f.) und die dadurch teilweise induzierten höheren Preisanstiege für das staatliche Leistungsangebot fragwürdige allokationspolitische Folgen haben (Böttger/Gretschmann 1980, S. 216f.; Thürmer 1984): Werden nämlich der Berechnung der Staatsquote nominale Ausgabengrößen zugrunde gelegt, wird ein überhöhter Staatsanteil ausgewiesen, der auch hier der auf Fortsetzung des Konsolidierungskurses bedachten Politik die Rechtfertigung für die Dringlichkeit der Verringerung von Staatsausgaben liefert. Die Kritiker des SVR-Konsolidierungsmaßstabes sehen in diesen Berechnungsmethoden aber nicht nur die Gefahr längerfristiger Unterversorgung mit öffentlichen Gütern, sondern befürchten auch den tendenziellen Rückzug der Politik aus ihrer Verantwortung für die Verbesserung der Beschäftigungslage (Buhbe/Gretschmann 1984, S. 36).

Abgesehen davon, daß der SVR auf die Bestimmung einer akzeptablen Schuldenstandsquote verzichtet hat, wird zu bedenken gegeben, daß das bauinvestitionsbezogene Primärkriterium konjunkturpolitische Probleme hervorrufen kann: Wenn nämlich in einer Rezession die Realinvestitionen ausgedehnt werden, erhält die investitionsorientierte Kreditaufnahme im Aufschwung einen relativ großen Spielraum, der die Finanzpolitik zu „übermäßigen" Investitionen verleiten kann (K. Schmidt 1995, S. 451; Andel 1995, S. 222f.).

Als gravierender wird allerdings ein weiterer Einwand bezeichnet: Das auf Investitionsprojekte bezogene Primärkriterium hat zur Folge, daß sich jede einzelne Gebietskörperschaft im Umfang ihres Anteils an den Ausgaben für die tatsächlichen Bauinvestitionen verschulden darf. Die investitionsorientierte Verschuldung werde damit die Verteilung der Verschuldungsausmaße auf die einzelnen Gebietskörperschaften festlegen (Andel 1995, S. 220ff.).

Die Kritik an dem modifizierten strukturellen Defizitkonzept befürchtet nicht nur eine Konfliktverschärfung im vertikalen und horizontalen Finanzausgleich, sondern auch für den Fall, daß einzelne Gebietskörperschaften mit dem Verweis auf wachstumspolitisch „notwendige" Investitionen ihre Kreditaufnahme ausweiten möchten. Das Konfliktpotential könnte sogar noch zunehmen, wenn als Folge der Verteilung der Verschuldungsrechte der ohnehin komplizierte und konflikthafte Finanzausgleich mit weiteren „Ausgleichsmaßnahmen" befrachtet werden sollte (K. Schmidt 1995, S. 452).

Die Bedenken richten sich ferner gegen ein Konsolidierungskonzept, das als Begrenzungskriterium nur einen Teil der wachstumsrelevanten, öffentlichen Ausgaben umfaßt. Die Kritik billigt zwar der wachstumspolitischen Orientierung der Finanzpolitik eine wichtige Funktion zu, sieht aber die Hauptaufgabe der Konsolidierung in der Rückgewinnung des finanzpolitischen Handlungsspielraums. Demzufolge wird auf die „Tragfähigkeit" der Verschuldungslasten als maßgeblichen limitierenden Faktor des fiskalischen Spielraums und damit auf die Höhe der budgetären Zinslasten als geeigneteres Merkmal abgestellt. Deshalb wird auch eine Definition der Konsolidierungsaufgaben im Hinblick auf die Zinslast vorgeschlagen, also deren Rückführung zum wesentlichen Ziel der Konsolidierung erhoben (K. Schmidt 1995, S. 452).

1.3.3. Das qualitative Konsolidierungskonzept

Den Zielvorstellungen der Konsolidierungsstrategie des Sachverständigenrates entsprechend konnte in den Jahren 1982-1986 die Ausgabenentwicklung (vornehmlich im konsumtiven Ausgabenbereich) unter den Anstieg des gesamtwirtschaftlichen Produktionspotentials gedrückt werden, während die Steuereinnahmen ganz im Sinne der angebotsorientierten Konsolidierungsstrategie die Ausgaben der öffentlichen Haushalte überstiegen (JG 84/85, Ziff. 226).

Trotz der unbestreitbaren Konsolidierungserfolge strebt der Sachverständigenrat eine über die bisher projizierte Eindämmung der Ausgabendynamik von 3% hinausreichende Ausgabendämpfung an, um „der Finanzpolitik neuen Handlungsspielraum zu verschaffen" (JG 84/85, Ziff. 344).

1.3.3.1. Elemente der qualitativen Konsolidierungspolitik

Die neue Stoßrichtung der Finanzpolitik liegt darin, daß die Begrenzung der Ausgabendynamik nicht mehr nur vorrangig der Rückführung der Nettokreditaufnahme dient, sondern – aus wachstumsfördernden Gründen – zur Reduzierung der Steuerbelastung und besseren Erfüllung alter oder neuer Staatsaufgaben genutzt werden soll (JG 84/85, Ziff. 344f.).

Der Sachverständigenrat nähert sich damit jenen Positionen an, die nach weitgehender Bewältigung des quantitativen Teils der Konsolidierung ihr Augenmerk vermehrt auf die qualitative Konsolidierung richten: Der gewonnene fiskalische Handlungsspielraum soll verstärkt dazu genutzt werden, die staatlichen Ausgaben und Steuern „in wachstumsfreundlichere Richtung umzugestalten" (K. Schmidt 1984, S. 274; JG 84/85, Ziff. 345; JG 85/86, Ziff. 258).

Während die Finanzpolitik in den achtziger Jahren in Gestalt des tendenziellen Rückgangs des strukturellen Defizits quantitative Konsolidierungserfolge erzielte, war der vorübergehende Anstieg der strukturellen Defizite in den Jahren 1990 und 1991 und ihre moderate Rückführung bis 1995 einigungsbedingt (s. Anhang Schaubild 1). Nach Auffassung des SVR hätte die quantitative Konsolidierung der achtziger Jahre diese vereinigungsbedingten Belastungen leichter auffangen können, wenn eine qualitativ orientierte Konsolidierungspolitik die Ausgabenstrukturen früher überprüft hätte (JG 95/96, Ziff. 286).

Die Angebotspolitik beklagt die seit der deutschen Vereinigung nach Umfang und Art unzulängliche Konsolidierung: Die in erster Linie über die Erhöhung von Steuern und Sozialabgaben erreichte Defizitreduzierung (vgl. Kap. III.1.2.) hat im privaten Bereich „Leistungsanreize und Investitionsbereitschaft" geschwächt und „die Bedingungen des Produktions- und Investitionsstandorts Deutschland" verschlechtert (JG 95/96, Ziff. 286). Aus der Perspektive der angebotsorientierten Politikberatung kann die Abgabenquote nur zurückgeführt werden, wenn „zuvor die Ausgabenquote des Staates gesenkt wird" (JG 95/96, Ziff. 286). Die Verringerung der Staatsquote in Verbindung mit strukturellen Änderungen der Staatsausgaben und Staatsaufgaben von Bund, Ländern und Gemeinden ist also Dreh- und Angelpunkt der qualitativen Konsolidierungspolitik, um die Staatsverschuldung, die daraus resultierende Zinsbelastung der öffentlichen Haushalte und die hohe Abgabenquote zu reduzieren.

Ein auf die Umstrukturierung der öffentlichen Ausgaben und Einnahmen gerichtetes Handlungsprogramm muß nach angebotspolitischem Verständnis „zunächst die Investitionsanreize verbessern", da nur über Investitionen die Rückkehr zu einem kräftigen Wachstum gelingen kann (JG 95/96, Ziff. 285). Eine derart konzipierte Politik der Investitionsförderung setzt bei der einzelwirtschaftlichen Ertragsverbesserung an, verstärkt also – ohnehin vorhandene – Ökonomisierungstendenzen der Politik.

Die Qualität der gewählten Konsolidierungsstrategie läßt sich an der Entwicklung jener Ausgabenkategorien messen, die wie insbesondere die Investitionsausgaben von der Politik weitgehend frei gestaltet werden können (JG 94/95, Ziff. 157).

Der Sachverständigenrat beklagt im Hinblick auf qualitative Konsolidierungserfordernisse, daß insbesondere Staatsausgaben in Gestalt von Subventionen für private Investitionen entweder niedriger als veranschlagt oder an falscher Stelle gekürzt worden sind (JG 82/83, Ziff. 258,ff.; JG 83/84, Ziff. 383ff.; JG 84/85, Ziff. 231, 345, 448). Es gilt also nach wie vor, Finanzhilfen in Form von Erhaltungs- oder Anpassungshilfen zugunsten von Produktivitätshilfen zurückzudrängen (15. Subventionsbericht der Bundesregierung 1995), um Vorleistungen für private Investitionen zu erbringen (Gahlen 1980, S. 316), innovative und risikoreiche private Investitionen zu stärken (K. Schmidt 1984, S. 274) und den notwendigen Strukturwandel zu fördern (JG 90/91, Ziff. 362ff; JG 92/93, Ziff. 345; JG 94/95, Ziff. 262; JWB '96, S. 31).

Abgesehen von der Subventionierung insbesondere der Grundlagenforschung, der positive externe Effekte zugeschrieben werden, wird die Ablehnung von Subventionen hauptsächlich damit begründet, daß sie die Anreiz- und Lenkungsfunktion des Marktes ausschalten, den Strukturwandel behindern und zu Wachstumsverlusten führen. Vom SVR wird die verteilungspolitische Zielsetzung (z.B. im Wohnungsbau zugunsten der Mieter) nur soweit akzeptiert, wie von der Objektförderung zur Subjektförderung übergegangen wird, also „Subventionen durch Transferzahlungen an Haushalte ersetzt" werden (JG 95/96, Ziff. 306).

Der Rat hebt hervor, daß der bisher verfolgte Subventionsabbau lediglich die Steuervergünstigungen betraf, während die Finanzhilfen weitgehend unangetastet blieben (JG 94/95, Ziff. 262). Um die Dringlichkeit der Rückführung von Subventionen zu unterstreichen, verweist der SVR auf mittelfristig angelegte Strategien mit einem verbindlichen Zeitplan (JG 90/91, Ziff. 362ff; JG 92/93, Ziff. 345)

Eine Förderpolitik, die ihre Subventionsleistungen vor allem „kranken" Unternehmungen zugute kommen läßt und sich weniger auf die Förderung rentabler Investitionen konzentriert, trägt dazu bei, auch „gesunden" Unternehmungen „überhöhte Steuerlasten" aufzuerlegen (JG 87/88, Ziff. 275). Der Sachverständigenrat konstatiert, daß nicht nur der Versuch gescheitert ist, die Ausgabenstruktur durch den Abbau von Finanzhilfen zu „bereinigen", sondern daß sogar – entgegen dem erklärten Ziel des Subventionsabbaus – neue Finanzhilfen bewilligt worden sind (JG 87/88, Ziff. 277, 281). Da der Rat das Niveau der Staatsausgaben vor und erst recht nach der Wiedervereinigung für „überhöht" einschätzt und eine rentable Investitionsförderung erhebliche Finanzierungsmittel erfordert, werden in dieser Sicht die im Finanzplanungsrat vorgegebenen Ausgabenzuwächse von 3% als ungenügend angesehen, um den „Konsolidierungsstand des Jahres 1985 wieder zu erreichen" und den

Anstieg der Staatsausgaben unter die Zunahme des nominalen Bruttoinlandsprodukts zu drücken (JG 87/88, Ziff. 281; JG 95/96, Ziff. 314).

Das mit der Ausgabenumstrukturierung verbundene qualitative Konsolidierungskonzept stellt auf die Umkehr des Rückgangs des Anteils öffentlicher Investitionen an den Gesamtausgaben ab: Die durch investive Ausgaben finanzierte Agenda staatlichen Handelns wird alllerdings insofern kontraktiv definiert, als öffentliche Investitionen vor allem die Funktion haben, „notwendige Vorleistungen für privates Wirtschaften", insbesondere Infrastrukturinvestitionen, zu erbringen. Der vom SVR bei der Ableitung des strukturellen Defizits definierte Umfang der „Sachinvestitionen" wie Bauinvestitionen für Bildung und Forschung, Krankenhäuser, Energie-, Versorgungs- und Verkehrsunternehmen und kommunale Gemeinschaftsdienste wird wegen seiner positiven gesamtwirtschaftlichen Wachstumseffekte gerechtfertigt (JG 94/95, Ziff. 183). Der Charakter öffentlicher Infrastrukturmaßnahmen wird allerdings nur soweit anerkannt, wie „ein privatwirtschaftliches Angebot nicht hinreichend zustandekommt" (JG 95/96, Ziff. 306). Der SVR hält ein privates Angebot für die Bereiche Krankenhaus, Versorgungs- und Verkehrsunternehmen, mit Einschränkung auch für den Bereich Wissenschaft für durchaus möglich. In dieser Wertung setzt allerdings die Ausschöpfung des Privatisierungspotentials, um den „Effizienzvorsprung privater Produktion für den Staatshaushalt" auch nutzen zu können, die Änderung regulierender und finanzpolitischer Rahmenbedingungen voraus. In dem Maße, wie die angebotsorientierte Politikberatung zur Rechtfertigung und zur Beschleunigung von Privatisierungsmaßnahmen und damit zur Aufgaben- und Ausgabenentlastung des Staates beiträgt, werden Fiskalisierungstendenzen der Politik gestützt und verstärkt (vgl. Kap. III.1.2.).

Zweck der Steuersenkung und der gezielten staatlichen Ausgabenpolitik (z.B. für Technologieförderung) ist, über erhöhte Leistungs- und Investitionsanreize die Wachstumsdynamik zu entfalten und die Beschäftigungssituation zu verbessern (J. Hoffmann 1983, S. 408-426; Buhbe/von Lüde 1983, S. 221). In dieser Wirkungskette dienen die Steuer- und „moderne Ausgabenpolitik" der Stärkung der Produktivität und Rentabilität privater Investitionen (verbesserte Kapitalverwertung!), also der privaten Wachstumsentfaltung (Ökonomisierung), die ihrerseits dem fiskalischen Interesse an vermehrten Steuereinnahmen zur Wirksamkeit verhilft (Fiskalisierung).

Der SVR kritisiert an der Entwicklung der Investitionsquote (Anteil der Anlageinvestitionen an den Gesamtausgaben der Gebietskörperschaften), daß diese in den öffentlichen Haushalten von über zehn Prozent Anfang der achtziger Jahre auf unter acht Prozent Mitte der achtziger Jahre nicht wieder erhöht werden konnte (s. Schaubild 2 des Anhangs), sondern bis zur deutschen Vereinigung auf diesem Niveau verharrte. Seit der Vereinigung ging infolge der Transferzahlungen in die neuen Länder die Investitionsquote der westdeutschen Haushalte weiter zurück. Die Absenkung der Investitionsquote wurde durch die anfangs 1993 begonnene Konsolidierungspolitik der westdeutschen Länder und Gemeinden beschleunigt. Dem standen die kräftigen investiven Ausgabensteigerungen in Ostdeutschland gegenüber, die etwa je Einwohner das Doppelte des westdeutschen Wertes erreichten. Die Zunahme der relativ hohen ostdeutschen Investitionsquote hat sich allerdings unter dem Druck expandierender Sozialausgaben deutlich abgeschwächt (JG 94/95, Ziff. 157). Da die gesamtdeutschen Investitionsausgaben und die entsprechende Investitionsquote in der ersten Hälfte der neunziger Jahre tendenziell zurückgingen, hat die qualitative Konsolidierung im Urteil der Angebotspolitik keine „durchgreifenden“ Erfolge gebracht. Überdies hebt der SVR die Gefahr der als Folge rückläufiger Investitionsausgaben mittelfristig auftretenden Mängel in der Infrastrukturausstattung hervor, deren „negative Wirkungen auf Dauer schwerer wiegen“ als kurzfristige Haushaltseinsparungen (JG 95/96, Ziff. 139).

Die Umstrukturierung der öffentlichen Haushalte zugunsten eines höheren Investitionsanteils wird des weiteren damit gerechtfertigt, daß den über mehrere Perioden nützlich wirkenden staatlichen Investitionsleistungen stärkere Impulse für eine Wirtschaftsbelebung zugebilligt werden als konsumtiven Leistungen wie z.B. Personal- oder Sozialausgaben, die am Ende einer Periode verbraucht sind (BMF-Schriftenreihe, Heft 34/1984, S. 32; JG 94/95, Ziff. 183; JG 95/96, Ziff. 306). Die positive Beurteilung der öffentlichen Investitionsleistungen zu Lasten der konsumtiven Leistungen rührt von der Auffassung, daß die öffentlichen Investitionen von heute die Erträge des privat investierten Kapitals von morgen stärken (Beitrag zur Ökonomisierung!).

Das qualitative Konsolidierungskonzept betont die Beachtung der unterschiedlichen Wirkungen der Staatsausgaben für investive Zwecke (BMF-Schriftenreihe, Heft 29/1980): So werden nur schwache staatliche Investitionsimpulse auf die private Investitionstätigkeit ausgehen, wenn in öffentliche Anlagen (Schwimmbäder, Museen usw.) investiert wird, die zwar von den Bürgern unmittelbar genutzt werden, die Erträge privater Investoren aber nicht nachhaltig verbessern. Demgegenüber gibt es öffentliche Investitionen wie die Herstellung von Fernwärmenetzen, die zur Stärkung privater Investitionserträge beitragen.

Entsprechend neoliberalen und angebotsorientierten Positionen wird im qualitativen Ansatz zur Verringerung des Defizits das Augenmerk auf die Verbesserung der Bedingungen privaten Produzierens gerichtet (BMF-Schriftenreihe, Heft 34/1984, S. 33): Um die Produktionsseite zu entlasten, wird die Geltung des Verursacherprinzips zur Disposition gestellt und auf die Stärkung des Gemeinlastprinzips gesetzt, d.h., daß in der Umweltpolitik private Kosten wie beispielsweise für die Installierung von Anlagen zur Wiederverwertung des industriellen Mülls oder von Abgasreinigungsanlagen (Entstickungs- und Entschwefelungsanlagen) vermehrt aus öffentlichen Haushalten finanziert werden sollen (Weidenbaum 1979; Buhbe/von Lüde 1983, S. 209ff.).

Das qualitative Konsolidierungskonzept setzt insofern neue Akzente, als steuerentlastenden Maßnahmen zunehmend Priorität eingeräumt wird: Eine Politik der Steuersenkung erscheint in der Einschätzung des Sachverständigenrats nicht nur dringlich, sondern auch geeignet, „das Wirtschaftswachstum nachhaltig zu stärken und dadurch die Chance eines Abbaus der Arbeitslosigkeit spürbar zu vergrößern" (Buhbe/von Lüde 1983, S. 221).

Zweck der „großen Steuerreform" ist gemäß den Intentionen der qualitativen Konsolidierungspolitik, die Leistungs- und Investitionsbereitschaft zu stärken. Ganz im Sinne der Supply-Side-Ökonomie werden über verbesserte Leistungs- und Investitionsanreize Wachstums- und Beschäftigungsimpulse ausgelöst, die sich dann auch zugunsten von Steuermehreinnahmen niederschlagen. Die Fiskalisierung (wohlfahrts-)staatlicher Politik trägt nach dem Verständnis der qualitativen Konsolidierungsstrategie insofern Früchte, als die Eindämmung der Ausgabendynamik (insbesondere im konsumtiven Bereich) letztlich „durch wieder verstärkt zunehmende öffentliche Einnahmen belohnt" wird (JG 84/85, Ziff. 345).

Damit die qualitative Konsolidierungsstrategie „Raum für mehr rentable Investitionen" gewinnen kann (JG 87/88, Ziff. 275), wird der Politik verstärkt die Aufgabe zugewiesen, die „auf den Investitionen lastenden Steuern – direkt oder indirekt über Tarifänderungen –" zu senken. Der Rat räumt zwar ein, daß steuerliche Belastungen nicht allein die Investitionsbereitschaft bestimmen, doch angesichts der hohen Arbeitskosten einschließlich der Personalnebenkosten, der Risiken durch Sozialplanverpflichtungen und des Übermaßes investitionshemmender Regulierungen geben die hohen Steuerlasten in zahlreichen Fällen „letztendlich" den Ausschlag dafür, daß „Innovationen und Investitionen im Ausland durchgeführt werden" (JG 87/88, Ziff. 289). Der Verweis auf wettbewerbsstarke Industrieländer wie die USA, Großbritannien und Japan soll unterstreichen, daß insbesondere die Körperschaftsteuersätze und die Spitzenbelastungen bei der Einkommensteuer bereits niedriger sind als in der Bundesrepublik oder durch Steuerreformen weiter gesenkt werden sollen (Ifo-Schnelldienst 16/1987).

Im Verständnis des qualitativen Konzepts hat eine Politik zur Verbesserung der Wachstums- und Beschäftigungsbedingungen bei der Senkung der Grenzsteuersätze der Einkommen- und Lohnsteuer anzusetzen. Die auf drei Etappen angelegte Steuerreform 1986, 1988 und 1990 (vgl. Kap. III.1.2.) in der Bundesrepublik entspricht den vom Sachverständigenrat favorisierten angebotsorientierten Leitlinien. So diene die kräftige Senkung des Anstiegs und der absoluten Höhe der Grenzsteuersätze der Förderung der Leistungsbereitschaft, insbesondere der Risikobereitschaft. Der Vorteil des geringeren marginalen Steuerzugriffs[23] wird darin gesehen, daß Innovationen und Investitionen angeregt werden, ohne durch einseitige Begünstigung von Investitionen unerwünschte „Substitutionseffekte" auszulösen: Der sektorale Wettbewerb kann nämlich in dem Maße verzerrt werden, wie eine einseitige steu-

---

23 Da die Wahl des Basisjahres einen maßgeblichen Einfluß auf die konjunkturellen Effekte hat, wird dem SVR vorgeworfen, keinen Vergleich von Referenzperioden z.B. mittels Sensitivitätsanalyse angestellt zu haben. Vgl. dazu Diehl u.a. 1973, S. 223ff. und dieselben, 1978.

erliche Bevorzugung zwar kapitalintensiven Sektoren nutzt, aber arbeitsintensiven Sektoren wie dem zukunftsträchtigen Dienstleistungssektor nur wenig zugute kommt (JG 86/87, Ziff. 281f.).

Nach dem Urteil des Rates liegt der Abbau von Steuervergünstigungen und damit die Verbreiterung der Steuerbemessungsgrundlage nicht nur im internationalen Trend der Steuerreformen, sondern ist auch geeignet, die Attraktivität des Industriestandorts Bundesrepublik aufrechtzuerhalten (JG 87/88, Ziff. 289). Abzüge von der Bemessungsgrundlage „als Instrument der Wirtschaftspolitik" sollten grundsätzlich abgeschafft und durch Transferzahlungen an private Haushalte ersetzt werden (JG 95/96, Ziff. 321). Da steuerliche Abzugsmöglichkeiten von der Bemessungsgrundlage wegen des Progressionseffektes „in besonders großem Maße Beziehern hoher Einkommen zugute" kommen, hält die Angebotspolitik steuerliche Fördermaßnahmen wirtschaftspolitisch nur insoweit für vertretbar, wie die Abzüge von der Steuerschuld erfolgen. Mit dem im Steuerreformpaket von 1990 beschlossenen Abbau von Arbeitnehmer- und Arbeitgebersteuervergünstigungen und mit der Einführung eines linear-progressiven Einkommensteuertarifs werden erste Ansätze angebotsorientierter Leitlinien verwirklicht, die auf einen Abbau investitions- und wachstumshemmender Regelungen im deutschen Steuerrecht zielen.

Von den zahlreichen Beschlüssen zur Steuerreform 1990 haben aus angebotspolitischer Perspektive – neben der in der Öffentlichkeit besonders umstrittenen Quellensteuer auf Kapitalerträge – insbesondere die Einführung einer einheitlichen Arbeitnehmer-Pauschale und die Abkoppelung des Körperschaftsteuersatzes vom Spitzensatz der Einkommensteuer erhebliche Einwände hervorgerufen (JG 87/88, Ziff. 290f.).

Besonderer, angebotspolitisch inspirierter Kritik seitens des SVR ist der Steuerreform-Beschluß ausgesetzt, den Spitzensatz der Einkommensbesteuerung mit 53% vom Körperschaftsteuersatz mit 50% abzukoppeln (JG 87/88, Ziff. 291). Für ordnungspolitisch bedenklich werden steuerpolitische Maßnahmen eingeschätzt, die als Folge niedriger Körperschaftsteuersätze eine Umwandlung mittlerer und größerer Personengesellschaften in Kapitalgesellschaften begünstigen. Desweiteren richten sich die Einwände gegen eine Steuerpolitik, die infolge des höheren Einkommensteuerspitzensatzes die Einbehaltung von Gewinnen bei Kapitalgesellschaften begünstigt. Diese Politik, die gegen „die gleichmäßige Besteuerung aller Einkommen und damit gegen den Grundsatz der Neutralität hinsichtlich der Gewinnverwendung verstößt, wird mit der Verabschiedung des Standortsicherungsgesetzes von 1993 (vgl. Kap. III.1.2.) fortgesetzt: Nicht nur der Spitzensatz der Einkommensteuer entspricht noch weniger dem Thesaurierungssatz der Körperschaftsteuer, sondern auch die Senkung des Spitzensatzes ausschließlich für gewerbliche Einkünfte verletzt das Prinzip gleichmäßiger Besteuerung (JG 94/95, Ziff. 306). Die Förderung der Thesaurierung von Gewinnen führt zu einer Fehlallokation des Kapitals, widerspricht also dem angebotsorientierten „Schütt-aus-hol-zurück-Prinzip" (JG 87/88, Ziff. 294), wonach das Kapital zuerst dem Markt zur Verfügung gestellt werden müsse, der sich dann die rentabelste Anlage suche (Kronberger Kreis 1987).

Der niedrigere Körperschaftsteuersatz wird „offiziell" damit begründet, daß neben der höheren Belastung der Kapitalgesellschaften mit Vermögensteuer die nicht ausgeschütteten Gewinne der Kapitalgesellschaften durchschnittlich mit dem Normalsatz von 56% belastet werden, während die einkommensteuerpflichtigen Gewinne durchschnittlich mit weniger als 56% belastet werden. Dieser auf die durchschnittliche Besteuerung abstellenden „offiziellen" Rechtfertigung der Abkoppelung des Spitzensatzes der Einkommensteuer vom Körperschaftsteuersatz widerspricht der SVR mit folgenden Argumenten (JG 87/88 Ziff. 291):

- Die unternehmerischen Dispositionen, insbesondere die Investitionsneigung, werden weniger vom durchschnittlichen als vielmehr vom marginalen Steuersatz bestimmt; der Grenzsteuersatz wirkt deshalb investitionshemmend, weil der marginale Steuersatz bereits bei relativ niedrigen Unternehmereinkommen den Spitzensatz erreicht.
- Die Körperschaftsteuerreform von 1977 läßt eine Angleichung der steuerlichen Belastung der einbehaltenen Gewinne für Kapital- und Personengesellschaften insofern zu, als die Kapitalgesellschaften ihre Gewinne erst ausschütten und durch ihre Gesellschafter wieder einlegen lassen können. Daß die Kapitalgesellschaften diese Möglichkeit, die Durchschnittsbelastung ihrer Gewinne auf das Niveau vergleichbarer Personengesellschaften zu senken, nicht nutzen, hängt vom Gewinnverwendungs-Verhalten des Managements ab: Da das Management fürchtet, im Fall der Wiedereinlage der ausgeschütteten Gewinne bei den Anteilseignern Erwartungen an das Renditeniveau nicht erfüllen zu können, entscheidet sich das Management für den leichteren Weg, die Gewinne gleich einzubehalten und sich damit nicht noch einmal rechtfertigen zu müssen. Dieser Mechanismus erschwert das von der Angebotspolitik favorisierte „Schütt-aus-hol-zurück-Prinzip", beeinträchtigt also die Lenkungsfunktion des Kapitalmarktes.

Um Investitionen steuerlich zu entlasten und gleichzeitig die Aufkommensneutralität solcher Umstrukturierungen zu sichern, plädiert die Angebotspolitik für eine Besteuerung, die das Schwergewicht nicht auf die Einkommensentstehung, sondern auf die konsumtive Einkommensverwendung legt. Entsprechend den Leitsätzen angebotsorientierter Finanz- und Steuerpolitik (K.-D. Schmidt 1984, S. 143) soll damit das „Gewicht der Einkommensbesteuerung vermindert und das der Verbrauchbesteuerung erhöht werden" (JG 87/88, Ziff. 281). Da vor allem die aufkommensstarke Umsatzsteuer ihrem Wesen nach eine Verbrauchsteuer ist, belastet sie im Gegensatz zur Einkommen- und Körperschaftsteuer nicht die Investitionen. Eine solche Verlagerung der direkten auf indirekte Steuern kann somit sowohl aufkommensneutral gestaltet werden als auch die erwünschten Wachstumsimpulse auslösen (JG 84/85, Ziff. 461; JG 95/96, Ziff. 317; Mitschke 1995, S. 75-84; Weeber 1996, S. 81-91).

Die angebotsorientierte Finanz- und Steuerpolitik des SVR hält die verteilungspolitische Argumentation, daß die (gleichzeitige) Erhöhung der Mehrwertsteuer die Bezieher niedriger Einkommen wegen ihrer relativ hohen Konsumquote überproportional belaste, für nicht überzeugend (JG 95/96, Ziff. 317). Der Rat betont vor allem die die unteren Einkommensgruppen entlastende Differenzierung der Mehrwertsteuersätze, wonach u.a. die Mietausgaben steuerfrei sind und die Ausgaben für Nahrungsmittel dem ermäßigten Satz von 7% unterliegen. Außerdem läßt der SVR das Argument nicht gelten, daß gesparte Einkommensteile auf Dauer mehrwertsteuerfrei bleiben. Da „in den meisten Fällen" die Ersparnisse später konsumtiv verwendet werden, unterliegen sie dann der Mehrwertsteuer. Der SVR begründet schließlich die Verlagerung von der Einkommen- auf die Mehrwertsteuer mit dem Kriterium der „Eindeutigkeit" der Wirkung verteilungspolitischer Maßnahmen: Während die Verteilungseffekte der Erhöhung der Verbrauchsteuern „nicht so eindeutig" seien, werden die wachstums- und beschäftigungspolitischen Vorteile der Befreiung des Sparens und Investierens von der Mehrwertsteuer als eindeutig bezeichnet (JG 95/96, Ziff. 317).

Das besondere Interesse der Verfechter der qualitativen Konsolidierung richtet sich also auf die steuerliche Erleichterung der privaten Investitionen. Das erklärte Ziel der steuerlichen Entlastung der Investitionen ist nicht, bestimmte Einkommensgruppen zu begünstigen, sondern im Interesse der Sachkapitalbildung insbesondere risikoreiche Investitionen zu unterstützen, also „die Verlustangst der Investoren" zu begrenzen (K.-D. Schmidt 1984, S. 143; JG 84/85, Ziff. 464). Diese Investitionsrisiken sollen vorrangig durch erweiterte Abschreibungsvergünstigungen, durch günstigere Verlustvortrags- und Verlustrücktrags-Bedingungen und durch die Einführung von Investitionsrücklagen verringert werden.

Das qualitative Konsolidierungskonzept ist aber nicht nur an der unmittelbaren Investitionsbelebung interessiert, sondern legt das Schwergewicht der steuerlichen Umstrukturierung auf die Mobilisierung von Eigenkapital. Um die von den privaten Haushalten gehaltenen großen Geldvermögen den Unternehmen in Form von Eigenkapital (Beteiligungskapital) nutzbar zu machen, wird der Abbau der Bevorzugung der Fremdkapitalfinanzierung gegenüber der Eigenkapitalfinanzierung (vornehmlich der Versorgung mit Risikokapital) für dringend erforderlich gehalten. Qualitative Konsolidierungspolitik ist also darauf gerichtet, alle steuerrechtlichen Bestimmungen weitgehend zu beseitigen, die die Eigenkapitalbeschaffung gegenüber der Fremdkapitalfinanzierung diskriminieren:

Der Sachverständigenrat schließt sich allerdings nicht der Forderung an, aufgrund der Benachteiligung des Eigenkapitals von Kapitalgesellschaften bei einbehaltenen Gewinnen gegenüber ausgeschütteten Gewinnen (sie unterliegen – je nach Einkommen – dem in der Regel niedrigeren Einkommensteuersatz des Anteilseigners) eine Steuerermäßigung für einbehaltene Gewinne einzuführen. Der Begründung einer solchen Steuersenkung, wonach die Eigenkapitaldecke vergrößert und somit eine höhere Selbstfinanzierung erreicht werden könne, folgt der Sachverständigenrat nicht. Da nämlich zum Zwecke der Eigenkapitalbildung die Finanzierungsmittel vornehmlich über den Markt beschafft werden sollen (nach dem „Schütt-aus-hol-zurück-Verfahren"), wird gegen die Steuersenkung einbehaltener Gewinne hauptsächlich eingewendet, sie begünstige eindeutig die Selbstfinanzierung und behindere damit die für erforderlich erachtete Kapitalmobilität. Um eine breitere Mobilisierung von Eigenkapital zu erreichen, ist der Auffassung der qualitativen Konsolidierungspolitik zufolge das Eigenkapital, zuvörderst das Risikokapital, generell steuerlich zu fördern, gleichgültig, ob es sich um Investitionen in das eigene Unternehmen oder um anderweitige Investitionen oder um Einkünfte aus dem Gewerbebetrieb oder um andere Einkünfte handelt.

Um die steuerliche Diskriminierung des Beteiligungskapitals gegenüber anderen Vermögensanlagen zu verringern, plädieren die Verfechter dieser Steuerpolitik ferner dafür, die Vermögensteuer entweder ganz abzuschaffen oder zu ändern. Da das Betriebsvermögen bisher doppelt, nämlich sowohl bei der Gesellschaft als auch dem Anteilseigner besteuert wird, könnte die betriebliche Vermögensteuer entfallen, oder die Beteiligungswerte beim Anteilseigner könnten zu einem niedrigeren als dem Kurswert (z.B. zum Bilanzkurs) angesetzt werden. Das wesentlich auf die Senkung der Steuerlast für die Unternehmen zielende qualitative Konsolidierungskonzept rechtfertigt die Abschaffung einheitswertabhängiger Steuern wie der betrieblichen Vermögensteuer oder auch der Gewerbekapitalsteuer damit, daß sie in gesamtwirtschaftlich schwierigen Zeiten die unternehmerische Risikoanfälligkeit erhöhen und „zur Substanzbesteuerung führen" sowie die Eigenkapitalbildung erschweren können (JG 95/96, Ziff. 326). In der Sicht des SVR gebietet überdies die bis Ende 1996 in den neuen Bundesländern nicht erhobene Vermögen- und Gewerbekapitalsteuer ihre gesamtdeutsche Abschaffung und nicht deren Einführung auch im Osten, um die nach wie vor in Ostdeutschland für die wirtschaftliche und soziale Umstrukturierung erforderliche Förderpolitik nicht zu konterkarieren (JG 95/96, Ziff. 326).

Aus angebotspolitischer Perspektive sollten wegen der ohnehin schon (zu) hohen Belastung mit Steuern und Abgaben die Freibeträge und Steuersätze einheitswertabhängiger Steuern so geändert werden, daß sie im Ergebnis aufkommensneutral sind. Im Urteil des Bundesverfassungsgerichtes über die Einheitsbewertung vom 22. Juni 1995 hat das Gericht bei der Vermögensteuer dem Gesetzgeber die Möglichkeit nahegelegt, die Freibeträge zu erhöhen (2 BvL 37/91, S. 40). Die vom Gericht geforderte Begrenzung des vermögensteuerlichen Zugriffs auf den Vermögensertrag entspricht restriktiven angebotspolitischen Leitlinien, die Vermögensteuer nur als „ergänzende Abgabe" zu den übrigen Steuern auf den Ertrag zu verstehen und eine „schleichende Vermögenskonfiskation" zu verhindern (2 BvL 37/91, Leitsätze, S. 27). Von der Vermögensteuer ganz freigestellt werden sollte das der persönlichen Lebensführung dienende Vermögen wie z.B. das eigengenutzte „übliche" Einfamilienhaus, der Hausrat und das der Altersversorgung dienende Vermögen.

Gleichzeitig plädiert die qualitative Konsolidierungspolitik für die Einführung der Quellensteuer, Vermögenseinkünfte nicht nur steuerlich vollständig zu erfassen, sondern Einkünfte aus Kapitalvermögen (Zinseinkünfte) und Gewinne gleich zu besteuern. Der Sachverständigenrat beklagt den Verstoß gegen einkommensteuerrechtliche Prinzipien, wenn Sachanlagen mit vielfach „unsicheren Renditen" gegenüber sicheren Finanzanlagen (vor allem festverzinslichen Wertpapieren) steuerlich voll erfaßt werden. Da die Zinserträge aus Geld- und Kapitalvermögen (Bankeinlagen und festverzinsliche Wertpapiere) großenteils nicht deklariert werden, wird im Quellenabzugsverfahren ein notwendiges Mittel gegen Steuerhinterziehung gesehen. Der qualitativen Konsolidierungspolitik ist also daran gelegen, die faktisch geringere Steuerbelastung der Einkünfte aus Kapitalvermögen gegenüber den Gewinnen deshalb zu überwinden, weil unversteuerte Zinseinkünfte „Sicherheitsdenken und Fremdkapitalfinanzierung" privilegieren und „Risikobereitschaft und Eigenfinanzierung" diskriminieren.

1.3.3.2. Kritik am qualitativen Konsolidierungskonzept: Das Beispiel der dreistufigen Steuerreform

Im Mittelpunkt der Kritik am qualitativen Konsolidierungskonzept stehen vor allem verteilungspolitische Einwände, nachfragebegründete Bedenken und Zweifel an der Wirksamkeit der steuerlichen privaten Investitionsförderung.

Zur kritischen Behandlung der verteilungspolitischen Frage, inwieweit die leistungsmotivierende Entschärfung der Progressionswirkung bei der Einkommen- und Lohnsteuer als sozial gerechtfertigt interpretiert werden kann, wird auf die in drei Stufen angelegte Steuerreform der 80er Jahre Bezug genommen. Weil das qualitative Konsolidierungskonzept nach einer erfolgreichen Politik der Ausgabenreduzierung der Senkung der direkten Steuern aus Wachstumsgründen Priorität einräumt, kommt sozialen Kriterien der Verteilung nur untergeordnete Bedeutung zu (Angenendt 1985, S. 87). Der angebotsorientierten Finanzpolitik wird außerdem vorgehalten, nicht nur durch eine ausgabenrestriktive Politik die Nachfrageseite zu vernachlässigen, sondern der empirisch nicht hinreichend belegten Argumentationskette zu folgen, wonach steuerbedingte höhere Gewinne entscheidende Investitions- und Wachstumsimpulse auslösen.

Die am Beispiel der angebotspolitisch angeleiteten dreistufigen Steuerreform der achtziger Jahre vorgetragenen Kritikpunkte behalten in ihren Kernaussagen auch für die neunziger Jahre Gültigkeit, da vom angebotsorientierten Politikmuster mit seinen finanz- und steuerpolitischen Schwerpunkten der Senkung der Steuerlast für Unternehmen und der Erhöhung von Verbrauchsteuern (vgl. Kap. III.1.2.) im wesentlichen nicht abgewichen worden ist.

Aus verteilungspolitischen Gründen geht aber die Kritik von dem in der Bundesrepublik als „ungerecht" bewerteten Anstieg der Grenzsteuersätze der Einkommensteuer aus (Apel 1985, S. 331ff.; Körner 1987, S. 26; 1988, S.

26). Bezogen auf die in den ersten zwei Stufen 1986 und 1988 erfolgte Steuerreform der Bundesregierung bedeutet für die Kritik die Abflachung des Progressionsverlaufs, daß der Spitzensteuersatz nicht unbedingt auf dem Niveau von 56% zu verharren hat und auch die Progressionszone über gegenwärtig 130.000/260.000 DM (Ledige/Verheiratete) verlängert bzw. die obere Proportionalzone verkürzt werden kann. Das Gebot der Steuergerechtigkeit (DGB 1972; Tofaute 1978, S. 358; Arbeitsgruppe Steuern und Abgaben beim SPD-Parteivorstand 1986), internationale Gepflogenheiten (Bundesministerium der Finanzen 1984; Farken/Rose 1987) und eine höhere fiskalische Ergiebigkeit sind im Verständnis der Kritik durchaus kompatibel mit der Forderung nach einem schwächeren Progressionsanstieg (Angenendt 1985, S. 84ff.).

Wird die Grenzbelastung als entscheidungsrelevanter Maßstab für die individuelle Leistungsbereitschaft herangezogen, so wird die unterstellte Förderung der Leistungsmotivation in der Sicht der Kritik bestenfalls in den Bereichen der Progressionszone stattfinden, in denen ein merklicher Abbau der Grenzbelastung stattfindet (Angenendt 1985, S. 87).

Außerdem wird bezweifelt, ob mit der Progressionsabflachung die Arbeitsmotivation auch wirklich gestärkt werden kann: International kann nicht nachgewiesen werden, daß zum einen die mit flacherem Progressionsverlauf einhergehende Senkung der Grenzsteuersätze die unterstellten „incentives to work" auslösen (OECD 1982, S. 91; Wiegard 1987, S. 244), und zum anderen geringere Progressionsanstiege der personalen Einkommensteuern über vermehrte Leistung einen sich selbst tragenden Wachstumsprozeß in Gang setzen (Buhbe/von Lüde 1983, S. 222; Angenendt 1985, S. 87; Nowotny 1987, S. 188-200).

Die Kritik räumt ein, daß mit der Einführung eines linear-progressiven Einkommensteuertarifs ab 1990, also mit dem in Zukunft stetigen und geradlinigen Anstieg des Grenzsteuersatzes in der Progressionszone, die Arbeitnehmer spürbar entlastet werden. Die Begradigung der Tarifprogression als Kernstück der Tarifreform wird deshalb auch seitens der Kritik als verteilungspolitisch gerecht gewürdigt (Memorandum '88, S. 128).

Zu den verteilungspolitischen Wirkungen der Steuerentlastung in drei Stufen wird ferner kritisch bemerkt, daß die Politik steuerbedingter Nettoeinkommenssteigerung den Empfängern von Sozialleistungen wie den Arbeitslosen oder den Rentnern, den Beziehern von Sozialhilfe oder den Schülern und Studenten „weder direkt noch indirekt zugute kommt" (Memorandum '88, S. 129). Gemessen am erklärten steuerpolitischen Ziel der gerechteren Einkommensverteilung müßten Steuerentlastungen entsprechende Anhebungen dieser Transfereinkommen nach sich ziehen. Unterbleibt eine solche Steigerung der Sozialeinkommen, dann verschärfen sich nach Einschätzung der Kritik die Unterschiede zwischen den ohnehin schon relativ niedrigen Transfereinkommen und den Erwerbs- und Besitzeinkommen noch dadurch, daß die erhöhten Verbrauchsteuern von 1989 an vor allem die Sozialeinkommen zusätzlich schmälern (Borell/Stern 1988, S. 367-382; Karl-Bräuer-Institut des Bundes der Steuerzahler 1988; Apel 1988, S. 26).

Außerdem richten sich die Bedenken gegen Umverteilungswirkungen, die trotz erhöhter „formal gleicher Abzugsrechte“ (wie im Fall höherer Kinderfreibeträge) den höheren Einkommensgruppen wesentlich höhere steuerliche Entlastungen verschaffen und damit die strukturelle Schlechterstellung des weniger verdienenden Arbeitnehmers „zementieren“ (Memorandum ‘88, S. 130).

Schließlich verweist die Kritik darauf, daß sich die Steuerreform auf die endgültig zu versteuernden Einkommen bezieht, also die unterschiedlichen steuerlichen Abzugsmöglichkeiten vom Bruttoeinkommen im wesentlichen unangetastet bleiben. Die faktische Ungleichheit ergibt sich daraus, daß sich mit wachsendem Bruttoeinkommen die Chancen vergrößern, steuerliche Tatbestände zur Verringerung des zu versteuernden Einkommens geltend zu machen (Nowotny 1987, S. 173ff.): Während die Aufwendungen zum Erwerb und zur Sicherung der Einkünfte aus unselbständiger Arbeit überwiegend genau festgelegt sind, läßt die Ermittlung der Einkünfte aus Gewerbebetrieb und selbständiger Arbeit wegen berücksichtigungsfähiger Betriebskosten große Gestaltungsmöglichkeiten zu (Memorandum ’86).

Die Kritik an den verteilungspolitischen Wirkungen richtet sich auch gegen die steuerliche Förderung der privaten Investitionen. Die in der Minderheitenposition des Sachverständigenrats zum Ausdruck kommende Kritik beklagt[24], daß die von der qualitativen Konsolidierungspolitik favorisierten Investitionsanreize wie die Begünstigung der Gewinne durch erhöhte Abschreibungen, Investitionszuschüsse, erweiterte Verlustvorträge und Verlustrückträge, Bildung von Investitionsrücklagen usw. Umverteilungseffekte zugunsten der mittleren und kleineren Arbeitnehmereinkommen mit sich bringen (JG 84/85 Ziff. 471). Selbst die Mehrheit des Sachverständigenrats hegt Zweifel, ob die bei den Maßnahmen zur Stärkung der investiven Risikofreude gewährten Investitionsanreize lediglich Mitnahmeeffekte sind, „also zunächst die Verteilungseffekte allein übrig bleiben“ (JG 84/85, Ziff. 473).

Während die von der qualitativen Konsolidierungspolitik befürwortete Einführung der Quellenbesteuerung auf Zinserträge wegen der bestehenden Privilegierung der Zinseinnahmen gegenüber der Eigenkapitalfinanzierung Unterstützung findet (JG 84/85, Ziff. 473), wird von anderer Seite vor allem die Gefahr des Mißbrauchs des Steuerrechts hervorgehoben.

Ein wesentlicher Grund für die Steuerhinterziehung als Folge der Einführung der Quellenbesteuerung auf Zinserträge liegt in der weitgehenden Übernahme des „Bankenerlasses“, der die Kundenanonymität gegenüber dem Finanzamt festschreibt (Bundessteuerblatt I 1979, S. 590). Danach dürfen die Angaben zur Versteuerung der Zinseinkünfte im Rahmen der Steuererklärung durch die Finanzämter nicht überprüft werden, sodaß eine endgültige Versteuerung der Zinseinkünfte der Steuerehrlichkeit der Betroffenen

---

24 In der Sicht des SVR hängen die Wachstumswirkungen der Steuerreform weniger von der durchschnittlichen als vielmehr von der marginalen Steuerbelastung ab. Siehe dazu SVR-Jg. 87/88, Ziff. 289.

überlassen bleibt. In Zukunft wird davon auszugehen sein, daß eine schwer quantifizierbare Zahl von Steuerzahlern ihre Kapitalerträge überhaupt nicht mehr in ihre Steuererklärung aufnimmt.

Das sogenannte Verwertungsverbot entzieht den Finanzämtern jegliche wirkungsvolle Kontrollmöglichkeit. Dieses Verbot untersagt den Finanzämtern, die aus der Versteuerung der Zinseinkünfte gewonnenen Informationen über den Besitz von Anleihen für Zins-Nachforderungen zu nutzen. Die Kritik gibt zu bedenken, daß mit diesem Verfahren die Möglichkeit der Steuerhinterziehung legalisiert wird.

Angesichts der anhaltenden Verschiebung innerhalb der privaten Einkommen hin zu mehr Zinseinkommen (Mooslechner 1984, S. 722) verschärft die mögliche Steuerbevorzugung der Zinserträge aus Finanzanlagen Verteilungskonflikte zwischen den sozialen Gruppen und beschleunigt damit die Umverteilung zu den Zinseinkommensbeziehern, womit das Prinzip verletzt wird, daß gleich hohe Einkommen auch gleich hoch zu besteuern sind (sogenannte horizontale Steuergerechtigkeit) (Streissler 1980).

Die nachfrageorientierte Kritik an der Umstrukturierung des Steuersystems nach Maßgabe des qualitativen Konsolidierungskonzepts sieht in den steuerinduzierten Nachfrageentzügen die Gefahr einer prozyklischen Entwicklung, die entgegen den erwarteten Leistungssteigerungen und Einnahmenzuwächsen die kontraktiven ökonomischen und fiskalischen Effekte nur noch beschleunigt (Tofaute 1984, S. 716; Memorandum '84, '88, S. 100ff.; Körner 1985).

Da eine Progressionsentschärfung oder Linearisierung im Sinne der Steuerreform und in Verbindung mit einer Erhöhung der Verbrauchsteuern die unteren Einkommensgruppen mit ohnehin hoher Konsumquote nicht maßgeblich entlasten, löst dieses „Nullsummenspiel" nicht die notwendigen Impulse für die Belebung der Kaufkraft-, Investitions- und Steuereinnahmenentwicklung aus (Tofaute 1984, S. 716; Borell/Stern 1988). Werden die durch die Haushaltsbeschlüsse 1982-1984 entstandenen Belastungen der Arbeitnehmereinkommen und Entlastungen der Unternehmereinkommen (Memorandum '84, S. 60f.; '88, S. 122ff.) um Maßnahmen im Sinne der qualitativen Umstrukturierung des Steuersystems ergänzt, verstärken sich die Massenkaufkraftentzüge mit den bekannten negativen Kreislaufeffekten.

Steuersenkungsprogramme, die über die steuerliche Entlastung von Lohn- und Gehaltsbeziehern auch den privaten Konsum stärken wollen, werden in der Sicht der Kritik als wenig beschäftigungswirksam eingeschätzt (Nowotny 1987, S. 20-24; Memorandum '88, S. 152). Ausgabenorientierte Beschäftigungsprogramme werden wegen ihrer höheren Beschäftigungseffekte nicht nur den Steuersenkungsprogrammen gegenüber für überlegen gehalten (Gäfgen 1984, S. 55ff.), sondern bieten auch größere Chancen, die staatlichen Ausgaben gezielt zugunsten „zukunftsorientierter, gesellschaftlicher Produktion, die wegen mangelnder einzelwirtschaftlicher Rentabilität ansonsten nicht stattfände", einzusetzen (Memorandum '88, S. 152).

Diese nachfragebedingten Entzugseffekte werden zudem durch eine Steuerpolitik verschärft, die sich aus der vorwiegenden Progressionsentlastung oberer Einkommen, aus der Verringerung des direkten Steueranteils sowie aus der Investitionsförderung ergeben: Die auch steuerlich geförderten Anstiege der Kapitaleinkommen stehen im Fall einbehaltener Gewinne per se der Konsumtion nicht zur Verfügung und werden im Fall der vornehmlich oberen Einkommensgruppen zugutekommenden Gewinnausschüttung entweder großenteils gespart oder in renditeträchtige Finanzanlagen und nicht in risikobehaftetes Realkapital investiert (K.-D. Schmidt 1983, S. 65; Altvater 1987).

Die nachfragedämpfende Wirkung wird darüber hinaus in dem Maße zunehmen, in dem ertragsstarke Großunternehmen von den Begünstigungen der Unternehmensbesteuerung profitieren (Memorandum '84, S. 98ff.). Die sich vornehmlich bei den Konzernen konzentrierenden Steuerersparnisse tragen dazu bei, daß diese Unternehmen tendenziell bevorzugt in attraktive Finanzanlagen und zu einem geringeren Teil in (inländische) Produktionsanlagen investieren (Memorandum '84, S. 50ff., 101).

Schließlich beurteilt die Kritik die von der Steuerreform ausgehenden Einflüsse auf die Nachfrageentwicklung skeptisch, weil die Steuerentlastungen im föderativen Finanzsystem der Bundesrepublik insbesondere den für den Gesamtstaat relevanten investiven Handlungsspielraum der Kommunen beeinträchtigen. Kritik lösen dabei die als Folge der Steuersenkung 1990 insbesondere den Kommunen entstandenen Steuerausfälle aus (Schmalstieg 1987, S. 546f.; Memorandum '88, S. 153ff.). Die Kritik sieht den Verteilungsgrundsatz verletzt, daß die Kommunen an der Finanzierung der Steuerentlastungen „zumindest ihrem unmittelbaren und mittelbaren Anteil an den steuerreformbedingten Mindereinnahmen entsprechend beteiligt werden" (Schmalstieg 1987, S. 548).

Die Kommunen werden deshalb als Hauptopfer der Steuerreform betrachtet[25] (konträr zu dieser Sichtweise Voss 1987, S. 543ff.), weil ihnen nicht nur direkte Einnahmenverluste aus ihrem 15%igen Anteil an der Einkommensteuer sowie ihrer Nichtbeteiligung am Aufkommen der „Quellensteuer" entstehen, sondern auch mit indirekten Belastungswirkungen gerechnet wird, die sich infolge der Steuerverluste der Länder aus geringeren oder allenfalls schwach zunehmenden Landeszuweisungen im Steuerverbund des kommunalen Finanzausgleichs ergeben (Karrenberg 1987).

Außerdem richten sich die Bedenken gegen eine Teilfinanzierung des Steuerentlastungspakets durch höhere Verbrauchsteuern wie die Mineralöl- und Tabaksteuer, da das Steueraufkommen dieser Verbrauchsteuern dem Bund allein zusteht (Art. 106 Abs. 1 GG). Auch eine Anhebung der Mehrwertsteuer würde nicht nur die Kommunen vom Mehraufkommen ausschließen, da diese Steuer lediglich Bund und Ländern zusteht (Art. 106 Abs. 3 S.

25 Für die Vertreter des Bundes ergeben sich deshalb niedrigere Steuerverluste der Gemeinden, weil die Gemeindesteuern der Stadtstaaten – im Gegensatz zu den Berechnungsmethoden des Arbeitskreises Steuerschätzungen beim BMF – bei der Berechnung der gemeindlichen Steuerverluste unberücksichtigt bleiben. Siehe dazu Voss 1987, S. 544.

3 GG), sondern die Kommunen wegen dann verteuerter Käufe sogar belasten (Memorandum '88, S. 154).

Aufgrund der bisherigen Erfahrungen können die Kommunen nicht damit rechnen, daß die Länder einen Teil ihres anteilsspezifischen Zugewinns an der Mehrwertsteuer an die Gemeinden weiterreichen. Auch der Bund setzt seine Fiskalisierungsstrategie zu Lasten der Städte und Gemeinden fort, indem er die Kommunen prophylaktisch auffordert, „durch eine restriktive Ausgabenpolitik die Finanzierungsspielräume für die kommenden Steuersenkungen selbst (zu) schaffen“ (Schmalstieg 1987, S. 546).

Die Kritik räumt den Folgen der kommunalen Steuerausfälle deshalb eine so große Bedeutung ein, weil durchschnittlich etwa zwei Drittel der öffentlichen Investitionen von den Kommunen getätigt werden (Karrenberg 1987). Die steuerreformbedingten Mindereinnahmen machen Kürzungen der kommunalen Investitionen unvermeidbar, was nicht nur negative Auswirkungen auf die gesamtwirtschaftliche Nachfrage hat, sondern sozial und ökologisch für besonders dringlich angesehene Zukunftsinvestitionen beeinträchtigen muß. Der Spielraum für dringend erforderliche Investitionen wird überdies noch weiter eingeengt, weil als Folge der Arbeitslosigkeit die ungebrochen sich ausweitenden Sozialausgaben kommunale Mittel binden (Breuel 1988, S. 232; Schmalstieg 1988, S. 240).

Die aus der kommunalen Finanzschwäche resultierende Investitionsschwäche ist deshalb für die Kritik ein wichtiger Ansatzpunkt, „die Krisenkosten auf den Bund als Verursacher zurückzuwälzen“, weil der Bundes-Fiskus durch den Verzicht auf eine aktive Beschäftigungspolitik die fiskalischen und sozialen Fehlentwicklungen maßgeblich verschuldet hat (Memorandum '88, S. 156). Der Bundespolitik wird auch deshalb nach wie vor eine wichtige Rolle für die Investitionsbelebung zugewiesen, weil den Kommunen im Gegensatz zum Bund und zu den Ländern enge haushaltsrechtliche Grenzen für kreditfinanzierte (Investitions-)Ausgaben gesetzt werden.

Investitionsförderungsmaßnahmen wie beispielsweise das über die Kreditanstalt für Wiederaufbau abgewickelte Zinsverbilligungsprogramm für die Kommunen vom 1.1.1988 können deshalb nur schwache Impulse auslösen, weil die Kommunen solche Programme nur nutzen dürfen, wenn die Finanzierung der laufenden Zins- und Tilgungszahlungen gesichert ist. Hinsichtlich einer solchen Politik wird zu bedenken gegeben, daß zwar wohlhabendere Gemeinden ohnehin geplante Investitionen tätigen (Mitnahmeeffekte!), finanzschwache Gemeinden in strukturschwachen Regionen aber die haushaltsrechtlichen Voraussetzungen nicht erfüllen (Schnoor 1987, S. 549ff.).

Da die steuerreformbedingten Einnahmeverluste der Kommunen erfahrungsgemäß nicht durch höhere Investitionszuweisungen des Bundes und der Länder kompensiert werden, wird „ein weiteres Absacken der Investitionen“ befürchtet (Alternativrechnung der kommunalen Spitzenverbände für die Sitzung des Finanzplanungsrats am 3.7.1987), das vor allem zu Lasten notwendiger Umweltschutzinvestitionen wie der Beseitigung der Altlasten, der effektiven Abfallwirtschaft, der Reinhaltung von Wasser, Luft und Boden und der Stadterneuerung geht (Memorandum '88, S. 156f.).

Die vorrangige Zielsetzung der qualitativen Konsolidierungspolitik, die Steuern zugunsten der privaten Investitionsförderung in eine wachstumsfreundlichere Richtung umzugestalten, stößt vor allem wegen der Zweifel an der investitionsstimulierenden Wirkung dieser Steuererleichterungen auf Kritik.

Angesichts der weit verbreiteten Unsicherheit über den Einfluß steuerlicher Anreize auf private Investitionen ist eine vom Ifo-Institut erarbeitete internationale Vergleichsstudie beachtenswert, die dem Steuersystem für die Investitionen keine primär ausschlaggebende Bedeutung beimißt (Leibfritz/Meurer 1983, S. 3-23). Die Ifo-Untersuchung sieht eine Voraussetzung für die Wirksamkeit investitions- und wachstumsfreundlicher Steuern darin, daß die Investitionsförderung die Schwäche der gesamtwirtschaftlichen Nachfrage zu berücksichtigen hat, und auf der Angebotsseite die Steuersenkung durch die Zins- und Gewinnentwicklung überschätzt wird (Leibfritz/Meurer 1983, S. 10).

In dieser Ifo-Studie wird deshalb vor übersteigerten Erwartungen in die steuerliche Investitionsbelebung gewarnt, weil nämlich der Großteil der Investoren (drei Viertel) ihre Investitionsentscheidungen nicht von Steuervergünstigungen, sondern von Absatzerwartungen abhängig machen (Leibfritz/Meurer 1983, S. 10f.). Für knapp die Hälfte der Investoren sind die Investitionserträge das entscheidende Motiv für ihr Investitionsverhalten: Demnach bewirkt eine Erhöhung/Senkung der Unternehmensrendite im allgemeinen ein stärkeres/schwächeres Investitionswachstum. Für ein Drittel der Unternehmen sind das Zinsniveau bzw. die Zinsentwicklung entscheidende Determinanten ihrer Investitionstätigkeit (Leibfritz/Meurer 1983, S. 11 u. 14). Die Ifo-Studie resümiert, daß die Auswirkungen der steuerlichen Einflußfaktoren auf die private Investitionstätigkeit folglich als nur gering eingeschätzt werden können: Für 14% der befragten Unternehmen sind hohe Steuersätze und lediglich für 6% zu geringe Abschreibungsmöglichkeiten wichtige Investitionsprobleme (Leibfritz/Meurer 1983, S. 22).

Ein Teil der (grundsätzlichen) Kritik begründet die unzulängliche Wirksamkeit der steuerlichen Investitionsanreize oder auch die teils zunehmenden, aber teils auch abnehmenden Beschäftigungseffekte der Investitionsförderung damit, daß ein stringenter Wirkungszusammenhang zwischen Gewinnsteigerung, Investitionsbelebung und Beschäftigungsanstieg empirisch nicht nachgewiesen werden kann (Assmacher 1989, S. 119; Deitmer 1993, S. 109ff.; Barth 1995, S. 611-617). Andere Autoren heben die strukturellen Änderungen der unternehmerischen Investitionspolitik hervor, d.h. daß als Folge der anhaltenden investiven Verschiebungen zugunsten der Rationalisierungsinvestitionen staatliche Anreize immer weniger für arbeitsplatzschaffende Erweiterungsinvestitionen verwendet werden (Vobruba 1983, S. 74; Binswanger u.a. 1988, S. 90ff.).

Zu ähnlichen Ergebnissen über die bescheidenen Wirkungen steuerlicher Maßnahmen (z.B. Sonderabschreibungen, degressive Abschreibungen, Investitionszulagen) auf Investitionsentscheidungen kommt die empirische Studie Franz Wittmanns[26] (Wittmann 1986, S. 782-790).

Während der Gesetzgeber und die Bundesregierung nach den Ergebnissen dieser Studie den steuerlichen Einfluß auf das unternehmerische Investitionsverhalten überschätzen, sind folgende Bestimmungsgründe für die geringe Bedeutung steuerlicher Gesichtspunkte bei Investitionsentscheidungen ausschlaggebend: Zwar hat ein hoher Anteil der Unternehmen auf investitionsorientierte steuerliche Anreiz- oder Dämpfungsmaßnahmen reagiert, doch muß dieses Reaktionsmuster insofern relativiert werden, als bezüglich „bedeutender" Investitionen nur nahe die Hälfte (46,6%) ihre ursprünglichen Investitionsabsichten änderten, also rund die Hälfte der Unternehmen ihre „bedeutenden" Investitionen unabhängig von fiskalpolitischen Maßnahmen tätigten (Wittmann 1986, S. 785). Bemerkenswert ist, daß sich insgesamt größere Unternehmen trotz ihrer langfristig angelegten Planung, im Gegensatz zu den in der Literatur vertretenen Positionen (z.B. Neumark 1968, S. 498), eher als kleinere und mittlere Unternehmen (KMU) von fiskalpolitischen incentives beeinflussen lassen.

Werden die investitionsorientierten Anreizmaßnahmen[27] nach Sonderabschreibungen, Investitionszulagen und degressiven Abschreibungen unterschieden, so zeigt sich, daß Investitionszulagen wesentlich stärkere Wirkungen als Abschreibungsmaßnahmen haben (Neumann/Gerstenberger 1976, S. 4ff.), oder anders ausgedrückt: mehr als zwei Drittel der Unternehmen haben auf Abschreibungserleichterungen überhaupt nicht reagiert (Wittmann 1986, S. 786).

Nach Einschätzung der Wittmannschen Studie läßt außerdem in der Mehrzahl der Unternehmen die steuerliche Informationskapazität zu wünschen übrig, so daß nicht alle steuerlichen Möglichkeiten voll ausgeschöpft werden (können). Nur knapp die Hälfte der Unternehmen (43%) verfügt über steuerliche Informationsversorgungssysteme, die einen hohen potentiellen Einfluß auf Investitionsentscheidungen haben (Wittmann 1986, S. 788). Für die Beurteilung der Zweckmäßigkeit des Einsatzes der steuerpolitischen Instrumente ist bedeutsam, daß nur rund die Hälfte der Unternehmen steuerliche Komponenten in ihren Investitionsrechnungen berücksichtigen. Lediglich für eine Minderheit (22%) gehen steuerliche Gesichtspunkte in die In-

---

26 Wittmann befragte im Jahre 1985 in persönlichen Interviews 103 Unternehmen des produzierenden Gewerbes mit mehr als 200 Beschäftigten. Die Untersuchungsergebnisse entsprechen deshalb statistisch-methodischen Anforderungen (bei einem Sicherheitsniveau von mehr als 90%), weil in den regional unterschiedlichen Wirtschaftsräumen (IHK-Bereich für Augsburg und Kassel) auch verschiedene Einflußfaktoren auf das Investitionsverhalten (wirtschaftsgeographische Situation und politische Mehrheitsverhältnisse) berücksichtigt werden, sodaß gewisse Ansprüche auf Allgemeingültigkeit erhoben werden können. Vgl. dazu Wittmann 1986, S. 785.

27 Gegenüber Anreizmaßnahmen haben Dämpfungsmaßnahmen wie die Aussetzung der AfA, die Investitionssteuer, der Konjunkturzuschlag oder die Stabilitätsabgaben noch geringeren Einfluß auf das Investitionsverhalten.

vestitions-Entscheidungsfindung ein. Der Einfluß steuerlicher Faktoren auf die Rentabilität von Investitionen wird also „wenn überhaupt, in der überwiegenden Mehrzahl nur intuitiv berücksichtigt“ (Wittmann 1986, S. 789).

Aus der Reaktion der Politik auf die Erkenntnis, daß durch fiskalpolitische Maßnahmen die Unternehmen zu nur sehr schwachen investiven Reaktionen bewegt werden können, folgert die Kritik, daß die Anreize vornehmlich den Zweck verfolgen, Akzeptanz und Einfluß der Regierungspolitik zu bewahren (Bird 1980, S. 5).

1.4. Der Entwurf der sozialdemokratischen Angebotspolitik

Die von F.W. Scharpf entwickelte beschäftigungsorientierte Strategie der sozialdemokratischen Angebotspolitik geht von der Auffassung aus, daß als Folge der fortschreitenden Internationalisierung der Kapitalmärkte weder eine nationale noch eine „euro-keynesianische“ Strategie der Beschäftigungspolitik möglich sei (Scharpf 1987). Da in diesem Entwurf die ökonomischen Rahmenbedingungen als weitgehend unveränderlich eingeschätzt werden, verbleibt nur noch die Option des „Sozialismus in einer Klasse“, d.h., daß die nationale Arbeitszeitverkürzung mit positiven Beschäftigungseffekten eine solidarische Umverteilung innerhalb der Arbeitnehmereinkommen erforderlich mache, während auf die Einbeziehung der Unternehmergewinne in die Finanzierung der Arbeitszeitverkürzung zumindest für eine Übergangsphase verzichtet werden müsse.

1.4.1. Ansatzpunkte und Zielvorstellungen

Die Vertreter der sozialdemokratischen Angebotspolitik setzen bei den anhaltend hohen Realzinsen auf den internationalen Kapitalmärkten an, die nicht nur die schuldenfinanzierte keynesianische Ausgabenpolitik verteuern, sondern auch eine monetäre Umschichtung von privaten Sachanlagen in Finanzanlagen bewirken. Jede nationale Geldpolitik außerhalb der USA hat das international vorgegebene hohe Zinsniveau zu respektieren, wenn sie nicht Geld-/Kapitalflucht, Abwertung oder Inflationsimport riskieren will.

Im Entwurf der sozialdemokratischen Angebotspolitik wird zwar eine „euro-keynesianische“ Strategie für prinzipiell sinnvoll und möglich gehalten, doch muß in dieser Bewertung die Abkoppelung vom Zinsniveau der USA so lange erfolglos bleiben, wie die europäischen geld- und finanzpolitischen Institutionen zu keiner wirksamen Koordination in der Lage sind. Die Anhänger der sozialdemokratischen Angebotspolitik folgern aus dieser nationalen Abhängigkeit vom international vorgegebenen Zinsniveau, daß den Arbeitnehmern Verteilungsspielräume lediglich im Rahmen des Produktivitätszuwachses zur Verfügung stehen.

In diesem sozialdemokratischen Wohlfahrtsstaats-Entwurf wird der Vorrang der staatlichen Förderung der Angebotsseite damit begründet, daß zur Überwindung der Starrheiten der fordistischen Produktion die (wohlfahrts-) staatliche Politik heute einerseits eine flexible Angebotsstrategie verfolgen und andererseits die Nachfrage stabilisieren muß, um das Niveau der staatlichen Sozialausgaben und der betrieblichen „Soziallöhne“ zumindest zu sichern (Jessop 1986, S. 26).

Während aber die keynesianische Makrosteuerung im fordistischen System die Verselbständigung der Sozialpolitik, insbesondere der Einkommenssicherung, ohne Schwierigkeiten erlaubt, macht die angebotsorientierte Mikrosteuerung eine stärkere Verknüpfung von Wirtschafts- und Sozialpolitik erforderlich. Dies wird insbesondere in der Lohnpolitik deutlich, die der staatlichen Wirtschafts- und Sozialpolitik bei zunehmender Internationalisierung der Produktions- und Kapitalmärkte eine immer stärkere Verantwortung auferlegt, im Interesse der unternehmerischen Ertragsentwicklung auf sinkende oder stabile Lohnkosten einschließlich der Lohnnebenkosten hinzuwirken (Altvater 1987 b, S. 407ff.; Scharpf 1987, S. 212-249; Lafontaine 1988).

Das im Zuge der Internationalisierung der Kapitalmärkte immer mobiler werdende Finanzkapital (Altvater 1987 b, S. 407f.) sorgt dafür, daß das Geld außerordentlich flexibel weltweit seine renditeträchtigste Anlage findet. Die Internationalisierung der Kapitalmärkte hat nicht nur die Machtverhältnisse zwischen Kapital, Arbeit und Staat zugunsten des (Finanz-)Kapitals verschoben, sondern auch deutlich gemacht, daß Vollbeschäftigung nur um den Preis einer „massiven Umverteilung zugunsten der Kapitaleinkommen“ wiedergewonnen werden kann (Scharpf 1987, S. 306).

Der entscheidende sozialdemokratische Ansatzpunkt eines auf Vollbeschäftigung angelegten reorganisierten Wohlfahrtsstaats wird in den Zwängen des internationalen Kapitalmarkts gesehen, die eine angebotsorientierte Umverteilungs-Politik zugunsten der Kapitaleinkommen unvermeidlich machen (Milner 1986; Kromphardt 1986; De Geer u.a. 1986). Die Vertreter des sozialdemokratisch-angebotsorientierten Politikansatzes beurteilen die unter den gegebenen internationalen Marktbedingungen nötige Erhöhung der Gewinne – zumindest für eine Übergangsperiode – weniger als Ausdruck gewerkschaftlicher Schwäche denn als Beweis starker, auf das Solidaritätsprinzip verpflichtete Gewerkschaften (Boyer 1986). Die in den 80er Jahren in Westeuropa und den USA dominierende Konstellation restriktiver Finanz- und Geldpolitik läßt den Gewerkschaften nur noch die wenig attraktive Wahl zwischen realen Lohnsteigerungen mit der Gefahr von Beschäftigungsverlusten und Lohnverzichten mit der Chance, den Abbau von Arbeitsplätzen wenigstens zu verlangsamen (Scharpf 1987, S. 311).

Die Befürworter der sozialdemokratisch inspirierten beschäftigungsorientierten Angebotspolitik gehen davon aus, daß gerade starke Gewerkschaften (z.B. die Industriegewerkschaften der Bundesrepublik) aus Solidaritätsgründen ökonomisch rational handeln, d.h., daß sie durch eine maßvolle Lohnpolitik in ihrem heterogenen Tarifbereich auch Rücksicht auf die von

Arbeitslosigkeit bedrohten Arbeitnehmer nehmen (Addison 1985, S. 127-146). Große Industriegewerkschaften verzichten deshalb vielfach auf die durchsetzbare Abschöpfung der hohen Gewinne in den gut verdienenden Branchen, um über einen erwünschten „angebotsorientierten Rentabilitätsschub" arbeitsplatzsichernde Investitionen anzuregen (Scharpf 1987, S. 313; Davidson 1987, S. 74f.; Altvater 1987b).

Die Industriegewerkschaften der Bundesrepublik und auch die zentralisierten Gewerkschaften Österreichs und Schwedens werden als Beleg dafür angeführt, daß sie im Interesse der Arbeitsplatzsicherung trotz machtpolitisch durchgesetzter Lohnsteigerungen auf eine rigorose Abschöpfung der Gewinne verzichten und damit die Umverteilung zugunsten der Kapitaleinkommen dulden oder sogar aktiv fördern (Hinrichs/Wiesenthal 1987; Meidner 1987, S.149-168).

Der sozialdemokratisch-angebotsorientierte Politik-Ansatz weist also den „umfassend" organisierten Gewerkschaften die wichtige Funktion zu, „die notwendige Umverteilung zugunsten des Kapitals effektiv zu organisieren" (Scharpf 1987, S. 314). Unter den ökonomischen Bedingungen der 80er Jahre werden starke Einheitsgewerkschaften für fähiger als kleine dezentralisierte Interessenvertretungen (wie z.B. in England oder in Japan) gehalten, hohe unternehmerische Gewinne für beschäftigungswirksame Reinvestitionszwekke zuzulassen (Spahn/Vobruba 1986). In der Scharpfschen Interpretation kommt es für den sozialdemokratischen Politikentwurf des zukünftigen Wohlfahrtsstaats darauf an, das traditionelle Dilemma zu überwinden, d.h. „die theoretisch legitimierten Strategien praktikabel und die pragmatische Praxis legitimationsfähig" zu machen (Scharpf 1987, S. 331).

Eine sozialdemokratischen Prinzipien genügende Version der Angebotsökonomie (Scheer 1984; J. Strasser 1986; Mosdorf 1985, S. 269-279; 1987, S. 520-537) hat im Interesse beschäftigungs- und wohlfahrtspolitischer Ziele der neoklassischen Strategie der globalen Reallohn-Senkung und der Verringerung der (Sozial-)Staatsquote ein stärker mikroökonomisch fundiertes Wirtschafts- und Sozialpolitikkonzept entgegenzusetzen.

Zum einen muß eine auf den Mikrosektor abgestellte sozialdemokratische Angebotspolitik, die an steigenden Unternehmer-Erträgen und produktiven Investitionen interessiert ist, aus Wettbewerbsgründen bei der Modernisierung der Produktion ansetzen. Die in der Budesrepublik bereits praktizierte flexible Spezialisierung und Automatisierung (Jessop 1986, S. 15) hat mit ihrem hochwertigen und kundenorientierten Güterangebot modernen Branchen (z.B. Automobilindustrie) weltweite Marktanteile gesichert oder sogar neue erschlossen (Streek 1986). Aber auch der produktivitätsfördernde Einsatz der Mikroelektronik in Verbindung mit der hohen Qualifikation der deutschen Facharbeiter hat insgesamt die Wettbewerbsfähigkeit der deutschen Wirtschaft gewährleistet (Sabel u.a. 1986).

Zum anderen verschaffen zwar mikroökonomische Flexibilisierungsstrategien der Produktion internationale Wettbewerbsvorteile, doch haben die makroökonomischen Restriktionen für die Wachstumsentwicklung in den Industrieländern nach wie vor ihre Gültigkeit. Trotz staatlicher Förderung der Forschung und Entwicklung und breiter einzelwirtschaftlicher Anwendung der Automatisierung wird zwar mit Produktivitätszuwächsen, aber nicht mit der Überwindung der Massenarbeitslosigkeit in den nächsten Jahren gerechnet (Tomaskovic/Derey/Miller 1983). Für die Anhänger des sozialdemokratischen Entwurfs der beschäftigungsorientierten Angebotspolitik ergibt sich daraus die Konsequenz, nicht mehr allein auf makro- und mikroökonomische Modernisierung zu setzen (Demirovic 1987, S. 116-121), sondern das Problem der Vollbeschäftigung als Verteilungsproblem zu begreifen (Scharpf 1987; Lafontaine 1988). Dabei geht es weniger um die Renditen für produktive und beschäftigungswirksame Investitionen, deren Mindestbedingungen ohnehin durch die internationalen Kapitalmärkte festgelegt werden, als vielmehr um die national noch steuerbaren „Verteilungsrelationen zwischen den nicht investierten Einkommen" (Scharpf 1987, S. 333).

Der Gewährleistung einer Mindestrendite für produktive Investitionen und der Verteilung des nicht investierten Einkommens gilt im sozialdemokratischen angebotsorientierten Wohlfahrtsstaats-Entwurf zur Bekämpfung der Arbeitslosigkeit besondere Aufmerksamkeit. Die Vertreter dieses Beschäftigungsansatzes räumen ein, daß die „Hauptlast von den Arbeitnehmern getragen" werden muß, um genügend liquide Mittel für arbeitsplatzschaffende Realinvestitionen zu erhalten (Scharpf 1987, S. 333f.). Es sind also vor allem die Belastungen von Arbeitnehmereinkommen in Gestalt von Lohnverzichten, Steuern und Sozialabgaben, die eine „disponible Masse" für beschäftigungswirksame Investitionsanreize schaffen. Eine solche Umverteilungspolitik verstößt dann nicht gegen sozialdemokratische Grundwerte wie soziale Gerechtigkeit oder Solidarität, wenn die oberen Einkommensgruppen einen stärkeren (Solidaritäts-)Beitrag zur Beseitigung der Arbeitslosigkeit leisten müssen (Lafontaine 1988, S. 31ff., 120ff.).

Dem angebotsorientierten Lösungsansatz stehen damit geringere Restriktionen gegenüber, sowohl durch steuerfinanzierte Beschäftigungsprogramme zusätzliche (Dienstleistungs-)Arbeitsplätze zu schaffen als auch die vorhandenen Beschäftigungsmöglichkeiten durch Arbeitszeitverkürzungen neu zu verteilen. Dieser Ansatz favorisiert ähnlich wie gewerkschaftliche oder sozialdemokratische Positionen, die Ausweitung öffentlicher Dienstleistungen aus Steuermitteln zu finanzieren (Memorandum '86; SPD-Sonderprogramm Arbeit und Umwelt). Im öffentlichen Dienstleistungsbereich (z.B. psychosoziale Dienste, Altenpflege, Ausbildung) werden noch erhebliche unausgeschöpfte Beschäftigungsreserven gesehen, deren Mobilisierung allerdings wegen der politischen Finanzierungs-Widerstände und der verfassungsrechtlichen Regelung des föderativen Finanzsystems als gering eingeschätzt wird (Reissert 1984; Krupp 1986). Die größten kurzfristigen Realisierungschancen werden noch der Ausweitung „angebotsorientierter" arbeitsmarktpolitischer Maßnahmen eingeräumt, d.h. der Förderung zusätzlicher Arbeitsbeschaffungsmaßnahmen, weiterer Fortbildungs- und Umschulungsmaßnahmen und der Erweiterung von Stellen bei den freien Wohlfahrtsverbänden (Lutz 1988, S. 275-289).

Bei der Durchsetzung der für notwendig erachteten Maßnahmen zur Arbeitszeitverkürzung werden die Schwierigkeiten darin gesehen, daß die aus den Produktivitätsgewinnen resultierende Verteilung mit außerordentlich harten politischen Auseinandersetzungen und kontroversen Tarifverhandlungen verbunden ist. Der Ansatzpunkt der arbeitszeitpolitischen Strategie ist das Prinzip, die Produktivitätszuwächse nicht mehr überwiegend unter den Tarifvertragsparteien aufzuteilen, sondern konsequent für die Schaffung neuer Arbeitsplätze einzusetzen (Lafontaine 1988; Schiller 1988). Dieser auf Arbeitszeitverkürzung setzenden Zukunftsperspektive geht es um die „strategische Einsicht", die Vollbeschäftigung „durch die Umverteilung der Arbeitsmöglichkeiten und Arbeitseinkommen" zu Lasten der gegenwärtigen Mehrheit der Beschäftigten wieder zu erlangen (Scharpf 1987, S. 334). Um rentable, arbeitsplatzschaffende Investitionen anzureizen, wird von den Befürwortern der kostenwirksamen Arbeitszeitverkürzung ein – primär von den Besserverdienenden zu erbringender – (teilweiser) Verzicht auf Lohnsteigerungen als Solidaritätsbeitrag für die Arbeitslosen verlangt. Die Politik der Arbeitszeitverkürzung ist also darauf angelegt, Lohnzuwächse bei den Arbeitenden nicht voll zu „behalten", sondern sie vielmehr zugunsten beschäftigungswirksamer Investitionen „zu übertragen" (Schiller 1988, S. 32; Wolf 1987, S. 220-229).

Weil die Vertreter des angebotspolitischen Keynesianismus davon ausgehen, daß sich im modernen Wohlfahrtsstaat, der eine tendenzielle Wachstumsabschwächung und eine Stärkung der Verteilungsansprüche des Kapitals mit sich bringt, immer weniger traditionelle sozialdemokratische Zielvorstellungen realisieren lassen, müssen strategische wohlfahrtspolitische Prioritäten gesetzt werden. Für die Anhänger der angebotsorientierten Wohlfahrtsstaats-Option ist deshalb die – vorläufig irreversible – Anerkennung der veränderten Machtverhältnisse im Verteilungskampf unverzichtbare Voraussetzung dafür, eine weiter sich vertiefende Spaltung der Arbeitsgesellschaft zu verhindern (Heinze 1986, S. 93-99). In diesem Ansatz wird von der „Verschiebung der sozialen Konfliktlinien in der Krise der modernen Wohlfahrtsstaaten, insbesondere Arbeitsplatzbesitzer versus Arbeitslose und Lebensqualität versus Wachstum, aber der für unverzichtbar eingeschätzten Beachtung des Solidaritätsprinzips ausgegangen (J. Strasser 1986; Lafontaine 1988; S. 31ff.). Dieser Strategieentwurf setzt also maßgeblich bei einem von allen Arbeitnehmern zu leistenden Solidaritätsbeitrag an, um „durch den Verzicht auf Arbeitsbestandteile und Einkommenszuwächse" positive Beschäftigungseffekte zu erzielen. Je größer die politische Akzeptanz für die „Härte der weltwirtschaftlichen Rahmenbedingungen" und damit für die begrenzte nationale Steuerungsfähigkeit der Beschäftigungsentwicklung ist, umso größere Chancen werden dem sozial-demokratisch-angebotsorientierten Wohlfahrtsstaats-Entwurf eingeräumt, hegemonial zu werden (Scharpf 1987, S. 335f.).

1.4.2. Kritik

Gegen den vom Scharpfschen Strategieansatz geforderten Verzicht auf Arbeitsbestandteile und Einkommenszuwächse werden vor allem verteilungs-, ordnungs- und weltmarktpolitische Vorbehalte geltend gemacht.

Die verteilungspolitisch begründete Kritik an der sozialdemokratischen Angebotspolitik der Arbeitszeitverkürzung und dem Einkommensverzicht setzt bei den von der traditionellen Angebotspolitik unterstellten Wirkungszusammenhängen zwischen erhöhten Gewinnen, vermehrten Investitionen und zusätzlichen Arbeitsplätzen an (Ehrenberg 1988, S. 125). Für die Kritiker der herkömmlichen Angebotspolitik hat die prinzipielle Zunahme der Unternehmergewinne seit dem Regierungswechsel von 1982/83 nicht nur keine ausreichenden Impulse für die Investitionstätigkeit und die Schaffung neuer Arbeitsplätze ausgelöst, sondern auch eine sozial ungerechte Einkommensverteilung zugunsten der Einkommen aus Unternehmertätigkeit und Vermögen mit sich gebracht (Welzmüller 1988).

Die wissenschaftliche und praktisch-politische Kritik der Gewerkschaften an der angebotspolitisch begründeten Steigerung der Gewinneinkommen verweist darauf, daß die reale Gewinnentwicklung zwischen 1982 und 1987 in der Bundesrepublik den unterstellten Wirkungszusammenhang zwischen Gewinn-, Investitions- und Beschäftigungszunahme widerlegt (Steinkühler 1988; Hofschen 1989, S. 18f.): Von den in den Jahren 1982-1987 erzielten Netto-Gewinneinkommen in Höhe von 168 Mrd. DM „flossen nur 36 Mrd. DM in Netto-Sachinvestitionen, während 92 Mrd. DM in ausländischen Wertpapieren angelegt wurden" (Zwickel 1988, S. 4). Wie sich die Gewinnverwendung zwischen 1970 und 1985 verändert hat, verdeutlicht der relative Rückgang der Reinvestitionen in der gesamten Industrie: In diesem Zeitraum hat sich der „wiederinvestierte Anteil des Liquiditätszuflusses (‚cash-flow') von 59,6% auf 29,3% halbiert" (I.M.S.F. Arbeitsgruppe 1988, S. 16), während sich der Anteil der in Geld- und Forderungsvermögensbildung fließenden Gewinne kontinuierlich erhöht hat (Arbeitsgruppe Altervative Wirtschaftspolitik 1988, S. 197). Auch wenn die in der Hochzinsphase der 80er Jahre hohen Zinseinkünfte als Bestandteile der Einkommen aus Unternehmertätigkeit die Residualgröße „Unternehmergewinne" überbewerten (Schlecht 1988, S. 139), ist statistisch prinzipiell die unproportionale Einkommensverteilung zu Lasten der unselbständigen Einkommen unstreitig (Wirtschaft und Statistik 3/1988; Hickel/Priewe 1989, S. 101-114).

Eine negative Beurteilung erfährt das mit dem arbeitszeitmotivierten Einkommensverzicht implizierte Einverständnis für eine weitere Umverteilung des Volkseinkommens zugunsten der Gewinne (Memorandum '89, S. 63-66). Wenn unterstellt wird, daß eine andere Verteilung der insgesamt unveränderten Lohn- und Gehaltssumme – auf der Grundlage weiterhin steigender Produktivität – einen Beschäftigungsanstieg bewirkt, dann wird auch mit einem wachsenden Volkseinkommen gerechnet. Der Anstieg der Beschäftigung und des Volkseinkommens, so lautet der Vorwurf, gehen aber mit einem sinkenden Anteil der Löhne und Gehälter am Volkseinkommen einher. Die Einwände richten sich gegen eine Entwicklung, die seit Ende der 70er Jahre anhält und zu einer kontinuierlichen Absenkung der bereinigten Lohnquote der Nettolohn- und Nettogehaltssumme (bei konstant gehaltenem Anteil der abhängig Erwerbstätigen) geführt hat (Statistisches Bundesamt, Fachserie 18, Reihe 1; Wirtschaft und Statistik 1/1988): Die bereinigte Lohnquote hat 1989 mit rd. 67% den tiefsten Stand seit 1960 erreicht (Nierhaus 1989, S. 4).

Auch der Vergleich der Arbeitnehmer- mit den Kapitaleinkommen (Nettogewinne und Abschreibungen) verstärkt die verteilungs- und beschäftigungspolitischen Zweifel, ob eine beim Profit-Lohn-Verhältnis ansetzende Politik der Arbeitszeitverkürzung geeignet ist, die Beschäftigungslage grundlegend zu verbessern. Denn trotz der Stagnation der „Masseneinkommen", die 1987 auf dem Kaufkraftniveau von 1980 verharren, und trotz der seit 1980 um 41% gestiegenen Kapitaleinkommen bieten die erhöhten Gewinne „für das produktive Kapital" nicht „genügend Anreize für beschäftigungswirksame Investitionen" (Altvater 1988, S. 132).

Die Kritik hält eine Arbeitszeitpolitik, die über die Regulierung des Profit-Lohn-Verhältnisses, d.h. über die Anhebung der Renditen von Investitionen in Sachkapital, die beschäftigungsrelevanten Investitionen beleben möchte, schlicht für illusorisch. Ein Politikansatz, der infolge der zunehmenden Weltmarktorientierung der Gewinnverwendung (z.B. verstärkte Geldanlagen) den nationalen Arbeitsmarkt, sprich: die nationalen Produktionskosten (vor allem Lohnkosten und Arbeitsproduktivität) zum Ausgangspunkt seiner wirtschafts- und sozialpolitischen Überlegungen macht (Altvater 1988, S. 122), ist in der Sicht der Kritik nicht überzeugend. Gegen die angebotsorientierte Argumentationskette höherer Gewinne, verstärkter Investitionen und neuer Arbeitsplätze wird eingewendet, daß zwischen 1980 und 1986 die Einkommen aus Unternehmertätigkeit und Vermögen um ein Vielfaches stärker zugenommen haben als die (Brutto-)Anlageinvestitionen. Auch wenn der Indikator der Relation von Gewinnentwicklung und Entwicklung der (Brutto-) Anlageinvestitionen umstritten ist, und der Vergleich der Veränderung von Gewinnen und Ausrüstungsinvestitionen als „allein maßgeblich" interpretiert wird, wird eine beschäftigungsrelevante, „unbefriedigende Bilanz bei den Anlageinvestitionen insgesamt" eingeräumt (Schlecht 1988, S. 139).

Gegen die These der Abhängigkeit der nationalen Finanz- und Geldpolitik von der internationalen Entwicklung des realen Kapitalmarktzinses wird eingewendet, daß die Einwirkungsmöglichkeit der US-amerikanischen Zinspolitik überschätzt wird. Die Kritik verweist darauf, daß die Bundesbank wegen der Gefahr der Abwertung der DM gegenüber dem Dollar ihre Zinspolitik an den USA ausrichtet, um zu große Zinsdifferenzen und damit eine Kapitalflucht zu verhindern. Der Einwand richtet sich überdies gegen die Überschätzung der Bedeutung der Realzinsen, da als wichtigere Faktoren für (kurzfristige) Geldkapitalbewegungen die Differenzen bei den nominalen Zinsen und Wechselkurserwartungen angesehen werden (Hickel/Priewe 1989, S. 284f.).

Auch die enge Abhängigkeit der privaten Investitionen von den Realzinsen wird in Zweifel gezogen. Bedeutsamere Einflußfaktoren der Investitionsentscheidungen als die Realzinsen werden in den Nachfrageerwartungen gesehen. Die Kritik verweist auf die Erfahrungen in den USA, wo sich ab 1983 trotz hoher Zinsen die Investitionen aufgrund zunehmender gesamtwirtschaftlicher Nachfrage kräftig belebten (Filc 1985, S. 638ff.; Büschgen 1987, S. 19f.).

Darüber hinaus richten sich die Bedenken gegen die Überschätzung der Abwertungsgefahr. Nachfrageorientierte Interpretationen sehen in der Ausschöpfung der nationalen geld- und finanzpolitischen Spielräume einen Ansatzpunkt, es nicht zwingend zu (Netto-)Geldabflüssen kommen zu lassen. Eine Nachfrageexpansion bietet die Chance, „die realen Verwertungsbedingungen für (sach-)anlagesuchendes Kapital" und damit auch die Kapitalbilanz verbessern zu können. Der hohe deutsche Kapitalexport in die USA wird nicht nur auf höhere Zinsen, sondern auch auf das nachfragebedingte höhere amerikanische Wachstum zurückgeführt (Hickel/Priewe 1989, S. 285).

Außerdem wendet sich die Kritik an diesem sozialdemokratischen wohlfahrtsstaatlichen Politikentwurf gegen die resignative Auffassung, daß eine euro-keynesianische Beschäftigungsstrategie angesichts der politischen Koordinationsprobleme keine Realisierungschance habe. Demgegenüber wird den großen westeuropäischen Ländern, insbesondere der Bundesrepublik, die Steuerungsfähigkeit zugebilligt, im Rahmen der EU auf eine intensivere finanz- und geldpolitische Koordination zwischen den Nationalstaaten hinwirken zu können. Im Gegensatz zur Scharpfschen pessimistischen Einschätzung der politischen Umsetzung euro-keynesianischer Strategien geht die Kritik von der Veränderbarkeit der Politik auf nationaler wie EU-Ebene aus (Hickel/Priewe 1989, S. 286).

Schließlich wird die einseitige Einschätzung der Risiken hervorgehoben, wonach zwar die Internationalisierung der Kapitalmärkte zahlreiche politische und ökonomische Unwägbarkeiten enthalte, die Risiken und Widersprüche der internationalen Folgen der Angebotspolitik aber unterschätzt werden. So wird zu bedenken gegeben, daß die angebotspolitisch angeleitete Modernisierungs- und Weltmarktorientierung der westlichen Industrieländer nicht nur die weltwirtschaftlichen Ungleichgewichte verstärkt hat, sondern auch die den Zinsanstieg begünstigenden Haushalts- und Handelsbilanzdefizite der USA tiefreichende negative weltwirtschaftliche Folgewirkungen hervorgerufen haben (Memorandum '88, S. 283-307).

Die weltmarktorientierte Kritik, die von den Bedingungen globaler „finanzieller Instabilitäten" ausgeht[28] , sieht in der Politik des angebotsorien-

28 Minsky begründet seine „financial instability hypothesis" mit dem zyklischen Verlauf der realen Rendite (Profitrate) und der monetären Rendite (Zinsen). Seine Aufmerksamkeit gilt weniger der maßgeblich durch Investitionen, Unternehmerkonsum und Sparverhalten bestimmten Entwicklung der Profite als vielmehr der Entwicklung der Zinsen auf den Finanzmärkten. Minsky hält die Zinsentwicklung nur für so lange

tierten Keynesianismus – über den Zugriff auf die Lohnkosten die Profite des Sachkapitals zumindest auf das Niveau der international vorgegebenen Renditen der Geldanlagen anzuheben – die Gefahr der Übertragung der „financial instabilities" auf die nationalen Ökonomien (Altvater 1988, S. 121-134).

Die Einwände richten sich gegen das resignierende Plädoyer sozialdemokratischer Angebotspolitik, daß angesichts internationalisierter Geld- und Kapitalmärkte der nationalen Wirtschaftspolitik nur noch angebotspolitische Eingriffsvariablen wie Löhne und Arbeitsproduktivität zur Verfügung stehen, um eine kostenneutrale Politik der Beschäftigungszunahme zu erreichen (Altvater 1988 b, S. 122ff.). Dieser Argumentation, die den beschäftigungspolitischen Hebel bei den nationalen Produktionskosten und damit der Höhe der Profitrate ansetzt, wird doppelte Inkonsistenz vorgeworfen: Einmal wird von dieser Politik – anders als im neoklassischen Paradigma – keine Herstellung des Gleichgewichts in dem Sinne erwartet, daß die Produktionsfaktoren zu einem von ihnen akzeptierten Preis Vollbeschäftigung erzeugen. Zum anderen werden zwar keynesianische Vergleiche zwischen externem und internem Zinsfluß angestellt, aber nicht (wie bei Keynes) Vorschläge zur notwendigen Absenkung der externen Zinsen gemacht (Keynes 1936, S. 375f.).

Der Argumentation des angebotsorientierten Keynesianismus, daß die nationale Wirtschaftspolitik als Folge der von den internationalen Finanzmärkten vorgegebenen externen Zinsen (der Rendite der Geldanlagen) zumindest das national noch steuerbare Profit-Lohn-Verhältnis zu regulieren versuchen sollte, wird vorgehalten, die nachfragepolitisch veränderten Verhältnisse „der Verteilung ... zwischen Löhnen, Profiten und Zinsen (vom Staatsanteil hier einmal abgesehen)" als irreversibel hinzunehmen (Altvater 1988 b, S. 125).

Die der sozialdemokratischen Angebotspolitik abverlangte Anpassung an das Niveau der internationalen Renditen von Geldanlagen ist überdies besonderer Kritik ausgesetzt, weil hier Meßlatten für nationalstaatliche wirtschafts- und sozialpolitische Maßnahmen angelegt werden, die „erratisch fluktuierend und folglich als Größen, an deren Vorgaben die Wirtschaftspolitik Anpassungsleistungen vollbringt, ungeeignet" sind (Altvater 1988 b, S. 126). Die international vorgegebenen monetären Renditen zur Meßlatte für die internationale Wirtschaftspolitik zu machen, wird nicht nur wegen der unsicheren und instabilen Mechanismen auf den Finanzmärkten für untauglich, sondern auch wegen ihrer Auswirkungen auf die nicht-monetären Prozesse der Ökonomie für bedenklich erachtet (Minsky 1982; 1986).

Instabilitäten des Finanzsystems sind – in der Sicht der Kritik an der sozialdemokratischen Angebotspolitik – nach wie vor vorhanden, auch wenn heute verstärkt „built-in-stabilisms" diesem destabilisierenden Prozeß entgegenwirken: Die institutionellen Vorkehrungen gegen krisenverschärfende

---

stabil, „wie die laufenden Profite es den bei Banken verschuldeten Unternehmen erlauben, ihren Kreditverpflichtungen nachzukommen". Vgl. Minsky 1982, S. 11.

Prozesse werden zusehends dahingehend verbessert, daß die Zentralbanken als „lender of last resort“ in konzertierten Aktionen Geschäftsbanken nötigenfalls mit zusätzlicher Liquidität versorgen (Schui 1986, S. 730f.; 1988, S. 20ff.). Auch die Regierungen großer Industriestaaten tragen mit hohen Defizitfinanzierungen ihrer Haushalte zur Stabilisierung und damit zur Zahlungsfähigkeit des Unternehmenssektors bei. Um immer wieder auftretende finanzielle Turbulenzen abzuschwächen, sind international abgestimmte „Konventionen und Institutionen erforderlich, die den Glauben an die Stabilität ermutigen sowie bewußte Handlungen zum Ausgleich planloser Fluktuationen“ (Davidson 1987, S. 82) ermöglichen.

Die Kritik meldet allerdings erhebliche Zweifel gegenüber der dauerhaften Wirksamkeit solcher institutioneller Vorkehrungen an. Während auf nationaler Ebene noch eine institutionelle Steuerungsfähigkeit zur Stabilisierung der grundsätzlich instabilen Finanzmärkte für möglich gehalten wird, wird dagegen die Fähigkeit einer funktionierenden Stabilisierung auf internationaler Ebene bestritten (Altvater 1988 b, S. 131).

Angesichts der erratischen und instabilen Entwicklung der Renditen auf nationalen und internationalen Finanzmärkten richten sich die Bedenken vor allem gegen eine Orientierungsmarke für eine nationale Politik, die ausgerechnet die ständig internationalen Spekulationen und Turbulenzen ausgesetzte Rendite von Geldanlagen zum entscheidenden Kriterium für nationale beschäftigungswirksame Anpassungsleistungen erhebt.

Außerdem wird die Prämisse, den „systemischen Restriktionen“ strategisch innerhalb eines nationalen angebotspolitischen Keynesianismus Rechnung zu tragen, unter logischen Gesichtspunkten kritisiert (Altvater 1988 b, S. 132). Der Forderung, die international vorgegebenen monetären Renditen zu akzeptieren und das nationale Profit-Lohn-Verhältnis – über die maßgeblich durch den Anstieg der Lohnkosten, der Arbeitsproduktivität und der Kapitalintensität bestimmten nationalen Produktionskosten – zu steuern, wird vorgehalten, daß die Entwicklung der Profite keineswegs einer nationalen wirtschaftspolitischen Logik folgt.

Für die Kritik erzeugt paradoxerweise eine Politik, die den globalen finanziellen Instabilitäten mittels Angleichung der nationalen Profite an die international vorgegebenen Zinsraten nationalstaatlich „ein Schnippchen schlagen will“, krisenverschärfende Bedingungen, d.h., daß auf Dauer ein beschäftigungsdämpfender Fall der Profitrate bewirkt wird: So sind Deregulierungen beispielsweise im Umweltschutz gegenwärtig noch imstande, den Kapitalaufwand zu reduzieren, doch wird langfristig Produktivitätssteigerung nicht ohne höhere Kapitalintensität zu erreichen sein. Die damit in der Regel verbundene Senkung der Kapitalproduktivität stimuliert unternehmerische Kostensenkungs-Strategien, die bei den Lohnkosten ansetzen. Die Zielsetzung, Auswirkungen der globalen Krise durch nationale Strategien mildern oder vermeiden zu können, haben letztlich nichtinduzierte Wirkungen, nämlich den Fall der Profitrate und damit die Gefährdung der Beschäftigungslage, zur Folge (Stanger 1988).

Die Kritik resümiert, daß angesichts der begrenzten nationalen Steuerungsfähigkeit gegenüber dem internationalisierten Kapital die Annahme unrealistisch ist, durch eine international koordinierte Geld- und Fiskalpolitik das Zinsniveau wirkungsvoll beeinflussen zu können (Beaud 1987). Die Annahme, mit nationalstaatlicher Regulierung des Profit-Lohn-Verhältnisses den internationalen finanziellen Instabilitäten ausweichen zu können, wird für illusionär befunden (Altvater 1988 b, S. 134).

2. Konzepte politischer Netzwerke und ihre Erklärungsmöglichkeiten der Ökonomisierung im Wohlfahrtssektor Umwelt

Die Aufmerksamkeit, die das Netzwerkkonzept als „neues Paradigma" (Benz 1995, S. 185) in der Politikwissenschaft gefunden hat, läßt sich damit erklären, daß es die Komplexität moderner realer Strukturen und Entscheidungsprozesse erfaßt (Mayntz 1991, S. 6ff.) und einen methodischen Zugang zu „entwickelten Wohlfahrtsstaaten" eröffnet (Atkinson/Coleman 1992, S. 155).

Allgemein können Netzwerke definiert werden[29] als relativ dauerhafte, durch wechselseitige Abhängigkeiten, gemeinsame Wertorientierungen sowie Vertrauensbeziehungen gekennzeichnete Kommunikationsstrukturen zwischen Individuen und Organisationen, deren Verhandlungen auf ein gemeinsames Ergebnis abzielen (Mayntz 1993, S. 47; Benz 1995, S. 194).

Die Fähigkeit interorganisatorischer Netzwerke, ohne Zwang und eigenverantwortlich handeln zu können, „ist die generelle Vorbedingung kollektiver Entscheidungsfindung" (Mayntz 1993, S. 43). Ein wichtiges Definitionsmerkmal von Netzwerken ist somit ihre relative Autonomie. Auch wenn das vorherrschende Netzwerkverständnis die prinzipielle Gleichheit der Akteure unterstellt, bestehen empirisch häufig nicht unwesentliche Machtunterschiede zwischen den Akteuren.

Van Waarden charakterisiert Netzwerke als Typen von Interessenvermittlungssystemen nach Anzahl und Typus der beteiligten Akteure, nach den Funktionen der Netzwerke im Politikprozeß (z.B. Beschaffung und Weitergabe von Informationen, Abstimmung, Durchsetzung und Legitimierung von Entscheidungen), nach der Struktur der Netzwerke (Grad der Institutionalisierung, zeitliche Stabilität, Intensität der Beziehungen) und nach den Machtverhältnissen in Netzwerken (van Waarden 1992, S. 32f.). Macht ist in politischen Netzwerken prinzipiell von den verfügbaren Ressourcen, Verweigerungs- und Koalitionsmöglichkeiten, d.h. von Variablen wie der Autonomie

29 Wird der Jordan/Schubertschen Typologisierung von Netzwerken gefolgt, können sie nach folgenden Merkmalen geordnet werden:
ihrer Anzahl der beteiligten Interessengruppen (viele oder weniger Gruppen, hohe oder niedrige Zugangsschwelle),
ihrem Verhalten zueinander (konfligierend oder konsensual),
ihrer Stabilität
und ihrem sektoralen oder sektorübergreifenden Zuschnitt der inhaltlichen Aufgaben. Vgl. dazu Jordan/Schubert 1995, S. 11.

oder Abhängigkeit der Akteure, dem Grad der möglichen Instrumentalisierung einzelner Akteure und dem Grad des möglichen horizontalen bzw. vertikalen Machttransfers abhängig (Schubert 1995, S. 233).

Für die Analyse der Politik in Wohlfahrtssektoren bietet sich das Konzept politischer Netzwerke sowohl als analytischer Ansatz (Methode) zur Strukturbeschreibung spezifischer Politikfelder als auch als Erscheinungsform moderner Politiksteuerung an (Pappi 1993, S. 84-93). Das Politiknetzwerk-Konzept ist nicht nur für akteurstheoretische Analysen funktionaler Differenzierungen moderner Gesellschaften (Braun 1993, S. 218) brauchbar, sondern bietet auch Erklärungen für Spielräume und Restriktionen staatlichen Handelns. Netzwerk-Konzepte können demnach gegebene Verhandlungssysteme und Entscheidungssysteme wie das wohlfahrtsspezifische Politikfeld der Umwelt mit seiner Vielzahl von Akteuren und ihren gestaltenden, auf Strukturveränderungen zielenden Netzwerkaktivitäten qualifizieren (Schubert 1985, S. 234-239). Das Konzept politischer Netzwerke eignet sich darüber hinaus zur Beantwortung der Frage, welche Bedeutung Einflußvariablen der Ökonomisierung von Politik wie die Sicht der Politikgestaltung „von oben" oder „von unten", das staatliche Interventionsverständnis, die Ausgestaltung der Prinzipien und Instrumente, standardsetzende oder ausführende Institutionen, die In- oder Exklusivität von Entscheidungsverfahren usw. auch für den ausgewählten Wohlfahrtssektor Umwelt haben.

Die politische Netzwerkanalyse eignet sich dazu, die mechanistische policy-orientierte Sicht der Politikentstehung und -durchführung zu relativieren, indem das Zusammenwirken privater und staatlicher Akteure jenseits hierarchischer, sektoraler und nationaler Gliederungen in Politikfeldern untersucht wird. Diese Methode ist geeignet, die konflikthaften, aber auf kollektive Ergebnisse ausgerichteten Interaktionen analytisch zu erfassen (Mayntz 1993, S. 46f.), denn mit der modifizierten Policy-Netzwerk-Analyse wird den Veränderungen in den verschiedenen Phasen der Politikdefinition – Agenda-Gestaltung, Politikformulierung, Implementation und Evaluation – Rechnung getragen (Héritier 1993, S. 16; 1995, S. 206f.).

Um der Neuformierung von politischen Koalitionen, den Veränderungen von Politikinhalten und dem Wandel der Ziele und Präferenzen der Akteure gerecht zu werden, gestaltet die Policy-Analyse heute ihre Programmziele und -strategien relativ offen und anpassungsfähig. Im Gegensatz zum traditionellen „mechanistischen" Modell der Policy-Analyse, für das (zentral) staatliche Akteure das entscheidende Handlungszentrum sind – also eine Steuerungsperspektive „von oben" vorherrscht (Peters 1993, S. 294-300) – betont die Netzwerkanalyse das Zusammenwirken von öffentlichen und privaten Akteuren bei der Gestaltung von Policy-Maßnahmen. Aus dieser Perspektive wird die Vorstellung zurückgewiesen, daß staatliche Akteure gegenüber korporativen oder professionellen Akteuren eine dominante Stellung haben. Welche Stellung der Akteur oder die Akteurgruppe in einem politikfeldbezogenen Netzwerk wie dem der Umwelt einnimmt, ist zwar eine empirische Frage, kann aber auch theoretisch erklärt werden.

Das analytische Konzept der Netzwerke enthält ein – empirisch handhabbares – Methodenarsenal, das Aushandlungsprozesse zwischen verschiedenen Akteuren, die „eher in einem Neben- als in einem Unter- und Überordnungverhältnis zueinander stehen", qualitativ erfassen kann (Jansen/Schubert 1995, S. 2). Netzwerke sind aber nicht nur „gegebene Verhandlungs- und Entscheidungssysteme" (Scharpf 1991 a, S. 216), um über (netzwerkartige) Strukturen und Verfahren Verhaltensmuster erklären zu können, sondern auch „gestaltende, prospektive Systeme der Zielerreichung" (Schubert 1995, S. 238), d.h. aus der Sicht der Akteure auch Instrumente zur Verfolgung konkreter Interessen, Ziele und Strategien. Diese auf Veränderung zielenden Netzwerkaktivitäten können als eine auf das Zusammenwirken angelegte Form moderner Politiksteuerung, d.h. als „kooperatives Interaktions- und Steuerungssystem" (Voigt 1995, S. 18, 76), interpretiert werden.

Die Verhandlungen als „dominante Logik" von Netzwerken können primär mit dem Ziel des Interessenausgleichs (bargaining) oder primär mit dem Ziel optimaler Aufgabenerfüllung (problem-solving) geführt werden (Mayntz 1993, S. 46f.). Der gravierende Unterschied beider Handlungsorientierungen liegt darin, daß für den Interessenausgleich lediglich „negative Koordination" (Scharpf 1993, S. 69-80) erforderlich ist, während die optimale Problemlösung ein kooperatives Zusammenwirken verlangt (Mayntz 1993, S. 48).

Akteurtheoretische Ansätze, die einmal Akteurkonstellationen, vor allem das „strategische Miteinander" korporativer Akteure, und zum anderen die Leistungsrollen individueller Akteure und ihre Beiträge zu sozialen Schließungsmechanismen thematisieren (Braun 1993, S. 210-217), bieten theoretische Ansatzpunkte für Erklärungen von Ökonomisierungstendenzen im Wohlfahrtssektor Umwelt. Auch Kennzeichnungen von „Logiken" politischer Netzwerke (wie die Schubert'sche Typologisierung der Struktur-, Akteur- und Innovationslogiken) können Anhaltspunkte für die Einstufung der Dimension der Ökonomisierung der Umweltpolitik liefern (Schubert 1995, S. 234-240). Die Theorieansätze politischer Netzwerke eignen sich also insofern zur Erklärung von Ökonomisierungstendenzen in der Umweltpolitik, als die Ökonomisierung bestimmende Faktoren (Variablen) explizit und implizit Gegenstände ihrer Analyse sind.

2.1. Akteurorientiertes Teilsystemkonzept und sein Erklärungsbeitrag zur Ökonomisierung

Das vom Max-Planck-Institut für Gesellschaftsforschung entwickelte funktionale Teilsystemkonzept nennt eine Reihe handlungsprägender Ebenen, die von den Akteuren innerhalb des Teilsystems eine Selektion erzwingen: Während die Teilsystemebene für den Akteur noch allgemein die Informationen „filtert", vermitteln die Institutionen innerhalb des Teilsystems die Spielregeln, welche Handlungen akzeptiert oder nicht akzeptiert, positiv oder negativ sanktioniert werden. Auf der Ebene der Akteurskonstellation üben alle Akteure Macht aufeinander aus und strukturieren damit die Handlungsmöglichkeiten der anderen Akteure. Aus der Beobachtung der anderen Akteure erhält der Akteur Informationen über deren Beeinflußbarkeit und die Auswirkungen ihres Handelns auf die Durchsetzbarkeit der eigenen Intentionen, so daß „ein strategisch kalkulierendes Miteinander" entsteht (Schimank 1992a, S. 172). Aus dem verbliebenen „Alternativenset" wählen die handlungsfähigen Akteure nach ihren Präferenzen eine Handlungsstrategie aus. In der Sicht der Vertreter dieses Ansatzes ist es dann plausibel, den Akteuren „reflexive Interessen" zu unterstellen, d.h. die Reichweite ihrer eigenen Interessenrealisierung auszuwerten (Schimank 1992b, S. 174f.).

2.1.1. Strategisches Miteinander korporativer Akteure

Der Bezug auf reflexive Interessen der Akteure kann auch im Rahmen umweltpolitischer Prozesse einen Erklärungsbeitrag dafür liefern, welche politischen Steuerungsmöglichkeiten sich für staatliche und korporative Akteure[30] eröffnen, und inwieweit und auf welche Weise diese Form der Interessenwahrnehmung der Akteure Ökonomisierungstendenzen befördert. Die reflexiven Interessen verschaffen den politischen Akteuren zu teilsystemischem Handeln Zugang, weil die Politik der korporativen Akteure nicht nur finanzielle Belohnungen oder erweiterte Kompetenzen in Aussicht stellen, sondern auch über eine „Sprache" oder einen „Generalschlüssel" verfügt (z.B. die Inaussichtstellung), die die Verhaltensparameter der Akteure in Teilsystemen steuern kann (Schimank 1992 b, S. 175).

Der funktionale Differenzierungsansatz eignet sich mit seinem Blick auf die „Organisiertheit von Teilsystemen" auf der Ebene der einzelnen Handlung, der Ebene von Funktionsrollen oder der Ebene „spezialisierter größerer sozialer Gebilde" (z.B. von Forschungseinrichtungen) als analytischer Ansatz, den Steuerungseinfluß der verschiedenen Ebenen zu ermessen (z.B. von standardsetzenden Institutionen in der umwelttechnischen Normung) und die vorherrschende Interessenorientierung der Organisationen ausfindig zu machen (Mayntz 1988, S. 20f.; 30). Die Trägerschaften können durchaus eigene Interessen verfolgen, die nicht mit der Leitorientierung der Teilsysteme identisch sein müssen: Beispielsweise dürfte das bevorzugte Interesse eines kommerziellen Forschungsinstituts im „Verkauf seiner Produkte" liegen, wohingegen der „Leitwert" der Steigerung von „Wahrheit" ein sekundäres Ziel darstellen dürfte. Die Trägerschaften können auch mehrere Leitwerte vertreten, die wie im Falle universitärer Einrichtungen sowohl Aufgaben wissenschaftlich-technischer Beratung für die Umweltpolitik, die Industrie oder

30 Unter korporativen Akteuren werden auf Mitgliedschaft basierende und rechtlich autonome (Groß-)Organisationen verstanden, die über eigene Ressourcen verfügen und eigene Interessen verfolgen.

Umweltschutzverbände als auch ihre eigenen Forschungs- und Lehrtätigkeiten wahrnehmen.

Die unterschiedlichen „sozialen Trägerschaften" erweitern zwar die Zugangspfade der Politik zu den Teilsystemen, sind aber gleichzeitig mit „spezifischen Schließungsmechanismen" verbunden (Braun 1993, S. 209): So kann die Politik zwar Schließungsmechanismen beispielsweise im Wissenschaftssystem unterlaufen, indem sie Leistungen kommerzieller Forschungsinstitute in Anspruch nimmt, die schnell und nach „Maßgabe" politischer Zielvorstellungen zur Verfügung gestellt werden. Nachteilig kann sich allerdings auswirken, daß die Forschungsergebnisse möglicherweise nur „suboptimale" Entscheidungshilfen für die Politik bieten. Die Umgehung des Wissenschaftssystems kann desweiteren in langfristiger Perspektive den Zugang der Politik zu den synergetischen Effekten der Vernetzung teilsystemischer Leistungen bedrohen (Braun 1993a, S. 121-139). In der Sicht des akteurorientierten Differenzierungsansatzes bilden sich also in Netzwerken mit vielen Akteuren und vielfältigen Akteurskonstellationen „Eigendynamiken" heraus, die entweder für die Politik zu suboptimalen Steuerungsleistungen führen oder sogar für alle Beteiligten suboptimale Resultate erzeugen. Im Urteil der Vertreter dieses Ansatzes eröffnen die Teilsysteme Steuerungsmöglichkeiten, schaffen aber zugleich Steuerungsrestriktionen für die Politik, die maßgeblich auf die Dynamik komplex strukturierter Gesellschaften zurückzuführen sind (Mayntz 1992, S. 64-82; Stucke 1992, S. 3-14).

2.1.2. Individuelle Akteure in Leistungsrollen

In akteurstheoretischer Sicht sind nicht nur die Organisiertheit von Teilsystemen mit korporativen Akteuren, sondern auch „individuelle Akteure in Leistungsrollen" wie beispielsweise Wissenschaftler, Ärzte, Anwälte oder Wirtschaftsprüfer wichtige Strukturmerkmale von Netzwerken (Braun 1993, S. 210). In dieser akteurstheoretischen Interpretation wird der Beruf als Profession, als professionalisierte Leistungsrolle und als der „Mikrokern" von Teilsystemen angesehen. Wichtige Strukturmerkmale für die Profession sind die „Selbstkontrolle der bereitgestellten spezialisierten Leistungen über ein Kollegium" (z.B. die Erstellung von Gutachten), die hohen Zutrittsschwellen zur Profession, die Rekrutierungsmacht der Profession, die Entwicklung gemeinsamer Wertvorstellungen und die Rolleninterpretation einschließlich einer gemeinsamen Sprache (Braun 1993, S. 212). Das handlungsprägende Strukturmerkmal der Entwicklung von ordnungspolitischen Affinitäten und Positionen zum Verhältnis von Staat und Ökonomie kann auch Erklärungen dafür liefern, welches Gewicht ökonomische Kalküle bei der Politikentwicklung im zu untersuchenden Wohlfahrtssektor Umwelt haben. Auch die relativ geschlossenen Rekrutierungsmechanismen von wissenschaftlich-technischen Akteuren in der Umweltpolitik können Erklärungsmuster für die Dominanz ökonomischer Orientierungen bieten.

Die Einbindung der individuellen Akteure in Leistungsrollen hat handlungsprägende Konsequenzen, indem sie nicht nur die Eigendynamik des Handelns in Teilsystemen begünstigt, sondern auch zur Schließung von Teilsystemen beiträgt: So kann ein einzelner Akteur seine Leistungsrolle nur dann erfüllen, wenn er überwiegend den „Leitwert" des Teilsystems akzeptiert. Akteure standardsetzender Entscheidungsinstitutionen im Umweltbereich wie das Deutsche Institut für Normung (DIN) können sich als neue Mitglieder auf Dauer nur integrieren, wenn sie grundlegende Maßstäbe wie eine „wirtschaftlich vertretbare" Normgebung respektieren. Der auf die Aufgabenstellung der Institutionen verpflichtete individuelle Akteur hat die erwarteten Leistungen sicherzustellen oder anderenfalls mit spezifischen Sanktionsmechanismen zu rechnen. Solche von der Institution erwarteten und vorgegebenen traditionellen Maßstäbe, bei der Standardsetzung wirtschaftliche Erfordernisse zu berücksichtigen, begünstigen tendentiell die Ökonomisierung der umweltpolitischen Programmentwicklung.

Die Existenz von Sanktionsmechanismen erklärt, warum professionelle Leistungsträger bzw. Sachverständige (Experten) trotz ihres eigennützigen Verhaltens teilsystemische Interessen und damit kollektive Ergebnisse unterstützen. Dem handlungstheoretischen Ansatz liegt die Annahme zugrunde, daß der einmal in Gang gesetzte „Reputationszyklus" weiterläuft, sobald sich ein Akteur zur Übernahme einer professionellen Rolle entschieden hat. Als Leistungsträger wird er in ein „interdependentes Netz von Zumutungen und Anforderungen" eingebunden, dem er sich nur noch schwer durch Austritt und damit durch Verzicht auf Karriere entziehen kann (Braun 1993, S. 213). Ein solcher Austritt aus der Professionsrolle ist deshalb unwahrscheinlich, weil der Ausübung dieser Rolle weitreichende Investitionen in die Zukunft wie finanzielle und zeitliche Kosten sowie Streß vorausgegangen sind. Diese Investitionen sind also ein entscheidender Grund, die einmal erworbene Reputation zu sichern und weitere „Leistungssymbole" anzuhäufen (z.B. als Gutachter innerhalb des Kollegiums oder als Politiker vor dem „Publikum" der Wähler). Die Leistungen, die als Symbole von Kollegium und Publikum je nach Teilsystem unterschiedlich bewertet und gewichtet werden, leisten wichtige Beiträge zur Funktion des Teilsystems: So manifestiert das Streben der Politiker um Wählerstimmen mit Policy-Leistungen neben eigennützigen Interessen das Bemühen politischer Akteure um Leistungssteigerung in der Gesellschaft.

Auch die individuellen Akteurkonstellationen wirken insofern handlungsprägend, als sich die Leistungsträger in ständiger Konkurrenz mit anderen professionellen Rollenträgern befinden. Bei diesem interdependenten Handeln wetteifern die Akteure weniger um Macht- als vielmehr um knappe Reputationschancen (Eisermann 1992, S. 226).

In der Sichtweise des akteurorientierten Ansatzes ist die Professionalisierung von Leistungsrollen in Teilsystemen für soziale Schließungsmechanismen gegenüber Steuerungsversuchen von außen verantwortlich, begrenzt also die Steuerungsfähigkeit der Politik gegenüber den Teilsystemen. Das hohe

Ansehen von Professionen und ihr Informationsmonopol in bezug auf wichtige und „riskante" gesellschaftliche Funktionen wie die damit zusammenhängende außergewöhnliche Autonomie (Lipset/Schwarz 1972, S. 382-400) machen die Politik in hohem Maße von den Kompetenzen der Profession abhängig. Folglich ist die Politik geradezu darauf angewiesen, die Leistungsträger aus den Teilsystemen mit politischer Formulierungsmacht auszustatten: So weisen im Umweltsektor Verträge und Gesetze den professionellen Akteuren politikberatender oder industrieverbandlicher Institutionen (z.B. dem Sachverständigenrat für Umweltfragen oder dem DIN) relativ autonome standardsetzende Kompetenzen zu.

Will die Politik dennoch in die Entscheidungsprozesse eingreifen, wird sie neben den Eigeninteressen der korporativen und professionellen Akteure auch mit den eigendynamischen Reputationszyklen, in die die Leistungsträger eingebunden sind, konfrontiert. Zwar bilden solche Schließungsmechanismen Restriktionen für politische Steuerungseinflüsse, doch besitzt die Politik „kommunikative Ansatzpunkte", ihre Ziele über die Steuerung der professionalisierten Teilsysteme durchzusetzen (Braun 1993, S. 216f.). Auch wenn finanzielle Anreize oder ideologische Zielvorstellungen für die Leistungserbringung der Teilsysteme von untergeordneter Bedeutung sind, können sie von der Politik als Hebel benutzt werden, Einfluß auf teilsystemische Abläufe zu nehmen. Auch die Rekrutierung von professionellen Akteuren in politikberatende Institutionen verschafft nicht nur den Experten politischen Machtzuwachs, sondern eröffnet auch der Politik direkten Zugang zu dem ansonsten abgeschotteten Expertensystem. Schließlich können dauerhafte Verbindungen und „integrative" Wertorientierungen der politischen Eliten und der professionellen Leistungsträger zwischen politischen und teilsystemischen Zielen vermitteln und damit zur Bildung von strategischen „Bündnissen" zwischen den Systemen beitragen. Die Vertreter dieses Ansatzes heben allerdings hervor, daß vernetzte Kommunikationsformen noch keine Gewähr für eine erfolgreiche politische Steuerung bieten (Braun 1993, S. 217). In akteurtheoretischer Sicht bedeuten interdependentes Handeln und Interessenkonvergenz lediglich eine kooperationsfreundliche Interaktionsorientierung, die konsensuale Lösungen erleichtert: Die Professionen können damit rechnen, daß politische Zumutungen möglichst früh abgewehrt werden, und auch bei den Politikern kann von der Kooperationsbereitschaft der Professionen ausgegangen werden.

2.2. Struktur- und Akteurlogiken und ihre Erklärungsmöglichkeiten der Ökonomisierung von Politik

Eine weitere Variante des politischen Netzwerk-Konzepts, welche die „Logiken“ von Netzwerken herauszuarbeiten versucht, ermöglicht die Beantwortung politikfeldspezifischer Fragestellungen. Insbesondere werden Fragestellungen aufgegriffen wie die, welche Akteure mit welchen Ordnungsvorstellungen und politischen Grundorientierungen die Politikentwicklung bestimmen, welche Akteure in die Netzwerke einbezogen und welche ausgeschlossen werden, welchen Einfluß der Grad der Formalisierung/Institutionalisierung politischer Netzwerkstrukturen und -verfahren auf die Qualität und Verbindlichkeit der Politikergebnisse hat und welcher Instrumenteneinsatz der Abschwächung von Ökonomisierungstendenzen oder der Stärkung der Politikgestaltung dienen kann.

Der Begriff der Strukturlogik beschreibt die – von Wertprioritäten, Interessen und Strategien bestimmte – Konstellation von Akteuren in einem Gesamtnetzwerk, in die der einzelne Akteur eingebunden ist. Die sich innerhalb des Netzwerks bildenden Ordnungen und Muster sind für den einzelnen Akteur ein erster kollektiver Ertrag, weil sie ihm Orientierungsmöglichkeiten bieten und seinen Sicherheitsbedürfnissen Rechnung tragen. Netzwerke erlauben routinisierte Interaktionen und sind damit transaktionskostengünstig (Eichener 1992, S. 3-14). Zentrale Variablen der Struktur politischer Netzwerke sind die Anzahl der Akteure, die Intensität und Dauer der Interaktionen und die Abgeschlossenheit gegenüber der Umwelt. Die Strukturvariablen beziehen sich auf Merkmale der Interaktion (konfligierend, kompetitiv, kooperativ, formell, informell) oder auf Koordinationsformen politischer Netzwerke (vertikal, horizontal) (van Waarden 1992, S. 29-52).

Der Begriff der Akteurlogik widmet sich dem einzelnen oder organisatorischen Akteur. In diesen „Ego“-Netzwerken interessieren primär die Außenorientierungen und Umfeldabhängigkeiten der relevanten Akteure (Schubert 1995, S. 237). Aus der subjektiven Akteurlogik heraus beziehen sich die Interaktionen nur auf wichtige und nicht „alle möglichen“ Akteure. Die Akteurlogik unterwirft die konkreten Informations- und Aushandlungsprozesse der Akteure den Restriktionen der Netzwerkbedingungen, so daß der einzelne Akteur die Netzwerkstruktur als „restraint structure“ wahrnimmt (Benz u.a. 1992, S. 184ff.). Akteurspezifisch bedeuten diese Restriktionsbedingungen unterschiedliche Grade der Einflußmöglichkeiten. Die Öffnung von vernetzten Entscheidungssystemen bietet daher akteurlogisch zwar begrenzte, aber kalkulierbare Handlungsoptionen und Strategien (Braun1993, S.218).

Akteurlogisch gesehen steht bei den Außenorientierungen der mögliche Interaktionsnutzen im Vordergrund. Da sich Interaktionen immer an konkreten Zielen, Maßnahmen und Positionen orientieren, ist das einzelne Handeln tendenziell auf Inklusivität, also auf die Teilnahme am anfallenden Nutzen angelegt. Reformerische Maßnahmen werden deshalb geringere Realisierungschancen haben, weil akteurlogisch die Verfolgung von Zielen, die von den Zielpräferenzen des Netzwerks abweichen, unsichere und riskante Zuwächse des Interaktionsnutzens verspricht. Gleichwohl können auch im Wohlfahrtssektor Umwelt, in dem von der Dominanz ökonomischer Kalküle ausgegangen wird, in dem Maße Alternativen zur Ökonomisierung zum Tragen kommen, wie individuelles Handeln auf Inklusivität gerichtet ist.

Die Struktur- und Akteurlogik politischer Netzwerke implizieren also Erklärungs- und Einflußvariablen sich verstärkender oder sich abschwächender Ökonomisierungstendenzen im hier interessierenden Wohlfahrtssektor Umwelt.

2.2.1. Wertorientierungen (Leitbilder, staatliches Interventionsverständnis, Deutungsmuster) und Instrumentarium

Wichtige relativ stabile Strukturvariablen politischer Netzwerke bilden übergeordnete Problemlösungsphilosophien als „Wertekonsens" der Akteure, die die Bedeutung von Variablen wie ökonomische Leitbilder und Überzeugungen aufzeigen. Sie geben auch Aufschluß über die Relevanz des staatlichen Interventionsverständnisses oder die vorherrschenden „Deutungsmuster" in Politikfeldern wie dem des hier interessierenden Wohlfahrtssektors Umwelt. Sind interventionszurückhaltende Leitbilder bzw. ökonomische Kalküle Maßstäbe rationaler oder „guter" Politik, gehören solche Wertvorstellungen sogar zu den gemeinsamen Kernüberzeugungen („Core Beliefs") (Sabatier 1993, S. 119ff.; Majone 1993, S. 102), die gegenüber Veränderungen und Anforderungen an stärkere politische Gestaltung weniger aufgeschlossen sind, wird die Politikentwicklung auch weiterhin von tradierten (vorwiegend ökonomischen) Überzeugungen geprägt. Eine solche „übergewölbte" Problemlösungsphilosophie, d.h. ein „Set von Wertprioritäten" (Sabatier 1993, S. 120), trägt zur Verfestigung vorherrschender Handlungsorientierungen, also ökonomischer Kalküle, bei der (Umwelt-)Politikgestaltung bei.

Stabilität und Fragilität von Akteurkonstellationen hängen maßgeblich von der Komplexität, dem Risikogehalt und den Grenzen eines Politikfeldes ab. Die hochgradige Komplexität des zu analysierenden Wohlfahrtssektors Umwelt, seine unberechenbaren Risiken und die fließenden Grenzen – etwa zur Sozial-, Gesundheits-, Regional- und Industriepolitik – implizieren Akteurkonstellationen, die nicht nur eng verflochten und fragil, sondern auch unübersichtlich sind (Heinelt 1993, S. 312). Die Labilität umweltpolitischer Netzwerke, deren Akteure neu hinzutreten oder sich wieder abtrennen können, deren Strukturen sich neu ordnen oder wieder lösen und deren inhaltliche Schwerpunkte sich jederzeit verschieben können, verleiht stabilisierenden und tradierten ökonomischen Werten und Kalkülen besonderes Gewicht. Genuin politische Steuerungsversuche, die politische Neuerungen beinhalten und die von eingespielten (ökonomischen) Grundorientierungen und Verhandlungsroutinen im Interaktionssystem abweichen, müssen folglich an enge Grenzen stoßen.

Der Strukturlogik von (horizontalen) Netzwerken entspricht schließlich die Zurückdrängung von „autoritativen“ oder „harten“ Steuerungsinstrumenten wie Geboten und Verboten durch eine verstärkte Anwendung „sanfter“ oder „subtilerer“ Instrumente wie finanzieller Anreize, persuasiver Instrumente oder informeller Abstimmungen (vgl. Kap. I.1.1.). Gerade im Wohlfahrtssektor Umwelt mit seinen netzwerkartigen Strukturen und Verfahren dienen der Einsatz „subtiler“ Steuerungsinstrumente wie „weicher“ Rahmensteuerung oder fiskalischer Anreize und die Informalisierung der Politik insbesondere in der Implementationsphase der Flexibilisierung der Politikentwicklung und können zur Konsensfindung beitragen. Eine solche Verschiebung in der Kombination von Instrumenten bildet einen Ansatzpunkt für die Strategie der Abschwächung ökonomisierender Tendenzen und der Stärkung gezielter politischer Gestaltung (vgl. Kap. I.1.2.und 1.3.).

2.2.2. Grad der Formalisierung und Institutionalisierung politischer Netzwerke

Im Unterschied beispielsweise zur Rentenpolitik als „monoinstitutionell geprägtem Politikfeld“ (Nullmeier/Rüb 1993, S. 300) mit eingegrenzter Beteiligung relevanter Akteure und abgegrenzter inhaltlicher Orientierung weist die Umweltpolitik einen multiinstitutionellen Charakter auf: Das verflochtene Entscheidungssystem hat eine Vielzahl staatlicher, parastaatlicher und privatrechtlicher Akteure und kann infolge seiner sozialräumlichen und sozialzeitlichen Dimension nicht exakt von anderen Politikfeldern abgegrenzt werden.

Die sich in den Akteurkonstellationen herausbildenden „governance structures“ und der damit verbundenen Problemlösungsprozesse differieren je nach den spezifischen Voraussetzungen der Problemthematisierung durch die Akteure, der Formulierung verbindlicher Entscheidungen und der Möglichkeiten ihrer Umsetzung (Heinelt 1993, S. 312ff.).

Der Prozeß der Politikformulierung in vernetzten Entscheidungssystemen weist je nach dem einzelnen Politikfeld erhebliche Unterschiede auf. Politikfeldspezifische institutionelle Strukturen und Akteurkonstellationen nehmen dabei maßgeblich Einfluß auf die Gestaltung der Politikinhalte[31] .

---

31 So wird in der Arbeitsmarktpolitik die 10. AFG-Novelle als Beispiel angeführt, wie ohne nennenswerte Widerstände weitreichende institutionelle Veränderungen vorgenommen wurden. Der Bundesarbeitsminister hat insofern hierarchisch gesteuert, als er Kürzungsmaßnahmen des Haushalts 1993 der Bundesanstalt für Arbeit auch gegen das Votum des Verwaltungsrats des Gremiums der Selbstverwaltung durchsetzte. Vgl. dazu Heinelt 1993, S. 314.

Grundsätzlich trägt ein hoher Grad der Formalisierung bzw. Institutionalisierung politischer Netzwerkstrukturen und -prozesse dazu bei, die Entscheidungen nach anerkannten Regeln verbindlich und für die Betroffenen nachvollziehbar zu machen. Diese Bedingungen für legitimes politisches Handeln verdeutlichen, daß Netzwerke als informelle und wenig kontrollierbare Kommunikationsstrukturen und -prozesse von der Unterstützung anderer Institutionen abhängig sind.

Die Funktionalität informeller Netzwerke liegt vor allem darin, durch das Umgehen meist konfliktverschärfender formaler Strukturen und Verfahren Blockaden verhindern, Verhandlungen fortsetzen und Konsenslösungen finden zu können (Chrisholm 1989, S. 65ff.; Benz 1995a, S. 95-100). Gerade informelle netzwerkartige Beziehungsmuster verfügen über eine beachtliche Flexibilität. In Netzwerken werden häufig Entscheidungen nur vorbereitet, so daß sie wichtige Funktionen der Informationsvermittlung und Einflußausübung erfüllen. Zwar verfügen die Interaktionspartner über erweiterte Handlungsspielräume, weil sie keinen strikten Zwängen durch Verfahrensregeln unterliegen, doch liegt darin ein entscheidender Grund für ihre begrenzte Wirkung: Netzwerkbeziehungen können im Gegensatz zu hierarchischen Organisationen und formalen Verfahren nur eine unsichere Verbindlichkeit und keine hinlängliche Legitimation ihrer Entscheidungen garantieren. Ein weiterer Vorzug gering formalisierter oder informeller Netzwerke liegt darin, eine bei Bedarf nutzbare „Gelegenheitsstruktur" bereitzustellen, d.h., je nach Bedarf den unterschiedlichen Problemstellungen flexibel durch Aktivierung spezifischer Beziehungen Rechnung zu tragen: Geht es um die Regelung fachlicher Fragen, werden sich fachlich spezialisierte Netzwerke („issue-networks") damit befassen (Heclo 1978, S. 87-124). Zur Lösung ordnungspolitischer Probleme sind dagegen Netzwerke „politischer Generalisten" (z.B. Arbeitsgemeinschaften von Landesparlamentariern oder Bürgermeistern, Treffen der Chefs von Staatskanzleien) geeignetere Kommunikationsformen (Benz 1995, S. 198ff.; 1995 a, S. 96).

Informelle Netzwerkbeziehungen können außerdem zur Ausbalancierung von Machtverhältnissen beitragen, indem sie neben den formalen Strukturen und Verfahren zusätzliche Einflußmöglichkeiten eröffnen. Der im Zuge der Bund-Länder-Politikverflechtung beklagte Machtverlust von Parlamenten (Abromeit 1992, S. 50ff.) kann durch informelle Koordination zwischen Parlamentsfraktionen und politischen Parteien teilweise korrigiert werden. Netzwerke können damit nicht nur der exekutiven Stärkung in vertikalen Verhandlungssystemen, sondern auch der Dominanz von Spezialisten in den Verwaltungen entgegenwirken (J.J. Hesse/Renzsch 1990, S. 562; Benz 1995 a, S. 96f.)

Die Verbindlichkeit von Entscheidungen und das Ausmaß der Umsetzung von Programmen, Beschlüssen, Regelungen usw. hängen ferner davon ab, inwieweit nicht unmittelbar am Entscheidungsprozeß beteiligte Akteure eingebunden werden können. Eine bei fortschreitender Differenzierung der Gesellschaft nur noch begrenzt oder segmentär wirkende hierarchische

Steuerung ist auf Abstimmungs- und Aushandlungsprozesse mit den Akteuren „anderer" Teilsysteme angewiesen.

2.2.3. Ausmaß der Geschlossenheit und Offenheit der Entscheidungsverfahren

Bei der Problemthematisierung in der Umweltpolitik spielen nicht nur institutionell präformierte Problemwahrnehmungen, hohe allgemeine Problembetroffenheit (Umweltrisiken sind keine sozial selektiven Risiken!) und kollektive Policy-Wirkungen (politische Fehlentwicklungen sind regionen-, sektoren-, schichtenübergreifend usw.) eine Rolle (Linder/Peters S. 59-83). Strukturlogisch gesehen sind auch Handlungsorientierungen und relativ offene oder geschlossene Interaktions- und Interorganisationsstrukturen in einem Politiknetzwerk entscheidend (Nullmeier/Rüb 1993, S. 297): Je exklusiver Politikverflechtungssysteme sind, umso eher können „Durchbrüche in Verhandlungen" erzielt werden (Benz 1995 a, S. 87), und je „geschlossener" die Situationsdeutungen und institutionellen Handlungsorientierungen sind, mit um so größerer Legitimation können Handlungsanforderungen definiert und mit um so größerer Akzeptanz Strategien formuliert werden (Perschke-Hartmann 1993). In bezug auf den Wohlfahrtssektor Umwelt legt diese akteurtheoretische Sicht den Schluß nahe, daß Netzwerke sich vielfach „zu Kartellen konservativer Interessen" entwickeln (Benz 1995, S. 202), d.h., daß traditionelle ökonomische Denkmuster und gesetzlich auf die Rücksichtnahme des „wirtschaftlich Vertretbaren" verpflichtete wissenschaftlich-technische und industrieverbandliche Akteure die unterstellten Ökonomisierungstendenzen in der Umweltpolitik eher verstärken als überwinden helfen (vgl. Kap. III.2.2.).

In der Umweltpolitik mit ihren Schließungsstrukturen und -prozessen sowohl in der Phase der Politikformulierung als auch in der Phase administrativer Politikumsetzung, mit ihrer „Gemengelage" autonomer und abhängiger Akteure (z.B. Industrieverbände und Vollzugsbehörden), mit diffus artikulierten gesellschaftlichen Interessen (Staats-, Industrie-, Umweltschutz-, und Verbands-Interessen) und nicht eindeutig definierten Kosten und Nutzen mögen politische Steuerungs- und Implementationserfolge nur durch „Enthierarchisierung von Staat und Gesellschaft" erkauft werden (Scharpf 1992, S. 95). Der „Staat" wird seine Machtressourcen (Recht und Geld) allerdings dazu nutzen, Arenen für die Konfliktaustragung und Konsensbildung zu konstituieren sowie „Beteiligungsregeln und Verhandlungspositionen zu strukturieren" (z.B. rechtlich abgesicherte Beteiligungsmöglichkeit der Bundesregierung an Normungsgremien) (Böhret 1992, S. 119f.).

Formelle und informelle Netzwerkbeziehungen, die sich vielfach durch einen Grundbestand an gemeinsamen Kenntnissen, Erfahrungen und Wertorientierungen auszeichnen, reduzieren Unsicherheiten über das strategische Verhalten anderer bedeutsamer Akteure. Solche „Policy-communities" (Jordan 1990, S. 333) erleichtern die Annäherung von Problemeinschätzungen und Interessendefinitionen und erzeugen auf Vertrauen beruhende „kooperative Verhaltensorientierungen" (Scharpf 1993a, S. 150). Diese gemeinsamen Orientierungen können auch helfen, frühzeitig Interessendivergenzen und potentielle Konflikte sowie Blockaden aufzuzeigen und Gegenstrategien zu entwickeln.

Die sich in Netzwerken bildenden Schließungsprozesse und die damit verbundene Herausbildung interner Normen können Anhaltspunkte dafür liefern, den hohen Stellenwert ökonomischer Maßstäbe bei den wissenschaftlich-technischen und verbandlichen Akteuren und seine Auswirkungen auf die Politikformulierung und -umsetzung im Wohlfahrtssektor Umwelt zu erklären. Die Strukturlogik, wonach Netzwerke Exklusivität entwickeln und orientierungs- sowie identitätsstiftend für die „Dazu-Gehörenden" wirken, kommt auch im „Eigenleben" relevanter Umweltinstitutionen wie des Sachverständigenrats für Umweltfragen oder des DIN und deren handlungsprägenden Einflüssen auf die Politikentwicklung zur Geltung.

III. Die Relevanz der Fiskalisierung und Ökonomisierung in ausgewählten Politikfeldern

Da angebotspolitisch angeleitete Strategien und Prozesse der Fiskalisierung und Ökonomisierung in besonderem Maße in der Finanz- und Sozialpolitik zum Tragen kommen, gilt das Analyse-Interesse zunächst politikberatenden wissenschaftlichen Akteuren, die die Politikformulierung in diesen Politikfeldern maßgeblich beeinflussen. Dabei werden zuvörderst die Interaktionsmechanismen zwischen den Regierungsinstitutionen und der institutionalisierten Politikberatung durch den wirtschaftlichen Sachverständigenrat, dem bei der finanz- und sozialpolitischen Formulierung eine Schlüsselrolle zukommt, aufzudecken sein. Im Anschluß daran werden die ausgaben-, steuer- und beitragswirksamen sowie die ordnungspolitischen Policy-Maßnahmen, die zur Vertiefung oder Verstärkung von Fiskalisierungs- und Ökonomisierungstendenzen beitragen, offenzulegen und zu qualifizieren sein.

Auch im Politiknetzwerk der Umwelt gilt neben den prinzipiellen und normenspezifischen Einflußvariablen der Ökonomisierung insbesondere den politisch-institutionellen Strukturen und Verfahren in diesem Netzwerk und dessen Ökonomisierungseinflüssen besondere analytische Aufmerksamkeit. Das Erkenntnisinteresse an der Steuerungsrelevanz der verschiedenen Akteure für die Ökonomisierung der Umweltpolitik richtet sich dabei vornehmlich auf das wissenschaftlich-technische und industrieverbandliche Akteursystem in der Phase der Politikformulierung und auf bürokratisch-industrielle Interaktionsmechanismen bei der Politikimplementation.

Am Schluß der Analyse der Politikfelder der Finanz- und Sozialpolitik sowie der Umweltpolitik wird der Versuch unternommen, Formen und Funktionen der Fiskalisierung und Ökonomisierung zu definieren.

1. Angebotspolitisch angeleitete Fiskalisierung und Ökonomisierung der Finanz- und Sozialpolitik

Um die Relevanz der Fiskalisierung und Ökonomisierung der Finanz- und Sozialpolitik zu ermessen, werden zunächst die politisch-institutionellen Bedingungen und Interaktionsmechanismen zwischen Bundesregierung einschließlich Ministerialbürokratie und wissenschaftlichen Institutionen der Politikberatung zu explizieren sein, um die Schlüsselrolle des Sachverständigenrats zur Begutachtung der gesamtwirtschaftlichen Entwicklung bei der angebotsorientierten Politikformulierung begründen zu können.

Um den Fiskalisierungs- und Ökonomisierungsbeitrag angebotsorientierter Policy-Maßnahmen aufzuzeigen, werden als nächstes die Inhalte ausgaben-, steuer- und beitragswirksamer sowie ordnungspolitischer Maßnahmen gekennzeichnet. Dabei kommt der Diskussion der angebotsorientierten quantitativen und qualitativen Konsolidierungspolitik und ordnungspolitischen Maßnahmen der Privatisierungs- und Deregulierungspolitik besonderes Gewicht zu.

Nach der Analyse der hier ausgewählten beiden Politikfelder werden schließlich sowohl die angebotsorientierte Fiskalisierung mit ihren verschiedenen Ausprägungen definiert als auch die staatlichen Funktionen der Ökonomisierung näher charakterisiert.

1.1. Die Schlüsselrolle des Sachverständigenrats bei der angebotsorientierten Politikformulierung

Der 1963 eingerichtete Sachverständigenrat zur Begutachtung der gesamtwirtschaftlichen Entwicklung (SVR), der sich anfänglich auch aus Mitgliedern der Wirtschaftspraxis, aber nach kurzer Zeit nur noch aus Wirtschaftswissenschaftlern rekrutierte, erhielt nach der Aufgabenzuweisung des 1967 in Kraft getretenen Stabilitäts- und Wachstumsgesetzes (BGBl. I S. 582) eine „Schlüsselrolle im Meinungsbildungsprozeß“ im Bereich antizyklischer Politikgestaltung (Kloten 1989, S. 52).

Der Sachverständigenrat bildet insofern den Kern der externen wirtschafts-, finanz- und sozialpolitischen Beratung, als er durch die formalisierte Vorlage seiner Jahresgutachten zumindest die generelle Orientierung der Politik („core beliefs“) und die Ausgestaltung ihres Instrumentariums prägt (Sabatier 1988, S.

132). Andere bedeutende „Think Tanks“[1] wie die wissenschaftlichen Beiräte beim Bundeswirtschafts-, Bundesfinanz- und Bundes-sozialminister und die Arbeitsgemeinschaft wirtschaftswissenschaftlicher Forschungsinstitute üben einen punktuellen Steuerungseinfluß oder durch ihre Einbindung in den Konsultationsprozeß einen meinungsbildenden Einfluß aus[2] (Gellner 1995, S. 176-187).

Im System der wirtschafts-, finanz- und sozialpolitischen Expertise hat durch die starke Position des SVR die externe Politikberatung – im Unterschied beispielsweise zur Umweltpolitik – ein Übergewicht bekommen (Cornelius 1990). Dieser Typ „externer“ Beratung birgt – stärker als bei der Erstellung regierungsinterner Expertisen – die Gefahr der Konfliktverschärfung zwischen dem SVR und der Regierung: Während der SVR in seiner Anfangsphase die Rolle der „sachverständigen Opposition der Regierung“ wahrnahm (Brohm 1988, S. 211), gab es in den achtziger Jahren aufgrund der konzeptionellen Übereinstimmung keine gravierenden Differenzen zwischen SVR und Regierung. Nach der Wiedervereinigung traten die unterschiedlichen Problemeinschätzungen und Grundpositionen wieder deutlicher zutage (z.B. in bezug auf die angemahnte Senkung von Unternehmenssteuern und die kritisierte einigungsbedingte Staatsverschuldung) (Singer 1992, S. 78-95). Die einflußreiche politisch-institutionelle Stellung des SVR kann mit dem spezifischen Rekrutierungsmodus, seiner Aufgabenstellung als eines wissenschaftlichen Beratungsgremiums und dem politischen Konsultationsmechanismus erklärt werden (Singer 1993, S. 114).

Die relativ geschlossene und im Zeitablauf kontinuierliche theoretische und ordnungspolitische Grundorientierung des SVR liegt auch in der stark ausgeprägten Eigenrekutierung dieses Beratungsgremiums, d.h. in der Ablösung von „Lehrer-Schüler-Generationen“ begründet (Meißner 1980, S. 19f). Nach der Berufung von Herbert Giersch in den Sachverständigenrat vollzog sich in den siebziger Jahren unter seiner Federführung und nach einer spezifisch internen Dynamik eine allmähliche inhaltliche Annäherung an traditionell neoliberale ökonomische Positionen (Barry 1989, S. 105-124). Diese zunehmend zur Geltung kommenden neoliberalen und angebotsorientierten Grundüberzeugungen

---

1 Gellner bezeichnet die „Ideenagenturen“ als Think Tanks und unterscheidet zwischen den Universitäten ohne Studenten (z.B. die Wirtschaftsforschungsinstitute, Wissenschaftszentrum Berlin), den interessenorientierten Ideenagenturen (z.B. Öko-Institut, Institut für Wirtschaft und Gesellschaft) und den interessengebundenen Ideenagenturen (z. B. Institut der Deutschen Wirtschaft, Wirtschafts- und Sozialwissenschaftliches Institut des DGB). Vgl. dazu Gellner 1995, S. 165-221.

2 Der Wissenschaftliche Beirat beim Bundesfinanzministerium hat z. B. mit seinem „Gutachten zum Länderfinanzausgleich in der Bundesrepublik Deutschland erheblichen Einfluß auf die Politikformulierung in den Solidarpaktverhandlungen von 1992/93 mit ihren Beschlüssen über die enormen Mittelumschichtungen zwischen West- und Ostdeutschland genommen. Vgl. dazu Renzsch 1994, S: 116-138; Czada 1995, S. 22-31. Zur Vorbereitung der Jahresgutachten führt der SVR regelmäßig „Gespräche“ mit den wirtschaftswissenschaftlichen Forschungsinstituten. Siehe dazu Vorwort des SVR-JG 1995/96.

wurden auch durch die immer exklusivere Form des Berufungsverfahrens begünstigt: Die Bundesregierung berief nur noch Mitglieder in den SVR, die ihr nach der gesetzlich vorgeschriebenen „Anhörung“ des Beratungsgremiums (gemäß § 7 Abs. 2 des Gesetzes über die Bildung eines Sachverständigenrats) als sachverständige neue Mitglieder „empfohlen“ worden sind. Dieses Rekrutierungsverfahren trug dazu bei, daß z.B. Vertreter der „strukturkeynesianischen“ Memorandum-Gruppe von der Teilnahme am Beratungsgremium ausgeschlossen blieben, Akteure „kritischer“ (gewerkschaftsnaher) Gegenpositionen als Minderheitsvertretung noch respektiert oder gar nicht mehr berufen wurden.

Der SVR definierte seine – im § 2 des Gesetzes über die Bildung eines SVR festgelegte – Aufgabenstellung, „Fehlentwicklungen und Möglichkeiten zu deren Vermeidung und Beseitigung aufzuzeigen“, Ende der siebziger Jahre immer stärker nach angebotspolitischen Leitbildern, Zielvorstellungen und instrumentellen Prioritäten (vgl. Kap.II.1.3.). Die angebotsorientierten Grundüberzeugungen des SVR wurden auch durch die globalen Mainstreams des wirtschaftspolitischen Diskurses bestimmt, näherten sich also grundsätzlich zunehmend staatskritischen Positionen an.

Die auf Entstaatlichung setzende Angebotskonzeption des SVR war eingebunden in eine um die Wende der siebziger zu den achtziger Jahren in den westlichen Industrieländern stattfindende restriktive Neudefinition der Agenda staatlichen Handelns. Kontraktive Positionen von staatlicher Tätigkeit erhielten in dem Maße einen markanten Aufschwung, wie es der „Deutungspolitik“ mobilisierungs-, organisations- und konfliktfähiger kollektiver Akteure gelang, aus „Enttäuschungserlebnissen“ der Defizite interventionistischer Politik und durch politisch-theoretische Diskreditierung („linker“) wirtschaftspolitischer Doktrinen die Summe staatlicher Aufgaben und Interventionsvollmachten eng zu fassen (Offe 1990, S. 176, 181). Auch wenn die vom SVR in konkrete Policy-Maßnahmen umgesetzte Politik nicht unbedingt als Resultat einer „politisch-wissenschaftlichen Kollaboration“ gedeutet werden muß (Hickel/ Mattfeld 1983, S. 16), wurde Ende der siebziger Jahre das in langer Tradition stehende (ordoliberale) Orientierungsmuster der „Fünf Weisen“ unter strukturell veränderten Bedingungen als politische Strategie tragfähig.

Eine weitere relevante institutionelle Bedingung für den Steuerungseinfluß des SVR ist das enge Koordinations- und Konsultationssystem, in dem eine begrenzte Zahl von Akteuren ihre Sichtweisen austauschen und ihre normativen Positionen annähern können. Der Sachverständigenrat macht von seinen gesetzlichen Möglichkeiten, zur Abfassung seiner Gutachten „die fachlich zuständigen Bundesminister und den Präsidenten der Deutschen Bundesbank (zu) hören“ und „Vertretern von Organisationen des wirtschaftlichen und sozialen Lebens Gelegenheit“ zur Stellungnahme zu geben (§ 5 Abs. 1 und § 4 des Gesetzes über die Bildung des Sachverständigenrats), regen Gebrauch. Für die Funktionsfähigkeit des Informationsflusses innerhalb dieses Interaktionssystems ist die Regelung von entscheidender Bedeutung, daß die Behörden des Bundes und der Länder „dem SVR Amtshilfe leisten“ (§ 5 Abs. 3 des Gesetzes über die Bildung des SVR).

Im Konsultationsprozeß kommt dem Informations- und Meinungsaustausch über fachspezifische Vorhaben, Gesetzesbegründungen und -formulierungen der für die einzelnen Politikfelder verantwortlichen Referate und Abteilungen in den Ministerien großes Gewicht zu. Der SVR hat bei diesen Interaktionen eine gewisse Filterfunktion, indem die unterschiedlichen Problemeinschätzungen innerhalb und zwischen den Behörden von Bund und Ländern angenähert und vielfach zu einer stärkeren Kohärenz des adäquaten Mitteleinsatzes für die Zielerreichung führen können.

Die wirtschaftswissenschaftlichen Forschungsinstitute wirken sowohl durch ihre Frühjahrs- und Herbstgutachten als auch durch intensive Gespräche mit dem SVR auf die inhaltliche Begutachtung ein. Wenn aktuelle Themen behandelt werden, werden auch andere Sachverständigenräte wie der des Rats von Sachverständigen für Umwelt (z.B. über die ökologische Steuerreform) oder der der Konzertierten Aktion im Gesundheitswesen (z.B. bei der Reform der Pflegeversicherung) konsultiert (Vorwort des SVR-JG 95/96, S. III und IV).

Vor Abfassung der Gutachten erfolgen regelmäßig politikfeldspezifische ausführliche Beratungen und Diskussionen über aktuelle Probleme des Arbeitsmarktes mit der Bundesanstalt für Arbeit, über geld- und währungspolitische Positionen mit führenden Vertretern der Deutschen Bundesbank, über Aufgaben und Problemlösungen der Umstrukturierung der ostdeutschen Wirtschaft mit der Treuhandanstalt bzw. ihrer Nachfolgeorganisation. Die in den „Anhörungen" mit korporativen Akteuren wie den führenden Vertretern des DGB, des BDI, der BDA, des DIHT vorgetragene Argumentation wird bei der Erstellung des Gutachtens nur soweit „berücksichtigt", wie sie die eigene, angebotsseitige Position nicht essentiell in Frage stellt.

Enge Koordinierungs- und Konsultationsbeziehungen zwischen der Exekutive und dem SVR haben sich überdies aus der gesetzlichen Verpflichtung der Bundesregierung entwickelt, „gegenüber den gesetzgebenden Körperschaften zu dem Jahresgutachten Stellung" zu nehmen (§ 6 des Gesetzes über die Bildung eines SVR). Die inklusiven politisch-wissenschaftlichen Interaktionen und die grundsätzliche „Wahlverwandtschaft" von konservativ-wirtschaftsliberaler Programmatik mit den Leitbildern und Zielvorstellungen der wissenschaftlichen Angebotspolitik hatten und haben zur Folge, daß – abgesehen von punktuellen Meinungsverschiedenheiten – die im Jahreswirtschaftsbericht darzulegenden „wirtschafts- und finanzpolitischen Ziele (Jahresprojektionen)" und die „für das laufende Jahr geplante Wirtschafts- und Finanzpolitik" (§ 2 Abs. 2 und 3 des Stabilitätsgesetzes) Grundsätze und Lösungsansätze des SVR reflektieren (vgl. Jahreswirtschaftsbericht 1996, S. 26-32).

1.2. Angebotsorientierte fiskalische und ordnungspolitische Policy-Maßnahmen und ihr Fiskalisierungs- und Ökonomisierungsbeitrag

Spätestens seit dem Regierungswechsel von 1982 und der Bildung der konservativ-liberalen Koalition im Bund bestimmte die insbesondere vom Sachverständigenrat vertretene Angebotspolitik maßgeblich die Politikformulierung in relevanten Politikfeldern wie der Wirtschafts-, Finanz-, Sozial- und Ordnungspolitik. Das durch Fiskalisierung und Ökonomisierung gekennzeichnete angebotsorientierte Politikmuster ist – einschließlich des unter strengen Bedingungen befürworteten öffentlichen Infrastrukturausbaus in den neuen Bundesländern – im wesentlichen bis Mitte der 90er Jahre beibehalten worden. Im Kern befördern Angebotslehre und praktizierte Angebotspolitik mit ihren Policy-Maßnahmen der quantitativen Konsolidierung, der (Unternehmens-)Steuersenkungen und der ordnungspolitischen Instrumente (vgl. Kap. II.1.) Ökonomisierungstendenzen.

Die quantitative Konsolidierungspolitik gibt Fiskalisierungstendenzen in dem Maße zusätzliche Impulse, wie durch soziale Leistungskürzungen, Leistungsausgrenzungen, Leistungsbefristungen und/oder die Aufgabenübertragung des Fiskus auf die Parafiski, die Reduzierung der Defizithaftung des Bundes mittels Beitragserhöhungen im sozialen Sicherungssystem usw. und durch ordnungspolitische Maßnahmen der Privatisierung der fiskalische Handlungsspielraum gesichert oder erweitert werden kann. Die angebotspolitisch angeleitete qualitative Konsolidierung stärkt insofern Ökonomisierungstendenzen, als der Staat mit seinen finanz- und ordnungspolitischen Maßnahmen

- als Förderer (Investitions- und Innovationsförderung mit Steuervergünstigungen und Finanzhilfen) zur Rentabilitätssteigerung
- als „Steuerentlaster“ (primär Unternehmens-Steuersenkung) zur wettbewerbsfördernden Kostensenkung,
- als Auftraggeber und Kunde (insbesondere Kauf von Infrastruktur) zur Umsatz- und Absatzförderung sowie
- als aufgabenorientierter „Privatisierer“ und „Deregulierer“ zur Kostenentlastung und zur Beseitigung von Investitionshemmnissen beiträgt.

Ansatz- und Schwerpunkt der angebotsorientierten Fiskalisierung und Ökonomisierung der Politik waren und sind die Kürzung der als „konsumtive“ Ausgaben interpretierten steuer- und beitragsfinanzierten sozialen Leistungen, um über die Verringerung der Staatsverschuldung und/oder die Senkung von (Unternehmens-)Steuern die einzelwirtschaftliche Rentabilitätssteigerung, die unternehmerische Kostensenkung, die Umsatz- und Absatzförderung, den Abbautarif-, arbeits- und sozialrechtlicher Regulierungen usw. zu unterstützen, die der Ökonomisierung der Politik dienen. Diese mit den „Haushaltsoperationen“ Anfang der 80er Jahre eingeleitete restriktive Politik ist im Kern bis zur Formulierung und Umsetzung der „Konsolidierungsprogramme“ der ersten Hälfte der 90er Jahre fortgesetzt worden.

Die Maßnahmen der ersten beiden Stufen der Steuersenkung und Steuerentlastung 1986/88 waren primär familienpolitisch und zugunsten niedrigerer Grenzbelastung der Steuerpflichtigen in der Progressionszone angelegt. Bedeutende steuerpolitische Maßnahmen der dritten Stufe wie die Senkung des Einkommensteuer-Spitzensatzes und der Körperschaftsteuer für einbehaltene Gewinne sowie die Ausweitung der Sonderabschreibungen für kleinere und mittlere Unternehmen lösten die angebotspolitische Forderung ein, im Interesse der Wettbewerbssicherung die (Unternehmens-)Steuern zu senken. Diese steuerentlastenden Maßnahmen mit ihrem Zweck der Investitionsförderung und Kostenentlastung begünstigten überdies Ökonomisierungstendenzen der Politik.

Nach der deutschen Vereinigung wurde das angebotsorientierte Politikmuster der Fiskalisierung und Ökonomisierung der Finanz- und Sozialpolitik im wesentlichen fortgeführt: Angesichts des Anstiegs der Arbeitslosigkeit in den neuen Ländern und der wegen der hohen Beitragsfinanzierung der arbeitsmarktpolitischen Maßnahmen und der Mittelüberweisung an die Rentenversicherung in Ostdeutschland entstandenen Defizite bei den Parafiski wurden insbesondere die Beitragssätze zur Arbeitslosen-, aber auch zur Rentenversicherung angehoben (Heinelt 1994).

Die befristete Einführung und erneute Erhebung des Solidaritätszuschlags entsprach zwar prinzipiell nicht den angebotsorientierten Leitlinien der steuerlichen Entlastung der Einkommensentstehung, wurde aber seitens der Angebotspolitik angesichts des vereinigungsbedingten enormen Finanzierungsbedarfs als notwendige Maßnahme akzeptiert (JG 1991/92, Ziff. 288; Pilz/Ortwein 1992, S. 51-54). Die in den Solidarpaktverhandlungen beschlossene Wiedereinführung des Solidaritätszuschlags 1995 wurde weniger mit Gerechtigkeitsanforderungen begründet, sondern war vielmehr fiskalisch motiviert, um die Mitteltransfers des Bundes an die neuen Länder zu finanzieren (Czada 1995, S. 21-29).

Der mit dem „Gemeinschaftswerk Aufschwung Ost" in den Jahren 1991 und 1992 geförderte Infrastrukturausbau (Pilz/Ortwein 1992, S. 149ff.) entsprach insofern noch der angebotsorientierten qualitativen Konsolidierungspolitik, als die nach der quantitativen Konsolidierung verbliebenen Staatsausgaben – unter den Bedingungen der ostdeutschen Transformation – zuvörderst zugunsten eines „zügigen Ausbaus der Infrastruktur in den neuen Bundesländern" umgeschichtet werden sollten (JG 1991/92, Ziff. 262). Bei dieser Infrastrukturpolitik agierte der Bund als Auftraggeber für den Bau von Straßen, Schienennetzen, für die Sanierung und Modernisierung von Wohnungen, Krankenhäusern und Ausbildungsstätten und im Rahmen von Arbeitsbeschaffungsmaßnahmen für umweltpolitische Maßnahmen usw., womit er zur privatwirtschaftlichen Absatzförderung beitrug und somit der Ökonomisierung der (wohlfahrts-)staatlichen Politik weitere Anstöße gab.

Die Steuererhöhungen spezieller Verbrauchsteuern wie der Mineralöl-, Tabak- und Versicherungssteuer im Jahre 1991 und die Erhöhung des Normalsatzes der Mehrwertsteuer im Jahr 1993 waren ausschließlich fiskalisch motiviert und trugen dem Besteuerungsgrundsatz der Angebotspolitik

Rechnung, die steuerliche Belastung von der Einkommensentstehung auf die konsumtive Einkommensverwendung zu verlagern. Auch mit dem Standort-sicherungsgesetz von 1993 erfüllte der Bund die ihm von der Angebotslehre zugewiesene Funktion als „Steuerentlaster“, indem er durch Senkung des Einkommensteuerhöchstsatzes auf gewerbliche Einkünfte und durch Senkung des Körperschaftsteuersatzes für einbehaltene und ausgeschüttete Gewinne den Unternehmen zur Kostensenkung, Wettbewerbssicherung usw. verhalf und die Ökonomisierung der Politik ein weiteres Mal beförderte.

Das „Konsolidierungsprogramm“ des Ersten und Zweiten Gesetzes zur Umsetzung des Spar-, Konsolidierungs- und Wachstumsprogramms von 1994 zielte auf den Abbau von Sozialleistungen und sollte, ganz im Sinne der angebotsorientierten qualitativen Konsolidierungspolitik, der Umschichtung von „konsumtiven“ Ausgaben für soziale Leistungen zugunsten „investiver“ Ausgaben dienen (Aktuelle Beiträge zur Wirtschafts- und Finanzpolitik, 1994, S. 5): Die Leistungssätze der Lohnersatzleistungen (Arbeitslosen-, Kurzarbeiter-, Schlechtwettergeld) und des Unterhaltsgeldes für die Teilnahme an Fortbildungs- und Umschulungsmaßnahmen wurden abgesenkt sowie die Gewährung der „originären“ Arbeitslosenhilfe auf ein Jahr begrenzt. Beim BAFöG und der Sozialhilfe wurden die Leistungssätze zeitweilig eingefroren, was eine reale Kürzung der Leistungen bewirkte.

Das Beschäftigungsförderungsgesetz vom August 1994 trug insofern zur Ökonomisierung der Arbeitsmarkt- und Sozialpolitik bei, als die Mitte der 80er Jahre zugelassene Befristung von Arbeitsverträgen und die „Lockerung“ von Kündigungsschutzvorschriften (Überwindung von Beschäftigungshemmnissen!) bis Ende 2000 verlängert wurden. Die Fortsetzung dieser Deregulierungspolitik soll nicht nur die Nutzung des privaten Eigentumsrechts stärken (Gestaltungsfreiheit des Arbeitsvertrags!), sondern auch zur Senkung der kündigungsschutzbedingten „Fixkosten“ beitragen (vgl. Kap.II.1.3.). Der angebotsorientierten Politik der „Marktöffnung“ entspricht außerdem die institutionelle Regelung des Beschäftigungsförderungsgesetzes, neben der Bundesanstalt für Arbeit auch der privaten, „auf Gewinn gerichteten“ Arbeitsvermittlung die Erlaubnis zur Erbringung von Dienstleistungen zu erteilen. Der Parafiskalisierung der Sozialpolitik diente schließlich die Neuregelung des Beschäftigungsförderungsgesetzes, den seitens der Bundesanstalt für Arbeit gewährten Zuschuß für Arbeitsbeschaffungsmaßnahmen auf 90% des tariflichen Arbeitsentgelts und absolut auf rund 3.300 DM zu begrenzen.

Die Fiskalisierung der Politik des Bundes bezieht sich auch auf die von der Angebotspolitik favorisierten Policy-Maßnahmen der Privatisierung. Der Bund entsprach mit der Veräußerung einer Reihe von Bundesbeteiligungen nicht nur angebotsorientierten Leitlinien der Ordnungspolitik, sondern verfolgte zugleich den fiskalischen Zweck, über Privatisierungserlöse zur Konsolidierung der Haushalte beizutragen.

In den 80er Jahren richtete der Bund seine bedeutenden Privatisierungsaktivitäten auf die Vollprivatisierung der VEBA 1987, den Verkauf des Bundesanteils an der Volkswagen AG und die vollständige Privatisierung der VIAG 1988 sowie auf die partielle Absenkung der Bundesanteile an der Lufthansa AG. Neue Aufgaben der Privatisierung ergaben sich aus der deutschen Vereinigung: Das vom Bund neu erworbene Eigentum in Ostdeutschland wurde zum Teil an die neuen Länder abgegeben (z.B. die Grundstücke der ehemaligen sowjetischen Armee), die Treuhandanstalt privatisierte Tausende der volkseigenen Betriebe und über die Treuhand-Liegenschafts-Gesellschaft (TLG) wurden zahlreiche Gebäude, Wälder, Schlösser und Liegenschaften verkauft. Spezifische Formen der Privatisierung waren auch die Umwandlung der Sondervermögen Post und Bahn in Aktiengesellschaften.

Die Bundesregierung sieht für die 90er Jahre vor, ihre Privatisierungsbemühungen „konsequent fortzusetzen". Auf der Agenda der Privatisierung stehen insbesondere weitere Verkäufe von Bundesanteilen an der Lufthansa, der Postbank AG, der Telekom AG, der Frankfurter Siedlungsgesellschaft, der DG-Bank (Deutsche Genossenschaftsbank), der Autobahn Tank und Rast AG sowie von Flughafen-Beteiligungen in Hamburg und Köln/Bonn. Die für eigene Zwecke nicht benötigten Liegenschaften des Bundes sollen zudem in verstärktem Umfang veräußert werden. Schließlich will die Nachfolgegesellschaft für die restlichen, noch nicht abgewickelten Unternehmen der Treuhandanstalt, die Beteiligungs-Management-Gesellschaft Berlin (BMG), die Privatisierung der Unternehmen bis Ende 1996 abgeschlossen haben (JWB 1996, Ziff. 21).

Die Ökonomisierung bezieht sich schließlich auf ordnungspolitische Maßnahmen der Deregulierung, die die Bundesregierung 1996 durch Novellierungen des Bundesimmissionsschutzgesetzes, des Verwaltungsverfahrensrechts und der Verwaltungsgerichtsordnung beschlossen hat (JWB 1996, Ziff. 34). Die auf die Vereinfachung und Verkürzung von Planungs- und Genehmigungsverfahren im Baubereich, im Verkehrssektor, im Umweltschutz und in Forschung und Technologie zielende Deregulierung (Bericht der Bundesregierung über den Standort Deutschland 1994, S. 11ff.) wird hier als Form der Ökonomisierung verstanden, die durch leichtere immissionsschutzrechtliche Genehmigungen und durch straffere Verwaltungsverfahren die „zeitlichen Rahmenbedingungen für Investionen" verbessern (Kabinettsvorlage des Bundesministeriums für Justiz zur Änderung der Verwaltungsgerichtsordnung, Dez. 1995, S. 16) und zur „Kostenentlastung" beitragen sollen (Entwurf des Bundesministeriums des Inneren zur Beschleunigung von Genehmigungsverfahren und des Bundesministeriums für Umwelt zum immissionsschutzrechtlichen Genehmigungsverfahren, Dez. 1995, S. 14f.). Durch verkürzte verwaltungsgerichtliche Verfahren sollen ferner die Umsetzung von Investitionsvorhaben erleichtert und damit der „Standortfaktor im wirtschaftlichen Wettbewerb" gestärkt werden (Kabinettsvorlage des Bundesministeriums der Justiz, Dez. 1995, S. 1). Besondere Beachtung gilt der Deregulierung im Baubereich, d.h. der Politik geht es vor allem um die Beseitigung der „Paragraphenflut" in der Bauleitplanung, um die Überwindung unkoordinierter und zu aufwendiger Erschließungsmaßnahmen und des zu komplizierten Baurechts.

Die von der Bundesregierung eingesetzte Expertenkommission „Planungs- und Genehmigungsverfahren“ (Schlichter-Kommission) legte Ende 1994 eine Reihe konkreter Vorschläge zur Verfahrensbeschleunigung vor. Die Kommission ließ sich von dem Gedanken leiten, den Investoren zusätzliche Wahlmöglichkeiten mit unterschiedlichem Zeitbedarf zu eröffnen: Die von der Bundesregierung aufgegriffenen Vorschläge der Kommission[3] sollen zukünftig den Investoren die Möglichkeit geben, zwischen Rahmenregelung, Vorbehaltsgenehmigung und Anzeige statt Genehmigung wählen zu können. Diese Deregulierungspolitik soll die Behörden in die Lage versetzen, „als kooperative Dienstleistungspartner flexibler auf die zeitlichen Bedürfnisse und die Planungen der Investoren einzugehen“ (JWB 1996, Ziff. 45). Die neuen verfahrensbeschleunigenden Instrumente sollen insbesondere mittleren und kleinen Unternehmen zugute kommen, die gesetzlich vorgeschriebenen Auskunfts- und Beratungspflichten der Behörden auch nutzen zu können. Die Maßnahmen der Verfahrensbeschleunigung befördern insofern Ökonomisierungstendenzen, als sie auch über die Senkung von Bürokratie- und Gerichtskosten der Investitions- und Innovationstätigkeit Impulse geben (sollen).

Neben der Möglichkeit zur Beschleunigung immissionsschutzrechtlicher Genehmigungsverfahren durch das Investitionserleichterungs- und Wohnlandgesetz vom April 1993 sehen die von der Bundesregierung im Januar 1996 verabschiedeten Gesetzentwürfe, deren vereinfachte Verfahren im Laufe des Jahres 1996 wirksam wurden (JWB 1996, Ziff. 45), im wesentlichen folgende Regelungen vor: Nach der – im novellierten – Bundesimmissionsschutzgesetz von 1996 neu eingeführten „Regelfrist“ müssen die Behörden die Genehmigung für Industrieanlagen innerhalb von sieben Monaten erteilen; nur „aus besonderen Gründen“ kann die Behörde die Frist um drei Monate verlängern (§ 10 des Bundesimmissionsschutzgesetzes). Bei einer wesentlichen Änderung von Anlagen soll die zuständige Behörde auf die öffentliche Bekanntmachung des Vorhabens und der Auslegung des Antrags verzichten, wenn keine Informationen über „nachteilige Auswirkungen des Vorhabens zu besorgen“ sind (§ 15 des Bundesimmissionsschutzgesetzes). Außerdem werden die Vorschriften über die Zulassung des vorzeitigen Beginns der Errichtung und des Betriebs zu genehmigender Anlagen erweitert. Wesentliche Änderungen von Industrieanlagen bleiben zwar auch weiterhin genehmigungsbedürftig, doch müssen Bauvorhaben den Behörden künftig nur noch angezeigt werden, wenn die Nachteile für die Umwelt „offensichtlich gering“ sind („Bagatellklausel“!).

---

3 Die von einer aus Vertretern der Koalitionsfraktionen CDU/CSU und FDP zusammengesetzten Arbeitsgruppe und den betroffenen Ressorts bewerteten Vorschläge der Kommission lagen dem jeweiligen Gesetzgebungsvorhaben zugrunde. Nach zustimmender Kenntnisnahme des Berichts dieser Arbeitsgruppe durch die Bundesregierung beauftragte im Juni 1995 das Kabinett die Bundesministerien für Umwelt, Inneres und Justiz mit der Ausarbeitung entsprechender Rechtsvorschriften. Vgl. dazu Kabinettsvorlage des Bundesministeriums für Umwelt, Dezember 1995, S. 14.

Verfahrensvereinfachende und -beschleunigende Wirkung verfolgende Änderungen des Verwaltungsverfahrensgesetzes schreiben den Behörden zunächst ausdrücklich Beratungs- und Auskunftspflichten für „wirtschaftlich relevante Genehmigungsverfahren" vor (Kabinettsache des BMI, Dez. 1995, S. 2). Weiterhin wird die Genehmigungsbehörde durch Einführung von Fristen verpflichtet, das Planfeststellungsverfahren zu beschleunigen und für „einfach gelagerte Fälle" statt des aufwendigen Planfeststellungsverfahrens das wesentlich einfachere „Plangenehmigungsverfahren" einzuführen (§ 74 Abs. 6 des Genehmigungsverfahrensbeschleunigungsgesetzes). Die verfahrensgesetzlichen Erleichterungen leisten insofern Beiträge zur (einzelwirtschaftlichen) Ökonomisierung der Politik, als die Verkürzung von Genehmigungsverfahren „im internationalen Wettbewerb um Investitionen" den Erfolg der Einführung neuer Produkte steigern soll (Kabinettsache des BMI, Dez. 1995, S. 2).

Schließlich stellt die Verkürzung und Beschleunigung verwaltungsgerichtlicher Verfahren darauf ab, den Standort Deutschland für Investitionen „im internationalen Wettbewerb" zu stärken (Gesetzentwurf des BMJ, Dez. 1995, S. 1).

Als zentrale Verfahrensvereinfachungen sind folgende Maßnahmen vorgesehen: Um die Dauer von Rechtsschutzverfahren zu verkürzen, wird die „weitgefaßte" Antragsbefugnis (§ 42 Verwaltungsgerichtsordnung) an die Klagebefugnis angepaßt. Ferner wird für den Normenkontrollantrag eine Jahresfrist eingeführt. Das Oberverwaltungsgericht hat nicht nur erstinstanzliche Zuständigkeit bei Streitigkeiten im Rahmen eines Planfeststellungsverfahrens, sondern auch bezüglich der neu geschaffenen „Plangenehmigung".

Um einen Rechtsstreit beschleunigt zu bereinigen und mehrfache gerichtliche Auseinandersetzungen in derselben Sache zu vermeiden, kann das Gericht der Verwaltung Gelegenheit geben, Mängel zu beheben (im vorbereitenden Verfahren und durch Aussetzung des Rechtsstreits). Wird eine Klage abgewiesen, entfällt nach dem Gesetzentwurf die aufschiebende Wirkung, wenn das erstinstanzliche Verfahren beendet ist. Dadurch soll der Anreiz genommen werden, Rechtsmittel nur deshalb einzulegen, um den Eintritt der Unanfechtbarkeit (eines belastenden Verwaltungsaktes) zu verzögern (Gesetzentwurf des BMJ, Dez. 1995, S. 18).

Jeder Widerspruch, den Anwohner bei Behörden einlegen, hat nach der bisher geltenden Verwaltungsgerichtsordnung aufschiebende Wirkung, d.h., daß das Genehmigungsverfahren bis zur Entscheidung über die Bedenken ausgesetzt wird. Aus Gründen der Zeiteinsparung sollte sich nach dem Gesetzentwurf ein solcher Aufschub nur noch vor Verwaltungsgerichten erstreiten lassen. Da aber ein Mißerfolg den klagenden Nachbarn von Betrieben teuer zu stehen gekommen wäre, sollten verkürzte Rechtswege eine abschreckende Wirkung auf die Anwohner haben, den Klageweg zu beschreiten. Weil die Mehrzahl der Streitfälle in informeller Abstimmung zwischen Ämtern, Investoren und Anwohnern beigelegt wird, kommt der Änderung der Verwaltungsgerichtsordnung ohnehin keine große Bedeutung zu, die aufschiebende Wirkung sofort bei Gericht zu erstreiten. Zwar dauern Genehmigungsverfahren erheblich länger als die Bearbeitung von Anzeigen, doch bevorzugen die Investoren der erheblich größeren Rechtssicherheit wegen die zeitaufwendigen Genehmigungsverfahren.

Die sich in den 80er Jahren und in der ersten Hälfte der 90er Jahre verfestigende und verstärkende Fiskalisierung und Ökonomisierung der Finanz- und Sozialpolitik bezieht sich auf folgende Schwerpunkte ausgabenwirksamer, steuer- und beitragswirksamer sowie ordnungspolitischer Policy-Maßnahmen, die sich entsprechend angebotsorientierter Leitbilder und Zielvorstellungen in relevanten Programmen und Gesetzen niedergeschlagen haben (siehe Übersicht 1, S. 240-242).

1.3. Definition der Fiskalisierung und Ökonomisierung der Finanz- und Sozialpolitik

Der hier verwendete Fiskalisierungsbegriff geht über das erstmals von Krätke formulierte enge institutionenbezogene Verständnis hinaus, für das Fiskalisierung lediglich die Aufhebung aller Sozialversicherungen durch Einführung der Steuerfinanzierung aller sozialer Leistungen bedeutet (Krätke 1986, S. 372ff.). Zwar plädieren englische und französische Sozialisten (Pond 1983; Lipietz 1983), niederländische Sozial- wie Christdemokraten (Hofstra 1980; Veldkamp 1978) oder deutsche Sozialwissenschaftler und Politiker für die vollkommene oder teilweise Ersetzung aller Parafiski durch die Finanzierung der Sozialleistungen aus Steuermitteln (Opielka 1984, S. 115; Bueb u.a. 1984, S. 295f.), doch wird der Begriff der Fiskalisierung nicht verwendet.

Die Definition der Fiskalisierung der (wohlfahrts-)staatlichen Politik geht hier von den empirisch beobachtbaren Trends aus, daß in Phasen relativ hohen Wachstums verteilungs- und sozialpolitischen Zielsetzungen Priorität eingeräumt wird, während in Phasen abgeschwächten Wachstums mit stockender Mittelzufuhr an den Staat zwangsläufig fiskalische Zwecke in den Vordergrund rücken (Mackscheidt 1984, S. 145-151). Die Fiskalisierung als wohlfahrtsstaatliche Politikstrategie der finanziellen Ressourcensicherung, d.h. die stärkere Ausrichtung auf wohlfahrtsstaatlich bedingte Entwicklungen der Ausgaben- und Einnahmenseite des Staates, gewinnt in dem Maße an Gewicht, wie die manifest werdende Krise des Wohlfahrtsstaats zuvörderst als Finanzkrise dargestellt und begriffen wird (Mayntz 1987, S. 90).

Hier soll die in der Finanzwissenschaft geläufige Unterscheidung zwischen Aufkommens- bzw. Finanzierungssteuern und Wirkungs- bzw. Steuerungsorientierung aufgegriffen werden (Gerloff 1956, S. 241).

Übersicht 1:

Gesetzl. Grundlagen	ausgabenwirksame Maßnahmen	steuer- und beitragswirksame Maßnahmen	ordnungspolitische Maßnahmen
Haushaltsgesetz '82 vom 17.02.1982 (BGBl.I S. 161)	Finanzhilfen: Förderung der Eisen- und Stahlindustrie; Förderung der Mikroelektronik; Ausgabenkürzung: Einschränkung von AFG-Leistungen; Kürzungen des Kindergeldes;	Steuervergünstigung: Verbesserung der degressiven Abschreibung für bewegliche Wirtschaftsgüter und Betriebsgebäude; Ausdehnung des Verlustrücktrags; Abgabenerhöhung: höherer Beitragssatz zur Arbeitslosenversicherung	
Haushaltsbegleitgesetz vom 27.10.1982 (BGBl.I S. 1875)	Kürzung sozialer Leistungen: Wohngeld, BAFöG, Arbeitslosenhilfe, Sozialhilfe, Übergangsgeld bei beruflicher Rehabilitation; Kürzung beitragsfinanzierter Leistungen: Unterhaltsgeld bei der Sprachförderung von Ausländern, Leistungsausgrenzung von „Bagatellarzneimitteln"; Ausgabenkürzung: Anpassung der Renten an die Arbeitsentgelte des Vorjahres (nicht mehr an die des vorangegangenen Dreijahreszeit-raumes); Verschiebung der Rentenanpassung;	Steuervergünstigungen: Rücklagen-Bildung beim Erwerb von Betrieben; Gewerbesteuererleichterungen; steuerliche Belastungen: Erhöhung der Umsatzsteuersätze; Halbierung des Ausbildungsfreibetrags; Wegfall der Kinderbetreuungskostenregelung; dafür Einführung eines Kinderfreibetrags; Abgabenerhöhung und Beitrags-/Leistungs- „Verschiebungen": vorgezogene Erhöhung des Beitragssatzes zur Rentenversicherung; Beteiligung der Rentner am Krankenversicherungsbeitrag; Einbeziehung von Einmalzahlungen (Weihnachts- und Urlaubsgeld) in die Beitragspflicht; Senkung der Bemessungsgrundlage für die Rentenversicherungsbeiträge der Bundesanstalt für Arbeit (BA) (zulasten der Rentenversicherung) und für die Beitragszahlung des Bundes zur Rentenversicherung für Wehr- und Zivildienstleistende;	
Gesetz zur leistungsfördernden Steuersenkung und zur Entlastung der Familie (Steuersenkungsenkungsgesetz 1986/88) vom 26.6.1985 (BGBl.I S. 1153)		Steuervergünstigungen: Erhöhung des Freibetrags bei der betrieblichen Vermögensteuer; Senkung des Vermögensteuersatzes für Körperschaften; Sonderabschreibung für kleine und mittlere Unternehmen sowie für Forschung und Entwicklung; Steuerentlastung der ersten Stufe (primär familienpolitisch begründet): Erhöhung der Kinderfreibeträge und Grundfreibeträge; Steuerentlastung der zweiten Stufe: Absenkung der steuerlichen Grenzbelastung in der Progressionszone;	
„Steuerentlastungspaket 1990" vom 25.07.1988 (BGBl.I S. 1093)		Steuerentlastung der dritten Stufe: Absenkung des Eingangssatzes beim Einkommensteuertarif auf 19%; Einführung eines linear-progressiven Tarifbereichs; Senkung des Einkommensspitzensatzes von 56 auf 53% und der Körperschaftsteuer für einbehaltene Gewinne von 56 auf 50%; Ausweitung der Sonderabschreibung für kleine und mittlere Betriebe; Abbau von Steuervergünstigungen für Arbeitnehmer und Unternehmer (als „Finanzierung" der Steuerreform '90): Einführung einer einheitlichen Arbeitnehmerpauschale anstelle des Weihnachts- und Arbeitnehmerfreibetrags und des Werbungskosten-Pauschbetrags; Einschränkung der steuerlichen Abzugsmöglichkeit von betrieblich veranlaßten Bewirtungskosten; Abschaffung der Rückstellung von Jubiläumszuwendungen; Auslaufen der erhöhten Absetzungen für Umweltschutz-Güter;	

Gesetzl. Grundlagen	ausgabenwirksame Maßnahmen	steuer- und beitragswirksame Maßnahmen	ordnungspolitische Maßnahmen
„Abgabenpaket ‚91": Haushaltsbegleitgesetz vom 24.06. 1991(BGBl.I S. 1314); Solidaritätsgesetz vom 24.06.1991 (BGBl.I S. 1318); Steueränderungsgesetz vom 24.06.1991 (BGBl.I S. 1322);		befristete Einführung des Solidaritätszuschlags (vereinigungsbedingt und nicht angebotsadäquat) (01.07.1991 – 30.06.1992) Erhöhung spezieller Verbrauchsteuern: Tabaksteuer, Branntweinsteuer, Mineralölsteuer, Versicherungsteuer (1991) [erneute Anhebung der Mineralölsteuer 1994 und der Versicherungsteuer 1995] tendentielle Abgabenerhöhung:Anhebung des Beitragssatzes zur Arbeitslosenversicherung (1991) [geringfügige Senkung 1992 und erneute Anhebung des Satzes 1993];vorübergehende (kompensatorische) Senkung des Beitragssatzes zur Rentenversicherung (1991) [wieder Erhöhung der Sätze ab 1993]	
Gemeinschaftswerk Aufschwung Ost vom März 1991	Förderung kommunaler und privater Investitionen; Bereitstellung zusätzlicher Mittel für Verkehr, Wohnungs- und Städtebau, Umwelt und Hochschulen; Finanzierung von Arbeitsbeschaffungsmaßnahmen (ABM);		
Steueränderungsgesetz vom 28.02.1992 (BGBl.I S. 298);		Erhöhung indirekter und Senkung direkter Steuern: Erhöhung der Mehrwertsteuer von 14 auf 15%; Senkung der Gewerbeertrags-und der betrieblichen Vermögensteuer (durch höhere Freibeträge)	
Gesetz über die Umsetzung des Föderalen Konsolidierungsprogramms vom 23.06.1993 (Solidarpakt '93) (BGBl.I S. 944)		erneute Erhebung des Solidaritätszuschlags ab 1994 in Höhe von 7,5% auf die Einkommen- und Körperschaftsteuer	
Standortsicherungsgesetz vom 17.09.1993 (BGBl.I S. 1570);		Steuersenkung: Senkung des Einkommensteuerhöchstsatzes von 53 auf 47% für gewerbliche Einkünfte; Senkung des Körperschaftsteuersatzes für einbehaltene Gewinne von 50 auf 44% und für ausgeschüttete Gewinne von 36 auf 30%	
Erstes und Zweites Gesetz zur Umsetzung des Spar-, Konsolidierungs-und Wachstumsprogramms vom 21.12.1993 (BGBl.I S. 2353; BGBl.I S. 2374)		Kürzungen von Leistungen der BA und Erschwerung des Leistungsbezugs: Absenkung der Leistungssätze des Arbeitslosen-, Kurzarbeiter-, Schlechtwettergelds und der Arbeitslosenhilfe sowie des Unterhaltsgelds für die Teilnahme an FuU-Maßnahmen; Begrenzung der Anpassung der Regelsätze der Sozialhilfe auf höchstens die Höhe der Nettolohn- und Gehaltssumme in den Jahren 1994 und 1995; Verschärfung der Anspruchsvoraussetzungen für den Empfang von Leistungen und die Teilnahme an berufsqualifizierenden Maßnahmen	

Gesetzl. Grundlagen	ausgabenwirksame Maßnahmen	steuer- und beitragswirksame Maßnahmen	ordnungspolitische Maßnahmen
Beschäftigungsfördergesetz vom 01.08.1994 (BGBl.I S. 1786)	Begrenzung des Zuschusses der BA für ABM		Verlängerung der Zulassung befristeter Arbeitsverträge bis Ende 2000
Investitionserleichterungs- und Wohnlandgesetz vom 24.04.1993 (BGBl.I S. 466)			leichtere Voraussetzungen für die Erteilung einer Teilgenehmigung; die im Bundesimmissionsschutzgesetz geregelten Fristen für Genehmigungsverfahren werden gestrafft; bei wesentlicher Änderung von Anlagen und Nicht-Besorgung „nachteiliger" Auswirkungen des Vorhabens soll die zuständige Behörde von der öffentlichen Bekanntmachung absehen; die Vorschriften über die Zulassung des vorzeitigen Beginns werden erweitert
Gesetzentwurf zur Beschleunigung und Vereinfachung immissions- schutzrechtlicher Genehmigungsverfahren vom 19.01. 1996 (BR-Drucksache 31/96); Zweite Verordnung zur Änderung der Verordnung über genehmigungsbedürftige Anlagen (4. BImSchV) vom 12.01.1996 (BR-Drucksache 27/96)			Freistellung der Errichtung oder Veränderung von Industrieanlagen vom Genehmigungsvorbehalt; Genehmigungsverfahren sind für folgende (Industrie-)Anlagetypen nicht mehr erforderlich: Forschung, Entwicklung und Erprobung neuer Erzeugnisse und Verfahren, thermische Nahverbrennungsanlagen im Bereich der Intensivtierhaltung
Gesetz zur Beschleunigung von Genehmigungsverfahren vom 12.09. 1996 (BGBl.I S 1353)			Beschreibung umfassender Beratungspflichten der Behörden für den Bereich von „wirtschaftlich relevanten" Genehmigungsverfahren; straffere Planfeststellungsverfahren durch Einführung von Fristen im Anhörungsverfahren; Einführung eines einfachen Plangenehmigungsverfahrens anstelle des aufwendigen Planfeststellungsverfahrens
Gesetzentwurf eines 6. Gesetzes zur Änderung der Verwaltungsgerichtsordnung von 1996			Einführung einer Jahresfrist für den Normenkontrollantrag; Beschränkung bei Rechtsmitteln; erleichterte Nachbesserung von Behördenentscheidungen (während des gerichtlichen Verfahrens); Beschränkung der aufschiebenden Wirkung

Über diese übliche Unterscheidung zwischen der Finanzierungs- und Steuerungsorientierung hinaus wird in dieser politikwissenschaftlichen Begriffserklärung die Fiskalisierung als Ausrichtung einer Maßnahme auf rein fiskalische Zielsetzungen dahingehend präzisiert, daß zur Kennzeichnung dieser fiskalischen Strategie das Kriterium des Zeithorizonts, also kurz-, mittel- oder langfristige Orientierung der Politik, das Kriterium der Mittel-Zweck-Beziehung (direkt oder indirekt) und das Kriterium des Entscheidungsgewichts (Verhandlungsmacht) des wohlfahrtsstaatlich relevanten Akteurs (Fiskus oder Parafiskus) berücksichtigt werden.

Die Strategie der Fiskalisierung der (wohlfahrts-)staatlichen Politik richtet ihr vorrangiges Interesse auf die kurzfristige Sicherung der eigenen finanziellen Ressourcen(zufuhr), d.h. auf die direkte Begrenzung oder Kürzung der (Sozial-)Ausgabenentwicklung, auf den Abbau der Staatsverschuldung und auf die Erzielung von Steuermehreinnahmen (durch Steuererhöhungen oder den Abbau von Steuervergünstigungen). Außerdem zielt die Fiskalisierung der Finanz- und Sozialpolitik auf die langfristige Mobilisierung finanzieller Ressourcenzufuhr, d.h., daß im Wege staatlicher Fördermaßnahmen (Steuervergünstigungen und Finanzhilfen an das ökonomische System) und schrittweiser Unternehmens-Steuersenkungen zwar vorübergehende Mehrausgaben bzw. Steuerausfälle in Kauf genommen werden, aber über erhöhtes Wachstum und gestiegene Beschäftigung letztlich auf Steuermehreinnahmen gesetzt wird. Diese Politik der Umstrukturierung der Ausgaben und Steuern – im Sinne angebotspolitischer Leitlinien – verstärkt zunächst über die Verbesserung der Rentabilität und Produktivität privater Investitionen Ökonomisierungstendenzen und soll langfristig zugleich dem fiskalischen Interesse an vermehrten Steuereinnahmen zugute kommen (Fiskalisierung!).

Im Gegensatz zur ersten Hälfte der siebziger Jahre, in denen verteilungs- und beschäftigungs- bzw. sozialpolitische Zielsetzungen nicht nur formuliert, sondern auch durchgesetzt werden (z.B. Vermögensbildungsgesetz, arbeitsmarktpolitische Leistungsgesetze und Investitionsprogramme), gewinnen seit den 80er Jahren in der Bundesrepublik fiskalische Zwecke und Instrumente, Maßnahmen finanzieller „Staatsentlastung“ usw. eine erhöhte Bedeutung.

Die in den achtziger und in der ersten Hälfte der neunziger Jahre in Kraft getretenen, angebotspolitisch angeleiteten Policy-Maßnahmen (vgl. Übersicht 1) haben verdeutlicht, daß der Bund als zentraler und maßgeblicher Steuerungsakteur verstärkt die ausgaben-, aufgaben- und einnahmenorientierte Strategie verfolgte, sich über eine restriktive Mittelverwendung Etatentlastung sowie sich durch Steuererhöhungen direkt zusätzliche Mittel zu beschaffen. Außerdem konnte der Bund durch Sozialabgabenerhöhungen seine Verpflichtungen für den Ausgleich der Defizite bei den Parafiski auf indirekte Weise reduzieren und durch Aufgabenzuweisung an die Parafiski seine fiskalische Ressourcenbasis weitgehend sichern. Diese in der Finanz- und Sozialpolitik des Bundes vorherrschende (Steuerungs-)Strategie der Fiskalisierung ist darauf angelegt, durch restriktive (soziale) Leistungserbringung, formelle und materielle Privatisierungen und durch Regulierungsmaßnahmen in Gestalt der Rückführung oder des Verzichts von (Regulierungs-)Aufgaben/Ausgaben den Etat des Fiskus und der Parafiski zu entlasten.

Die von der angebotsorientierten institutionalisierten Politikberatung angeleiteten Maßnahmen der quantitativen Konsolidierung haben im untersuchten Zeitraum insofern Fiskalisierungstendenzen befördert, als die ausgaben-, steuer- und beitragswirksamen sowie ordnungspolitischen Maßnahmen der Finanz- und Sozialpolitik vornehmlich auf die Kürzung der Wohlfahrts-Etats gerichtet waren und fiskalische Zwecke zusätzlicher Mittelbeschaffung seit der deutschen Vereinigung Vorrang hatten. Allgemein kann die direkte Fiskalisierung der Politik als Strategie des Bundes als des – vom Finanzvolumen und seiner verfassungsrechtlichen Kompetenzen im Bundesstaat her – relevanten Steuerungsakteurs definiert werden, sich finanzielle Entlastung zu verschaffen und seine finanzielle Basis abzusichern. Die indirekte Fiskalisierung des Bundes meint die finanz- und sozialpolitische Strategie, über Leistungskürzungen bei den Sozialversicherungsträgern die aus der Defizithaftung resultierenden sozialen (Ausgleichs-)Leistungen des Bundes möglichst niedrig zu halten oder zu verringern. Orientierungsmaße der quantitativen Konsolidierungspolitik waren und sind nicht soziale Zielkriterien, sondern zunehmend die fiskalischen Interessen des Bundes an restriktiver (sozialer) Mittelverwendung und zusätzlicher Mittelbeschaffung.

Die seitens des Bundes gegenüber den Sozialversicherungsträgern betriebene Politik der sozialen Leistungskürzungen, -verschiebungen oder -verzichte wirkt sich auf das Verhältnis zwischen den Parafiski aus, indem beispielsweise einmal die Arbeitslosenversicherung ihre Haushaltsdefizite durch neubemessene Leistungs-Überweisungen an die Rentenversicherung verringert, ein anderes Mal die Rentenversicherung bestimmte Leistungen an die Krankenversicherung nicht mehr erbringt. Die fiskalische Zielsetzung des Bundes, über den Defizit-Abbau der Sozialversicherungsträger niedrigere Ausgleichszahlungen an die Parafiski zu leisten, kommt dann unmittelbar den fiskalischen Interessen der Parafiski an sparsamer Mittelverwendung zugute, wenn damit ihre Leistungsseite durch Ausgabenkürzungen „entlastet" werden kann. In diesem Fall dienen niedrigere soziale Leistungsverpflichtungen also direkt den finanziellen Zwecken der Parafiski (erweiterter finanzieller Handlungsspielraum!), d.h., daß eine direkte Parafiskalisierung der Sozialpolitik zum Tragen kommt.

Fiskalisierung der Politik in Gestalt der finanziellen Ressourcensicherung des Fiskus bedeutet zuvörderst die über (soziale) Ausgabenbegrenzung betriebene Konsolidierungspolitik, wie sie sich seit Anfang der 80er Jahre in den zahlreichen „Haushaltsoperationen" und „Leistungsgesetzen" mit ihren Kürzungen steuerfinanzierter Leistungen (Kindergeld, Wohngeld, BAFöG, Sozialhilfe, Mutterschaftsgeld, Arbeitslosenhilfe usw.) und beitragsfinanzierter Leistungen (Arbeitslosengeld, Unterhaltsgeld, Lohnkostenzuschüsse) niederschlug (vgl. Übersicht 1).

Ein Beleg für die kurzfristig orientierte Fiskalisierung der Finanzpolitik waren die zahlreichen Änderungen der indirekten Steuern und spezieller

Verbrauchsteuern, die in den 80er Jahren und seit der deutschen Vereinigung von Umsatzsteuererhöhungen über Mineralöl-, Branntwein- und Tabaksteuererhöhungen bis zur Einführung der Erdgassteuer reichten und unstrittig fiskalisch motiviert waren.

Das seit den 80er Jahren empirisch beobachtbare Politikmuster des Bundes gegenüber den beiden großen sozialen Sicherungsinstitutionen der Arbeitslosenversicherung und der Rentenversicherung belegt die vorherrschende fiskalische Orientierung der Finanz- und Sozialpolitik. Gerade die Politik des Bundes gegenüber der Bundesanstalt für Arbeit (BA), die den Bund aufgrund der verfassungsrechtlich verankerten Defizithaftung (Art. 120 GG) zum Ausgleich der Defizite verpflichtet, hat verdeutlicht, wie die angebotsorientierte quantitative Konsolidierungspolitik seit Beginn der achtziger Jahre kontinuierlich als Politik der Senkung von Leistungssätzen, der Erschwerung von Anspruchsvoraussetzungen für den Leistungsbezug und der teilweisen Leistungsausgrenzung umgesetzt worden ist. Für die fiskalische Intention des Bundes, möglichst geringe Mittel für die Leistungen des Arbeitsförderungsgesetzes (AFG) als Folge der Defizithaftung aufbringen zu müssen, sind die Leistungsblöcke der Arbeitslosenhilfe direkt und die Ausgaben der BA für Arbeitslosengeld und „arbeitslosenversicherungsfremde“ Aufgaben (z.B. Maßnahmen zur Arbeitsbeschaffung, für Fortbildung und Umschulung, Einarbeitungszuschüsse) indirekt von erheblichem finanziellen Gewicht (Tegtmaier 1984, S. 74; Heinze/Gretschmann 1987, S. 320ff.; Bäkker 1995, S. 347f.). Der Bund setzt bei seinen direkten Fiskalisierungsbemühungen deshalb bei der weiterhin zeitlich unbegrenzten und von Bedürftigkeitskriterien abhängigen Arbeitslosenhilfe an, weil diese AFG-Leistung im Bundeshaushalt etatisiert ist. Folglich fiskalisiert der Bund die arbeitsmarktpolitische Leistungsgewährung zu Lasten der BA in dem Maße, wie es ihm gelingt, über eine altersbegründete Verlängerung der Bezugsdauer des beitragsfinanzierten Arbeitslosengeldes für sich selbst Ausgabenkürzungen zu erreichen.

Der Bund betrieb indirekt eine Fiskalisierung der Leistungspolitik, indem er als Bundesgesetzgeber über AFG-Leistungseinschränkungen und -ausgrenzungen seine aus der Defizithaftung für den BA-Haushalt resultierenden Ausgleichszahlungen zu reduzieren wußte. Diese seitens des Bundes verfolgte indirekte Form der Fiskalisierung, den Defizitausgleich für die Parafiski möglichst niedrig zu halten, erfolgte einmal zulasten der Rentenversicherung, ein anderes Mal zulasten der Kommunen und in größtem Umfang zulasten der Leistungsempfänger: Der leistungsbedingte Defizitabbau bei der Bundesanstalt für Arbeit war zum einen vor allem das Ergebnis der neuen Bemessungsgrundlage der fortan für Arbeitslose usw. zu zahlenden niedrigeren Beiträge der BA (Beitragsentrichtung nur noch nach der Lohnersatzleistung) an die Rentenversicherung. Zum anderen verschärfte der Bund sukzessiv die Anspruchsvoraussetzungen für die Gewährung von Arbeitslosengeld oder Unterhaltsgeld bei Qualifizierungsmaßnahmen (z.B. längere Beitragsdauer, Umstellung des Rechtsanspruchs auf „Ermessensleistungen“) mit der Folge, daß immer mehr Menschen aus dem Leistungsempfang „ausgegrenzt", und damit ein großer Teil der Arbeitslosen auf die von den Kommunen zu finanzierende Sozialhilfe verwiesen wurden (vgl. Übersicht 1). Die größten finanziellen „Entlastungen" verschaffte sich der Bund zum wiederholten Male durch Kürzungen der Leistungssätze für Arbeitslosengeld, Kurzarbeitergeld, Arbeitsbeschaffungsmaßnahmen, Fortbildungs- und Umschulungsmaßnahmen usw.

Daß die Fiskalisierung auch die Rentenversicherung erfaßte und prägte, zeigte sich spätestens an dem Ausmaß und der Zielrichtung der „Haushaltsoperationen" der 80er Jahre. Der Bund fiskalisierte die Rentenpolitik, indem Rentenanpassungen verschoben und „aktualisiert" wurden, d.h., daß sich die Zuwächse der Leistungen an der geringeren Lohnentwicklung des Vorjahres orientierten, womit der Bund seine aus Defiziten der Rentenversicherung resultierenden Verpflichtungen zu reduzieren wußte. Der Bund benutzte also die Rentenversicherung dazu, sich selbst fiskalisch zu entlasten und die Defizite der Bundesanstalt für Arbeit auf Kosten der Alterssicherung zu reduzieren.

Seit der deutschen Vereinigung wies der Bund – fiskalisch motivierte – Aufgabenwahrnehmungen und -verantwortungen in verstärktem Maße der Arbeitslosen- und Rentenversicherung zu (z.B. Arbeitsbeschaffungsmaßnahmen, Qualifizierungsmaßnahmen für Ostdeutschland, Frühverrentungsmöglichkeiten für Arbeitslose usw.). Die Finanzierung durch sogenannte versicherungsfremde Leistungen wurden den Parafiski aufgebürdet, obwohl sie als „gesamtgesellschaftliche" Aufgaben aus dem Bundeshaushalt hätten finanziert werden müssen (Tofante 1997, S. 415-426).

Die Fiskalisierung der Finanz- und Sozialpolitik des Bundes zwischen 1980 und Mitte der 90er Jahre kann also im Kern als Strategie gekennzeichnet werden, kurzfristig den eigenen Etat zu entlasten und sich nötigenfalls zusätzliche Finanzmittel zu beschaffen, langfristig über eine Investitions- und Beschäftigungsförderung auf eine Steigerung seiner Einnahmen hinzuwirken und die Defizithaftung gegenüber den Parafiski zu begrenzen.

Im Interaktionsmechanismus zwischen Fiskus und Parafiski dominieren insofern die Fiskalisierungsinteressen des Bundes, als der Bund einmal eine Politik der Lastenverschiebungen zwischen den Parafiski in Gestalt zusätzlicher Aufgaben/Ausgaben und/oder niedrigerer Einnahmen oder geringerer Bundeszuschüsse verfolgt (Verschiebepolitik!) und sich zum anderen vor allem bei den Leistungsempfängern durch Leistungskürzungen, Leistungsverschiebungen, Leistungsausgrenzungen und erschwerte Anspruchsvoraussetzungen für den Leistungsbezug finanzielle Entlastung verschafft.

Die wissenschaftliche Angebotspolitik hat erheblich dazu beigetragen, der Finanz- und Sozialpolitik in der Rolle als Förderer, Auftraggeber und Kunde, als „Steuer- und Abgabenentlaster" und als Deregulierer wachsende Ökonomisierungsfunktionen zuzumuten und abzuverlangen. Die Ökonomisierung der Finanz- und Sozialpolitik der achtziger bis Mitte der neunziger Jahre kann allgemein als politische Strategie definiert werden, die Ausgestaltung ausgaben-, steuer- und beitragswirksamer sowie ordnungspolitischer Policy-Maßnahmen vornehmlich auf einzelwirtschaftliche Kalküle auszurichten.

Der Begriff des Aktionsmusters und der Steuerungsstrategie der Ökonomisierung der Politik ist nicht verallgemeinerungsfähig, d.h., daß er nicht für alle Politikfelder und nicht für jeden Instrumenteneinsatz wie beispielsweise für Finanzhilfen zugunsten der öffentlichen Infrastruktur gilt, sondern sowohl eigenständige Politikgestaltung impliziert als auch – beabsichtigte und unbeabsichtigte – Ökonomisierungsfolgen hat. Zwar läßt sich die Finanz- und Sozialpolitik zunehmend in den Dienst fiskalischer und betriebswirtschaftlicher Zwecke stellen und paßt sich angebotsorientierten „Anforderungen" an, doch hatte sich die Politik instrumentenspezifisch als genuin handlungsfähig erwiesen.

Das Muster vereinigungsbedingter Politik der Infrastrukturförderung zugunsten der neuen Bundesländer machte deutlich, daß die Politik die Umstrukturierung nach politisch definierten Kriterien gestaltete und gleichzeitig als Nebeneffekt zugunsten betriebswirtschaftlicher Interessen Ökonomisierungstendenzen beförderte: Die Politik hatte in eigener Regie nach Auswahlkriterien der Branchen, der Regionen, der Innenstädte oder Stadtrandgebiete, der Fördersätze, des Zeitrahmens usw. auf die sozioökonomische Entwicklung eingewirkt. Diese Form der Politikgestaltung manifestierte nicht nur die instrumentenspezifische Handlungsfähigkeit der Politik, sondern leistete zugleich über einzelwirtschaftliche Absatz- und Ertragsverbesserungen einen Beitrag zur Verstärkung von Ökonomisierungstendenzen.

Die weitgehend nach dem angebotspolitischen Konzept des SVR politisch umgesetzten Maßnahmen der qualitativen Konsolidierung haben die Ökonomisierungstendenzen in der Finanz- und Sozialpolitik verfestigt und/oder verstärkt: Die mit der angebotsorientierten Ausgabenumstrukturierung zugunsten investiver Ausgaben verbundene Stärkung der Rolle des Staates als Förderer privater Investitionen kam und kommt bevorzugt den unternehmerischen Interessen an Rentabilitätssteigerung, Ertragsverbesserung usw. zugute. Diese staatliche Politik wachsender privater Investitionsförderung zielte zur Schaffung von Arbeitsplätzen auf einzelwirtschaftliche Kostenentlastung und Gewinnsteigerung und verstärkte damit – ohnehin vorhandene – Ökonomisierungstendenzen der Politik.

Die Rolle des Staates als Auftraggeber und Kunde durch den Ausbau der öffentlichen Infrastruktur verschaffte den privaten Produzenten von Infrastrukturgütern und Dienstleistungen zusätzliche Absatz- und Umsatzsteigerungen. Auch wenn seitens der Angebotspolitik die durch investive Ausgaben finanzierte Agenda staatlichen Handelns kontraktiv definiert wurde (Begrenzung auf „Sachinvestitionen" wie beispielsweise auf die von Bauinvestitionen für Bildung und Forschung, Energie-, Versorgungs- und Verkehrsunternehmen sowie Krankenhäuser und Altenheime), gibt die – vor allem für Ostdeutschland für notwendig befundene und zeitlich begrenzte – Politik der Infrastrukturförderung der Ökonomisierung der Finanzpolitik zusätzliche Impulse.

Darüber hinaus wurde dem Staat in den achtziger und neunziger Jahren gemäß den Anforderungen des qualitativen Konsolidierungskonzeptes, durch steuerentlastende Maßnahmen „Raum für mehr rentable Investitionen“ zu gewinnen, immer mehr die Rolle des „Steuer- und Abgabenentlasters“ zugemutet und abverlangt (vgl. Übersicht 1). Die zahlreichen beschlossenen und umgesetzten angebotsorientierten Maßnahmen zur Senkung von (Unternehmens-)Steuern entsprachen den angebotspolitischen Intentionen, über die Verlagerung der steuerlichen Belastung von der Einkommensentstehung auf die konsumtive Einkommensverwendung forcierte Leistungs- und Investitionsanreize zu schaffen. Die im Sinne der Angebotspolitik Schritt für Schritt erreichte Abnahme der direkten Steuern am Gesamtaufkommen zugunsten höherer indirekter Steueranteile hat nicht unwesentlich zur Kostenentlastung sowie zur Stärkung der Produktivität und Rentabilität der privaten Investitionen beigetragen und der Politik verstärkt Ökonomisierungsfunktionen zugewiesen.

Daß die von seiten der angebotsorientierten Politikberatung und den Unternehmen gegenüber dem Bund angemahnte Politik, die Sozialversicherungsbeiträge und damit die Lohnnebenkosten zu senken, erfolglos blieb, ist auf die Vielzahl der seit der deutschen Vereinigung von den Parafiski (zusätzlich) zu erfüllenden Leistungen zurückzuführen. Die geringe Bereitschaft des Bundes, einen Teil der „versicherungsfremden Leistungen“ aus dem Bundeshaushalt zu finanzieren, manifestiert hinsichtlich dieser Leistungsart die Strategie des Bundes, gerade unter erschwerten Finanzierungsbedingungen den eigenen Fiskalisierungsinteressen Vorrang vor den einzelwirtschaftlichen Interessen niedrigerer Personalzusatzkosten einzuräumen.

Schließlich unterstützt der Staat als „Deregulierer“ gesamtwirtschaftliche Aufgaben und trägt verstärkt einzelwirtschaftlichen Erfordernissen Rechnung. Mit der Aufhebung von Marktzugangsbeschränkungen infolge von Monopolen oder dem Abbau marktspezifischer Regulierungen im öffentlichen Auftragswesen, im Medienmarkt oder im technischen Prüfungs- und Sachverständigenwesen sowie der Zulassung neuer Wettbewerber werden sowohl gesamtwirtschaftliche Ziele der Stärkung der Wettbewerbsfähigkeit, der Preisstabilisierung und der Sicherung rentabler Arbeitsplätze als auch einzelwirtschaftliche Zwecke verfolgt. Die Politik unterstützt mit ihren Deregulierungsmaßnahmen insofern (einzelwirtschaftliche) Ökonomisierungstendenzen, als sie unternehmerischer Initiative und Innovationsbereitschaft stärkere Entfaltungsmöglichkeiten zu bieten versucht, Produktivitätsreserven zu erschließen hilft, zeitaufwendige und investitionshemmende Planungs- und Genehmigungsverfahren sowie Gerichtsverfahren vereinfacht und beschleunigt und durch den Abbau von arbeits- und sozialrechtlichen Schutzbestimmungen scheinbare Beschäftigungs- und Investitionshemmnisse zu beseitigen versucht. Der Staat übernimmt in der Deregulierungspolitik sogar neue Aufgabenverantwortungen, indem die Behörden angewiesen werden, für „wirtschaftlich relevante Genehmigungsverfahren“ Beratungs- und Auskunftsdienste zu leisten (vgl. Übersicht 1).

2. Netzwerkbestimmte Ökonomisierung der Umweltpolitik

In der Umweltpolitik der Bundesrepublik bildeten seit Anfang der 80er Jahre (Hucke 1990, S. 383)[4] die – im Rahmen dieser Politiknetzwerk-Analyse zuvörderst interessierenden – Maßnahmen der Luftreinhaltepolitik und der Gewässerschutzpolitik Schwerpunkte der Umweltpolitik, während Aktivitäten zur Verbesserung der Umweltqualität in anderen Bereichen vernachlässigt wurden. So galt und gilt beispielsweise die Politik des Bodenschutzes als defizitär, weil beschlossenen „Konzeptionen" und „Leitlinien" keine wirksamen umweltpolitischen Maßnahmen folgten, so daß Bodenbelastungen wie Bodenerosion, Bodenversiegelung und die „Versauerung" des Bodens fortschreiten (Rat von Sachverständigen für Umweltfragen-SRU-1987).

In der zweiten Hälfte der achtziger Jahre sind punktuell umweltpolitische Gesetzesmaßnahmen entwickelt und verabschiedet worden wie etwa die Kleinfeuerungsanlagen-Verordnung, die Verordnung zu Störfällen bei Industrieanlagen, Steuervergünstigungen für schadstoffarme Automobile, die stufenweise Erhöhung des Abwasserabgabensatzes 1991 und 1993 und die Einbeziehung neuer Schadstoffparameter in die Abwasser-Abgabepflicht. Auch in den neunziger Jahren waren die Novellierung der Kleinfeuerungsanlagen-Verordnung, die Projekte zur Reduzierung der Kohlendioxid- und Stickstoffoxidminderung, der Entwurf der Wärmenutzungsverordnung mit dem Gebot der Nutzung industrieller Abwärme und Anstrengungen zur Sanierung von Altanlagen nach der TA Luft bedeutende Maßnahmen und Vorhaben der Luftreinhaltepolitik (SRU 1996, Ziff.79-89). Auch in der Gewässerschutzpolitik stellen die beabsichtigte Novellierung des Wasserhaushaltsgesetzes und die 4. Novelle zum Wasserabgabengesetz erwähnenswerte punktuelle (umwelt-)politikfeldspezifische Weiterentwicklungen dar (SRU 1996, Ziff. 50). Das angemeldete politische Vorhaben, ein ökologisches Gesamtkonzept zu entwickeln, konnte allerdings seit den achtziger Jahren nicht realisiert werden (Umwelt, Heft 9/1988, S. 360ff. und Heft 12/1988, S. 507ff.; Weidner 1989, S. 21; Hansjürgens 1991, S. 185; SRU 1996, S. 50-58).

---

4 In den 90er Jahren betrafen etwa 95% aller Genehmigungsverfahren Änderungen, während es selten um neue Projekte ging. Siehe Süddeutsche Zeitung vom 28./29. 09.1996, S. 1.

In der folgenden Politiknetzwerk-Analyse gilt der Frage besondere Aufmerksamkeit, inwieweit die Umweltpolitik als integrierter Bestandteil wohlfahrtsstaatlicher Politik auf der Programm- und Vollzugsebene von ökonomischen Kalkülen geprägt wird. Das Analyse-Interesse konzentriert sich dabei auf die (umwelt-)standardsetzenden Einflüsse[5] relevanter „außerstaatlicher" Akteure im Vorfeld der „innerstaatlichen" Politikformulierung und auf die bürokratisch-industriellen Interaktionsmechanismen in der Phase der Programmentwicklung.

Bei der Analyse der Politikimplementation interessiert vor allem die Frage, inwieweit und auf welche Weise die Anwendung des ordnungsrechtlichen Instrumentariums, hier am Beispiel des Bundesimmissionsschutzgesetzes expliziert, und die Umsetzung der kombinierten Auflagen-/Abgabenregelung, hier am Beispiel des Gewässerschutzes verdeutlicht, von ökonomischen Interessen dominiert werden.

2.1. Prinzipielle und normenspezifische Einflußvariablen der Ökonomisierung

Bevor die vor allem interessierenden institutionellen Arrangements im Politiknetzwerk der Umwelt und ihr Einfluß auf die Ökonomisierung dieses Politikfeldes expliziert werden, soll in Grundzügen die Ökonomisierungsrelevanz von Variablen wie vorherrschenden ordnungspolitischen Vorstellungen, umweltpolitischen Leitbildern, Prinzipien und Instrumenten sowie dem Grad der Konkretisierung und der Hierarchieebene von Normen erörtert und beurteilt werden.

2.1.1. Staatliches Interventionsverständnis, dominante Deutungsmuster, umweltpolitische Prinzipien und Instrumente

Ein wesentlicher Faktor der Ökonomisierung wohlfahrtsstaatlicher Politik ist das traditionelle Verständnis von staatlichen Interventionszuständigkeiten, das eine weitgehende – auf privatwirtschaftlicher Überlegenheit (Effizienz-, Effektivitätsvorteile usw.) beruhende – staatliche Interventionszurückhaltung beinhaltet und deshalb der Politik prinzipiell nur begrenzte Entscheidungs- und Handlungsspielräume zubilligt (Zinn 1990, S. 5-17). Breite gesellschaftliche Zustimmung finden ordnungspolitische Vorstellungen, die der in die Marktmechanismen eingreifenden staatlichen Politik nicht nur Erfolglosig-

5 Unter Umgehung formeller Verfahren wurde bei Genehmigungsverfahren für Industrieanlagen in den 90er Jahren in rund 80% aller Streitfälle in Verhandlungen zwischen Ämtern, Investoren und Anwohnern ein Konsens gefunden. Vgl. dazu Süddeutsche Zeitung vom 28./29.09.1996, S. 1.

keit bescheinigen, sondern der intervenierenden Politik den Vorwurf machen, daß krisenhafte Entwicklungen ursächlich „außermarktlichem" Fehlverhalten der Politik zuzuschreiben sind. Die dagegen gesetzte Strategie der „Revitalisierung der Marktkräfte" zielt auf eine Zurückdrängung des Umfangs (sozial) staatlicher Interventionen, beschränkt also die Rolle des Staates auf die eines „starken Markt-Macht-Ordnungsstaates" (Hickel/Priewe 1989, S. 24f.).

Dieses verkürzte staatliche Interventionsverständnis hat zur Folge, daß der Staat nicht nur privatwirtschaftliche Akteure an seinem Aufgabenpensum beteiligt und die Produktion von (Kollektiv-)Gütern bereitwillig der vermeintlich effizienteren und effektiveren marktwirtschaftlichen Steuerung überläßt (Voy u.a. 1991, S. 290ff.), sondern daß sich der Staat zunehmend eine „Berater- und Förderrolle" zuweisen läßt (Hawkins 1984). Der Staat verhält sich zwar ökonomisch, indem er durch Steuervergünstigungen und Finanzhilfen für wohlfahrtsstaatliche Programme zu Kosteneinsparungen bzw. Rentabilitätssteigerungen privatwirtschaftlicher Akteure beiträgt und damit „die – unsichere – Erwartung einer ‚Gegenleistung'" verbindet, verzichtet aber weitgehend auf eine „eigene, spezifische, in demokratischer Willensbildung" entstandene Politikformulierung und -umsetzung (Ronge 1977, S. 126). Interventionszurückhaltung und -verzicht sind also eher Ausdruck der „Selbstbescheidung des Staates" (Windhoff-Héritier 1991, S. 4) und weniger auf die Begrenzung der staatlichen Steuerungsfähigkeit durch – von ökonomischen Kalkülen durchdrungene – andere gesellschaftliche Systeme zurückzuführen.

Die Deutungen notwendiger staatlicher Politikenthaltung oder staatlicher „Entlastungen" von Aufgabenwahrnehmungen (Offe 1990, S. 179ff.; Kaufmann 1994, S. 62f.; An. Benz 1995, S. 337-359) haben seit dem Paradigmenwechsel von nachfrage- zu angebotsorientierten Politikkonzepten und -strategien an politischem Gewicht gewonnen. Die von wissenschaftlichen Institutionen sowie organisations- und konfliktfähigen korporativen Akteuren maßgeblich vertretene und durchgesetzte kontraktive Neudefinition des staatlichen Aufgabenfeldes bedeutet nicht nur eine Schrumpfung staatlicher Aufgabenverantwortungen, sondern auch eine verstärkte Ökonomisierung der Politik im Sinne der Umorientierung der Staatstätigkeiten auf einzelwirtschaftliche Interessen, Forderungen und Erfordernisse. Die angebotsorientierten Deutungsmuster, die einen„Policy-Mix" an finanzpolitischen Konsolidierungskonzepten und -strategien sowie ordnungspolitischen Privatisierungs- und Deregulierungsmaßnahmen beinhalten, haben die Konzentration auf einzelwirtschaftliche Kriterien wie Rentabilitäts- und Produktivitätsförderung, Absatz- und Umsatzsteigerung sowie Kostenentlastung unterstützt und damit Ökonomisierungstendenzen zusätzlichen Auftrieb gegeben.

Nach dem Verursacherprinzip als „Kostenzurechnungsprinzip und ökonomischem Effizienzkriterium" werden demjenigen die Kosten einer Umweltbelastung angelastet, der für ihre Entstehung verantwortlich ist. Einer verursacherorientierten Umweltpolitik steht ein Instrumentarium zur Verfügung, das von Geboten und Verboten über flexible Kompensationsregelungen bis hin zu fiskalischen Anreiz- und Bestrafungsinstrumenten reicht (BT-Drucksache 10/6028, S. 12f.; SRU-Gutachten 1987, BT-Drucksache 11/ 1568, S. 68-70). Das Verursacherprinzip kann allerdings nur begrenzt wirksam werden, da „die Verflechtung und die Folge von Bedingungsketten“ die Ermittlung des Verursachers erheblich erschweren und Kosten vielfach nicht berechenbar sind (Wittkämper 1993, S. 304). Akute Notlagen oder grenzüberschreitende Störfälle wie beispielsweise der Reaktorunfall von Tschernobyl machen einzelnen Regionen oder Ländern eine Kostenzurechnung nach dem Verursacherprinzip unmöglich.

Die Anreize des Verursacherprinzips, zum sparsameren Ressourcenverbrauch anzuhalten und den Suchprozeß nach innovativen Vermeidungs- und Substitutionsmöglichkeiten zu stärken, schließen die spezifische Form marktlicher Umweltökonomisierung nicht aus, d.h. daß die durch das Verursacherprinzip stimulierten ressourcen- und energieschonenden Verfahren und Produkte den Anwendern umweltschonender Produktion Kostenvorteile verschaffen und den Herstellern neue Absatzmärkte erschließen helfen können. Trotz dieser Vorzüge des Verursacherprinzips haben das Gemeinlastprinzip und damit die öffentliche Finanzierung von Umweltschutzmaßnahmen in der Bundesrepublik ihre Dominanz behalten (Benkert 1986, S. 225ff.). Auch wenn es Gründe dafür gibt, das Gemeinlastprinzip anzuwenden, wenn beispielsweise Verursacher nicht ermittelt oder infolge geänderter Rechtsform oder geänderter Eigentumsverhältnisse nicht mehr haftbar gemacht werden können oder zur Schadensbeseitigung finanziell nicht in der Lage sind, sollte das Verursacherprinzip wegen seiner überlegenen Anreizwirkungen gestärkt werden (vgl. Kap. IV.2.2.).

Das Vorsorgeprinzip will „die Umweltprobleme an der potentiellen Quelle bekämpfen“ und Fehlentwicklungen möglichst früh unterbinden (Wittkämper 1993, S. 305; Endres/Querner 1993, S. 394ff.). Unter dem Vorsorgeprinzip im Umweltschutz (Vermeidungsprinzip) in einem weiteren Sinn wird zunächst die Gefahrenabwehr verstanden (Wittkämper 1993, S. 300f.; Preuß 1994, S. 537-545), die den Staat zu schützenden Eingriffen verpflichtet, wenn menschliches Handeln „erkennbare“ Schäden für Mensch und Umwelt hervorruft. So regelt beispielsweise das Bundesimmissionsschutzgesetz Betreiber-Grundpflichten, wonach die Betreiber genehmigungsbedürftiger Anlagen zur Gefahrenabwehr (§ 5 AbS. 1 Nr. 1) und zur Schadensvorsorge (§ 5 AbS. 1 Nr. 2) verpflichtet werden. Die Betreiber-Grundpflichten werden durch „untergesetzliche“ Regelwerke wie beispielsweise der TA Luft „in Form eines antizipierten Sachverständigen-Gutachtens“ konkretisiert, in der Schädlichkeitswerte für Immissionen (Gefahrenabwehr) festgelegt werden (Hill 1989, S. 401ff.; Sellner 1988, S. 22f.; Dose 1993, S. 426f.). Auch die über die traditionelle Gefahrenabwehr hinausgehende Schadensvorsorge wird vom Gesetzgeber näher bestimmt (Sellner 1988, S. 54). Konkretisierungen finden sich in der TA Luft (den Teilen 3. und 4.) mit den dort enthaltenen stoff- und anlagenbezogenen Emissionswerten und den besonderen Anforderungen an Altanlagen (Wiegand 1991, S. 110f.). Die Errichtung neuer

Anlagen unterliegt der (strengeren) Vorschrift der Genehmigungspflicht. Um wegen der Vielzahl der emittierenden Anlagen Unsicherheiten zu vermeiden, für welche Anlagen eine Genehmigungspflicht erforderlich ist, werden die genehmigungsbedürftigen Anlagen in der Verordnung zum Bundesimmissionsschutzgesetz (4. BImSchV) gesondert aufgelistet.

Die das Vorsorgeprinzip einschließende Risikovorsorge verlangt umweltpolitische Entscheidungen bereits dann, wenn „ein begründeter Gefahrenverdacht" besteht. Eine solche vorsorgeorientierte Politik verbietet damit das Abwarten der politischen Akteure, bis wissenschaftliche „Klarheit" gewonnen ist (z.B. über den Kausalzusammenhang zwischen bestimmten Luftschadstoffen und der Schädigung der Wälder und Gebäude). Umweltpolitik als Zukunftsvorsorge soll schließlich umweltschonende Technologien fördern und neue umweltverträgliche Wachstums- und Beschäftigungsmöglichkeiten aufzeigen. Die Umweltvorsorge zielt auf den Schutz der natürlichen Lebensgrundlagen „im Sinne eines ökologischen Generationenvertrages" (BT-Drucksache 11/7168, S. 26).

Das Vorsorgeprinzip, das in umweltpolitischen Absichtserklärungen seit Mitte der siebziger Jahre verstärkt als Handlungsmaxime hervorgehoben wird (Zimmermann 1990, S. 5), stellt den Instrumenteneinsatz darauf ab, schädliche Umwelteinwirkungen möglichst gar nicht erst entstehen zu lassen. Das Vorsorgeprinzip geht im Umweltschutz also über die traditionelle Politik der Gefahrenabwehr bzw. über die Politik der Beseitigung bereits entstandener Schäden hinaus. Dieses Prinzip hat für die symbolische Politik die vorteilhafte Funktion, nicht nur legitimationsfördernd zu sein und keine konkrete Handlungsverpflichtung zu beinhalten, sondern auch für fast jede politische Aktivität beliebig in Anspruch genommen werden zu können (Prittwitz 1988, S. 52f.).

Zusammenfassend muß festgestellt werden, daß das Vorsorgeprinzip in rechtlicher Weise nur in Teilbereichen eingeführt worden ist (z.B. § 5 BImSchG), und daß das maßgebliche Kriterium des Standes der Technik für die Installierung neuer oder die Sanierung alter Umweltschutzanlagen lediglich zur Einhaltung technischer Mindeststandards geführt, d.h. in erster Linie den Einsatz nachgeschalteter Umwelttechnologien begünstigt und damit zur Verfestigung marktlicher Ökonomisierungstendenzen beigetragen hat. Das Vorsorgeprinzip, das mittels fiskalischer Anreize auf der „Inputseite" der Produktion einen geringeren Material-, Energie- und Wasserverbrauch ermöglicht, ist nur sehr begrenzt zur Anwendung gekommen (z.B. bei der staatlichen Förderung der Entwicklung umweltschonender Elektromotoren). Für die bisher verfolgte Umweltpolitik gilt die Feststellung, daß der Bedeutungsgehalt und die Reichweite des Vorsorgeprinzips bestenfalls auf der Programmebene in Gestalt allgemeiner vorsorgender Zielformulierung eine Rolle gepielt haben, im umweltpolitischen Vollzug aber keine Wirkung erzielen konnten (Bunde 1988, S. 135f.; Gessenharter 1989, S. 27ff.).

Das Kooperationsprinzip zwischen staatlichen und gesellschaftlichen Akteuren ist darauf angelegt, umweltpolitische Ziele möglichst „einvernehmlich" zu verwirklichen. Die kooperative Zusammenarbeit erfolgt dabei unter der Bedingung, „auf die dem Staat von der Verfassung oder durch Gesetz zugewiesenen Kompetenzen" nicht zu verzichten (BT-Drucksache 11/7168, S. 27). Die kooperativen Interaktionen beziehen sich sowohl auf das staatliche Binnenverhältnis zwischen Bund und Ländern als auch auf das Zusammenwirken zwischen staatlichen und gesellschaftlichen Akteuren (BT-Drucksache 10/6028, S. 11f.). Das Kooperationsprinzip bedeutet also sowohl Mitwirkung der von umweltbeeinträchtigenden Aktivitäten Betroffenen als auch „Beteiligung aller relevanten gesellschaftlichen Kräfte bei ... umweltschützenden Aktivitäten" (Wittkämper 1993, S. 305). Das umweltbezogene Kooperationsprinzip, worunter nicht nur die Beteiligung von Organisationen und Initiativen an geplanten Umweltschutzmaßnahmen, sondern auch Mitwirkungsmöglichkeiten der Betroffenen an umweltbeeinträchtigenden Aktivitäten verstanden werden, ist in der Bundesrepublik nur vereinzelt realisiert worden (Wicke 1989, S. 5).

Das in der Bundesrepublik dominierende ordnungsrechtliche Instrumentarium, das durch (schadstoffbezogene) Auflagen (nach dem Stand der Technik) den Einsatz neuer oder die Sanierung alter Anlagen erzwingt, leistet deshalb einen Beitrag zur Ökonomisierung der Umweltpolitik, weil das Ordnungsrecht die Umweltschädigung bis zu bestimmten Emissionsgrenzwerten oder Mindestanforderungen zuläßt (Kirchgässner 1994, S. 473f.; Holzwarth 1995, S. 40-53; SRU 1996, Ziff. 53ff.): Das erst am Ende des Produktionsprozesses, d.h. am Ende der ressourcenverzehrenden „Kausalkette" (Jänicke 1986, S. 24) ansetzende Ordnungsrecht drängt den Staat zunehmend in die Rolle der „Reparatur- und Entsorgungsinstanz" (Jänicke 1988, S. 18), in die Rolle des Förderers und Auftraggebers, d.h. daß er teure Maßnahmenprogramme durchzuführen hat, deren Erfüllung einzelwirtschaftlichen Interessen zugute kommt. Der in Gang gesetzte Zyklus von Güterversorgung, Problemerzeugung und Problementsorgung trägt zur unternehmerischen Ertragsverbesserung, Absatz- und Gewinnsteigerung bei: Solche zirkulär-kumulativen Prozesse ökonomisieren insofern die Politik, als die Güterversorgung (z.B. mit Energie, Wasser, Nahrungsmitteln, Verkehr) die Problemerzeugung (z.B. Luft- oder Wasserverschmutzung, Bodenverunreinigung, Gesundheitsschäden) und die dadurch notwendig werdende Problementsorgung (z.B. Herstellung von Entschwefelungs-, Denitrierungs- und Müllverbrennungsanlagen oder Lärmschutzwällen) mit staatlichen Subventionen, Aufträgen, Deregulierungsmaßnahmen usw. zugunsten der Privatwirtschaft verbunden ist. Dieser Ökonomisierungsprozeß erhält immer wieder neue Impulse seitens der bürokratisch-industriellen Interaktionspartner, die aus dem gemeinsamen Interesse an Etat- und Markterweiterung für die Fortsetzung der „additiven" Umweltpolitik sorgen (vgl.Kap.III.2.2.4).

Weil ökonomische Steuerungsinstrumente wie Abgaben, Gebühren usw. besonders geeignet sind, die Schäden oder Gefahren dem Verursacher anzulasten, wird in der Politik und in wissenschaftlichen Gutachten der verstärkte Einsatz von fiskalischen bzw. ökonomischen Anreizinstrumenten gefordert.

Die Vorteile des Einsatzes fiskalischer Instrumente werden darin gesehen, daß die Suche nach umweltverträglichen Formen des Wirtschaftens zum Teil durch die Verlagerung vom Staat auf unternehmerische Entscheidungseinheiten „dezentralisiert" werden (Hauff 1995,S. 226f.). Die Erhebung von Abgaben oder Steuern auf Emissionen kann dafür sorgen, daß die Unternehmen stärkeres Eigeninteresse entwickeln, die Schadstoff-Grenzwerte der Emissionen zu reduzieren bzw. diese weiter zu minimieren. Die Bemessung der Steuern und Abgaben orientiert sich am Verursacherprinzip, d.h., daß am höchsten besteuert wird, was die größten Schäden verursacht und die höchsten Risiken enthält. Die Preise werden damit zu einem brauchbaren Lenkungsinstrument, die den Grad der Verschmutzung, des Energie- und Rohstoffverbrauchs usw. widerspiegeln, also „die ökologische Wahrheit" sagen (E.U. v. Weizsäcker 1990, S. 26). Die Umweltexperten bedauern, daß die praktische Umweltpolitik von verursacherorientierten ökonomischen Instrumenten bisher „vergleichsweise wenig" Gebrauch gemacht hat (SRU 1987, Ziff.176).

Die im Bereich des Gewässerschutzes der Bundesrepublik geltende Kombination ordnungsrechtlicher und abgabenpolitischer Instrumente unterstützt insofern die Ökonomisierung der Umweltpolitik, als das Ordnungsrecht, das keine Anreize für die Beschleunigung umweltschonender technologischer Entwicklung gibt, dominiert, und die Abgaben lediglich auf die die Grenzwerte überschreitenden Emissionen erhoben werden (Kirchgässner 1994,S. 473-477).

Je mehr das – das Vorsorgeprinzip ignorierende – ordnungsrechtliche Instrumentarium im Auflagen-/Abgabensystem des Gewässerschutzes sein relatives Gewicht erhöht (z.B. Anforderungen an immer höhere Reinigungsgrade), umso enger wird der von Abgaben erfaßte und unmittelbar verhaltenssteuernde Emissions- bzw. Abwasserkorridor (vgl.Kap.III.2.2.4.). Die Verschärfung ordnungsrechtlicher Regelungen bewirkt in diesem kombinierten Auflagen-/Abgabensystem folglich eine gleichzeitige Schwächung des relativen Gewichts der verursachergerechten Abgaben, die ökologisch wirksame Anreize schaffen, umweltschädigendes Verhalten zu verteuern und umweltschonendes Verhalten zu verbilligen.

Prinzipiell verfügt die Umweltpolitik über noch nicht genutzte Spielräume für die Gestaltung ökonomischer Anreizinstrumente. Die Neugestaltung des abgabenpolitischen Instrumentariums wird sich am Hauptzweck des Einsatzes von Umweltabgaben zu orientieren haben, Verhaltensänderung zu induzieren, also umweltschädigende Verhaltensweisen zu verteuern und damit gegenüber umweltfreundlichen Alternativen unattraktiv zu machen.

Zur Nutzung des abgabenpolitischen Instrumentariums kann die Politik grundsätzlich an den Einsatzstoffen (vor allem Rohstoffen und Energie), an den hergestellten oder konsumierten Produkten oder an den Emissionen ansetzen (Hansjürgens 1990, S. 95). Die bisher vorwiegend an den Emissionen ansetzende Abgabenpolitik in der Bundesrepublik (z.B. in der Luftreinhalte- und Gewässerschutzpolitik) hat maßgeblich zur Ökonomisierung der Umweltpolitik beigetragen (vgl.Kap.III.2.2.). Eine ökologisch wirkungsvollere Abgabenpolitik, die auf geringeren Rohstoff- und Energieeinsatz angelegt ist, wird aber tendenziell am „Input“ (wie am Kraftstoff im Fall der Mineralölsteuer) und weniger an den Emissionen anzusetzen haben (Jänicke 1988, S. 23; Kortmann 1990, S. 216).

Im Gegensatz zum vorwiegend bürokratiegesteuerten und die Ökonomisierung der Umweltpolitik stützenden Ordnungsrecht eröffnet die Ausgestaltung des Abgabensystems neue politische Steuerungsmöglichkeiten. Eine Beschränkung auf weniger Abgaben ist insofern das politisch, ökonomisch und ökologisch angemessene Verfahren, als damit nicht nur die Gefahr eines politischen „Vielfronten-Konflikts“ im Sinne des Widerstands einer Vielzahl von Betroffenen eingeschränkt wird, sondern auch die ökologischen und ökonomischen Wirkungen der Abgabenkombination zutreffender abgeschätzt werden können. Die Erhebung von Abgaben auf wenige „Schlüsselfaktoren“ erspart nicht nur aufwendige Verwaltungsarbeiten (z.B. Kontrollkosten zur Vermeidung von Abgabenhinterziehungen) und erleichtert die Schätzung des Aufkommenspotentials, sondern ist vor allem auch wirkungssicherer. Die Konzentration auf wenige Abgaben ist nämlich deshalb ökologisch effektiver, weil die Abgabenpflichtigen geringere unerwünschte „Ausweichmöglichkeiten“ haben und zielgerechter erfaßt werden können.

Umweltabgaben-Vorschläge, die über eine breite Bemessungsgrundlage möglichst viele Schadstoffe in die Besteuerung aufnehmen wollen, haben neben dem erforderlichen Kontrollaufwand den schwerwiegenden Nachteil, daß die auf zahlreiche Schadstoffe verteilte Abgabenlast pro Schadstoffeinheit häufig zu gering ist, um zur beabsichtigten Änderung des Reduktions- und Konsumverhaltens anzuregen. Eine für die Erreichung der gewünschten Reaktionen adäquate Steuerung wird die Abgabenerhebung auf wenige Schlüsselfaktoren zu beschränken, dort aber die Abgabensätze so hoch anzusetzen haben, daß deutliche Verhaltensänderungen erreicht werden.

Da der Lenkungszweck der Erhebung von Umweltabgaben im hier vertretenen Ansatz aktiver Politikgestaltung Vorrang hat, wird bei einer Festlegung der Abgabensätze der permanente Zielkonflikt zwischen Lenkungsfunktionen und fiskalischen Funktionen zu beachten sein. Wenn das ökologische Lenkungsziel im Vordergrund steht, müssen die Abgaben so hoch angesetzt werden, daß die Verhaltensänderungen auch erreicht werden und folglich auch die Einnahmen aus den Umweltabgaben zurückgehen. Die Lenkungsfunktion von Abgaben geraten also mit der fiskalischen Funktion insofern in Konflikt, als Umweltabgaben dann wirksam werden, wenn die Grundlage ihrer Erhebung, das umweltschädigende Verhalten, verloren geht. Um neben der Ökonomisierung nicht noch der Fiskalisierung der Umweltpolitik Vorschub zu leisten, werden nur mit spürbar hohen Steuersätzen die erwünschten Verhaltensänderungen zu erreichen sein. Eine umweltgerechte Luftreinhaltepolitik hätte sich auf besonders umweltschädigende Schadstoffe zu konzentrieren, d.h., daß eine wirkungsvolle Abgabenregelung zuvörderst an Schwefeldioxid- und Stickstoffoxid-Emissionen anzusetzen hätte. Zur Beschleunigung des Einsatzes von Umwelttechnologien sollten neue Abgaben wie beispielsweise stark umweltbelastende SO2- oder NOx-Abgaben auch auf die Emissionen unterhalb der zulässigen Grenzwerte erhoben werden (E.Brandt 1983).

Für das im abgabenrelevanten Umweltbereich des Gewässerschutzes kennzeichnende Auflagen-/Abgabensystem (vgl.Kap.III.2.2.4.) bedeutet dies, daß der Trend, die ordnungsrechtlich festgelegten Anteile zu Lasten des Abgabenanteils immer weiter zu erhöhen (z.B. fortlaufende Anhebung des vorgeschriebenen Reinigunsgrads der Kläranlagen auf 80% und mehr), umgekehrt werden müßte: Die den Technikeinsatz fördernde Anreizwirkung der Abgaben entfaltet sich in dem Maße, in dem der Abgabenkorridor wieder erhöht wird. Im Fall der Abwasserabgabe hätte eine stärkere Nutzung des umweltpolitischen Steuerungspotentials zur Konsequenz, neben der Einschränkung des Aufrechnungs- und Abzugssystems die Abgaben nicht nur auf die Abwassereinleitungen bei Überschreiten der Mindeststandards zu erheben, sondern auch die Emissionen, die bei Einhaltung des Standes der Technik verbleiben, mit einer Abgabe zu belegen (Berendes/Winter 1989, S. 33; Hansjürgens 1990, S. 184ff.).

Die Reduzierung der Grenzwerte findet allerdings dort ihre Grenzen, wo Vermeidungstechnologien noch nicht ausreichend zur Verfügung stehen. Wenn die Einzelmengenregulierungen wegen technischer Engpässe nicht weiter verschärft werden können, die Schadstoff-Frachten aber aus ökologischer Sicht schwer hinnehmbar sind, müssen verstärkt fiskalische Instrumente zur Förderung der technologischen Entwicklung eingesetzt werden (SRU 1987, Ziff.109). Eine solche mittel- bis langfristig angelegte „dynamisierte" Auflagenregelung, d.h. stufenweise Senkung der Grenzwerte in Kombination mit gezielten Abgabenerhebungen, kann für die politische Steuerung ein geeigneter Anknüpfungspunkt sein, ein ökologisch effektives und ein ökonomisch effizientes Instrumentarium zu entwickeln (Kap.IV.2.2.).

2.1.2. Der Grad der Konkretisierung und die Hierarchieebene der Normen

Weitere Bestimmungsfaktoren der Ökonomisierung der Umweltpolitik sind der Konkretisierungsgrad der Standards, ob es sich also um allgemeine Verhaltensstandards wie Generalklauseln, um Richtwerte oder um konkrete Grenzwerte handelt, und die Hierarchieebene der Normen, auf der Gesetze, Rechtsverordnungen, Verwaltungsvorschriften oder technische Regeln verankert werden (Mayntz 1990, S. 139ff.; SRU 1996, Ziff.733-737).

Allgemeine Verhaltensstandards wie die der Norm des „Standes der Technik" oder der „allgemein anerkannten Regeln der Technik", die in meist kontinuierlichen Verhandlungen der inhaltlichen Ausgestaltung bedürfen, sind für Akteure im Politiknetzwerk der Umwelt ein geeigneter Ansatzpunkt, ihre Interessen mit den zuständigen Behörden durch großzügige Kompromißlösungen (Ausnahmeregelungen, Fristenverlängerungen usw.) durchzusetzen. Da die Verwaltung diese unbestimmten Rechtsbegriffe im Einzelfall auch anhand eines Gutachtens konkretisieren kann, erschwert oder verhindert die traditionelle Exklusivität der Gutachtenerstellung die Berücksichtigung öffentlicher Interessen von beispielsweise Verbraucher-, Gesundheits- oder Umweltorganisationen. Generalklauseln sind „weiche" Instrumente, deren Möglichkeiten zur flexiblen Handhabung in den regelmäßigen Interaktionen zwischen industriellen und bürokratischen Akteuren meist einzelwirtschaftlichen Interessen zugute kommen. Unternehmerisches Handeln setzt deshalb bevorzugt bei Generalklauseln an, weil deren Umsetzung durch die zuständigen Behörden größere Einflußchancen eröffnet als strikt festgelegte Normen.

Auch Richtwerte, die beispielsweise im Gewässerschutz der Bundesrepublik das Über- oder Unterschreiten bestimmter schadstoffbezogener Grenzwerte erlauben (vgl.Kap.III.2.2.3.), bieten als verhandelbare Normen einzelwirtschaftlichen Interessen vielfältige Einwirkungsmöglichkeiten. Die Ende der achtziger Jahre erfolgten Novellierungen des Abwasserabgabengesetzes, die durch ein großzügiges System von Ermäßigungen und Erhöhungen die Anreizwirkung von Abgaben weiter abgeschwächt haben, verstärken die Ökonomisierung, indem sie einzelwirtschaftlichen Aspekten der Kostenersparnis größeres Gewicht einräumen als dem ökologischen Lenkungszweck.

Grenzwerte als spezifische Art von Standards mit der Verpflichtung für die Vollzugsbehörden, die Normen strikt anzuwenden, bieten den ökonomischen Interessen grundsätzlich keinen Verhandlungsspielraum. Die Grenzwerte als präzis definierte Einzelmengenregulierungen müssen von den Unternehmen (und sonstigen Emittenten wie Kommunen) eingehalten werden, weil Überschreitungen Sanktionen wie Strafen oder Verbote nach sich ziehen.

Auch die Ebene der Normenhierarchie ist als Determinante der Ökonomisierung der Umweltpolitik von Relevanz. Gesetze werden dann als Regulierungsnorm der oberen Hierarchieebene gewählt, wenn die Entscheidungen politisch als „bedeutsam" angesehen werden, nur wenige Werte festzusetzen sind und die Bestimmung des Wertes keine Schwierigkeiten bereitet (SRU 1996, Ziff.734). Da sich jedoch in der Regel Umweltstandards nicht für die Aufnahme in Gesetze eignen, kommen Grenzwerte in Gesetzen nur ausnahmsweise vor (z.B. § 2 Benzinbleigesetz, §§ 40aff. BImSchG, betreffend Ozon). Umweltstandards werden am häufigsten durch die (Bundes-)Exekutive in Form von zustimmungspflichtigen Rechtsverordnungen erlassen (z.B. Großfeuerungsanlagenverordnung). Die Bundesregierung macht vor allem im Immissionsschutzrecht, im Atomrecht und im Gentechnikrecht von ihrer Ermächtigung Gebrauch, Rechtsverordnungen zu erlassen. Rechtsverordnungen haben bindende Wirkung sowohl gegenüber Behörden und Gerichten als auch gegenüber den Bürgern. In der Praxis haben Umweltstandards auf unterer Hierarchieebene in Form von Verwaltungsvorschriften große Bedeutung. Verwaltungsvorschriften umfassen in verschiedenen großtechnischen Anleitungen (z.B. TA Luft, TA Abfall) eine Vielzahl von Grenzwerten. Diese Regulierungsnormen haben grundsätzlich keine Außenwirkung, sondern binden lediglich im Rahmen von Verwaltungsakten oder aufgestellten Plänen die Behörden.

Das für ökonomische Interesseneinflußnahme interessanteste Aktionsfeld ist die obere Ebene der Normenhierarchie, weil diese Ebene der meist allgemein formulierten Normen die größten Verhandlungs- und Interpretationsspielräume offen hält, während präzis definierte Verwaltungsvorschriften generell eine strikte Umsetzung verlangen.

Die Policy-Analyse der Luftreinhaltepolitik der Bundesrepublik illustriert aber, daß die „weiche" Rahmensteuerung des Bundesimmissionsschutzgesetzes zwar meist „keine operationalisierten Verwaltungsanweisungen vorgibt" (Wolf 1986, S. 173f.), dem politisch-administrativen System aber auf allen staatlichen Ebenen Möglichkeiten der ordnungsrechtlichen Steuerung anbietet. Für die Ökonomisierung der Umweltpolitik ist bedeutend, daß der Ministerialbürokratie durch eine Vielzahl von Ermächtigungen zum Erlaß von Rechtsverordnungen und Verwaltungsvorschriften erhebliche Kompetenzen zur Programmentwicklung zugebilligt werden. Da aber die emissionsorientierten Umweltstandards bereits in den wissenschaftlich-technischen und verbandlichen Normungsgremien „vorformuliert" werden, präjudizieren technisch und ökonomisch geprägte Standards die ministerialbürokratische Programmentwicklung (Kap.III.2.2.3.).

Auch die „unterste" Ebene der Normenhierarchie, die Verwaltungsvorschrift, bietet ökonomischen Interessen solange standardsetzende Einflußmöglichkeiten, wie die Vollzugsbehörden ohne konkrete Anweisungen eine Vielzahl von unbestimmten Rechtsbegriffen im Einzelfall zu implementieren haben. Nichtspezifizierte Verwaltungsvorschriften schaffen bürokratische Ermessensspielräume, die seitens einer kompromißbereiten Vollzugsbürokratie so genutzt werden, daß ökonomischen Kalkülen in der Regel Rechnung getragen wird.

2.2. Politisch-institutionelle Strukturen und Verfahren des Politiknetzwerks der Umwelt und ihre Ökonomisierungseinflüsse

Das Politiknetzwerk der Umwelt ist ein Interaktions- und Steuerungssystem, das durch eine Vielzahl staatlicher, parastaatlicher und privatrechtlicher Akteure gekennzeichnet ist. Die sich in der Umweltpolitik als „multiinstitutionell geprägtem Politikfeld" (Nullmaier/Rüb 1993, S. 300) herausbildenden „governance structures" weisen in den einzelnen Phasen des Politikprozesses grundsätzlich recht unterschiedliche Charakteristika auf: Bereits im Vorfeld ministerial-bürokratischer Politikformulierung kommt neben der gesetzlich beauftragten wissenschaftlichen Politikberatung den privatrechtlichen wissenschaftlich-technischen und (industrie-)verbandlichen Akteuren bei der Umweltstandardsetzung ein außergewöhnlicher Steuerungseinfluß zu. In dieser frühen Phase bestimmen Netzwerke, die hochgradig instutionalisiert und weitgehend exklusiv sind, die Politikentwicklung. Die vorherrschenden technisch-ökonomischen Leitbilder und Deutungsmuster begünstigen Ökonomisierungstendenzen bei der umweltpolitischen Standardsetzung (vgl. Kap. III.2.2.2.).

Die „staatsinternen" Interaktionen in der Phase der „engeren" Programmentwicklung – beispielsweise die Netzwerkbeziehungen der regelmäßigen Konferenzen der Umweltminister oder des Ständigen Abteilungsleiterausschusses Bund/Länder für Umweltfragen (Wittkämper 1993, S. 287) – sind bezüglich der Periodizität der Verhandlungen und des Akteurkreises weniger rigide institutionalisiert und eröffnen zusätzliche Wege für informelle Verfahren und für die Einbeziehung „externer" Problemeinschätzungen.

Auf der Implementationsebene sind zwar die Netzwerkbeziehungen zwischen Vollzugsbehörden und privatwirtschaftlichen, in erster Linie industriellen Akteuren traditionell besonders eng mit der Folge einzelwirtschaftlicher Interessenberücksichtigung, doch unterliegen „dezentrale" Netzwerke bevorzugt dem lokalen und regionalen politischen Druck, sich primär Umweltschutz-, Verbraucherschutz- und Gesundheitsschutzanliegen usw. zu öffnen. Die außerhalb der etablierten (bürokratisch-industriellen) institutionalisierten Koordinierung feststellbare Labilität umweltpolitischer Netzwerke, deren Akteure neu auftreten oder sich wieder zurückziehen, verleiht gerade formalisierten Institutionen und Verfahren mit ihren tradierten ökonomischen Werten und Kalkülen besonderes stabilitätssicherndes Gewicht.

Die institutionelle Fragmentierung des Politiknetzwerkes der Umwelt zwischen Bund, Ländern und Gemeinden (und seit den neunziger Jahren verstärkt der EU), weisungsberechtigten und nachgeordneten Behörden und vor allem zwischen wissenschaftlich-technischen und (industrie-)verbandlichen Akteuren und die damit verbundene Zersplitterung rechtlicher Verantwortlichkeiten und Zuständigkeiten haben bewirkt, daß die Interaktionen zwischen Staat, Industrie, Wissenschaft und Verbänden starken Verhandlungszwängen unterliegen (Papier 1991, S. 174; Czada 1993, S. 74-90). In den hier interessierenden spezifischen Politikfeldern der Luftreinhalte- und Gewässerschutzpolitik erfordern sowohl die bundesstaatlichen Verhandlungen als auch die staatlich-industriellen umweltstandardbezogenen Aushandlungsmechanismen ein enges Zusammenwirken bei der Formulierung und Umsetzung der Umweltpolitik.

2.2.1. Das bundesstaatliche Verflechtungssystem der umweltpolitischen Kompetenz- und Aufgabenverteilung

Der Bund besitzt (nach Art. 74 Abs. 1 Nr. 24 GG) die konkurrierende Gesetzgebungskompetenz bei der Abfallbeseitigung, der Luftreinhaltung und der Lärmbekämpfung, während er für den Naturschutz und die Landschaftspflege sowie beim Wasserhaushalt lediglich die Rahmenkompetenz hat (nach

Art. 75 Abs. 1 Nr. 3 und 4 GG). Der Bund verfügt deshalb in der Gewässerschutzpolitik nur über eine begrenzte Gestaltungsfähigkeit, da Rahmenvorschriften keine „in Einzelheiten gehende oder unmittelbar geltende Regelungen enthalten" dürfen (Art. 75 Abs. 2 GG). Die Länder haben bei der Ausführung von Bundesgesetzen eine erhebliche Mitverantwortung, da sie den Vollzug der Umweltvorschriften des Bundes „als eigene Angelegenheit" gestalten können (Art. 88 GG).

Mit der Gründung des Bundesministeriums für Umwelt, Naturschutz und Reaktorsicherheit im Jahr 1986 werden die bislang auf mehrere Ministerien verteilten Aufgaben in dem neu zugeschnittenen Ressort zusammengefaßt. Fortan ist das Bundesumweltministerium insbesondere für die Bereiche Immissionsschutz, Wasserwirtschaft, Abfallwirtschaft, umweltbedingte Gesundheit, Natur- und Bodenschutz, nukleare Ver- und Entsorgung sowie Strahlenschutz zuständig (Kölble 1987). Die Neuorganisation des Ministeriums erweitert insoweit die zentralstaatlichen politischen Gestaltungsmöglichkeiten, als der Bund über die nun konzentrierte Bundesaufsicht und über die Kontrolle des Verwaltungsvollzugs verstärkt auf die Länder einwirken kann (Czada 1993, S. 78).

Neben dem Deutschen Bundestag, der regelmäßige öffentliche Anhörungen über Fragen des Umweltschutzes durchführt und Zwischenberichte seiner Enquête-Kommissionen vorlegt (BT-Drucksache 11/7220 vom 24.5.1990), übt vor allem der Rat von Sachverständigen für Umweltfragen (SRU) als politikberatende Institution einen nicht geringen Einfluß auf die politische Willensbildung und Entscheidungsfindung des Bundes aus. Nach § 1 des Erlasses vom 28.12.1971 hat der Sachverständigenrat „zur Begutachtung der Umweltsituation und der Umweltbedingungen ... und zur Erleichterung der Urteilsbildung bei allen umweltpolitischen Instanzen sowie in der Öffentlichkeit" beizutragen. Er soll neben der Darstellung der Entwicklungstendenzen vor allem Möglichkeiten zur Vermeidung und Beseitigung von Fehlentwicklungen aufzeigen. In den achtziger Jahren widmete sich der SRU in seinen Gutachten schwerpunktmäßig den Problemen Energieversorgung, Waldschäden und Luftverunreinigungen (Wittkämper 1993, S. 289).

Die umweltpolitischen Netzwerke innerhalb des politisch-administrativen Systems erstrecken sich auch auf dem Bundesumweltministerium nachgeordnete Behörden und Forschungseinrichtungen (Umweltbericht 1990, S. 30): Das Umweltbundesamt unterstützt das Bundesumweltministerium wissenschaftlich bei der Erarbeitung von Rechts- und Verwaltungsvorschriften, bei der Prüfung der Umweltverträglichkeit von Maßnahmen des Bundes und stellt zentrale Dienste für die Ressortforschung sowie bundeseinheitliche Umweltdaten bereit.

In der Politikimplementation nimmt das Bundesumweltamt relevante Vollzugsaufgaben wahr, indem es – zum Beispiel nach dem Chemikalien- und Pflanzenschutzgesetz – chemische Stoffe und Produkte nicht nur erfaßt und bewertet, sondern auch zuläßt. Außerdem betreibt es ein Labor Luftmeßtechnik, Wasseranalytik und Abfalltechnik. Das Bundesamt für Strahlenschutz nimmt weitere wichtige spezifische Vollzugsaufgaben des Bundes wahr. Die nachgeordnete Behörde unterstützt das Bundesumweltministerium in Angelegenheiten des Strahlenschutzes, der kerntechnischen Sicherheit und der Entsorgung radioaktiver Abfälle.

Das politisch-administrative Netzwerk der Umwelt umfaßt schließlich wissenschaftliche Einrichtungen wie die Bundesforschungsanstalt für Naturschutz und Landschaftsökologie und das Institut für Wasser-, Boden- und Lufthygiene des Bundesgesundheitsamtes. Untersuchungsgegenstände der Bundesforschungsanstalt sind neben den Möglichkeiten und Grenzen des Naturschutzes die biologischen Disziplinen Vegetationskunde und Tierökologie sowie Landschaftspflege. Das Institut für Wasser-, Boden- und Lufthygiene unterstützt das Bundesumweltministerium wissenschaftlich insbesondere in den Bereichen Gewässerschutz, Abfallentsorgung sowie Bodenschutz, Luftreinhaltung und Lärmbekämpfung. Eine Schwerpunkttätigkeit des Instituts bilden Forschungsvorhaben zur Wirkung von Luftverunreinigungen auf Pflanzen und Böden sowie zu Maßnahmen des Gewässerschutzes.

Im institutionell eng gekoppelten System der administrativ-wissenschaftlichen Politikverflechtung des Bundes haben grundsätzlich die Akteursysteme die größte Unbhängigkeit, denen (wie dem SRU) wissenschaftliche Aufgaben wie die Erstellung von Gutachten, die Bewertung von Schädigungsrisiken und das Aufzeigen von Vermeidungs- und Beseitigungsstrategien obliegen. Prinzipiell nimmt die administrative Weisungsabhängigkeit der Akteure in dem Maße zu, wie sie in der bürokratischen Hierarchie „untere" Vollzugsaufgaben wahrnehmen wie beispielsweise das Umweltbundesamt bei der Erfassung und Zulassung chemischer Stoffe (Dose 1995, S. 371-379).

Auch die Bundesländer sind in das umweltpolitische Netzwerk je nach spezifischem Politikfeld mit unterschiedlichem Steuerungseinfluß eingebunden. Im Fall der zu analysierenden Luftreinhaltepolitik ist zwar wegen ständig zu novellierender technischer Anleitungen wie der TA Luft ein hoher Abstimmungsbedarf zwischen Bund und Ländern erforderlich (Dose 1993, S. 430), doch ist der Bund wegen der konkurrierenden Gesetzgebungstätigkeit faktisch der maßgebliche politische Steuerungsakteur.

Beim Gewässerschutz können dagegen die Länder wegen der (Bundes-) Rahmenkompetenz bezüglich des Wasserhaushaltes die Einzelheiten beim Vollzug der Abwasserabgabenvorschriften relativ autonom regeln. Die Konfliktlinien verlaufen infolge der bundesstaatlichen Verteilung der Regelungszuständigkeiten weniger zwischen den Akteuren des Bundes und der Länder als vielmehr zwischen den an der Verschärfung der Abgabensätze interessierten politischen Akteure (mit Ausnahme der Gemeinden als „Abwassereinleiter"!) und der auf Abwehr höherer fiskalischer Sanktionen bedachten Industrie.

Die Kommunen haben im Netzwerk des Umweltsystems schließlich wichtige Aufgaben wie die Verkehrs- und Grünplanung sowie die Verkehrsberuhigung, die Abwasserbeseitigung und Sanierung alter Kanalisationsnetze sowie die Abfallverwertung einschließlich der Sanierung von Altlasten wahrzunehmen (Wittkämper 1993, S. 292). Gerade in der Gewässerschutzpolitik haben die kommunalen Behörden im Interaktionssystem mit den Ländern und den industriellen Betreibern erhebliche Steuerungseinflüsse.

Ein Charakteristikum des deutschen Netzwerkes des Umweltsystems ist die herausragende Stellung der privatrechtlichen Institute und Technikverbände (vgl.Kap.III.2.2.4). Ihr Einfluß auf die Politikentwicklung im Netzwerk resultiert aus der bewußten, vertraglich oder gesetzlich geregelten Delegation öffentlicher Aufgaben auf – über wissenschaftlich-technischen Sachverstand verfügende – umweltstandardsetzende Normungsgremien wie das Deutsche Institut für Normung (DIN), den Verband Deutscher Ingenieure (VDI), den Technischen Überwachungsverein (TÜV) usw. In welchem Ausmaß und auf welche Weise die wissenschaftlich-technischen und (industrie-) verbandlichen Akteure auf die Ökonomisierung des umweltpolitischen Prozesses, insbesondere auf die Politikformulierung, aber auch im Zusammenwirken mit den Vollzugsbehörden auf die Politikimplementation einwirken, soll im folgenden näher analysiert werden.

2.2.2. *Das wissenschaftlich-technische und industrieverbandliche Akteursystem im Politiknetzwerk der Umwelt und sein Steuerungseinfluß auf die Politikformulierung*

Aufgrund der außergewöhnlichen (umwelt-)standardsetzenden Kompetenzen der wissenschaftlich-technischen und vor allem der industriellen Technikverbände gilt zunächst den institutionellen Akteursstrukturen und -verfahren und ihren ökonomisierenden Steuerungseinflüssen das analytische Interesse.

Das ausgewählte Bundesimmissionsschutzgesetz eignet sich für die Beantwortung der Frage, inwieweit die Ministerialbürokratie von den ihr zugewiesenen (luftreinhalte-)politischen Gestaltungsmöglichkeiten Gebrauch macht oder bereits auf Programmebene umweltpolitische Regelungskompetenzen an „untere“ Verwaltungsbehörden verlagert und damit Ökonomisierungstendenzen Vorschub geleistet wird.

2.2.2.1. *Hochgradig institutionalisiertes und exklusives Netzwerk bei der umweltpolitischen Standardsetzung*

Für das Setzen von Umweltstandards sind Stellung und Funktionen der Institutionen, unter deren Regie die Standardsetzung stattfindet, von entscheidender Bedeutung. Bei der Entwicklung von Umweltstandards kommt deshalb den Entscheidungsverfahren eine so große Bedeutung zu, weil der Grad der Institutionalisierung und die Offenheit oder Geschlossenheit von Entscheidungssystemen maßgeblich darüber bestimmen, ob „einseitige“ Interessen oder „abwägende“ Bewertungen divergierender Interessen zur Geltung kommen.

In der Bundesrepublik haben bei der Festlegung von Umweltstandards neben der Ministerialbürokratie, wissenschaftlich-technischen Institutionen wie dem Rat von Sachverständigen für Umweltfragen (SRU), der Deutschen Forschungsgemeinschaft (DFG) und dem Technischen Überwachungsverein vor allem (Industrie-)Verbände ein entscheidendes Gewicht. Das für die Bundesrepublik charakteristische „duale System", d.h. das Zusammenwirken von staatlichen und privaten Einrichtungen, ist historisch begründet: Im Zuge der Industrialisierung hatten im 19. Jahrhundert in Deutschland zunehmend private Träger wie der aus dem Dampfkesselüberwachungsverein (DÜV) hervorgegangene TÜV, der Verein Deutscher Ingenieure und das Deutsche Institut für Normung technische Kontrollaufgaben und die Bestimmung technischer Normen übernommen (Mai 1988).

Der wissenschaftlich-technische und industrielle Steuerungseinfluß auf die umweltbezogene Regelerstellung wird ferner durch gebräuchliche Verfahren der Delegation und Subdelegation bei der Erstellung von technischen Normierungs-Entwürfen gestärkt: Der Mechanismus der Delegation verschafft „interessierten Kreisen" besondere Zugriffschancen für die zu ihrem Tätigkeitsbereich gehörenden Teilgebiete der Normung (Rainer 1982, S. 258). Im Bereich des Emissionsschutzes dient die Delegation auf mehrere Ebenen dazu, im Interessenverbund von Industrie und technischer Wissenschaft vor allem den industriellen Zielvorstellungen leichter Geltung zu verschaffen (Hanning 1976, S. 99): Die branchenmäßig gegliederten Fachausschüsse (z.B. chemische Industrie, Stahlindustrie) werden weiter in produkt- und produktionsspezifische Unterausschüsse differenziert (z.B. für Braunkohle-Brikettanlagen). Die industrielle „Definitionsmacht" bei der Erarbeitung des Richtlinienentwurfs für die jeweiligen Emissionsgrenzwerte bleibt in diesen Unterausschüssen solange unangetastet, wie die Leitung einem Vertreter „aus dem Kreise der emittierenden Industrie" übertragen wird[6] (Hanning 1976, S. 99).

In einem weiteren informalen umweltpolitischen Verfahren der Subdelegation wird den Spitzenverbänden der Industrie die Kompetenz zugebilligt, grenzwertbezogene technische Normen zur Luftreinhaltung zu entwickeln (Hanning 1976, S. 100). Dieses auf Ausgrenzung angelegte Verfahren der Subdelegation, das den Bedürfnissen der privaten Selbstregulierung weit entgegenkommt, ist unterdessen zu einem festen Bestandteil ordnungsrechtlicher Regelung in der Umweltpolitik geworden. So hat z.B. der Verband der Automobilindustrie die Richtlinie zur Begrenzung von Kohlenmonoxid bei Kraftfahrzeugen (VDI-Richtlinie 2282) entworfen oder der einschlägige Verband der Kohlenindustrie die Emissionswerte für Braunkohle-Brikettfabriken entwickelt (Hanning 1976, S. 100).

Der Verein Deutscher Ingenieure erarbeitet als in Westeuropa mitgliederstärkster technisch-wissenschaftlicher Verein nicht nur „technische Richt-

---

6 Während bis 1974 erst für 20 von ca. 300 Schadstoffen Immissionswerte entwickelt worden waren, hat unterdessen eine VDI-Kommission für die meisten Schadstoffe Emissionsrichtlinien erarbeitet. Aber auch in den 80er Jahren hat sich die Asymmetrie zwischen emissions- und immissionsorientierter Normgebung nicht grundlegend geändert.

linien, sondern vertritt auch als Interessenverband die berufsständischen Belange der Ingenieure. Neben den Aufgaben des Erfahrungsaustausches seiner Mitglieder, der Dokumentation des Standes der Technik und des Technologietransfers sieht der VDI sein wichtigstes Aufgabenfeld in der Erarbeitung von Richtlinien. Die VDI-Richtlinien für den Umweltschutz werden in den beiden speziellen Kommissionen zur Reinhaltung der Luft und zur Lärmminderung erstellt. Die sich aus Vertretern der Wirtschaft, der Wissenschaft und der Verwaltung rekrutierenden Kommissionen bilden weitere fachspezifische Ausschüsse bzw. Arbeitsgruppen, in denen die Richtlinien ausformuliert werden. Ein Schwerpunkt der Regelsetzung des VDI liegt in der Luftreinhalte- und Lärmschutzpolitik: So gingen z.B. die Formulierungen der Technischen Anleitung Luft und der Technischen Anleitung Lärm weitgehend „aus Vorarbeiten des VDI" hervor (Voelzkow 1993, S. 35).

Die in Deutschland traditionell vom Verein Deutscher Ingenieure geprägte technische Normbildung orientiert sich bei der Festlegung von grenzwertbezogenen Umweltstandards maßgeblich an einzelwirtschaftlichen Kostengesichtspunkten, d.h., daß zunächst Kostenanalysen die Frage beantworten sollen, „welche finanziellen Belastungen die betreffende Branche zu tragen imstande ist" (Hanning 1976, S. 105f.). Da für die Festlegung der Emissionsgrenzwerte der Grundsatz der Verhältnismäßigkeit in bezug auf Kosten, erzielbare Schadstoffreduzierungen oder Gefährlichkeit des emittierten Stoffes gilt, kommt der Rekrutierung des Normierungsgremiums, welches das Prinzip der Verhältnismäßigkeit näher definiert, besonderes umweltpolitisches Gewicht zu. Obwohl eine – genuin am Umweltschutz interessierte – Politik ihr Hauptaugenmerk auf die Entwicklung von Belastungsgrenzwerten für Menschen, Tiere, Pflanzen und Sachgüter, also auf die Fixierung von Immissionsgrenzwerten legen sollte, orientieren sich die VDI-Richtlinien primär an Emissionswerten, vorhandenen Technologien und branchenabhängigen Wirtschaftsinteressen[7].

Das Übergewicht der emissionsorientierten Normgebung ist auch ein Ergebnis des Rekrutierungsprozesses für die in den Ausschüssen der VDI-Kommission Reinhaltung der Luft tätigen Experten: Während Ingenieure, Chemiker und Physiker mit Kompetenzen in den Bereichen Verfahrenstechnologien und Meßproblemen überwiegen (rd. 76%), sind die für Tätigkeiten wirkungsbezogener Gefahrenanalysen ausgebildeten Mediziner, Biologen,

---

7 Wesentliches Unterscheidungsmerkmal zwischen ökonomischen und finanzpolitischen (fiskalischen) Instrumenten ist die Haushaltswirksamkeit. Anreizinstrumente werden nur dann als finanzpolitische Instrumente bezeichnet, wenn sie wie Finanzhilfen und Steuervergünstigungen als positive Anreize oder wie Abgaben als negative Anreize die Ausgaben- oder Einnahmenseite der öffentlichen Haushalte betreffen. Dagegen berührt beispielsweise der Austausch umweltbezogener Emissionsgenehmigungen den öffentlichen Haushalt überhaupt nicht, so daß dieser Koordinationsmechanismus lediglich eine ökonomische Lenkungsfunktion hat. Es gibt aber auch fiskalische Instrumente der Umweltpolitik wie beispielsweise die öffentlichen Umweltschutzinvestitionen, die keineswegs zu den ökonomischen Anreizinstrumenten gezählt werden. Vgl. hierzu Zimmermann/Henke 1982, S. 339ff.; Zimmermann 1984, S. 129f.

Botaniker, Land- und Forstwirte in der Minderheit (rd. 14%) (Rittstieg 1982, S. 71f.). Die bereichsspezifische Repräsentation der in den Normierungsgremien tätigen Experten verdeutlicht neben der unterschiedlichen Gewichtsverteilung die dominierende industrielle Interessenberücksichtigung: Fast die Hälfte der „Normgeber" kommt aus allen Bereichen der Industrie, ein knappes Viertel aus Forschung und Lehre, und nur eine Minderheit von rd. 16% sind Behördenangehörige (Rittstieg 1982, S. 76).

Eine weitere einflußreiche Organisation verbandlicher Normung ist das DIN, dessen Kompetenzen zur Standardsetzung auf einen im Jahre 1975 geschlossenen Vertrag zwischen der Bundesrepublik Deutschland und dem DIN zurückgehen. Dieser Vertrag sieht vor, daß die Ministerialbürokratie die vom DIN entwickelten Standards übernimmt bzw. übernehmen kann, das DIN aber als private Einrichtung bei der Formulierung der Standards öffentliche Belange zu berücksichtigen hat (Bolenz 1987).

Diese interessenspezifische Aufgabenstellung des DIN als privatrechtliche Organisation soll durch die Einbeziehung politisch-administrativer Akteure in die Normgebung gewährleistet werden (DIN 1987). Der Vertrag sieht vor, daß die Bundesregierung Sitze in den Lenkungsgremien der Normenausschüsse erhält, Anträge auf Durchführung von Normungsarbeiten stellen kann, die Bundesministerien und Fachbehörden an der Normungsarbeit beteiligt werden, und das DIN für gutachterliche Stellungnahmen zu öffentlichkeitsrelevanten Fragen zur Verfügung steht.

Auch in den Normierungsinstitutionen des DIN sind die industriellen und wissenschaftlich-technischen Vertreter überrepräsentiert, so daß bei der Festlegung von Standards für die Sicherheitstechnik, den Gesundheitsschutz und den Umweltschutz ein an wirtschaftlichen und technischen Kategorien ausgerichtetes Denken und Handeln vorherrscht. Die Mitglieder des Präsidiums, die aufgrund ihrer Kompetenz, für spezifische Umweltbereiche normsetzende Ausschüsse einrichten zu können, die inhaltliche Standardsetzung nicht unerheblich präjudizieren, rekrutieren sich zu mehr als der Hälfte aus Repräsentanten der Industrie und der Wirtschaftsverbände. Nur eine Minderheit der Präsidiums-Miglieder gehört politischen oder verbandlichen Institutionen wie den Bundesministerien, den Gewerkschaften oder Verbraucherverbänden an, die nicht allein auf ökonomische Interessenwahrnehmung festgelegt sind, sondern auch Gemeinwohlaspekte berücksichtigen (Bolenz 1987, S. 140f.; Mayntz 1990, S. 146).

Die in der „Norm der Norm" DIN 820 einheitlich geregelte Normung als „planmäßige, durch die interessierten Kreise gemeinschaftlich durchgeführte Vereinheitlichung von materiellen und immateriellen Gegenständen" hat zwar „zum Nutzen der Allgemeinheit" zu erfolgen, indem sie der Sicherung von Menschen und Sachen sowie der Qualitätsverbesserung in allen Lebensbereichen" zu dienen hat (DIN 820 Teil 1 Abschnitt 2). Diese sozialverpflichtete Normgebung wird aber insofern wieder abgeschwächt, als das mit der DIN 820 formulierte Ziel sozialverträglicher Technikgestaltung zugleich in wirtschaftliche Zielsetzungen eingebunden wird: Die Inhalte der Normung „haben den jeweiligen Stand der Wissenschaft und Technik sowie die wirtschaftlichen Gegebenheiten zu berücksichtigen" (DIN 820 Teil 1 Abschnitt 5.7.).

Andere Normungsverbände formulieren die Verfahrensregeln weitgehend analog zur DIN 820, um sicherzustellen, daß ihre Regelwerke von staatlichen Einrichtungen oder von Adressaten die gleiche Respektierung erfahren. So haben zum Beispiel der VDI mit der „VDI 1000 Richtlinienarbeit" oder der Verband Deutscher Elektrotechniker (VDE) mit der „VDE 0022/6.88" vergleichbare Verfahrensgrundsätze festgelegt (Voelzkow 1993, S. 59f.).

Die in den Normenausschüssen zusammengefaßten Arbeitsausschüsse (AA) haben deshalb besonderes Gewicht, weil sie die eigentliche Normarbeit durchführen. Werden etwa – die überwiegend von der Industrie gestellten – Normungsanträge befürwortet, werden entsprechende Arbeitsausschüsse gebildet. Die Gründung „industriefreundlicher" Arbeitsausschüsse wird darüber hinaus dadurch erleichtert, daß branchenspezifische Verbände die Finanzierung der Arbeit der Normungsgremien übernehmen: Z.B. finanziert der Verband Deutscher Elektrotechniker die Deutsche Elektrotechnische Kommission im DIN und der Verband Deutscher Maschinen- und Anlagenbau (VDMA) den Normenausschuß Maschinenbau (Bolenz 1987, S. 118).

Vor Aufnahme der normsetzenden Arbeit im DIN-Arbeitsausschuß wird ferner der am Normungsgegenstand „interessierte Kreis" ausgewählt. Das Selektionsverfahren der an der Normungsarbeit Beteiligten gewährleistet eine starke Repräsentation der industriellen Anwender und Hersteller, technischer Überwacher und Sachverständiger und der Wissenschaft, so daß auch hier technische und ökonomische Kriterien die Normgebung dominieren.

In den DIN-Ausschüssen herrscht zwar grundsätzlich das Konsensprinzip, doch lassen die Abstimmungsregeln auch das Mehrheitsprinzip ausdrücklich zu: Um Abstimmungen über die Normeninhalte möglichst zu vermeiden und ihre Akzeptanz in der Fachwelt zu fördern, wird „die größtmögliche Zustimmung im Konsensverfahren aller interessierter Kreise" angestrebt (Hartlieb 1984, S. 73). Das für die Festlegung von Norm-Inhalten in einem Arbeitsausschuß übliche Konsensprinzip trägt überdies dazu bei, daß Anträge über die Entwicklung „risikobehafteter" Normen wie beispielsweise noch nicht ausgereifte Umweltschutz-Technologien gar nicht erst zum Gegenstand der Abstimmung werden (Bolenz 1987, S. 118). Um aber auch eine Blockadepolitik durch einzelne Beteiligte zu erschweren, enthält die DIN 820 (Teil 4 Nr. 6) auch die Möglichkeit von Mehrheitsentscheidungen.

Empirische Untersuchungen haben ergeben, daß in den DIN-Ausschüssen häufig mit einfacher Mehrheit entschieden wird. Zwar dienen Abstimmungen nach dem Mehrheitsprinzip vielfach lediglich dazu, sich ein Bild über die Stimmenverteilung im jeweiligen Ausschuß zu verschaffen, doch können sich aufgrund gesetzlicher und verbandlicher Regelungen Mehrheitsentscheidungen in der Praxis zuungunsten öffentlicher Interessen auswirken, da die in der DIN 820 nicht explizit erwähnten Umweltschutzinteressen durch einfache Mehrheit überstimmt werden können (Voelzkow 1993, S. 62). Die in den Beteiligungs- und Verfahrensgrundsätzen festgeschriebene Verpflichtung des DIN auf das „Gemeinwohl" bleibt solange ohne Wirkung auf die Politikformulierung, wie in der technischen Normung die Wirtschaftsinteressen gegenüber den Umwelt-, Verbraucher- und Arbeitsschutzinteressen ein deutliches Übergewicht der Stimmen haben (Eichner/Voelzkow, S. 93ff.). Die Berücksichtigung öffentlicher Interessen ist also bei keiner verbandlichen Organisation „institutionell wirklich gesichert" (Jarass 1987, S. 1230).

Im Gegensatz zu den VDI-Richtlinien, die „aktuelle und zukünftige Richtlinien" behandeln sollen, sind für die technische Normgebung des Deutschen Instituts für Normung (DIN) die „anerkannten Regeln der Technik" maßgebend (Bolenz 1987, S. 155f.). Die DIN-Normen, die z.B. im Bereich des Gewässerschutzes Anwendung finden (§ 7a Abs. 1 Wasserhaushaltsgesetz und § 9 Abwasserabgabengesetz), legen also (Umwelt-)Standards für Techniken fest, die sich in der Vergangenheit bereits bewährt haben (Berendes/Winters 1989, S. 130f.). Die Normsetzung nach den anerkannten Regeln der Technik begünstigt die traditionelle technische Normgebung, d.h., daß „bewährte Standards" gesetzt werden, auf innovative Lösungen bezogene Standards (z.B. Anforderungen an möglichst viele schadstofferfassende Abwasserbehandlungs-Technologien) dagegen weitgehend außer Betracht bleiben.

Über die institutionelle Repräsentation hinaus ist für die Einflußnahme auf die konkrete Normungsarbeit in den jeweiligen Arbeitsausschüssen die ungleiche Motivationsstruktur zwischen wirtschaftlichen und öffentlichen Interessen von großer Bedeutung. Die Motivation der Akteure individueller (Wirtschafts-)Interessen, sich an der technischen Regelsetzung zu beteiligen, ist allein aus Wettbewerbsgründen sehr hoch. Um Schaden von den Unternehmen abzuwenden bzw. sich im Wettbewerb gewisse „Erträge" privat anzueignen, müssen die „interessierten Kreise" der Wirtschaft bestrebt sein, im Rahmen der verbandlichen Normung ihre „Zugangsmonopole zum Staat" zu nutzen, indem sie Personal freistellen, Expertisen anfertigen, Reisekosten erstatten usw. (Voelzkow/Hilbert/Heinze 1987, S. 85ff.). Die Beteiligungsmotivation der Akteure öffentlicher Interessen wie der Umwelt-, Verbraucher- und Gesundheitsinteressen an der technischen Normung ist dagegen grundsätzlich geringer. Zwar läßt eine intensive Mitarbeit in Normungsgremien eine höhere Interessenberücksichtigung erwarten, doch schwächt das „Trittbrettfahrer"-Verhalten tendenziell die Motivation, da die erreichten Vorteile allen zugute kommen und nicht nur den die Kosten tragenden Verfechtern kollektiver Interessen.

Um den wirtschaftlichen Akteuren ein gleichwertiges Gegengewicht gegenüberzustellen, müßten ferner die Institutionen des öffentlichen Interesses die Kosten der „ehrenamtlich" tätigen Mitarbeiter übernehmen, die in die Ausschüsse entsandt werden. Die knappen personellen, finanziellen und zeitlichen Ressourcen der staatlichen Akteure, der Gewerkschaften oder der Verbraucher- und Umweltschutzverbände schränken allerdings die Durchsetzungschancen öffentlicher Interessen ein.

Dieses enge Interaktionssystem wirkt sich zum Nachteil der Berücksichtigung umwelt- und sozialverträglicher Interessen aus: Neben vorwiegend großen Industrieunternehmen bilden die Wirtschaftsverbände tragende Säulen im „organisatorischen Unterbau“ der Normungsgremien (Voelzkow 1993, S. 64). Die institutionelle Verflechtung der Wirtschaftsinteressen reicht mitunter soweit, daß standardsetzende Gremien wie beispielsweise der Normenausschuß Maschinenbau des DIN „unter dem Dach“ des VDMA seine Regeln erstellt.

Das DIN spiegelt die herkömmlichen Strukturen organisierter Interessen wider: Die in den Normungsgremien repräsentierten Wirtschaftsinteressen sind mit ihren zahlreichen Fachverbänden hochgradig ausdifferenziert, während die Umwelt-, Verbraucher- und Arbeitnehmerinteressen nur durch wenige Verbände vertreten werden, eine höhere Diffusität aufweisen und mit geringerer individueller Intensität verfolgt werden (Eichener/Voelzkow 1992; Voelzkow 1993, S. 65). Diese Unterschiede in der Organisations- und Konfliktfähigkeit zwischen wirtschaftlichen und öffentlichen Interessen reproduzieren sich also weitgehend in der Normung.

Die Technischen Überwachungsvereine wirken als privatrechtliche Institutionen auf die Phase der umweltpolitischen Implementation insofern ein, als sie im Auftrag staatlicher Aufsichtsbehörden die Sicherheitsstandards aller technischer Ausrüstungen und Anlagen zu überwachen und für die (Vollzugs-)Behörden Gutachten zu erstellen haben (Nuclear Energy Agency 1983, S. 118; Czada 1993, S. 80). Der mit Inspektionsaufgaben betraute TÜV ist eine föderative Organisation, in der in den TÜV-Vorständen neben den Verwaltungen der einzelnen Bundesländer und großer Städte „fast ausnahmslos Großunternehmen vertreten sind“: Z.B. gehören dem Vorstand des TÜV-Baden neben dem Kernkraftwerk Obrigheim und dem Kernforschungszentrum Karlsruhe die Unternehmen Daimler-Benz, Siemens, Klöckner-Humboldt-Deutz, Vertreter des Innenministeriums, des Wirtschaftsministeriums sowie des Sozialministeriums Baden-Württembergs und der Stadt Mannheim an (Czada 1996, S. 139).

Die TÜV-Organisationen verfügen über eine weitgehende Unabhängigkeit von den sie tragenden staatlichen und unternehmerischen Mitgliedern. Die TÜVs sind nicht auf Beitragszahlungen ihrer Mitglieder angewiesen, sondern finanzieren sich aus ihren eigenen Umsätzerlösen. Im Gegensatz zu Unternehmen oder anderen privatrechtlichen Akteuren (z.B. zum DIN oder VDI) sind die TÜV-Organisationen außergewöhnlich autonom, da sie weit geringeren externen Kontrollmechanismen und Rechtfertigungszwängen unterliegen.

Der Interaktionsmodus zwischen den staatlichen Aufsichtsbehörden (Ministerien), den Vertretern des Anlagenbetreibers und den (TÜV-)Gutachtern hat zu einer „weitgehenden Neutralität des deutschen Inspektionswesens“ geführt (Czada 1996, S. 237). Da die staatlichen Aufsichtsbehörden die Inspektionsaufgaben nicht an bestimmte Organisationen delegieren (im Unterschied zur Kraftfahrzeug-Überwachung!), sondern sich ihre Gutachterorganisationen frei auswählen, haben die Aufsichtsbehörden eine relativ starke Stellung. Zwar haben sich einige Behörden in der Hoffnung der Stärkung ihrer Position ihre „Hausgutachter“ aufgebaut (z.B. hat die hessische Atomaufsicht das Öko-Institut Darmstadt gegen die Widerstände der Firma Siemens letztlich durch Gerichtsurteil durchgesetzt), doch hat insgesamt das pluralistische System der technischen Expertise eine einseitige Interessenberücksichtigung zumindest erschwert. Das häufig praktizierte Verfahren, Parallelgutachten vom TÜV und von wissenschaftlichen Instituten erstellen zu lassen, hat die Inspektion insofern versachlicht, als Tatsachenfeststellungen kaum auseinanderlagen und lediglich (hypothetische) Bewertungen und Schlußfolgerungen unterschiedlich ausfallen (Czada 1996, S. 238).

In den inspizierten Betrieben wird den staatlich bestellten TÜV-Gutachtern meist eine Mittlerfunktion zugebilligt, d.h., daß sie als Sachverständige im Verhältnis zwischen Behörde und Betreiber primär in ihrer „neutralen“ Rolle gesehen werden. Tendenziell trägt die relative Unabhängigkeit der Fachgutachter zur Entkoppelung der Inspektions-Beziehung zwischen Behörde und Betreiber bei. Diese „Lockerung der Interaktionsbeziehung“ senkt nicht nur die Transaktionskosten, sondern entlastet auch die Inspekteure von der formalen und informellen Koordination mit der Behörde sowie dem Betreiber (Czada 1996, S. 239). Da die Gutachter von ihrem fachspezifischen Rollenverständnis und von ihrer Aufgabenstellung her zuerst in Sicherheitskategorien denken und handeln (müssen) und ökonomische Kalküle hintangestellt werden, üben sie kaum maßgeblichen Einfluß auf die Ökonomisierung der Umweltpolitik aus.

In dem „dualen System“ von staatlichen und privaten Einrichtungen hat sich allmählich eine Struktur der Aufgabenverteilung herausgebildet, bei der die privaten Institutionen die technischen Normen häufig nach dem „Stand der Technik“ bzw. nach den „allgemein anerkannten Regeln der Technik“ definieren und der Staat die privat (vor-)formulierten Standards rechtlich verbindlich macht. Selbst wenn staatliche Instanzen maßgeblich Standards wie z.B. die Ermäßigungen und Erhöhungen beim Abwasserabgabensystem formulieren, erfolgt eine intensive Beratung und Mitgestaltung „interessierter Kreise“, sprich: industrieller Verbände (vgl. Kap. III.2.2.2.1).

Die Kompetenzübertragung auf standardsetzende technische Sachverständigengremien ist ein wichtiger Faktor der Ökonomisierung der Umweltpolitik. Die Delegation der standardsetzenden Zuständigkeiten an technische Sachverständigengremien geht mit einem Steuerungsverzicht der Politik einher, d.h., daß in den meist mit Industrievertretern besetzten Normungsausschüssen nicht primär genuin politische Maßstäbe, sondern neben technischen vor allem auch ökonomische Kriterien wie „die wirtschaftliche Vertretbarkeit“ für das Setzen der Umweltstandards ausschlaggebend sind (vgl. Kap. III.2.1.).

Auch im Bereich des Gewässerschutzes werden ökonomisierende Tendenzen in der Umweltpolitik verstärkt, wenn der Gesetzgeber Kompetenzen für die Festlegung von Umweltstandards auf eine Vielzahl von wissenschaftlich-technischen bzw. (industrie-)verbandlichen Institutionen überträgt. So billigt auch das Wasserhaushaltsgesetz (WHG) durch den Erlaß von Verwaltungsvorschriften (nach § 7 WHG) zahlreichen technischen und industriellen Arbeitsgruppen die Kompetenz zu, nach einzelnen Schadstoffen differenzierte Mindestanforderungen an das Einleiten von Abwasser zu definieren (vgl. Kap. III.2.2.3.4.). Der Gesetzgeber hat hier die technische Festlegung der Emissionswerte weitgehend „außerstaatlichen“ Instanzen überlassen, deren Akteure in technischen und einzelwirtschaftlichen Kategorien zu denken und handeln gewöhnt sind. Auch in der Luftreinhaltepolitik hat die historisch begründete Verlagerung standardsetzender Zuständigkeiten auf technische Einrichtungen wie auf die VDI-Kommissionen zur Folge, daß über 600 Sachverständige und Wissenschaftler über die inhaltliche Festlegung des Standes der Technik und andere technische Werte entscheiden (SRU 1987, Tz. 104).

Da von der Wertgebundenheit der Entscheidungen über Umweltstandards auszugehen ist, kommt der Wahl der Normierungsgremien besondere Bedeutung zu. Dabei sollten generell die beiden Voraussetzungen beachtet werden, daß die standardsetzenden Instanzen nicht nur alle verfügbaren Informationen beschaffen, sondern sich auch um eine „ausgewogene“ Bewertung bemühen. Private und staatliche Institutionen tragen diesen beiden Erfordernissen grundsätzlich unterschiedlich Rechnung: Während wissenschaftliche und berufsverbandliche Einrichtungen (wie z.B. der VDI) an der Beschaffung umfassenden Wissens interessiert sind, sind politisch-administrative Institutionen in der Regel besser dafür geeignet, im Interaktionsfeld konfligierender Interessen auch Gemeinwohlaspekte zu berücksichtigen (Mayntz 1990, S. 145f.).

Wissenschaftlich-technischen Sachverständigengremien fällt um so größere Verantwortung zu, je niedriger die „Schädlichkeitsschwellen“ bzw. je höher die Schädigungsrisiken sind. In diesem Fall werden präzis definierte Grenzwerte als „spezifischste Art von Standards“ zu entwickeln sein, die nicht überschritten werden dürfen und für die Vollzugsbehörden am leichtesten zu handhaben sind (Mayntz 1990, S. 140).

Hat der Gesetzgeber dagegen Umweltstandards lediglich als Generalklauseln definiert – wie beispielsweise den „Stand der Technik“ als allgemeinen Verhaltensstandard – muß eine solche Norm noch konkretisiert werden. Je „offener“ eine Norm für Interpretationen ist, umso unterschiedlichere Interessen werden auf die inhaltliche Bestimmung der Standards Einfluß zu nehmen versuchen. Solche Divergenzen bei der Festlegung von Umweltstandards (z.B. Diskurs über noch „zulässige“ radioaktive Strahlenwerte) machen aber gleichzeitig verfahrensmäßige „Absicherungen“ wie z.B. Anhörungen, Beteiligungsverfahren usw. notwendig (Benkert 1990, S. 96ff.).

Bezüglich der Geschlossenheit oder Offenheit von Entscheidungssystemen gilt grundsätzlich, daß, je exklusiver die Normungsgremien sind, d.h. je mehr sich die standardsetzenden Entscheidungsträger lediglich aus wissenschaftlichen und verbandlich-industriellen Experten rekrutieren, umso stärker werden die Umweltstandards nach technischen und wirtschaftlichen Kriterien festgelegt. Umgekehrt gilt, daß der ökonomisierende Einfluß auf die Standardsetzung in dem Maße abnimmt, wie die Offenheit der Entscheidungsverfahren durch Einbeziehung divergierender Interessen zunimmt.

Da an den Entscheidungsverfahren beim Setzen von Umweltstandards neben den wissenschaftlichen und verbandlichen Experten in der Regel auch

Vertreter des politisch-administrativen Systems teilnehmen, kommen am Konsens interessierte Willensbildungen stärker zum Tragen. In der Bundesrepublik dominieren Entscheidungsverfahren, in denen die unterschiedlichen Interessen und Positionen „eher durch Kompromißbildung als durch Überzeugung“ einander vermittelt werden (Mayntz 1990, S. 147). Der im interaktiven Entscheidungsverfahren erzielte Kompromiß garantiert allerdings noch nicht die tatsächliche Akzeptanz der Entscheidung. Die ursprüngliche Absicht, durch eine breite Beteiligung unterschiedlicher Gruppen und Interessen die Legitimation und Akzeptanz der Entwicklung von Umweltstandards zu stärken, kann sich in ihr Gegenteil verkehren und zur Offenlegung der Interessengegensätze beitragen. Die Öffnung des Entscheidungsprozesses bewirkt damit, daß latente Interessenkonflikte bewußt und Kompromißbildungen erschwert oder sogar verhindert werden.

Die bürokratische Beteiligung an der Entwicklung von Richtlinien in den Normierungs-Kommissionen soll dazu beitragen, mögliche Konflikte zwischen privaten Interessen und öffentlichen Aufgaben zu verringern oder zu vermeiden. Die größtenteils industriell und technisch-wissenschaftlich besetzten Normierungs-Organisationen legen Wert darauf, die Beamten nicht als Staatsvertreter, sondern lediglich als „sachverständige Personen“ an den Beschlußfassungen teilnehmen zu lassen. Mit dieser administrativen Beteiligung sollen „in der Phase der Normentwicklung“ mögliche Politisierungsgefahren weitgehend vermieden und bei der Entwicklung und Durchsetzung der grenzwertbezogenen Normen die ökonomischen Interessen der Industrie zusätzlich abgesichert werden. Außerdem soll in der Durchsetzungsphase die Teilnahme von Beamten die öffentliche Legitimation der Regelbildung erhöhen und den Normen „innerhalb des Behördenapparates Geltung verschaffen“ (Hanning 1976, S. 101).

In bezug auf die Normdurchsetzung müssen sich infolge der Technisierung im Umweltschutzbereich die politisch-administrativen Instanzen nicht nur mit den unternehmerischen Adressaten auseinandersetzen, sondern auch intensiver den von den Normierungs-Institutionen vertretenen einzelwirtschaftlichen Rentabilitätsaspekten Rechnung tragen. Der Steuerungseinfluß der industriellen und wissenschaftlich-technischen Regelersteller und ihre einzelwirtschaftlichen Aufwands-Ertrags-Kalküle tragen Sorge dafür, daß die Richtlinien schnell in die Verwaltungspraxis eingeführt und durch die Verwaltungsbehörden auch angewendet werden (Schwarz 1972, S. 21).

2.2.2.2. Umweltpolitische Programmentwicklung und ihre Ökonomisierungsrelevanz: Das Beispiel des Bundesimmissionsschutzgesetzes

Am Beispiel des relativ „ausgereiften“ Bundesimmissionsschutzgesetzes als ordnungsrechtlichen Instrumentariums zur Luftreinhaltepolitik soll verdeutlicht werden, ob und inwieweit die Ministerialbürokratie von den ihr zugewiesenen Steuerungsmöglichkeiten Gebrauch macht, oder ob eine etwaige Verlagerung umweltpolitischer Regelungskompetenzen bereits auf der Programmebene auf „untere“ Verwaltungsbehörden der Ökonomisierung der Umweltpolitik Vorschub leistet.

Das Bundesimmissionsschutzgesetz (BImSchG) hält zwar als umweltpolitische Rahmenordnung auf allen bundesstaatlichen Ebenen eine Vielzahl von Angeboten für eine politisch-administrative Politikgestaltung bereit, doch hat die Ministerialbürokratie von der Möglichkeit gestaltender politischer Steuerung auf der Programmebene nur zögernd Gebrauch gemacht oder die (integrierte) Programmentwicklung teilweise sogar konterkariert.

Das Bundesimmissionsschutzgesetz billigt dem politisch-administrativen System erstmals weitreichende Kompetenzen zur Vermeidung schädlicher Umwelteinwirkungen zu (§ 50). Die ministerialbürokratischen Möglichkeiten zur Gestaltung der Raum- und Fachplanung reichen von akuter Gefahrenabwehr regionaler Smogbelastungen über Strategien langfristiger Gebietssanierungen bis zur Entwicklung von präventiven Luftreinhalteplänen (Schreiber 1988, S. 192ff.). Auch die große Zahl der Ermächtigungen zum Erlaß von Rechtsverordnungen und Verwaltungsvorschriften (Knoepfel/Weidner 1980, S. 163) haben für die Ministerialbürokratie weite Handlungsspielräume geschaffen, die Programmentwicklung inhaltlich wirksam steuern zu können.

Da nach dem Bundesimmissionsschutzgesetz Rechtsverordnungen und Verwaltungsvorschriften alternativ eingesetzt werden können, um umweltpolitische Grenzwerte festzulegen, stellt sich die Frage, welche Regelungsinstrumente mit welcher ökologischen Wirksamkeit den Programmentwicklungs-Instanzen und den Vollzugsbehörden zur Verfügung stehen.

Das Bundesimmissionsschutzgesetz ermächtigt die Bundesregierung – nach Anhörung der „beteiligten Kreise“ und mit Zustimmung des Bundesrats – zur Normgebung (§§ 7, 48). Durch Rechtsverordnung kann nach § 7 I BImSchG vorgeschrieben werden, „daß

- die Anlagen bestimmten technischen Anforderungen entsprechen müssen,
- die von Anlagen ausgehenden Emissionen bestimmte Grenzwerte nicht überschreiten dürfen und
- die Betreiber von Anlagen Messungen von Emissionen und Immissionen nach ... näher zu bestimmenden Verfahren vorzunehmen haben ...“

Durch technische Verwaltungsvorschriften können gemäß § 48 BImSchG Regelungen getroffen werden „über

- Immissionswerte, die ... nicht überschritten werden dürfen,
- Emissionswerte, deren Überschreitung nach dem Stand der Technik vermeidbar ist,
- das Verfahren zur Ermittlung der Emissionen und Immissionen“.

Das Bundesimmissionsschutzgesetz überläßt der Bundesregierung grundsätzlich die Wahl zwischen den beiden Normierungsinstrumenten mit Ausnahme der Festlegung der Immissionsgrenzwerte. Die Ausnahme betrifft die für die Umweltbelastung maßgeblichen Immissionsgrenzwerte, die nicht durch Rechtsverordnung, sondern durch Verwaltungsvorschrift festgelegt werden. Damit ergibt sich für die Umweltpolitik die paradoxe Situation, daß die zentralen Umweltschutzstandards durch die Bürokratie mit dem „niedersten Rang", in der Regel den kommunalen Vollzugsbehörden, festgelegt werden (Wollmann 1990, S. 92ff.).

Die „in das Belieben der Ministerialbürokratie" gestellte bisherige Handhabung des ordnungsrechtlichen Instrumentariums des Bundesimmissionsschutzgesetzes, d.h. die praktizierte ministerialbürokratische Ausfüllung der Ermächtigungen zur Programmentwicklung, belegt einmal mehr, wie unzulänglich regulative Steuerungspotentiale ohne inhaltliche politische Vorgaben in der (Umwelt-)Politik genutzt werden (Wolf 1986, S. 204). Je mehr Gesetze wie das Bundesimmissionsschutzgesetz nur noch als „Ermächtigung und Auftrag" verstanden werden, „die Staatstätigkeit von der Verwaltung her zu entwickeln" (Schnabel 1980, S. 51), umso mehr geht die bürokratische Aufgabenerledigung nicht nur auf Vollzugsinstanzen über. Der den Implementationsbehörden innewohnende „Problembearbeitungsstil" bedeutet zugleich eine Erweiterung des Gestaltungsspielraums privater Akteure (der „Private Governments"), also eine verstärkte Ausrichtung des umweltpolitischen Vollzugs auf Kriterien der „wirtschaftlichen Vertretbarkeit".

Das Schicksal der meisten gesetzlichen Ermächtigungen belegt, daß gerade komplexe umweltpolitische Programmentwicklungen (z.B. die Einbeziehung der Verkehrspolitik) verzögert oder teilweise sogar suspendiert worden sind. Signifikante Beispiele für die mangelnde Nutzung ministerialbürokratischer Steuerungsmöglichkeiten in bezug auf immissionsorientierte Politikformulierungen sind der Abbruch der Ausarbeitung einer Verordnung über Immissionsgrenzwerte und das anschließende Scheitern des Verkehrslärmgesetz-Entwurfs (Schmidt-Aßmann 1982).

Auch die Bundesländer haben die Anwendung des speziellen Steuerungsinstrumentariums des Immissionsschutzes in ihrer Programmplanung entweder stark verzögert oder gar nicht genutzt. Bis in die 80er Jahre hatten einige Bundesländer gemäß § 44 BImSchG noch keine Belastungsgebiete ausgewiesen, so daß für die Bundesrepublik keine flächendeckenden Emissionskataster und Luftreinhaltepläne erstellt werden konnten (Umwelt, Nr. 76/ 1984).

Die (Zwischen-)Bilanz der politisch-administrativen Programmentwicklung zeigt, daß der immissionsschutzrechtliche Steuerungsrahmen nur unzureichend genutzt worden ist: Der Schwerpunkt der umweltpolitischen Regelungen wurde auf die Konkretisierung der administrativen Verfahrensabläufe und auf den administrativ handhabbaren Ausbau des Meßwesens gelegt. Eine ökologischen Erfordernissen genügende komplexe Immissionsschutzpolitik hingegen ist auf der Programmebene nicht zur Wirksamkeit gelangt. Eine „auf Produktnormen spezifizierte Immissionsschutzpolitik" (Wolf 1986, S. 175) ist lediglich selektiv verfolgt worden.

Der Verlauf der luftreinhaltepolitischen Programmentwicklung bestätigt das Scheitern einer ressortübergreifenden und komplexen Strategie, den Immissionsschutz in andere Politikfelder zu integrieren und als Querschnittsaufgabe zu etablieren. Die in der umweltpolitischen Politikformulierung zum Tragen kommende „selektive Perzeption verwaltungsfraktioneller Ressortegoismen" (Scharpf 1973, S. 79ff.) ist nicht nur weitgehend blind gegenüber den Anforderungen an die Querschnittsaufgabe Umweltpolitik, sondern kann sogar umgekehrt dann zur „hauseigenen Gegenadministration" mobilisiert werden, wenn umweltpolitische Problemlösungen (teilweise) in andere Aufgabenbereiche wie die der Wirtschafts- oder Wohnungsbaupolitik fallen (Schäfer 1995, S. 232-239).

2.2.3. Das bürokratisch-industrielle Interaktionssystem in der Phase der Politikimplementation am Beipiel der Luftreinhalte- und Gewässerschutzpolitik

Die Untersuchung der Phase umweltpolitischer Implementierung soll am Beispiel des luftreinhaltepolitischen Instrumentariums und des gewässerschutzpolitischen Auflagen-/Abgabensystems illustrieren, daß die den Vollzugsbehörden eingeräumten Handlungs- und Ermessensspielräume der Durchsetzung einzelwirtschaftlicher Interessen dienen. Neben dem in der Umweltpolitik der Bundesrepublik vorherrschenden Ordnungsrecht, das erst am Ende problematischer – die Ökonomisierung begünstigender – Produktionsprozesse ansetzt, gilt der abwasserpolitischen Konstruktion der Koppelung der Auflagenregelungen an ökonomische Anreizinstrumente besondere analytische Aufmerksamkeit, weil diese Instrumentenkombination trotz unzulänglicher Ausgestaltung Ansätze für eine ökologisch wirkungsvollere Steuerung bietet.

2.2.3.1. Das Bundesimmissionsschutzgesetz als Instrument „weicher" Rahmensteuerung

Das Bundesimmissionsschutzgesetz (BImSchG) ist deshalb ein ordnungsrechtliches Instrumentarium von besonderem Untersuchungsinteresse, weil es Aufschluß geben kann, inwieweit und auf welche Weise die vom Gesetzgeber zur Verfügung gestellten umweltpolitischen Steuerungsmöglichkeiten genutzt werden. Im Gegensatz zu den „harten" Instrumenten der umweltrechtlichen Ge- und Verbote bietet die Anwendung dieser „weichen" Rahmensteuerung in den anlagenbezogenen Genehmigungs- und Sanierungsverfahren zwischen Vollzugsbehörden und privaten Regelungsbetroffenen den ökonomischen Interessen vielfältige Einflußmöglichkeiten.

Die Genehmigungsvoraussetzungen des Bundesimmissionsschutzgesetzes verlangen nicht nur die Gefahrenabwehr drohender Umweltschädigungen (§ 1 BImSchG), sondern erheben auch das Vorsorgeprinzip zum Leitmotiv der umweltpolitischen Eingriffsinstrumente. Das Bundesimmissionsschutzgesetz macht nach § 5 Nr. 2 und Nr. 3 zur Genehmigungsvoraussetzung, daß

- Vorsorge gegen schädliche Umwelteinwirkungen getroffen wird, insbesondere durch die dem Stand der Technik entsprechenden Maßnahmen zur Emissionsbegrenzung und
- die beim Betreiber der Anlagen entstehenden Reststoffe ... verwertet oder, soweit dies technisch nicht möglich oder wirtschaftlich nicht vertretbar ist, als Abfälle ordnungsgemäß beseitigt werden."

Die Ziele der Emissionsbeschränkung und der Verwertung von Abfallstoffen gehen von dem Bestreben aus, den technischen Fortschritt für den Umweltschutz nutzbar machen zu können (Feldhans 1974, S. 122ff.). Der unbestimmte Rechtsbegriff „Stand der Technik", der im § 3 VI BImSchG definiert wird, macht den „Entwicklungsstand fortgeschrittener Verfahren, Einrichtungen und Betriebsweisen" zum Genehmigungskriterium.

Während die Genehmigung neuer Anlagen dem Vorsorgegrundsatz und dem Standard fortschrittlicher Verfahren entsprechen muß, machen die weniger anspruchsvollen Genehmigungsanforderungen für Altanlagen deutlich, daß technische und ökonomische Aspekte entscheidende Orientierungsmaßstäbe für die Vollzugsbehörden sind: So steht der Erlaß von nachträglichen Anordnungen zur Sanierung von Altanlagen unter dem Vorbehalt, daß die Sanierung nach dem „Stand der Technik" und „nach der wirtschaftlichen Vertretbarkeit für den Betreiber" erfüllbar sein muß (§ 17 II Nr. 2 BImSchG). Da der Gesetzgeber die Entscheidung der Vollzugsbehörde von der Prüfung der Sanierungsnotwendigkeit der Anlagen jedes einzelnen Unternehmens abhängig macht, werden ökologischen Erfordernissen gerecht werdende Strategien für flächendeckende Sanierungen extrem umweltbelastender Unternehmen oder Brachen nahezu ausgeschlossen (Wolf 1986, S. 179).

Für weitergehende Maßnahmen wie für eine Untersagungs-, Stillegungs- oder Beseitigungsverfügung (§ 20 BImSchG) werden noch höhere Hürden für administrative Eingriffe errichtet, sodaß der Bestandsschutz einmal genehmigter Anlagen stets größere Durchsetzungskraft hat als eine innovationsfreundliche Vollzugspolitik.

Bei der Politik der Sanierung von Altanlagen wird der politische Verzicht auf eine aktive immissionsschutzrechtliche Steuerung deutlich: Die regulative Politik setzt mehr auf eine marktinduzierte „Ausmusterung" durch technischen Fortschritt als auf eine Konzentration der Genehmigungen von (großtechnologischen) Neuanlagen (Wolf 1986, S. 180; Zimmermann 1988, S. 209ff.).

2.2.3.2. *Die Verwaltungsvorschriften der TA Luft und die Großfeuerungsanlagen-Verordnung und ihre ökonomisierenden Tendenzen*

Die Technische Anleitung (TA) Luft von 1974 war bis Anfang der 80er Jahre das zentrale Regelungsinstrument der Immissionsschutzpolitik. Die Vollzugsbehörden durften Anlagen dann genehmigen, wenn die von der TA Luft beschriebenen Einrichtungen zur Emissionsbegrenzung vorhanden sind, die anlagenbezogenen Immissionswerte im Einwirkungsbereich nicht überschritten werden und die Verteilung der Emissionen nach vorgeschriebenen Regeln erfolgt (Wolf 1986, S. 185).

Auch wenn die TA Luft von 1974 die Emissions- und Immissionsbestimmungen verschärfte, blieb ihr Fundament der technische Umweltschutz. Die inhaltlichen Bestimmungen der technischen Normierung wurden und werden weitgehend durch VDI-Richtlinien und DIN-Normen, also „im vorstaatlichen Raum“, festgelegt (vgl. Kap. III.22.).

Mit der Novellierung der TA Luft 1983 (GMBl., S. 94) und dem Inkrafttreten der Großfeuerungsanlagen-Verordnung (BGBl. I, S. 719ff.) reagierte die Immissionsschutzpolitik sowohl auf die akute Umweltgefährdung durch „Waldschäden“ als auch auf die Entwicklung der Rechtsprechung (Wolf 1986, S. 305ff.; Wilhelm 1990, S. 13ff.).

Die Großfeuerungsanlagen-Verordnung (GFAO) von 1983 schuf insofern ein neues Genehmigungsrecht, als die für die Kraftwerke maßgeblichen Bestimmungen aus der TA Luft herausgenommen und in einer eigenen Rechtsverordnung spezifizierte, emissionsseitige Anforderungen für Neu- und Altanlagen formuliert wurden. Der jahrelange Streit darüber, inwieweit Entschwefelungsanlagen in Kraftwerken dem „Stand der Technik“ zu entsprechen haben, wurde mit einer differenzierten Definition der (technischen) Anforderungen beendet. Die ökologischen Anforderungen an den Wirkungsgrad von Entschwefelungsanlagen wurden präzisiert und verschärft, indem Normen für Emissionsgrenzwerte, Brennstoffqualitäten, Anlagegrößen und Energieerzeugungssysteme kombiniert wurden.

Diese Zuschneidung der emissionsorientierten Anforderungen der Großfeuerungsanlagen-Verordnung für Neuanlagen verzichtete allerdings weitgehend auf eine politische Gestaltung der Standards für andere umweltgefährdende Schadstoffe: Da die Anlagengröße und der Schwefelgehalt der Brennstoffe zum ausschlaggebenden Indikator der Emissionspolitik wurden, konnten die Grenzwerte für Stickoxide, Kohlenmonoxide, Staub usw. die Politik der Emissionsminderung des „Waldschadenstoffes Nr. 1“ nur noch „flankieren“. Für die in der Öffentlichkeit zunehmend problematisierte Emission von Stickoxiden enthält § 5 GFAO eine Regelung, die den Implementationsbehörden die nähere Bestimmung des Begriffs des „Standes der Technik“ überläßt. Mit dieser Entscheidungsverlagerung auf die „unterste“ Vollzugsbehörde, die in der Regel gegenüber Aspekten der „wirtschaftlichen Vertretbarkeit“ aufgeschlossen ist (Wollmann 1990, S. 96), wurden die Tendenzen zur Ökonomisierung der Umweltpolitik noch verstärkt.

Die Großfeuerungsanlagen-Verordnung konzentriert ihre Regelungen auf Altanlagen, die größtenteils für die Luftverunreinigung verantwortlich sind. Diese Rechtsverordnung ist auf eine flächendeckende Sanierung von Altanlagen angelegt, indem die Schadstoff-Emissionen stufenweise den strengeren Anforderungen für Neuanlagen entsprechen sollen: Der Schadstoffaustrag der Altanlagen muß – je nach Größe und Betriebsdauer – allmählich den Genehmigungsvoraussetzungen für Neuanlagen entsprechen (§§ 17ff. GFAO). Mit der Angleichung der Anforderungen der Altanlagen an die Standards für Neuanlagen, also mit der Umweltpolitik der „Nachrüstung“ erwartet die Bundesregierung eine Verringerung der Schwefeldioxid-Emissionen um ein Viertel bis ein Fünftel und eine Verbesserung der Immissionsbelastung um 10% (Glitz 1983, S. 140).

2.2.3.3. Die Genehmigungs- und Sanierungsverfahren der Vollzugsinstanzen im Dienste einzelwirtschaftlicher Interessen

Die Vollzugsbehörden geraten infolge der Unsicherheiten bei der Interpretation des „Standes der Technik“ nicht nur in die oben festgestellten Abhängigkeiten von den industriellen Antragstellern und der wissenschaftlich-technischen Beratung, sondern neigen auch infolge ihres vorherrschenden Verständnisses von Art und Umfang staatlicher Interventionen zur Bevorzugung einzelwirtschaftlicher Kostenkalküle vor ökologischen Erfordernissen (Mayntz u.a. 1978, S. 360ff.). Setzt in Unternehmen trotz grundsätzlich erfüllbarer technischer Auflagen das Drohinstrument der (arbeitsplatzvernichtenden) Schließung von Betrieben ein, sind die Behörden regelmäßig kompromißbereit und verzichten sogar auf – technisch nicht vertretbare – Staatsinterventionen (Mayntz u.a. 1978, S. 360).

In der luftreinhaltepolitischen Praxis der Implementationsbehörden (der Gewerbeaufsichtsämter) beeinflußt die Sanierungsanforderung an Altanlagen die wirtschaftliche Vertretbarkeit, auch die Entscheidung für die Installierung von Neuanlagen. Die Reduzierung des objektiven Stands des technisch Machbaren auf die Berücksichtigung der unternehmerischen Leistungsfähigkeit, d.h. der faktischen Unterschreitung des „Standes der Technik“ bei Neugenehmigungen, ist ein häufig anzutreffendes bürokratisches Entscheidungsmuster (Mayntz u.a. 1978, S. 361).

Ein flexibles ökonomisches Instrument, die unternehmerische Leistungsfähigkeit nicht zu überfordern, sind die Kompensationsregelungen, die den Anlagenbetreibern als Verursacher von Umweltbelastungen die Möglichkeit bieten, die Emissionen in einer anderen bestehenden Anlage oder in der Anlage eines Dritten zu senken. Die mit der Novellierung des Bundesimmissionsschutz-Gesetzes 1985 eingeführte Kompensationsregelung (§ 7 AbS. 3

BImSchG) zielt darauf ab, die Emissionen insgesamt stärker zu senken als bei einer nachträglichen Anordnung durch die zuständige Behörde (Sprenger 1985). Die neu gefaßte TA-Luft von 1986 schafft für die Genehmigung von Neuanlagen weitere Kompensationsmöglichkeiten. Eine nicht genehmigungsfähige Anlage kann dann trotzdem genehmigt werden, wenn der Anlagenbetreiber dafür sorgt, daß an „anderen“ Anlagen Sanierungsmaßnahmen durchgeführt werden, die im Meßgebiet zu insgesamt geringeren Emissionen führen (SRU 1987, Tz. 156). Festgehalten werden kann, daß das ökonomische Anreizinstrument der Kompensationsregelung aufgrund seiner „restriktiven Anwendungsbedingungen bisher ohne große Bedeutung geblieben ist“ (Stroetmann 1988, S. 17).

Die knappen zeitlichen Ressourcen der Vollzugsinstanzen bewegen Gewerbeaufsichtsämter, Gewässerschutzbehörden u.a. dazu, Fristen für die strikte Anwendung der Umweltvorschriften zu verlängern und damit ein inhaltliches „Aufweichen“ der Umweltnormen zuzulassen. Der Zeitaufwand für die Begründung „gerichtsfester“ Verfügungen und für möglichst langwierige Gerichtsverfahren sowie Anwendungsrisiken im Fall der Mobilisierung der Öffentlichkeit seitens der Regelungsadressaten der Umweltpolitik fördern die Bereitschaft der Vollzugsinstanzen, im Wege zeitlicher und inhaltlicher Kompromisse betriebswirtschaftlichen Kalkülen der Kosteneinsparung Rechnung zu tragen (Wollmann 1990, S. 97).

Die vielfach personell unzulänglich ausgestatteten Behörden werden überdies durch ihre Genehmigungs-, Sanierungs- und Meßaufgaben zeitlich derart absorbiert, daß eine wirksame ordnungsbehördliche Überwachung nicht zu erreichen ist (Hucke/Wollmann 1989, S. 238ff.). Die knappen zeitlichen Ressourcen bewirken nicht nur, daß die Vollzugsbehörden hinter den umweltpolitischen Zielsetzungen zurückbleiben, sondern können auch im Fall der Übertragung zusätzlicher umweltpolitischer Landesaufgaben auf die Implementationsinstanzen dazu führen, daß die Umweltschutzvorschriften schlicht nicht angewendet werden. Der auf regelmäßig anfallende Problembewältigungen und die routinemäßige (zeitsparende) Behandlung von Umweltschutz-Symptomen eingeübte „Amtsmechanismus“ (M. Weber 1972, S. 570) wehrt sich zum Teil gegen die strikte Beachtung neuer Umweltschutzanforderungen (Jänicke 1988, S. 20).

So hat sich beispielsweise in der Genehmigungspraxis von Baubehörden gezeigt, daß bautechnisch ausgebildete Angehörige der Fachbehörden mit der Befassung und Erledigung der neu hinzutretenden Umweltschutz-Materie überfordert sind und folglich die umweltschutzbezogenen Ländererlasse weitgehend ignorieren (Scharmer/Hinzen 1989, S. 15).

Ferner belegen empirische Untersuchungen, daß Baubehörden im Interesse der „Minimierung ihres Verwaltungsaufwandes“ die ökologischen Vorgaben des Baugesetzbuches (§§ 34, 35 BauGB) negieren, Bauvorhaben auch nach stadtökologischen Kriterien zu beurteilen. Auch hier sperrt sich die Behörde gegen die zeitaufwendige Beschaffung umfangreicher Informationen und gegen die Erarbeitung neuer stadtökologischer Konzepte, da sich die Genehmigungsbehörde der Bearbeitung „dringlicher und vertrauter" Aufgaben (wie großflächigen Einzelhandelsbetrieben, Spielhallen) widmet oder vordringliche Bauprojekte ihre zeitlichen Ressourcen beanspruchen (Scharmer/ Hinzen 1989, S. 29).

Die (zu) knapp bemessenen zeitlichen Ressourcen in der Phase der Implementierung stellen eine gewichtige Restriktion gestaltender Umweltpolitik dar, die den industriellen Akteuren einen großen Spielraum einräumt, neben den Inhalten die Zeitspanne für die Durchführung umweltpolitischer Maßnahmen zu bestimmen.

Ein zusätzlicher Faktor für die Durchsetzungsstärke ökonomischer Interessen in der Umweltpolitik sind die dem formalen Genehmigungsverfahren vorgeschalteten Verhandlungen zwischen Genehmigungsbehörde und industriellen Antragstellern. Diese informellen Vorverhandlungen weichen die gesetzlich fixierten Umweltschutznormen für die Errichtung und den Betrieb von Neu- und Altanlagen auf. In diesem Interaktionsprozeß sind allerdings die Steuerungseinflüsse der Akteure asymmetrisch verteilt: Die (großen) industriellen Unternehmen, die über spezialisierte technische, rechtliche und wirtschaftliche Kompetenzen verfügen, bestimmen „den Inhalt der Genehmigungsbescheide" (Bohne 1981, S. 53/54) nach betriebswirtschaftlichen Kostenkalkülen, während die Implementationsbehörden auf der Grundlage zumeist geringeren technischen Wissens grundsätzlich zur Kompromißbereitschaft neigen. In informellen Verhandlungen zwischen Behörden und Unternehmensleitung werden vielfach umweltrelevante Fragen (z.B. Immissions-, Arbeits- und technischer Gefahrenschutz) „vorab geklärt" (Bohne 1981, S. 52). Die zum Konsens tendierenden intensiven Beziehungen der Interaktionspartner tragen dazu bei, daß die in der Verwaltungshierarchie „unten" angesiedelten Behörden (z.B. Gewerbeaufsichts-, Wasser- oder Abfallbehörden) in der Regel konzessionsbereiter als beispielsweise höhere Behörden sind (Mayntz 1978, S. 70; Scharpf 1988, S. 69f.). Je mehr innerhalb der bürokratischen Hierarchie vorgesetzte Behörden auf präzise und verbindliche Formulierungen von Umweltschutznormen verzichten, umso mehr wird die damit gleichzeitig unteren Behörden übertragene inhaltliche Bestimmung des umweltpolitischen Vollzugs der Einflußnahme außerstaatlicher Akteure im informellen Verhandlungssystem zugänglich gemacht. Je mehr Umweltschutznormen auf interpretationsbedürftigen Begriffen (z.B. Stand der Technik, wirtschaftliche Vertretbarkeit) beruhen, desto größer ist die Steuerungskraft der industriell und technisch-wissenschaftlichen „Definitionsmacht" und die administrative Rücksichtnahme auf ökonomische Erfordernisse (Mayntz u.a. 1978, S. 292).

Die präjudizierende Funktion der Vorverhandlungen kommt also zuvörderst einzelwirtschaftlichen Interessen zugute, die insbesondere im Fall von Großvorhaben „regelmäßig vor der Antragstellung auf der Ministerialebene abgesichert" werden (Bohne 1981, S. 52).

Das Prinzip der Absprachen zwischen Staat und Wirtschaft hat zwar den Vorteil, daß der Abstimmungsprozeß zwischen Umweltbehörden und der betroffenen Wirtschaft flexibel gestaltet werden kann, doch hat dieses Prinzip auch den Nachteil der Rechtsunverbindlichkeit, d.h., daß der Staat die Einhaltung der Absprachen nicht erzwingen kann. Der Staat verfügt allerdings über das Drohpotential, im Fall der Nichteinlösung von Übereinkommen noch „härtere“ Instrumente einzusetzen (SRU 1987, Ziff. 167).

Die getroffenen „Vereinbarungen“ im Bereich der Abfallwirtschaft haben gezeigt, daß (mit Ausnahme der wichtigen Absprache über das Verhältnis zwischen Einweg- und Mehrwegbehältnissen in der Getränkeindustrie) die „Arrangements“ überwiegend eingehalten wurden (Hartkopf/Bohne 1983). Aufgrund der technischen Komplexität der Umweltprobleme und wegen der arbeitsmarktpolitischen Folgeprobleme im Falle von Betriebsstillegungen ist der Staat an informellen Verhandlungslösungen interessiert. Das starke Angewiesensein des Staates auf kooperative Mechanismen führt zu einer ausgeprägten Bevorzugung ökonomischer Interessen gegenüber anderen Interessen (z.B. Bürgerinteressen).

Im Gegensatz zu wirtschaftlichen Interessen stoßen politische Forderungen von Betroffenen, in umweltrelevante Entscheidungsprozesse einbezogen zu werden, eher auf eine staatliche Abwehrhaltung, weil mit der Ausweitung von Partizipationsmöglichkeiten der Bürger gleichzeitig umweltrechtliche und umweltpolitische Kompetenzen des Staates berührt werden. Hierin liegt ein entscheidender Grund dafür, daß das „Kooperationsprinzip am wenigsten konkretisiert“ wurde und Instrumente zur Beteiligung betroffener Bürger erst ansatzweise vorhanden sind (Bunde 1990, S. 65)

2.2.3.4. Das Auflagen-/Abgabensystem im Gewässerschutz und das Gewicht industrieller Kostenersparnis-Kalküle

Die konservativ-liberale Bundesregierung verhielt sich in der Diskussion über die verstärkte Anwendung ökonomischer Instrumente in der Umweltpolitik aufgrund ihrer grundsätzlichen ordnungspolitischen Vorbehalte gegenüber staatlichen Eingriffsmaßnahmen zunächst zurückhaltend (Bunde 1990, S. 19ff.). Die in der Wissenschaft schon seit Jahren erörterte Problematik des fiskalischen bzw. ökonomischen Instrumentariums[8] der „Öko-Steu-

---

8 Abgaben als Oberbegriff nicht kreditfinanzierter Staatseinnahmen werden vielfach nach Verwendungs- und Wirkungszweckabgaben unterschieden. Siehe dazu Schmölders/Hansmeyer 1980. Verwendungszweckabgaben gelten noch als eine Form fiskalischer Wertbesteuerung, da ihr Hauptzweck in der Beschaffung von Finanzierungsmitteln für konkrete öffentliche Ausgabenprogramme besteht. Die Verwendungszweckabgaben fließen – im Unterschied zur rein fiskalisch orientierten Besteuerung – nicht dem öffentlichen Haushalt zu, sondern werden von vornherein zur Finanzierung konkreter Aufgaben „gebunden“. Wirkungszweckabgaben sollen demgegenüber politisch vorgegebene Ziele erreichen, durch die Abgabenerhebung Produzenten und Konsumenten zu einer Verhaltensänderung zu veranlassen. Vgl. Ewringmann 1984. Steuern werden als Zwangsabgaben definiert, die ohne spezielle Gegenleistung der Finanzierung der Staatsausgaben dienen. Für Steuern gilt das

ern“, durch Erhebung von Abgaben[9] auf umweltbelastende Aktivitäten und die damit einhergehende Verteuerung der umweltbelastenden Produktion und des Konsums Anreize für ein ressourcen- und umweltschonendes Verhalten zu schaffen (anstelle vieler Tofaute 1994), fand im Sommer 1989 in der innenpolitischen Auseinandersetzung der Bundesrepublik außergewöhnliche Beachtung. Der vom saarländischen Ministerpräsidenten vorgestellte Vorschlag einer Energiesteuer veranlaßte das Umweltministerium, Stellung zu Vorzügen und Nachteilen von Öko-Steuern zu beziehen. Mit Verweis auf die Argumentationen renommierter Gutachter, die die positiven ökologischen Wirkungen von Abgabensystemen hervorhoben, wurden Umweltabgaben seitdem als unverzichtbares Instrumentarium „rationaler Umweltpolitik“ ausgegeben (Weidner 1989, S. 20; SRU 1996, S. 312-414).

Das der Erhebung von Umweltabgaben zugrundeliegende Verursacherprinzip soll als fiskalischer Anreiz das in der Bundesrepublik Deutschland vorherrschende umweltbezogene Ordnungsrecht „flankieren“ und die Durchsetzungschancen der Einführung von Reinigungstechnologien erhöhen. Die in der Bundesrepublik bedeutende Anreizabgabe, die im Abwasserabgabengesetz vom 13. September 1976 (BGB1. I, S. 2721) geregelte Abwasserabgabe, ergänzt das ordnungsrechtliche Instrumentarium des Wasserhaushaltsgesetzes (Ewringmann/Kibat/Schafhausen 1980; Kibal 1982).

Durch die Anbindung der Abgabenregelung an das Auflagenrecht sollen die Schadstoffemittenten „in die Zange genommen“ werden: Einmal soll das Auflagenrecht die Einhaltung von emissionsorientierten Mindeststandards gewährleisten, zum anderen soll das Abgabensystem das Überschreiten der Mindeststandards durch Abgabenbelastungen sanktionieren und damit zur Beschleunigung von (Abwasser-)Vermeidungsmaßnahmen beitragen (Benkert u.a. 1990, S. 181).

Das Abwasserabgabengesetz ist ein Rahmengesetz des Bundes, dessen Ausführungsbestimmungen die Bundesländer in eigenen Gesetzen regeln. Die Abgabenpflicht erfaßt nur das Einleiten von Abwasser in öffentliche Gewässer, d.h., daß sich das Gesetz nur auf unmittelbare Einleitungen (Direkteinleitungen), nicht aber auf Einleitungen in Abwasseranlagen (öffentli-

---

Prinzip der Non-Affektation, d.h., daß die Steuern nicht für konkrete Einzelzwecke verwendet werden dürfen (Ausnahme: die Heizölsteuer ist für die Finanzierung energiepolitischer Maßnahmen zweckgebunden). Demgegenüber sind Gebührenentgelte für spezielle öffentliche Leistungen (z.B. kommunale Müllabgabe) Sonderabgaben, die an streng definierte Tatbestände der Umweltbelastung anknüpfen (z.B. die Abwasserabgabe) und dem Verursacher die Kosten der Umweltschädigung anlasten sollen. Die Abgabenerhebung ist in der Regel zweckgebunden (z.B. dient die Abwasserabgabe der Finanzierung von Kläranlagen). Siehe hierzu R. Hickel 1989, S. 666.

9 Die Regeln der Technik werden als allgemein anerkannte Normen definiert, die in der Betriebspraxis erprobt sind und in Fachkreisen für richtig gehalten werden. Das strengere Kriterium, der Stand der Technik, wird definiert als „Entwicklungsstand fortschrittlicher Verfahren, Einrichtungen und Betriebsweisen, der eine Maßnahme zur Begrenzung von Umweltbelastungen geeignet erscheinen läßt“. Vgl. Berendes/Winter 1989, S. 130f.

che Kanalisation) bezieht. Die Abgabe betrifft also nur industrielle Direkteinleiter und kommunale Kläranlagen, nicht aber industrielle Indirekteinleiter und private Haushalte.

Der erwartete Wirkungsmechanismus, daß die Abwasserproduzenten (Gemeinden und Industrie) aus dem Vergleich zwischen Abgabenbelastung und Reinigungskosten – ökonomisch rational – die kostengünstigste Lösung wählen, sich damit zwischen den Alternativen „zahlen" oder „investieren" entscheiden, ist durch die Konstruktion der Abwasserabgaben der Bundesrepublik erheblich gestört.

Die an das Auflageninstrument des Wasserhaushaltsrechts gekoppelte Abwasserabgabe weist wesentliche konstruktionsbedingte Schwachstellen auf: Die Abgabe wird auf das wasserhaushaltsrechtliche Auflageninstrumentarium „aufgepfropft", auf ein Ordnungsrecht also, das nach § 7a Wasserhaushaltsgesetz (WHG) von allen Einleitern Mindestanforderungen an Reinigungsleistungen stellt (z.B. jährlich für einen Kubikmeter absetzbarer Stoffe 20 g Quecksilber, 100 g Cadmium usw.). Für die Restverschmutzung haben nur diejenigen Emittenten den vollen Abgabensatz je Schadeinheit zu entrichten, die die ordnungsrechtlich festgelegten Mindestanforderungen überschreiten.

Die fiskalische Steuerungsfunktion der Abwasserabgabe kommt nur in dem kleinen, die Emissionsgrenzwerte überschreitenden Bereich der sogenannten Restverschmutzung voll zum Tragen, deren Vermeidung oder Verringerung ordnungsrechtlich nicht mehr erfaßt wird. Für diesen Verschmutzungsbereich ist allerdings der Anreizeffekt umso geringer, je niedrigere Abgabensätze gelten. Bei rationalem ökonomischen Kalkül gilt grundsätzlich, daß erst im Vergleich zu den Reinigungskosten höhere Abgabenbelastungen die Abwasserproduzenten veranlassen, in Anlagen mit hohen Reinigungsleistungen zu investieren (Zimmermann 1984, S. 230ff.).

Jedes abwassereinleitende Unternehmen hat bei der zuständigen Behörde (Wasserbehörde) einen Antrag zu stellen, in dem die Menge der erlaubten Schadstoffwerte und die Jahresschmutzwassermenge festgesetzt werden (Benkert u.a. 1990, S. 182). In der Regel richten sich die im wasserrechtlichen Bescheid festgelegten Werte nicht nach den tatsächlich eingeleiteten, sondern nach den beantragten Schadstoffen. Überschreiten die durch Stichproben überprüften tatsächlichen Immissionen die beantragten Werte, müssen die Unternehmen mit weiteren Sanktionen rechnen. Diese Konstruktion der Abgabenregelung hat den beabsichtigten Steuerungseffekt, daß die Unternehmen Einleitungen nur in der tatsächlich benötigten Menge beantragen.

Seit dem Inkrafttreten der zweiten Novelle des Abwasserabgabengesetzes am 1.1.1989 hat das System von Ermäßigungen und Erhöhungen seine vollzugsbeschleunigende Wirkung entfaltet: Für die abgabenpflichtigen Unternehmen verringert sich die Abgabenbelastung dann, wenn die behördlich tolerierten Emissionsgrenzwerte (Mindestanforderungen) nach den Regeln der Technik gemäß § 7a Abs. 1 WHG unterschritten werden. Die Einleiter müssen dann zusätzliche Zahlungen leisten, wenn die Emissionswerte überschritten werden.

Dieses Bonus-Malus-System ist durch folgende Merkmale gekennzeichnet (Berendes/Winter 1989, S. 128ff.):

- Im Fall der tatsächlichen Überschreitung der im Bescheid angegebenen Werte erhöht sich mit der Zahl der Schadeinheiten auch die Abgabenzahlung.
- Für die tolerierten Abwassereinleitungen entsprechend den „allgemein anerkannten Regeln der Technik“ muß nur der halbe Abgabensatz bezahlt werden. Die Abgabe ermäßigt sich zusätzlich um den Prozentsatz, um den die tolerierten Grenzwerte unterschritten werden.
- Wird vermieden, daß die Abwasser mit gefährlichen Stoffen nach den Regeln der Technik belastet werden, reduziert sich die Abgabenzahlung sogar um bis zu 80%.
- Unterschreitet die Anlage die Mindestanforderungen nach den Regeln der Technik, kann die Hälfte der Investitionskosten mit der Abgabenlast für drei Jahre verrechnet werden.

Skeptisch sind unter steuerungspolitischen Aspekten auch alle Versuche zu beurteilen, das Wasserhaushaltsgesetz dadurch zu verschärfen, daß – in Anlehnung an die immissionsschutzrechtliche Definition – auch für die Genehmigung der Gewässerverschmutzung das Kriterium der „anerkannten Regeln der Technik“ durch den Begriff des „Standes der Technik“ ersetzt wird (Knödgen/Uppenbrink 1984, S. 87). Solange nämlich in der Bundesrepublik ordnungsrechtliche gegenüber fiskalischen umweltpolitischen Instrumenten das Übergewicht haben, werden die technisch orientierten Umweltstandards inhaltlich ohnehin von den kompetenten industriellen und technisch-wissenschaftlichen Institutionen „vorformuliert“. Überdies ändert die Fassung strengerer Begriffe für den Stand der Technik nichts an der in empirischen Analysen festgestellten großen Bereitschaft der „unteren“ Vollzugsbehörden, zeitliche und inhaltliche Kompromisse gegenüber den Anliegen und Verpflichtungen der industriellen Einleiter und gegenüber den Betreibern kommunaler Kläranlagen einzugehen. Die von Kostenersparnis-Interessen geleiteten industriellen und kommunalen Einleiter bestimmen somit maßgeblich Art, Umfang und Tempo des Einsatzes neuer Technologien. Die Orientierung am Stand der Technik gibt ferner dann fortschrittsfördernde Impulse, wenn das Ordnungsrecht soviel Spielraum für fiskalische Anreizinstrumente läßt, daß entsprechend „hohe“ Abgabensätze einen wirksamen Beitrag für versteckte Reinigungsmaßnahmen leisten können.

Die inhaltliche Festlegung der Emissionsgrenzwerte des wasserrechtlichen Bescheids erhält in dem Maße wachsende Bedeutung, wie strengere Mindestanforderungen an die Reinigungsleistung gestellt werden. Je höher der Reinigungsgrad ordnungsrechtlich fixiert wird, umso geringer ist der durch Abwasserabgaben steuerbare Bereich der Restverschmutzung. In dem Maße, wie die Emittenten zu immer höheren Reinigungsgraden (von 90% oder mehr) verpflichtet werden, schwindet auch das Steuerungspotential fiskalischer Anreizinstrumente wie das der Abgaben. Die Abwasserabgabe erfüllt zwar ihre ökonomische Lenkungsfunktion nur unzureichend, doch liegt ihre begrenzte Anreizwirkung zumindest darin, daß die industriellen und kommunalen Einleiter zu vorgezogenen Investitionen in Reinigungstechnologien veranlaßt werden. Ohne Erhebung einer Abwasserabgabe hätten nämlich die Abwasserproduzenten versucht, eine Fristverlängerung für die Erfüllung (strengerer) Mindestanforderungen zu erreichen. Mit der Abgabenbelastung entfällt für die Einleiter der Anreiz, für eine Übergangszeit die alten (höheren) Emissionsgrenzwerte genehmigt zu bekommen.

Die knappen zeitlichen Ressourcen der Wasserbehörden, die auf die völlig unzulängliche Personalausstattung zurückzuführen ist, begünstigt ökonomisierende Tendenzen, inhaltliche Regelungen der Genehmigungs-, Sanierungs- und Überwachungspraxis der Abwassereinleitungen weitgehend der Industrie zu überlassen. Wie schwierig die kostenwirksamen novellierten Auflagen des Wasserrechts wie z.B. zur Abwasservorbehandlung oder zur Handhabung wassergefährdender Stoffe durchzusetzen sind, belegen die industriellen Widerstände gegen die Einführung neuer Abwassertechniken oder gegen Sanierungsmaßnahmen. Überdies müssen die einleitenden Industriebetriebe nur in Ausnahmefällen Sanktionen befürchten, da die ordnungsbehördlichen Kontrollen entweder gar nicht oder nur sehr lückenhaft durchgeführt werden (Lahl 1988, S. 50ff.).

Außerdem führen die auf Konsens und Kompromiß angelegten Verhandlungssysteme dazu, daß die Vollzugsbehörden die Steuerungsmittel nur selten strikt anwenden (Wollmann 1990, S. 96f.). Im Interesse der Konfliktvermeidung im Interaktionsfeld (insbesondere zwischen Politik, Industrie und Öffentlichkeit) sind die Gewässerschutzbehörden stark darum bemüht, die Kooperationsbereitschaft der Einleiter zu erhalten und zu stärken (Mayntz u.a. 1976, S. 10). Die Besonderheit solcher Verhandlungssysteme liegt darin, daß es vielfach zu einer „Umkehr des Machtgefälles zwischen Vollzugsapparat und Adressaten“ kommt, d.h., daß sich die an Kostenersparnis interessierte einleitende Industrie im Vollzug durchsetzt. Die Verhandlungssysteme begünstigen also insofern Ökonomisierungstendenzen der Umweltpolitik, als umweltpolitische Regulierungen schon auf gesellschaftlicher Ebene – als Folge konfliktreicher Auseinandersetzungen – Kompromisse sind, die ein weiteres Mal auf kommunaler Vollzugsebene inhaltliche Abstriche zugunsten einzelwirtschaftlicher Interessen erfahren (Lahl 1988, S. 46).

Je schärfere Bestimmungen für die noch tolerierten Abwassereinleitungen erlassen werden wie beispielsweise strengere politische Vorgaben an die Wasserbehörden für die Reduzierung von Emissionsgrenzwerten durch die Neufassung von Abwasserverwaltungsvorschriften für die Gemeinden (z.B. Einführung der „3. Reinigungsstufe“ für Kläranlagen), um so größer ist der ökologische Steuerungseffekt, d.h., daß höhere Gesamtreinigungsgrade erreicht werden. Präzise formulierte gewässergütepolitische Anweisungen, Richtlinien oder Vorschriften für die Wasserbehörden grenzen den Spielraum für industrielle und technisch-wissenschaftliche Bestrebungen ein, daß vorrangig Kosten-Abgabenersparnis-Überlegungen über die inhaltliche Festlegung der technischen Werte in den wasserrechtlichen Bescheiden entscheiden.

Das dem Stand der Technik bzw. den Regeln der Technik zugrundeliegende ordnungsrechtliche Instrumentarium im Gewässerschutz veranlaßt die Einleiter lediglich, die von den Vollzugsbehörden festgelegten technischen Mindeststandards einzuhalten, schafft aber keine zusätzlichen Anreize für die Industrie, in der Regel teurere integrierte Reinigungstechnologien zu entwikkeln und anzubieten.

Die Novelle des Abwasserabgabengesetzes von 1989 hat trotz Einbeziehung neuer Schadstoffparameter die ökonomische Wirkung der Abgaben eher abgeschwächt. Das oben gekennzeichnete System der Abgabenermäßigung ist derart „aufgeweicht" worden, daß zahlreiche Unternehmen nur geringe oder gar keine Abgaben entrichten. Die Novelle hat die ohnehin schon geringe Anreizwirkung der Abgaben soweit abgeschwächt, so daß vom „Ende der Restverschmutzungsabgabe" gesprochen wird (Hansmeyer 1989, S. 55ff.). Damit werden die Vorzüge der Abwasserabgabe, einen Beitrag zur beschleunigten Einführung von – den Regeln der Technik entsprechenden – Technologien zu leisten, zunichte gemacht. Die Einhaltung der technischen Standards und die Abgabenabstufung erzwingen nur die Installierung vorhandener, also in der Regel kostengünstiger end-of-pipe-Technologien[10].

Die ursprüngliche, technologisch orientierte Abgabenkonzeption ist „zwischen den Fronten eines juristisch-technischen und eines ökonomischen Verständnisses von Umweltpolitik" so zerrieben worden, daß die Abgabe ihre eigene Anreizwirkung weitgehend verloren hat (Hansmeyer 1989, S. 50). Um die Einführung umweltschonender Prozeß- und Produktinnovationen wirksam zu beschleunigen, müßten auch die Abwassereinleitungen mit den höchsten Abgabesätzen belegt werden, die bei Einhaltung der Regeln der Technik emittiert werden, und überdies müßten die umweltschädigendsten Schadstoffparameter in die Abgabenbelastung einbezogen werden (Benkert 1991, S. 184).

Im Fall der Fristverlängerung hätte für die Einleitungen, die die unterdessen strengeren Mindestanforderungen (Emissionsgrenzwerte) überschreiten, der volle Abgabensatz gezahlt werden müssen. Damit keine Abgaben in voller Höhe für grenzwertüberschreitende Einleitungen zu entrichten sind, werden sich die Abwasserverursacher um die beschleunigte Durchführung

10) Die gebräuchliche Definition der Begriffe end-of-pipe-Technologien (additive Technologien) und integrierte (Prozeß-)Technologien geht von einer Polarität aus und versteht unter additiven Technologien Kontrolltechnologien (auch Entsorgungstechnologien), die einem Produktionsprozeß „aufgepfropft" (add-on) bzw. nachgeschaltet werden (z.B. Entschwefelungsanlagen, Wasserreinigungsanlagen). End-of-pipe-Technologien werden weiter unterteilt in Technologien, die marktfähige Abfallprodukte erzeugen, Technologien, die Abfälle (Residuen) in weniger gefährliche oder lagerbare Stoffe umformen und Technologien, die Abfälle wiederverwerten (recycling). Bei der letzten Variante, den Recycling-Technologien, sind die Grenzen zu den Prozeßtechnologien fließend. Siehe Zimmermann 1988, S. 207. Integrierte Prozeßtechnologien sind dagegen neuartige Produktionsprozesse (Prozeßinnovationen). Vgl. Jänicke 1988, S. 15, 22ff.; Zimmermann 1988, S. 207

von Reinigungsmaßnahmen bemühen. Die Abwasserabgaben in Verbindung mit dem Auflagensystem des Wasserrechts leistet damit in der Bundesrepublik zumindest gewässergütepolitische „Vollzugshilfe" zur Einführung von Reinigungstechnologien, d.h., sie trägt zur „Unterstützung und besseren Durchsetzung allgemeiner Einleitungsstandards" bei (Ewringmann 1984, S. 560).

Die geringe Steuerungsleistung der Abgabe hängt einmal von dem kleinen Kreis der abgabenpflichtigen Verursacher ab: Die Abgabe betrifft nämlich weniger als 10% der „Direkteinleiter", während die meistern industriellen „Indirekteinleiter" ihr Abwasser in das öffentliche Kanalnetz leiten und dafür Gebühren an die Gemeinden bzw. Abwasserverbände entrichten (Ewringmann 1984, S. 561). Zum anderen sind die Reinigungsanstrengungen nicht das Ergebnis eines einzelwirtschaftlichen Abgaben-Reinigungskosten-Kalküls, sondern werden bis zum Niveau der Mindestanforderungen ordnungsrechtlich erzwungen. Da die entscheidende Restriktion für die (ökonomische) Steuerungswirkung der Abgabe in der Verfeinerung und Verschärfung des Auflagensystems liegt, bietet sich für eine rationale Gewässerschutzpolitik die Lösung an, die Abgabensätze zu erhöhen, ohne gleichzeitig die Mindestanforderungen zu verschärfen (siehe Kapitel III.2.2.3.4.).

2.3. Definition und Einflußvariablen der Ökonomisierung im Politiknetzwerk der Umwelt

Die Definition der Ökonomisierung der Umweltpolitik hat davon auszugehen, daß der Begriff der Ökonomisierung als eines Aktionsmusters, einer politischen Strategie und eines politischen Prozesses nicht verallgemeinerungsfähig ist, d.h. nicht für alle Politikfelder gilt und je nach Instrumenteneinsatz und Steuerungsobjekt unterschiedliche Ökonomisierungsfolgen hat.

Die dominierende herkömmliche staatliche Förderpolitik begünstigt im Sinne einzelwirtschaftlicher Kalküle den Einsatz teurer nachgeschalteter Technologien und verstärkt damit die Ökonomisierung der Umweltpolitik. Die genuin umweltpolitische Steuerung, über rechtliche und fiskalische Instrumente ressourcen- und energieschonende Produktionen und Technologien zu fördern und umweltschädigende Produktionen und Produkte zu belasten, hatte und hat ambivalente Ökonomisierungsfolgen: Fördermaßnahmen zugunsten einzelwirtschaftlicher Interessen leisten einen Beitrag zur Verstärkung der Ökonomisierung der Umweltpolitik. Sanktionen (z.B. strengere Grenzwerte für Emissionen oder höhere Abwasserabgaben) zulasten einzelwirtschaftlicher Kalküle schwächen dagegen die Ökonomisierung ab.

Eine gezielte umweltschonende Förderpolitik kommt den Herstellern spezifischer Produkt- und Verfahrensinnovationen in Gestalt verbesserter Absatz- und Gewinnchancen zugute, begünstigt also eine spezifische Art marktlicher Umweltökonomisierung. Eine Sanktionspolitik mit Hilfe strengerer Grenzwerte oder höherer Abgaben hat einerseits emissionsmindernde

Wirkungen und trägt wegen der damit verbundenen zusätzlichen Kostenbelastungen und (möglichen) erschwerten Planungs- und Genehmigungsverfahren bei den Anwendern (z.B. Unternehmen und Gemeinden) zur Abschwächung der Ökonomisierung bei. Andererseits verstärkt aber eine solche Umweltpolitik auch die (marktliche) Umweltökonomisierung, da sie Anreize für die Herstellung ressourcen- und umweltschonender Produkte schafft, also der Erschließung neuer Märkte für spezifische Produkte Impulse gibt.

Die politikfeldspezifische Ökonomisierung im Politiknetzwerk der Umwelt wird maßgeblich bestimmt von Einflußvariablen wie denen

- des vorherrschenden staatlichen Interventionsverständnisses und dominanter (finanz- und ordnungspolitischer) Deutungsmuster,
- des Gewichts politischer Prinzipien und der Ausgestaltung des Instrumentariums,
- des Grads der Konkretisierung und der Hierarchieebene der Normen,
- des Grads der Institutionalisierung des umweltpolitischen Interaktionssystems und
- des Ausmaßes der Exklusivität oder Inklusivität der Entscheidungsverfahren.

Das in Deutschland traditionell vorherrschende Verständnis weitgehender staatlicher Interventionszurückhaltung beinhaltet nicht nur die Beteiligung privatwirtschaftlicher Akteure an der staatlichen Aufgabenwahrnehmung (z.B. private Produktion öffentlicher Infrastruktur), sondern auch die Legitimation von Ökonomisierungsfunktionen des Staates in der Rolle des Investitionsförderers, des Auftraggebers, des (direkten) Steuer- und Kostenentlasters und des Deregulierers. Die seit dem Paradigmenwechsel zur Angebotspolitik dominanten finanz- und ordnungspolitischen Deutungsmuster haben wesentlich zur Umorientierung der Staatstätigkeiten auf einzelwirtschaftliche Gesichtspunkte beigetragen.

Die umweltpolitischen Prinzipien sind relevante Einflußvariablen der Verstärkung oder Abschwächung von Ökonomisierungstendenzen: Der Verzicht der deutschen Umweltpolitik auf die strikte Anwendung des Verursacherprinzips begünstigt eine spezifische Form marktlicher Umweltökonomisierung, d.h., daß der Staat den Unternehmen für teure reparierende und entsorgende Maßnahmen Förderhilfen gewährt und Absatzmärkte für „additive" Umweltschutztechnologien erschließen hilft.

Das Vorsorgeprinzip hatte und hat für die symbolische (Umwelt-)Politik lediglich legitimationsfördernde Funktion (bestenfalls auf Programmebene in Gestalt allgemeiner vorsorgender Zielformulierung!), beinhaltet aber keine konkreten Handlungsverpflichtungen. Das nur in umweltrechtlichen Teilbereichen eingeführte Vorsorgeprinzip läßt weiterhin den bevorzugten Einsatz nachgeschalteter Umwelttechnologien zu und trägt damit zur Verfestigung bzw. Verstärkung marktlicher Ökonomisierungstendenzen bei.

Ferner bildet die Ausgestaltung des Instrumentariums eine bedeutende Einflußvariable der Ökonomisierung der Umweltpolitik. Das in Deutschland vorherrschende ordnungsrechtliche Instrumentarium verstärkt deshalb die Ökonomisierung der Umweltpolitik, weil es erst am Ende der energie- und ressourcenverbrauchenden „Kausalkette“ ansetzt und den Staat in die Rolle der Reparatur- und Entsorgungsinstanz, des Förderers, Auftraggebers und „Deregulierers“ drängt, und damit teure staatliche Maßnahmenprogramme erforderlich macht, deren Erfüllung einzelwirtschaftlichen Interessen zugute kommt: Der in Gang gesetzte Zyklus von Güterversorgung, Problemerzeugung und Problementsorgung trägt zur unternehmerischen Ertragsverbesserung, Absatz- und Gewinnsteigerung usw. bei, verstärkt also eine spezifische Form marktlicher Ökonomisierung im Wohlfahrtssektor Umwelt. Diese staatlich-industrielle Komplexbildung ist also ein relevanter Einflußfaktor der Ökonomisierung der Umweltpolitik.

Weitere Bestimmungsfaktoren der Ökonomisierung im Politiknetzwerk der Umwelt sind der Grad der Spezifizierung der Standards und die Hierarchieebene der Normen. Analysen der bürokratisch-industriellen Interaktionsmechanismen in der Umweltpolitik haben offengelegt, daß unternehmerisches Handeln bevorzugt bei verhandelbaren allgemeinen Verhaltensstandards wie denen der Generalklauseln (z.B. Norm des „Standes der Technik“) oder der Richtwerte ansetzt, deren Umsetzung durch die zuständigen Behörden einzelwirtschaftlichen Interessen nicht unerhebliche Einwirkungsmöglichkeiten eröffnen. Grenzwerte als hochgradig spezifizierte Standards bieten dagegen ökonomischen Interessen keinen oder nur geringen Verhandlungsspielraum, so daß präzis definierte, schadstoffbezogene Einzelmengenregulierungen zumindest einen hohen Umsetzungsgrad gewährleisten.

Gesetze als Regulierungsnormen der oberen Hierarchieebene sind zwar für ökonomische Interesseneinflußnahme als allgemein formalisierte Normen das interessanteste Aktionsfeld, doch werden Umweltstandards nur ausnahmsweise in Gesetzen festgelegt (z.B. Grenzwerte des Benzinbleigesetzes). Auch wenn Umweltstandards am häufigsten in Rechtsverordnungen und Verwaltungsvorschriften geregelt werden, für deren inhaltliche Ausgestaltung die Ministerialbürokratie formal erhebliche Kompetenzen hat, werden die Standards zu einem großen Teil durch wissenschaftlich-technische und verbandliche Normungsgremien „vorformuliert“. Gerade auf Programmebene präjudizieren also technische und ökonomische Kriterien in markanter Weise die ministerialbürokratische Politikformulierung. Verwaltungsvorschriften auf „unterster“ Ebene der Normenhierarchie schaffen, je weniger sie spezifiziert sind, bürokratische Ermessensspielräume, die nach empirischen Studien über kooperatives Verwaltungshandeln seitens kompromißbereiter Vollzugsbehörden häufig so genutzt werden, daß ökonomischen Kalkülen weitgehend Rechnung getragen wird.

Eine zentrale Einflußvariable der Ökonomisierung der Politik im Umwelt-Netzwerk sind auf Programmebene das hochgradig institutionalisierte und exklusive Akteursystem technisch-wissenschaftlicher und industrieverbandlicher Institutionen sowie in der Phase der Implementation insbesondere bürokratisch-industrielle Interaktionsmechanismen.

Die historisch, vertraglich und gesetzlich begründetete Institutionalisierung und regelsetzende Aufgabenwahrnehmung der wissenschaftlich-technischen Einrichtungen wie des Sachverständigenrats für Umweltfragen, der DFG, des TÜV und insbesondere der technischen Industrieverbände VDI und DIN hatten und haben die Ökonomisierung in diesem Politikfeld verfestigt und zum Teil verstärkt. Die enge institutionelle Verflechtung zwischen Industrieunternehmen, Wirtschaftsverbänden und Normungsgremien und die Rekrutierung der Technikverbände (vor allem des VDI und des DIN) aus Vertretern der Wirtschaft, Wissenschaft und Verwaltung mit einem deutlichen Übergewicht (industrie-)verbandlicher Akteure in den Kommissionen, Normenausschüssen und Arbeitsausschüssen haben bewirkt, daß trotz vertraglich festgeschriebener Verpflichtungen auf das „Gemeinwohl" und das „öffentliche Interesse" einzelwirtschaftliche Kalküle wie die Berücksichtigung „wirtschaftlicher Gegebenheiten", „wirtschaftliche Vertretbarkeit" und betriebswirtschaftliche Kostengesichtspunkte gegenüber Umwelt-, Verbraucher- und Arbeitsschutzinteressen dominieren. Auch wenn unterdessen durch die Institutionalisierung öffentlicher Interessen (z.B. durch Einrichtung eines Verbraucherrats, einer Koordinierungsstelle Umweltschutz oder eines Fachbeirats im DIN) der Prozeß der Öffnung der Normungsgremien eingeleitet und damit die Wert- und Interessenberücksichtigung erweitert worden sind, ist die traditionelle Überrepräsentation technischer und einzelwirtschaftlicher Interessen zwar ansatzweise abgeschwächt, jedoch nicht grundlegend durchbrochen worden.

Obwohl die Ministerialbürokratie gerade im Politikfeld der Umwelt infolge ihrer Regelungskompetenz beim Erlaß von Rechtsverordnungen und Verwaltungsvorschriften über ein beachtliches politisches Gestaltungspotential verfügt, hat sie die konkrete umweltpolitische Aufgabenwahrnehmung weitgehend den Vollzugsbehörden überantwortet. Die an den Beispielen der Luftreinhalte- und Gewässerschutzpolitik untersuchten Interaktionsmodi konnten belegen, wie stark Rücksichtnahmen auf einzelwirtschaftliche Erfordernisse und Interessenübereinstimmungen zwischen bürokratischen und industriellen Akteuren die Phase der Politikimplementation bestimmten und zur Ökonomisierung der Politik beitrugen.

IV. Resümee und Alternativen

Angesichts der konstatierten Fiskalisierung und Ökonomisierung der wohlfahrtsstaatlichen Politik in der Bundesrepublik gilt schließlich den beiden Fragekomplexen die analytische Aufmerksamkeit, was – in bezug auf die Stabilisierung oder Destabilisierung des politischen Systems – die Steuerungsergebnisse dieser Politikstrategien sind und welche Ansätze von Alternativen sich zu den vorherrschenden Strategien in der Finanz-, Sozial- und Umweltpolitik anbieten.

Welche allgemeinen politischen Ordnungsvorstellungen, ökonomischen und gesellschaftlichen Determinanten und welche politisch-systemischen Faktoren sind ausschlaggebend dafür, daß trotz der mit der Fiskalisierung der Finanz- und Sozialpolitik verbundenen tendenziell restriktiven wohlfahrtsstaatlichen Politik und der mit der Ökonomisierung der Politik verbundenen verstärkten Ausrichtung des staatlichen Handelns auf einzelwirtschaftliche Kalküle und Interessen die wohlfahrtsstaatlichen Fundamente nicht ernsthaft gefährdet werden? Welche Faktoren haben dazu beigetragen, daß die wohlfahrtsstaatliche Politik der Bundesrepublik Deutschland in den 80er und 90er Jahren im Gegensatz zu den Erklärungen von Ansätzen wie denen der sozialstaatlichen Ordnungstheorie[1], den Thesen vom Ende des „Vollbeschäftigungswohlfahrtsstaates“[2] oder den Interpretationen von der Krise[3] oder gar

1 Die sozialstaatliche Ordnungstheorie der Neuen Politischen Ökonomie sieht in wohlfahrtsstaatlich verursachten „zirkulär-kumulativen Prozessen“ maßgebliche Ursachen für eine zunehmende Delegitimierung und eine daraus folgende Destabilisierung des Wohlfahrtsstaats. Vgl. dazu Herder-Dorneich/Klages/Schlotter 1984, S. 13-127.

2 Für einige Autoren neigt sich das Ordnungsmuster des „Vollbeschäftigungswohlfahrtsstaats“ seinem Ende zu, weil im Wohlfahrtsstaat das Prinzip generalisierter Arbeitsmarktteilnahme (die Vollbeschäftigung!) „nachweislich zur Illusion wird“ oder die Vollbeschäftigung keine „verantwortlich in Aussicht zu stellende Lösung ist“. Siehe dazu Lessenich 1996, S. 211; Offe 1994, S. 796.

3 Afheldt sieht das wachsende „Dilemma der Politik“ im Wohlfahrtsstaat darin begründet, daß trotz wachsender Anforderungen an den Staat mit zunehmender Marktmacht des Kapitals die nationale Belastung besteuerungsfähiger Produktion abnimmt und damit die Mittelbeschaffung erschwert wird. Siehe Afheldt 1994, S. 68ff. Für Lessenich hat „der Wohlfahrtsstaat, wie wir ihn kennen, ... ausgedient“. Folglich

vom „Selbstruin“ des Wohlfahrtsstaates[4] nicht zwangsläufig die unterstellte Destabilisierung der politischen, ökonomischen und sozialen Strukturen nach sich gezogen hat? Wie sind die wohlfahrtsstaatlich relevanten finanz- und sozialpolitischen Entwicklungen zu erklären, daß weder der Rückgang bzw. die Verstetigung fiskalischer Indikatoren wie die der Staats-, Sozialleistungs-Schulden- und Abgabenquoten in den 80er Jahren noch deren Anstieg in den 90er Jahren zu einer krisenverschärfenden und destabilisierenden Gefährdung der verfolgten Politik oder des wohlfahrtsstaatlichen Systems der Bundesrepublik führten?

Auch wenn die Analyse der Fiskalisierung und Ökonomisierung der Finanz-, Sozial- und Umweltpolitik zu dem Ergebnis kommt, daß die dominanten Strategien mit ihren offengelegten Defiziten keine krisenverschärfenden Effekte hatten, sondern insgesamt zur Stabilisierung des wohlfahrtsstaatlichen Systems beitrugen, interessiert im Anschluß an das Resümee die Perspektive, welche „pragmatischen“ Ansatzpunkte für Alternativen zu der vom Verfasser kritisierten Fiskalisierung und Ökonomisierung in den ausgewählten Politikfeldern entworfen werden können. Der Entwurf von Ansätzen politikfeldspezifischer Alternativen erfolgt dabei unter dem Dach des hier vertretenen normativen Strategieansatzes politischer Gestaltung (vgl. Kap. I.1.3.).

---

wird sich „die Einsicht in Krise und Ende des (herkömmlichen) Wohlfahrtsstaats“ durchsetzen. Vgl. Lessenich 1996, S. 211.

4 C. Koch sieht nicht nur in der „Perspektive des notwendigen prinzipiellen Verzichts auf Vollbeschäftigung den Auslöser einer Staatskrise“, sondern behauptet auch, daß sich der Wohlfahrtsstaat „selbst ruiniere“. Siehe C. Koch 1995, S. 95; 1995a, S. 50ff.

1. Steuerungsergebnisse wohlfahrtsstaatlicher Politik: Politik- und system-stabilisierende Wirkungen

Die Bestandsaufnahme der Veränderung fiskalisch und sozial relevanter Indikatoren soll zunächst die potentiell stabilitätsgefährdenden Entwicklungen aufzeigen, daß weder der nach angebotspolitischem Politikmuster erfolgte Rückgang der Staats-, Sozialleistungs- und Schuldenquote sowie die Verstetigung der Abgabenquote noch der insbesondere aus der deutschen Vereinigung und der Arbeitslosigkeit resultierende Anstieg aller gesamtstaatlich bedeutenden fiskalischen und sozialen Maßgrößen sich zu einer ernsthaften Gefährdung der Fundamente wohlfahrtsstaatlicher Politik und des wohlfahrtsstaatlichen Systems insgesamt entwickelten.

Auch die emmissionsbezogene Bestandsaufnahme in den Umweltmedien Luft und Gewässer soll zeigen, wie trotz insgesamt anhaltender Umweltzerstörungen insbesondere partielle Emissionsminderungen und Netzwerkstrukturen zur Stabilisierung der Fortsetzung der herkömmlichen Umweltpolitik beitragen.

1.1. Bestandsaufnahme

Die Bestandsaufnahme des Rückgangs der fiskalischen und sozialen Indikatoren in den 80er Jahren verdeutlicht, auf welche „Konsolidierungserfolge" die Anhänger angebotspolitisch angeleiteter Finanz- und Sozialpolitik verweisen können, aber welches – die politische Stabilität gefährdende – Potential eine solche restriktive Politik zugleich geschaffen hat. Die im wesentlichen nach diesem angebotsorientierten Strategiemuster fortgesetzte Finanz- und Sozialpolitik der 90er Jahre führte dann aber zu einer vereinigungs- und arbeitslosigkeitsbedingten „Trendwende", die die traditionelle Stabilität der politischen, ökonomischen und sozialen Strukturen und Verfahren der Bundesrepublik Deutschland zu destabilisieren drohten.

Eine luftreinhalte- und gewässerschutzpolitische Bestandsaufnahme kann überdies demonstrieren, daß trotz weiterhin gravierender Defizite in der Umweltpolitik partielle „Erfolge" der wesentlich auf die TA Luft und Abwasserreinigungsmaßnahmen zurückgehenden Emissionsminderungen als politik- und systemstabilisierende Faktoren wirken.

1.1.1. Konsolidierungsbedingter Rückgang der Staats-, Sozialleistungs- und Schuldenquote sowie die „Verstetigung" der Abgabenquote in den 80er Jahren

Wichtige Indikatoren für das Wirken des Staates, die Entwicklung der Staatsquote, d.h. des Verhältnisses von Staatsausgaben zum Bruttosozialprodukt, und die Veränderung der Sozialleistungsquote des Staates, d.h. des Anteils staatlicher sozialer Leistungen am Bruttosozialprodukt[5], wiesen für die hier interessierende Phase der 80er Jahre annähernd parallele Entwicklungen auf (Bäcker/Bispinck/Hofemann/Naegele 1989, S. 41ff.). Nach einem steilen Anstieg der Staats- und Sozialleistungsquote bis 1975 zeichnet sich die Entwicklung dieser Indikatoren zwischen 1975 und 1982 durch einen muldenförmigen Verlauf aus[6]. Ab 1982 gingen sowohl die Staats- als auch die Sozialleistungsquote kontinuierlich zurück[7].

Für die Entwicklung der (wohlfahrts-)staatlichen Tätigkeiten in der Bundesrepublik ist dabei charakteristisch, daß es zwar zu „markanten Ausgabenumschichtungen", aber nicht zu radikalen (wohlfahrts-)staatlichen Ausgabenkürzungen kam (Körner 1989, S. 5).

---

5 In dieser Abgrenzung der (staatlichen) Sozialleistungsquote werden die vom Arbeitgeber erbrachten Leistungen wie z.B. die ins Gewicht fallenden Aufwendungen für die Lohnfortzahlung im Krankheitsfall nicht erfaßt.
Werden die (direkten) Sozialleistungen nach dem Sozialbudget institutionell aufgegliedert, werden nahezu 60% aller Sozialleistungen (1988) über die Sozialversicherung abgewickelt: darunter rangieren die Rentenversicherung mit rd. 30%, die Krankenversicherung mit rd. 20%, die Arbeitsförderung mit rd. 7% und die Unfallversicherung mit knapp 2%. Die steuerfinanzierten Leistungen wie Kindergeld, Wohngeld, Ausbildungsförderung, Sozialhilfe haben mit etwa 14% einen nachrangigen Stellenwert. Die Leistungen des beamtenrechtlichen Systems (z.B. Pensionen, Beihilfen) schlagen mit 9% zu Buche, und die Arbeitgeberleistungen (insbesondere die Lohnfortzahlungen) machen gute 9% aller Sozialleistungen aus.
Werden die (direkten) Sozialleistungen funktionell gegliedert, kommt das Schwergewicht den Funktionsbereichen „Alter und Hinterbliebene" (rd. 40%) und „Gesundheit" (etwa 35%) zu, so daß sie etwa drei Viertel aller Sozialleistungen umfassen. Für „Ehe und Familie" werden ca. 12% und für „Beschäftigung" ungefähr 9% aller Sozialleistungen aufgewendet. Seit 1965 sind vor allem die Leistungen für den Funktionsbereich „Beschäftigung" von 2,1% (1965) auf 9% (1988) und für „Gesundheit" von 26,9% (1965) auf 34,1% (1988) angestiegen.
Auch in der weiten Abgrenzung des Sozialbudgets hat die Sozialleistungsquote 1975 mit nahezu 34% einen Höhepunkt erreicht, steigt nach muldenförmigem Verlauf 1982 wieder auf 32% an, fällt bis 1986 auf 31% zurück und stagniert seitdem auf diesem Niveau. Siehe hierzu Bäcker/Bispinck/Hofemann/Naegele 1989, S. 41-45.

6 Im Jahr 1975 ist die Staatsquote knapp unter die 50%-Grenze gestiegen, erreicht nach muldenförmigem Verlauf 1982 mit 49,8% ihren bisherigen Höchstwert und geht danach bis auf 45,5% im Jahr 1989 zurück. Vgl. dazu Körner 1989, S. 5.

7 Auch die Sozialleistungsquote des Staates steigt bis 1975 steil an (bis ca. 18%), bewegt sich dann muldenförmig mit geringer Abschwächung und anschließendem flachen Anstieg im Jahr 1982 wieder auf das Niveau von 18% und sinkt danach bis auf 15,9% (1989). Siehe Körner 1989, S. 10.

Wird die Staatstätigkeit an der Staatsquote der Einkommensübertragungen (Sozialleistungen und vor allem Subventionen an Unternehmen) sowie Übertragungen ans Ausland[8] gemessen, markierten auch die Jahre 1975 und 1982 Wendepunkte staatlichen Wirkens: Nach dem Höhepunkt von 1975 mit rd. 24% stagnierten zwischen 1975 und 1982 die Ausgaben für Sozialleistungen und Transfers an Unternehmen mit charakteristischem (flachen) muldenförmigen Verlauf. Ab der politischen „Wende" von 1982 setzte eine rückläufige Tendenz dieser Staatsquote bis auf rd. 22% (1989) ein (Körner 1989, S. 9 v.).

Die Rentenzahlungen hatten und haben einen prägenden Einfluß auf den Verlauf der sozialen Leistungen an die Haushalte. Zwei Faktoren haben den Anstieg des Anteils der Einkommen aus der Rentenversicherung am nominalen Bruttosozialprodukt (Rentenquote) bestimmt: Die Bestandsveränderung laufender Renten und die Rentenanpassungen. In den 80er Jahren schwächte sich als Folge des Zweiten Weltkrieges der Bestandszuwachs laufender Renten ab[9]. Ab 1979 verringerten sich infolge der tendenziell mäßigeren Zunahme der Bruttoarbeitsentgelte auch die Anstiege der Rentenanpassungssätze[10]. Der abgeschwächte Zuwachs der Bestandsveränderung und der Rentenanpassungen verschob die Rentenquote von rd. 10% (1975/1979) auf nur noch 9% (1989).

Die Entwicklung der staatlichen Sozialleistungsquote wurde seit 1980 verstärkt von den Ausgaben für Arbeitslosengeld- und Arbeitslosenhilfeempfänger bestimmt. Der rezessionsbedingte Anstieg der Arbeitslosigkeit in den Jahren 1981/1982 verschob den Anteil der Ausgaben für Arbeitslose am Bruttosozialprodukt um 1 Prozentpunkt auf 2,5% nach oben, so daß die erkennbare Rückbildung der Sozialleistungsquote in der 2. Hälfte der 70er Jahre unterbrochen wurde, und die Quote kurzfristig (1981 und 1982) geringfügig auf 17% stieg. Als Folge der dann greifenden „Haushaltsoperationen" '82, '83 und '84 ging die Sozialleistungsquote des Staates ab 1983 mäßig und kontinuierlich auf 15,9% (1989) zurück (Körner 1989, S. 10).

Auch der Anteil der „sonstigen" sozialen Leistungen (vor allem Pensionen, Kindergeld, Krankenversicherung, Kriegsopferversorgung) am nominalen Bruttosozialprodukt nahm infolge der altersbedingt abnehmenden Zahl

---

8 Der Anteil der „sonstigen" Einkommensübertragungen am nominalen Bruttosozialprodukt weist langfristig insgesamt nur geringe Veränderungen auf: von 6,2% (1975/79) über 6,1% (1980/84) auf 5,9% (1985/89). Bei aufgabenbereichsorientierter Betrachtung der „sonstigen" Ausgabenkategorien fällt allerdings auf, daß im Jahrfünft 1985/89 die soziale Sicherung (16,9), die Forschungsförderung (10,1), die Landesplanung und das Wohnungswesen (9,3), die Wirtschaftsförderung (8,3) und die Landwirtschaft (6,1) überdurchschnittliche Zuwachsraten aufweisen. Vgl. dazu Fritzsche u.a. 1988.

9 Während der jahresdurchschnittliche Bestandszuwachs im Jahrfünft 1965/69 noch 3,2% beträgt, fällt er im Jahrfünft 1985/89 auf 1,1% zurück. Vgl. Körner 1989, S. 10.

10 Nach den politisch bedingten hohen jahresdurchschnittlichen Rentenanpassungssätzen des Jahrzehnts 1965/74 sinken die Sätze sukzessiv auf 3,2% im Jahrfünft 1985/89. Siehe Körner 1989, S. 10.

der Anspruchsberechtigten im langfristigen Trend von 5,3% (1980/84) über 4,6% (1985/89) bis auf 4,4% (1989) ab (Arbeits- und Sozialstatistik, Statistisches Taschenbuch, Bonn 1989).

Das quantitative Konsolidierungsziel der (angebotsorientierten) Fiskalisierungsstrategie des Bundes, primär über soziale Ausgabensenkungen (mit der Operation '82 und den Haushaltsbegleitgesetzen 1983 und 1984) die staatliche Neuverschuldung zu reduzieren, ist in den Jahren 1981 bis 1986 weitgehend erreicht worden: So gelang dem Bund, seine Nettokreditaufnahme (in Milliarden DM) von 37,39 (1981) über 37,18 (1982), 31,48 (1983), 28,31 (1984), 22,39 (1985) auf 22,93 (1986) zurückzuführen. Die Tendenz der sinkenden Neuverschuldung des Bundes ist allerdings durch einen Anstieg der Kreditaufnahme auf 27,5 (1987) und 35,4 (1988) unterbrochen worden. Erst im Jahr 1989 erreichte die Nettoneuverschuldung mit 19,2 Mrd. DM einen Tiefpunkt (siehe Tabelle 1 und Schaubilder 1a,1b,1c und 2 des Anhangs).

Die Schwankungen des Defizitabbaus beim Bund gingen weniger auf außergewöhnliche Ausgabenänderungen als vielmehr auf Einflußfaktoren wie konjunkturbedingte Mehr- oder Mindereinnahmen oder auf hohe oder niedrigere Gewinnabführungen der Bundesbank zurück. Der quantitative Konsolidierungserfolg des Jahres 1989 war neben konjunkturbedingten Steuermehreinnahmen von rd. 15 Mrd. DM (z.B. wieder voll wirksame Einkommensteuerprogression) und der hohen Gewinnabführung der Bundesbank wesentlich das Ergebnis der – der Fiskalisierungsstrategie des Bundes entsprechenden – Erhöhung von Verbrauchsteuern (z.B. Mineralölsteuer) und höherer Versicherungs- und Kraftfahrzeugsteuern (SVR-Jg. 1989/90, Ziff. 138ff.).

Während die angebotspolitische Zielsetzung der quantitativen Konsolidierung in der Tendenz erreicht wurde, ist der durch die Kürzung der sozialen Ausgaben gewonnene Spielraum für die Senkung der Steuer- bzw. Abgabenbelastung im wesentlichen nicht genutzt worden. Das angebotspolitische Ziel der qualitativen Umstrukturierung der (verbleibenden) Steuereinnahmen zugunsten niedrigerer Einkommensteuern und der Stärkung einzelwirtschaftlicher Rentabilität (Finanzhilfen für Innovationsförderung und Senkung der Unternehmensteuern) ist nur zum Teil umgesetzt worden (z.B. Senkung des Spitzensteuersatzes der Einkommensteuer oder Einführung eines linear-progressiven Tarifs).

Das angebotspolitische Hauptziel, über die Senkung der Unternehmensteuern die Investitionsbereitschaft und die Wettbewerbsfähigkeit zu stärken und über die davon erwartete Belebung des Wachstums und der Beschäftigung dem Fiskus auf lange Sicht Steuermehreinnahmen und wieder Spielraum für soziale Leistungen zu verschaffen, ist dagegen im Vorfeld und als Folge der deutschen Vereinigung zurückgestellt worden.

Die Steuerquote, gemessen als Verhältnis der Steuereinnahmen der öffentlichen Haushalte zum Bruttosozialprodukt, ist in den 80er Jahren kaum merklich zurückgegangen: Abgesehen vom Höchststand im Jahre 1980 (24,6%) schwankte die Entwicklung dieses Indikators lediglich in der Bandbreite zwischen 24% und 23%. Der Rückgang der Belastung der Einkommen mit Steuern und Sozialabgaben wäre im Verlauf der 80er Jahre größer ausgefallen, wenn nicht die Anhebung der Sozialbeiträge diese Entwicklung teilweise kompensiert hätte: Die Beitragssätze der Sozialversicherungen sind von 32,4% (1980) auf immerhin fast 36% in den Jahren 1988 und 1989 angestiegen (siehe Schaubild 3 und Tabelle 2 des Anhangs).

Negativ fällt die Bilanz der (angebotsorientierten) Strategie der qualitativen Konsolidierung aus, die über eine kurzfristig angelegte investitions- und wachstumsfreundliche Umgestaltung der Ausgabenseite des Bundeshaushalts (Ökonomisierung!) letztlich zu einer Einnnahmenverbesserung des Fiskus beitragen sollte (Fiskalisierung!).

Die auf die Verbesserung der einzelwirtschaftlichen Rentabilität und den (begrenzten) Ausbau der öffentlichen Infrastruktur gerichtete Umstrukturierung der Staatsausgaben wurde in den 80er Jahren auch deshalb erschwert, weil der überproportionale Anstieg der Zinszahlungen (siehe Schaubild 4 des Anhangs) den Spielraum für die Finanzierung der öffentlichen Infrastruktur einengte.

Zwar nahm der Staat seine angebotspolitisch befürwortete Förderrolle – insgesamt ohne radikale Einschnitte oder Ausweitungen – weiterhin in Form der Subventionierung privatwirtschaftlich initiierter Forschungsprojekte wahr (z.B. Forschungspersonal-Zuwachsförderung, Förderung des Technologietransfers, Förderung der Mikrosystem-Technik), doch wurde das angebotsorientierte Ziel der privatwirtschaftlichen Rentabilitätsförderung zum Teil durch die erhebliche Ausweitung der Finanzhilfen zur Erhaltung „unrentabler" Arbeitsplätze im Kohlebergbau und der Landwirtschaft konterkariert (SVR-Jg. 1989/90, Ziff. 174; 13. Subventionsbericht der Bundesregierung 1991, Ziff. 28f.).

Die quantitativ orientierte Fiskalisierungsstrategie des Bundes ging insbesondere in der ersten Hälfte der 80er Jahre zu Lasten der staatlichen Investitionen (siehe Schaubild 4 des Anhangs). Der rapide Anstieg der Subventionen ab Mitte der 80er Jahre und die Kostensteigerungen des Gesundheitswesens sowie die wachsenden Ausgaben für die Finanzierung der steigenden Arbeitslosigkeit absorbierten enorme Mittel, die für die Finanzierung notwendiger privater und öffentlicher Investitionen nicht mehr zur Verfügung standen. Zur Deckung des dringlichen Bedarfs an privaten Investitionen (z.B. gezielte Förderung integrierter Umwelt-Technologien) und an öffentlicher Infrastruktur hätte der Staat vor allem Mittel für den Ausbau von Verkehrswegen, für Maßnahmen des Umweltschutzes (z.B. Erweiterung und Modernisierung von Entsorgungseinrichtungen) und Ende der 80er Jahre wieder verstärkt für die Wohnungswirtschaft bereitstellen müssen (SVR-Jg. 1989/90, Ziff. 278ff. und 322).

Resümierend muß für die auf Begrenzung der Fiskalbelastung im Wohlfahrtsstaat angelegte Politik der 80er Jahre festgehalten werden, daß die Staatsquote bzw. die Ausgabenquote zwar keinen dramatischen, aber – verglichen mit anderen Quoten – den stärksten Rückgang hatten. In den 80er

Jahren ist das in Theorie und Praxis gesetzte Ziel der Verringerung des Defizits des Bundes in der Tendenz erreicht worden, kann also ein quantitativer „Konsolidierungserfolg" konstatiert werden. Die Entwicklung der Steuer- und Abgabenquote weist – entgegen der erklärten angebotsorientierten Zielsetzung – keine bedeutenden Veränderungen auf, hat sich also im Verlauf der 80er Jahre „verstetigt". Die Strategie der qualitativen Konsolidierung ist infolge eingeengter öffentlicher Finanzierungsspielräume nur sehr begrenzt zum Tragen gekommen.

1.1.2. Vereinigungs- und arbeitslosigkeitsbedingter Anstieg der Staats- und Sozialleistungsquote, der Staatsverschuldungs- und Abgabenquote

Während in den 80er Jahren infolge der restriktiven Finanz- und Sozialpolitik fiskalische Quoten zurückgingen bzw. sich verstetigten, wiesen die fiskalischen und sozialen Indikatoren in der ersten Hälfte der 90er Jahre expansive Tendenzen auf. Diese tendenzielle Umkehr der fiskalischen Entwicklung ist maßgeblich Folge der enormen Transferleistungen für Ostdeutschland (Monatsbericht der Deutschen Bundesbank, Juni 1996, S. 34-46) und der angestiegenen, auf hohem Niveau verharrenden Arbeitslosigkeit (JG 95/96, S. 99-107).

Nach dem Rückgang der Staatsquote auf rund 46% im Jahr vor der deutschen Vereinigung (1989) nahm die Staatsquote infoge der vereinigungsbedingt erforderlich gewordenen zusätzlichen Transferleistungen für die öffentliche Infrastruktur und für steuer- und beitragsfinanzierte Sozialleistungen sprunghaft zu: Die ab 1991 zugrundegelegte gesamtdeutsche Staatsqote sprang 1991 und 1992 auf knapp unter 49% bzw. 50%, überschritt 1993 die 50%-Marke und verharrte 1994 und 1995 mit 50,2% bzw. 50,4% auf diesem hohem Niveau (siehe Tabelle 1 des Anhangs).

Die Entwicklung der Sozialleistungsquote in der Abgrenzung des Sozialbudgets wurde seit der Vereinigung von der Sondersituation in den neuen Bundesländern geprägt: Nachdem sich infolge der restriktiven sozialen Leistungspolitik die Sozialleistungsquote in Westdeutschland von dem „Zwischenhoch" des Jahres 1981 mit 33,5% bis 1991 auf 29% reduziert hatte, stieg sie aufgrund des tendenziell abgeschwächten wirtschaftlichen Wachstums und steigender Arbeitslosigkeit bis Mitte der 90er Jahre wieder moderat auf rund 30% an (Rosenberg 1995, S. 360).

Als Folge der niedrigeren gesamtwirtschaftlichen Produktion pro Kopf in Ostdeutschland, der hohen Arbeitslosigkeit und des großen konsumtiven Anteils am West-Ost-Transfer hatte die ostdeutsche Sozialleistungsquote ihren „Gipfelpunkt" 1992 mit 68,1% erreicht (Scholz 1994, S. 6) und lag 1994 und 1995 immer noch bei rund 61% (Rosenberg 1995, S. 360). Die auf rund 33% angestiegene gesamtdeutsche Sozialleistungsquote Mitte der 90er Jahre war also maßgeblich auf die ostdeutschen Sondereinflüsse zurückzuführen.

Bemerkenswert waren unter Aspekten der Legitimation und Akzeptanz die Änderungen der Finanzierungsanteile zum Sozialbudget: Der Anteil der Zuweisungen öffentlicher Mittel an der Finanzierung des Sozialbudgets hatte sich infolge der Konsolidierungspolitik der 80er Jahre von 37,2% (1970) auf 31,2% Ende der 80er Jahre zurückgebildet und betrug auch für Gesamtdeutschland 1995 lediglich rund 31% (Rosenberg 1995, S. 361). Dieser Rückzug des Fiskus wurde aber (von 1989 bis Ende 1993) nicht durch höhere Arbeitgeberbeiträge, sondern durch steigende Versichertenbeiträge ausgeglichen: Während die Finanzierungsanteile der Arbeitgeber am Sozialbudget von 37% auf 35,5% sanken, stiegen die Arbeitnehmeranteile am Sozialbudget von 27,6% auf 28,6% (Rosenberg 1995, S. 361).

Nach Erreichen des „Tiefstwertes“ der Defizitquote (Finanzierungssaldo der öffentlichen Haushalte in Relation zum BIP) im Jahr 1989 sowohl in der Abgrenzung der Volkswirtschaftlichen Gesamtrechnung (VGR) als auch in der Abgrenzung der Finanzstatistik[11] stieg die Defizitquote mit der deutschen Vereinigung steil an: Im Vereinigungsjahr (1990) erhöhte sich die Quote in der VGR-Abgrenzung von 2,1% über 3,2% (1991), 2,7% (1992), 3,8% (1993) und 2,6% (1994) auf die – um die Übernahme der Schulden der Treuhandanstalt und eines Teiles der Altschulden der ostdeutschen Wohnungswirtschaft – „bereinigte“ Defizitquote[12] von 2,9% im Jahr 1995 (JG 95/96, Ziff. 179) bzw. unter Einbeziehung der Defizite der Sozialversicherung[13] auf 3,5% (BMF-Finanznachrichten 15/96, S. 2) (siehe Schaubilder 1a,1b und 1c des Anhangs).

Im Gegensatz zum starken Anstieg der Staatsquote von 1989 in Westdeutschland bis 1995 in Gesamtdeutschland um gut vier Prozentpunkte erhöhte sich die Abgabenquote (Steuern und Sozialbeiträge in Prozent des BIP) wegen der teilweisen Kreditfinanzierung und zahlreichen Steueränderungen lediglich um knapp einen Prozentpunkt von 42,4% auf 43,3% (Frühjahrsgut-

---

11 Eine – im Gegensatz zur Finanzstatistik – nach der VGR-Abgrenzung ermittelte Defizitquote ist deshalb „überhöht“, weil sie Veränderungen von Forderungen und Verbindlichkeiten des Staates wie die (teilweise) Schuldenübernahme von Institutionen der ehemaligen DDR berücksichtigt, die nicht als „einmaliger Vorgang“ aufzufassen sind und unter Aspekten dauerhaft unsolider Haushaltspolitik nicht nur im Jahr 1995 erfaßt werden dürfen. Vgl. JG 94/95, Ziff. 158; 95/96, Ziff. 179.

12 Wären nach der VGR-Abgrenzung die Übernahme der Schulden der Treuhandanstalt und eines Teils der Altschulden der ostdeutschen Wohnungwirtschaft in den Erblastentilgungsfonds ab 1995 als Vermögensübertragung des öffentlichen Sektors an die Unternehmen gebucht worden, wäre die Defizitquote sogar auf 9,7% angestiegen (JG 95/96, Tab. 34). Da aber gemäß dem Vertrag von Maastricht (Haushaltsüberwachungsverfahren nach Art. 104c Abs. 2 EGV nebst dazugehörigem Protokoll) diese Schuldenübernahme ein einmaliger Vorgang ist und dementsprechend als Ausdruck einer (nicht dauerhaft) unsoliden Haushaltspolitik nicht zu berücksichtigen ist, fällt eine solche „bereinigte“ Defizitquote niedriger aus. Vgl. JG 95/96, Ziff. 179.

13 Da nach dem Haushaltsüberwachungsverfahren des Maastrichter Vertrags (Art. 104c Abs. 2) die Fehlbeträge der Sozialversicherung in die Berechnung der Defizitquote einzubeziehen sind, ergibt sich diese höhere Maßgröße. Vgl. JG 95/96, Ziff. 179.

achten der wirtschaftswissenschaftlichen Forschungsinstitute 1996, S. 16f.). Wird die Abgabenquote nach einer Steuer- und Sozialbeitragsquote differenziert, vollzog sich seit der Vereinigung eine verteilungspolitisch paradoxe Entwicklung der Mittelaufbringung: Während die Steuerquote von 1989 bis 1995 von 25,2% auf 23,4% zurückgegangen war, hatte die Sozialbeitragsquote von 17,2% auf annähernd 20% um fast drei Prozentpunkte zugenommen (Rosenberg 1995, S. 360) (siehe Tabelle 2 des Anhangs).

Diese Scherenentwicklung der Steuer- und Sozialabgabenquote geht auf der einen Seite auf den – durch mehrere Steuerrechtsänderungen in den 90er Jahren veranlaßten (vgl. Übersicht 1 des Kap. III.) – Rückgang des Aufkommens insbesondere der veranlagten Einkommensteuer und der Körperschaftsteuer[14] zurück (siehe Tabelle 3 des Anhanges). Auf der anderen Seite ergab sich der starke Anstieg der Sozialbeitragsquote insbesondere aus der vereinigungsbedingten Anhebung der Beitragssätze zur Arbeitslosen- und Rentenversicherung. Zur Schließung der Finanzierungslücken der osdeutschen Sozialversicherung (z.B. ostdeutsche Defizite der Rentenversicherung und der BA 1991-1994: 18,7; 34,2; 23; 28,1 Mrd. DM) hatten neben dem Bund vor allem die westdeutschen versicherungspflichtigen Arbeitnehmer immense Transfers zu leisten (RWI-Konjunkturbrief 3/1992) (siehe Tabelle 4 des Anhangs).

1.1.3. Emissionsminderungen in der Luftreinhalte- und Gewässerschutzpolitik

In der Luftreinhaltepolitik wies seit 1980 die Entwicklung wichtiger Emissionen wie die der Stickstoffdioxide (NO_x), Schwefeldioxide (SO_2) und Kohlendioxide (CO_2) mit Ausnahme der Ozonbelastungen sinkende Werte auf (siehe Schaubilder 3 und 4 und Tabelle 5 des Anhangs): Die Emissionen der Stickstoffoxide, die fast ausschließlich bei Verbrennungsvorgängen in Feuerungsanlagen und Motoren entstehen (der Anteil der auf den Verkehrssektor entfallenden Emissionen betrug 1994 über zwei Drittel!), haben seit 1980 zunächst nur gering zugenommen und seit 1985 sogar tendenziell abgenommen (SRU 1996, S. 176f.). 1993 und 1994 stagnierten die Emissionen auf relativ niedrigem Niveau (siehe Schaubild 3 des Anhangs).

Die Emissionen von Schwefeldioxiden, die die Versauerung von Böden und Gewässern mitverursachen und in Smogphasen zu Belastungen der

14 Während in den 90er Jahren der Anteil der Lohnsteuer am Gesamtaufkommen in West- und Ostdeutschland kontinuierlich von unter einem auf ein Drittel anstieg, hatte der Fiskus infolge des Auslaufens der Abschreibungsmöglichkeiten im privaten Wohnungsbau beträchtliche Erstattungen zu leisten und mußte wegen der steuerlichen Sonderregelungen für Ostdeutschland (Sonderabschreibungen, Investitionszulagen) und der im Standortsicherungsgesetz festgelegten Körperschaftsteuersenkung erhebliche Steuerausfälle in Kauf nehmen. Vgl. dazu Hickel/Priewe 1994, S. 134 und JG 95/96, Ziff. 196.

Atemwege führen, zeigt einen weiter abnehmenden Trend. Die deutlich niedrigeren Belastungswerte gingen in den alten Bundesländern auf durchgreifende Emissionsminderungs-Maßnahmen Ende der 80er Jahre und in den neuen Ländern vor allem auf Betriebsstillegungen zurück. Die TA Luft hat einen wesentlichen Beitrag dazu geleistet, daß die SO_2-Emissionen zwischen 1990 und 1994 um mehr als 40% zurückgegangen sind (SRU 1996, S. 179).

Bezüglich der Kohlendioxid-Emissionen, deren Höhe ursächlich vom Brennstoffverbrauch (fossiler Energieträger) und der Brennstoffzusammensetzung abhängt, war bis 1980 ein ansteigender Trend zu beobachten (siehe Schaubild 4 des Anhangs). Seitdem waren – auf Gesamtdeutschland bezogen – die CO_2-Emissionen rückläufig (SRU 1996, S. 178).

Hinsichtlich der Ozonbelastungen ist seit 1980 für Westdeutschland und seit 1984 für Ostdeutschland kein genereller Trend zuverlässig erkennbar: Während in Westdeutschland in Abhängigkeit von Sonneneinstrahlungen und hohen Temperaturen die Ozonwerte zwischen 1980 und 1994 unregelmäßig ab- und zunahmen, stiegen in Ostdeutschland die Ozonwerte in der Tendenz an (UBA 1994, S. 284f.; 1995, S. 1-28). Die negative Bilanz, die Ozonbelastungen in anderthalb Jahrzehnten nicht zurückgeführt zu haben, wirkt deshalb so schwer, weil die Verringerung der Ozonbelastung neben der Schadwirkung auf Menschen erhebliche Klimarelevanz hat (SRU 1996, S. 176).

In der Gewässerschutzpolitik fällt die Bestandsaufnahme der Belastung der deutschen Fließgewässer allgemein zwar positiv, aber bezogen auf einzelne Nährstoffbelastungen recht unterschiedlich aus (SRU 1996, S. 137-140). Bei den Belastungen mit sauerstoffzehrenden (organischen) Verbindungen mit Schwermetallen und mit einigen Industriechemikalien waren teils sogar deutlich abnehmende Trends zu beobachten (UBA 1994a, S. 16-64): Die Belastungen mit den Nährstoffen Phosphat und Ammonium gingen seit Mitte der 80er Jahre beachtlich zurück (siehe Tabelle 6 des Anhangs). Nicht nur die Schwermetallbelastungen der deutschen Fließgewässer, sondern auch die Abwassereinleitungen der chemischen Industrie (wie beispielsweise Chloroform) gingen seit den 80er Jahren signifikant zurück. Den Rückgängen spezifischer Nährstoffeintragungen standen allerdings weiterhin überhöhte Belastungen der Fließgewässer vor allem mit Nitraten und Pflanzenschutzmitteln gegenüber (vgl. Tab. 12 des Anhangs). Daneben waren erhebliche stickstoffhaltige landwirtschaftliche Düngegaben für die Gewässerverschmutzungen verantwortlich (SRU 1996, S. 140). Ferner wurden trotz weitgehender Abwasserreinigungsmaßnahmen bei den Produktionsbetrieben Pflanzenschutzmittel sowie deren Nebenprodukte und Ausgangsstoffe in teilweise erheblichem Umfang industriell eingeleitet (UBA 1994a).

1.2. Politisch-ökonomische und gesellschaftliche Stabilisierungsfaktoren wohlfahrtsstaatlicher Politik

Als stabilisierende Faktoren wohlfahrtsstaatlicher Politik erweisen sich die Globalisierung der Finanz- und Gütermärkte, die Ausdifferenzierung des ökonomischen und die Heterogenisierung des gesellschaftlichen Systems.

Je mehr sich im Rahmen der Diskussion über die Globalisierung der Ökonomie die „Definitionsmacht des Weltmarkts" Geltung verschafft hat und globale Sichtweisen dominieren, die dem Nationalstaat weitgehend Handlungsfähigkeit absprechen, umso weniger können einer nationalen Instanz wie der des Bundes in Deutschland die „Defizite" der Politik angelastet werden (Scharpf 1993a; Narr/Schubert 1994; C. Koch 1995; Schmitthenner 1995; Thurow 1996; Hanke 1996; Schumacher 1996; Sherman 1996). Auch wenn „beträchtliche nationale Spielräume bleiben" (Schomerus 1996, S. 27) und Politikfeldern wie der „klassischen Steuer-, Arbeitsmarkt- und Sozialpolitik" (Urban 1995, S. 34) weiterhin nationale Aktionsfähigkeit bescheinigt werden[15], verschafft die zunehmende Fokussierung der Diskussion auf die vermeintliche Verantwortung der globalen Märkte für Beschäftigungs-, Finanzierungs- und Sozialstaatskrisen[16] einer nationalen Regierung Legitimationsentlastung (Lipp 1996, S. 27). Nationale politische Systeme und Akteure entziehen sich in dem Maße delegitimierender und systemgefährdender Kritik, wie in den vorherrschenden Deutungsmustern der Krisenverursachung und nationaler Gestaltungsunfähigkeit[17] die globalen Märkte Alibifunktion übernehmen. Das politische Paradoxon liegt also darin, daß global verursachte politische, ökonomische und soziale Fehlentwicklungen der Akzeptanz

15 Der Generalbevollmächtigte der Dresdner Bank, Ernst Moritz Lipp, spricht von einer „Zweiteilung" der Politik: In der klassischen Steuer-, Arbeitsmarkt- und Sozialpolitik kann und muß unter immer stärkerer Beachtung des internationalen Umfelds national agiert werden. Die Handels-, Migrations- und Umweltpolitik werden dagegen immer stärker globalisiert, und als Folge der Umsetzung des Maastrichter Vertrages wird die Geldpolitik zusehends europäisiert. Vgl. dazu Hanke 1996, S. 17.

16 Beispielsweise liegen für Charles Oman, den Leiter einer OECD-Forschungsgruppe über Globalisierung und Regionalisierung, die Ursachen weniger in der Globalisierung als vielmehr im schwierigen Übergang von der (fordistischen) industriellen Massenproduktion zur flexiblen Produktion, bei der Dank neuer Technologien und Gruppenarbeit eine viel höhere Produktivität mit der Folge anfänglicher Arbeitsplatzverluste erreicht werde. Oman unterstreicht, daß die mit der Internationalisierung verbundenen sprunghaft zunehmenden Direktinvestitionen überwiegend in den amerikanischen, europäischen und asiatischen Wirtschaftsregionen bleiben: Während zum Beispiel deutsche Investitionen zum geringsten Teil nach Asien gehen, etwa nur ein Drittel Nord- und Südamerika erreichen, gelangen fast zwei Drittel in andere europäische Länder. Siehe dazu Hanke 1996, S. 17.

17 Da die Märkte soziale Ziele und Umweltziele nicht von sich aus verfolgen, plädiert Horst Afheldt für die Stärkung politischer Macht („Zurückerkämpfung" des Primats der Politik!) nicht im Rahmen des Nationalstaats oder einer „Weltregierung", sondern im Rahmen großer Wirtschaftsräume wie z.B. Europas, Ostasiens oder Südamerikas. Vgl. Afheldt 1994, S. 210-229.

und Stabilisierung restriktiver nationaler Finanz- und Sozialpolitik dienen können (Scharpf 1993a, S. 174-181).

Auch die regional, sektoral und strukturell differenzierte Entwicklung, bei der sich Krisenregionen und -branchen prosperierenden Regionen mit ihren Wachstumsindustrien und niedriger Arbeitslosigkeit gegenüberstehen, erfüllen für das politische System stabilisierende Entlastungsfunktionen (IfW-Strukturbericht 1983; Friedrich/Ronning 1985; RWI-Strukturberichterstattung 1987; Hinrichs 1989; Karr/John 1989; Czada 1990; Heseler u.a. 1992; Noll 1993; Trojanus 1995; Köddermann 1996).

Die Argumentation, daß die wohlfahrtsstaatliche Politik und der Wohlfahrtsstaat insgesamt bei stockender Mittelzufuhr verstärktem Problem-, Rechtfertigungs- und Aufgabenentlastungsdruck ausgesetzt seien, verliert also in dem Maße an Überzeugungskraft, wie auch unter Bedingungen struktureller Wirtschaftskrisen und der Globalisierung prosperierende Wachstumsindustrien für die nötige fiskalische Ressourcenzufuhr sorgen (Künzel/Ipsen/Rohwer 1985; Zinn 1985; Görgens 1986; Jänicke 1988). Damit bleibt dem Staat auch zukünftig ein (begrenztes) fiskalisches Mobilisierungspotential erhalten (vgl. Kap. I.1.3.2. und Kap.IV.2.1.).

Der durch ökonomische Krisenentwicklungen ausgelöste Legitimationsdruck auf die wohlfahrtsstaatliche Politik ist zwar weiterhin nicht unproblematisch, doch werden dessen Wirkungen in dem Maße überschätzt, wie die sozialen Probleme (z.B. Gesundheitsverschleiß, Dequalifizierung!) in verarbeitbaren „Proportionen" als problementlastend auf das politische System einwirken (Piven/Cloward 1977, S. 3; Vobruba 1983, S. 145).

Die regionale Differenzierung des Staates und der Gesellschaft in Gestalt der Formierung und Etablierung regionaler Politik-Netzwerke als „der adäquaten Reaktion auf die erhöhte Komplexität modernen Regierens" (Jann 1995, S. 200f.) können als konsens- und stabilitätsfördernde politische Entscheidungsstrukturen und -mechanismen die Kritik an einer zentral gesteuerten Politik entschärfen, die Individuen ökonomisch-soziale Belastungen abverlangt, finanzielle Lasten auf Regionen überträgt oder diesen ökologische Standardsenkungen zumutet (Knoepfel/Kissling-Näf 1993, S. 275-282).

Selbst die „Transformationskrise und -dynamik" der politischen Ökonomie Ostdeutschlands, die die regionalen Wohlstandsunterschiede innerhalb Deutschlands (Schulz-Nieswandt 1996; 1996a, S. 201ff.), den überproportionalen primären Sektor und den quantitativ und qualitativ unterentwickelten tertiären Sektor (Heseler u.a. 1992; Hamm/Klemmer 1993) und die ostdeutschen Produktions-, Kapitalstock- und unternehmerischen Selbstfinanzierungslücken offenlegte (Hickel 1995, S. 12), haben nicht zu der mancherorts befürchteten Überforderung der Politikstrukturen und -verfahren geführt (Lehmbruch 1995, S. 181-192; Seibel 1995, S. 243-250).

Auf der einen Seite fand die politische und ökonomische Nutzung des verfassungsrechtlichen Instrumentariums zur Herstellung „gleichwertiger" Lebensverhältnisse im ganzen Bundesgebiet (vgl. Kap. I.1.3.2.1.) durch enorme West-Ost-Transferleistungen einschließlich des Transfers von Fachbeamten (Czada 1995, S. 22-26; Lehmbruch 1991, S. 585-604) seitens führender politischer, wirtschaftlicher und verbandlicher Akteure überwiegend Tolerierung oder Unterstützung und hat nicht unwesentlich zur Problementlastung und politischen Systemstabilisierung beigetragen. Auf der anderen Seite hat die weitgehende partei- und medienpolitische Dethematisierung der einseitigen Mittelaufbringung der Transferzahlungen durch sozialversicherungspflichtige Arbeitnehmer insbesondere bei der Finanzierung der Transferströme der Bundesanstalt für Arbeit keine gravierenden Verteilungskonflikte entfacht (DIW-Wochenbericht, Heft 22-23/1996; Czada 1995, S. 16f.). Der Verweis auf die „historische Einmaligkeit" der Wiedervereinigung und der zeitlichen Begrenzung der notwendigen Transfers haben die latenten Konfliktpotentiale über die Mittelaufbringung und -verwendung gar nicht erst aufbrechen lassen.

Darüber hinaus haben die Elastizität der institutionellen Arrangements (Aufbau flexibler Interaktionsstrukturen zwischen Bund, Ländern, Treuhand, Arbeitgebern und Gewerkschaften) und die „Sektoralisierung" des politisch-ökonomischen Entscheidungssystems (Lehmbruch 1995, S. 185f.) konsensfördernde Beiträge zur Bewältigung der nicht-intendierten wirtschaftlichen und sozialen Folgen wie der Deindustrialisierungs- und Arbeitsplatzvernichtungsprozesse in Ostdeutschland geleistet (Seibel 1995, S.248f.).

Die Heterogenisierung von sozialen Schichten, kollektiven Akteuren, Milieus, Lebensstilen, Wertvorstellungen usw. (Lash/Urry 1987; Offe 1990) mit höchst unterschiedlicher „Betroffenheit" dieser gesellschaftlichen Gruppen und Individuen von wohlfahrtsstaatlichen Sparmaßnahmen verschafft dem politischen System stabilitätsfördernde Entlastung.

Die Fortsetzung des einmal eingeschlagenen Weges restriktiver Finanz- und Sozialpolitik ist überdies umso weniger gefährdet, je mehr im Gegensatz zu Themen des „Lebensstandards" und seiner sozialen Absicherung „weiche" Themen der „Lebensweise" und „Lebensqualität" in den Vordergrund rükken: Der Wandel des Lebensstils mit der Verschiebung der Themen weg von materiellen Fragen hin zu „moralpolitischen Themen und Streitfragen" bei der konservativen politischen Rechten, in linken und libertären Kleinparteien und in neuen sozialen Bewegungen u.a. entlastet eine auf leistungsbezogene Konsolidierung und Deregulierung bedachte Politik (Offe 1990, S. 189). Die angebotsorientierte Finanz- und Sozialpolitik unterliegt umso geringeren Rechtfertigungszwängen und wirkt umso stabilitätsfördernder, je mehr sich die Wachstums-, Verteilungs- und Sicherheitsthemen der „alten" Politik auf Themen wie die der Verteidigung nationaler und ethnischer Identitäten, der Familien- und Sexualmoral, die von „law and order", der Beziehung zur Dritten Welt, des täglichen Umweltverhaltens u.a. verlagern.

Auch die zunehmende Individualisierung und Pluralisierung von Lebensformen und -stilen, die mit einem Bedeutungsverlust traditioneller Sozial- und Lebensformen wie Klassen, Schichten, Geschlechterrollen, Ehe und Familie für individuelle Biographien und mit einer Schwächung der Organisations- und Konfliktfähigkeit von Parteien, Verbänden, Kirchen usw. einhergehen, nehmen der Kritik an politischen Inhalten ihre Schärfe und tragen damit zur Stabilisierung der vorfindbaren politischen Strukturen und Verfahren bei (Vester u.a. 1993; Beck 1994, S. 29-34).

Die Individualisierung kann zwar für den Einzelnen neue Freiheits- und Gestaltungsspielräume schaffen, erzeugt aber zugleich neue Desintegrations- und Risikopotentiale. Das Individuum büßt nicht nur mit der tendenziellen Auflösung der traditionellen Ehe und Familie zunehmend deren soziale Sicherungsfunktionen als „Versorgungs- und Dienstleistungsinstitution" ein (Bäcker/Heinze 1996; Lessenich 1996, S. 212f.), sondern kann seine politischen und ökonomischen Forderungen auch immer weniger auf die Interessenartikulation und -bündelung konfliktfähiger Organisationen stützen. Der „schleichenden" Schwächung individueller Interessen steht also die wachsende Unangreifbarkeit, Krisenresistenz und Fähigkeit zur (systemstabilisierenden) Fortsetzung von Politiken wie denen der Konsolidierung, der „Staatsentlastung", der Deregulierung, der Privatisierung (sozialer Risiken) usw. gegenüber.

Auch die seit der zweiten Hälfte der 80er Jahre verstärkt betriebene Politik der Deregulierung, deren Zielvorstellungen Eingang fanden in neu geschaffene oder novellierte Gesetze wie die des Beschäftigungsförderungsgesetzes, des Schwerbehinderten-, des Jugendarbeitsschutz- und des Ladenschlußgesetzes sowie schließlich in Gesetze zur Beschleunigung von Planungs- und Genehmigungsverfahren (vgl. Kap. III.1.3.), hatte für den Wohlfahrtsstaat Bundesrepublik keine gravierenden destabilisierenden Folgen (Memorandum '89, S. 17). Die mit der Stärkung der internationalen Wettbewerbsfähigkeit und mit Marktmechanismen begründete Deregulierungspolitik höhlt solange die Fundamente des Wohlfahrtsstaats nicht aus, wie die der Anonymität des Marktmechanismus übertragenen Entscheidungen nicht nur den besonderen Vorzug haben, Verantwortungszuweisungen zu verwischen, sondern auch eines Minimums an Zwang und Konsens bedürfen und folglich mit breiter Unterstützung rechnen können (Streit 1986; K.-D. Schmidt 1988). Die Deregulierung findet umso größere Akzeptanz, je mehr es der Politik gelingt, die Vorzüge marktmäßiger Entscheidungen und damit die Rationalität einzelwirtschaftlichen Handelns „zum allgemein anerkannten Kriterium für das wirtschafts- und sozialpolitisch ‚Vernünftige' in der Gesellschaft zu erheben" (Kühn 1985, S. 97; JG 93/94, Ziff. 396f.).

Die Gefahr politischer Destabilisierung infolge restriktiver leistungsbedingter Prozesse ist darüber hinaus insofern als gering einzuschätzen, als die sich zunehmend verselbständigenden gesellschaftlichen Teilsysteme ihre Leistungsansprüche und -erwartungen an den Staat „parzellieren" und damit zugleich den Problemdruck auf den Wohlfahrtsstaat verringern (M.G. Schmidt 1984; 1990 a; Mayntz/Rosewitz 1988).

Die in der sozialwissenschaftlichen Literatur konstatierte „Spaltung des Sozialstaats" und der Gesellschaft (Leibfried/Tennstedt 1985; Nullmeier/Vobruba 1995, S. 30ff.; Urban 1995, S. 7-26) kommt der Stabilisierung jeglicher Politik entgegen, gefährdet also auch nicht eine über Kürzung von

Wohlfahrts-Etats betriebene Konsolidierungspolitik. Die „Repräsentanten" der restriktiven Leistungspolitik müssen nicht befürchten, daß eine in Arbeitsplatz-Inhaber und in einen vom Sozialeinkommen abhängigen Bevölkerungsanteil gespaltene Gesellschaft den Wohlfahrtsstaat mit „gebündeltem" Problemdruck konfrontiert. Die Stabilität des Wohlfahrtsstaats wird zudem umso weniger in Frage gestellt, je mehr sich die gesellschaftliche Spaltung innerhalb sozialer Gruppierungen weiter ausdifferenziert, also die Disparitäten nicht nur zwischen dem „Kern" der Arbeitnehmer mit „sicheren" Arbeitsplätzen und den Erwerbspersonen mit „bedrohter" Beschäftigungsstabilität und -kontinuität wachsen, sondern auch die Arbeitslosen noch einmal in Leistungsempfänger und „Leistungsausgegrenzte" segmentiert werden (Alber 1982; J. Hoffmann 1983; Memorandum '89, S. 16ff.; Hinrichs 1989, S. 22).

Die politischen Akteure wohlfahrtsstaatlicher Kürzungsmaßnahmen müssen überdies keine die Politikdurchsetzung beeinträchtigende Opposition oder gar stabilitätsgefährdende Proteste befürchten, weil innerhalb der „Sozialstaatsabhängigen" (Leibfried/Tennstedt 1985) von den am stärksten Betroffenen, den Arbeitslosen, die schwächsten Reaktionen zu erwarten sind (Offe 1985, S. 35f.; Hampe 1987; Bäcker 1992; Vester u.a. 1993; Urban 1995; Engelen-Kefer u.a. 1995). Die Individualisierung der Arbeitslosigkeit, d.h. die weit verbreitete Neigung zur Behandlung des Arbeitslosen als eines „Einzelschicksals" seitens der Familie, der Freunde und auch der Behörden fördert die Isolierung der Arbeitslosen und erschwert alle Bemühungen, gemeinsame Interessen artikulations- und organisationsfähig zu machen (Kühn 1985; Spahn/Vobruba 1989; Mirbach 1993).

Solange also „keine großen schlagkräftigen Organisationen die ‚Schuldigen' präsentieren und systemverändernde Patentlösungen verkünden" können (Strümpel/Nitschke/Pawlowsky 1986, S. 19), bringt die Individualisierung der Arbeitslosigkeits-Problematik keine Regierung in machtgefährdende Bedrängnis. Die medienwirksamen Protestaktionen oder die gewalttätigen Auseinandersetzungen der 80er Jahre (z.B. die Ausschreitungen gegen den Bau der Startbahn West des Frankfurter Flughafens oder gegen die Wiederaufarbeitungsanlage Wackersdorf) lassen keinen signifikanten Zusammenhang mit der Arbeitslosigkeit erkennen (Hampe 1987, S. 60). Die in Einzelschicksale fragmentierte Massenarbeitslosigkeit stellt umso weniger eine Gefährdung für die Stabilität des wohlfahrtsstaatlichen Systems dar, je mehr die anhaltende Arbeitslosigkeit beim Einzelnen gesellschaftliche Isolierung, Resignation und Apathie hervorruft (Hondrich/Behrens 1982, S. 65ff.). Die Wirksamkeit der Artikulationsfähigkeit der Arbeitslosen wird überdies dadurch beeinträchtigt, daß die überproportional von Arbeitslosigkeit Betroffenen wie unzureichend Qualifizierte, Jugendliche, Frauen, Behinderte, ältere Arbeitnehmer und Ausländer sich weniger in politischen Parteien oder gesellschaftlichen Organisationen engagieren als berufstätige Arbeitnehmer (Die Welt vom 5.11.1986, Sonderdruck; Dettling 1994, S.29-38).

Der Wohlfahrtsstaat Bundesrepublik mit hoher Dauerarbeitslosigkeit ist nur einer geringen Gefahr der Destabilisierung und nur vermindertem Legitimationsdruck ausgesetzt, weil im Bewußtsein der meisten Arbeitslosen die Verantwortung dafür ungeklärt ist, wer für die Zurverfügungstellung von Arbeitsplätzen zuständig ist. Der arbeitslosigkeitsbedingten Delegitimierung der Politik wirkt die offene Frage entgegen, ob in der Marktwirtschaft in erster Linie die Privatwirtschaft Arbeitsplätze anzubieten hat, ob das Sozialstaatsprinzip dem Staat die Verantwortung für mehr Beschäftigung überträgt oder ob sich letztlich jeder selbst um eine Arbeitsstelle bemühen muß (Lampert 1995, S. 504-512).

Auch das Wahlverhalten der Bürger stellt für Regierungen des Wohlfahrtsstaats keinen destabilisierenden Faktor dar, weil die jeweilige Regierung grundsätzlich von „gedämpften" politischen Reaktionen auf Arbeitslosigkeit ausgehen kann:

Aufgrund des von einer Vielzahl von Faktoren bestimmten Wahlverhaltens beurteilen die Wähler eine Regierung nicht nur nach ihrer Fähigkeit zur Bewältigung der Arbeitslosigkeit, sondern nach ihrer allgemeinen wirtschaftspolitischen Lösungskompetenz, den politischen Aktivitäten zur Bekämpfung der Inflation, nach der weiteren Einkommensentwicklung, nach der Kompetenzzuweisung zur Gestaltung einzelner Politikfelder wie der Renten-, Gesundheits- oder Umweltpolitik usw. Kompetenzdefizite in der Bewältigung der Arbeitslosigkeit kann also jede Regierung in bestimmtem Umfang durch Kompetenzüberlegenheit in anderen Politikfeldern ausgleichen (Hampe 1987, S. 78; Vobruba 1989; Mirbach 1993).

Weil die Arbeitslosen nur schwer kollektive und gezielte Aktivitäten gegen sie treffende Maßnahmen entwickeln können, beeinträchtigt weder eine erfolglose Arbeitsmarktpolitik noch eine restriktiv betriebene Leistungspolitik die Stabilität des Wohlfahrtsstaats Bundesrepublik (Offe 1986). Wohlfahrtsstaatliche Leistungskürzungen werden auch bei Fortdauer hoher Arbeitslosigkeit solange zu keiner Bedrohung der Herrschaftsausübung der jeweiligen Regierung, wie sich die überwiegende Mehrheit der Bevölkerung in sicheren Beschäftigungsverhältnissen wähnt (Büchtemann 1984; Jessop 1986, 1994; Offe 1994, S. 796-806). Daß sich trotz hoher Arbeitslosigkeit der Legitimationsdruck auf die Regierung wegen Vernachlässigung oder Nichtwahrnehmung ihrer beschäftigungspolitischen Verantwortung nicht verschärft, hängt schließlich auch damit zusammen, daß die Gewerkschaften in erster Linie die Interessen der beschäftigten Arbeitnehmer vertreten (Hampe 1987, S. 80; Urban 1995, S. 26).

Arbeitslose Arbeitnehmer werden nur schwach vertreten, weil den Gewerkschaften im Gegensatz zur Verfolgung lohnpolitischer Interessen und besserer Arbeitsbedingungen bei der Durchsetzung von Beschäftigungsinteressen zugunsten von Arbeitslosen schlicht die „zuständigen" Adressaten fehlen (Himmelmann 1987, S. 109ff.). Der aus der Arbeitslosigkeit resultierende legitimatorische Problemdruck seitens der Gewerkschaften wird für die Regierung im Wohlfahrtsstaat deshalb zu keinem destabilisierenden Problem, weil an den Staat gerichtete gewerkschaftliche Forderungen nach weniger Arbeitslosigkeit leicht an die für die Beschäftigung „hauptverantwortliche" Privatwirtschaft „weitergereicht" werden können.

Der Stabilisierung der (wohlfahrts-)staatlichen Politik kommt außerdem zugute, daß die Gewerkschaften auch in der Privatwirtschaft kein für das Schicksal der Arbeitslosen verantwortliches „Gegenüber“, keine Verhandlungspartner haben (Offe 1986, S. 37), da die Rechtsordnung der Bundesrepublik den Arbeitgebern die Kompetenz zum Abschluß von Arbeitsverträgen zuweist (Scharpf 1993b, S. 36-40). Gegenstand von Tarifverhandlungen sind zuerst Fragen von Lohn- und Arbeitsbedingungen für Beschäftigte und bestenfalls noch mit Gewerkschaften ausgehandelte „Stufenpläne“ für Entlassungen, während die Entscheidungen über Umfang, Zeitpunkt und Qualifikation von Einzustellenden primär in die „Beschäftigungshoheit“ der einzelnen Arbeitgeber fallen. Tarifkonflikte über Arbeitszeitverkürzungen haben deutlich gemacht, daß über die legitimatorische Rhetorik hinaus die Tarifauseinandersetzungen in erster Linie „von den ‚ins‘ und nicht von den ‚outs‘, für die ‚ins‘ und nicht für die ‚outs‘ geführt werden“ (Himmelmann 1987, S. 109; Lehmbruch 1994, S. 370-375).

Die unternehmerische Entscheidungshoheit über die Einstellung und Entlassung von Arbeitnehmern wird als marktwirtschaftlich begründetes „ureigenstes Vorrecht“ angesehen, das nicht durch kollektivvertragliche Festlegungen ausgehöhlt werden dürfe. Sie soll die Unternehmer in die Lage versetzen, ihre Einstellungspolitik nach betriebswirtschaftlichen Kriterien wie Absatzerwartungen oder aktuelle Auftragsentwicklungen und nicht unter (beschäftigungs-)politischen Gesichtspunkten zu gestalten (Steeck 1981; Kern/ Schumann 1984; Windolf 1989, S. 367ff.). Langwierige Konflikte mit den Gewerkschaften wegen hoher Arbeitslosigkeit sind auch deshalb nicht zu befürchten, weil allen gewerkschaftlichen Forderungen nach Einstellung von Arbeitslosen umso mehr der nötige Nachdruck fehlt, je mehr Neueinstellungen durch Lohnverzichte „erkauft“ werden. „Arbeitsplatzgarantien“ werden zunehmend nur noch im Tausch gegen Lohnverzichte abgegeben, wobei sich – wie im Fall Viessmann – Betriebsräte und Beschäftigte in betrieblichen Vereinbarungen bereiterklären (müssen), längere Arbeitszeiten ohne Lohnausgleich zu akzeptieren[18] (Urban 1995, S. 25f.).

18 Scharpf sieht im Zuge der Globalisierung staatlicher Beziehungen die Gefahr, daß nicht nur seitens der Regierungen demokratische Mitwirkungsrechte zunehmend ausgeschaltet werden, sondern auch demokratische Proteste und Widerstände immer virulenter werden. Da nach seinem Demokratieverständnis Volkssouveränität und nationalstaatliche Souveränität zusammengehören, also demokratische Selbstbestimmung politisch relativ autonome Gemeinwesen voraussetzt, darf der „für die demokratische Legitimation konstitutive Zirkel von Handlungskompetenz und Verantwortung“ nicht durchbrochen werden. Daraus folgert Scharpf, im Interesse der Demokratie „auf jede sachlich nicht unbedingt gebotene Verflechtung“ zu verzichten und nach Koordinationsmechanismen zu suchen, die die relative Autonomie so wenig wie möglich beeinträchtigen. Siehe dazu Scharpf 1993a, S. 174f.

1.3. Stabilitätssichernde Faktoren der Politik und der politisch-institutionellen Rahmenbedingungen

Auch die überwiegend restriktiven Politikmuster in der Finanz- und Sozialpolitik und die politisch-institutionellen Rahmenbedingungen des demokratischen Wohlfahrtsstaats Bundesrepublik sprechen gegen die These, daß ein Leistungsverfall einen gravierenden Legitimationsverfall nach sich zieht und die Stabilität der Fundamente des Wohlfahrtsstaats untergräbt. Diese These überzeugt umso weniger, je weniger es der deutschen angebotspolitisch geprägten wohlfahrtsstaatlichen Politik – im Gegensatz zu amerikanischen und englischen neoliberalen/neokonservativen Varianten – um „radikale Reduktion" (Kühn 1985, S. 97) als vielmehr um allmähliche Gewöhnung geht. Die in der Bundesrepublik nicht streng antietatistisch angelegte wohlfahrtsstaatliche Konsolidierungspolitik (Körner 1989) ist nicht geeignet, „massenhaft" auftretende, konfliktverschärfende politische Reaktionen hervorzurufen.

Auch die praktizierte Umweltpolitik, die zwar partielle Emissionsminderungen vorweist, aber im nationalen Bereich enorme Umweltschädigungen nicht verhindern kann, mobilisiert keine Protest- und Widerstandspotentiale, die die Fortsetzung der herkömmlichen Umweltpolitik oder das ganze wohlfahrtsstaatliche System gefährden könnten. Außerdem werden in einem Politikfeld wie dem der Umweltpolitik die Konfliktpotentiale in dem Maße geschwächt, wie unter Bedingungen hoher Arbeitslosigkeit die Umweltthematik gegenüber der Wachstumsförderung und Wettbewerbssicherung an Bedeutung verliert.

Die in Deutschland traditionell gemäßigt etatistisch ausgerichtete Politik, die sich fundamental von Ländern wie z.B. Japan mit vorrangiger Wachstumsorientierung oder der DDR der frühen 50er Jahre mit ihrer rigorosen Umverteilungspolitik unterscheidet, billigt interventionsexpansiven, aber auch auf rigorose „Staatsentlastung" setzenden Strategien nur begrenzte Wirkungsmöglichkeiten zu. Die für die Bundesrepublik spezifische Kombination liberaler und interventionistischer Politikvorstellungen und -strategien begünstigt eine konsensfördernde Politik „des mittleren Weges", die radikale Sparmaßnahmen ausschließt oder zumindest erschwert.

Dieser Kompromiß bezüglich der Arbeitsteilung zwischen Markt und Staat setzt einen Grundkonsens über die Verteilung der wohlfahrtsstaatlichen Aufgaben zwischen Markt und Staat und ihrer Finanzierung voraus: Während Art und Umfang des Angebots an wohlfahrtsstaatlichen Gütern und Leistungen (z.B. im Umwelt- und Gesundheitssektor) weitgehend über den Mechanismus des Marktes organisiert werden, wird die Finanzierung dieser privat erbrachten Leistungen zum großen Teil dem Staat überlassen (M.G. Schmidt, 1990 a, S. 30; Kaufmann 1994, S. 15-41; Voigt 1995, S. 17-26).

1.3.1. Die Destabilisierungs-Resistenz restriktiver Finanz- und Sozialpolitik

Auch wenn es den Regierungen mit zunehmender Intensität transnationaler Koordination (Globalisierung staatlicher Beziehungen!) immer schwerer fällt, plebiszitäre oder parlamentarische Mitwirkungsansprüche abzuwehren[19] (z.B. Demonstrationen französischer Bauern gegen Agrarimporte im Rahmen der GATT-Verhandlungen, dänische und französische Referenden zum Maastricht-Vertrag, Hindernisse der Ratifizierungsdebatte in Großbritannien und Deutschland), müssen nationale restriktive Wohlfahrtsprogramme und -politiken nicht zwangsläufig ähnliche Mobilisierungen der Protest- und Widerstandsbereitschaft auslösen (Scharpf 1993a, S. 174). Je ausdifferenzierter nationale Interaktionssysteme sind, umso größere Chancen bieten sich den Akteuren, durch restriktive wohlfahrtsstaatliche Politik veranlaßte Konflikte sequentiell zu bearbeiten und auf Konsens hinzuwirken (vgl. Kap. I.1.3.2.).

Strukturelemente und Leistungen der Institutionen des Wohlfahrtsstaats genießen insofern eine gewisse „Bestandssicherung", als Fürsorge und soziale Sicherung im ausgebauten Wohlfahrtsstaat der Bundesrepublik bei der Mehrheit der Wähler eine hohe Wertschätzung haben (Edinger 1986, S. 318, 320, 322f.; Roller 1992). Maßnahmen wie Leistungskürzungen, Privatisierungen sozialer Risiken, Abbau von sozialen Schutzrechten usw. sind für die wohlfahrtsstaatlichen Institutionen am ehesten bestandssicher, wenn sie „not only the poor" betreffen (Goodin/Le Grand 1987), sondern auch Mittel- und Oberschichten einbeziehen. Punktuelle restriktive Maßnahmen werden solange in Kauf genommen, wie der „Kernbestand" des Sozial-/Wohlfahrtsstaats mit seinen „klassischen" sozialpolitischen Leistungen und der Grundbestand arbeits- und sozialrechtlicher Schutzregelungen nicht angetastet werden (Pioch/Vobruba 1995, S. 116f.). Die Stabilität wohlfahrtsstaatlicher Institutionen ist überdies umso gesicherter, je weniger sich die Kritik auf den Wohlfahrtsstaat insgesamt, sondern lediglich auf die vom Wohlfahrtsstaat verursachten Folgen konzentriert (Ringen 1987, S. 38, 135).

Die institutionellen Merkmale des deutschen sozialen Sicherungssystems tragen zur Akzeptanz- und Stabilitätssicherung wohlfahrtsstaatlicher Politik bei, da sie ein geradezu „ausgeklügeltes Ensemble vertrauenssichernder Vorkehrungen" gegen Leistungsmißbrauch bilden (Offe 1990, S. 182). Prinzi-

19 Der Heiztechnik-Hersteller Viessmann hat 1996 mit den nicht in der IG Metall organisierten Betriebsräten und Beschäftigten ein firmeninternes „Bündnis für Arbeit" geschlossen. Über 90% der Beschäftigten erklärten sich bereit, fortan nicht 35, sondern 38 Stunden (ohne Lohnausgleich) zu arbeiten. Im Gegenzug verzichtete der Chef des Unternehmens auf den Bau eines Werkes in Tschechien und versprach eine bis Ende April 1999 gültige Arbeitsplatzgarantie. Die IG Metall hat wegen des Verstoßes gegen § 77 Abs. 3 des Betriebsverfassungsgesetzes, wonach durch Tarifvertag geregelte Arbeitsentgelte und sonstige Arbeitsbedingungen zum Nachteil von Arbeitnehmern nicht zum Gegenstand einer Betriebsvereinbarung gemacht werden dürfen, Klage erhoben. Vgl. Handelsblatt vom 8.8.1996, S. 1 und vom 18.8.1996, S. 2.

pien und Strukturelemente wie insbesondere die Pflichtversicherung, das Äquivalenzprinzip, die staatliche Defizithaftung und die Beitragsbemessungsgrenze fördern die Akzeptanz der am Sicherungssystem Beteiligten, weil sie verhindern, daß Leistungsberechtigte nicht das erhalten, was sie „verdienen“ und Nicht-Berechtigte Leistungen erhalten, die sie nicht „verdienen“:

Das Prinzip der Pflichtversicherung stellt den Leistungsbezug des Berechtigten insofern sicher, als der aus den laufenden Arbeitseinkommen finanzierte Kapitalfonds dafür sorgt, daß die entstehenden Ansprüche auch befriedigt werden. Außerdem etabliert es eine Schranke gegen Versuche, sich der Beitragspflicht zu entziehen und im Fall einer Notlage dennoch Ansprüche auf Leistungen geltend zu machen.

Das Äquivalenzprinzip schließt weitgehend Umverteilungseffekte zugunsten Nicht-Berechtigter aus. Das Versicherungsprinzip, das den Leistungsbezug auf den beitragszahlenden Versichertenkreis begrenzt, ist eine entscheidende vertrauensbildende und stabilitätsfördernde „legitimatorische Quelle“ des Wohlfahrtsstaats (Alber 1986; Flora 1986; Pioch/Vobruba 1995, S. 119). Tatsächlich stattfindende Umverteilungen innerhalb der „Versichertengemeinschaft“ (z.B. zwischen kinderreichen Familien und kinderlosen Ehepaaren oder zwischen lang lebenden und früh sterbenden Personen) lassen solange keine ernsthaften Akzeptanz- und Stabilitätsprobleme virulent werden, wie Umverteilungseffekte nicht als strategisch angestrebte Vorhaben, sondern als „Naturtatsachen der menschlichen Existenz“ begriffen werden (Offe 1990, S. 183). Die Verletzung des Äquivalenzprinzips im Fall der Transfers für Ostdeutschland und der sogenannten versicherungsfremden Leistungen untergrub trotz des hohen Anteils der Beitragsfinanzierung an diesen – als gesamtgesellschaftlich zu interpretierenden – Aufgaben und Leistungen das Vertrauen in die Leistungsfähigkeit des sozialen Sicherungssystems deshalb nicht, weil die verteilungspolitische Problematik dieser Leistungen keiner breiten konfliktverschärfenden Thematisierung ausgesetzt war.

Die Defizithaftung des Bundes gegenüber der Arbeitslosen- und Rentenversicherung ist ein weiteres vertrauens- und systemsicherndes Regelungselement, das den Berechtigten für die in der Versicherungszeit erworbenen Anwartschaften auch adäquate Leistungen garantiert. Das Strukturelement der Beitragsbemessungsgrenze unterliegt zwar wegen seiner regressiven Wirkung permanenter Kritik (Kirchhof 1993, S. 437-448; Memoranden der Arbeitsgruppe Alternative Wirtschaftspolitik, laufende Jahrgänge), leistet aber einen wichtigen Akzeptanz- und Stabilitätsbeitrag für die Bewahrung des tradierten sozialen Sicherungssystems, da die Bereitschaft zur Solidarität bei den – über der Beitragsbemessungsgrenze liegenden – Einkommensbeziehern nicht überstrapaziert wird.

Überdies stärkt die Beitragsfinanzierung, die die Mittelverwendung der Sozialversicherungshaushalte der Disposition des Gesetzgebers weitgehend entzieht und den erworbenen Anwartschaften einen (privat-)eigentumsähnlichen Charakter verleiht, das Vertrauen in das soziale Sicherungssystem und fördert dessen grundsätzliche Akzeptanz. Die Stabilität des Systems wird auch nicht beeinträchtigt, wenn sich infolge restriktiver Sozialpolitik die Belastungen erhöhen und/oder die Leistungen gekürzt, gestreckt oder (teilweise) ausgelagert werden. Schließlich dient die paritätische Beitragsfinanzierung, auch wenn sie wie im Fall der Pflegeversicherung durch die (Feiertags-) Kompensationsregelung unterlaufen wird (Bäcker 1995, S. 353), dem gemeinsamen Interesse von Arbeitgebern und Arbeitnehmern: Eine Beseitigung der traditionellen paritätischen Beitragsaufbringung und eine damit verbundene Gefährdung dieses Strukturelements ist solange nicht zu befürchten, wie die korporativen Akteure ihren Einfluß auf die inhaltliche Mitgestaltung der sozialen Sicherungspolitik nicht aufgeben wollen.

Da im öffentlichen Bewußtsein keine sozialstaatsspezifische „Gegenlogik" verankert ist, und der Diskurs über wohlfahrtsstaatliche Reformvorschläge vorwiegend im wissenschaftlichen Raum verbleibt, existiert keine Präferenz für ein sozialstaatliches Alternativkonzept. Die angebotsorientierte Finanz- und Sozialpolitik muß sich überdies umso weniger legitimieren, je mehr ihre Kritiker von der Annahme ausgehen, daß die neokonservativen Konzepte über kurz oder lang „in sich zusammenfallen" (Matzner 1982, S. 156).

Eine als Folge von Leistungskürzungen zu befürchtende Krise des Wohlfahrtsstaats kann durch verfassungsrechtlich gewährleistete Verfahren eines Wechsels der Regierung und ihres Leistungsprogrammes zwar nicht überwunden, aber zumindest entschärft werden. Grundgesetzlich garantierte Verfahren und Institutionen mit ihren stabilisierenden Einflüssen müssen nicht nur negativ zur Erstarrung des wohlfahrtsstaatlichen Systems führen, sondern eröffnen auch die Chance, daß eine neue Wohlfahrts-Programmatik einer neuen Regierung einen neuen Legitimationsschub auslösen kann (Schatz 1975, S. 327). Solche verfassungsstrukturellen Stabilisatoren wirken folglich als Filter gegen eine wohlfahrtsstaatsbedingte Verschärfung der Legitimationskrise (Spieker 1986, S. 228ff.).

Das repräsentativ-demokratische Prinzip des Grundgesetzes, das ohnehin auf eine „regierungsfähige" Mehrheit bzw. starke Regierung angelegt ist (Vitzthum 1978, S. 220-240; M. G. Schmidt 1992, S. 27), entbindet die einmal gewählte Regierung von der Verpflichtung, sich auch bei brisanten wohlfahrtsstaatlichen Entscheidungen jeweils die aktuelle Zustimmung der Wähler zu verschaffen (Offe 1975, S. 288). Selbst wenn in den Wählern nicht nur der Status von „Passiv-Bürgern mit Recht auf Akklamationsverweigerung" (Habermas 1983) gesehen wird, sondern den unzähligen Wählergruppierungen – insbesondere im Vorfeld der Wahlen – ein nicht unerheblicher Einfluß zugebilligt wird, verfügen Regierungen und ihre Apparate über ein zunehmend verfeinertes und nötigenfalls robustes Instrumentarium, ihre Wiederwahlchancen zu verbessern (M.G. Schmidt 1993, S. 452).

Wahlrechtliche und verfassungsrechtliche Faktoren haben zur relativen Stabilität von Regierungen nicht unwesentlich beigetragen. Das Wahlrecht zu den Bundestagswahlen mit seinem personifizierten Verhältniswahlsystem, der Fünf-Prozent-Klausel, der Grundmandats-Klausel von mindestens drei Wahlkreiskandidaten und der Zulassung von Überhangmandaten (Nohlen 1990; M. G. Schmidt 1992, S. 27; Beyme 1993, S. 81-93) begünstigen die Wahlchancen etablierter Parteien, auch wenn die jeweils im Amt befindliche Regierung ihren (potentiellen) Wählern nicht geringe „Opfer" abverlangt: So verhalfen bei der Bundestagswahl von 1994 die hohe Zahl der errungenen CDU-Überhangmandate und nicht in erster Linie die in den 90er Jahren weiterverfolgte Konsolidierungspolitik der CDU/CSU-FDP-geführten Bundesregierung zur erneuten Bildung einer Regierungskoalition.

Der Parteienwettbewerb und die in Koalitionsregierungen notwendige Konsensbildung erschweren zwar einerseits strukturelle Reformen im Wohlfahrtsstaat, bilden aber andererseits eine Barriere gegen „radikale" wohlfahrtsstaatliche Konsolidierungsmaßnahmen. Die erschwerten fiskalischen Bedingungen seit den 80er Jahren haben in der Sicht der Volksparteien zwar (wohlfahrtsstaatliche) Konsolidierungsmaßnahmen unausweichlich gemacht, doch wird zur Sicherung der Interessen „breiter" Wählerschichten das Ausmaß der Leistungskürzungen und Deregulierungen durch kompensatorische sozialpolitische Maßnahmen abgeschwächt. Eine solche moderate restriktive Politik leistet einen nicht unwesentlichen Stabilisierungsbeitrag.

Mit massiven Widerständen konfliktfähiger großer Parteien gegen die angebotsorientierten Konsolidierungsprogramme und mit der Präsentation eines „modernen" Gegenentwurfs zur praktizierten wohlfahrtsstaatlichen Politik ist ferner solange nicht zu rechnen, wie das in den westlichen Industrieländern dominierende angebotspolitische Modell durch kein überzeugendes gesellschaftliches und politisch-ökonomisches Alternativprojekt abgelöst werden kann. Da Volksparteien in Deutschland heute nicht mehr – wie beispielsweise die SPD und ihr keynesianisches Wohlfahrtsstaats-Modell in den 60er und 70er Jahren (Haungs 1993, S. 405-408; Jessop 1994, S. 61ff.) – über genuin parteipolitische Projekte verfügen (Rudzio 1995, S. 218f.; Lösche 1996, S. 25), sind angesichts der in der Bundesregierung, in der institutionalisierten Politikberatung und in den Verbänden dominierenden Angebotspolitik weder die Fortsetzung der restriktiven Finanzpolitik und der praktizierten Umweltpolitik der „kleinen Schritte" durch die Konfrontation mit modernen und gerechtigkeitsorientierten (sozialdemokratischen) Gegenentwürfen[20] noch die Fundamente des wohlfahrtsstaatlichen Systems insgesamt gefährdet. Der leistungsrestriktiven Politik droht außerdem umso weniger ein von oppositionellen Parteien betriebener Akzeptanz- und Legi-

---

20 Die SPD hat mit dem auf dem Mannheimer Parteitag vom November 1995 verabschiedeten wirtschaftspolitischen Antrag den Versuch unternommen, die Ziele und Grundsätze der Modernisierung und der sozialen Gerechtigkeit miteinander zu verknüpfen. Wichtige „Eckpunkte" dieses Modernisierungskurses sind: Stärkung von Ausbildung, Forschung und Wissenschaft, Mittelstandsoffensive durch Senkung der Lohnnebenkosten für kleine und mittlere Betriebe, längere Maschinenlaufzeiten, Freizeitausgleich für Überstunden, Nacht- und Schichtarbeit und flexible Arbeitszeiten. Vgl. Lösche 1996, S. 26.

timationsverlust, je mehr im Zuge der Entwicklung zur „Verhandlungsdemokratie“ mit ihren „Kanzlerrunden“ und vernetzten Entscheidungssystemen Parteien in die Konsensfindungsprozesse eingebunden werden (vgl. Kap. I.1.3. und Kap. II.2.).

Die horizontale und vertikale Fragmentierung des politischen Systems und vor allem des Regierungssystems vermögen konfliktträchtige Leistungsansprüche an den Wohlfahrtsstaat insofern zu „entbündeln“, als Verantwortlichkeiten der Regierung für sozialstaatliche Problemlösungen sowohl auf Bundesebene als auch im Verhältnis zwischen Fiskus und Parafiski, den föderativen Ebenen sowie den vertikalen Verbundgremien ausgelagert, zerstückelt, verdeckt oder verschoben werden können (Narr 1976; Scharpf/Reissert/Schnabel 1977; Becker 1986; Gäfgen 1988; M. G. Schmidt 1993; Mayntz 1995).

Der kooperative Föderalismus der Bundesrepublik hat als verfassungsrechtliches Strukturprinzip dazu beigetragen, unter günstigen wirtschaftlichen Bedingungen die Finanzierung großzügiger wohlfahrtsstaatlicher Leistungen zu ermöglichen (Lehmbruch 1986; J.J. Hesse 1993; Benz 1995). Auch unter erschwerten fiskalischen Bedingungen seit den 80er Jahren üben die für den Föderalismus kennzeichnenden zeitaufwendigen Konsensbildungsprozesse stabilisierende Einflüsse aus: Die Entscheidungsfindung erfordert im Bundesstaat nicht nur viel Zeit, sondern die schwierige, auf Kompromiß angelegte Konsensbildung eignet sich auch dafür, eine Politik drastischer restriktiver wohlfahrtsstaatlicher „Reduktionen“ abzuwehren, also massive Eingriffe in „Besitzstände“ zu verhindern (Benz 1989, S: 181f.; Hesse/Renzsch 1990, S. 562ff.).

Der deutsche Föderalismus hat mit seinem vielfältigen Zwang zum Zusammenwirken von Bund und Ländern in den 90er Jahren wegen der SPD-geführten Mehrheit im Bundesrat und ihrer damit gewonnenen Veto-Position bei fiskalisch relevanten Bundesgesetzen zwar das bundesstaatliche Blockadepotential erhöht, aber auch manche „sozial verträgliche“ Korrekturen im Vermittlungsverfahren durchgesetzt (z.B. keine fiskalischen Zwecken dienende Befristung der Gewährung von Arbeitslosenhilfe, Erhöhung des Kindergeldes) (Bentele/Reissert/Schettkat 1995, S. 15f.). Die Schwerfälligkeit vieler Entscheidungsprozesse, das Versickern von Reformimpulsen und das Übergewicht des „Gießkannenprinzips“ im deutschen Föderalismus haben auf der einen Seite aktive Politikgestaltung erschwert, wenn nicht verhindert. Die auf das Zusammenspiel angewiesenen Akteure der föderativen Ebenen haben auf der anderen Seite zur Konfliktminimierung beigetragen und „ein hohes Maß an sozialem Frieden und eine beachtliche Stabilität“ erreicht (Mayntz 1995, S. 141).

Da es seit der deutschen Vereinigung – entgegen anfänglichen Erwartungen und Vorhaben – auch in der bundesstaatlichen Finanzverfassung zu keiner grundlegenden Reform (wie der Stärkung „bedarfsbezogener“ Verteilungsmaßstäbe zwischen Bund und Ländern oder größeren Freiräumen zur Gestaltung der Länderfinanzen), sondern zu einer „Stabilisierung der bestehenden Finanzverfassung" gekommen ist (Benz 1995, S. 157), ist weder mit einem stärkeren (finanz-)politischen „Gegengewicht" der Bundesländer noch mit ernsthaft konfliktverschärfenden Widerständen gegen restriktive finanz- und sozialpolitische Maßnahmen des Bundes zu rechnen. Die Entwicklung zum „asymmetrischen Föderalismus mit zwei Geschwindigkeiten" (Benz 1993, S. 460)[21] läßt eher erwarten, daß sich konsens- und stabilitätsfördernde bundesstaatliche Verhandlungsmechanismen zunehmend Geltung verschaffen und der Durchsetzung der Essentiale der angebotsorientierten Finanz- und Sozialpolitik keine massiven Hindernisse entgegenstehen (Scharpf 1994).

Ein weiterer Faktor der Stabilisierung der Grundlagen des Wohlfahrtstaats sind die für die Bundesrepublik kennzeichnenden Parteistrukturen. Die Beteiligung der Liberalen an den meisten Bundesregierungen haben der – von den Volksparteien beförderten – Expansion des Wohlfahrtstaats Schranken gesetzt. Der für den Ausbau wohlfahrtsstaatlicher Maßnahmen „empfängliche" Populismus der Volksparteien ist durch die interventionszurückhaltende Politik der Liberalen in den Koalitionsregierungen in der Tendenz gezügelt worden. Die Regierungsbeteiligung der Liberalen hat die großen Regierungsparteien zu einer insgesamt „gemäßigten" Ausgaben- und Beschäftigungspolitik gezwungen (M.G. Schmidt, 1990a, S. 29).

Der in erster Linie für die Beseitigung der Arbeitslosigkeit in der Bevölkerung für verantwortlich gehaltenen Bundesregierung steht ein ganzes Arsenal informationeller und taktischer Steuerungstechniken zur Verfügung, um die Schuld für die Lösung dieses wohlfahrtsstaatlich brisanten Problems entweder allgemein den Einflüssen des Weltmarkts, der internationalen Kapitalmarktentwicklung, der marktwirtschaftlichen Ordnung oder konkret den deutschen Tarifvertragsparteien zuzuweisen (Hans-Böckler-Stiftung 1987, S. 87; Windolf 1989, S. 367-387; Scharpf 1993a, S. 165-181; Altvater 1995, S. 192-202).

Neben den verfassungsstrukturellen und gruppenorientierten Instrumenten zur „Abfederung" möglichen Ansehensverlustes verfügen die Regierungsakteure über mannigfache Steuerungstechniken zur Entschärfung von Konflikten: Zu ihrem Arsenal zählen gezielte Informationsfilterung (z.B. Informationszurückhaltung, gezielte Indiskretionen) (Vaubel 1979; Jänicke 1986, S. 24ff. und S. 147ff.; M. G. Schmidt 1992, S. 38-41) und flexibles Zurückweichen im Falle massiver Abwehr gegen Leistungskürzungen, exkulpierende Argumente usw. (Windhoff-Héritier 1986). Diese legitimationssichernden Steuerungstechniken reichen allerdings dann nicht aus, wenn die Leistungssenkungen und Deregulierungen unerwartete und unkontrollierbare politische Widerstände auslösen. Das politische System muß dann aufwendi-

---

21 Für Benz sind die großen finanzstarken Länder weiterhin zu einer eigenständigen Wirtschaftsförderungs- und Infrastrukturpolitik in der Lage, während die kleinen finanzschwachen Länder angesichts der nicht so schnell zu überwindenden Schwächen der Wirtschafts- und Finanzkraft auf Jahre hinaus auf Bundeshilfen angewiesen bleiben. Vgl. dazu Benz 1993, S. 460.

gere Instrumente einsetzen, d.h. die wohlfahrtsstaatliche Politik wird mit höheren „Legitimationskosten“ konfrontiert (Damaschke 1987; Döring 1990, S. 73-89).

Bewußt werden Zuständigkeiten verwischt und legitimationsrelevante Probleme in „handhabbare“ Teilprobleme gespalten (Koch/Narr 1976). Auch hier verpufft die delegitimierende Wirkung des „Sozialabbaus“ und der Deregulierung umso mehr, je größer die Zahl der Regierungsakteure ist, die die restriktive Leistungs- und Regulierungspolitik zu verantworten haben. Eine auf Legitimationssicherung ausgerichtete (Wohlfahrtsstaats-)Politik wird dementsprechend zu verhindern versuchen, daß es bei Leistungskürzungen und der Rücknahme von arbeits- und sozialrechtlichen Schutzvorschriften zu einer konfliktverschärfenden Ballung des Problemdrucks auf den Staat kommt.

Es schadet der wohlfahrtsstaatlichen Politik kaum, wenn sie die Lasten weiterreicht, denn sie verteilt die Belastungen für die Betroffenen nicht nur unüberschaubar, sondern schränkt die Leistungen vorwiegend dort ein, wo nur schwache Gruppen und geringe Wählerpotentiale betroffen werden (Olson 1985; Jänicke 1986; Vieler 1986, S. 13-29). Diese selektive Konsolidierungs- und Regulierungspolitik ist darauf angelegt, in erster Linie die stabilitäts- und legitimationsgefährdenden Reaktionen von Interessen- und Wählergruppen zu minimieren und sich erst in zweiter Linie daran zu orientieren, was ökonomisch funktional und rational ist (Ganßmann/Weggler/Wolf 1987, S. 140; Grande 1993, S. 382-387; Greven 1995, S. 272 ff). Aus Gründen der Selbststabilisierung und Legitimationssicherung geht es also dem Wohlfahrtsstaat zuerst darum, die Leistungskürzungen, -verschiebungen und -auslagerungen dort zu plazieren, wo mit den geringsten Widerständen zu rechnen ist. Die Folgen einer solchen Konsolidierungspolitik sind, daß sich die wohlfahrtsstaatlich bedingten Unterschiede in der Leistungsgewährung verschärfen, ohne aber die Legitimationsbasis einer solchen Politik ernsthaft zu untergraben:

Die oberen Einkommensgruppen haben sich auch infolge höherer Subventionsleistungen (z.B. Steuervergünstigungen zugunsten der Unternehmungen und Aufrechterhaltung der Finanzhilfen) (vgl. 15. Subventionsbericht der Bundesregierung 1995) in den 80er Jahren und verstärkt nach der deutschen Vereinigung Verteilungsvorteile verschafft (DIW-Wochenberichte 46/86, S. 588f. und 22/23/96, S. 387-393). Die auch weiterhin zu erwartende Legitimierung der restriktiven wohlfahrtsstaatlichen Politik durch ohnehin schon privilegierte Gruppen und Wähler steht also außer Zweifel. Die selektive Krisenbewältigungsstrategie verschärft aber auch die Unterschiede „zwischen arm und nicht-arm“ (Ganßmann/Weggler/Wolf 1987, S. 142; Huster 1993; Hanisch u.a. 1994).

Da infolge verschärfter Anspruchsbedingungen für die Leistungsgewährung immer mehr Erwerbslose keine Arbeitslosenunterstützung mehr erhalten und auf Sozialhilfe angewiesen sind, (DIW-Wochenbericht, Heft 50/88; Kleinhenz 1991; 1992), verstärkt sich die Ungleichheit der Einkommensverteilung nicht nur zwischen arm und reich, sondern auch innerhalb der Sozialstaatsklientel. Die Paradoxie der Konsolidierungspolitik und der damit einhergehenden Marginalisierung innerhalb der Sozialstaatsklientel liegt darin, daß die leistungsrestriktive Politik die sozialstaatlichen Institutionen in keine Krise treibt und ihnen nicht die Legitimationsbasis entzieht, sondern im Gegenteil zu ihrer Stabilisierung beiträgt. Je mehr also der Wohlfahrtsstaat seine Leistungen reduziert, umso größeres Gewicht und größere Wertschätzung erhalten seine Institutionen als rettendes „Auffangbecken" vor dem sozialen Abstieg (Pioch/Vobruba 1995, S. 116-130).

Legitimatorische Entlastung vom Problem der hohen Arbeitslosigkeit verschafft sich der Wohlfahrtsstaat ferner durch eine „populistische" Politik, deren Instrumente bei der Angebotsseite und bestimmten Gruppen des Arbeitsmarktes ansetzen: Arbeitsmarktpolitische Maßnahmen sind also weitgehend populär, wenn sie auf die Abschottung des deutschen Arbeitsmarkts gegen ausländische Arbeitnehmer oder den Rückzug von Frauen aus dem Normalarbeitsverhältnis in Teilzeitbeschäftigung gerichtet sind (Dubiel 1986; Kreuder/Loewy 1987; JG 94/95, Ziff. 467ff.; Lessenich/Ostner 1995, S. 780-803). Eine solche mit Gleichheitsforderungen und familienpolitisch begründete Arbeitsmarktpolitik erfährt schon deshalb eine hohe Legitimation, weil das Argument, der moderne Wohlfahrtsstaat müsse das knappe Gut „Beschäftigung" gerecht verteilen und den auf Erwerbstätigkeit und Erwerbseinkommen dringend Angewiesenen zugute kommen, schlicht als „plausibel" sowie als Merkmal einer „konsensfähigen und überzeugenden" Strategie zur Bekämpfung der Arbeitslosigkeit gilt (Offe 1986, S. 39; JG 94/95, Ziff. 264).

Der verschärfte Legitimationsdruck kann auch durch symbolische Gratifikationen und politische Rhetorik abgefangen werden (Vobruba 1994). Mit „Schauobjekten" werden Problemlösungen suggeriert, obwohl die vorgegebenen inhaltlichen Verbesserungen belanglos bleiben: So wird beispielsweise „Flexibilität" auf Märkten zum „Wert an sich" erhoben (Rüb/Nullmeier 1991; Schmitthenner 1995) und verringerter Kündigungsschutz oder der Abbau von Jugendschutzbestimmungen werden als „Lockerungen" beschäftigungshemmender Bestimmungen interpretiert, die zum Abbau von Einstellungsbarrieren beitragen sollen. Ferner werden seit August 1986 nicht mehr nur die Zahl der Arbeitslosen, sondern auch die (ansteigende) Zahl der Beschäftigten von der Bundesanstalt für Arbeit bekanntgegeben (J. Hoffmann 1987). Das Mittel der politischen Rhetorik wird schließlich als problementlastender und stabilitätsfördernder Einflußfaktor eingesetzt, indem – nach einem Runderlaß der Bundesanstalt für Arbeit von 1989 – bestimmte Erwerbslose in der Statistik nicht mehr als Arbeitslose, sondern als „nichtarbeitslose Arbeitssuchende" geführt werden (z.B. Arbeitslose, die zweimal in zwölf Monaten „zumutbare" Beschäftigung abgelehnt haben). In diesem Fall dient die Sprache der Politik dem statistischen „Nachweis" der erfolgreichen Bekämpfung der Arbeitslosigkeit, weil durch diese neue Berechnungsmethode Zehntausende von Arbeitslosen statistisch nicht mehr erfaßt werden (Noll 1989, S. 53-61).

1.3.2. Legitimations- und stabilitätssichernde Faktoren in der Umweltpolitik

Für die Legitimierung der seit 1980 praktizierten Umweltpolitik und die Stabilisierung der institutionalisierten Arrangements im Umweltsektor sprechen partielle „Erfolge“ bei der Emissionsminderung in den untersuchten Umweltmedien Luft und Gewässer, die krisenbedingte Überlagerung der Umweltthematik durch Wachstums- und Wettbewerbsthemen sowie die generell konsensfördernden Verhandlungsmechanismen politischer Netzwerke und deren vorsichtige Öffnung für Umweltschutzorganisationen.

Der Verweis politischer Akteure auf Emissionsminderungen in der Luftreinhalte- und Gewässerschutzpolitik erleichtert die Rechtfertigung einer sequentiellen Bearbeitung von Umweltproblemen und erschwert der Kritik zugleich einen umweltpolitischen Diskurs, der sowohl die emissionsbezogenen Defizite in anderen Medien (z.B. in Böden), die anhaltend gravierenden Belastungen von Umwelt und Mensch als auch das Fehlen eines umfassenden umweltpolitischen Konzepts thematisiert. Die in der Luftreinhalte- und Gewässerschutzpolitik festgestellten Schadstoffreduzierungen verschaffen der Politik Argumente, die damit einhergehende Abschwächung von Ökonomisierungstendenzen als Ergebnis einer politischen Festsetzung strengerer Umweltstandards zu präsentieren.

Einer Umweltpolitik, der der Vorwurf zu behutsamen Vorgehens und der Verhinderung „durchgreifender“ Reformen gemacht wird, erfährt in dem Maße Kritik-Entlastung, wie sich die öffentliche Diskussion auf Krisenfaktoren wie die der Wachstumsabschwächung, der globalisierten Verschärfung des Wettbewerbs, der Arbeitslosigkeit usw. konzentriert. Der in den 90er Jahren festgestellte Themenwechsel von der Umwelt- zur Wachstumsthematik (Schäfer 1995, S. 232f.; Otto 1996, S. 25) verdrängt das Ausmaß hohen Ressourcenverbrauchs und anhaltender Umweltzerstörung und mindert den permanenten Rechtfertigungsdruck auf die politischen Akteure.

Systemstabilisierende Faktoren bilden schließlich die institutionalisierten umweltpolitischen Netzwerkstrukturen und -verfahren, die die Verantwortung für hochrisikobehaftete Entscheidungen auf staatliche, parastaatliche und private Akteure verteilen: Die hochgradig exklusiven Netzwerke der Standardsetzung und auch die bürokratisch-industriellen Interaktionssysteme haben in der Politikformulierung und -umsetzung auf der Grundlage der Präferenz für technische und einzelwirtschaftliche Kalküle zweifellos die Konsensfindung erleichtert und damit als (netzwerk-)stabilisierende Faktoren gewirkt, aber zugleich die Erweiterung demokratischer Mitwirkungsrechte erschwert oder verhindert. Auch wenn die Öffnung der Entscheidungsprozesse der Entwicklung von Umweltstandards größere Legitimation und Akzeptanz verschaffen kann (vgl. Kap. IV.2.2.4.1.), befördert das Verfahren der Inklusion nicht unbedingt konsensuale Lösungen, sondern kann zur Konfliktverschärfung beitragen (Mayntz 1990, S. 147f.; Scharpf 1993a, S. 174ff).

2. Ansätze politikfeldspezifischer Alternativen

Im folgenden gilt der Suche nach alternativen Ansatzpunkten einer Politik die Aufmerksamkeit, die die vorherrschende Fiskalisierung und Ökonomisierung in der Finanz-, Sozial- und Umweltpolitik abschwächen oder überwinden kann und damit verstärkt eine Politikgestaltung zuläßt, die sozialen und ökologischen Belangen Vorrang vor fiskalischen und ökonomischen Interessen einräumt. Ansatzpunkte für die Entwicklung „pragmatischer" Alternativen unter restriktiven politischen und ökonomischen Bedingungen werden in erster Linie in einer vorrangigen Festsetzung von Aufgabenschwerpunkten und deren Finanzierung gesehen. Die mittelfristige Sicherung sozialer Ausgabenanteile und eine verstärkte Infrastrukturförderung bilden weitere alternative Ansätze einer Politik der Mittelverwendung, die mit einer Neugestaltung des Verhältnisses von Steuer- und (sozialer) Beitragsfinanzierung einhergehen (müssen). Schließlich wird eine sozialen Gerechtigkeitsanforderungen Rechnung tragende Alternative darin gesehen, das Leistungsfähigkeits- und Gleichmäßigkeitsprinzip in der Politik der Mittelaufbringung zu stärken.

2.1. Ansatzpunkte einer Alternative zur Fiskalisierung und Ökonomisierung der Finanz- und Sozialpolitik

Der Versuch, politikfeldspezifische Alternativen zu den vorherrschenden Fiskalisierungs- und Ökonomisierungstendenzen aufzuzeigen, hat von handlungsmindernden Restriktionen, aber auch von handlungserweiternden Ressourcen auszugehen. Die Vielzahl der Restriktionen, die der Umsetzung einer Alternative zur praktizierten Fiskalisierungsstrategie des Bundes entgegenstehen, sind von Vertretern der Lehre des Inkrementalismus in Grundzügen zutreffend beschrieben worden (Lindblom 1975; Wildavsky 1980). Diese in der Realität vorherrschende Strategie der unkoordinierten kleinen Schritte, die gerade im Budgetprozeß empirisch nachgewiesen worden ist, gewinnt unter Bedingungen erschwerter Finanzierung des zu reformierenden Wohlfahrtsstaats wieder an Bedeutung. Der Bezug auf inkrementale Politikmodi soll aufzeigen, daß der Durchsetzung einer Alternative zur dominanten Fiskalisierungsstrategie enge Grenzen gezogen sind. Der im Zuge der sozialökonomischen Umstrukturierung in Deutschland und Europa gravierend gewachsene Finanzbedarf läßt befürchten, daß tradierte Strategien, politische Zielsetzungen und Aufgabenschwerpunkte weiterhin an die knappen vorhandenen Mittel angepaßt werden. Da angesichts der Restriktionen der etablierten zuwachsorientierten („inkrementalen") Budgetpolitik nicht mit einem „radikalen" Strategiewechsel zugunsten einer zuerst Aufgabenprioritäten setzenden Politik gerechnet werden kann, wird bei der folgenden Skizzierung einer Alternative ein „pragmatischer" Ansatz gewählt.

„Nicht-Fiskalisierung" der Finanz- und Sozialpolitik bedeutet hier im Kern eine Neuorientierung der Bundes-Politik der bisher vorrangig verfolgten direkten sozialen Ausgabenkürzungen, Leistungsstreckungen, Aufgabenauslagerungen usw. und der indirekten Einsparungen bei den Parafiski auf sozialstaatliche, arbeitskraftqualifizierende, beschäftigungs- und umweltpolitische Ziele. Ohne ein schlüssiges Konzept für eine alternative Strategie vorstellen zu können, werden hier für die Skizzierung einer Alternative zur praktizierten Strategie der Fiskalisierung und Ökonomisierung des Bundes folgende Ansatzpunkte gesehen:

Eine alternative Finanz- und Sozialpolitik, die nicht mehr ihre Maßnahmen wie die angebotsorientierte quantitative und qualitative Konsolidierungspolitik einseitig auf die Senkung der Wohlfahrtsetats richtet und die steuerliche Entlastung der Einkommensentstehung nicht nur durch höhere Belastung der konsumtiven Einkommensverwendung kompensieren möchte, wird in einer sozial verpflichteten Umstrukturierung des öffentlichen Ausgaben- und des Steuersystems gesehen.

2.1.1. Politik (sozial-)leistungssichernder und infrastrukturfördernder Mittelverwendung

Eine sozial verantwortliche Ausgabenpolitik des Bundes wird die Mittelverwendung so gestalten müssen, daß angesichts neuer sozialpolitischer Herausforderungen die sozialen („konsumtiven") Ausgabenanteile mindestens für den Zeitraum eines Jahrzehnts auf dem bisherigen Niveau gehalten werden.

Im Gegensatz zur kontraktiven angebotsorientierten Definition infrastrukturpolitischer Aufgabenerfüllung (vgl. Kap. II.1.3.) kann eine Alternative zur Ökonomisierung der Finanz- und Sozialpolitik den Anforderungen des aktiven Politikgestaltungs-Ansatzes umso eher gerecht werden, je mehr sich der Staat prinzipiell zuvörderst in seiner Rolle als Förderer und „Steuerentlaster" privatwirtschaftlicher Aktivitäten zurücknimmt und/oder die private Investitionsförderung an politische Auflagen knüpft und sich – neben der ressourcenschonenden Förderpolitik (vgl. Kap. IV.2.2.) – verstärkt auf infrastrukturpolitische Aufgaben[22] konzentriert.

---

22 Die überwiegend vom öffentlichem Sektor bereitgestellte Infrastruktur bildet die Grundlage für weitere wirtschaftliche Aktivitäten, ist also der materielle institutionel-

Eine alternative finanz- und sozialpolitische Strategie, die angesichts des enormen Bedarfs an Infrastrukturmaßnahmen sowohl in Ostdeutschland als auch in Westdeutschland[23] prinzipiell auf den Ausbau öffentlicher Infrastruktur und öffentlicher Dienste angelegt ist, gewinnt in dem Maße an politischer Legitimation und Akzeptanz, wie die Schwachstellen der die Ökonomisierung befördernden angebotsorientierten Politik der Mittelverwendung und Mittelaufbringung offengelegt werden: Die Defizite (auflagenfreier) Finanzhilfen für private Investitionen (Mitnahme- und/oder Vorzieheffekte) und der steuerlichen privaten Investitionsförderung (geringe beschäftigungspolitische Wirksamkeit und die Einkommens- und Vermögensverteilung verschärfende Effekte) (DIW-Wochenbericht 18/95, S. 356ff.) sprechen für eine stärkere staatliche Infrastrukturförderung. Die Finanzierung dieser Strategie der Verlagerung der privaten auf die staatliche Investitionsförderung kann in dem Maße sichergestellt werden, wie die Chancen aufgabenkonzentrierter/ ausgabensparender Mittelverwendung und die noch nicht ausgeschöpften fiskalischen Mobilisierungspotentiale genutzt werden (vgl. Kap. I.1.3.2.).

Der Ansatz aktiver Politikgestaltung ist darauf angelegt, den „öffentlichen" Charakter von Infrastrukturmaßnahmen im Unterschied zu angebots-

---

le und personelle „Unterbau" einer Wirtschaft. Zur Infrastruktur werden vor allem Verkehr, Energie- und Wasserversorgung, das Bildungs- und Gesundheitswesen, Wohnungsbau, Umweltschutz-, Sozial-, Kultur- und Freizeiteinrichtungen gezählt. Die Erbringung von Infrastrukturleistungen erfordert dabei nicht nur Kapitalinputs, sondern auch Personal- und Sachausgaben, d.h. Folgekosten im eigentlichen Sinn ohne Finanzierungskosten und Abschreibungen.
Infrastrukturprojekte sind vielfach Großprojekte mit langen Ausreifungszeiten und erschwerter Möglichkeit für regionale und nationale Importe. Infrastrukturprojekte sind außerdem wegen ihrer langen Lebensdauer (geringer Anteil der Investitionen am bestehenden Kapitalstock!) an geänderte Nachfragebedingungen (z.B. im Wohnungsbau) nur begrenzt anpassungsfähig. Ferner ist die Anwendung des Marktmechanismus im Infrastrukturbereich nur eingeschränkt möglich, da Infrastrukturprojekte typischerweise eine Vielzahl externer Effekte erzeugen, vielfach dem Nicht-Ausschluß-Prinzip unterliegen und häufig regionale und nationale Monopolstellungen einnehmen. Siehe dazu Nowotny 1996, S. 195f.

23 Als Modell für die Sanierung der Infrastruktur in Ostdeutschland gilt das für die Jahre 1991 und 1992 aufgelegte „Gemeinschaftswerk Aufschwung Ost". Schwerpunkte dieses Infrastrukturprogrammes waren kommunale Investitionen für die Instandsetzung von Gebäuden und Anlagen, die Bereitstellung von Mitteln für die wirtschaftsnahe Verkehrsinfrastruktur, den Wohnungs- und Städtebau und die Hochschulen, Umweltschutzinvestitionen für Abwasser, Trinkwasser und Deponien und die Finanzierung von Arbeitsbeschaffungsmaßnahmen. Siehe hierzu Pilz/Ortwein 1992, S. 149f. Ein enormer, auf mehrere 100 Milliarden Mark geschätzter ungedeckter Bedarf in ganz Deutschland wird in folgenden Feldern öffentlicher Investitionstätigkeit gesehen: In Verkehrs- und Kommunikationswegen, in der Stadt- und Dorferneuerung, in der Energieversorgung, bei Umweltschutzmaßnahmen wie der Luftreinhaltung, der Altlastensanierung, des Gewässerschutzes, der Landschaftssanierung, der Abfallwirtschaft usw., im Bildungswesen und bei sozialen Diensten. Siehe dazu die Dokumentation des Instituts für Arbeitsmarkt- und Berufsforschung der Bundesanstalt für Arbeit, IAB-Werkstattbericht Nr. 7/26.5.1992, S. 21.

politischen Interpretationen (vgl. Kap. II.1.4.) weit zu definieren, da die Finanzhilfen für die Infrastruktur nicht nur auf die – die Ökonomisierung verstärkende – Funktion beschränkt werden sollen, „Vorleistungen für privates Wirtschaften" zu erbringen. Eine politikgestaltende Alternative zur Ökonomisierung muß folglich auf der Grundlage gesamtstaatlich ermittelter Bedarfe an Infrastruktur[24] und – von Regierungsakteuren, Partei- und Fraktionsführungen im Bundesstaat – politisch festzulegenden Bedarfsschwerpunkten die Mittel selektiv den Aufgaben mit besonders „hohem" Bedarf zuweisen.

Obwohl im deutschen Bundesstaat (nach § 51 des Haushaltsgrundsätzegesetzes) dem Finanzplanungsrat die gesetzliche Aufgabe zuwächst, unter Berücksichtigung von Bedarfsaspekten von Bund, Ländern und Gemeinden Prioritäten festzulegen, ist es nicht gelungen, über den Austausch von finanzkraftbezogenen Informationen hinaus den Bedarf an öffentlicher Infrastruktur politisch zu bestimmen (Geske 1991, S. 38; Mäding 1992, S. 203f.). Der Vorteil eines fehlenden verfassungsrechtlich verbindlichen föderativen Abstimmungs- und Entscheidungmechanismus liegt darin, die negativen Folgen eines sektoralen, horizontalen oder vertikalen Bedarfswettlaufs zu erschweren oder ganz zu verhindern: Ein solcher öffentlicher Bedarfswettlauf begünstigt nicht nur eine Politik staatlicher Ausgabensteigerungen, um den Wählererwartungen gerecht zu werden, sondern gefährdet auch die Wiederwahlchancen von Politikern, sofern sie die an das politische System herangetragenen Forderungen zurückweisen. Das Fehlen eines gesamtstaatlichen Gremiums der Bedarfsermittlung und -gewichtung hat allerdings den Nachteil, daß zwar eine Vielzahl inoffizieller und sektoraler Finanzbedarfsrechnungen und Aufstellungen „notwendiger" Ausgaben der föderativen Ebenen[25] vorgelegt werden (Geske 1991, S. 38), am Bedarf orientierte und zu fi-

24 Längerfristig führen Infrastrukturinvestitionen zu hoher und steigender Kapitalproduktivität für private Investitionen, indem private Investoren öffentliche Vorleistungen direkt oder über höhere Qualität des „Human-Kapitals" (durch besseres Ausbildungs- oder Gesundheitswesen) indirekt nutzen. Je mehr im Zuge verschärften globalisierten Wettbewerbs mit strukturbedingter Unterauslastung volkswirtschaftlicher Kapazitäten gerechnet werden muß, desto wichtiger und erfolgversprechender wird der Einsatz langfristig konzipierter Infrastrukturprogramme, die neben ihren stabilisierungspolitischen auch wachstumspolitische Effekte haben. Vgl. dazu Hikkel/Priewe 1989 und das „Weißbuch" der EU-Kommission „Wachstum, Wettbewerbsfähigkeit, Beschäftigung", Brüssel 1993.

25 Einen ersten gesamtstaatlichen Versuch, in Rahmen der Umsatzsteuerverteilung zwischen Bund und Ländern einen Katalog für „notwendig" erachteter Ausgaben und daraus zu finanzierender Aufgaben aufzustellen, unternahm eine im Jahr 1972 vom Finanzplanungsrat eingesetzte Arbeitsgruppe. Die aus Beamten von Bund, Ländern und Gemeinden zusammengesetzte Arbeitsgruppe erfaßte (durch Gesetz oder Vertrag vorgegebene) „feststehende Ausgaben" nach Ausgabenarten und bestimmten Aufgaben bzw. Maßnahmen. Auch wenn keine Einigung über Art und Umfang der feststehenden Ausgaben und damit über die notwendigen Ausgaben erzielt wurde, dokumentierten Bund, Länder und Gemeinden ihre „strittigen Positionen" insbesondere bezüglich der Verteidigungsausgaben, der Liquiditätshilfen an die Bahn, der Personalausgaben und vom Bund und/oder von den Ländern mitfinanzierten Sachin-

nanzierende Aufgabenschwerpunkte oftmals aber nicht verbindlich festgelegt werden können.

Eine auf bestimmte Strukturaufgaben konzentrierte Mittelverwendung verbessert wegen ihrer ausgabensparenden Effekte zugleich die Möglichkeit, die sozialen Ausgabenanteile im Haushalt zu stabilisieren (Bischoff 1995, S. 54-68). Darüber hinaus wird Ökonomisierungstendenzen der Finanz- und Sozialpolitik in dem Maße entgegengewirkt, wie der Politik der Mittelaufbringung einer primär am Gerechtigkeitsprinzip orientierten Verbreiterung der steuerlichen Bemessungsgrundlage und einer verstärkten Besteuerung hoher Einkommen privater Haushalte und großer Vermögen zum Durchbruch verholfen wird.

2.1.2. Politik aufgabenverantwortlicher und leistungsfähigkeitsorientierter Mittelbeschaffung

Der seit den 90er Jahren insbesondere als Folge der deutschen Vereinigung gewachsene soziale Problemlösungsdruck bisher ungekannten Ausmaßes verlangt eine aufgabenverantwortliche Neugestaltung des Verhältnisses zwischen Steuer- und Beitragsfinanzierung. Eine Entlastung der Parafiski von gesamtgesellschaftlichen Aufgaben macht die Übernahme versicherungsfremder Leistungen durch den Bundeshaushalt unumgänglich (Tofante 1997, S. 415-426). Eine Umstellung der Beitrags- auf eine stärkere Steuerfinanzierung von Leistungen ist in dem Maße geboten, wie die Fortdauer der Arbeitslosigkeit mit ihren ausgabenwirksamen Folgen eine Übertragung der als „gesellschaftlich" interpretierten Aufgaben auf den Staatshaushalt und damit eine Leistungsentlastung der Bundesanstalt für Arbeit geradezu erzwingt. Auch durch die Übernahme „versicherungsfremder Leistungen" der Rentenversicherung durch den Bundeshaushalt werden dem Bund wachsende (sozial-)ausgabenwirksame Aufgabenverantwortungen zugewiesen. Eine Politik gerechter Mittelaufbringung kommt umso mehr zum Tragen, je mehr sich bisher von der Sozialversicherungspflicht befreite Gruppen wie Beamte, Unternehmer oder Freiberufler an der (Steuer-)Finanzierung gesellschaftlicher Aufgaben beteiligen müssen. Jede auf die Umstellung erhöhter Steuerfinanzierung von sozialen Aufgaben und Leistungen ausgerichtete Alternative unterliegt allerdings dem Risiko, daß aus dem Staatshaushalt finanzierte Maßnahmen stärker als politische „Manövriermasse" zur Disposition gestellt werden als Leistungen, die – wie die der Rentenversicherung – einen großen „eigentumsähnlichen" Schutz genießen (Tofante 1997, S. 419-424.

Im Gegensatz zur fiskalische Zwecke verfolgenden Politik einer (aufkommensstarken und „unmerklichen") Verbrauchsteuererhöhung, die insbe-

---

vestitionen der Gemeinden in den Bereichen Straßen, Schulen und Abwasserbeseitigung/Kanalisation. Vgl. Ergebnisbericht der Arbeitsgruppe Ausgabenentwicklung des Finanzplanungsrats, Bonn, März 1973, S. 2.

sondere im Fall einer Mehrwertsteueranhebung untere Einkommensgruppen überproportional belastet, ist bei der auf eine stärkere Gewichtung der sozialen Komponente angelegten Alternative der Schwerpunkt der Besteuerung verstärkt auf direkte Steuern zu legen.

Darüber hinaus wird die Finanzierung des Sozial- und Infrastrukturausgabenanteils insbesondere im Bundeshaushalt – unter der Prämisse moderater Belastung beitrags- und besteuerungsfähiger Produktion – umso eher zu leisten sein, je mehr eine genuin politische Gestaltung den fiskalischen Spielraum nutzt, eine zumindest mittelfristig für notwendig befundene „maßvolle" zusätzliche Mittelbeschaffung mit gerechtigkeitsorientierten und umweltverträglichen Postulaten zu verbinden. Die steuerliche Bemessungsgrundlage wird so zu verbreitern sein, daß sowohl der „materielle" Grundsatz[26] gerechter Steuerlastverteilung als auch ökologische Lenkungszwecke (vgl. Kap. IV.2.2.) zur Geltung kommen.

Im Unterschied zur Zielsetzung der angebotspolitisch angeleiteten „Umstrukturierung" des Steuersystems, die über eine „leistungsfördernde" und „wettbewerbssichernde" Senkung insbesondere der Körperschaft- und Einkommensteuer und eine Vielzahl von Steuerermäßigungen für privatwirtschaftliche Betätigungen Ökonomisierungstendenzen befördert hat, wird im Sinne der befürworteten „Gleichrangigkeit" fiskalischer, sozialer und ökologischer Prinzipien und Zielsetzungen ein alternativer leistungs- und leistungsfähigkeitsorientierter Reformansatz in einem linear-progressiven Einkommensteuertarif mit folgenden Elementen gesehen (Bareis 1996, S. 26ff.):

- Das steuerlich freigestellte Existenzminimum (Grundfreibetrag) orientiert sich am sozialhilferechtlichen Mindestbedarf.
- Zur Entlastung unterer Einkommen wird der Eingangssteuersatz von knapp 26% auf unter 20% abgesenkt.

Damit sich der Anstieg des Grenzsteuersatzes gleichmäßig über den gesamten Progressionsbereich verteilt und „Progressionssprünge"[27] vermieden werden, steigt der Grenzsteuersatz geradlinig vom Eingangssteuersatz bis zum – im Rahmen der „Großen Steuerreform" zu senkenden – Spitzensteuersatz an.

Die primär auf Steuergerechtigkeit und Steuervereinfachung zielende Verbreiterung der Bemessungsgrundlage im Einkommensteuerrecht setzt

---

26 Fritz Neumark unterscheidet zwischen steuertechnischen und materiellen Grundsätzen der Besteuerung: Steuertechnische Grundsätze wie die Postulate der Steuertransparenz, der Praktikabilität steuerlicher Maßnahmen und der Stetigkeit steuerrechtlicher Normen stehen den materiellen Grundsätzen wie den fiskalisch-budgetären, ethisch-sozialpolitischen und wirtschaftspolitischen Besteuerungsgrundsätzen gegenüber. In Theorie und Praxis werden die steuertechnischen im Vergleich zu den materiellen Steuerpostulaten als subsidiär angesehen. Vgl. dazu Neumark 1970, S. 334, 371f. und 379.

27 Der bekannteste der zahlreichen Vorschläge zur Einkommensteuerreform ist die Stufentarif-Regelung des wirtschaftspolitischen Sprechers der CDU/CSU-Bundestagsfraktion Gunnar Uldall, der Steuersätze von 8%, 18% und 28% vorsieht. Siehe Uldall 1996, S. 276.

prinzipiell an folgenden Maßnahmen an: Steuermindernde Abzugsmöglichkeiten von Sonderausgaben, außergewöhnliche Belastungen, Werbungskosten usw. sind weitgehend abzuschaffen. Bisher (gemäß § 3 EStG) steuerfreie Einkünfte, steuerermäßigte Einnahmen (Zuschläge für Sonntags- und Nachtarbeit) oder Veräußerungsgewinne sind voll zu besteuern, und Freibeträge wie Sparer-, Altersentlastungs- oder Versorgungsfreibetrag sind grundsätzlich nicht mehr zu gewähren. Damit die hohen Zinseinkünfte nicht länger vor den Finanzämtern verschwiegen und die gesamten Einkünfte erfaßt werden können, sind Kontrollmitteilungen an die Finanzverwaltung (vgl. Kap. II.1.3.3.2.) als wirksames Mittel zur Eindämmung der bisher risikolosen Steuerhinterziehung bei Kapitalerträgen einzuführen. Um zukünftig Mißbräuche bei der Ermittlung des zu versteuernden Einkommens zu erschweren, sind gleiche Einkommen bei allen Bürgern gleich zu besteuern (Grundsatz der Gleichmäßigkeit der Besteuerung!)[28] (Einkommensteuer-Kommission 1995; Uldall 1996, S. 275-278; Scheel 1996, S. 279-281; Pohmer 1996, S. 285-289).

Dieser Besteuerungsgrundsatz trägt fiskalischen und gerechtigkeitsorientierten Kriterien insofern gleichermaßen Rechnung, als er die Trennung der Einkünfteermittlung zwischen der betrieblichen Unternehmenssphäre und der privaten Sphäre überwinden hilft und damit auch bisher von der Einkommensbesteuerung befreite Einkünfte erfaßt. Das traditionelle, vom „Dualismus" der Einkünfteermittlung beherrschte deutsche Einkommensteuerrecht unterscheidet zwischen „unternehmerischen Einkünften" (Einkünfte aus Gewerbebetrieb, Land- und Forstwirtschaft und selbständiger Arbeit) und „nichtunternehmerischen Überschußeinkünften" (Einkünfte aus nichtselbständiger Arbeit, Kapitalvermögen, Vermietung und Verpachtung) (Mundorf 1996, S. 2): Während bei unternehmerischen Einkünften das Gesamtergebnis der unternehmerischen Betätigung der Gewinne und Verluste aus der Veräußerung des Betriebsvermögens erfaßt wird, gilt für nichtunternehmerische Überschußeinkünfte lediglich der Überschuß der Einnahmen über die Werbungkosten, Sonderausgaben usw. Demzufolge muß ein Gewerbetreibender, der ein Betriebsgrundstück oder andere Vermögensarten (z.B. Wertpapiere, Gold, Kunstgegenstände) veräußert, die daraus erzielten Einkünfte versteuern im Gegensatz zu einem Haus- und Grundbesitzer, der beim Verkauf seiner Immobilie zum Teil erhebliche (steuerfreie) Veräußerungsgewinne erwirtschaften kann.

Einen Weg zur Abschwächung der dominanten Fiskalisierungsstrategie in der Finanz- und Steuerpolitik weisen die Einheitswertbeschlüsse zur Vermögen-, Erbschaft- und Grundsteuer vom 22. Juni 1995 (BVerfGE 93, 121-179.). Das Bundesverfassungsgericht eröffnet dem Gesetzgeber in Zukunft

28 Das Steuersystem ist um so gerechter, je weniger die Steuerbemessungsgrundlage geschmälert werden kann, also je weniger zuvörderst „wohlhabende" Bürger von den verteilungspolitisch fragwürdigen Steuererleichterungen profitieren können. Siehe Neumark 1970, S. 90ff.; Pohmer 1996, S. 288.

die Möglichkeit, sich mit Aufgabe des dualistischen Systems bei der Besteuerung des Vermögens (durch Einkommen- und Vermögensteuer) nicht nur zusätzliche Mittel zu beschaffen, sondern bei der steuerpolitischen Ausgestaltung dem Kriterium „gleichmäßiger" Besteuerung stärker Rechnung zu tragen (BVerfGE 93, 136). Nach höchstrichterlicher Auffassung soll die „Fiktion" des geltenden Rechts aufgegeben werden, daß aus der Veräußerung von Privatvermögen resultierende Gewinne keine einkommensteuerpflichtigen Erträge seien.

Das Bundesverfassungsgericht räumt dem Gesetzgeber „bei der Auswahl des Steuergegenstandes und bei der Bestimmung des Steuersatzes einen weitreichenden Entscheidungsspielraum" ein, billigt der Steuerpolitik aber in bezug auf das konkret (durch Einkommen- und Ertagsteuern bereits) „mehrfach vorbelastete Vermögen"[29] „von Verfassung wegen nur einen engen Spielraum" zu (BVerfGE 93, 137). Die höchstrichterlichen Vorgaben lassen zur Verhinderung einer „übermäßigen" Belastung des Vermögens mit der Gefahr einer schrittweisen Konfiskation nur eine Vermögensteuer zu, deren Bemessung „die Substanz des Vermögens ...unberührt läßt und (die) aus den üblicherweise zu erwartenden, möglichen Erträgen (Sollerträgen)[30] bezahlt werden kann" (BVerfGE 93, 137). Der steuerliche Zugriff der Vermögen durch die Einkommen- und Vermögensteuer ist (nach Leitsatz 2 des Beschlusses des Bundesverfassungsgerichts vom 22.6.1995) auf die „Ertragsfähigkeit des Vermögens" beschränkt. Eine an das wirtschaftliche Leistungsfähigkeitsprinzip ansetzende politikgestaltende Alternative muß deshalb bei den „unternehmerischen Einkünften" ansetzen. Aus diesem Grunde werden vor allem die (ertragsfähigen) „großen" Vermögen – deren Ausgestaltung politisch zu definieren ist – stärker zu versteuern und zur Finanzierung der Sozial- und Infrastrukturprogramme heranzuziehen sein.

Der Unterschied zur angebotsorientierten qualitativen Konsolidierungspolitik mit ihrem vorrangigen Ziel der Unternehmensteuer-Senkung liegt darin, die Steuersätze insbesondere der Einkommen- und Körperschaftsteuern nicht „radikal", sondern „moderat"[31] zu senken, die aus der Verbreiterung

---

29 Da die Bildung des Vermögens insbesondere durch die (progressive) Einkommensteuer stark vorbelastet ist, ist der Spielraum für eine höhere Vermögensteuer-Belastung verfassungsrechtlich begrenzt. Konkret bedeutet das für das Bundesverfassungsgericht zweierlei: Die Besteuerung darf nicht den „Vermögensstamm" (Substanz des Vermögens!) antasten, und die Erträge stehen dem Staat allenfalls bis zur Hälfte zu. Vgl. Beschluß des Bundesverfassungsgericht vom 22. Juni 1995 und Kirchhof 1995, S. 27f.

30 Das Bundesverfassungsgericht hat in seinen „Einheitswertbeschlüssen" zur Vermögen- und Erbschaftsteuer vom Juni 1995 die Vermögensteuer zu einer „Sollertragsteuer" erklärt, also zu einer Komplementärsteuer der Einkommensteuer. Demzufolge sollen künftig wertvolle, aber ertraglose Vermögen, wie z.B. unbebaute Grundstücke als noch gar nicht realisierte Veräußerungsgewinne zu Erträgen umdeklariert und besteuert werden können. Vgl. Mundorf 1996, S. 2.

31 Im Zuge der Diskussion um die „Große Steuerreform" wird zur Beseitigung der Mängel des für zu kompliziert, leistungsfeindlich und ungerecht gehaltenen deut-

der steuerlichen Bemessungsgrundlage resultierenden Mehreinnahmen aber bevorzugt zur Deckung der enormen sozialen Leistungsausgaben der öffentlichen Haushalte und des großen Bedarfs an öffentlicher Infrastruktur zu verwenden.

2.1.3. Sicherung der Politikgestaltung im Rahmen der Privatisierungs- und Deregulierungspolitik

Nicht für alle ordnungspolitischen Instrumente und Strategien der angebotsorientierten Privatisierung und Deregulierung bieten sich notwendige und hinreichende Alternativen an, um die von der Angebotspolitik beförderten Fiskalisierungs- und Ökonomisierungstendenzen umzukehren (vgl. Kap. II.1.3.). „Formelle" Privatisierungen, also volle oder teilweise Veräußerungen von staatlichen Beteiligungen an Liegenschaften und (Industrie-)Unternehmen finden auch im hier vertretenen Alternativansatz Unterstützung, wenn kein unmittelbarer Zusammenhang (mehr) mit der Wahrnehmung staatlicher Aufgaben erkennbar ist, die explizit dem Gemeinwohl dienen (An. Benz 1995, S. 347): So sind Vermögensprivatisierungen im Versicherungs- oder Bankenbereich sowie im technischen Prüfungs- und Sachverständigenwesen und im Medienmarkt gutzuheißen, wenn die zu erbringenden Dienstleistungen von privaten Unternehmen in gleich ausreichender und angemessener Weise wie von den staatlichen „Produzenten" der Güter und Dienstleistungen erbracht werden können. Überzeugende Gründe sprechen dann nicht gegen „materielle" Privatisierungen, wenn keine materiellen Staatsaufgaben betroffen sind und es sich nicht um besondere Qualifikationen voraussetzende Tätigkeiten oder „Annex"-Aufgaben wie Reinigungsdienste, einfache Sanierungs- oder Entsorgungsaufgaben handelt (König 1992, S. 281f.; An. Benz 1995, S. 347).

Eine auf stärkere Politikgestaltung ausgerichtete Alternative zur Fiskalisierung impliziert allerdings dann einen weitgehenden politischen Verzicht auf eine formelle Privatisierung und der damit erzielbaren Privatisierungserlöse, wenn sich der Staat mit der Vermögensprivatisierung politischer Gestaltungsmöglichkeiten beraubt. Das über eine Voll- oder Teilprivatisierung verfolgte Fiskalisierunginteresse des Staates muß in dem Maße zugunsten einer genuin politischen Steuerung hintangestellt werden, wie der Staat mithilfe seiner Beteiligungen Einfluß auf Entscheidungen von „herausragender" struktur-, industrie-, regional- und arbeitsmarktpolitischer Bedeutung nehmen kann und zu nehmen hat. Einer angebotspolitisch angeleiteten Deregulierungspolitik gilt auch im Rahmen der hier aufzuzeigenden alternativen Ansätze nur solange Unterstützung, wie Deregulierungsmaßnahmen zwar (gesamt- und einzelwirtschaftliche) Ökonomisierungstendenzen befördern

schen Steuersystems eine „radikale" oder „nachhaltige" Senkung der Steuersätze im Einkommensteuerrecht befürwortet. Vgl. Uldall 1996, S. 277; Däke 1996, S. 282.

(z.B. Investitionen und gentechnische Forschung erleichtern, Planungs- und Genehmigungsverfahren vereinfachen, Rechtsverfahren verkürzen usw.), die Politik aber Vorkehrungen dafür trifft, daß bereits „erreichte" ökologische und gesundheitliche Standards zumindest gesichert werden.[32]

Vielfach bedeutet die Deregulierungsspolitik kein „Unterlassen" staatlichen Handelns, sondern ist dann mit einer Regulierung verbunden, (Majone 1990, S. 7-59), wenn im Zuge (partieller) materieller Privatisierungen (vor allem im Bereich der Infrastruktur) die Aufgabenwahrnehmung zwischen Staat oder Kommunen und privaten Unternehmen verteilt wird: Werden Leistungen durch Private erbracht, kann eine staatliche Regulierung durch Konzessionsvergabe erfolgen, können im Wege einer Public-Private-Partnership Kontrollaufgaben durch die staatliche oder kommunale (Beteiligungs-)Majorität und der operative Betrieb durch private Unternehmen wahrgenommen werden. In der Gesundheitspolitik behält der Staat zwar Regulierungskompetenzen, verlagert im Rahmen der „Freisetzung der gemeinsamen Selbstverwaltung" Steuerungsbefugnisse aber verstärkt auf Kassen, Körperschaften und Träger von Krankenhausleistungen (Schulz-Nieswandt 1996, S. 11). Auch „Betreibermodelle", bei denen originär öffentliche Aufgaben durch Private erfüllt werden (z.B. Privatisierung kommunaler Kläranlagen) weisen dem Staat weiterhin Regulierungsaufgaben zu.

Einer finanz- und sozialpolitischen Alternative zur Deregulierungspolitik kommt allerdings umso größeres Gewicht zu, je mehr der Staat sich insbesondere aus seiner Aufgabenverantwortung für arbeits- und sozialrechtliche Regulierungen zurückzieht (vgl. Kap. II.1.3.). Der Stärkung politischer Steuerungskonzepte im sozialen Sicherungssystem – als Alternative zur Politik der „Marktöffnung" durch Zulassung neuer privater Wettbewerber primär in der Renten- und Krankenversicherung[33] – wächst umso größere sozialstaatliche Bedeutung zu, je weniger die sozialen Risiken von den individuell Betroffenen verarbeitet werden können. Die (sozial-)politische Gestaltungs-

---

32 Die Deregulierung beispielsweise im Sinne der Beschleunigung von Autobahn-Bauvorhaben (etwa nach dem Investitionserleichterungsgesetz für die neuen Bundesländer) kann nach dem Leitbild dauerhaft umweltgerechter Entwicklung dann noch gerechtfertigt werden, wenn als Folge verkürzter Verfahren bei Rechtsstreitigkeiten die Bauprojekte schneller fertiggestellt werden können, die in Deutschland erreichten Umweltstandards aber mittel- und langfristig nicht beeinträchtigt werden. Vgl. Gutachten des Sachverständigenrats für Umweltfragen 1996.

33 Der hier vertretenen, auf politische Gestaltung setzenden Alternative widersprechen auch die die Arbeitslosenversicherung betreffenden sowie die Individualisierung und Ökonomisierung der Sozialpolitik befördernden Vorschläge wie die des BDI-Vizepräsidenten Tyll Necker, zur Senkung von Lohnnebenkosten Teilrisiken privat abzusichern. Die Arbeitslosenversicherung soll als Pflichtversicherung dergestalt „liberalisiert" werden, daß dem Versicherten die freie Wahl des Tarifs eingeräumt werde, bei einem höheren Tarif mit dem Eintritt der Arbeitslosigkeit vom ersten Tag an Arbeitslosenunterstützung zu erhalten oder bei einem niedrigeren Tarif die ersten Monate auf Leistungsbezug zu verzichten. Vgl. dazu die Süddeutsche Zeitung vom 13.8.1996, S. 2.

verantwortung nimmt in dem Maße zu, wie sich die existentielle Abhängigkeit der auf Arbeitsplätze Angewiesenen vertieft und sich – im Zuge der Globalisierung der Märkte – die Kapitalsouveränität ausweitet (Altvater 1995, S. 204-210).

Als Alternative zur von der Angebotspolitik geforderten Deregulierung des Arbeitsmarktes (vgl. Kap. II.1.3.1.) wird eine tarifpolitisch, arbeitsrechtlich, sozial- und beschäftigungspolitisch verantwortliche Politik in der Beibehaltung des Sicherungsniveaus des „Normalarbeitsverhältnisses" gesehen. Die sozialstaatlich gebotene Verantwortung für die grundsätzliche Aufrechterhaltung des Schutzniveaus mit seinen Elementen tariflicher Entgelt- und Arbeitszeitregelung, Kündigungsschutz und paritätischer Finanzierung in der Sozialversicherung wird der Politik in dem Maße zugemutet und abverlangt, wie unter den Bedingungen verschärfter globaler „Rationalisierungs- und Modernisierungsschübe" das Bedürfnis der Menschen nach sozial geschützter Erwerbsarbeit zunimmt (Schmitthenner, 1995, S. 259).

Wird davon ausgegangen, daß auch die postfordistische Gesellschaft „im Kern eine Arbeitsgesellschaft bleiben wird" (Urban 1995, S. 29), ist eine politikgestaltende Alternative zum einen auf neue Formen der Regulierung des Arbeitsverhältnisses angelegt, dessen wesentliche „Gestaltungseckpunkte" flexible Formen der Teilzeitarbeit, „gemischtfinanzierte" Regelungen der „Altersteilzeit", gesicherte Rückkehrrechte in Beschäftigungsverhältnisse usw. bilden. Zum anderen gilt es, die rigide Trennung von Erwerbsarbeit und Familientätigkeit zu überwinden, das heißt im Interesse flexibler Arbeitsmarktteilnahme gerade von Frauen die Übergänge zwischen Arbeitsmarkt und Familie bzw. Haushalt zu erleichtern („flexibler Relationalismus"!) (Lessenich 1996, S. 213ff.).

2.2. Ansätze einer Alternative zur Ökonomisierung der Umweltpolitik

Zur Stärkung der politischen Gestaltungsfähigkeit werden primär Möglichkeiten, aber auch Grenzen alternativer Ansätzen zur Ökonomisierung der Umweltpolitik zu diskutieren sein. Insbesondere sollen eine stärkere Orientierung am Leitbild „dauerhaft umweltgerechter Entwicklung", die Stärkung umweltadäquater Prinzipien und Instrumente, die Spezifizierung von Umweltstandards und die Öffnung von Entscheidungssystemen Beachtung finden.

2.2.1. *Anforderungen an eine (zukunfts-)gestaltende Umweltpolitik und Politikorientierung am Leitbild dauerhaft-umweltgerechter Entwicklung*

Je mehr Strukturkrisen wie die der Beschäftigungs-, Finanzierungs- und Sozialstaatskrisen und nachhaltiger Umweltschäden manifest und/oder in ihrer Dimension ermessen und „gedeutet" werden, und je mehr die Kluft zwischen wachsendem gesellschaftlichen und staatlichen Steuerungsbedarf einerseits und der (marktlichen) privaten Problembewältigungsfähigkeit andererseits offengelegt wird, umso mehr muß eine solche diagnostizierte politische „Untersteuerung" überwunden werden (Offe 1990, S. 190). Die Stärkung politischer Gestaltungsfähigkeit wird in der Umweltpolitik umso dringlicher, je weniger die drohenden Risiken und Schäden in Ausmaß und Reichweite begrenzbar und beherrschbar sind.

Je mehr also die Chancen des Einzelnen sinken, sich vor Umwelt- und Gesundheitsschäden zu schützen, und je mehr deren (irreversible) Folgen zukünftige Generationen belasten, umso weniger können Alternativen zur Ökonomisierung der Umweltpolitik politische Entscheidungsverzichte zulassen. Der alternative Lösungsansatz beinhaltet deshalb Verantwortungen und Verpflichtungen der politischen Akteure, den ökologischen Fehlentwicklungen Grenzen der Sozial- und Umweltverträglichkeit zu setzen (Grimm 1994, S. 625).

Umweltpolitische Charakteristika wie Komplexität, hohe Schädigungsrisiken und kognitive Unsicherheiten sprechen nicht notwendigerweise dafür, dezentralen Ebenen und Einrichtungen wie Regionen und Kommunen größere Kompetenzen zuzuweisen. Regionale und örtliche Instanzen können zwar auf sich ständig verändernde Luft-, Wasser- und Bodenqualitäten flexibel reagieren und ihr Instrumentarium problemadäquat einsetzen. Gleichzeitig begünstigt die abnehmende Bereitschaft staatlicher, korporativer und privater Akteure, Verantwortung für hochrisikobehaftete Entscheidungen zu übernehmen, Tendenzen zur Dezentralisierung. Die Stärkung dezentraler Instanzen deutet aber nicht zwingend auf eine Schwächung zentralstaatlicher Politikgestaltung, sondern der zunehmende gesellschaftliche Problemlösungsdruck weist der zentral- bzw. suprastaatlichen Ebene wachsende Zuständigkeiten und Aufgabenverantwortungen zu.

Neue Steuerungsverantwortungen werden dann der zentralstaatlichen Entscheidungsebene abverlangt und zugemutet, wenn aus Interesse an einem beschleunigten Einsatz umweltfreundlicher Technologien fiskalische Anreizinstrumente wie beispielsweise Öko-Abgaben zunehmende Bedeutung erhalten. Flexibel zu gestaltende Abgabensysteme (wie z.B. in der Luftreinhaltepolitik) fallen nach verfassungsrechtlichen Bestimmungen nicht nur in die Regelungskompetenz des Bundes, sondern auch der zunehmend regionen- bzw. grenzüberschreitende Problemdruck macht zentral- bzw. suprastaatliche (marktwirtschaftliche) Abgabenregelungen in der Umweltpolitik erforderlich. Auch der ökologische Lenkungszweck von Abgaben – umweltschädigendes Verhalten mit gravierenden Folgen (z.B. für die Ozonschicht) für einen möglichst großen Kreis von Betroffenen zu verteuern – macht eine von einer überregionalen Instanz zu regelnde Konzentration auf wenige abgabenbezogene „Schlüsselfaktoren“ unvermeidlich (vgl. Kap. III.2.2.3.4.).

Die zunehmende Kooperation zwischen staatlichen und privaten Akteuren dient nicht nur dem Interesse, die Verantwortung für die hohen Risiken auf mehrere Entscheidungsebenen zu verteilen (Krücken 1991), sondern ist auch geeignet, durch wechselseitige Anpassung die Rationalität des Handelns zu verbesseren. Der Staat kann bei zunehmendem Aufgabenpensum und funktionaler Ausdifferenzierung der Verwaltung seine Beurteilungs- und Steuerungsfähigkeit auch dadurch erhöhen, daß er Zugang zu betriebsspezifischem technischen Know-how und Informationen über die Verschmutzungsquellen der Unternehmen erhält. Die privaten Akteure sehen in der Intensivierung der Kooperationsbeziehungen ihrerseits größere Chancen, daß der Staat den privaten Emittenten einräumt, zumindest die umweltbezogenen „Überwachungs- und Warnfunktionen“ selbst zu steuern (Windhoff-Héritier 1991, S. 9).

Neben der Nutzung der Vorzüge kooperativer Politikmodi im Netzwerk der Umwelt (vgl. Kap. I.1.3.2.2.) wird eine Alternative zur Ökonomisierung der Umweltpolitik in einer stärkeren Ausrichtung insbesondere der umweltpolitischen Programmentwicklung auf das Leitbild dauerhaft-umweltgerechter Entwicklung („sustainable-development“-Konzept) gesehen. Wichtige Komponenten dieses vom Umweltrat vorgelegten Leitbilds (SRU 1996, S. 50-58) werden im hier vertretenen Alternativansatz aufgegriffen und weiterentwickelt, weil sie sich wegen ihrer politischen Gestaltungspotentiale für die Überwindung der Dilemmata bisheriger Umweltpolitik, ihrer (systemspezifisch) isolierten Betrachtungsweise und Politikentwicklung sowie ihres weitgehend defensiven (nachsorgenden) Charakters als problemadäquate Orientierungsmaße eignen.

Die handlungsleitende Bedeutung des „Sustainability“-Konzepts liegt darin, ökologische, ökonomische und soziale Problem- und Aufgabenfelder miteinander zu verknüpfen. Das Leitbild dauerhaft-umweltgerechter Entwicklung holt also die ökologische Frage aus ihrer Isolierung heraus, indem es Umweltveränderungen als „unabdingbaren Bestandteil“ der gesellschaftlichen Gesamtentwicklung auffaßt. Das Leitbild will die Umweltbelange „in systemübergreifender Weise“ in gesellschaftliche und politische Entscheidungsprozesse einbringen und damit „den ökologischen Diskurs zu einem gesellschaftlichen Diskurs“ ausweiten helfen (SRU 1996, S. 50).

Der Umgang mit der Natur wird als ein Faktor begriffen, ohne dessen verantwortliche Gestaltung durch staatliche, korporative und individuelle Akteure letztlich alle Anstrengungen um Steigerungen des wirtschaftlichen Wachstums und Verbesserungen sozialer Standards in eine Sackgasse führen müssen. Das Leitbild dauerhaft-umweltgerechter Entwicklung will Denk- und Handlungsmustern Impulse geben, angesichts außergewöhnlich komplexer gesellschaftlicher und politischer Wirkungsgefüge ökologische Systeme mit modernen ökonomischen und sozialen Systemen „zu vernetzen“ (SRU 1996, S. 51).

Da moderne Gesellschaften ihre Produktivität dem hohen Grad der Differenzierung in relativ selbständige Teilsysteme verdanken, sind in besonderem Maße politische Netzwerke aufgefordert, die notwendigen Integrationsleistungen zu erbringen. In dem Maße, wie sich das „Auseinandertriften“ der wirtschaftlichen und ökologischen Entwicklungen als wichtige Ursache der ökologischen Krise erweist, fällt vernetzten Entscheidungsstrukturen zu, system-übergreifenden Betrachtungsweisen und Politikentwürfen Geltung zu verschaffen (Münck 1995, S. 61-64; Halter 1995, S. 27).

Das Leitbild dauerhaft-umweltgerechter Entwicklung unterliegt allerdings auch der Gefahr, als unverbindliche und griffige Formel mißbraucht zu werden. Einseitige Interpretationen, die lediglich der Stützung der eigenen Anliegen und Interessen dienen, können die Zielvorstellungen und Orientierungsmaße des Sustainability-Konzepts unterlaufen. So funktionieren beispielsweise „romantisch-aufgeladene Deutungen von Nachhaltigkeit“, die die „Natur zur alleinigen normativen Instanz“ werden lassen (SRU 1996, S. 52), die prinzipielle Ausrichtung zu einem „placeboartigen Konzept“ um (Haber 1993, S. 98). Die Kritik wendet sich ferner gegen Interpretationen, das Leitbild „nachhaltiger Entwicklung“ lediglich auf „Gesetzmäßigkeiten“ der Wirtschaft zu beziehen und zur Rechtfertigung wirtschaftlicher Wachstumsprozesse in Anspruch zu nehmen (Daly 1992, S. 8ff.).

Da das Leitbild, das lediglich unabdingbare Orientierungslinien benennt, aus sich heraus noch keine konkreten Politikstrategien anbietet, kann der mißbräuchlichen Deutung des Leitbildes in dem Maße entgegengewirkt werden, wie die Umsetzung des Leitbilds in systemübergreifende und praxisnahe Handlungskonzepte gelingt. Den normativen Anforderungen an den Ansatz einer Alternative zur Ökonomisierung der Umweltpolitik wird umso mehr Rechnung getragen, je mehr die Politikgestaltung bei der Umsetzung des Leitbilds die politischen Netzwerkpotentiale mit ihren ökologischen, technischen, ökonomischen und juristischen Kompetenzen zu nutzen weiß.

Im Alternativansatz zur Ökonomisierung der Umweltpolitik kann dem Leitbild umso wirksamer Geltung verschafft werden, je mehr die Akteure im Netzwerk der Umwelt die einseitige Orientierung an technischen und ökonomischen Kategorien aufgeben und die Beeinflussungen umweltpolitischer Prozesse wieder „als Politik stattfinden“ lassen (Ronge 1977, S. 127). Die hohe Risikoträchtigkeit und die kognitiven Unsicherheiten erzwingen die Neudefinition einer (umwelt-)politischen Strategie, in der die „Selbstbescheidung des Staates“ (Windhoff-Héritier 1990, S. 4) aufgegeben wird und das Politikverständnis der „Politikenthaltung“ an Bedeutung verliert. Prinzipiell sind auf Programm- und Vollzugsebene die überholten „Begünstigungs- und Ausschließungsverhältnisse für bestimmte Themen, Gruppen und Interessen“ (Offe 1972, S. 80) zu überwinden, d.h., daß die Politikgestaltung eigene, in breiter demokratischer Meinungs- und Willensbildung entstandene Programme entwickelt und durchsetzt (vgl. Kap. I.1.2.1.2.).

2.2.2. Die Stärkung des Verursacher- und Vorsorgeprinzips und die Neugestaltung eines adäquaten Instrumentariums

Der ökologische Steuerungszweck, durch die Anwendung des Verursacherprinzips die Kosten der Umweltverschmutzung dem Verursacher anzulasten, also die ökologischen Kosten zu internalisieren, ist in der Bundesrepublik konterkariert worden, indem die Beseitigung der Umweltschäden zuvörderst nach dem Gemeinlastprinzip geregelt und damit aus dem öffentlichen Haushalt finanziert wurde (Zimmermann/Benkert 1989, S. 9ff.; Kirchgässner 1994, S. 472-479). Um verstärkt Anreize für umweltverträgliche Aktivitäten zu schaffen, fällt der Politik die Steuerungsverantwortung zu, der Kostenanlastung nach dem Verursacherprinzip größere Geltung zu verschaffen.

Eine auf die stärkere Berücksichtigung des Verursacherprinzips abstellende politische Steuerung sollte die daraus resultierenden Vorteile nutzen, sowohl Anreize für eine sparsamere Inanspruchnahme von Ressourcen als auch für den beschleunigten Einsatz und die Weiterentwicklung von „Vermeidungstechnologien“ zu schaffen.

Eine Strategie der politischen Steuerung schließt ferner die Stärkung des Vorsorgeprinzips ein. Da in der Bundesrepublik die Umweltpolitik nach wie vor bereits eingetretene Schäden zu beseitigen oder den unmittelbar absehbaren Schäden zu begegnen versucht, lag und liegt in dieser Politik aufwendiger Symptombekämpfung ein maßgeblicher Erklärungsgrund für die Ökonomisierung der Politik (vgl. Kap. III.2.1.). Die größere Berücksichtigung des Vorsorgeprinzips bzw. des Präventionsgedankens stellt deshalb eine notwendige Alternative zur vorherrschenden (die Ökonomisierung befördernden) nachsorgenden Umweltpolitik dar (Preuß 1994, S. 523ff.; Grimm 1994, S. 626; SRU 1994, Ziff. 11-13).

Eine vorausschauende (vorsorgebezogene) Umweltpolitik, die primär auf die (technische) Vermeidbarkeit von Emissionen angelegt ist, also bereits bei der Emissionsminderung an der Quelle ansetzt, hat die Prioritäten auf die Vermeidung des Ausstoßes von Schadstoffen zu setzen, die schwer abbaubar sind und irreversible Schäden anrichten („Leitlinien Umweltvorsorge“ (1986) der Bundesregierung).

Der Präventionsgedanke als „neuer Politikmodus“ ist grundsätzlich darauf angelegt, alle Fehlentwicklungen der industriegesellschaftlich erzeugten Produktion und Konsumtion kausal anzugehen (Glüder 1985, S. 56). In Anlehnung an Gerau und Jänicke (Gerau 1978; Jänicke 1986) geht es um die Überwindung der aufwendigen umweltpolitischen Strategien sowohl der Beseitigung nichtverhinderter Umweltschäden als auch der Entsorgung, um diese an sich umweltbeeinträchtigenden Produktionsverfahren und Produkte umweltpolitisch akzeptabel zu machen.

Die ressourcen- und umweltschonende Präventivstrategie setzt auf umwelttechnische Innovationen, die durch „angepaßtere Technologien“ (Jänicke 1986, S. 77) wie abfall-, rohstoff- und energiesparende Prozeß- und Produktinnovationen die Produktionsstrukturen umweltverträglicher gestalten sollen

(K. Zimmermann 1988, S. 226). Die Präventivstrategie geht davon aus, daß ein gewisses Maß an Entsorgungsmaßnahmen stets notwendig bleiben wird. Das Hauptaugenmerk der vorsorgenden Politik gilt aber der Verringerung der Umweltreparaturen, weil die Kosten der Schadenskompensation auf späteren Stufen zunehmen (Leipert 1987).

Die gegenwärtige umweltpolitische Phase des Übergangs von der Schadensreparatur zur Entsorgung (z.B. zur Verlangsamung des Waldsterbens durch Einbau von Katalysatoren oder Entschwefelungsanlagen) unterstreicht die fiskalische und ökonomische Bedeutung, die mit zunehmenden Entsorgungsmaßnahmen verbunden ist (Simonis 1988).

Zunehmende Investitionen in die Entsorgung (z.B. Installierung von Entschwefelungsanlagen) bewirken zwar erhebliche „Reinigungsleistungen", bringen aber – im Gegensatz zu umwelttechnischen Innovationen – keine nachhaltigen Kosteneinsparungen. Bei der nachsorgenden Umweltpolitik kommt nämlich das sogenannte „N-Kurven-Phänomen" zum Tragen (Endres 1985), d.h., daß nach vorübergehender Schadstoffreduzierung auf Dauer mit steigender Produktion auch die Schadstoffemissionen wieder zunehmen. Dieser wachsenden Umweltbelastung kann aber nur dann entgegengewirkt werden, wenn die rechtlichen Auflagen (strengere Grenzwerte) und die finanziellen Instrumente (stärkere Dosierung der Anreize und Abgaben) verschärft werden (Hickel 1989).

Entsorgungsmaßnahmen sind zwar häufig wirkungsvoller als umwelttechnische Innovationen, doch verursachen sie gleichzeitig lediglich Problemverschiebungen, d.h. Verlagerungen von einem Umweltmedium oder Ort zu einem anderen (z.B. vom Wasser in den Boden) und schaffen damit neue Entsorgungsprobleme: So sorgen zwar die zahlreichen Kläranlagen in der Bundesrepublik für saubere Gewässer, doch produzieren sie gleichzeitig hochgiftigen (toxischen) Klärschlamm. Werden diese Abfälle in Verbrennungsanlagen beseitigt, verursachen sie wieder Schadstoffemissionen, werden die toxischen Rückstände im Meer versenkt, beschleunigen sie die Meeresverschmutzung usw. Ähnliche Abfallprobleme schaffen Rauchgas-Entschwefelungsanlagen, die große Mengen Gips erzeugen, die vielfältige toxische Schwermetalle enthalten (Gülder 1985; Zierschank 1988; Rehbinder 1988).

Entstehende Folgeprobleme bzw. Problemverschiebungen machen die Notwendigkeit einer vorsorgenden Politik besonders deutlich, nicht erst am Ende von Fehlentwicklungen politisch zu intervenieren: Je weniger nämlich die Frage geklärt ist, wer in welchem Ausmaß für die Kosten der Problemverschiebung verantwortlich ist (z.B. für die Endlagerung des aus den Entschwefelungsanlagen anfallenden Gipses), umso dringlicher wird eine Politik, über schärfere rechtliche und finanzielle Instrumente das Verursacherprinzip zur Anwendung zu bringen, sprich die externen Effekte zu internalisieren (Reiche 1986, S. 70; Weidner 1988; Hauff 1995, S. 224ff.).

Die Politik der nachträglichen Schadensbeseitigung muß auch deshalb zurückgedrängt werden, weil sie bei den Schadensverursachern vielfach eine Abwehrhaltung hervorgerufen hat, sich bis zum Nachweis der Umweltschädigung gegen Umweltvorschriften zu wenden (Bunde 1990, S. 17). Eine stärker auf Ressourcenschonung und die Vermeidung von Umweltschäden ausgerichtete Politik kann dagegen mit erhöhter Akzeptanz in der Bevölkerung rechnen.

Auch im Interesse der technologischen Entwicklung wird der Politikansatz einer Alternative zur Ökonomisierung der Umweltpolitik dem Vorsorgeprinzip einen höheren Stellenwert einzuräumen haben. Während die nachsorgende Politik vielfach (kurzfristige) Produktionsstillegungen erzwungen und eine Präferenz für den Einsatz additiver Technologien bzw. technischer Nachbesserungen entwickelt hat, kann mit Hilfe des Vorsorgeprinzips die Entwicklung integrierter Technologien gefördert werden: Das dem Vorsorgeprinzip adäquate ökonomische Anreizinstrumentarium eignet sich dafür, sowohl durch Abgabenregelungen als auch durch eine technologieorientierte Konzentration staatlicher Fördermaßnahmen die technologische Entwicklung zu beschleunigen und verstärkt integrierten Technologien zum Einsatz zu verhelfen (vgl. Kap. III.2.1.1.).

Eine ressourcen- und umweltschonende Vorsorgepolitik kann um so erfolgreicher durchgeführt werden, je mehr adäquate Abgaben-Instrumente insbesondere durch eine Umweltverträglichkeitsprüfung (UVP) und durch ein verschärftes Haftungsrecht ergänzt werden (SRU 1996, Ziff. 129-132). Die Umweltverträglichkeitsprüfung ist unter Steuerungsaspekten ein geeignetes Instrument[34], das Ziel verbesserter Lebensqualität durch einen vorbeugenden Umweltschutz zu erreichen (SRU 1987, Ziff. 121). Die UVP wird den Anforderungen an eine vorausschauend gestaltende Umweltpolitik insofern gerecht, als das umweltbezogene Vorsorgeprinzip zur Anwendung kommt. Die UVP soll alle umweltrelevanten Vorhaben vor ihrer Realisierung daraufhin überprüfen, welche Auswirkungen zu erwarten sind und ob es ökologisch effektive Alternativlösungen gibt. Die UVP kann also als Instrument vorsorgender Politik einen wichtigen Steuerungsbeitrag leisten, indem in Planung befindliche Verfahren und Produkte auf mögliche Umweltgefahren hin untersucht werden. Auch dem Haftungsrecht kommt als Instrument einer vorsorgenden Umweltpolitik erhebliche Bedeutung zu. Das Haftungsrecht kann bei einer deutlichen Ausgestaltung der Sanktionen die Produzenten veranlassen, aus Furcht vor hohen zukünftigen Haftungskosten auf die Entwicklung, den Einsatz und die Verwendung besonders umweltschädlicher Stoffe und Produkte zu verzichten.

Das umweltpolitische Instrumentarium in der Bundesrepublik war und ist durch eine Kombination aus ordnungsrechtlichen und abgabenbezogenen Instrumenten gekennzeichnet, wobei das Ordnungsrecht traditionell das Übergewicht hat (vgl. Kap. III.2.1. und 2.2.). Die Konsequenz aus dieser

---

34 Die Umweltminister der EG-Mitgliedstaaten haben 1985 eine EG-Richtlinie beschlossen, bei bestimmten öffentlichen und privaten Projekten eine Umweltverträglichkeitsprüfung (UVP) vorzunehmen. Die EG-Richtlinie hat die Bundesrepublik Deutschland verpflichtet, die UVP in nationales Recht zu transformieren. Siehe SRU 1987, Ziff. 119.

Auflagendominanz kann allerdings unter Steuerungsaspekten nicht in einer weitgehenden Abschaffung dieses Instrumentes, sondern in einer zweckmäßigen Ergänzung um fiskalische (ökonomische) Instrumente liegen.

Der für notwendig befundene Wandel in der Verwendung von Policy-Instrumenten zugunsten fiskalischer Steuerungsinstrumente trägt insofern dem Ansatz einer Alternative zur Ökonomisierung Rechnung, als der Staat nicht nur infolge verfassungsrechtlich geschützter privater Verfügungsbefugnisse auf den Einsatz „harter" Instrumente wie Gebote und Verbote zusehends verzichten muß, sondern mit der verstärkten Nutzung fiskalischer Instrumente auch größere Möglichkeiten differenzierter und flexibler Politikgestaltung erhält. Um seine wachsenden (umweltpolitischen) Aufgaben weiterhin wirksam erfüllen zu können, wird der Staat in dem Maße „nicht-imperative Mittel" (Grimm 1994, S. 628) verwenden (müssen), wie eine Steuerung mit Befehlen oder Zwängen unzulässig ist oder nur geringe bzw. keine Folgebereitschaft findet. Der Vorzug des Einsatzes fiskalischer Steuerungsinstrumente liegt darin, staatlich erwünschtes Verhalten gezielt durch finanzielle Anreize verlockend und unerwünschtes Verhalten durch finanzielle Belastungen unattraktiv zu machen und dabei den Adressaten umweltrelevanter Produktion und Konsumtion die freie Verhaltenswahl zu belassen. Der Staat befindet sich bei diesem Instrumenteneinsatz in dem Maße nicht von vornherein in einer unterlegenen Position, wie die privaten Akteure auf staatliche Steuerungsleistungen angewiesen sind, und der Staat notfalls auf Zwangsmaßnahmen zurückgreifen kann (Grimm 1994, S. 628).

Auf die sichere Wirkungsweise ordnungsrechtlicher Instrumente, die den Regelungsbetroffenen bei der Nichterfüllung der Auflagen Sanktionen von Buß- und Zwangsgeldern bis hin zu Produktionsstillegungen androhen, wird auch zukünftig nicht verzichtet werden können. Sinn dieses Instruments ist aber nicht nur, den Einsatz neuer Anlagen oder die „Umrüstung" alter Anlagen zu erzwingen, sondern auch den Betroffenen einen klaren staatlichen Entscheidungs- und Handlungsrahmen zu liefern.

Der Hauptnachteil des Ordnungsrechts besteht darin, erst am Ende des ressourcenverzehrenden Produktionsprozesses anzusetzen und keine hinreichenden Anreize für die Einführung von – „über die Vorschriften hinausgehenden" – Technologien zur Vermeidung von Schadstoffemissionen zu enthalten. Ein ökologisch wirkungsvoller Ansatz zur (notwendigen) Neugestaltung des auflagenbezogenen Instrumentariums wird in einer „Dynamisierungspolitik der Auflagen" gesehen. (Memorandum der Arbeitsgruppe Alternative Wirtschaftspolitik 1990, S. 206). Mit einer solchen Dynamisierung der Auflagenregelung lassen sich nicht nur Entwicklung und Einsatz verbesserter Technologien vorantreiben, sondern dem Investor werden auch rationale Entscheidungen ermöglicht, nach einem bestimmten Zeitplan neue Anlagen unterhalb der noch heute geltenden Emissionsgrenzwerte und Mindestanforderungen zu installieren. Die Umweltpolitik kann ihr Steuerungspotential also dahingehend nutzen, einen mittelfristigen Stufenplan zur Senkung von Grenzwerten festzulegen. Ferner stellt der Alternativansatz darauf ab, die

Auflagenpolitik zu kostengünstigeren Lösungen zu bewegen. Die bisherige Regelung, für jede einzelne Anlage Grenzwerte festzulegen (sogenannte Einzelmengenregulierung), erschwert die Durchsetzung kostensparender Maßnahmen wie die Einbeziehung mehrerer Anlagen und Produktionsstufen (Bunde 1990, S. 67).

Die im Umweltbereich des Gewässerschutzes praktizierte Mischung aus ordnungsrechtlichen und ökonomischen Instrumenten sind geeignete Anknüpfungspunkte für eine ökologisch wirkungsvolle Steuerung. Der Vorteil der Wirksamkeit der Auflagenregelung, die Einhaltung bestimmter Grenzwerte zu erzwingen, kann mit einer gezielten Abgabengestaltung verknüpft werden. Die auf Einsatzstoffe und Emissionen erhobenen Abgaben üben einen permanenten Anreiz aus, den Stand der Technik zu verbessern und die Emissionen zu verringern.

Eine stärker gestaltende Umweltpolitik sollte hinsichtlich ihrer Auflagenpolitik ökonomische bzw. fiskalische Instrumente so kombinieren, daß zum einen die (mit Steuervergünstigungen und Finanzhilfen[35]) forcierte Förderung zunehmend auf die Installierung integrierter Umwelttechnologien konzentriert wird. Zum anderen wird den abgabenbezogenen Anreizinstrumenten ein größeres Steuerungsgewicht einzuräumen sein, weil sie unter Kosten- und Technologieaspekten prinzipiell geeigneter als Auflageninstrumente erscheinen (anstelle vieler SRU 1996, Ziff. 993). Abgabeninstrumente schwächen zwar, wenn sie pauschal den Energie- oder Ressourcenverbrauch verteuern sollen, das Verursacherprinzip ab, sofern die Mehreinnahmen (zweckgebunden) für Umweltschutzmaßnahmen ausgegeben werden. Unterstützt wird diese Strategie dadurch, daß möglichst viele Energieträger oder Spurengase (also nicht nur Kohlendioxid-Emissionen!) in der Bemessungsgrundlage erfaßt werden. Für die politische Ausgestaltung der Energie- und Umweltsteuern ist auch das Dilemma zu beachten, daß zur Verhinderung gesamtwirtschaftlicher Friktionen nur schrittweise Verteuerungen möglich sind, aber zur Erreichung des ökologischen Lenkungszweckes beträchtliche Steuererhöhungen erforderlich sind (Schürmann 1996, S. 2). Darüber hinaus trägt die Regelung der Abgaben, wenn sie auf die noch zulässigen Schadstoffemissionen (bei Einhaltung des Standes der Technik) erhoben werden, zur Beschleunigung des Einsatzes von Technologien und zur Emissionsvermin-

---

35 Steuerliche Entlastungen gelten gegenüber steuerlichen Belastungen (z.B. Abgaben) deshalb als ökologisch wenig effektiv, weil (nach § 7d Einkommensteuergesetz) zunächst der notwendige Nachweis des hohen (steuervergünstigenden) Aufwendungsanteils von mindestens 90%, der dem Umweltschutz zu dienen hat, dazu führt, daß vor allem teure, leicht nachweisbare nachgeschaltete Technologien installiert werden. Ein weiterer Nachteil steuerlicher Vergünstigungen liegt darin, daß Steuernachlässe nur denjenigen Emittenten zugute kommen, die steuerpflichtige Gewinne erwirtschaftet haben. Da aber „gewinnlose" Unternehmen keine Steuervergünstigungen in Anspruch nehmen können, erhalten gerade diejenigen Unternehmen keine fiskalischen Anreize, die einen besonders hohen Bedarf haben, Umweltschutzinvestitionen zu tätigen.

derung bei (E. U. von Weizsäcker 1989, S. 203-216; E. U. von Weizsäcker/ Jesinghaus 1992, S. 18-83; Kohlhaas 1994).

2.2.3. Die politische Spezifizierung der Umweltstandards und die Stärkung des politischen Steuerungseinflusses der oberen Ebenen der Normenhierarchie

Da für die Definition der Umweltstandards der Grad der Spezifität der Normen ausschlaggebend ist, werden in einer Strategie der politischen Steuerung die Standards so zu konkretisieren sein, daß die politisch definierten Standards neben den für unverzichtbar angesehenen wissenschaftlich-technisch und verbandlich festgelegten Normen stärkeres Gewicht erhalten.

Allgemeine Generalklauseln wie der Stand der Technik werden als „weiche" Standards in Richtung „härterer" Normen zu präzisieren sein. Die erforderliche kontinuierliche inhaltliche Ausgestaltung der Norm des Stands der Technik eröffnet wissenschaftlich-technischen und verbandlichen Normierungsgremien (vgl. Kap. III.2.2.2.) die Möglichkeit, auf die Definition der Umweltstandards Einfluß zu nehmen. In dem Maße, in dem die (informierte) Politik auf zentraler wie dezentraler Ebene spezifizierte Standards vorgibt (z.B. Grenzwerte für bestimmte Schadstoffemissionen), die wie etwa im Gewässerschutz ein Über- und Unterschreiten bestimmter Grenzwerte (Mindestanforderungen) nicht erlauben, wird politisch-administrativen Entscheidungen wieder größerer Ermessens- und Handlungsspielraum eingeräumt.

Für eine Strategie politischer Steuerung ist außerdem die Ebene der Normenhierarchie von Bedeutung. Inwieweit das Übergewicht der wissenschaftlichen, technischen und industriellen Normgebung zurückgedrängt werden kann, hängt neben der Einschätzung des Gefährdungspotentials maßgeblich von den normierenden Ebenen wie Gesetzen, Rechtsverordnungen, Verwaltungsvorschriften und technischen Regeln (z.B. VDI- oder DIN-Normen) ab. Die im Vorfeld der Politikformulierung meistens von wissenschaftlich-technischen und verbandlichen Gremien festgelegten technischen Regeln, die die bestmögliche Schadensbegrenzung erreichen sollen, sind flexibel zu gestaltende Normen, die nach neuen Erkenntnissen und technischen Möglichkeiten leicht weiterentwickelt werden können (Mayntz 1990, S. 140). Novellierungen auf der Ebene von Gesetzen unterliegen dagegen in der Regel langwierigen und schwierigen Konfliktregelungsmechanismen.

Die oberste Ebene der Normenhierarchie, die Gesetzgebung, bietet aber die Chance, daß nicht nur „sachkundige" Bewertungen (z.B. durch den VDI oder das DIN) die Standardentwicklung bestimmen, sondern daß im demokratischen Willensbildungsprozeß mit konfligierenden Interessen auch spezifisch politische, d.h. soziale und ökologische Bewertungen wie Beschäftigungseffekte oder strengere Einschätzungen umweltbezogener Gefährdungspotentiale stärker ins Gewicht fallen. Der politischen Standardsetzung auf oberster Ebene der Normenhierarchie wird in dem Maße größere Steuerungsverantwortung zuzubilligen sein, in dem das Gefährdungspotential für die in Betracht kommenden Emissionen „abgeschätzt" werden kann. Der Strategie der politischen Steuerung wird um so mehr bereits auf der Ebene der Gesetze oder der Rechtsverordnungen eine rationale Standardsetzung gelingen, auf je mehr national und international entwickelte Standard-Alternativen sich die politischen Entscheidungsträger stützen können. Einer politischen Festlegung auf der Ebene von Gesetzen, Rechtsverordnungen und Verwaltungsvorschriften bleiben aber weiterhin alle die Umwelt- und Gesundheitsstandards entzogen, deren „Schädlichkeitsschwelle strikt medizinisch-fachlich definiert" werden muß (SRU 1987, Ziff. 104).

Die Ökonomisierung der Politik wird dort ihren Steuerungseinfluß behalten, wo die politisch verantwortlichen Akteure angesichts hoher Unsicherheit über das Ausmaß umwelt- und gesundheitspolitischer Gefährdungen weiterhin auf das Fachwissen der wissenschaftlich-technischen und verbandlichen Gremien angewiesen sind: Die Strategie zur Überwindung der Dominanz der Ökonomisierung der Umweltpolitik muß umso mehr mißlingen, je niedriger die Ebene der Normenhierarchie wie im Fall der Verwaltungsvorschriften angesiedelt ist: Zwar kann formal die Bundesregierung beispielsweise in der Luftreinhaltepolitik (nach § 48 BImSchG) durch Verwaltungsvorschriften bestimmen, welche Emissionswerte im Genehmigungsverfahren einzuhalten sind, doch begünstigt die „Nähe" der Vollzugsbehörden zu den ökonomischen Akteuren die Rücksichtnahme auf Erfordernisse der „wirtschaftlichen Vertretbarkeit". Bei der Umsetzung der Verwaltungsvorschriften für die Installierung neuer Anlagen oder für „Nachrüstungen" werden immer wieder Ausnahmen gemacht, Fristverlängerungen gewährt usw. (vgl. Kap. III.2.2.3.2.).

Auch das Beispiel des Gewässerschutzes zeigt die Restriktionen der Politiksteuerung auf: Die in den Verwaltungsvorschriften vorgegebenen Mindestanforderungen an das Einleiten von Abwasser in bezug auf die technischen Werte sind nicht das Ergebnis einer politischen Auswahl aus alternativen Grenzwerten, sondern Festlegungen der Standards durch zahlreiche Arbeitsgruppen der wissenschaftlich-technischen und verbandlichen Normungsorganisationen. Auch in der Gewässerschutzpolitik erschwert die Nähe der die Verwaltungsvorschriften umsetzenden Instanzen zu den Denk- und Handlungsmustern der Privatwirtschaft eine Umweltpolitik, die auf eine Nutzung politischer Steuerungspotentiale angelegt ist.

2.2.4. Die Öffnung der Entscheidungsstrukturen und -verfahren

In der Öffnung der Strukturen und Verfahren für Umweltpolitik-Netzwerke wird prinzipiell ein wesentlicher Ansatzpunkt einer Alternative zur dominierenden Ökonomisierung der Umweltpolitik gesehen. Wo liegen Anknüpfungspunkte für eine stärker politikgestaltende Reform der Politikformulierung und -umsetzung, und inwieweit hat die Politik den Forderungen nach Öffnung der regelsetzenden Institutionen bereits Rechnung getragen?

2.2.4.1. Ansätze institutioneller Erweiterung umweltpolitischer Interessenberücksichtigung

Anknüpfungspunkte für eine Reform der umweltpolitischen Programmentwicklung und Politikimplementation sind die institutionellen Rahmenbedingungen und Kompetenzverteilungen der Gremien, die maßgeblichen Einfluß auf die Entwicklung und Durchsetzung von Umweltstandards nehmen. Eine Strategie stärkerer politischer Steuerung beinhaltet, daß die Entscheidungsverfahren, in denen vor allem Ministerien, industrieverbandliche Normungsorganisationen wie der VDI und das DIN und wissenschaftliche Einrichtungen wie die DFG oder der Rat von Sachverständigen für Umweltfragen die Umweltstandards festlegen, um „nicht-ökonomische" Organisationen erweitert werden, und die Entscheidungsmodi der Vollzugsbehörden durchsichtiger und nachvollziehbarer gemacht werden (SRU 1987, Ziff. 113; 1621).

Je transparenter die der Standardsetzung zugrundeliegenden „Bewertungsphilosophien", je einsichtiger also die Werthaltungen und Interessenorientierungen der Normierungsgremien sind, um so deutlicher können die „politischen Gegenpositionen" zu den Denk- und Handlungsmustern der Normungsinstitutionen vorgestellt und vermittelt werden.

Grundsätzlich kann davon ausgegangen werden, daß wissenschaftliche Einrichtungen und die verbandlichen Normierungsgremien bei der Standardentwicklung die Anforderungen erfüllen, das „technisch" verfügbare Wissen zu ermitteln und auch fachlich „ausgewogen" zu bewerten (Mayntz 1990, S. 145). Demokratisch verantwortliche Instanzen des politisch-administrativen Systems bieten aber in der Regel eine größere Gewähr dafür, daß unterschiedliche Interessen stärkere Beachtung finden. Mit der Öffnung der Entscheidungsprozesse für die Anhörung unterschiedlicher gesellschaftlicher Positionen werden die meist exklusiv agierenden standardsetzenden Gremien über technische Möglichkeiten und ökonomische Effizienzerfordernisse hinaus beispielsweise mit sozialen Anforderungen (z.B. Sicherung von Arbeitsplätzen) oder mit abweichenden umweltbezogenen Risikoeinschätzungen konfrontiert.

Die einer Strategie politischer Steuerung adäquate abwägende Bewertung ist allerdings nicht immer ein taugliches Verfahren. Je gravierender das Schädigungsrisiko (unstrittig) eingeschätzt wird, umso mehr ist die Politik auf wissenschaftlich „abgesicherte", präzise definierte Standards angewiesen. Die Politik wird also weiterhin die Kompetenzen für die Standardsetzung dort an wissenschaftlich-technische und verbandliche Institutionen abtreten müssen, wo es auf die strikte Beachtung wissenschaftlich-technisch definierter „Schädlichkeitsschwellen" ankommt.

Weichen dagegen wegen erheblicher kognitiver Unsicherheiten die Einschätzungen über das Schädigungsrisiko voneinander ab, sind Verfahrensregeln um so wichtiger, die eine breite Basis des standardsetzenden Entscheidungsprozesses sicherstellen. Im interaktiven (pluralistischen) Verfahren zur Setzung von Umweltstandards könnte eine breite öffentliche Diskussion verfahrensmäßig etwa durch parlamentarische Anhörungen oder bestimmte Beteiligungsverfahren gesichert werden. Verfahren, an denen unterschiedliche Interessen und Positionen beteiligt sind, erfordern grundsätzlich ein „höheres Wertberücksichtigungs-Potential" (Mayntz 1990, S. 147).

Um die unterschiedlichen Wertorientierungen in den Verfahren zur Entwicklung von Umweltstandards intensiver zu berücksichtigen, werden nicht nur die Implikationen der Naturwissenschaftler und Ingenieure offenzulegen, sondern auch die außerwissenschaftlichen Annahmen zu thematisieren sein (Mai 1989, S. 124ff.).

Die geforderte verstärkte Transparenz für Verfahren der Risikoabschätzung und -bewertung betrifft nicht nur die Beteiligung von Fachwissenschaftlern aus nachgeordneten Verwaltungen und Forschungseinrichtungen (z.B. aus dem Umweltbundesamt), sondern auch die Arbeitsergebnisse wissenschaftlicher und verbandlicher Normungsgremien außerhalb des Staates (z.B. des VDI oder DIN). Dabei sollten die Verfahrensregeln deutlich machen, ob und inwieweit die staatliche Exekutive Maße für bestimmte Grenzwerte bzw. Mindestanforderungen vorgibt oder ob die Kriterien für die schadstoffbezogenen Einzelmengenregelungen erst in den Gremien erarbeitet werden. Erarbeiten wie im Bereich des Gewässerschutzes aus Wissenschaftlern, Verbänden und Industrie zusammengesetzte Arbeitsgruppen die in Verwaltungsvorschriften zu regelnden Mindestanforderungen, dann sollten die standardsetzenden Entscheidungen hinlänglich begründet werden.

Eine Strategie transparenter politischer Steuerung impliziert außerdem, daß Angaben über die Entscheidungsgremien gemacht werden, welche Aspekte maßgebend für fachliche Vernetzungen (z.B. für ökotoxikologische und medizinische Bewertungen), institutionelle (Interessen-)Bindungen und „pluralistische" Besetzungen sind. In einer solchen steuerungsorientierten Strategie sollten ferner Verfahrensregeln (z.B. Abstimmungsquoren, Minderheitsvoten) und Begründungspflichten vorgegeben werden. Schließlich sollte der Mechanismus der Bekanntgabe von Beschlüssen und Arbeitsergebnissen geregelt werden (SRU 1987, Ziff. 115).

Die gesellschaftlich breitere Basis für das Verfahren der Standardsetzung bietet keine Gewähr dafür, daß am Ende einer offenen Diskussion auch ein Konsens erzielt wird. Die breite Beteiligung unterschiedlicher Interessen und Standpunkte sichert außerdem nicht, daß der einmal erzielte Konsens unbedingt und allgemein akzeptiert wird. Die öffentlichen Auseinandersetzungen können auch dazu beitragen, die latenten Konflikte offenzulegen und damit eine Kompromißlösung zu erschweren oder gar zu verhindern. Die an die Öffnung der Entscheidungsprozesse geknüpften Erwartungen, der Entwicklung von Umweltstandards eine größere Legitimation und Akzeptanz zu verschaffen, können sich in ihr Gegenteil verkehren oder sogar zu einer Konfliktverschärfung beitragen (Mayntz 1990, S. 147f.).

Eine Strategie der Stärkung der umweltpolitischen Steuerung und der Abschwächung der dominierenden Ökonomisierung der Umweltpolitik ist daran interessiert, die Entscheidungsverfahren durch Einbeziehung von Umweltschutzorganisationen zu öffnen. Dabei kann der politisch orientierte Steuerungseinfluß der Umweltschutzinteressen in dem Maße gestärkt werden, wie die Politik bereits auf Programmebene präzis definierte Emissionswerte bzw. Mindestanforderungen vorgibt. Für das Ausmaß der Ökonomisierung der Politik ist von Bedeutung, daß die ökonomischen Interessen bei der Konkretisierung allgemeiner Verhaltensstandards (Generalklauseln) ansetzen, weil unspezifizierte Normen im Gegensatz zu nicht mehr verhandelbaren Grenzwerten einen Verhandlungsspielraum mit den Vollzugsbehörden bieten.

Die Einflußchancen der ökonomischen Interessen nehmen nämlich in dem Umfang ab, wie die Umweltstandards konkret formuliert werden. Weil feste Grenzwerte nicht mehr zur Disposition stehen, richten ökonomische Akteure ihre Bemühungen auf die Konkretisierung allgemeiner Verhaltensstandards in Verhandlungen mit den meist kompromißbereiten Vollzugsbehörden (vgl. Kap. III.2.2.3.3.). Die Umweltschutzorganisationen überlassen dagegen die Entwicklung technischer Emissionswerte weitgehend dem Fachwissen wissenschaftlicher, technischer und verbandlicher Institutionen. Die Aktivitäten umweltschützender Interessen beziehen sich primär auf immissionswertbezogene Definitionen, die geringes technisches Detailwissen voraussetzen.

Die Öffnung der Entscheidungsprozesse verschafft der politischen Steuerung insofern größere Einflußmöglichkeiten, als die Umweltschutzverbände stärker politisch definierte soziale und ökologische Aspekte in die Formulierung von allgemeinen Qualitätsstandards (Immissionswerten) einbringen.

2.2.4.2. Politik der Institutionalisierung erweiterter Partizipation und Interessenberücksichtigung

Als Reaktion auf die Kritik an den Demokratiedefiziten des Systems technischer Normung und der einseitigen Interessenberücksichtigung hat die Politik einen Prozeß der allmählichen Öffnung der Institutionen mit regelsetzender Kompetenz gefördert. Die an die verbandliche Techniksteuerung gestellten demokratietheoretischen und demokratiepolitischen Anforderungen sollen vor allem gewährleisten, daß die Konfliktaustragung und Konsensbildung in den Normungsgremien „offen ist für alle, die sachlich betroffen sind ..., und transparent, damit ihre Ergebnisse kontrollierbar bleiben". Außerdem muß die technische Regelsetzung „‚Anwälte' für Gruppen und Bedürfnisse einbeziehen, die sich nicht artikulieren oder artikulieren können" (Ritter 1987, S. 347).

Dem Ziel dieser zusätzlich korrigierenden Eingriffe in das verbandliche System der Regelsetzung, über eine weitgehende Öffnung der technischen Normengremien die Politik der „partizipativen Steuerung" auszubauen (Schuppert 1981, S. 373ff.), liegt die demokratietheoretische Annahme zugrunde, daß die hohe Interessenselektivität zugunsten ökonomischer Interessen nur durch weitere politische Strukturvorgaben für das Normungssystem abgeschwächt werden kann (Voelzkow 1993, S. 68).

Die DIN 820 oder vergleichbare staatliche Vorgaben der technischen Normung genügen zwar demokratietheoretischen Anforderungen, konnten aber nicht verhindern, daß sich im Normungsprozeß die Unterschiede in der Organisations- und Konfliktfähigkeit der Interessen nur reproduzieren. Das politisch-administrative System wird allerdings mit wachsender Kritik an den ungleich verteilten Interessen konfrontiert und sieht sich deshalb veranlaßt, die Partizipationsfähigkeit organisierter Interessen wie die der Verbraucher-, Gesundheits- und Umweltschutzinteressen zu stärken.

Die Politik hat seit den 70er Jahren mit der Förderung der Institutionalisierung öffentlicher Interessen (z.B. der Errichtung des Verbraucherrats) oder der Einbeziehung der Umweltschutzinteressen in die technische Normgebung (z.B. institutionelle Einbindung in das DIN) versucht, eine annähernd gleichgewichtige Repräsentation der Interessen zu erreichen. Auch wenn die Strategie der Öffnung der Normungsgremien und der Pluralisierung der Interessen zum Teil auf die Eigeninteressen administrativer Akteure zurückgeht, die wiederum nur die Interessen nach den Möglichkeiten der Stärkung der eigenen Position innerhalb ihres Ministeriums selektieren (Czada 1991, S. 154), bietet die Politik erweiterter Interessenberücksichtigung den öffentlichen Interessen größere Artikulations- und Durchsetzungschancen im Normungsprozeß.

Die partizipative Steuerung der Politik kann die ökonomisch dominanten Wertberücksichtigungsmuster nur verändern, wenn „public interest groups" (Beyme 1980, S. 87) die Chance erhalten, mit höherer Sachkompetenz und „alternativen" Positionen den bestehenden Normungsgremien ihre Exklusivität zu nehmen. Um aber die unterschiedlichen Ausgangsbedingungen für die Partizipation der gesellschaftlichen Gruppen zu verringern, müßten auch die finanziellen und personellen Ressourcen der organisierten Interessen auf ein annähernd gleiches Niveau angehoben werden. Die demokratiepolitisch begründete Forderung ausgewogener Partizipation beinhaltet auch eine stärkere Beteiligung bisher benachteiligter Gruppen an öffentlichen Finanzmitteln (Welsch 1990, S. 660).

Um demokratischen Kriterien der Offenheit, Transparenz und der Hilfe für organisations- und konfliktschwache (öffentliche) Interessen stärker Rechnung zu tragen und die Zugangs-, Partizipations-, Macht- sowie Informationsasymmetrie zwischen den „interessierten Kreisen" im Vorfeld der technischen Normung auszugleichen, hat die Politik in den 80er Jahren den Prozeß der Öffnung der Normungsgremien durch die Institutionalisierung öffentlicher Interessen fortgesetzt. Neben dem bereits 1975 geschaffenen Verbraucherrat wurde mit der Einrichtung einer Koordinierungsstelle Umweltschutz im DIN die Politik erweiterter institutioneller Interessenberücksichtigung fortgeführt.

Um den Umweltinteressen als „öffentlichen Interessen" gegenüber den wirtschaftlichen Interessen im Normungsprozeß größere Mitgestaltungs- und

Durchsetzungschancen zu eröffnen, wurde mit Unterstützung des Bundesumweltministeriums die Koordinierungsstelle Umweltschutz geschaffen (Schiffer/Delbrück 1992, S. 315). Die Institutionalisierung der Koordinierungsstelle, die sich an den Konstruktionsprinzipien des Verbraucherrats orientierte, wurde zwar neben dem Fachministerium des Bundes von den an der technischen Normung interessierten Umweltschutzverbänden und -instituten befürwortet. Doch standen der Öffnung der Normungsgremien für organisierte Umweltinteressen auch erhebliche Restriktionen gegenüber. So sollte zunächst das Umweltbundesamt (UBA) die Umweltrelevanz der technischen Normen systematisch erfassen. Wegen besserer Zugangsmöglichkeiten des DIN zu benötigten Informationen über die komplexe und riskante umweltbezogene Normung wurde jedoch das DIN selbst als Projektnehmer ausgewählt. Aus dem Forschungsergebnis des DIN, das sich „aufgrund seiner derzeitigen Struktur“ zum Aufspüren der „Leerstellen“ der Umweltnormung nicht in der Lage sah, wurde die Forderung abgeleitet, ein Gremium „mit speziellem Sachverstand“ zu bilden (Lehmann/Lechner/Gegusch 1987, S. 211). Als Konsequenz dieser Aussage wurde die Koordinierungsstelle Umweltschutz im DIN geschaffen.

Die Koordinierungsstelle hat eine ähnliche Aufgabenstellung wie der Verbraucherrat: Sie hat sämtliche Normungsvorhaben auf ihre Umweltrelevanz hin zu überprüfen, Stellungnahmen zu relevanten Normentwürfen zu erarbeiten und Vorschläge zur Überarbeitung von umweltrelevanten Produktnormen zu formulieren. Sie stellt darüber hinaus einen Kriterienkatalog zur Beurteilung der Umweltverträglichkeit in der produktbezogenen Normung auf. Der Koordinierungsstelle kommt bei der Auswahl der Vertretung neuer Umweltschutzinteressen in der technischen Normung und der Beschaffung frühzeitiger Informationen von spezialisierten Umweltschutzverbänden besonderes Gewicht zu. Im Verhältnis von DIN und Umweltbundesamt hat die Koordinierungsstelle eine weitere wichtige Mittlerfunktion. Die knappen Ressourcen schließen eine intensive Bewertung sämtlicher Normungsvorhaben aus, so daß eine Priorisierung der Normungsvorhaben zu den zentralen Aufgaben der Koordinierungsstelle gehört (Voelzkow 1993, S. 72f.).

Die Politik der Öffnung der Normungsgremien und damit der Erweiterung der Wert- und Interessenberücksichtigung wurde im Jahre 1990 mit der Errichtung eines Fachbeirats fortgesetzt. Im Interesse der Konsensbildung des umweltpolitischen Interaktionssystems und einer breiten Akzeptanz der technischen Normung soll der Fachbeirat insbesondere die Mittlerfunktion der Koordinierungsstelle Umweltschutz im DIN stärken und die Kontakte zwischen dem DIN und den „interessierten Kreisen“ intensivieren (von Lessner 1990, S. 2).

Die Strategie der Pluralisierung umweltpolitischer Interessen schlägt sich in der Zusammensetzung des Fachbeirats als eines umweltrelevanten Netzwerkes nieder: Die DIN-Institution rekrutiert sich aus Vertretern des Bundes Umwelt und Naturschutz Deutschland (BUND), der Arbeitsgemeinschaft ökologischer Forschungsinstitute AGÖF, der Stiftung Warentest, der IG

Chemie, des Verbandes der Chemischen Industrie, des Sachverständigenrats für Umweltfragen, des Umweltbundesamts und des Bundesumweltministeriums.

Werden die Chancen und Grenzen von Alternativen zur vorherrschenden Ökonomisierung der Umweltpolitik resümierend beurteilt, muß festgehalten werden, daß die Politik im Wohlfahrtssektor der Umwelt weniger rigiden ökonomischen Zwängen unterworfen wird als sich vielmehr „selbst bescheidet“: Inhaltliche Gestaltungskompetenzen werden entweder vertraglich oder gesetzlich bestimmten „Fachgremien“ übertragen oder der Staat begnügt sich – wie im Umweltschutzsektor besonders deutlich wird – mit der Rolle des Kunden oder der „Förderrolle“, verzichtet also in der (Umwelt-)Technologiepolitik weitgehend auf inhaltliche und zeitliche Einflußnahmen (z.B. strenge Kopplung der Fördermittel an politische Auflagen für Art und Umfang der Entwicklung von Umwelttechnologien oder klare Befristung der Subventionierung). Dabei weisen die enormen staatlichen Fördervolumina, die intensivierten Netzwerksysteme zwischen staatlichen, wirtschaftlichen und gesellschaftlichen Akteuren und die hohe Risikoträchtigkeit neuer Technologien und großer Investitionsprojekte der Umweltpolitik verstärkt Steuerungsverantwortung zu und eröffnen ihr zugleich neue Steuerungschancen, die seit den 80er Jahren nur unzulänglich genutzt worden sind.

Literaturverzeichnis

Abromeit, H.: Die Funktion des Bundesrats und der Streit um seine Parteipolitisierung, in: Zeitschrift für Parlamentsfragen, Heft 4/1982

Abromeit, H.: Korrektive parlamentarischer Mehrheitsherrschaft: Ein Überblick, in: Zeitschrift für Parlamentsfragen, Heft 3/1987

Abromeit, H.: Der verkappte Einheitsstaat, Opladen 1992

Abromeit, H.: Interessenvermittlung zwischen Konkurrenz und Konkordanz, Studienbuch zur vergleichenden Lehre politischer Systeme, Opladen 1993

Achinger, H.: Sozialpolitik als Gesellschaftspolitik, Hamburg 1985

Adamy, W./Bäcker, G.: Der Maschinenbeitrag – Ein Allheilmittel für Renten, Finanzen und Arbeitsmarkt?, in: WSI Mitteilungen 1/1985

Adamy, W./Schmidt, A.: Mindestsicherung – Alternative oder Ergänzung des Sozialstaates?, in: WSI-Mitteilungen 2/1987

Addison, J.T.: What Do Unions Really Do?, A Review Article, in: Journal of Labour Research VI/1985

Afheldt, H.: Wohlstand für niemand?, Die Marktwirtschaft entläßt ihre Kinder, München 1994

Aglietta, M.: A Theory of Capitalist Regulation: The US-Experience, London 1979

Alber, J.: Vom Armenhaus zum Wohlfahrtsstaat, Frankfurt/New York 1982

Alber, J.: Der Sozialstaat in der Bundesrepublik Deutschland 1950-1983, Frankfurt a.M./New York 1989

Albers, W.: Grenzen des Wohlfahrtsstaates, in: Soziale Probleme der modernen Industriegesellschaft, Schriften des Vereins für Socialpolitik, N.F., Bd. 92/1977

Albert, H.: Freiheit und Ordnung, Tübingen 1986

Albrecht-Papier: Thesen zum Problem der Arbeitslosigkeit, dokumentiert in: Handelsblatt vom 27.8.1983

Altvater, E./Hübner K./Stanger, M.: Alternativen jenseits des Keynesianismus, Opladen 1983

Altvater, E.: Kredit und Hegemonie, Über die Aussichten für einen baldigen Aufschwung des kapitalistischen Weltmarkts, in: M. Jänicke (Hrsg.): Vor uns die goldenen Neunziger Jahre?, München-Zürich 1985

Altvater, E.: Die zwei Seiten der Medaille, Zum Zusammenhang von Arbeitslosigkeit und Verschuldung in der Weltwirtschaftskrise, in: H. Abromeit/B. Blanke (Hrsg.), Opladen 1987a

Altvater, E.: Sachzwang Weltmarkt, Verschuldungskrise, blockierte Industrialisierung, ökologische Gefährdung – der Fall Brasilien, Hamburg 1987b

Altvater, E.: Nationale Wirtschaftspolitik unter globalen „finanziellen Instabilitäten" – zu Fritz Scharpf's „angebotspolitischem Keynesianismus", in: Prokla, Heft 72/1988

Altvater, E.: Gewerkschaftliche Reformpolitik vor den Herausforderungen der Globalisierung, in: H. Schmitthenner (Hrsg.): Der „schlanke" Staat, Zukunft des Sozialstaates – Sozialstaat der Zukunft, Hamburg 1995

Altvater, E.: Wettlauf ohne Sieger, Politische Gestaltung im Zeitalter der Geo-Ökonomie, in: Blätter für deutsche und internationale Politik, Heft 2/1995a
Andel, N.: Strukturelles Defizit und konjunktureller Impuls, in: Wirtschaftsdienst, Heft 4/1995
Anderson, M.: The Budget Amendment – Not so Crazy after All: in: The New York Times, August 30/1985
Angenandt, W.: Die Verteilungswirkungen der Einkommensteuerreform, in: Wirtschaftsdienst, Heft 2/1985
Arbeitsgemeinschaft Deutscher Waldbesitzer (AGDV): Schätzung der ökonomischen Verluste durch Waldschäden, Bonn 1986
Arbeitsgruppe Alternative Wirtschaftspolitik: Wirtschaftsmacht in der Marktwirtschaft, Zur ökonomischen Konzentration in der Bundesrepublik, Köln 1988
Arbeitsgruppe Armut und Unterversorgung 1985: Bedarfsbezogene Grundsicherung – Ein tragfähiges Fundament für die Sozial- und Wirtschaftspolitik, Frankfurt 1985
Arnim, H.H.: Grundprobleme der Staatsverschuldung, in: BayVBl. 1981
Assmacher, Ch.: Regionale Strukturpolitik in der Bundesrepublik Deutschland, Wirkungsweise und zielkonforme Gestaltung, Münster 1989
Atkinson, M.M./Coleman, W.D.: Policy-Networks, Policy Communities and the Problems of Governance, in: Governance, Vol. 5/1992
Auhagen, H.: Die Teilzeitarbeit subventionieren, Ein Ausweg aus der Sackgasse der Mindesteinkommensdiskussion, in: Kommune, Heft 10/1987
„Ausgabenpolitik"-Gutachten des Wissenschaftlichen Beirats (Hrsg.): Perspektiven staatlicher Ausgabenpolitik, in: Schriftenreihe des Bundesministeriums der Finanzen, Heft 51/1994
Baalsen, W. u.a.: Neue Armut – Keine Wende, Eine Studie des Rheinischen Journalistenbüros im Auftrag der Hans-Böckler-Stiftung, Köln 1986
Baalsen, W./Nakielski H./Rössel K./Winkel R.: Die neue Armut: Ausgrenzung von Arbeitslosen aus der Arbeitslosenunterstützung, Köln 1984
Bach, S.: Private Bereitstellung von Infrastruktur unter besonderer Berücksichtigung der Verhältnisse in den neuen Bundesländern, in: Deutsches Institut für Wirtschaftsforschung (Hrsg.): Vierteljahreshefte für Wirtschaftsforschung 1995
Bäcker, G.: Mindestsicherung und Maschinensteuer: Wege zur Lösung der sozialen und finanziellen Defizite der lohnbezogenen Sozialversicherung?, in: Soziale Sicherheit, Heft 2/1985
Bäcker, G.: Ökonomie kontra Sozialpolitik?, Finanzprobleme des Sozialstaates und Lösungsalternativen, in: Bildungsvereinigung Arbeit und Leben (Hrsg.): Die Zukunft des Wohlfahrtsstaates, Hannover 1986
Bäcker, G.: Die Zukunft der Sozialpolitik, in: Aus Politik und Zeitgeschichte B 21-22/88
Bäcker, G.: Gespaltene Gesellschaft, Soziale Probleme und sozialpolitische Herausforderungen im vereinigten Deutschland, in: Soziale Sicherheit, Heft 1/1992
Bäcker, G.: Der Sozialstaat – ein Auslaufmodell?, Die Krise der Sozialpolitik als politische Krise, in: WSI-Mitteilungen, Heft 6/1995
Bäcker, G./Bispinck, R.: 35-Stunden-Woche, Argumente zur Sicherung und Schaffung von Arbeitsplätzen und für mehr Zeit zum Leben, Berlin 1984
Bäcker, G./Bispinck, R./Hofemann, K./Naegele, G.: Sozialpolitik und soziale Lage in der Bundesrepublik Deutschland, Band 1: Arbeit-Einkommen-Qualifikation, Köln 1989
Bäcker, G./Bispinck, R./Hofemann, K./Naegele, G.: Sozialpolitik und soziale Lage in der Bundesrepublik Deutschland, Band 2: Gesundheit-Familie-Alter-Soziale Dienst, Köln 1989
Bäcker, G./Heinze, R.G.: Sozialer Wandel und soziale Sicherung, Düsseldorf 1996
Bäcker, G./Welzmüller, R.: Bedarf es einer Neuorientierung der Sozialpolitik?, in: WSI-Mitteilungen, Heft 2/1987

Badelt Ch.: Öffentliche Institutionen und marktliche Anreizmechanismen – Eine neoinstitutionalistische Perspektive –, in: Jahrbuch für Neue Politische Ökonomie, Tübingen 1987

Badura, B.: Verfassungsfragen der Finanzplanung, in: Festgabe für Theodor Maunz, München 1971

Badura, B./Gross, P.: Sozialpolitische Perspektiven, Eine Einführung in Grundlagen und Probleme sozialer Dienstleistungen, München 1976

Badura, B.: Sozialer Wandel und neuer sozialpolitischer Handlungsbedarf, in: R.G. Heinze u.a. (Hrsg.) Sozialstaat 2000, Bonn 1987

Baethge, M./Oberbeck, H.: Zukunft der Angestellten, Frankfurt/New York 1986

Bardach E./Kagan R.A.: Going by the Book, The Problem of Regulatory Unreasonableness, Philadelphia 1982

Bareis, P.: „Das alles muß weg", in: Der Spiegel, Nr. 26/1996

Barry, N.: Political and Economic Thought of German Neo-Liberals, in: A. Peacock/H. Willgerodt (Hrsg.): German Neo-liberals and the Social Market Economy, London 1989

Barth, H.J.: Potentialorientierte Verschuldung, in: D.B. Simmert/K.-D. Wagner, Staatsverschuldung kontrovers, Köln 1981

Barth, U.: Ein Vorschlag zur Verknüpfung von Investitions- und Beschäftigungsförderung, in: Wirtschaftsdienst, Heft 11/1995

Baumol, W.: Welfare Economics and the Theory of the State, Harvard Univ. Press, 1952

Baumol, W./Oates, W.E.: The Theory of Environmental Policy, Externalities, Public Outlays, and the Quality of Live, New Jersey 1975

Baumol, W.J./Panzar, I.C./Willig, D.: Contestable Markets and the Theory of Industry Structure, New York 1982

Bechmann, A.: Öko-Bilanz, Anleitungen für eine neue Umweltpolitik, München 1987

Beck, U.: Die Erfindung des Politischen, Zu einer Theorie reflexiver Modernisierung, Frankfurt a.M. 1993

Beck, U.: Vom Verschwinden der Solidarität, Individualisierung der Gesellschaft heißt Verschärfung sozialer Ungleichheit, in: W. Dettling (Hrsg.): Perspektiven für Deutschland, München 1994

Becker, K.: Der weite Weg nach Luxemburg, Bemühungen der Bundesrepublik Deutschland zur Verminderung der Schadstoffemissionen von Personenkraftwagen, Umweltbundesamt Berlin, Juli 1988, Manuskript

Bedau, K.-D.: Relative Einkommensdispositionen der westdeutschen Haushaltsgruppen in den achtziger und neunziger Jahren, in: DIW-Wochenbericht, Heft 18/1995

Benda, E.: Gedanken zum Sozialstaat, Vortrag vor dem Kommunikationsforum Recht-Wirtschaft-Steuern, Köln 1981

Benda, E.: Der Sozialstaat aus Verfassungssicht, in: M. Dierkes/K.W. Zimmermann (Hrsg.): Sozialstaat in der Krise, Hat die Soziale Marktwirtschaft noch eine Chance?, Wiesbaden 1996

Benjamin, W.: Zur Kritik der Gewalt, in: derselbe, Angelus Novus, Ausgewählte Schriften 2, Frankfurt 1966

Benkert, W.: Die Bedeutung des Gemeinlastprinzips in der Umweltpolitik, in: Zeitschrift für Umweltpolitik und Umweltrecht, 9. Jg./1986

Benkert, W./Bunde, J./Hansjürgens, B.: Umweltpolitik mit Öko-Steuern, Ökologische und finanzpolitische Bedingungen für neue Umweltabgaben, Marburg 1990

Bentele, K./Reissert, B./Schettkat, R. (Hrsg.): Einleitung: Die Reformfähigkeit von Industriegesellschaften, Frankfurt a.M./New York 1995

Benz, A.: Regierbarkeit im kooperativen Bundesstaat, in: St. von Bandemer/G. Wewer (Hrsg.): Regierungssystem und Regierungslehre, Opladen 1989

Benz, A.: „Mehrebenen-Verflechtung: Verhandlungsprozesse in verbundenen Entscheidungsarenen", in: A. Benz/F.W. Scharpf/R. Zintl: Horizontale Politikverflechtung, Frankfurt a.M. 1992

Benz, A.: Reformbedarf und Reformchancen des kooperativen Förderalismus nach der Vereinigung Deutschlands, in: W. Seibel/A. Benz/H. Mäding (Hrsg.): Verwaltungsreform und Verwaltungspolitik im Prozeß der deutschen Einigung, Baden-Baden 1993

Benz, A.: Politiknetzwerke in der Horizontalen Politikverflechtung, in: D. Jansen/K. Schubert (Hrsg.): Netzwerke und Politikproduktion, Konzepte, Methoden, Perspektiven, Marburg 1995

Benz, A.: Verfassungspolitik im kooperativen Bundesstaat, in: K. Bentele/B. Reissert/R. Schettkat (Hrsg.): Die Reformfähigkeit von Industriegesellschaften, Frankfurt a.M./New York 1995a

Benz, A.: Verhandlungssysteme und Mehrebenen-Verflechtung im kooperativen Staat, in: W. Seibel/A. Benz (Hrsg.): Regierungssystem und Verwaltungspolitik, Beiträge zu Ehren von Thomas Ellwein, Opladen 1995b

Benz, A.: Regionalpolitik zwischen Netzwerkbildung und Institutionalisierung – Zur Funktionalität paradoxer Strukturen, in: Staatswissenschaften und Staatspraxis, Heft 1/1996

Benz, A.: Postparlamentarische Demokratie?, Demokratische Legitimation im kooperativen Staat, Manuskript zum Referat auf dem DVPW-Kongreß Bamberg 13.-17. Oktober 1997

Benz, A./Scharpf, F.W./Zintl, R.: Horizontale Politikverflechtung, Zur Theorie von Verhandlungssystemen, Frankfurt a.M. 1992

Benz, A./Seibel, W. (Hrsg.): Zwischen Kooperation und Korruption, Abweichendes Verhalten in der Verwaltung, Baden-Baden 1992

Benz, An.: Privatisierung und Deregulierung – Abbau von Staatsaufgaben?, in: Die Verwaltung 28 (3)/1995

Berendes, K./Winters, K.-P.: Das neue Abwasserabgabengesetz, 2. Aufl., München 1989

Berger, J./Offe, C.: Die Zukunft des Arbeitsmarktes, Zur Ergänzungsbedürftigkeit eines versagenden Allokationsprinzips, in: G. Schmidt u.a. (Hrsg.): Materialien zur Industriesoziologie, Opladen 1982

Berger, J.: Die Entzauberung des Fortschritts, Zur Frage der Fortsetzbarkeit wohlfahrtsstaatlicher Verlaufsmuster des industriellen Wachstums, in: J. Feldhoff u.a. (Hrsg.): Regulierung – Deregulierung, Steuerungsprobleme der Arbeitsgesellschaft, Beiträge zur Arbeitsmarkt- und Berufsforschung (Beitr. AB) 1919, Nürnberg 1988

Bericht der Bundesregierung über den Stand der Umsetzung der Maßnahmen zur Zukunftssicherung des Standortes Deutschland und des Aktionsprogramms für mehr Wachstum und Beschäftigung 1994, in: Bundestags-Drucksache 12/6907

Bermbach, U./Blanke, B./Böhret, C.: Spaltungen der Gesellschaft und die Zukunft des Sozialstaates, Opladen 1990

Bernake, B.S.: Nonmonetary Effects of the Financial Crisis in the Proportion of the Great Depression, in: American Economic Journal, June 1983

Bernholz, P.: Dominant Interest Groups and Powerless Parties, in: Kyklos 30, 1974

Bernholz, P.: Growth of Government, Economic Growth and Individual Freedom, in: Journal of Institutional and Theoretical Economics 142/1986

Bernholz P./Breyer, F.: Grundlagen der politischen Ökonomie, Tübingen 1984

Best, M.: The New Competition, Institutions of Industrial Restructuring, Cambridge 1990

Beyme von, K.: Die vergleichende Politikwissenschaft und der Paradigmenwechsel in der politischen Theorie, in: Politische Vierteljahresschrift, Heft 3/1990

Beyme von, K.: Das politische System der Bundesrepublik Deutschland nach der Vereinigung, München 1993

Bieback, K.J. (Hrsg.): Die Sozialversicherung und ihre Finanzierung, Frankfurt/New York 1986

Biechling, von (Hrsg.): Teutscher Fürsten-Staat, Jena 1937 (Reprint 1972), II, 4, 1 u. II, 8

Biedenkopf, K.: Die neue Sicht der Dinge, München 1985

Biedenkopf, K.: Zu Perspektiven der Wirtschaftspolitik, Bonn 1988, Ms.
Biedenkopf, K.H./Miegel, M.: Wohnungsbau am Wendepunkt, Wohnungspolitik in der sozialen Marktwirtschaft, Stuttgart 1979
Biehl, D. u.a.: Measuring the Demand Effects of Fiscal Policy, in: H. Giersch (Hrsg.): Fiscal Policy and Demand Management – Fiskalpolitik und Globalsteuerung, Tübingen 1973
Biehl, D. u.a.: Konjunkturelle Wirkungen öffentlicher Haushalte, Kieler Studien 146, Tübingen 1978
Binswanger, H.Ch. u.a. (Hrsg.): Der Nawu-Report: Wege aus der Wohlstandsfalle, Strategien gegen Arbeitslosigkeit und Umweltkrise, Frankfurt 1978
Bird, R.M.: Tax Incentives for Investment: The State of the Art, Canadian Tax Paper, Mo. 64, Toronto 1980
Birk, D.: Die finanzverfassungsrechtlichen Vorgaben und Begrenzungen der Staatsverschuldung, in: DVBl. 1984
Blackburn, Ph./Coombs, R./Greene, K.: Technology, Economic Growth, and the Labour Process, London 1985
Blankart, Ch. B.: Öffentliche Finanzen in der Demokratie, Eine Einführung in die Finanzwissenschaft, München 1994
Blanke, B. u.a.: Staatliche Sozialpolitik und die Regulierung der Nichterwerbstätigkeit, Politik in den 80er Jahren, Opladen 1987
Bobbio, N.: Die Mehrheitsregel: Grenzen und Aporien, in: B. Guggenberger/C. Offe (Hrsg.): An den Grenzen der Mehrheitsdemokratie, Politik und Soziologie der Mehrheitsregel, Opladen 1984
Böckenförde, E.W.: Sozialer Staat und politische Demokratie, in: J. Jekewitz u.a. (Hrsg.): Politik als gelebte Verfassung, Festschrift für Friedrich Schäfer, Opladen 1980
Bohne, E.: Der informelle Rechtstaat, Eine empirische und rechtliche Untersuchung zum Gesetzesvollzug unter besonderer Berücksichtigung des Immissionsschutzes, Berlin 1981
Böhret, C./Jann, W./Kronenwett, E.: Innenpolitik und politische Theorie, Opladen 1988
Böhret, C.: Politik und Verwaltung, Beiträge zur Verwaltungspolitologie, Opladen 1983
Böhret, C.: Folgen: Entwurf für eine aktive Politik gegen schleichende Katastrophen, Opladen 1990
Böhret, C.: Zur Handlungsfähigkeit des funktionalen Staates der spätpluralistischen Industriegesellschaft, in: B. Kohler-Koch (Hrsg.): Staat und Demokratie in Europa, Opladen 1992
Böhret, C.: Funktionaler Staat, Ein Konzept für die Jahrhundertwende?, Beiträge zur Politikwissenschaft, Bd. 53, Frankfurt a.M. u.a. 1993
Bolenz, E.: Technische Normung zwischen „Markt“ und „Staat“, Untersuchungen zur Funktion, Entwicklung und Organisation verbandlicher Normung in Deutschland, Köln 1987
Bolle, M./Schlüter, Th.: Investitionspolitik und Beschäftigung in ausgewählten Ländern der Europäischen Gemeinschaft, in: H. Abromeit/B. Blanke (Hrsg.), Arbeitsmarkt, Arbeitsbeziehungen und Politik in den 80er Jahren, Opladen 1987
Bommes, M./Halfmann, J.: Migration und Inklusion, Spannungen zwischen Nationalstaat und Wohlfahrtsstaat, in: Kölner Zeitschrift für Soziologie und Sozialpsychologie, Heft 46/1994
Borchardt, K.: Plädoyer für eine offensive Verteidigung der Marktwirtschaft, Ms. eines Rundfunkvortrags, München 1981
Borell, R./Stern, V.: Höhere Verbrauchsteuern: Das falsche Rezept, in: Wirtschaftsdienst, Heft 7/1988
Borght van der, R.: Grundzüge der Sozialpolitik, Berlin 1904
Borner, S.: Auf der Suche nach neuen Grundlagen der Wirtschaftspolitik, Deisenhofen 1975

Bosch, G.: Arbeitsmarktpolitik ohne Arbeitslose: Zur Entwicklung der Überschüsse bei der Bundesanstalt für Arbeit, in: WSI-Mitteilungen 10/1984
Böttger, G./Gretschmann, G.: Ökonomische und politische Implikationen einer mittelfristigen Erhöhung der Staatsquote, WSI-Mitteilungen 4/1980
Boulding, K.E.: Income and Welfare, in: Review of Economic Studies, Vol. 17/1949/50
Boulding, K.E.: Ökonomie als eine Moralwissenschaft, in: W. Vogt (Hrsg.): Seminar: Politische Ökonomie, Frankfurt 1973
Bowles, S./Ginties, H.: The Welfare State and Long-Term Economic Growth: Marxian, Neoclassical and Keynesian Approaches, in: American Economic Review, Vol. 72, No. 2
Brandt, E.: Die Schwefeldioxidabgabe – ein neues Instrument zur Bekämpfung der Luftverschmutzung, in: Zeitschrift für Rechtspolitik 1983, S. 115 ff.
Brandt, F./Braun, S.: Effizienz und Funktionalität neuer Organisationsformen in der Altershilfe – Dargestellt am Beispiel von Sozialstationen, Saarbrücken 1981
Braun, D.: Zur Steuerbarkeit funktionaler Teilsysteme: Akteurtheoretische Sichtweisen funktionaler Differenzierung moderner Gesellschaften, in: PVS-Sonderheft 24/1993
Braun, D.: Restrictions in the Political Control of Science, in: H. Keman (Hrsg.): Comparative Politics, New Directions in Theory and Method, Amsterdam 1993a
Brennan, G./Buchanan, J.: The Power to Tax, Analytical Foundations of a Fiscal Constitution, Cambridge 1980
Brennan, G./Buchanan, J. M.: The Reason of Rules, Cambridge 1986
Brenner/Haury/Lipp: Staatsverschuldung und Verfassung, in: Finanzarchiv 1980
Breuel, B./Palm, G./Voss, F./Schmalstieg, H.: Neuverteilung der Sozialhilfelasten?, Zeitgespräch in: Wirtschaftsdienst, Heft 5/1988
Breuel, B.: Der Vorschlag Niedersachsens, in: Wirtschaftsdienst, Heft 5/1988
Breuer, R.: Verhandlungslösungen aus der Sicht des deutschen Umweltschutzrechts, in: W. Hoffmann-Riem/E. Schmidt-Aßmann (Hrsg.): Konfliktbewältigung durch Verhandlungen, Baden-Baden 1990
Briggs, A.: The Welfare State in Historical Perspective, in: Archives Europeennes de Sociologie 2, 1961
Brohm, W.: Sachverständige Beratung des Staates, in: J. Isensee/P. Kirchhoff (Hrsg.): Handbuch des Staatsrechts, Bd. II: Demokratische Willensbildung – Die Staatsorgane des Bundes, Heidelberg 1988
Bruckenberger, E.: Großgeräterichtlinien, in: Führen und Wirtschaften im Krankenhaus, März/April 1986
Bruckenberger, E.: Parallele Krankenhaus-Planungskompetenz?, in: Führen und Wirtschaften im Krankenhaus, Heft 1/1987
Buchanan, J.M.: Constitutional Constraints on Government Spending, in: Ordo, Bd. 30/1979
Buchanan, J.M.: Die Grenzen der Freiheit, Tübingen 1984
Buchanan, J.M.: The Political Ambiguity of Reagan Economics, Marginal Adjustment or Structural Shift? in: Journal of Monetary Economics X, S. 293
Buchanan, J.M.: Verschuldung, Demos und Wohlfahrtsstaat, in: P. Koslowski u.a. (Hrsg.): Chancen und Grenzen des Sozialstaats, Staatstheorie – Politische Ökonomie und Politik, Tübingen 1983
Buchanan, J.M./Stubblebine, W.C.: Externality, in: Economica, N.S. 29/1962
Buchanan, J.M./Tollison, R./Tullock, G. (Hrsg.): Toward a Theory of the Rent-Seeking Society, College Station 1980
Buchanan, J.M./Tullock, G.: The Calculus of Consent, Ann Arbor 1985
Buchanan, J.M./Wagner, R.E.: Democracy in Deficit – The Political Legacy of Lord Keynes, New York – San Francisco – London 1977
Büchtemann, Ch. F.: Der Arbeitslosigkeitsprozeß, in: W. Bonß/R.G. Heinze: Arbeitslosigkeit in der Arbeitsgesellschaft, Frankfurt 1984

Buci-Glucksman, Ch./Therborn, G.: Der sozialdemokratische Staat, Hamburg 1982
Bueb, E. u.a.: Das alternative Rentenmodell für alle, in: M. Opielka u.a.: Die Zukunft des Sozialstaats, Bd. 1, Stuttgart 1984
Buhbe, M./Gretschmann, K. u.a.: Krisenverschärfung durch Angebotspolitik, Zur Kritik der wirtschaftspolitischen Konzeption des Sachverständigenrats, Köln 1984
Buhbe, M./Lüde, R. von: Grundlagen und Probleme der Angebotsspolitik, in: Ökonomie und Gesellschaft, Jahrbuch 1: Die Neoklassik und ihre Herausforderungen, Frankfurt/New York 1983
Bulling, M.: Kooperatives Verwaltungshandeln (Vorverhandlungen, Arrangements, Agreements und Verträge) in der Verwaltungspraxis, in: Die öffentliche Verwaltung, Heft 7/1989
Bunde, J.: Energie- und Schadstoffabgaben als Instrument einer energiesparenden und ökologisch wirksamen Umweltpolitik, in: W. Benkert/J. Bunde/B. Hansjürgens: Umweltpolitik mit Öko-Steuern?, Marburg 1990
Bunde, J.: Öko-Steuern: Modebegriff oder Ausdruck neuen Handlungsbedarfs? in: W. Benkert u.a.: Umweltpolitik mit Öko-Steuern?, Marburg 1990a
Bunde, J.: Umweltsituation in der Bundesrepublik Deutschland, in: W. Benkert (Hrsg.): Umweltpolitik und Öko-Steuern?, Marburg 1990b
Bundesminister des Inneren (Hrsg.): Bodenschutzkonzeption der Bundesregierung, Bonn 1986
Burawoy, M.: The Contours of Production Politics, in: IIVG/pre 84-206, Berlin 1984
Burawoy, M.: Politics of Production, London 1985
Büschgen, H.E.: Der US-Dollar – Szenario einer Weltwährung, in: Wirtschaftsdienst, Heft 1/1987
Bust-Bartels, A.: Beseitigung der Massenarbeitslosigkeit durch soziale Innovation?, Alternativen zur Arbeitsmarktpolitik, in: Beilage zur Wochenzeitung Das Parlament B 43/1987
Butler, D./Ranney, A.: Referendum Around the World, Washington D. C. 1994
Buttler, F. u.a. (Hrsg.): Staat und Beschäftigung: Angebots- und Nachfragepolitik in Theorie und Praxis (Beitr. AB 88), Nürnberg 1985
Buttler, F.: Einführung: Einige Probleme und Wege institutionalistischer Arbeitsmarktanalyse, in: F. Buttler u.a. (Hrsg.): Arbeitsmarkt und Beschäftigung, Frankfurt/New York 1987
Calabresi, G./Melamed, A.D.: Property Rules, Liability Rules and Inalienability: One View of the Cathedral, Harvard Law Review 1985
Cansier, D.: Marktversagen und staatliche Güterbereitstellung als Merkmal öffentlicher Güter, in: Public Finance, Bd. 27, 1972
Carter, R.: Beliefs and Errors in Voting Choices: A Restatement of the Theory of Fiscal Illusion, Public Choice 39
Cawson, A. (Hrsg.): Organized Interests and the State: Studies in Meso-Corporatism, London 1985
Chrisholm, D.: Coordination Without Hierarchy, Informal Structures, in: Multiorganizational System, Berkeley 1989
Claasen, D.: Pionierarbeit mit Mängeln, in: Süddeutsche Zeitung vom 17./18.2.1996, S. 21
Clement, R./Röhreke, H.: Beschäftigungsprobleme und strukturelle Fehlentwicklungen, Hamburg 1994
Clement, R.: Effizienzvorteil und Voraussetzungen der Binnenmarktliberalisierung, in: Wirtschaftsdienst, Heft 8/1988
Coase, R.H.: The Nature of the Firm, in: G.J. Stigler/K.E. Boulding (Hrsg.): Readings in Price Theory, London 1983
Commons, J.R.: Institutional Economics, Madison 1961
Conrad, J.: Präventive Umweltpolitik im Agrarsektor, Optionen und Restriktionen, in: U.E. Simonis (Hrsg.): Präventive Umweltpolitik, Frankfurt/New York 1988

Cornelius, P.: Economic Advise from the Inside or the Outside, Does the institutional Setting matter?, in: European journal of political economy 6/1990
Cramer, U.: Wieviel Arbeitslose erhalten noch Lohnersatzleistungen, in: Mitteilungen aus der Arbeitsmarkt- und Berufsforschung, Heft 2/1986
Czada, R.: Wirtschaftsstrukturpolitik; Institutionen, Strategien, Konfliktlinien, in: K. v. Beyme/M.G. Schmidt (Hrsg.): Politik in der Bundesrepublik, Opladen 1990
Czada, R.: Ökonomisches Kalkül und strategisches Handeln im Staat, Institutionelle Differenzierung, Autonomisierung und Leistungssteigerung als handlungstheoretische Probleme, Manuskript, Konstanz 1991
Czada, R.: Schleichweg in die „Dritte Republik", Politik der Vereinigung und politischer Wandel in Deutschland, in: Politische Vierteljahresschrift, Heft 35/1994
Czada, R.: Der Kampf um die Finanzierung der deutschen Einheit, in: MPIfG Discussion Papers, Nr. 95/1, Köln 1995
Czada, R.: Adminstrative Interessenvermittlung am Beispiel der kerntechnischen Sicherheitsregulierung in den Vereinigten Staaten und der Bundesrepublik Deutschland, Habilitation der Universität Konstanz, Konstanz 1992
Daalder, H.: On building consociational nations, in: International Social Science Journal 23, Nr. 3/1971
Dahl, R.A./Lindblom, C.: Sieben Grundziele der Gesellschaftsgestaltung in: G. Gäfgen: Grundlagen der Wirtschaftspolitik, Köln-Berlin 1966
Dahrendorf, R.: Lebenschancen, Anläufe zur sozialen und politischen Theorie, Frankfurt 1979
Däke, K.H.: Ein Vorschlag für einen neuen Einkommensteuertarif, in: Wirtschaftsdienst, Heft 6/1996
Daly, H.E.: On Sustainable Development and National Accounts, in: D. Collard et al. (eds.): Economics and Sustainable Environments – Essay in Honour of R. Lecomber, London 1988
Daly, H.: Sustainable Growth? – No Thank You, in: Resurgance No. 153/July-August 1992
Damaschke, K.: Der Einfluß der Verbände auf die Gesetzgebung, Am Beispiel des Gesetzes zum Schutz vor gefährlichen Stoffen (Chemikaliengesetz), Frankfurt 1987
Däubler, W.: Europäischer Binnenmarkt und Gewerkschaftspolitik, in: Gewerkschaftliche Monatshefte, Heft 8/1988
Davidson, P.: Finanzmärkte, Investitionen und Beschäftigung, in: E. Matzner/J. Kregel/A. Roncaglia (Hrsg.): Arbeit für alle ist möglich, Berlin 1987
Deitmer, I.: Effekte der regionalen Strukturpolitik auf Investitionen, Beschäftigung und Wachstum, Münster 1993
Demirovic, A.: Staat und Technik, in: Th. Kreuder/H. Loewy (Hrsg.): Konservativismus in der Strukturkrise, Frankfurt 1987
Demsetz, H.: Information and Efficiency: Another Viewpoint, Journal of Law and Economic 12/1969
Der Rat von Sachverständigen für Umweltfragen (SRU): Umweltgutachten 1987, Stuttgart/Mainz 1987
Deregulierungskommission: Marktöffnung und Wettbewerb, Stuttgart 1991
Derlien, H.-U.: Die Erfolgskontrolle staatlicher Planung, Eine empirische Untersuchung über Organisation, Methode und Politik der Programmevaluation, Baden-Baden 1976
Derlien, H.-U.: Verwaltungssoziologie, in: von Mutius (Hrsg.): Handbuch für die öffentliche Verwaltung, Bd. 1, Grundlagen, Neuwied/Darmstadt 1984
Derlien, H.-U.: „Regieren" – Notizen zum Schlüsselbegriff einer Regierungslehre, in: H.-H. Hartwich/G. Wewer (Hrsg.): Regieren in der Bundesrepublik I, Konzeptionelle Grundlagen und Perspektiven der Forschung, Opladen 1990
Dettling, W. (Hrsg.): Perspektiven für Deutschland, München 1994

Dettling, W.: Solidarität neu denken, Über Grundlagen, Ziele und Methoden des Sozialstaats in einer veränderten Welt, in: W. Frieke (Hrsg.): Jahrbuch Arbeit und Technik 1995, Bonn 1995

Dettling,W.: Sozialisiert den Wohlfahrtsstaat!, in: Die Zeit vom 21.07.1995, S. 6, 1995a

Deutscher Industrie- und Handelstag (Hrsg.): Wegweiser zur Abwasserabgaben-Neuregelung im Gewässerschutz, Bonn 1981

Deutschmann, C.: Reflexive Verwirtschaftlichung und kultureller „Imperialismus" des Managements, in: Soziale Welt 3/1989

DGB (Hrsg.): Arbeit und Umwelt „Umweltschutz und qualitatives Wachstum" – Der gewerkschaftliche Weg aus Massenarbeitslosigkeit und Umweltzerstörung, in: Informationen zur Wirtschaft und Umweltpolitik, Heft 19/1987

Dickertmann, D./Diller, K.D.: Verschlechterte Zahlungsmoral des Staates, in: Wirtschaftsdienst, Heft 2/82

Dierkes, M./Zimmermann, K.W. (Hrsg.): Sozialstaat in der Krise, Hat die Soziale Marktwirtschaft eine Chance?; Wiesbaden 1996

Die Zukunft sozial gestalten – Sozialpolitisches Programm der SPD, Beschluß zur Sozialpolitik in Münster 30.8.-2.9.1988, in: Politik, Informationsdienst der SPD, Nr. 8/1988

Dobiey, B.: Die politische Planung als verfassungsrechtliches Problem zwischen Bundesregierung und Bundestag, Berlin 1975

Domar, E.D.:The Burden of the Debt and National Income, American Economic Review 34/1944

Donges, J.B. u.a. (Kronberger Kreis): Arbeitslosigkeit und Lohnpolitik – Die Tarifautonomie in der Bewährungsprobe, in: Argumente zur Wirtschaftspolitik, Nr. 52/Juni 1995

Donges, J.B./Schmidt, K.-D. u.a.: Mehr Strukturwandel für Wachstum und Beschäftigung, Die deutsche Wirtschaft im Anpassungsstau, Tübingen 1988

Donner, H.: Verfassungsgrenzen der Staatsverschuldung in: Zeitschrift für Parlamentsfragen, Heft 3/1987

Döring, D.: Entwicklungstendenzen des deutschen Systems der sozialen Sicherung, in: D. Döring/R. Hauser (Hrsg.): Politische Kultur und Sozialpolitik, Ein Vergleich der Vereinigten Staaten und der Bundesrepublik Deutschland unter besonderer Berücksichtigung der Armutsprobleme, Frankfurt a.M./New York 1989

Döring, H.: Aspekte des Vertrauens in Institutionen, Zeitschrift für Soziologie, 1990

Döring, D.: Gerechtigkeit im Wohlfahrtsstaat, Marburg 1995

Dörr, G.: Produktionsarbeit im Wandel, Rechnereinsatz in der Produktion – Eine Betriebsmonographie, Berlin 1989

Dose, N.: Die verhandelnde Verwaltung, Opladen 1992

Dose, N.: Verhandlungen mit der öffentlichen Verwaltung, München 1993

Dose, N.: Plädoyer für eine realitätsnahe und vollzugsorientierte Betrachtung staatlicher Steuerung im Umweltbereich, in: K. König/N. Dose (Hrsg.): Instrumente und Formen staatlichen Handelns, Köln 1993 a

Dose, N./Voigt, R. (Hrsg.): Kooperatives Recht, Baden-Baden 1995

Downs, A.: Ökonomische Theorie der Demokratie, Tübingen 1968

Downs, A.: Eine ökonomische Theorie des politischen Handelns in der Demokratie, in: H.P. Widmaier (Hrsg.): Politische Ökonomie des Wohlfahrtsstaats, Frankfurt 1974

Dragendorf, R./Heering, W.: Beschäftigungsdauer, Effizienz und Flexibilität – Ein Beitrag zur Ökonomie des Beschäftigungsvertrages, in: F. Buttler u.a. (Hrsg.): Arbeitsmarkt und Beschäftigung, Frankfurt/New York 1987

Dreier, H.: Das Majoritätsprinzip im demokratischen Verfassungsstaat, in: Zeitschrift für Parlamentsfragen, Heft 1/1986

Dreier, H.: Hierarchische Verwaltung im demokratischen Staat, Tübingen 1991

Dreßler, R.: Die SPD und die Zukunft des Sozialstaats, in: W. Fricke (Hrsg.): Zukunft des Sozialstaats, Bonn 1995

Dror, Y.: Die Effizienz der Regierungstechnik, in: Die Verwaltung, 5. Bd., 1972, S. 385-402
Dubiel, H.: Was ist Neokonservatismus?, Frankfurt 1985
Dubiel, H.: Populismus und Aufklärung, Frankfurt 1986
Duesenberry, J.S.: Focus on Spending Would Redeem Gramm-Rudman, in: The Wall-Street-Journal, Okt. 21, 1985
Ebert, Th.: Was kostet die Verkürzung der Wochenarbeitszeit?, in: Soziale Sicherheit, Heft 3/1984
Eder, K.: Institutionenwandel und Demokratie, Zur Desillusionierung über die Rationalität politischer Institutionen, in: H.-H. Hartwich (Hrsg.): Macht und Ohnmacht politischer Institutionen, Opladen 1989
Edinger, L.J.: West German Politics, New York 1986
Eekhoff, J.: Beschäftigung und soziale Sicherung, Köln 1996
EG-Nachrichten: Berichte und Informationen – Dokumentation, Nr. 3/5, April 1988: Wirtschaftlicher Nutzen des Programms „Binnenmarkt 1992", hrsg. von der Kommission der Europäischen Gemeinschaft
Ehrenberg, H.: Lohn-Manifest an den Genossen Lafontaine, in: Der Spiegel v. 14.3.1988
Ehrenberg, H.: Überlegungen zur Zukunft der Arbeit, in: Beilage zur Wochenzeitung Das Parlament, B 3/90
Ehrenreich, B./Ehrenreich, J.: Der medizinisch-industrielle Komplex, in: W.-D. Narr/C. Offe (Hrsg.): Wohlfahrtsstaat und Massenloyalität, Köln 1975
Ehrlicher, W.: Grenzen der öffentlichen Verschuldung, in: D.B. Simmert/K.-D. Wagner, Staatsverschuldung kontrovers, Köln 1981
Eichener, V./Heinze, R.G./Voelzkow, H.: Von staatlicher Technikfolgenabschätzung zu gesellschaftlicher Techniksteuerung, in: Aus Politik und Zeitgeschichte, B 43/91, 18. Oktober 1991
Eichener, V./Voelzkow, H.: Ko-Evolution politisch-administrativer und verbandlicher Strukturen: Am Beispiel der technischen Harmonisierung des europäischen Arbeits-, Verbraucher- und Umweltschutzes, in: W. Streeck (Hrsg.): Staat und Verbände, PVS-Sonderheft 25/1994
Eichhorn, P./Siedentopf, H.: Effizienzeffekte der Verwaltungsreform, Exemplarische Ansätze einer Wirkungsanalyse der territorialen und funktionalen Vewaltungsreform in Rheinland-Pfalz, Baden-Baden 1976
Eickhof, N.: Theorien des Markt- und Wettbewerbsversagens, in: Wirtschaftsdienst, Heft 9/1986
Einkommensteuer-Kommission: Thesen zur Steuerfreistellung des Existenzminimums ab 1996 und zur Reform der Einkommensteuer, Schriftenreihe des Bundesministeriums der Finanzen, Heft 55, Bonn 1995
Eisermann, G.: Rolle und Maske, Tübingen 1992
Ekstedt, E./Henning, R.: Globalization and Local Mobilization, The Swedish Council for Management and Worklife Issues, Working Paper 1/1988
Ellwein, Th.: Einführung in die Regierungs- und Verwaltungslehre, Stuttgart u.a. 1966
Ellwein, Th./Hesse, J.J.: Das Regierungssystem der Bundesrepublik Deutschland, Opladen 1987
Ellwein, Th.: Das Allgemeine und das Besondere, Über Veränderungen der Politik, in: C. Böhret/G. Wewer (Hrsg.): Regieren im 21. Jahrhundert – zwischen Globalisierung und Regionalisierung, Opladen 1993
Ellwein, Th./Hesse, J.J.: Der überforderte Staat, Baden-Baden 1994
Elmore, R.F.: Backward Mapping: Implementation Research and Policy Decisions, in: Political Science Quarterly 94/1979
Elster, J.: Ulysses and the Sirens, Cambridge 1979
Em, J.: Wirtschaft zwischen Sachzwang und Ethik, in: Groser u.a. (Hrsg.): Beiträge zur sozialen Ordnungspolitik, Baden-Baden 1988

Endres, A.: Umwelt- und Ressourcenökonomie, Darmstadt 1985
Engelen-Kefer, U./Kühl, J./Peschel, P./Ullmann, H.: Beschäftigungspolitik, Köln 1995
Engels, W. u.a.: Staatsbürgersteuer, Vorschlag zur Reform der direkten Steuer und persönlichen Subventionen durch ein integriertes Personalsteuer- und Subventionssystem, Wiesbaden 1975
Engels, W.: Die organisierte Verschwendung, warum die Staatsbürokratie so wenig leistet und wie sie reformiert werden könnte, in: Die Zeit, vom 13.3.1981
Engels, W./Gutowski, A. u.a. (Kronberger Kreis): Mehr Beteiligungskapital, Vorschläge zur Reform von Unternehmensrecht und Kapitalmarkt, Bad Homburg 1983
Engels, W.: Arbeitslosigkeit, woher sie kommt und wie man sie beheben kann, hrsg. von Kronberger Kreis, Bad Homburg 1984Esping-Andersen, G.: „Power and Distributional Regimes", in: Politics and Society 1986
Enquête-Kommission Verfassungsreform des Deutschen Bundestags: Beratungen und Empfehlungen zur Verfassungsreform, Schlußbericht, Teil I: Parlament und Regierung, in: Zur Sache 3/76, Bonn 1976
Esping-Andersen, G.: The Three Worlds of Welfare Capitalism, Princton 1990
Esping-Andersen, G./Korpi, W.: Social Policy as Class Politics in Post-War-Capitalism: Scandinavia, Austria and Germany, in: J.H. Goldthorpe: Order and Conflict in Contemporary Capitalism, Studies in the Political Economy of Western European Nations, Oxford 1984
Esping-Andersen, G./Korpi, W.: From Poor Relief to Institutional Welfare States: The Development of Scandinavian Social Policy, in: R. Erikson u.a. (Hrsg.): The Scandinavian Model: Welfare States and Welfare Research, Armonk 1987
Esser, J.: Gewerkschaften in der Krise, Die Anpassung der deutschen Gewerkschaften an neue Weltmarktbedingungen, Frankfurt 1982
Etzioni, A.: Jenseits des Egoismus-Prinzips – Ein neues Bild von Wirtschaft, Politik und Gesellschaft, Stuttgart 1994
Eucken, W.: Grundsätze der Wirtschaftspolitik, hrsg. von E. Eucken-Erdsieck und K.P. Hensel, Tübingen 1968
Eucken, W.: Grundsätze der Wirtschaftspolitik, Tübingen 1990
Evers, A.: Weder um Gottes Lohn, noch um der Beschäftigung willen, Plädoyer für eine Zukunft der Arbeit bei Hilfe, Pflege und Pflegedienste, in: M. Opielka/I. Ostner (Hrsg.), Umbau des Sozialstaats, Essen 1987
Evers, A./Nowotny, H.: Über den Umgang mit Unsicherheit, Köln 1987
Evers, A./Olk, T.: Wohlfahrtspluralismus – Analyse und normativ-politische Dimensionen eines politischen Leitbegriffs, in: Dieselben (Hrsg.): Wohlfahrtspluralismus: Vom Wohlfahrtsstaat zur Wohlfahrtsgesellschaft, Opladen 1996
Ewringmann, D./Kibat, K./Schafhausen, F.: Die Abwasserabgabe als Investitionsanreiz, Berlin 1980
Ewringmann, D.: Umweltabgaben in der Bundesrepublik Deutschland – Bisherige Ansätze, Schwachstellen und Erfolge, in: G. Schneider/R.-U. Sprenger (Hrsg.): Mehr Umweltschutz für weniger Geld, in: Ifo-Studien zur Umweltökonomie 4, München 1984
Ewringmann, D.: Zum Wirkungspotential und zur Wirkungsweise von Umweltabgaben, in: G. Schneider/R.U. Sprenger (Hrsg.): Mehr Umweltschutz für weniger Geld, München 1984
Faber, H.: Die Macht der Gemeinden, Bielefeld 1982
Färber, G.: Cutback-Management – Neuere Ansätze der „geplanten Verteilung des Mangels", in: Gesellschaftliche Probleme als Anstoß und Folge von Politik, Tagungsbericht des Wissenschaftlichen Kongresses der DVPW 1982, Opladen 1983
Farken, T./Rose, M.: Die Einkommensteuertarifmodelle der Parteien im Wohlfahrtsvergleich, in: Wirtschaftsdienst, Heft 8/1988
Farthmann, F.: „Schwerster Konflikt seit Jahrzehnten", in: Der Spiegel v. 4.4.1988

Fassing, W.: Mehr Markt im Umweltschutz? – Instrumente der Umweltpolitik und ihre Wirksamkeit, in: WSI-Mitteilungen 12/1985
Feick, J./Jann, W.: „Nations Matter“ – Vom Eklektizismus zur Interpretation in der vergleichenden Policy-Forschung?, in: M.G. Schmidt (Hrsg.): Staatstätigkeit, Politische Vierteljahresschrift (PVS), Sonderheft 19/1988
Felderer, B.: Reale Staatsquote und Preiseffekt, Finanzarchiv, N.F., Bd. 36, 1977/78
Feldhans, G.: Konturen eines modernen Umweltschutzrechtes, in: DÖV 1974, S. 122 ff.
Feldhoff, J. u.a. (Hrsg.): Regulierung – Deregulierung, Steuerungsprobleme der Arbeitsgesellschaft, in: Beiträge zur Arbeitsmarkt- und Berufsforschung (Beitr. AB 119), Nürnberg 1988
Feldstein, M.: The Retreat from Keynesian Economics, in: The public Interest, zitiert nach Wiederabdruck, in: Economic Impact 1/1982
Fels, G.: Tarifautonomie und Arbeitsmarkt in: M.E. Streit (Hrsg.): Wirtschaftspolitik zwischen ökonomischer und politischer Rationalität, Wiesbaden 1988a
Fels, G.: Der Standort Bundesrepublik Deutschland im internationalen Wettbewerb, in: Hamburger Jahrbuch für Wirtschafts- und Gesellschaftspolitik, 33. Jahr, Tübingen 1988b
Fels, G./Seffem, A./Vogel, O. (Hrsg.): Soziale Sicherung, Von der Finanzkrise zur Strukturreform, Köln 1984
Fietkau, H.-J.: Institutionelle und individuelle Bedingungen präventiver Umweltpolitik, in: U.E. Simonis (Hrsg.): Präventive Umweltpolitik, Frankfurt/New York 1988
Filc, W.: Devisenmarktinterventionen zur Beeinflussung des Dollarkurses, in: Wirtschaftsdienst 10/1985
Fiorina, M.P.: Coalition governments, Devided Governments and lectoral Theory, in: Governments 4/1991
Fischer-Menshausen, J., in: I. von Münch (Hrsg.): Grundgesetz-Kommentar, Bd. 3/1983
Fisher, I.: The Nature of Capital and Income, New York 1930
Fleischmann G.: Ungleichheit unter den Wählern – Zur ökonomischen Perspektive in der Soziologie, in: H.P. Widmaier: Politische Ökonomie des Wohlfahrtsstaats, Frankfurt 1974
Flora, P.: Wachstum zu Grenzen-Stabilisierung durch Wandel: Zur historischen Lage der entwickelten Wohlfahrtsstaaten Westeuropas, in: M. Kaase (Hrsg.): Politische Wissenschaft und Politische Ordnung, Opladen 1986
Flora, P. (Hrsg.): Growth to Limits, The Western European Welfare States Since World War II, Berlin 1986a
Flora, P./Alber, J./Kohl, J.: Zur Entwicklung westeuropäischer Wohlfahrtsstaaten, in: Politische Vierteljahresschrift, Heft 4/1977
Folkers, C.: Begrenzungen von Steuern und Staatsausgaben in den USA, Eine Untersuchung über Formen, Ursachen und Wirkungen vorgeschlagener und realisierter fiskalischer Restriktionen, Baden-Baden 1983
Folkers, C.: Fiskalische Begrenzungen, in: WiSt 1984, S. 500 ff.
Folkers, C.: Die Konsequenzen des Staatsversagens, in: Wirtschaftsdienst, Heft 4/1986
Fraenkel E.: Das amerikanische Regierungssystem – Eine politologische Analyse, Köln/Opladen 1962
Fraenkel, E.: Die repräsentative und plebiszitäre Komponente im demokratischen Verfassungsstaat, in: derselbe: Deutschland und die westlichen Demokratien, Tübingen 1973
Frank, J.: Markt versus Staat, Zur Kritik einer Chicago-Doktrin, in: Jahrbuch 1, Ökonomie und Gesellschaft, Frankfurt 1983
Freese, H.: Totes Wasser, Wasserwirtschaft und Gewässerschutz, in: BUND (Hrsg.): Umwelt-Bilanz, Die ökologische Lage der Bundesrepublik, Hamburg 1988
Frenken. M.: Föderalismus und Bundesstaat, Bd. 1, Föderalismus, System, Recht und Probleme des Bundesstaats im Spannungsfeld von Demokratie und Föderalismus, Bonn-Frankfurt-New York 1984

Frey, B.: Moderne Politische Ökonomie, München 1977
Frey, B.: Für wie fair gilt der Markt? – Eine empirische Untersuchung von Einschätzungen in der Bevölkerung, in: Hamburger Jahrbuch für Wirtschafts- und Gesellschaftspolitik, 33. Jahr, Tübingen 1988
Frey, B./Kirchgässner, G.: Demokratische Wirtschaftspolitik, München 1994
Friauf, K.H.: Der Staatshaushaltsplan im Spannungsfeld zwischen Regierung und Parlament, Bd. 1, Bad Homburg 1968
Fricke, W. (Hrsg.): Zukunft des Sozialstaats, Jahrbuch für Arbeit und Technik 1995, Bonn 1995
Friederich, W./Ronning, G.: Arbeitsmarktwirkungen neuer Technologien, Köln 1985
Friedrich, H./Wiedemeyer, M.: Arbeitslosigkeit – ein Dauerproblem, Dimensionen, Ursachen, Strategien, Opladen 1997
Friedman, M.: Capitalism and Freedom, Chicago 1962
Friedman, M.: Unemployment versus Inflation?, IEA Occacional Paper 44, London 1975
Friedman, M.: Kapitalismus und Freiheit, München 1976
Fritzsche, B./Heilemann, U./Loeffelholz, H.D. von: Was bringt die Steuerreform? in: Wirtschaftsdienst, Heft 9/1985
Fritzsche, B./Hummel, M./Jüttemeier, K.-H./Stille, F./Weilepp, M.: Subventionen, Probleme der Abgrenzung und Erfassung, Eine Gemeinschaftspublikation der an der Strukturberichterstattung beteiligten Institute, in: Ifo-Studien zur Strukturforschung, Nr. 11, München 1988
Frühjahrsgutachten der wirtschaftswissenschaftlichen Forschungsinstitute: Die Lage der Weltwirtschaft und der deutschen Wirtschaft im Frühjahr 1996, in: Ifo-Wirtschaftskonjunktur Nr. 4/1996
Fuest, W.: Subventionen, Problematik und Begrenzungsmöglichkeiten, in: Beiträge zur Wirtschafts- und Sozialpolitik, Heft 32/1985
Funke, M.: Nominalzinsen, Realzinsen und internationale Kapitalbewegung, Discussion Paper IIM/LMP 86-11, Berlin 1986
Fürst, D.: Chancen und Grenzen der Verwaltungspolitik durch Dezentralisierung der Problemverarbeitung, in: Th. Ellwein/J.J. Hesse (Hrsg.): Verwaltungsvereinfachung und Verwaltungspolitik, Baden-Baden 1985
Fürst, D.: Die neue Belebung der Staatsdiskussion: Veränderte Anforderungen an Regierung und Verwaltung in westlichen Industriegesellschaften, in: Th. Ellwein u.a. (Hrsg.): Jahrbuch zur Staats- und Verwaltungswissenschaft, Bd. 1 Opladen 1987
Fußer, A.J.: Im Hausmüll ersticken, Abfall und Recycling, in: BUND (Hrsg.): Umwelt-Bilanz, Die ökologische Lage der Umweltpolitik, Hamburg 1988
Gabriel, K.: Krise der Solidarität, Der Konflikt um den Sozialstaat und die christliche Gesellschaftsethik, in: Stimmen der Zeit, Bd.214, Heft 6/1996
Gäfgen, G.: Entwicklung und Stand der Theorie der Property Rights: Eine kritische Bestandsaufnahme, Basel 1983
Gäfgen, G.: Entstehung und Expansion des Wohlfahrtsstaats – Ansätze einer theoretischen Erklärung, in: Hamburger Jahrbuch für Wirtschafts- und Gesellschaftspolitik, Heft 29/1984
Galbraith, J.K.: The Conservative Onslaught, in: The New York Review of Books v. 22.1.1981
Ganßmann, H./Weggler, R./Wolf, M.: „Krise des Sozialstaats" – Krise für wen?, in: Prokla, Heft 67/1987
Garlichs, D.: Grenzen staatlicher Infrastrukturpolitik, Königstein 1980
Gawel, E.: Beschleunigung von Genehmigungsverfahren aus gesamtwirtschaftlicher Sicht, in: Wirtschaftsdienst, Heft 4/1996
Gebers, B. u.a.: Beschleunigung von Genehmigungsverfahren: Stellungnahme zu den Vorschlägen der „Schlichter-Kommission", Freiburg 1995

Gellner, W.: Ideenagenturen für Politik und Öffentlichkeit, Think Tanks in den USA und in Deutschland, Opladen 1995
„Gemeinsame Texte 9" der Kirchen: Für eine Zukunft in Solidarität und Gerechtigkeit, Wort des Rates der Evangelischen Kirche in Deutschland und der Deutschen Bischofskonferenz zur wirtschaftlichen und sozialen Lage in Deutschland, Hannover-Bonn 1997
George-Papier: Teil I: Analyse der wichtigsten Ursachen der Arbeitslosigkeit und Teil II: Vorschläge zur Eindämmung der Arbeitslosigkeit, in: Pressedienst der CDU/CSU-Fraktion im Deutschen Bundestag, Bonn Juli 1983
Georgescu-Roegen, N.: The Entropy Law and the Economic Process, Cambridge/Mass. 1971
Gerau, J.: Zur politischen Ökologie der Industrialisierung des Umweltschutzes, in: M. Jänicke (Hrsg.): Umweltpolitik, Opladen 1978
Gerhard, U.: Den Sozialstaat neu denken?, Voraussetzungen und Preis des Sozialstaatskompromisses, in: Vorgänge, Heft 87/1987
Gerhardt, K.-U./Weber, A.: Garantiertes Mindesteinkommen, für einen libertären Umgang mit der Krise, in: Th. Schmidt (Hrsg.), Befreiung von falscher Arbeit, Berlin 1984
Gerloff, W.: Steuerwirtschaftslehre, in: Handbuch der Finanzwissenschaft, Bd. 2, Tübingen 1956
Gershuny, J./Miles, I.: The New Service Economy, London 1983
Gershuny, J.: After Industrial Society?, The Emerging Self-Service-Economy, London-Basingstoke 1978
Geske, O.-E.: Die Finanzierung der ostdeutschen Länder nach dem Einigungsvertrag, in: Wirtschaftsdienst, Heft 1/1991
Gessenharter, W.: Ziele und Handlungsspielräume deutscher Umweltpolitik, in: J. Klawitter/R. Kümmel (Hrsg.): Umweltschutz und Marktwirtschaft aus der Sicht unterschiedlicher Disziplinen, Würzburg 1989
Giersch, H.: Wie es zu schaffen ist, Agenda für die deutsche Wirtschaftspolitik, Stuttgart 1983
Gijsel, P.de: Individuen und Gerechtigkeit in ökonomischen Verteilungstheorien, in: Ökonomie und Gesellschaft, Wohlfahrt und Gerechtigkeit, Jahrbuch 2, Frankfurt/New York 1984
Gilder, G.: Wealth and Poverty, New York 1981
Glaser, H.: Das Verschwinden der Arbeit, Die Chancen der neuen Tätigkeitsgesellschaft, Düsseldorf – Wien – New York 1988
Glitz, A.: Die (künftige) Verordnung über Großfeuerungsanlagen, in: Zeitschrift für Umwelt (ZfU) 1983, S. 133 ff.
Glotz, P.: Manifest für eine Neue Europäische Linke, Berlin 1985
Glotz, P.: Freiwillige Arbeitslosigkeit, Zur neueren Diskussion um das „garantierte Grundeinkommen", in: M. Opielka/G. Vobruba (Hrsg.): Das garantierte Grundeinkommen, Entwicklung und Perspektiven einer Forderung, Frankfurt 1986
Glüder, D.: Vorsorgende Umweltpolitik – eine Politik für zukünftige Generationen, in: G. Himmelmann/A. von Loesch (Hrsg.): Sozialdemokratische Wirtschaftspolitik im Umbruch, Beiträge zur Programmdiskussion der SPD, Berlin 1985
Goldscheid, R./Schumpeter, J.: Die Finanzkrise des Steuerstaates, Beiträge zur politischen Ökonomie der Staatsfinanzen, Frankfurt 1976
Goodin, R./Le Grand, J. (Eds.): Not only the Poor, The Middle Class and the Welfare State, London 1987
Görgens, H.: Ist die Ursache der Beschäftigungskrise eine Gewinn- und Rentabilitätskrise?, in: WSI-Mitteilungen 2/1986
Gotthold, J.: Zur ökonomischen „Theorie des Eigentums", Eine kritische Einführung, in: Zeitschrift für das gesamte Handels- und Wirtschaftsrecht, Heft 5/1980
Gräf, H.: Investitionspolitikverflechtung: Weiterentwicklung zur kooperativen Planung, in: F.W. Scharpf/B. Reissert/F. Schnabel (Hrsg.): Politikverflechtung II, Kronberg/Taunus, 1977

Gramsci, A.: Philosophie der Praxis – Eine Auswahl, Frankfurt 1967
Grande, E.: Die neue Architektur des Staates, in: R. Czada/M.G. Schmidt (Hrsg.): Verhandlungsdemokratie, Interessenvermittlung, Regierbarkeit, Opladen 1993
Grande, E.: Entlastung des Staates durch Liberalisierung und Privatisierung?, Zum Funktionenwandel des Staates im Telekommunikationssektor, in: R. Voigt (Hrsg.): Abschied vom Staat – Rückkehr zum Staat?, Baden-Baden 1993a
Grauhan, R.-R.: Grenzen des Fortschritts?, Widersprüche der gesellschaftlichen Rationalisierung, München 1975
Grauhan, R.-R./Hickel, R. (Hrsg.): Krise des Steuerstaats, Opladen 1978
Grauhan, R.-R.: Prävention durch Selbstkontrolle, in: M. Wambach (Hrsg.), Der Mensch als Risiko, Frankfurt 1983
Greiffenhagen, M. und S.: Ein schwieriges Vaterland, Zur politischen Kultur im vereinten Deutschland, München 1993
Gretschmann, K.: Steuerungsprobleme der Staatswirtschaft, Berlin 1981
Gretschmann, K./Heinze R.G.: Neue Technologien und Soziale Sicherheit, Köln/Paderborn 1985
Gretschmann, K./Heinze, R.G./Hilbert, J./Voelzkow, H.: Durch die Krise zur Reform: Finanzierungs- und Leistungsalternativen in der sozialen Sicherung, in: R.G. Heinze u.a. (Hrsg.): Sozialstaat 2000, Auf dem Wege zu neuen Grundlagen der sozialen Sicherung, Bonn 1987
Greven, M. Th. u.a.: Sozialstaat und Sozialpolitik, Neuwied/Darmstadt 1980
Greven, M. Th.: „Sachzwang" und demokratische Entscheidung – Überlegungen zu einer überfälligen Verfassungsreform, in: Vorgänge, Heft 5/1984
Greven, Th.: Zur Soziogenese und Gestalt von Theorien in der Reform, in: M. Greiffenhagen (Hrsg.): Zur Theorie der Reform, Heidelberg/Karlsruhe 1978
Greven, M.T.: Kritische Theorie und historische Politik, Opladen 1994
Greven, M.T.: Die Pluralisierung politischer Gesellschaften: Kann die Demokratie bestehen?, in: Th. Jäger/D. Hoffmann (Hrsg.): Demokratie in der Krise?, Zukunft der Demokratie, Opladen 1995
Grimm, D.: Die sozialgeschichtliche und verfassungsrechtliche Entwicklung zum Sozialstaat, in: P. Koslowski u.a. (Hrsg.): Chancen und Grenzen des Sozialstaats, Tübingen 1983
Grimm, D.: Wachsende Staatsaufgaben – sinkende Steuerungsfähigkeit des Rechts, Baden-Baden 1990
Grimm, D.: Der Wandel der Staatsaufgaben und die Zukunft der Verfassung, in: Derselbe (Hrsg.): Staatsaufgaben, Baden-Baden 1994
Grochla, E.: Organisation und Organisationsstrukturen, in: Handwörterbuch der Organisation, Stuttgart 1975
Groser, M.: Ist eine Sozialreform möglich?, in: M. Groser u.a. (Hrsg.): Beiträge zur sozialen Ordnungspolitik, Baden-Baden 1988
Gross, P./Badura, B.: Sozialpolitik und soziale Dienste: Entwurf einer Theorie personenbezogener Dienstleistungen, in: Kölner Zeitschrift für Soziologie und Sozialpsychologie, Sonderheft 19/1977
Grosser, D./Lange, Th. u.a.: Soziale Marktwirtschaft, Geschichte – Konzept – Leistung, Stuttgart – Berlin – Köln – Mainz 1988
Grottian, P. (Hrsg.): Folgen reduzierten Wachstums für Politikfelder, in: PVS-Sonderheft 11/1980
Grottian, P./Murswieck, A.: Zur theoretischen und empirischen Bestimmung von politisch-administrativen Handlungsspielräumen, in: dieselben (Hrsg.): Handlungsspielräume der Staatsadministration, Hamburg 1974
Grove, E.W.: Comment, in: Milton Moss (Hrsg.): The Measurement of Economic and Social Performance, Studies in Income and Wealth, No. 38, New York-London 1973

Grunow, D./Lempert, J.: Gründung von Sozialstationen als Beitrag für eine Neuorganisation sozialer Dienste?, in: Neue Praxis Sonderheft 5/1980
Gschwendtner, H.: Grenzen der Staatsverschuldung, Tübingen 1981
Gschwendtner, H.: Staatsverschuldung und finanzwirtschaftlicher Ausgabenspielraum, in: Finanzarchiv 39/1981a
Guggenberger, B.: Die Wiedergewinnung des Sozialen, Die Illusionen des Wohlfahrtsstaates und die Krise der Arbeitsgesellschaft, in: Frankfurter Allgemeine Zeitung vom 13.8.1983
Guggenberger, B.: An den Grenzen der Mehrheitsdemokratie, in B. Guggenberger/C. Offe (Hrsg).: An den Grenzen der Mehrheitsdemokratie, Politik und Soziologie der Mehrheitsregel. Opladen 1984
Guggenberger, B.: Wenn uns die Arbeit ausgeht, Die aktuelle Diskussion um Arbeitszeitverkürzung, Einkommen und die Grenzen des Sozialstaats, München – Wien 1988
Gusy, Chr.: Konsensprinzip oder Demokratie, in: Zeitschrift für Politik, Heft 2/1985
Gutachten des wissenschaftlichen Beirats beim Bundesministerium für Wirtschaft: Steuerpolitik unter gesamtwirtschaftlichen Gesichtspunkten, BMWI-Studienreihe 49/1985, Bonn 1985
Gutachten zum Begriff der öffentlichen Investitionen, in: Schriftenreihe des Bundesministeriums für Finanzen, Heft 29/Bonn 1980
Gutmann, G.: Ethische Grundlagen und Implikationen der ordnungspolitischen Konzeption „Soziale Marktwirtschaft", in: G.Gutmann/A. Schüller (Hrsg.): Ethik und Ordnungsfragen der Wirtschaft, Baden-Baden 1989
Guy, S./Marvin, S.: Wasser als Ware, Die Privatisierung der Wasserversorgung in Großbritannien, in: Prokla 102/1996
Haber, W.: Von der ökologischen Theorie zur Umweltplanung, in: Gaia, Heft 2/1993
Häberle, P.: Grundprobleme der Schweizerischen Demokratie, in: DÖV 1985
Habermas, J.: Verwissenschaftlichte Politik und öffentliche Meinung, in: derselbe: Technik und Wissenschaft als „Ideologie", Frankfurt 1968
Habermas, J.: Legitimationsprobleme im Spätkapitalismus, Frankfurt 1973
Habermas, J.: Die Krise des Wohlfahrtsstaats und die Erschöpfung utopischer Energien, in: derselbe: Die neue Unübersichtlichkeit, Frankfurt 1985
Hagen, J.J.: Recht und Technik, Rechtliche Steuerung technologisch induzierter Prozesse sozialen Wandels, in: N. Dümmel/A.J. Noll (Hrsg.): Recht und Politik, Wien 1988
Hajen, L./Mattfeldt, H.: Aspekte sozialdemokratischer Wirtschaftspolitik seit 1945, Zur Notwendigkeit des wirtschaftspolitischen Reformismus heute, in: SPD – Jenseits von Godesberg, Heilbronn 1985
Haller, H.: Die Steuern, Grundlinien eines rationalen Systems öffentlicher Abgaben, Tübingen 1981
Halter, H.: Leitbild einer dauerhaften Entwicklung, in: Neue Züricher Zeitung vom 13.2.1995
Hampe, P.: Beschäftigungskrise und politische Stabilität in der Bundesrepublik Deutschland, in: J. Weber (Hrsg.): Schwierigkeiten mit der Demokratie, München 1987
Hanau, P./Preis, U.: Gemeinsame Einrichtungen der Tarifparteien wären eine Lösung, in: Handelsblatt v. 29.3.1988
Hanesch, W.: Einkommenssicherung in der Krise, in: Th. Schmid (Hrsg.): Befreiung von falscher Arbeit, Thesen zum garantierten Mindesteinkommen, Berlin 1984
Hanesch, W./Klein, T.: Eine integrierte bedarfsbezogene Grundsicherung in AFG und BSHG, Frankfurt 1986
Hanesch, W.: Eine bedarfsbezogene integrierte Grundsicherung für Arbeitslose, in: WSI-Mitteilungen 2/1987
Hanesch, W. u.a.: Armut in Deutschland, Der Armutsbericht des DGB und des Paritätischen Wohlfahrtsverbandes, Reinbek 1994

Hanke, Th.: Nicht an allem Schuld, in: Die Zeit vom 7.6.1995, S. 27
Hanning, A.: Umweltschutz und überbetriebliche technische Normung, Köln–Berlin–Bonn–München 1976
Hans Böckler-Stiftung (Hrsg.): Die Neue Armut: Ausgrenzung von Arbeitslosen aus der Arbeitslosenunterstützung, Köln 1983
Hans-Böckler-Stiftung (Hrsg.): Gewerkschaften vor den Herausforderungen der 90er Jahre, Düsseldorf 1987
Hansmeyer, K.-H.: Ist die Effizienz öffentlicher Ausgaben meßbar, in: Finanzpolitik von morgen, Auf dem Wege zur „fiscal policy", Schriftenreihe des Industrie- und Handelstages, Heft 114/1969
Hansmeyer, K.-H.: Transferzahlungen an Unternehmen (Subventionen), in: HdF I, Tübingen 1977
Hansmeyer, K.-H./Rürup, B.: Staatswirtschaftliche Planungsinstrumente, Tübingen 1985
Hansmeyer, K.-H.: Fallstudie: Finanzpolitik im Dienste des Gewässerschutzes, in: K. Schmidt (Hrsg.): Öffentliche Finanzen und Umweltpolitik II, Schriften des Vereins für Socialpolitik, Bd. 176/II, Berlin 1989
Hansmeyer, K.-H./Schneider, H.K.: Umweltpolitik, Ihre Fortentwicklung unter marktsteuernden Instrumenten, Göttingen 1990
Hanusch, H.: Theorie des öffentlichen Gutes, Göttingen 1972
Harms, J.: Die Entwicklung der Sozialstaatlichkeit, in: Die Mitarbeit, Zeitschrift zur Gesellschafts- und Kulturpolitik, Dezember 1977
Hartkopf, G./Bohne, E.: Umweltpolitik, Bd. 1, Opladen 1983
Hartwich, H.-H.: Macht und Ohnmacht politischer Institutionen, Opladen 1989
Hartwich, H.-H.: Die Bundesregierung im Prozeß der deutschen Vereinigung (1989/90), Skizze zu einer kategorial geleiteten Analyse des Regierungshandelns, in: H.-H. Hartwich/G. Wewer (Hrsg.): Regieren in der Bundesrepublik III, Systemsteuerung und „Staatskunst", Opladen 1991
Hasse, R.H.: Soziale Marktwirtschaft und soziale Wirtschaft?, in: M. Dierkes/K. Zimmermann, Sozialstaat in der Krise, Hat die Soziale Marktwirtschaft noch eine Chance?, Wiesbaden 1996
Hatry, H.P.: A Review of Private Approaches for Delivery of Public Services, Washington 1983
Hauchler, I.: Vom Wohlstand zur Wohlfahrt, in: V. Hauff/M. Müller (Hrsg.), Umweltpolitik am Scheideweg, München 1985
Haungs, P.: Parteiensystem, in: U. Andersen/W. Woyke (Hrsg.): Handwörterbuch des politischen Systems der Bundesrepublik Deutschland, Opladen 1993
Häuser, K.: Über Ansätze zur Theorie der Staatsaufgaben, in: H. Timm und H. Haller (Hrsg.): Beiträge zur Theorie der öffentlichen Ausgaben, Schriften des Vereins für Socialpolitik, N.F., Bd. 47, Berlin 1967
Hauser, R.: Armut im Wohlfahrtsstaat – empirischer Befund und Lösungsansätze, in: H. Lampert/G. Kühlewind (Hrsg.): Das Sozialsystem der Bundesrepublik Deutschland, Bilanz und Perspektiven, Nürnberg 1984
Hawkins, K.: Environment and Enforcement, Regulation and the Social Definition of Pollution, Oxford 1984
Hayek, F.A.von: Grundsätze einer liberalen Gesellschaftsordnung, in: Ordo, Heft 18/1967
Hayek, F.A. von: Wettbewerb als Entdeckungsverfahren, Kiel 1968
Hayek, F.A. von: Economic Freedom and Representative Government, Institute of Economic Affairs, Occasional Paper, Nr. 39, London 1973
Hayek, F.A. von: Die Prinzipien einer liberalen Gesellschaftsordnung, Mont Pilirin Society, Tokio 1976
Hayek, F.A.von: Law Legislation and Liberty, Bd. 3: The Political Order of the Free People, London 1979

Heclo, H.: Issue Networks and the Executive Establishment, in: A. King (Ed.), The New American Political System, Washington 1978
Heilbroner, R.L.: The road to Selfdom, The New York Review of Books, 17.4.1980, S. 4
Heilmann, E.: Soziale Theorie des Kapitalismus, Theorie der Sozialpolitik, Frankfurt 1982 (Erstausgabe 1929)
Heinelt, H./Wollmann, H. (Hrsg.): Stadtpolitik und lokale Politikforschung in den 80er und 90er Jahren, Basel u.a. 1991
Heinelt, H.: Arbeitsmarktpolitik nach der Vereinigung – Überforderung und Substanzverlust des Beitragsfinanzierungsprinzips, in: T. Olk/B. Riedmüller (Hrsg.): Grenzen des Sozialversicherungsstaats, in: Leviathan-Sonderheft 15/1994
Heinemann, H.: Politische Aspekte einer Arbeitslosengrundsicherung, in: R.G. Heinze u.a. (Hrsg.), Sozialstaat 2000, Bonn 1987
Heinen, E.: Grundlagen betriebswirtschaftlicher Entscheidungen, Wiesbaden 1971
Heinz, I.: Volkswirtschaftliche Kosten durch Luftverunreinigung, Dortmund 1979
Heinze, R.G. u.a.: Armut – nur ein Restproblem des Sozialstaats?, Eine Erwiderung auf die Kritik von J. Kohl/L. Liesering, in: ZfSS, S. 157-168
Heinze, R.G.: Politische Regulierung sozialer Ungleichheit, Zur Verklammerung von Arbeitsmarkt, Verbänden und staatlicher Politik, in: J. Krüger/H. Strasser, Soziale Ungleichheit und Sozialpolitik, Regensburg 1986
Heinze, R.G./Gretschmann, K.: Folgewirkungen der Beschäftigungskrise auf die Sozialen Sicherungssysteme, in: Leviathan, Heft 1/1987
Heinze, R.G./Olk. Th./Hilbert, J.: Der Neue Sozialstaat, Analysen und Reformperspektiven, Freiburg 1988
Helberger, Ch.: Krisenanfälligkeit der Sozialversicherung und Möglichkeiten zu ihrer Überwindung, Ms. 1984
Held, A.: Deregulierung in Deutschland – Ein Erfolg?, in: Wirtschaftsdienst, Heft 4/1993
Hengsbach, F.: Warum die soziale Sicherung brüchig wird – und warum nicht, in: W. Fricke (Hrsg.): Zukunft des Sozialstaats, Bonn 1995
Hennis, W.: Legitimität, Zu einer Kategorie der bürgerlichen Gesellschaft, in: Merkur 1976
Hennis, W.: Regierbarkeit, Studien zu ihrer Problematisierung, Bd. 1, Stuttgart 1977
Henschel, V.: Geschichte der Deutschen Sozialpolitik, 1880-1980, Frankfurt 1983
Hensel, K.P.: in: E. von Beckerath u.a. (Hrsg.):Probleme der normativen Ökonomie und der wirtschaftlichen Beratung, in: Schriften des Vereins für Socialpolitik, N.F., Bd. 29, Berlin 1963
Hensler, P.: Verfassungsrechtliche Aspekte zukunftsbelastender Parlamentsentscheidungen, in: AÖR 108/1983
Herder-Dorneich, Ph.: Neue soziale Frage und Ordnungspolitik, in: Sonde, Heft 4/1977
Herder-Dorneich, Ph.: Konkurrenzdemokratie – Verhandlungsdemokratie, Politische Strategien der Gegenwart, Stuttgart – Berlin – Köln – Mainz 1980
Herder-Dorneich, Ph.: Der Sozialstaat in der Rationalitätenfalle, Grundfragen der sozialen Steuerung, Stuttgart 1982
Herder-Dorneich, Ph.: Sozialstaatskrise und soziale Ordnungspolitik, in: Ph. Herder-Dorneich/H. Klages/H.G. Schlotter (Hrsg.): Überwindung der Sozialstaatskrise, Ordnungspolitische Ansätze, Baden-Baden 1984
Herder-Dorneich, Ph./Schuller, A. (Hrsg.): Die Anspruchsspirale, Schicksal oder Systemdefekt?, Stuttgart – Berlin – Köln – Mainz 1983
Héritier, A.: Innovationsmechanismen europäischer Politik: Regulativer Wettbewerb und neue Koalitionsmöglichkeiten in europäischen Politiknetzwerken, in: D. Jansen/K. Schubert (Hrsg.): Netzwerke und Politikproduktion, Marburg 1995
Herzog, R.: Gesetzgeber und Verwaltung, in: VVDStRL 24/1966
Heseler, H. u.a.: Strukturwandel und arbeitsmarktpolitischer Handlungsbedarf in Ostdeutschland, Beitr. AB 161, Nürnberg 1992

Hesse, G.: Staatsaufgaben, Zur Theorie der Legitimation und Identifikation staatlicher Aufgaben, Baden-Baden 1979
Hesse, J.J./Renzsch, W.: Zehn Thesen zur Entwicklung und Lage des deutschen Föderalismus, in: Staatswissenschaften und Staatspraxis, Heft 4/1990
Hesse, K.: Bundesstaatsreform und Grenzen der Verfassungsänderung, in: AÖR 98/1973
Hesse, K.: Grundzüge des Verfassungsrechts, Heidelberg 1985
Heun, W.: Das Mehrheitsprinzip in der Demokratie, Grundlagen-Struktur-Begrenzungen, Berlin 1983
Heun, W.: Staatsverschuldung und Grundgesetz, in: Die Verwaltung 1985
Hickel, R.: Programmvorrat als Voraussetzung nachfrageorientierter Arbeitsmarkt- und Beschäftigungspolitik – Angebots- und Nachfragepolitik in Theorie und Praxis, Nürnberg 1984
Hickel, R.: Neue Technologien: Jobkiller oder Jobknüller?, in: P. Alheit u.a.: Wie wir leben wollen, Hamburg 1986
Hickel, R.: Steuerpolitik 1990, Fortsetzung der Einkommenspolarisierung, in: Gewerkschaftliche Monatshefte 7/1988
Hickel, R.: Öko-Steuern: Steuern mit Steuern allein reicht nicht, Thesen zur ökologischen Lenkung mit öffentlichen Abgaben, in: Gewerkschaftliche Monatshefte 11/1989
Hickel, R.: Wo Risikoscheu und Bürokratismus dominieren, in: Frankfurter Rundschau vom 27.9.1995, S. 12
Hickel, R./Mattfeldt, H. (Hrsg.): Millionen Arbeitslose!, Streitschrift gegen den Rat der Fünf Weisen, Reinbek 1983
Hickel, R./Mattfeldt, H.: Die Zukunft des Keynesianismus, in: Staatliche Wirtschaftsregulierung in der Krise, Veröffentlichung der Hochschule für Wirtschaft und Politik, Opladen 1986
Hickel, R.:/Priewe, J.: Finanzpolitik für Arbeit und Umwelt, Zur Kritik der Angebotslehre und Globalsteuerung, Köln 1989
Hickel, R./Priewe, J.: Nach dem Fehlstart, Ökonomische Perspektiven der deutschen Einigung, Frankfurt a.M. 1994
Higgins, J.: States of Welfare, Comparative Analysis and Social Policy, Oxford 1981
Higgins, J.: Comparative Social Policy, in: The Quarterly Journal of Social Affairs 2/1986
Hilpert, U.: Regieren und intergouvernementale Beziehungen, Jena 1996, unveröffentlichtes Ms.
Himmelmann, G.: Diffusionstendenzen und Stabilitätsfaktoren im Tarifvertragssystem der Bundesrepublik Deutschland, in: H. Abromeit/B. Blanke (Hrsg.): Arbeitsmarkt, Arbeitsbeziehungen und Politik in den 80er Jahren, Opladen 1987
Hinrichs, K./Wiesenthal, H.: Bestandsrationalität versus Kollektivinteresse, Gewerkschaftliche Handlungsprobleme im Arbeitskonflikt 1984, in: H. Abromeit/B. Blanke (Hrsg.), Arbeitsmarkt, Arbeitsbeziehungen und Politik, Opladen 1987
Hinrichs, K.: Irreguläre Beschäftigungsverhältnisse und soziale Sicherheit, Facetten der „Erosion" des Normalarbeitsverhältnisses in der Bundesrepublik, in: Prokla, Heft 77/1989
Hirsch, J.: Staatsapparat und Reproduktion des Kapitals, Frankfurt 1974
Hirsch, J./Roth, R.: „Modell Deutschland" und neue soziale Bewegungen, in: Prokla, Heft 40/1980
Hirsch, J.: Fordismus und Postfordismus: Die gegenwärtige gesellschaftliche Krise und ihre Folgen, in: Politische Vierteljahresschrift, Heft 26/1985
Hirsch, J.: Auf dem Weg zum Postfordismus?, Frankfurt 1985a
Hirsch, J./Roth, R.: Das neue Gesicht des Kapitalismus, Vom Fordismus zum Postfordismus, Hamburg 1986
Hockerts, H.E.: Sozialpolitische Entscheidungen im Nachkriegsdeutschland, Alliierte und Deutsche Sozialversicherungspolitik 1945-1957, Stuttgart 1980

Höfer, H.: Christentum ist kein Sozialprogramm! Oder doch?, in: R.Hasse/J.Molsberger/ Chr. Watrin (Hrsg.): Ordnung in Freiheit, Festgabe für Hans Willgerodt zum 70. Geburtstag, Stuttgart u.a. 1994
Hoffmann, J. (Hrsg.): Überproduktion, Unterkonsumtion, Depression, Analysen und Kontroversen zur Krisentheorie, Hamburg 1983
Hoffmann, J.: Modernisierungspolitik als arbeitspolitische Arena – Überlegungen zu ambivalenten Funktionen eines neuen Politiktypus, in: Arbeitspolitik, Leviathan, Sonderheft 5/1983a
Hoffmann, J.: Gewerkschaftspolitik in der Bundesrepublik in den 80er Jahren, in: Prokla, Heft 64/1986
Hoffmann, W.: Risse im Fundament, in: Die Zeit vom 15.12.1995
Hofschen, H.-G. (Hrsg.): Lafontaine, SPD und Gewerkschaften, Die Wirtschaftspolitik-Debatte, Köln 1989
Holtmann, E. (Hrsg.): Politik-Lexikon, München-Wien 1994
Holzapfel, H./Traube, K./Ullrich, O.: Autoverkehr 2000, Karlsruhe 1985
Holzheu, F.: Zur Ökonomie erschöpflicher Ressourcen, Wirtschaftswissenschaftliches Diskussionspapier der TU Berlin, Nr. 23/1976
Holzwarth, F.: Freiwilligkeit beim Umweltschutz: Neue Chancen für Unternehmen, in: Trend: Zeitschrift für Soziale Marktwirtschaft, II. Quartal/1995
Hondrich, K.O./Koch-Arzberger, C.: Solidarität in der modernen Gesellschaft, Frankfurt a.M. 1992
Hopf, W.: Ethnozentrismus und Ökonomismus, Die „Leistungsgesellschaft" als Deutungsmuster für soziale Ausgrenzung, in: Prokla, Heft 102/1996
Höpflinger, St./Dreßler, R./Schmähl, W.: Der Referentenentwurf zur Rentenreform, Zeitgespräch, in: Wirtschaftsdienst, Heft 1/1989
Hucke, J./Bohne, E.: Bürokratische Reaktionsmuster bei regulativer Politik und ihre Folgen, in: H. Wollmann (Hrsg.): Politik im Dickicht der Bürokratie, Beiträge zur Implementationsforschung, Opladen 1980
Hucke, J./Wollmann, H.: Methodenprobleme der Implementationsforschung, in: R. Mayntz (Hrsg.): Implementation politischer Programme, Königstein 1980
Hucke, J./Wollmann, H.: Kriterien zur Bestimmung der Wirkung von Gesetzen, hrsg. vom Bundesminister des Inneren, Berlin 1982
Hull, Ch./Hjern, B.: Helping Small Firms Grow: An Implementation Approach, London 1987
Hurst, J.: Reforming Health Cape in Seven European Nations, in: Health Affairs 10/1991
Hurtienne, Th.: Fordismus, Entwicklungstheorie und Dritte Welt, in: Peripherie 22/23/1986
Huster, E.-H.: Neuer Reichtum und alte Armut, Düsseldorf 1993
Hüther, M.: Strukturelles Defizit und konjunktureller Impuls, in: Wirtschaftsdienst, Heft 6/1995
IMSF-Arbeitsgruppe (Hrsg.): Die politische Ökonomie des Lohnverzichts: Oskar Lafontaine und die linke Zukunftsdiskussion, Eine kritische Auseinandersetzung, Frankfurt 1988
Industrie der Wirtschaft (IW) – Trends: Infrastruktur VI: Umweltschutz und Entsorgung, Heft 1/1989
Infratest Gesundheitsforschung: Ursachen und Gründe für den Anstieg der Zahl der Krankenhauspatienten, Forschungsbericht an den BMA, Dezember 1987
Ingram, H./Schneider, A.: Improving Implementation Through Framing Smarter Statutes, in: Journal of Public Policy 10/1990
IW (Institut der Deutschen Wirtschaft): Zahlen zur wirtschaftlichen Entwicklung der Bundesrepublik Deutschland 1983
Institut für Energie- und Umweltforschung Heidelberg (IFEU): Die Entwicklung der Schadstoffemissionen aus dem Kfz-Verkehr, Eine Bilanz der Auswirkungen der EG-

Beschlüsse und der steuerlichen Anreize zum schadstoffarmen Pkw, IFEU-Bericht Nr. 42/1985
Jackman, R.W.: Socialist Parties and Income in a Quality in Western Industrial Societies, in: Journal of Politics 42/1980
Jahreswirtschaftsbericht (JWB) 1996 der Bundesregierung „Vorrang für Beschäftigung", in: Bundestags-Drucksache 13/3601
Jänicke, M. (Hrsg.): Umweltpolitik, Opladen 1978
Jänicke, M.: Wie das Industriesystem von seinen Mißständen profitiert, Opladen 1979
Jänicke, M.: Versorgung und Entsorgung im superindustriellen System in: J. Matthes (Hrsg.): Die Lebenswelt und soziale Probleme, Verhandlungen des 20. Deutschen Soziologentages zu Bremen 1980, Frankfurt/New York 1981
Jänicke, M.: Umweltpolitische Prävention als ökologische Modernisierung und Strukturpolitik, Internationales Institut für Umwelt und Gesellschaft, IIUG, dp 84/1
Jänicke, M.: Staatsversagen, Die Ohnmacht der Politik in der Industriegesellschaft, München 1986
Jänicke, M.: Ökologische Modernisierung, Optionen und Restriktionen präventiver Umweltpolitik, in: U.E. Simonis (Hrsg.): Präventive Umweltpolitik, Frankfurt/New York 1988
Jänicke, M.: Erfolgsbedingungen von Umweltpolitik im internationalen Vergleich, in: Zeitschrift für Umweltpolitik und Umweltrecht, Heft 3/1990
Jänicke, M.: Fachtagung Umwelt, Wissenschaftszentrum Berlin, September 1991
Jänicke, M./Mönch, H.: Ökologischer und wirtschaftlicher Wandel im Industrieländervergleich, Eine explorative Studie über Modernisierungskapazitäten, in: PVS-Sonderheft, Heft 19/1988
Jann, B.: Regieren im Netzwerk der Regionen – Das Beispiel Ostseeregion, in: C. Böhret/G. Wewer (Hrsg.): Regieren im 21. Jahrhundert – zwischen Globalisierung und Regionalisierung, Opladen 1993
Jessop, B.: Der Wohlfahrtsstaat im Übergang vom Fordismus zum Postfordismus, in Prokla, Heft 65/1986
Jessop, B.: Veränderte Staatlichkeit, in: D. Grimm: Staatsaufgaben, Baden-Baden 1994
Jochimsen, R.: Theorie der Infrastruktur, Grundlagen der marktwirtschaftlichen Entwicklung, Tübingen 1966
Jordan, A.G./Schubert, K. (Hrsg.): Policy Network, in: European Journal of Political Research, Special issue, Vol. 21/No. 1-2/1992
Jordan, A.G.: Subgovernments, Policy Communities and Network Refilling the Old Bottles?, in: Journal of Theoretical Politics, Vol. 2/1990
Jung, O.: Grundgesetz und Volksentscheid, Gründe und Reichweite der Entscheidungen des Parlamentarischen Rats gegen Formen direkter Demokratie, Opladen 1992
Jürgens, U./Malsch, T./Dohse, K.: Moderne Zeiten in der Automobilfabrik, Strategien der Produktionsmodernisierung im Länder- und Konzernvergleich, Berlin u.a. 1989
Kalmbach, P.: Zur Privatisierung öffentlicher Dienstleistungen, „Mehr Markt – weniger Staat" – Eine neokonservative Offensive, Heft 10 der ÖTV-Schriftenreihe, Stuttgart 1981
Kalmbach, P.: Eine ungeklärte Gretchenfrage, Der Begriff des Lohnausgleichs sagt allein nicht genug aus, in: Die Zeit v. 1.4.1988
Kaltenbrunner, G.-K. (Hrsg.): Der überforderte schwache Staat, Sind wir noch regierbar?, München 1975
Kapp, W.: Soziale Kosten der Marktwirtschaft, Das klassische Werk der Umwelt-Ökonomie, Frankfurt 1988
Karl-Bräuer-Institut: Vermögensbildung aus öffentlichen Wirtschaftsvermögen, Heft 21 der Schriftenreihe 1972
Karl-Bräuer-Institut des Bundes der Steuerzahler: Die Personalausgaben der Gebietskörperschaften, Heft 29 der Schriftenreihe 1974

Karl-Bräuer-Institut des Bundes der Steuerzahler: Finanzpolitik am Scheideweg, Heft 47 der Schriftenreihe 1980
Karl-Bräuer-Institut des Bundes der Steuerzahler: Zur Konsolidierung der Bundesanstalt für Arbeit, Heft 53 der Schriftenreihe, 1982
Karl-Bräuer-Institut des Bundes der Steuerzahler: Subventionsabbau – Notwendigkeit und Möglichkeiten, Heft 61 der Schriftenreihe 1987
Karl-Bräuer-Institut des Bundes der Steuerzahler: Verbrauchsteuererhöhung schädlich und vermeidbar, Nr. 23 der Stellungnahmen, Juni 1988a
Karl-Bräuer-Institut des Bundes der Steuerzahler; EG-Finanzen – Durch Einsparungen die Lasten mindern, maschinengeschriebenes Manuskript, 1988b
Karr, W./John, K.: Mehrfacharbeitslosigkeit und kumulative Arbeitslosigkeit, in: Mitteilungen aus der Arbeitsmarkt- und Berufsforschung, Heft 22/1989
Karrenberg, H./Münstermann, E.: Gemeindefinanzbericht 1984, in: der Städtetag, Nr. 2, Februar 1984
Karrenberg, H.: Steuerentlastungen und Kommunalfinanzen, in: der Städtetag, Heft 9/1987
Kaufer, E.: Theorie der öffentlichen Regulierung, München 1981
Kaufmann, F.-X.: Steuerung wohlfahrtsstaatlicher Abläufe durch Recht, Beitrag zur Tagung „Gesetzgebungstheorie und Rechtspolitik", Bielefeld 1985
Kaufmann, F.-X. : Der Ruf nach Verantwortung, Risiko und Ethik in einer unüberschaubaren Welt, Freiburg 1992
Kaufmann, F.-X.: Diskurse über Staatsaufgaben, in: D. Grimm (Hrsg.): Staatsaufgaben, Baden-Baden 1994
Kaufmann, F.-X.: Staat und Wohlfahrtsproduktion, in: H.-U. Derlien/U. Gerhardt/ F.W.Scharpf (Hrsg.): Systemrationalität und Partialinteresse, Festschrift für Renate Mayntz, Baden-Baden 1994a
Kaufmann, F.-X.: Herausforderungen des Sozialstaats, Frankfurt a.M. 1997
Keller, H.-G.: Die amerikanische Verfassungsgebende Versammlung von 1787 und ihre Bedeutung für die Verfassung der Vereinigten Staaten von Amerika, in: JÖR u. F. 20/1971
Kelsen, H.: Vom Wesen und Wert der Demokratie, Berlin 1929
Kern, H./Schumann, M.: Arbeit und Sozialcharakter: alte und neue Konturen, in: J. Matthes (Hrsg.): Krise der Arbeitsgesellschaft?, Frankfurt/New York 1983
Kern, H./Schumann, M.: Das Ende der Arbeitsteilung – Rationalisierung in der industriellen Produktion, München 1984
Kibat, K.: Ökonomische Aspekte der Wirkungen wasserwirtschaftlicher Regelwerke auf Abwässerverbände und deren Mitglieder, Texte 28/82 des Umweltbundesamtes, Berlin 1982
Kielmannsegg, P. Graf: Demokratieprinzip und Regierbarkeit, in: W. Hennis/P. Kielmannsegg/U. Matz (Hrsg.): Regierbarkeit, Studie zu ihrer Problematisierung, Stuttgart 1977
Kirchberger, St.: Technischer Fortschritt in der Medizin, in: FD, Nr. 188, Informationsdienst, Gesellschaft für Versicherungswissenschaft und -gestaltung e.V., Köln, August 1986
Kirchgässner, G.: Umweltschutz als Staatsaufgabe, Einige Überlegungen aus ökonomischer Perspektive, in: D. Grimm (Hrsg.): Staatsaufgaben, Baden-Baden 1994
Kirchhof, D.: Grenzen der Staatsverschuldung in einem demokratischen Rechtsstaat, in: H.H. von Arnim/D. Littmann (Hrsg.). Finanzpolitik im Umbruch: Zur Konsolidierung öffentlicher Haushalte, 1984
Kirchhof, F.: Die Verteilung der Finanzverantwortung für die Rentenversicherung zwischen Solidargemeinschaft und Staat, in: Deutsche Rentenversicherung, Heft 7, 1993
Kirchhof, P.: „Der Bürger wird überfordert", in: Die Zeit vom 22.9.1995, S. 27 f.

Kirlin, J.: The political economy of fiscal limits, Lexington/Mass. 1983
Kirsch, G./Maaßen, H. (Hrsg.): Managementsysteme, Planung und Kontrolle, München 1988
Kirsch, G.: Die Deregulierungsdebatte, Anmerkungen zu einem bornierten Streit, in: Th. Schmid (Hrsg.): Entstaatlichung, Neue Perspektiven auf das Gemeinwesen, Berlin 1988
Kirsch, G.: Prävention und menschliches Handeln, in: B. Glaeser (Hrsg.): Humanökologie, Opladen 1989
Kirsch, G.: Neue Politische Ökonomie, Frankfurt a.M. 1993
Kisker, G.: Ideologische und theoretische Grundlagen der bundesstaatlichen Ordnung in der Bundesrepublik Deutschland – Zur Rechtfertigung der bundesstaatlichen Ordnung, in: Probleme des Föderalismus, Referate auf dem Symposium „Föderalismus in der SFA, Jugoslawien und in der Bundesrepublik Deutschland – ein Vergleich", Tübingen 1985
Klages, H.: Überlasteter Staat – verdrossener Bürger?, Zu den Dissonanzen der Wohlfahrtsgesellschaft, Frankfurt/New York 1981
Kleger, H.: Verhandlungsdemokratie: Zur alten und neuen Theorie des kooperativen Staates, in: R. Voigt (Hrsg.): Der kooperative Staat, Krisenbewältigung durch Verhandlung?, Baden-Baden 1995
Kleinhenz, G.: Sozialpolitik im vereinten Deutschland, Schriften des Vereins für Socialpolitik, M.F. Bd. 208/I und 208/II, Berlin 1991 und 1992
Klemmer, P.: Sondervermögen „Arbeit und Umwelt": Eine kritische Würdigung, in: Wirtschaftsdienst, Heft 11/1985
Klitzsch, W.: Behörden und Betriebe, Eine Analyse ihres Verhältnisses im Prozeß der Implementation politischer Programme, Bielefeld 1980
Kloepfer, A.M.: Gesetzgebung im Rechtsstaat und Gericht, in: VVDStRL 40/1982
Kloten, N.: West Germany, in: J. Pechman (Hrsg.): The Role of Economist in Government, The international Perspective, New York 1989
Knaus, F.: Privatisierungspolitik in der Bundesrepublik Deutschland, Köln 1988
Knödgen, G./Uppenbrink, M.: Umweltpolitische Instrumente aus der Sicht der Administration, in: G. Schneider/R.-U. Sprenger: Mehr Umweltschutz für weniger Geld, München 1984
Knoepfel, P./Weidner, H.: Formulation and Implementation of Air Quality Programmes: Patterns of Interest Consideration, Policy and Politics, Heft 10/1982
Knoepfel, P./Weidner, H.: Handbuch der SO2-Luftreinhaltepolitik, Bd. 2, Berlin 1980
Koch, C./Narr, W.-D.: Krise – oder das falsche Prinzip Hoffnung, in: Leviathan, Heft 3/1976
Koch, C.: Sozialstaat und Wohlfahrtsstaat, in: Leviathan, Heft 1/1995
Koch, C.: Die Gier des Marktes, Die Ohnmacht des Staates im Kampf der Weltwirtschaft, München-Wien 1995 a
Koch, T.C./Seeberger, H./Petrick, H.: Ökologische Müllverwertung, Karlsruhe 1986
Koch, W.A.S.: Einkommensteuern und Leistungswirkungen, Ein Beitrag zu einer erfahrungswissenschaftlichen Theorie der Steuerwirkungen, Beiträge zur Verhaltensforschung, Heft 26, Berlin 1984
Koch, W.A.S.: Erhöhen Steuersenkungen die Leistungsbereitschaft?, in: Wirtschaftsdienst, Heft 10/1985
Kohl, J.: Was kostest, was leistet der Sozialstaat?, Analyse und Kritik des Sozialbudgets, in: M. Opielka/I. Ostner: Umbau des Sozialstaats, Essen 1987
Kohl, J.: Der Wohlfahrtsstaat in vergleichender Perspektive, Anmerkungen zu Esping-Andersens „The Three Worlds of Welfare Capitalism", in: Zeitschrift für Sozialreform, Heft 39/1993
Kohlhaas, M. u.a.: Ökosteuer – Sackgasse oder Königsweg? – Gutachten des Deutschen Instituts für Wirtschaftsforschung (DIW) im Auftrag von Greenpeace, Berlin 1994

Kohn, L.: Probleme der Kollektivgüterallokation, Zürich 1973
Kolb, R.: Die geplante Neuregelung des Bundesanteils an der gesetzlichen Rentenversicherung, Wirtschaftsdienst, Heft 2/1989
Koller, M.: Die Kosten der Erwerbslosigkeit, in: MittAB, Heft 2/1979
König, K.: Funktionen und Folgen der Politikverflechtung, in: F.W. Scharpf u.a.: Politikverflechtung II, Kritik und Berichte aus der Praxis, Kronberg/Ts. 1977
König, K.: Systemimmanente und systemverändernde Privatisierung in Deutschland, VOP 1992, S. 279-286
König, K./Dose, N.: Klassifikationsansätze zum staatlichen Handeln, in: K. König/N. Dose (Hrsg.): Instrumente und Formen staatlichen Handelns, Köln u.a. 1993
Körner, J.: Steuerreform, zu knapp und zu spät, in: Ifo-Schnelldienst 23 v. 20.8.1984
Körner, J.: Aufkommens- und Verteilungswirkungen der Steuerreform bei der Lohn- und Einkommensteuer – Belastungsschub vor Spitzenentlastung, in: Ifo-Schnelldienst, Heft 16-17/1987
Körner, J.: Der Staat auf dem Rückzug – Staatsquote sinkt nach politischer Wende –, in: Ifo-Schnelldienst, Heft 19/1989
Kortmann, W.: Ökonomie versus Ökologie: Konflikte und Harmonien, in: Wirtschaftsdienst, Heft 4/1990
Koslowski, P.: Der soziale Staat der Postmoderne, Ethische Grundlagen der Sozialpolitik und der Reform der Sozialversicherung, in: C. Sachße/H.T. Engelhardt (Hrsg.): Sicherheit und Freiheit, Zur Ethik des Wohlfahrtsstaates, Frankfurt a.M. 1990
Krasner, S.D.: Sovereignity – An Institutional Perspective, in: Comparative Political Studies 21/1988
Krätke, M.: Die Steuern der Armen, Überlegungen zu einer Steuer- und Sozialversicherungsreform, in: Projektgruppe Grüner Morgentau (Hrsg.), Perspektiven ökologischer Wirtschaftspolitik, Ansätze zur Kultivierung von ökonomischem Neuland, Frankfurt/New York 1986
Krätke, M.: Sozialpolitik im Wohlfahrtsstaat, in: Das Argument 183/1990
Krause-Junk, G.: Zur Theorie des distributiven Marktversagens, in: W. Albers (Hrsg.): Öffentliche Finanzwissenschaft und Verteilung II, Berlin 1974
Krause-Junk, G.: Abriß der Theorie von den öffentlichen Gütern, in: HdF I: 667 ff., Tübingen 1977
Krause-Junk, G.: Umverteilung von unten nach oben?, in: Wirtschaftsdienst, Heft 7/1987
Krause-Junk, G.: Zur Relevanz des sogenannten strukturellen Defizits für die Ermittlung des Konsolidierungsbedarfs öffentlicher Haushalte, in: Finanzarchiv, Heft 1/1983
Krelle, W. u.a.: Der Maschinenbeitrag: Auswirkungen alternativer Bemessungsgrundlagen für die Arbeitgeberbeiträge zur Sozialversicherung, Tübingen 1985
Kreuder, Th./Loewy, H. (Hrsg.): Konservatismus in der Strukturkrise, Frankfurt 1987
Kriele, M.: Das demokratische Prinzip im Grundgesetz, in: VVDStRL 29/1971
Kriele, M.: Einführung in die Staatslehre, Berlin 1975
Kriesi, H.: Direkte Demokratie in der Schweiz, in: Aus Politik und Zeitgeschichte B 23/91
Krockow, Ch. Graf von: Diskussionsbeitrag, in: Herausforderungen an die parlamentarische Demokratie: Podiumsdiskussion auf dem 55. Deutschen Juristentag, München 1984
Kroker, R.: Deregulierung und Entbürokratisierung, in: Beiträge zur Wirtschafts- und Sozialpolitik des Instituts der deutschen Wirtschaft, Heft 130/1985
Kronberger Kreis (Hrsg.): Vorschläge zu einer „Kleinen Steuerreform", Bad Homburg 1983
Kronberger Kreis (Hrsg.): Mehr Markt im Arbeitsrecht, Schriftenreihe, Bd. 10, Bad Homburg 1986a
Kronberger Kreis (Hrsg.): Bürgersteuer – Entwurf einer Neuordnung von direkten Steuern und Sozialleistungen, Schriftenreihe, Bd. 11, Bad Homburg 1986 b

Krücken, G.: Politische Risiken der Regulierung technischer und ökologischer Probleme, Studie für das Centro di Studio sul Rischio, Lecce, Italien, Bielefeld 1991
Krupp, H.-J.: Bisherige Ergebnisse alternativer geld- und finanzpolitischer Strategieansätze in der Bundesrepublik Deutschland, in: J. Langkau/K. Köhler (Hrsg.): Wirtschaftspolitik und wirtschaftliche Entwicklung, Festschrift für Walter Hesselbach, Bonn 1985
Krupp, H.-J.: Die Erschließung von Arbeitsplatzreserven im Tertiärsektor als Beitrag zur Lösung struktureller Probleme, Berlin 1986
Krupp, H.-J.: Programm ohne Erfolg, Die Bilanz der Angebotspolitik ist ernüchternd, in: Die Zeit vom 18.03.1994, S. 16
Krüsselberg, H.G.: Marktwirtschaft und ökonomische Theorie, Freiburg 1969
Küffmann, G.: Investitionsförderung durch flexible Genehmigungsverfahren, in: Der Städtetag, 1995
Kühling, W.: Fliegendes Gift, Luft, in: Bund für Umwelt und Naturschutz Deutschlands (BUND): Umwelt-Bilanz, Die ökologische Lage der Umweltpolitik, Hamburg 1988
Kühn, H.: Soziale Sicherheit und „Angebotsorientierte Wirtschaftspolitik", in: WSI-Mitteilungen 2/1985
Kühn, H.: Krankenversicherung und Gesundheitspolitik, Zur Einführung in Strukturen und Probleme, in: Memo-Forum, Zirkular der Arbeitsgruppe Alternative Wirtschaftspolitik, Nr. 9, Bremen 1986
Külp, B.: Grundzüge der Reform der sozialen Sicherung, in: G. Fels u.a. (Hrsg.): Soziale Sicherung, Von der Finanzkrise zur Strukturreform, Köln 1984
Künzel, R./Ispen, D./Rohwer, G.: Wachstumskrise, soziale Probleme und Theoriebildung, Regensburg 1985
Küppers, G./Lundgreen, P./Weingart, P.: Umweltforschung – die gesteuerte Wissenschaft?, Eine empirische Studie zum Verhältnis von Wissenschaftsentwicklung und Wissenschaftspolitik, Frankfurt 1978
Kuschel, A.: Grundlagen der Allgemeinen Wirtschaftspolitik, in: N. Konegen (Hrsg.): Wirtschaftspolitik für Politikwissenschaftler, Ausgewählte Entscheidungsfelder, Münster-Hamburg 1994
Lachmann, W.: Fiskalpolitik, Berlin u.a. 1987
Laffer, A.B.: An Equilibrium Rational Macroeconomic Framework, in: N.M. Kamrany/R.H. Dav (Hrsg.): Economic Issues of the Eighties, Baltimore 1979
Lafontaine, O.: Die Gesellschaft der Zukunft, Reformpolitik in einer veränderten Welt, Hamburg 1988
Lambsdorff-Papier: Konzept für eine Politik zur Überwindung der Wachstumsschwäche und zur Bekämpfung der Arbeitslosigkeit, abgedruckt in: Dokumente der Reaktion, Die Kampfansage der Rechten an den Sozialstaat, hrsg. vom SPD-Vorstand, Bonn 1983
Lampert, H.: Die Wirtschafts- und Sozialordnung, München 1987
Lampert, H.: Die Sozialstaatskritik auf dem Prüfstand, in: Wirtschaftsdienst, Heft 9/1995
Langer, P.: Zero-Base-Budgeting und Sunset Legislation, Instrumente zur Rückgewinnung öffentlicher Handlungsspielräume?, in: Schriften zur öffentlichen Verwaltung und öffentlichen Wirtschaft, Bd. 80, Baden-Baden 1983
Lash, S./Urry, J.: The End of Organized Capitalism, Cambridge 1987
Laufer, H.: Das föderative System der Bundesrepublik Deutschland, München 1986
Laufer, H.: Die demokratische Ordnung, Stuttgart 1970
Le Grand, J.: Ein Wandel in der Verwendung von Policy-Instrumenten: Quasi-Märkte und Gesundheitspolitik, in: PVS-Sonderheft 24/1993
Lee, D.R.: The trade-off between equality and efficiency: Short-run politics and long-run real items, in: Public Choice 53/1987
Leggewie, C.: Der Geist steht rechts, Ausflüge in die Denkfabrik der Wende, Berlin 1987
Lehmbruch, G.: Parteienwettbewerb im Bundesstaat, Stuttgart 1976

Lehmbruch, G.: Sozialpartnerschaft in der vergleichenden Politikforschung, in: Journal für Sozialforschung 25/1985
Lehmbruch, G.: Wirtschaftspolitischer Strategiewechsel und die institutionelle Verknüpfung von Staat und Gesellschaft, in: H.-H. Hartwich (Hrsg.): Macht und Ohnmacht der politischen Institutionen, Opladen 1989
Lehmbruch, G.: Die deutsche Einigung: Strukturen und Strategien, in: Politische Vierteljahresschrift 31/1991
Lehmbruch, G.: Dilemmata verbandlicher Einflußlogik im Prozeß der deutschen Vereinigung, in: W. Streeck (Hrsg.): Staat und Verbände, in: PVS-Sonderheft 25/1994
Lehmbruch, G.: Sektorale Variationen in der Transformationsdynamik der politischen Ökonomie Ostdeutschlands, in: W. Seibel/A. Benz: Regierungssystem und Verwaltungspolitik, Opladen 1995
Lehmbruch, G./Singer, O./Grande, E./Döhler, M.: Institutionelle Bedingungen ordnungspolitischen Strategiewechsels im internationalen Vergleich, in: Staatstätigkeiten, international und historisch vergleichende Analysen, PVS-Sonderheft 19/1988
Lehner, F.: Grenzen des Regierens, Königstein 1979
Lehner, F.: Consociational Democracy in Switzerland: A Political-Economic Explanation and Some Empirical Evidence, in: European Journal of Political Research 12/1981
Lehner, F.: Konkurrenz, Korporatismus und Konkordanz, in: M. Kaase (Hrsg.), Politische Wissenschaft und Politische Ordnung, Opladen 1986
Lehner, F.: Institutionelle Determinanten der Wirtschaftspolitik in westlichen Demokratien, Ansätze und Elemente einer systemischen Theorie, in: H.-H. Hartwich (Hrsg.): Macht und Ohnmacht politischer Institutionen, Opladen 1988
Lehnhardt, G./Offe, C.: Staatstheorie und Sozialpolitik, Politisch-Soziologische Erklärungsansätze für Funktionen und Innovationsprozesse der Sozialpolitik, in: C. von Ferber/F.-X. Kaufmann (Hrsg.): Soziologie und Sozialpolitik (KZfSS – Sonderheft 19), Opladen 1977
Leibfried, S.: Bedarfsbezogene integrierte Grundsicherung, in: R.G. Heinze/B. Hombach/M. Scherf (Hrsg.): Sozialstaat 2000, Bonn 1987
Leibfried, S.: Sozialstaat Europa?, Integrationsperspektiven europäischer Armutsregimes, in: Nachrichtendienst des Deutschen Vereins für öffentliche und private Fürsorge, Heft 70/1990
Leibfried, S./Leisering,L.: Sozialhilfe als Politikum: Mythen, Befunde, Reformen, in: W.Fricke (Hrsg.): Zukunft des Sozialstaats, Jahrbuch für Arbeit und Technik 1995, Bonn 1995
Leibfried, S./Rieger, E.: Fundament des Freihandels, in: Die Zeit vom 2.2.1996, S. 24
Leibfried, S./Tennstedt, F. (Hrsg.): Politik der Armut und die Spaltung des Sozialstaats, Frankfurt 1985
Leibfritz, W./Meurer, C.: Internationaler Vergleich der steuerlichen Investitionsförderung: Bundesrepublik Deutschland liegt ungünstig, in: Ifo-Schnelldienst 22/1983
Leibinger, H.-W.: Fiskalpolitik unter veränderten Rahmenbedingungen, Berlin 1985
Leienbach, V.: Reform der Rentenversicherung – Konzept und Wirkungen, in: M. Groser u.a. (Hrsg.), Beiträge zur Ordnungspolitik, Baden-Baden 1988
Leipert, Chr.: Sozialproduktkritik, Nettowohlfahrtsmessung und umweltbezogene Rechnungslegung, Historische Entwicklung und alternative Forschungslinien, in: Zeitschrift für Umweltpolitik und Umweltrecht, 9. Jg., 1986
Leipert, Chr.: Folgekosten des Wirtschaftsprozesses und Volkswirtschaftliche Gesamtrechnung: Zur Identifikation von steigenden kompensatorischen Ausgaben in der Sozialproduktrechnung, IIUG rep 87-22, Berlin 1987 a
Leipert, Chr.: Folgekosten der industriegesellschaftlichen Produktions- und Konsumweise in: M. Opielka/I. Ostner (Hrsg.): Umbau des Sozialstaats, Essen 1987 b
Leipert, Chr.: Die heimlichen Kosten des Fortschritts. Wie Umweltzerstörung das Wirtschaftswachstum fördert, Frankfurt 1989

Leipold, H.: Theorie der Property Rights, Forschungsziele und Anwendungsbereiche, in: WiSt, Wirtschaftswissenschaftliches Studium Heft 11/1978
Lepage, H.: Der Kapitalismus von morgen, Frankfurt 1979
Lepsius, M.R.: Soziale Ungleichheit und Klassenstrukturen in der Bundesrepublik Deutschland – Lebenslagen, Interessenvermittlung und Weltorientierungen; in E.-U. Wehler (Hrsg.): Klassen in der europäischen Sozialgeschichte, Göttingen 1979
Lessenich, S.: „Three Worlds of Welfare Campitalism" – oder vier?, Strukturwandel arbeits- und sozialpolitischer Regulierungsmuster in Spanien, in: Politische Vierteljahresschrift, Heft 2/1994
Lessenich, S.: Der Sozialstaat, Umbau, Ausbau, Neubau?, Eine Provokation, in: Leviathan, Heft 2/1996
Lessenich, S./Ostner, I.: Die institutionelle Dynamik „dritter Wege" – Zur Entwicklung der Familienpolitik in „katholischen" Wohlfahrtsstaaten am Beispiel Deutschlands und Frankreichs, in: Zeitschrift für Sozialreform, Heft 11-12, 1995
Levine, Ch. H.: Organizational Decline und Cutback Management, in: Public Administration Review, July/Aug. 1978
Lijphart, A.: Democracy in plural societies, New Haven/London 1977
Lindblom, Ch. E.: Inkrementalismus: die Lehre vom „Sich-Durchwursteln", in: W.-D. Narr/C. Offe: Wohlfahrtsstaat und Massenloyalität, Köln 1975
Linder, S.H./Peters, B.G.: An Institutional Approach to the Theory of Policy-Making, The Role of Guidance Mechanisms in Policy-Formulation, in: Journal of Theoretical Politics 2,1
Linder, S.H./Peters, B.G.: Instruments of Government: Perception and Context, in: Journal of Public Policy 9/1989
Lipietz, A.: Akkumulation, Krisen und Auswege aus der Krise: Einige methodische Überlegungen zum Begriff „Regulation", in; Prokla, Heft 58/1985
Lipp, E.M./Siedenberg, H.: Budgetkonzepte in der Kritik, in: Wirtschaftsdienst, Heft 4/1980
Lipp, E.M./Pfister, J.: Zur stabilisierungspolitischen Konzeption des Sachverständigenrats, in: Sozialwissenschaftliche Informationen für Unterricht und Studium (Sowi) 1/1984
Lipset, S./Schwarz, M.A.: Das politische Verhalten professioneller Experten, in: Th. Luckmann/W. Sprondel (Hrsg.): Berufssoziologie, Köln 1972
Lohmar, O.: Staatsbürokratie, Das hoheitliche Gewerbe, München 1978
Lompe, K./Thadden, R. von (Hrsg.): Idee und Pragmatik in der politischen Entscheidung, Bonn 1984
Lösche, P.: „Das zerreißt die Parteien", in: Der Spiegel, Nr. 52/1995
Lösche, P.: Die SPD nach Mannheim: Strukturprobleme und aktuelle Entwicklungen, in: Aus Politik und Zeitgeschichte, B. 6/96
Lowi, T.J.: The End of Liberalism, New York 1979
Luhmann, N.: Macht, Stuttgart 1975
Luhmann, N.: Politische Theorie im Wohlfahrtsstaat, München 1981
Luhmann, N.: Anspruchsinflation im Krankheitssystem, Eine Stellungnahme aus gesellschaftstheoretischer Sicht, in: Ph. Herder-Dorneich/A. Schuller (Hrsg.): Anspruchsspirale, Schicksal oder Systemdefekt?, Stuttgart 1983
Luhmann, N.: Ökologische Kommunikation, Kann die moderne Gesellschaft sich auf ökologische Gefährdungen einstellen?, Opladen 1986
Luhmann, N.: Die Differenzierung von Politik und Wirtschaft und ihre gesellschaftlichen Grundlagen, in: N. Luhmann, Soziologische Aufklärung, Beiträge zur funktionalen Differenzierung der Gesellschaft, Opladen 1987
Luhmann, N.: Soziologische Aufklärung, Beiträge zur funktionalen Differenzierung der Gesellschaft, Opladen 1987a

Luhmann, N.: Die Wirtschaft der Gesellschaft, Frankfurt 1988
Luhmann, N./Scharpf, F.W.: Politische Steuerung, Ein Streitgespräch, in: Politische Vierteljahresschrift 1/1989
Lutz, B.: Notwendigkeit und Ansatzpunkte einer angebotsbezogenen Vollbeschäftigungspolitik, in: L. Reyher/J. Kühl (Hrsg.): Resonanzen, Arbeitsmarkt und Beruf – Forschung und Politik, Festschrift für Dieter Mertens, Beiträge zur Arbeitsmarkt- und Berufsforschung, Bd. 111, Nürnberg 1988
„Maastricht-Gutachten“: Gutachten des Wissenschaftlichen Beirats beim Bundesministerium der Finanzen: Zur Bedeutung der Maastricht-Kriterien für die Verschuldungsgrenzen von Bund und Ländern, in: BMF-Schriftenreihe, Heft 54, Bonn, August 1994
Mackscheidt, K.: Zur Theorie des optimalen Budgets, Tübingen 1973
Mackscheidt, K.: Finanzpolitik im Umbruch: Zur Konsolidierung öffentlicher Haushalte, in: Schriftenreihe der Hochschule Speyer, Bd. 92/1984
Mackscheidt, K.: Über die Belastbarkeit mit Sozialversicherungsbeiträgen aus der Sicht der Steuerwiderstandsforschung, in: W. Schmähl (Hrsg.): Versicherungsprinzip und soziale Sicherung, Tübingen 1985
Maddock, R./Carter, M.: A Child's Guide to Rational Expectations, Journal of Economic Literature 20/1982
Mäding, H.: Aufgabenkritik, in: H. Bauer/F. Knöpfle/E. Mäding: Aufgabenplanung und Finanzplanung, Wien 1974
Mäding, H.: Haushaltsplanung – Haushaltsvollzug – Haushaltskontrolle, Baden-Baden 1987
Mäding, H.: Die föderativen Finanzbeziehungen im Prozeß der deutschen Vereinigung – Erfahrungen und Perspektiven, in: H.-H. Hartwich/G. Wewer (Hrsg.): Regieren in der Bundesrepublik IV, Opladen 1992
Mai, M.: Soziologische Fragen der technischen Normung, Sozialwissenschaften und Berufspraxis, Heft 11/1988
Majone, G.: Standard-Setting and The Theory of Institutional Choice: The Case of Pollution Control, Policy and Politics, 4/1975
Majone, G. (Hrsg.): Deregulation or Reregulation?, Regulatary Reform in Europe and the United States, 1990
Majone, G.: Evidence, Argument, and Persuasion in the Policy Process, New Haven/London 1989
Majone, G.: The Feasibilities of Social Policies, in: Policy Sciences 6/1975
Mandell, M.P.: Intergovernmental Management in Interorganizational Networks: A Revised Perspective, in: International Journal of Public Administration 11/1988
March, J.G./Olsen, J.P.: Rediscovering Institution, The Organizational Basis of Politic, New York/London 1989
Markmann, H.: Eröffnung, WSI-Mitteilungen, Heft 2/1987
Masoner, M.: The allocation of time: an extension, Journal of Post Keynesian Economics 1/1979
Matzner, E.: Der Wohlfahrtsstaat von morgen, Wien 1982 a
Matzner, E.: Sozialstaat und Neokonservatismus, in: Die Neue Gesellschaft 11/1982 b
Maunz, Th., in: Maunz/Dürig, Kommentar zum Grundgesetz (Stand: Mai 1986)
Mayntz, R.: The Condition of Effective Public Policy: A New Challenge for Policy Analysis, in: Policy and Politics 1983
Mayntz, R.: Politische Steuerung und gesellschaftliche Steuerungsprobleme – Anmerkungen zu einem theoretischen Paradigma, in: Th. Ellwein u.a. (Hrsg.): Jahrbuch zur Staats- und Verwaltungswissenschaft, Baden-Baden 1987
Mayntz, R.: Funktionale Teilsysteme in der Theorie sozialer Differenzierung, in: R. Mayntz u.a.: Differenzierung und Verselbständigung, Zur Entwicklung gesellschaftlicher Teilsysteme, Frankfurt a.M./New York 1988

Mayntz, R.: Entscheidungsprozesse bei der Entwicklung von Umweltstandards, in: Die Verwaltung, Heft 2/1990
Mayntz, R.: Modernization and the Logic of the Interorganizational Networks, Max-Planck-Institut für Gesellschaftsforschung, Discussion Paper 8/91, Köln 1991
Mayntz, R.: Politische Steuerbarkeit und Reformblockaden, Überlegungen am Beispiel des Gesundheitswesens, in: Staatswissenschaften und Staatspraxis 1/1991a
Mayntz, R.: Die außeruniversitäre Forschung im Prozeß der deutschen Einigung, in: Leviathan 20, 1/1992
Mayntz, R.: Policy-Netzwerke und die Logik von Verhandlungssystemen, in: A. Héritier (Hrsg.): Policy-Analyse, PVS-Sonderheft 24/1993
Mayntz, R.: Förderalismus und die Gesellschaft der Gegenwart, in: K. Bentele/B. Reissert/R. Schettkat (Hrsg.): Die Reformfähigkeit von Industriegesellschaften, Frankfurt a.M./New York 1995
Mayntz, R.: Soziale Dynamik und politische Steuerung. Theoretische und methodologische Überlegungen, Frankfurt a.M. 1997
Mayntz, R./Derlien, H.-U. u.a.: Vollzugsprobleme der Umweltpolitik, Empirische Untersuchungen der Implementation von Gesetzen im Bereich der Luftreinhaltung und des Gewässerschutzes, Stuttgart 1978
Mayntz, R./Scharpf, F.W.: Planungsorganisation, Die Diskussion um die Reform von der Regierung und Verwaltung, München 1973 a
Mayntz, R./Scharpf, F.W.: Kriterien, Voraussetzungen und Einschränkungen aktiver Politik, in: dieselben (Hrsg.): Planungsorganisation, Die Diskussion um die Reform von Regierung und Verwaltung, München 1973 b
Mayntz, R. u.a.: Vollzugsprobleme der Umweltpolitik, Materialien zur Umweltforschung, Heft 4, hrsg. vom Rat von Sachverständigen für Umweltfragen, Wiesbaden 1978
Mazier, J. u.a.: Quand Les Crises Durent, Paris 1985
Mc Cormick, R.E./Tollison, R.D.: Politicians, Legislation and the Economy: An Inquiry into the Interest-Group Theory of Government, Boston 1981
Meidner, R.: Die Erfolgsgeschichte des schwedischen Modells und dessen Probleme, in: E. Matzner (Hrsg.): Arbeit für alle ist möglich, Berlin 1987
Meissner, W.: Die Lehre von den fünf Weisen, Köln 1980
Meissner, W.: Entwicklung, Stand und Perspektiven der umweltökonomischen Forschung, in: Wirtschaftsdienst, Heft 7/1985
Meister, G./Schütze, Ch./Sperber, G.: Die Lage des Waldes, Hamburg 1984
Meltzer, A./Richard, S.F.: Why Government Grows (and grows) in a Democracy, in: Public Interest, Vol. 52, 1978
Merkel, W.: Machtressourcen, Handlungsrestriktionen und Strategiewahlen, Die Logik sozialdemokratischer Wirtschaftspolitik, in: Politische Vierteljahresschrift, Heft 1/1993
Merklein, R.: Griff in die eigene Tasche, Hintergeht der Bonner Sozialstaat seine Bürger? Reinbek 1980
Meyer, H.: Das parlamentarische Regierungssystem des Grundgesetzes, in: VVDStRL 33/1975
Michaels, H.: Pro 35, in: Die Zeit v. 14.3.1984
Miegel, M.: Pumpen als Prinzip, Schier unaufhaltsam wachsen die Schulden des Staates, in: Die Zeit v. 4.3.1988
Miegel, M.: Perspektiven des Sozialstaats Deutschland – ein Entwurf für die Jahre 2000 folgende, in: W. Fricke (Hrsg.): Zukunft des Sozialstaats, Bonn 1995
Minsky, H.: Can it happen again?, in: Challenge, July 1982
Mishan, E.J.: The Folklore of the Market: An Inquiry into the Economic Doctrines of Chicago School, in: W.J. Samuelson (Hrsg.): The Chicago School of Political Economy, East Lansing 1976
Mishan, E.J.: Wachstum oder Anti-Wachstum, Technologie und Politik 12/1978

Mitschke, J.: Steuer- und Sozialpolitik für mehr reguläre Beschäftigung, in: Wirtschaftsdienst, Heft 2/1995
Molitor, B.: Demokratische Wirtschaftspolitik, in: Hamburger Jahrbuch für Wirtschafts- und Gesellschaftspolitik, Tübingen 1986
Molitor, B.: Bemerkungen zur sozialpolitischen Theorie – Philipp Herder Dorneich zum 60. Geburtstag –, in: Hamburger Jahrbuch für Wirtschafts- und Gesellschaftspolitik, Tübingen 1988
Monopolkommission: Wettbewerbspolitik oder Industriepolitik, Hauptgutachten 1990/1991, Baden-Baden 1992
Mooslechner, P.: Die Einführung einer Zinsertragsteuer (ZESt) in Österreich – Ein Lehrstück zur politischen Ökonomie der Besteuerung mit Modellcharakter? –, in: WSI-Mitteilungen 12/1984
Möschel, W.: Soziale Abrüstung tut Not, die Last der Abgaben überfordert Arbeitnehmer und Unternehmen, in: Die Zeit vom 18.11.1988
Mosdorf, S.: Die Sozialdemokratie und „ihr" Sozialstaat, in: M. Opielka (Hrsg.): Die ökosoziale Frage, Entwürfe zum Sozialstaat, Frankfurt 1985
Mosdorf, S.: Zwischen Markt und Staat, in: Th. Kreuder/H. Loewy (Hrsg.): Konservativismus in der Strukturkrise, Frankfurt 1987
Mückel, W.J.: Ein Beitrag zur Theorie der Staatsverschuldung, Finanzarchiv 39/1981
Mückenberger, U.: Die Krise des Normalarbeitsverhältnisses. Hat das Arbeitsrecht noch Zukunft?, in: Zeitschrift für Sozialreform, Heft 31/1985
Mückenberger, U./Offe, C./Ostner, I.: Das staatlich garantierte Grundeinkommen – Ein sozialpolitisches Gebot der Stunde, in: H.L. Krämer/C. Leggewie (Hrsg.): Wege ins Reich der Freiheit, Berlin 1989
Müller, E.: Innenwelt der Umweltpolitik – (Ohn)macht durch Organisation?, Opladen 1986
Müller, G.: Bundesregierung und Bundesbank – Die „Fünf Weisen" und die wirtschaftspolitische Entscheidungsfindung, in: R. Hickel/H. Mattfeldt (Hrsg.): Millionen Arbeitslose!, Reinbek 1983
Müller, H.-P.: Markt, Staat und individuelle Freiheit, Zur soziologischen Kritik individualistischer Vertragstheorien, in: L. Kern/H.-P. Müller (Hrsg.): Gerechtigkeit, Diskurs oder Markt?, Opladen 1986
Müller, W.C./Wright, V. (Hrsg.): The State in Western Europe, Retreat or Redefinition?, Newbury House 1994
Müller-Plantenberg, U.: Demokratie und Markt – Zur Kritik neoliberaler Demokratietheorie und grün-alternativer Überschneidungslinien, in: Prokla, Heft 61/1985
Münck, H.J.: Für eine dauerhaft-umweltgerechte Entwicklung, in: Stimmen der Zeit, Heft 1/Januar 1995
Mundorf, H.: Vermögensteuer auf Veräußerungsgewinne?, in: Handelsblatt vom 13.9.1995, S.2
Musgrave, R.A./Musgrave, P.D./Kullmer, L.: Die öffentlichen Finanzen in Theorie und Praxis, Tübingen 1978
Musgrave, R.A./Musgrave, P.D.: Public Finance in Theory and Practice, New York u.a. 1980
Musgrave, R.A.: Provision for Social Goods in the Market System, in: Public Finance, Bd. 26, 1971
Musgrave, R.A.: The Theory of Public Finance, New York 1958
Musgrave, R.A.: Über den „Richtigen" Umfang des öffentlichen Sektors und die Überexpansionshypothese, in: P. Koslowski u.a. (Hrsg.): Chancen und Grenzen des Sozialstaats, Tübingen 1983
Nagel, T.: Libertarianism without Foundations, in: J. Paul (Hrsg.): Reading Nozick, Essays on Anarchy, State and Utopia, Oxford 1982

Nahamowitz, P.: Bundesbankgesetz und Tarifvertragsgesetz als Instrumente einer aktiven Beschäftigungspolitik, in: Demokratie und Recht, Heft 3/1989
Nahamowitz, P.: Hierarchie und Kooperation als staatliche Handlungsmuster, Ein Plädoyer für Steuerungsrealismus und Rechtsstaatlichkeit, in: R. Voigt (Hrsg.): Der kooperative Staat, Krisenbewältigung durch Verhandlung? Baden-Baden 1995
Narr, W.-D. u.a.: SPD – Staatspartei oder Reformpartei?, München 1976
Narr, W.-D.: Ökologische Sozialpolitik, Nur ein modischer Sprachumgang?, in: Widersprüche, Heft 12/1984
Narr, W.-D.: Strukturdefizite der parteienstaatlich/parlamentarischen Demokratie und mögliche Alternativen, in: Vorgänge, Heft 5/1984a
Narr, W.-D./Schubert, A.: Weltökonomie, Die Misere der Politik, Frankfurt a.M. 1994
Naschold, F.: Sozialstaat und politische Formationen bei ökonomischer Stagnation, in: J. Matthes (Hrsg.): Krise der Arbeitsgesellschaft?, Frankfurt/New York 1983
Naschold, F.: Zum Zusammenhang von Arbeit, Sozialer Sicherung und Politik, Einführende Auswirkungen zur Arbeitspolitik, in: derselbe (Hrsg.): Arbeit und Politik, Gesellschaftliche Regulierung der Arbeit und der sozialen Sicherung, Frankfurt/New York 1984
Naschold, F. (Hrsg.): Arbeit und Politik, Gesellschaftliche Regulierung der Arbeit und der sozialen Sicherung, Frankfurt/New York 1985
Naschold, F.: Politik und politische Institutionen in neokorporatistischen und Public-Choice-Ansätzen – Anmerkungen zu einem Theorieprogramm, in: H.-H. Hartwich (Hrsg.): Macht und Ohnmacht politischer Institutionen, Opladen 1989
Naschold, F.: Modernisierung des Staates, Zur Ordnungs- und Innovationspolitik des öffentlichen Sektors, Berlin 1993
Neidhart, L.: Plebiszit und pluralitäre Demokratie, Bern 1970
Neidhart, L.: Grundlagen und Besonderheiten des schweizerischen Systems, in: H. Abromeit/W. W. Pommerehne (Hrsg.): Staatstätigkeit in der Schweiz, Bern u.a. 1992
Nell-Breuning, O. von: Die Sozialpolitik als integraler Bestandteil der allgemeinen Politik, in: Aktuelle Fragen der Gesellschaftspolitik, Köln 1970
Neubauer, G.: Ziele und Ansatzpunkte einer Strukturreform, in: Wirtschaftsdienst, Heft 3/1987
Neubauer, G.: Offene Fragen der Gesundheitspolitik, in: Wirtschaftsdienst, Heft 12/1988
Neumann, F./Gerstenberger, W.: Investitionszulage verhindert stärkeren Investitionseinbruch, in: Ifo-Schnelldienst, Heft 10/1976
Neumann, M.: Zur ökonomischen Theorie des Föderalismus, in: Kyklos, Vol. XXIV, 1971
Neumark, F.: Fiskalpolitische Maßnahmen als Mittel der Konjunkturpolitik, in: Zeitschrift für betriebswirtschaftliche Forschung, 1968
Neumark, F.: Grundsätze gerechter und ökonomisch rationaler Steuerpolitik, Tübingen 1970
Neumayer, K.: Betrachtungen zu Volksinitiativverfahren im Staatsrecht der Länder des deutschen Sprachgebiets außerhalb der Schweiz, Lausanne 1968
Nierhaus, W.: Lohnquote weiter auf Talfahrt, in: Ifo-Schnelldienst, Heft 32/1989
Niskanen, W.: Burocracy and Representative Government, Chicago 1971
Nohlen, D.: Wahlrecht und Parteiensystem, Opladen 1990
Noll, H.-H.: Sprache und Politikvermittlung, in: Vorgänge, Zeitschrift für Bürgerrechte und Gesellschaftspolitik, Heft 1/1989
Noll, H.-H.: Lebensbedingungen in der Europäischen Gemeinschaft gleichen sich nur langsam an, in: ISI-Nr. 9/1993, S. 11-15
Nord, D.: Ergänzende Stellungnahme aus der Praxis: Die informelle Bedarfssteuerung im Gesundheitsmarkt, in: G. Gäfgen (Hrsg.): Neokorporatismus und Gesundheitswesen, Baden-Baden 1988
Nowotny, E. (Hrsg.): Öffentliche Verschuldung, Stuttgart 1979

Nowotny, E.: Der öffentliche Sektor, Einführung in die Finanzwissenschaft, New York, Berlin, Heidelberg 1996
Nozick, R.: Anarchy State and Utopia, New York 1974
Nullmeier, F./Rüb, F.W.: Transformation der Sozialpolitik: Vom Sozialstaat zum Sicherungsstaat, Frankfurt a.M./New York 1993
Nullmeier, F./Vobruba, G.: Gerechtigkeit im sozialpolitischen Diskurs, in: D. Döring u.a.: Gerechtigkeit im Wohlfahrtsstaat, Marburg 1995
Nuscheler, S./Steffani, W. (Hrsg.): Pluralismus, Konzeptionen und Kontroversen, München 1972
O'Connor, J.: Die Finanzkrise des Staates, Frankfurt 1974
Oakland, W.H.: Proposition 13 – Genesis and Consequences, National Tax Journal 32/1979, Supplement, S. 387
Oates, W.E. (Hrsg.): The Political Economy of Fiscal Federalism, Lexington/Toronto 1977
Oberender, P./Väth, A.: Markttransparenz und Verhaltensweise, in: Wirtschaftsstudium, 15. Jg. (1986)
Oberender, P./Rüter, G.: Gefahren für Innovationen im Arzneimittelbereich: Eine ordnungspolitische Analyse, Baden-Baden 1988
Oberhauser, A.: Das Schuldenparadox, in: Jahrbuch für Nationalökonomie und Statistik 1985
Offe, C.: Politische Herrschaft und Klassenstrukturen, in: G. Kress/D. Senghaas (Hrsg.): Politikwissenschaft, Eine Einführung in ihre Probleme, Frankfurt 1969
Offe, C.: Strukturprobleme des kapitalistischen Staates, Frankfurt 1972
Offe, C.: „Krisen des Krisenmanagements": Elemente einer politischen Krisentheorie, in: M. Jänicke (Hrsg.): Herrschaft und Krise, Beiträge zur politikwissenschaftlichen Krisenforschung, Opladen 1973
Offe, C.: Berufsbildungsreform, Eine Fallstudie über die Reformpolitik, Frankfurt 1975
Offe, C.: Politische Legitimation durch Mehrheitsentscheidung?, in: B. Guggenberger/C. Offe (Hrsg.): An den Grenzen der Mehrheitsdemokratie, Politik und Soziologie der Mehrheitsregel, Opladen 1984
Offe, C.: Sozialstaat und Beschäftigungskrise: Probleme der sozialen Sicherung, in: P. Alheit (Hrsg.): Wie wir leben wollen, Hamburg 1986
Offe, C.: Das Dilemma der Sicherheit, Die politischen und moralischen Fundamente des Sozialstaats haben Risse, in: Die Zeit vom 2.12.1988
Offe, C.: Staatliches Handeln und Strukturen der kollektiven Willensbildung – Aspekte einer sozialwissenschaftlichen Staatstheorie, in: Th. Elllwein/J. J. Hesse (Hrsg.): Staatswissenschaften: Vergessene Disziplin oder neue Herausforderungen?, Baden-Baden 1990
Offe, C.: Akzeptanz und Legitimität strategischer Optionen in der Sozialpolitik, in: C. Sachße/H.T. Engelhardt (Hrsg.): Sicherheit und Freiheit, Zur Ethik des Wohlfahrtsstaates, Frankfurt a.M. 1990a
Offe, C.: Zur Typologie von sozialpolitischen „Regimes", in: Zeitschrift für Sozialreform, Heft 39/1993
Offe, C.: Vollbeschäftigung?, Zur Kritik einer falsch gestellten Frage, in: Gewerkschaftliche Monatshefte, Heft 12/1994
Offe, C.: Der Tunnel am Ende des Lichts, Frankfurt a.M. und New York 1994a
Offe, C.: Schock, Fehlkonstrukt oder Droge?, Über drei Lesarten der Sozialstaatskrise, in: Jahrbuch für Arbeit und Technik, Zukunft des Sozialstaats, Bonn 1995
Offe, C./Ronge, V.: Thesen zur Begründung des Konzepts des „kapitalistischen Staates" und zur materialistischen Politikforschung, in: C. Pozzoli (Hrsg.): Rahmenbedingungen und Schranken staatlichen Handelns, 10 Thesen, Frankfurt 1976
Ohde, J.: Halbherzige Hilfe, Die Nordsee, in: BUND (Hrsg.): Umwelt-Bilanz, Die ökologische Lage der Bundesrepublik, Hamburg 1988

Olk, Th.: Identitätswandel und soziale Dienste, in: Soziale Welt, Heft 2/1981
Olson, M.: The Logic of Collective Action, Cambridge 1965
Olson, M.: Die Logik des kollektiven Handelns, Tübingen 1968
Olson, M.: The Rise and Decline of Nations, New Haven/London 1982
Olson, M.: Aufstieg und Niedergang von Nationen, Ökonomisches Wachstum, Stagflation und soziale Starrheit, Tübingen 1985
Olsen, J.P.: Political Science and Organization Theory, Parallel Agendas but Mutual Disregard, S. 87-120, in: R. Czada/A. Windhoff-Héritier (Hrsg.): Political Choice, Institutions, Rules and the Limits of Rationality, Frankfurt/Boulder 1991
Opielka, M.: Das garantierte Mindesteinkommen – ein sozialstaatliches Paradoxon?, in: Th. Schmid (Hrsg.): Befreiung von falscher Arbeit?, Berlin 1984
Opielka, M.: Die ökosoziale Frage, Entwürfe zum Sozialstaat, Frankfurt 1985
Opielka, M./Vobruba, G. (Hrsg.): Das garantierte Grundeinkommen, Frankfurt 1986
Oppermann, Th.: Das parlamentarische Regierungssystem des Grundgesetzes, Anlage – Erfahrungen – Zukunftseignung, in: VVDStRL 33/1975
Osborne, D./Gaebler, T.: Reinventing Government, How The Entrepreneurial Spirit Is Transforming The Public Sector, New York 1992
Page, E.: Laws as an Instrument of Policy, in: Turn of Public Policy, Nr. 5/1985
Panzar, J.C./Willig, R.D.: Economics of Scale and Economics of Scope in Multi-Output-Productions, in: Bell Laboratories Economic Discussion Paper No. 33, New York 1975
Papier, H.-J.: Besteuerung und Eigentum, Deutsches Verwaltungsblatt 95/1980
Pappi, F.U.: Policy-Netze: Erscheinungsform moderner Politiksteuerung oder methodischer Ansatz?, in: PVS-Sonderheft 24/1993
Pareto, V.: Ausgewählte Schriften, Frankfurt 1975
Parkinson, C.N.: Parkinsons Gesetz, Stuttgart 1962
Parsons, T.: Evolutionäre Universalien, dt. in: W. Zapf: Theorien sozialen Wandels, Köln/Berlin 1969
Parsons, T.: Gesellschaften, Frankfurt 1975
Patzig, W.: Zur Problematik der Kreditfinanzierung öffentlicher Haushalte, in: DÖV 4/1985
Peacock, R.T./Wiseman, J.: The Growth of Public Expenditure in the United Kingdom, Princeton 1983
Peltzman, S.: Regulation of Pharmacentical Innovation, American Enterprise Institute 1974
Pestalozza, Graf von: Der Popularvorbehalt – Direkte Demokratie in Deutschland, Berlin 1981
Peters, B.G.: Alternative Modelle des Policy-Prozesses: Die Sicht „von unten“ und die Sicht „von oben“, in: PVS-Sonderheft 24/1993
Pfaff, A.B.: Grundrente und Mindestsicherung im Alter – Eine sozialpolitische Reformstrategie in der Beschäftigungskrise, in: R.G. Heinze u.a. (Hrsg.): Sozialstaat 2000, Bonn 1987
Piduch, E.A.: Bundeshaushaltsrecht (Stand: März 1985)
Pilz, F.: Das sozialstaatliche System der Bundesrepublik Deutschland, Grundzüge der Sozial- und Gesellschaftspolitik, München 1978
Pilz, F.: Das System der Sozialen Marktwirtschaft, Politisch-ökonomische Grundlegung der Konzepte, Prinzipien und Strategien, München 1981
Pilz, F.: Die Investitionslenkung im Sozialstaat der Bundesrepublik Deutschland – Merkmale, Funktionen, Kritikpunkte des sozialstaatsverpflichteten Steuerungskonzepts –, Göttingen 1983
Pilz, F.: Wirtschaftspolitik, in: Lehrerhandbuch Sozialkunde, München 1985a
Pilz, F.: Sozialstaat und Sozialpolitik, in: Lehrerhandbuch Sozialkunde, München 1985b
Pilz, F.: Der Wohlfahrtsstaat in der Legitimationskrise?, in: I. Hanke/H. Keidel (Hrsg.): Unruhe ist die erste Bürgerpflicht, Politik und Politikvermittlung in den 80er Jahren, Baden-Baden 1988

Pilz, F./Ortwein, H.: Das vereinte Deutschland, Stuttgart-Jena 1992
Pilz, F./Ortwein, H.: Das politische System Deutschlands: Systemintegrierende Einführung in das Regierungs-, Wirtschafts- und Sozialsystem, München-Wien 1997
Pioch, R./Vobruba, G.: Gerechtigkeitsvorstellungen im Wohlfahrtsstaat, Sekundäranalyse empirischer Untersuchungen zur Akzeptanz wohlfahrtsstaatlicher Maßnahmen, in: D. Döring u.a.: Gerechtigkeit im Wohlfahrtsstaat, Marburg 1995
Piore, M.J./Sabel, Ch.F.: Das Ende der Massenproduktion – Studie über die Requalifizierung der Arbeit und die Rückkehr der Ökonomie in die Gesellschaft, Berlin 1985
Piper, N.: Angstfaktor Weltmarkt, in: Die Zeit vom 5.4.1996, S. 17
Piven, F./Cloward, R.A.: Poor Peoples Movements, New York 1977
Pohmer, D.: Steuervereinfachung im Konflikt oder im Gleichklang mit anderen Besteuerungszielen?, in: Wirtschaftsdienst, Heft 6/1996
Polinsky, A.M. Economic Analysis as a Potentially Defective Product: A Buyer's Guide to Posners Economic Analysis of Law, Harvard Law Review 1974
Pond, C.: Texation: Political Liability, in: Marxism today, Februar 1983
Poulantzas, N.: Staatstheorie, Hamburg 1978
Preuß, U.K.: Politische Verantwortung und Bürgerloyalität, Von den Grenzen der Verfassung und des Gehorsams in der Demokratie, Frankfurt 1984
Preuß, U.K.: Risikovorsorge als Staatsaufgabe, Die apistemologischen Voraussetzungen von Sicherheit, in: D. Grimm (Hrsg.): Staatsaufgaben, Baden-Baden 1994
Preuß, U.K.: Risikovorsorge als Staatsaufgabe, in: D. Grimm (Hrsg.): Staatsaufgaben, Baden-Baden 1994
Priewe, J.: Technologischer Fortschritt als Wachstumsbremse, in: Memo-Forum 5/1985
Prinz, A./Klanberg, F.: Vixierbilder der neuen Familienpolitik, in: Wirtschaftsdienst, Heft 9/1985
Prosi, G.: Konturen aufgeklärter Verbandspolitik, in: Orientierungen zur Wirtschafts- und Gesellschaftspolitik, Zeitschrift der Ludwig-Erhard-Stiftung, Heft 45, Köln 1990
Prosi, G.: Demokratie in der Rationalitätenfalle/Finanzpolitik im Schatten der Staatsverschuldung, in: Orientierungen zur Wirtschafts- und Gesellschaftspolitik, Zeitschrift der Ludwig-Erhard-Stiftung, Heft 56/1993
Przeworski, A.: Capitalism and Social Democracy, Cambridge 1985
Püttner, G.: Staatsverschuldung als Rechtsproblem, 1980
Putnam, R. D.: Bowling Alone: America's Declining Social Capital, in: Journal of Democracy, Vol. 6, Number 1, Januaury 1995
Radnitzky, G./Bouillon, H. (Hrsg.): Ordnungstheorie und Ordnungspolitik, Berlin-Heidelberg 1991
Rainer, W.: Rechtsordnung und Technostruktur: Die Grenze regulativer Politik im Bereich der Kernenergie, in: Jahrbuch für Rechtsoziologie und Rechtstheorie, Bd. 8/1982
Ranny, A.: The United States of America, in: D. Butler/A. Ranny (Hrsg.): Referendums, A Comparative Study of Practice and Theory, Washington D.C. 1978
Rassem, M.: Bemerkungen zur Sozialdisziplinierung, in: Zeitschrift für Politik, Heft 30/1983
Rassem, M.: Zum politischen Wörterbuch (III): Die Wohlfahrt, in: Zeitschrift für Politik, Heft 4/1986
Rauch, J.: Demosklerosis – The Silent Killer of American Government, New York 1994
Rausch, H.: Zur Theorie und Geschichte der Repräsentation und Repräsentativverfassung, Darmstadt 1968
Rauscher, A.: Kann das soziale Leistungssystem noch finanziert werden?, in: Deutscher Caritasverband (Hrsg.): Der Sozialstaat in der Krise?, Freiburg/Breisgau 1985
Recktenwald, H.C.: Unteilbare Güter, Ihre Effizienz und Verteilung, Nutzen-Kosten-Analysen, in: Public Finance/Finance Publiques, Vol. 22/1967

Recktenwald, H.C.: Umfang und Struktur der öffentlichen Ausgaben in säkularer Entwicklung, in: HdF I, Tübingen 1977
Recktenwald, H.C.: Unwirtschaftlichkeit im Staatssektor, Elemente einer Theorie des ökonomischen „Staats"versagens, in: Hamburger Jahrbuch für Wirtschafts- und Gesellschaftspolitik, Bd. 23, Tübingen 1978
Reder, M.W.: Chicago Economics: Permanence and Change, Journal of Economic Literature 20/1982
Reding, K.: Die Effizienz staatlicher Aktivitäten, Problem ihrer Messung und Kontrolle, Schriften zur öffentlichen Verwaltung und öffentlichen Wirtschaft, Bd. 40, Baden-Baden 1981
Regan, R.: State of the Union Massage on Economic Recovery, Washington D.C., Februar 18/1980
Regan, R.: America's New Beginning, Statement to the House of Representatives Budget Committee, Washington, Februar 1981
Reh, W.: Straßenbau ohne Ende, Verkehr, in: BUND (Hrsg.): Umweltbilanz. Die Ökologische Lage der Bundesrepublik, Hamburg 1988
Reiche, J.: Markt oder Plan?, Ein Beitrag zur Klärung einiger Mißverständnisse, die der Entscheidung für eine ökologische Marktwirtschaft im Wege stehen, in: Projektgruppe Grüner Morgentau (Hrsg.): Perspektiven ökologischer Wirtschaftspolitik, Frankfurt 1986
Reinermann, H./Reichmann, G.: Verwaltung und Führungskonzepte: Management bei Objectives und seine Anwendungsvoraussetzungen, Berlin 1978
Reissert, B.: Staatliche Finanzzuweisungen und kommunale Investitionsprogramme, Berlin 1984
Rengeling, H.W.: Das Kooperationsprinzip im Umweltschutz, Köln 1989
Renzsch, W.: Föderative Problembewältigung: Zur Einbeziehung der neuen Länder in einen gesamtdeutschen Finanzausgleich ab 1995, in: Zeitschrift für Parlamentsfragen, Heft 25/1994
Renzsch, W.: Finanzreform – ein politisches Problem, in: Wirtschaftsdienst, Heft 7/1996
Rheinisch-Westfälisches Institut (RWI): Wer finanziert die deutsche Einheit?, Zur Diskussion um die Gerechtigkeitslücke, in: RWI-Konjunkturbrief 3/1992
Rhode, B.: Regulierung und Deregulierung, Zur Beschleunigung des Rechts, Soziale Welt, Zeitschrift für sozialwissenschaftliche Forschung und Praxis, Heft 44/1993
Riedmüller, B.: Geschlechtsspezifische Wirkung der Sozialpolitik, Eine Analyse der Rolle der Frau in der Sozialpolitik, in: R.G. Heinze u.a. (Hrsg.), Sozialstaat 2000, Bonn 1987
Ringen, S.: The Possibility of Politics, A Study in the Political Economy of the Welfare State, Oxford 1987
Ritter, E. H.: Der kooperative Staat, Bemerkungen zum Verhältnis von Staat und Wirtschaft, in: Archiv des öffentlichen Rechts, 104. Jg., S. 389-413
Ritter, E.-H.: Das Recht als Steuerungsmedium im kooperativen Staat, in: D. Grimm (Hrsg.): Wachsende Staatsaufgaben – sinkende Steuerungsfähigkeit des Rechts, Baden-Baden 1990
Ritter, G.A.: Der Sozialstaat, Entstehung und Entwicklung im internationalen Vergleich, München 1989
Rittstieg, A.: Die Konkretisierung technischer Standards im Anlagenrecht, Köln–Berlin–Bonn–München 1982
Robert-Bosch-Stiftung (Hrsg.): Vorschläge zur Strukturreform der Gesetzlichen Krankenversicherung, Wissenschaftliche Arbeitsgruppe „Krankenversicherung", Beiträge zur Gesundheitsökonomie, Bd. 25, Gerlingen 1988
Roberts, P.C.: The Keynesian Attack on Mister Reagan's Plan, in: Wall Street Journal, March 1982

Rohwer, B.: Strukturelles Defizit und Konsolidierungsbedarf, in: Ifo-Studien, Heft/1983
Rohwer, B.: Regieren als Sicherung finanzpolitischer Handlungsspielräume (Steuerpolitik, Finanzvergleich und Kreditaufnahme), in: H.-H. Hartwich/G. Wewer (Hrsg.): Regieren in der Bundesrepublik IV, Opladen 1992
Roller, E.: Einstellungen der Bürger zum Wohlfahrtsstaat der Bundesrepublik Deutschland, Opladen 1992
Ronge, V.: Die Umwelt im kapitalistischen System, in: M. Glagow (Hrsg.): Umweltgefährdung und Gesellschaftssystem, München 1972
Ronge, V.: Forschungspolitik als Strukturpolitik, München 1977
Ronge, V.: Die Gesellschaft an den Grenzen der Natur, Aufsätze zur politischen Ökologie, Bielefeld 1979
Rosenberg, N./Birdzell, L.E.: How the West Grows Rich, New York 1986
Rosenberg, P.: Enge Rahmenbedingungen für die Entwicklung des Sozialstaats, in: WSI-Mitteilungen, Heft 6/1995
Rothschild, K.W.: Observations on the Ecomics, Politics and Ethics of the Welfare State, in: Zeitschrift für die Gesamte Staatswissenschaft, Bd. 138/1982
Rottleuthner, H.: Aspekte der Rechtsentwicklung in Deutschland, in: Zeitschrift für Rechtssoziologie, Heft 2/1985
Rüb, F.W./Nullmeier, F.: Die Flexibilisierung der Arbeitsgesellschaft, Auf dem Weg in eine neue Gesellschaft flexibler Sozialstrukturen?, in: W. Süss, Die Bundesrepublik in den 80er Jahren, Innenpolitik, politische Kultur, Außenpolitik, Opladen 1991
Rudzio, W.: Die SPD nach der Bundestagswahl 1994, in: G. Hirscher (Hrsg.): Parteiendemokratie zwischen Kontinuität und Wandel, Die deutschen Parteien nach den Wahlen 1994, München 1995
Ruland, F.: Die Auswirkungen der Rentenreform, in: Wirtschaftsdienst, Heft 11/1989
Ruland, F.: Die Verpflichtungen des Bundes gegenüber der Rentenversicherung, in: Wirtschaftsdienst, Heft 12/1987
Rupp, H.H.: Zweikammersystem und Bundesverfassungsgericht – Bemerkungen zu einem verfassungspolitischen Reformvorschlag F.H. von Hayeks, in: Ordo 30/1979
Rürup, B./Färber, G.: Programmhaushalte der „zweiten Generation“, Idee, Arbeitsweise und Leistungsfähigkeit von ZBB, Sunset u. RCB, in: Die öffentliche Verwaltung 33/1988
Rürup, B.: Staatliche Wirtschafts- und Finanzpolitik: Exekution politisch-ökonomischer „Sachzwänge“ oder Ausdruck legitimierter Gestaltung?, in: Th. Ellwein/J.J. Hesse (Hrsg.): Staatswissenschaften: Vergessene Disziplin oder neue Herausforderung?, Baden-Baden 1990
Rürup, B.: Wertschöpfungsbeiträge: Eine Antwort auf die langfristigen Risiken der Gesetzlichen Rentenversicherung, in: R.G. Heinze u.a. (Hrsg.): Sozialstaat 2000, Bonn 1987
RWI-Strukturberichterstattung: Die Auswirkungen staatlicher Marktregulierungen auf die sektorale Strukturbildung und Faktorallokation, Bd. 3, Essen 1986
RWI-Strukturberichterstattung 1987: Schwerpunktthemen: Strukturwandel und Umweltschutz – Umweltwirkungen des Strukturwandels, Auswirkungen von Maßnahmen des Umweltschutzes auf die gesamtwirtschaftliche Produktivitätsentwicklung und das Wachstum ausgewählter Wirtschaftszweige, Essen 1987
Ryll, A./Schäfer, D.: Bausteine für eine monetäre Umweltberichterstattung, in: Zeitschrift für Umweltpolitik und Umweltrecht, Heft 2/1986
Sabatier, P.A.: Advocacy-Koalitionen, Policy-Wandel und Policy-Lernen: Eine Alternative zur Phasenheuristik, in: PVS-Sonderheft 24/1993
Sabatier, P.A.: An Advocacy Coalition Framework of Policy Change and the Role of policy-oriented Learning therein, in: Policy Science 21/1988
Sabel, Ch. u.a.: Regional Prosperities Compared; Massachusetts and Baden-Württemberg Mitte 1980's, Department of Political Sciences, Massachusetts Institute of Technology 1986

Sachverständigenkommission Alterssicherungssysteme: Vergleich der Alterssicherungssysteme und Empfehlungen der Kommission, Bd. 1, Stuttgart – Mainz 1983
Samuelson, P.A.: The Pure Theory of Public Expenditure, in: K.J. Arrow/T. Scitovsky (ed.): Readings in Welfare Economics, London 1969
Samuelson, P.A.: Aspects of Public Expenditure Theories, in: R.W. Houghton (ed.), Public Finance 1971
Sanders, P./Klau, F.: The Role of the Public Sector, Paris 1985
Sanmann, H.: Sozialpolitik, in: W. Ehrlicher u.a. (Hrsg.): Kompendium der Volkswirtschaftslehre, Bd. 2, Göttingen 1978
Sanmann, H.: Langfristprobleme der sozialen Alterssicherung in der Bundesrepublik Deutschland, in: Hamburger Jahrbuch für Wirtschafts- und Gesellschaftspolitik, 33. Jahr, Tübingen 1988
Schabedoth, H.J./Weckenmann, R.: Strategien für die Zukunft, Neue Technologien zwischen Fortschrittserwartung und Gestaltungsauftrag, Marburg 1988
Schäfer, W.: Die Marktwirtschaft unter dem Übermaß des Sozialen, in: M. Dierkes/K. Zimmermann: Sozialstaat in der Krise, Hat die Soziale Marktwirtschaft noch eine Chance?, Wiesbaden 1996
Scharmer, E./Hinzen, A.: Umweltschutz im Baugenehmigungsverfahren, Deutsches Institut für Umweltschutz (Difu), Berlin 1989
Scharpf, F.W.: Planung als politischer Prozeß, Ansätze zur Theorie der planenden Demokratie, Frankfurt 1973
Scharpf, F.W.: Politische Durchsetzbarkeit innerer Reformen, Göttingen 1974
Scharpf, F.W.: Probleme der politischen Aufgabenplanung, in: Handbuch der Verwaltung, Heft 2/3/1974a
Scharpf, F.W.: Beschäftigungspolitische Strategien in der Krise, in: Leviathan, Heft 1/1985
Scharpf, F.W.: Plädoyer für einen aufgeklärten Institutionalismus, in: H.-H. Hartwich (Hrsg.): Policy-Forschung in der Bundesrepublik Deutschland, Opladen 1985a
Scharpf, F.W.: Sozialdemokratische Krisenpolitik in Europa, Frankfurt/New York 1987
Scharpf, F.W.: Inflation und Arbeitslosigkeit in Westeuropa, Eine spieltheoretische Interpretation, in: Politische Vierteljahresschrift, Heft 28/1988 a
Scharpf, F.W.: Verhandlungssysteme, Verteilungskonflikte und Pathologien der politischen Steuerung, in: M.G. Schmidt (Hrsg.): Staatstätigkeit, International und historisch vergleichende Analysen, PVS-Sonderheft 19/1988b
Scharpf, F.W.: Politische Steuerung und politische Institutionen, in: Politische Vierteljahresschrift, Heft 1/1989
Scharpf, F.W.: Der Bundesrat und die Kooperation auf der „dritten Ebene“, in: Bundesrat (Hrsg.): Vierzig Jahre Bundesrat, Baden-Baden 1989a
Scharpf, F.W.: Grenzen der institutionellen Reform, in: Th. Ellwein/J.J. Hesse (Hrsg.): Staatswissenschaften: Vergessene Disziplin oder neue Herausforderung?, Baden-Baden 1990
Scharpf, F.W.: Die Handlungsfähigkeit des Staates am Ende des 20. Jahrhunderts, in: Politische Vierteljahresschrift (PVS), Heft 4/1991
Scharpf, F.W.: Legitimationsprobleme der Globalisierung, Regieren in Verhandlungssystemen, in: C. Böhret/G. Wewer (Hrsg.): Regieren im 21. Jahrhundert – zwischen Globalisierung und Regionalisierung, Leverkusen 1993
Scharpf, F.W.: „Coordination in Hierarchies and Networks“, in: F.W. Scharpf (Hrsg.): Games in Hierarchies and Networks, Frankfurt a.M. 1993a
Scharpf, F.W.: Versuch über Demokratie im verhandelnden Staat, in: R. Czada/M.G. Schmidt (Hrsg.): Verhandlungsdemokratie, Interessenvermittlung, Regierbarkeit, Opladen 1993b
Scharpf, F.W.: Positive oder negative Koordination in Verhandlungssystemen, in: A. Héritier (Hrsg.): Policy-Analyse, PVS-Sonderheft 24/1993c

Scharpf, F.W.: Positive oder negative Koordination in Verhandlungssystemen, in: MPIfG Discussion Paper 1/93, Köln 1993d
Scharpf, F.W.: Politische Optionen im vollendeten Binnenmarkt, Von der negativen Koordination zur Mehrebenenpolitik, Ms. des 19. DVPW-Kongresses vom August 1994
Scharpf, F.W.: Die negative Einkommensteuer – Ein beschäftigungspolitisches Instrument?, in: Wirtschaftsdienst, Heft 3/1994 a
Scharpf, F.W.: Optionen des Föderalismus in Deutschland und Europa, Frankfurt a.M. 1994b
Scharpf, F.W.: Politiknetzwerke als Steuerungssubjekte, in: H.-U. Derlien/U. Gerhardt/F. W. Scharpf (Hrsg.): Systemrationalität und Partialinteresse, Festschrift für Renate Mayntz, Baden-Baden 1994c
Scharpf, F. W.: Economic Integration, Democracy and the Welfare State, MPIfG Working Paper 96/2, Köln 1996
Scharpf, F.W./Reissert, B./Schnabel, F.: Politikverflechtung, Theorie und Empirie des kooperativen Föderalismus in der Bundesrepublik, Kronberg/Taunus 1976
Scharpf, F.W./Reissert, B./Schnabel, F.(Hrsg.): Politikverflechtung I, Kritik und Berichte aus der Praxis, Kronberg/Taunus 1976
Scharpf, F.W./Reissert, B./Schnabel, F.(Hrsg.): Politikverflechtung II, Kritik und Berichte aus der Praxis, Kronberg/Taunus 1977
Schattschneider, E.: Das halbsouveräne Volk, in: F. Grube/G. Richter (Hrsg.), Demokratietheorien, Konzeptionen und Kontroverse, Hamburg 1975
Schatz, H.: Staatsbürokratie im Wandel, Zum wechselseitigen Verhältnis von Steuerungs- und Lernproblemen des PAS, in W.-D. Narr (Hrsg.): Politik und Ökonomie: Autonome Handlungsmöglichkeiten des PAS, PVS-Sonderheft 6/1975
Schatz, K.-W.: Globalsteuerung und Angebotspolitik, in: M.W. Streit (Hrsg.): Wirtschaftspolitik zwischen ökonomischer und politischer Rationalität, Wiesbaden 1988
Scheel, C.: Für eine durchgreifende Einkommensteuerreform: Steuergerechtigkeit durch Steuervereinfachung, in: Wirtschaftsdienst, Heft 6/1996
Scheer, H.: Solidarität, Gemeinwohl und öffentliches Interesse als sozialdemokratische Programmziele, Bonn 1984
Schelsky, H.: Auf der Suche nach Wirklichkeit, Düsseldorf 1965
Schelsky, H.: Der selbständige und der betreute Mensch, Politische Schriften und Kommentare, Stuttgart 1976
Schenk, K.E.: Märkte, Hierarchien und Wettbewerb, München 1981
Schenk, K.E.: „Institutional Choice" und Transaktionsökonomik, Perspektiven der systemanalytischen und industrieökonomischen Anwendung, in: derselbe (Hrsg.): Studien zur politischen Ökonomie, Stuttgart – New York 1982
Schenk, K.E.: Institutional Choice, Entwicklung und Hauptanwendungen, in: Jahrbuch für Neue Politische Ökonomie, 2. Bd., Tübingen 1983
Schenk, K.E.: „Institutional Choice" und Ordnungstheorie, Tübingen 1985
Schettkat, R.: Auswirkungen einer generellen Arbeitszeitverkürzung auf öffentliche Haushalte, Arbeitnehmereinkommen und gesamtwirtschaftliche Nachfrage in: discussion papers II M/LMP 83/15, Berlin 1983
Scheuer, M.: Zur Leistungsfähigkeit neoklassischer Arbeitsmarkttheorien, Bonn 1987
Scheuner, U.: Das Grundgesetz in der Entwicklung zweier Jahrzehnte, in AÖR 95/1970
Scheuner, U.: Das Mehrheitsprinzip in der Demokratie, Opladen 1973
Scheuner, U.: Zur Entwicklung des Parlaments unter der Ordnung des Grundgesetzes, in: G.A. Ritter (Hrsg.): Gesellschaft, Politik und Regierung – Zur Geschichte des Parlamentarismus in Deutschland, Düsseldorf 1974
Schiller, K.: Wir brauchen die Angebotspolitik und die Nachfragepolitik, in: Süddeutsche Zeitung v. 9.3.1988
Schiller, T.: Der Wohlfahrtsstaat als „Quelle" sozialer Probleme, in: H. Haferkamp (Hrsg.): Wohlfahrtsstaat und soziale Probleme, Opladen 1984

Schimank, U.: Wechselseitige Erwartungen und Steuerung: Die forschungspolitische Steuerung des Technologietransfers von Großforschungseinrichtungen der Wirtschaft, in: M. Glagow/H. Willke/H. Wiesenthal (Hrsg.): Gesellschaftliche Steuerungsrationalität und partikulare Handlungsstrategien, Pfaffenweiler 1989
Schimank, U.: The Worsening of Research Conditions at German Universities: Individual Coping Makes the Best of Corporate Coping's Failure, Diskussionspapier präsentiert auf der Konferenz „Coping with Trouble", Köln 1992 a
Schimank, U.: Determinanten sozialer Steuerung – akteurtheoretisch betrachtet, Ein Themenkatalog, in: H. Bußhoff (Hrsg.): Steuerbarkeit und Steuerungsfähigkeit, Beiträge zur Grundlagendiskussion, Baden-Baden 1992 b
Schlecht, O.: „Einseitige Argumentation", in: Der Spiegel v. 11.4.1988
Schleicher, H.: Staatshaushalt und Strategie, Eine Theorie des öffentlichen Gutes aus neuen methodischen Ansätzen, Berlin 1971
Schlichter-Kommissions-Bericht, hrsg. vom Bundesminister für Wirtschaft: Investitionsförderung durch flexible Genehmigungsverfahren, Bericht der unabhängigen Experten-Kommission zur Vereinfachung und Beschleunigung von Planungs- und Genehmigungsverfahren, Baden-Baden 1994
Schlotter, H.-G.: Die Grenzen des Sozialstaats als normatives Problem, in: Ph. Herder-Dorneich u.a. (Hrsg.): Überwindung der Sozialstaatskrise, Ordnungspolitische Ansätze, Baden-Baden 1984
Schmalstieg, H.: Ein ergänzender steuerlicher Ausgleich ist notwendig, in: Wirtschaftsdienst, Heft 11/1987
Schmid, G.: Krise des Wohlfahrtsstaates, Alternativen zur staatlichen Finanzierung und Bereitstellung kollektiver Güter, in: PVS, Heft 1/1984
Schmid, G.: Finanzierung der Arbeitmarktpolitik – Plädoyer für einen regelgebundenen Bundeszuschuß an die Bundesanstalt für Arbeit, in: K.J. Bieback (Hrsg.): Die Sozialversicherung und ihre Finanzierung, Frankfurt/New York 1986
Schmid, G.: Der organisierte Arbeitsmarkt – Überlegungen zu einer institutionellen und politischen Theorie des Arbeitsmarktes, in: F. Buttler u.a. (Hrsg.): Arbeitsmarkt und Beschäftigung, Frankfurt/New York 1987
Schmid, G./Reissert, B./Bruche, G.: Arbeitslosenversicherung und aktive Arbeitsmarktpolitik: Finanzierungssysteme im internationalen Vergleich, Berlin 1987
Schmid, J.: Wohlfahrtsstaaten im Vergleich, Soziale Sicherungssysteme in Europa: Organisation, Finanzierung, Leistungen und Probleme, Opladen 1996
Schmid, K.-P.: Die Jahrhundert-Blamage, in: Die Zeit v. 1.7.1988
Schmidt, K.-D. u.a.: Im Anpassungsprozeß zurückgeworfen, Die deutsche Wirtschaft vor neuen Herausforderungen, in: Kieler Studien 185, Tübingen 1984
Schmidt, K.-D.: Soziale Gerechtigkeit in der Marktwirtschaft in: M.E. Streit (Hrsg.): Wirtschaftspolitik zwischen ökonomischer und politischer Rationalität, Wiesbaden 1988
Schmidt, K.-D./Gundlach, E.: Investitionen, Produktivität und Beschäftigung, Eine empirische Analyse für die Bundesrepublik Deutschland, in: Kieler Studien 218, Tübingen 1988
Schmidt, K.: Mehr qualitative Konsolidierung und weniger Normalverschuldung, in: Wirtschaftsdienst, Heft 6/1984
Schmidt, K.: Auf die Zinslast kommt es an!, Zur Neuorientierung der Haushaltskonsolidierung, in: Wirtschaftsdienst, Heft 8/1995
Schmidt, M.G.: Wohlfahrtsstaatliche Politik unter bürgerlichen und sozialdemokratischen Regierungen, Ein internationaler Vergleich, Frankfurt/New York 1982
Schmidt, M.G.: Demokratie, Wohlfahrtsstaat und neue soziale Bewegung, in: Beilage zur Wochenzeitung Das Parlament, B 11/1984
Schmidt, M.G. (Hrsg.): Staatstätigkeit, International und historisch vergleichende Analysen, in: PVS-Sonderheft 19/1988

Schmidt, M.G.: Sozialpolitik, Historische Entwicklung und internationaler Vergleich, Opladen 1988a
Schmidt, M.G.: Die Politik des mittleren Weges, Besonderheiten der Staatstätigkeit in der Bundesrepublik Deutschland, in: Aus Politik und Zeitgeschichte, B 9-10/90 vom 23. Februar 1990a
Schmidt, M.G.: Staatsfinanzen, in: K. v. Beyme/M.G. Schmidt (Hrsg.): Politik in der Bundesrepublik Deutschland, Opladen 1990b
Schmidt, M.G.: Soziale Sicherung im Nationenvergleich, Sozialökonomische Gesetzmäßigkeiten und Politik, in: U. Bermbach u.a. (Hrsg.): Spaltungen der Gesellschaft und die Zukunft des Sozialstaats, Opladen 1990c
Schmidt, M.G.: Regieren in der Bundesrepublik Deutschland, Bd. 5, Opladen 1992
Schmidt, M.G.: Die politische Verarbeitung der deutschen Vereinigung im Bund-Länder-Verhältnis, in: W. Seibel/A. Benz/A. Mäding (Hrsg.): Verwaltungsreform und Verwaltungspolitik im Prozeß der deutschen Einigung, Baden-Baden 1993
Schmidt, M.G.: Politikverflechtung zwischen Bund, Ländern und Gemeinden, Studienbrief Fernuniversität Hagen 1994
Schmidt, M.G.: Demokratietheorien, Eine Einführung, Opladen 1995
Schmidt-Aßmann, E.: Das bebauungsrechtliche Planerfordernis, Köln/Berlin/Bonn/München 1982
Schmitter, Ph.C.: Neo-Corporation and the State, EUI Working Paper 106, 1984
Schmitthenner, H.: Zukunft des Sozialstaates – Sozialstaat der Zukunft, Acht Thesen zur gewerkschaftlichen Politik der solidarischen Erneuerung von Sozialstaat und Sozialpolitik, in: Derselbe (Hrsg.): Der „schlanke" Staat, Zukunft des Sozialstaates – Sozialstaat der Zukunft, Hamburg 1995
Schmölders, G./Hansmeyer, K.H.: Allgemeine Steuerlehre, 5. Auflage, Berlin 1980
Schnabel, F.: Politik ohne Politiker, in: H. Wollmann (Hrsg.): Politik im Dickicht der Bürokratie, Beiträge zur Implementationsforschung, Opladen 1980
Schnapp, F.: Die Sozialgerichtsbarkeit als anspruchsbildende Instanz; Wittkämper, G.: Der Parteienwettbewerb als eskalierender Faktor; Zweifel, P.: Die „Investitionsspirale" im Gesundheitswesen, in: Ph. Herder-Dorneich/A. Schuller (Hrsg.): Die Anspruchsspirale, Stuttgart u.a. 1983
Schneider, H.P.: Verfassungsgerichtsbarkeit und Gewaltenteilung, in: NJW 1980
Schneider, K.: New View Calls Environmental Policy Misguided, in: New York Times, 21/1993
Schneider, W.: Umweltschutz und qualitatives Wachstum – Neue Elemente gewerkschaftlicher Umweltpolitik, in: WSI-Mitteilungen 12/1985
Schnoor, H.: Verheerende Folgen für strukturschwache Kommunen, in: Wirtschaftsdienst, Heft 11/1987
Schoch, F.: Privatisierung von Verwaltungsaufgaben, in: DVBl. 1994, S. 962 ff.
Scholz-Kommission des Sachverständigenrats „Schlanker Staat", Bonn 1996, unveröffentlichtes Manuskript
Scholz, W.: Sozialbudget 1993; Gebremste Dynamik, in: Bundesarbeitsblatt 3/1994
Schreiber, H.: Luftreinhaltepläne, Instrumente einer präventiven Umweltpolitik? in: U.E. Simonis (Hrsg.): Präventive Umweltpolitik, Frankfurt/New York 1988
Schreiber, U. (Hrsg.): Handlexikon Wirtschaft, München 1987
Schreyer, M.: Mindesteinkommen – Stolper oder Meilenstein für eine grüne Zukunft?, in: M. Opielka/G. Vobruba (Hrsg.): Das garantierte Grundeinkommen, Frankfurt 1986
Schubert, K.: Struktur-, Akteur- und Innovationslogik: Netzwerkkonzeptionen und die Analyse von Politikfeldern, in: D. Jansen/K. Schubert (Hrsg.): Netzwerke und Politikproduktion, Konzepte, Methoden, Perspektiven, Marburg 1995
Schui, H.: Gegenwärtige Trends im internationalen Schuldenmanagement, in: WSI-Mitteilungen, Heft 11/1986

Schui, H.: Die Schuldenfalle: Schuldenkrise und Dritte-Welt-Politik der USA, Köln 1988
Schüller, A.: Property Rights, Theorie der Firma und wettbewerbliches Marktsystem, in: A. Schüller (Hrsg.): Property Rigths und ökonomische Theorie, München 1983
Schulenburg Graf von der, J.-M.: Das nötige Maß des Sozialen in der Marktwirtschaft, In: M. Dierkes/K. Zimmermann, Sozialstaat in der Krise, Hat die Soziale Marktwirtschaft noch eine Chance?; Wiesbaden 1996
Schulz-Nieswandt, F.: Öffentliche Krankenhäuser als Mittel der Gesundheitspolitik, in: Zeitschrift für öffentliche und gemeinwirtschaftliche Unternehmen, Band 19, Heft 3, 1996
Schulz-Nieswandt, F.: Regionale Wohlstandsunterschiede als Problem einer sozialpolitisch relevanten regionalen Entwicklungspolitik in der EG, in: Schriften des Vereins für Socialpolitik, N.F., Bd. 222/II, Soziale Integration in Europa II, Berlin 1996a
Schulz-Nieswandt, F.: Zur Theorie der Transformation, Befunde und Thesen zur Rolle von Sozialpolitik, Infrastruktur und Institutionen im Transformationsprozeß, in: Schriftenreihe der Europa-Kolloquien im Alten Reichstag, Politikversagen?, Parteienverschleiß?, Bürgerverdruß?, Regensburg 1996b
Schulze-Fielitz, H.: Kooperatives Recht im Spannungsfeld von Rechtsstaatsprinzip und Verfahrensökonomie, in: Deutsches Verwaltungsblatt, Heft 12/1994
Schumpeter, J.: Capitalism, Socialism and Democracy, New York/London 1942
Schumpeter, J.: Kapitalismus, Sozialismus und Demokratie, München 1950
Schuppert, G.F.: Recht als Steuerungsinstrument: Grenzen und Alternativen rechtlicher Steuerung, in: Th. Ellwein/J.J. Hesse (Hrsg.): Staatswissenschaften: Vergessene Disziplin oder neue Herausforderung?, Baden-Baden 1990
Schuppert, G.F.: Die Privatisierungsdiskussion in der deutschen Staatsrechtslehre, in: Staatswissenschaften und Staatspraxis 1994
Schurmacher, O.: Gehetzte Jäger, in: Die Zeit vom 10.5.1996, S. 30
Schürmann, J.: Energieverteuerung ist kein Patentrezept, in: Handelsblatt vom 11.3.1996, S. 2
Schusser, W.: Flexibilisierung der Arbeitszeit, Plädoyer für das Machbare, in: Beiträge zur Wirtschafts- und Sozialpolitik des Instituts der deutschen Wirtschaft, Heft 117/118, Köln 1983
Schuster, R. (Hrsg.): Deutsche Verfassungen, München 1985
Schwarz, K.: Das Technische Regelwerk der VDI-Kommission Reinhaltung der Luft – der Beitrag der Wissenschaften, in: Beitrag zur Staatsentlastung, Düsseldorf 1972
Scitovsky, T.: Can Capitalism Survive?, An old Question in a New Setting, in: American Economic Review, 70/1980
Segert, K.: Abbau sozialer Risiken statt Sozialabbau – Strategien der Sozialpolitik in der Wirtschaftskrise –, in: Soziale Sicherheit, Heft 7/1987
Seibel, W.: Nichtintendierte wirtschaftliche Folgen politischen Handelns, Die Transformationspolitik des Bundes in Ostdeutschland seit 1990, in: W. Seibel/A. Benz: Regierungssystem und Verwaltungspolitik, Opladen 1995
Self, P.: Public Expenditure and Welfare, in: M. Wright: Public Spending Decisions, Growth and Restraint in the 1970's, London 1980
Sen, A.K.: The Welfare Basis of Real Income Comparisons: A Survey, Journal of Economic Literature 17/1979
Sengenberger, W.: Struktur und Funktionsweise von Arbeitsmärkten, Die Bundesrepublik im internationalen Vergleich, Frankfurt/New York 1987
Shafritz, J.M./Hyde, A.C./Rosenbloom, D.M.: Personal Management in Government, New York/Basel 1986
Sherman, H.: Globalisierung: Transnationale Unternehmen auf dem Vormarsch, in: Ifo-Schnelldienst, Heft 23/96, S. 3-13
Sieferle, R.P.: Ökonomie und Ökologie, in: I. Fetscher/H. Münkler (Hrsg.): Politikwissenschaft, Begriffe – Analysen – Theorien, Ein Grundkurs, Reinbeck 1985

Sievert, O.: Positionen des Sachverständigenrats, in: DIW-Vierteljahresheft 1/1980
Sievert, O.: Angebotsorientierte Wirtschaftspolitik in der Bundesrepublik Deutschland, in: Arbeitspapiere des Instituts für empirische Wirtschaftsforschung an der Universität des Saarlandes, Heft 53/1984
Sievert, O.: Lohnpolitik, Faktorsubstitution und Beschäftigung, Wirtschaftspolitik zwischen ökonomischer und politischer Rationalität, Wiesbaden 1988
Simonis, U.E.: Präventive Umweltpolitik, Frankfurt/New York 1988
Singer, O.: The Politics and Economics of German Unification: From Currency Union to Economic Dichotomy, in: German Politics 1/1992
Singer, O.: Die Wirtschaftspolitik und ihre Experten, Staatliche Handlungskapazität und Systeme der Politikberatung in den USA, Großbritannien und Deutschland, in: R. Czada/M.G. Schmidt (Hrsg.): Verhandlungsdemokratie, Interessenvermittlung, Regierbarkeit, Opladen 1993
Skarpelis-Sperk, S.: Soziale Rationierung öffentlicher Leistungen, Frankfurt 1978
Skinner, S.J./Guiltinan J.P.: Extra-Network Linkage, Dependence and Power, in: Social Forces 64/1986
Smith, A.: The Theory of Moral Sentiments, London 1759, Part IV, 2, 2
Sohmen, E.: Allokationstheorie der Wirtschaftspolitik, Tübingen 197
Soltwedel, R.: Zur Relevanz der Neoklassischen Theorie für die Wirtschaftspolitik, in: D.B. Simmert (Hrsg.): Wirtschaftspolitik – kontrovers, Köln 1979
Soltwedel, R.: Krise der Arbeitsmarktpolitik, in: Die Weltwirtschaft 2/1981
Soltwedel, R.: Normen und Institutionen – von der Sozialphilosophie zur politischen Ethik, in: Bertelsmann Stiftung u.a. (Hrsg.): Markt mit Moral, Das ethische Fundament der Sozialen Marktwirtschaft, Gütersloh 1994
Sorge, A.: Informationstechnik und Arbeit im sozialen Prozeß, Frankfurt/New York 1985
Sorge, A.: Strategische Orientierungen des Einsatzes neuer Techniken und Arbeitsmarkt, in: Buttler u.a. (Hrsg.): Arbeitsmarkt und Beschäftigung, Frankfurt/New York 1987
Spahn, H.-P./Vobruba, G.: Das Beschäftigungsproblem, Die ökonomische Sonderstellung des Arbeitsmarktes und die Grenzen der Wirtschaftspolitik, in: Wirtschaft und Gesellschaft, Heft 4/1986
Spahn, H.-P.: Die Stabilitätspolitik des Sachverständigenrats, Frankfurt/New York 1980
SPD-Parteivorstand (Hrsg.): Grundwerte in einer gefährdeten Welt, Bonn 1977
Specht, D.: Rechnereinsatz und Automatisierung, in: Informationen zur politischen Bildung, Heft 218/1988
Sperber, H.: Dienstleistungen im EG-Raum: Bedeutung und Perspektiven, in: Wirtschaftsdienst, Heft 3/1988
Sperling, I.: „Probleme des zweiten Arbeitsmarktes“, in: Wirtschaftsdienst, Heft 8/1994
Spieker, M.: Legitimitätsprobleme des Sozialstaats, Konkurrierende Sozialstaatskonzeptionen in der Bundesrepublik Deutschland, Bonn-Stuttgart 1986
Spies, H.: Zum Stand der umweltstatistischen Arbeiten auf internationaler Ebene, in: Wirtschaft und Statistik, Heft 9/1984
Sprenger, R.-U.: Umweltschutz und Beschäftigung, in: Tagesunterlagen zum 130. Seminar des Fortbildungszentrums Gesundheits- und Umweltschutz FGU Berlin (28./29.11. 1985)
Sprenger, R.-U.: Umwelttechnik: Traditionsreicher Markt mit neuen Konturen, in: Ifo-Schnelldienst 5/1986
Sprenger, R.U./Knödgen, G.: Struktur und Entwicklung der Umweltschutzindustrie in der Bundesrepublik Deutschland, Berlin 1983
SRU (Rat von Sachverständigen für Umweltfragen): Umweltgutachten 1996, Zur Umsetzung einer dauerhaft-umweltgerechten Entwicklung, in: Bundestags-Drucksache 13/4108
„Standortbericht“ der Bundesregierung: Bericht der Bundesregierung zur Zukunftssicherung des Standorts Deutschland vom 2.9.1993, in: Bundestags-Drucksache 12/5620

Stanger, M.: Krisentendenzen der Kapitalakkumulation – Theoretische Kontroversen und empirische Befunde, Berlin 1988
Statistisches Bundesamt, Ausgaben für Gesundheit 1970-1983, Stuttgart 1985
Steffani, W.: Pluralistische Demokratie, Opladen 1980
Steffani, W.: Zur Vereinbarkeit von Basisdemokratie und parlamentarischer Demokratie, in: Beilage zur Wochenzeitung Das Parlament, B 2/1983
Steger, U. (Hrsg.): Globalisierung der Wirtschaft, Konsequenzen für Arbeit, Technik und Umwelt, Berlin 1996
Steinberg, E.P.: The Status of MRI in 1986: Rates of Adoption in the United States and Worldwide, in: AJR 147, September 1986
Steinkühler, F.: Befreiungsschlag des Oskar Lafontaine für die Bundesregierung Helmut Kohls, in: Handelsblatt v. 29.3.1988, S. 33
Stelzenmüller, C.: Direkte Demokratie in den Vereinigten Staaten von Amerika, Baden-Baden 1994
Stephens, J.: The Transition from Capitalism to Socialism, London 1979
Stern, K.: Das Staatsrecht der Bundesrepublik Deutschland, Band 1, 1984
Stober, R.: Wirtschaftsverwaltungsrecht, Stuttgart u.a. 1992
Stohler, J.: Wirtschaftswachstum und Wohlfahrtsstaat, in: Zeitschrift für Sozialökonomie, Bd. 24/1964
Strasser, J.: Grenzen des Sozialstaats?, in: J. Krüger/H. Strasser (Hrsg.): Soziale Ungleichkeit und Sozialpolitik, Legitimation, Wirkung und Programmatik, Regensburg 1986
Streeck, W.: Gewerkschaftliche Organisationsprobleme in der sozialstaatlichen Demokratie, Königstein/Taunus 1981
Streeck, W.: Kollektive Arbeitsbeziehungen und industrieller Wandel: Das Beispiel der Automobilindustrie, Discussion Paper ILM/LMP 86-2, Wissenschaftszentrum Berlin 1986
Streissler, E.: Finanzmärkte bei steigendem Einkommen und Vermögen, in: Wirtschaftsanalysen, Heft 4/1980
Streit, M.E. (Hrsg.): Wirtschaftspolitik zwischen ökonomischer und politischer Rationalität, Wiesbaden 1988
Streit, M.E.: Marktwirtschaftliche Ordnungspolitik im demokratischen Wohlfahrtsstaat, in: M. Kaase (Hrsg.): Politische Wissenschaft und politische Ordnung, Analysen zu Theorie und Empirie demokratischer Regierungsweise, Opladen 1986
Streit, M. E./Mummert, U.: Grundprobleme der Systemtransformation aus institutionenökonomischer Perspektive, in: Diskussionsbeitrag 09-96 des MPI zur Erforschung von Wirtschaftssystemen, Jena 1996
Ströbele, W.J.: Externe Effekte als Begründung von Umweltökonomik und -politik, in: F. Beckenbach: Die ökologische Herausforderung für die ökonomische Theorie, Marburg 1991
Strümpel, B.: Eurosklerose und Staatsversagen, Zwei Erklärungsversuche für ökonomische Fehlentwicklungen, in: Die Zeit, Nr. 41 vom 3.10.1986
Strümpel, B./Nitschke, Ch./Pawlowsky, P.: Konflikt und Solidarität im Zeichen hoher Arbeitslosigkeit, in: Aus Politik und Zeitgeschichte. Beilage zum Parlament, B 17/1986
Stucke, A.: Die westdeutsche Wissenschaftspolitik auf dem Weg zur deutschen Einheit, in: Aus Politik und Zeitgeschichte, B. 51/92
Sturm, R.: Politische Wirtschaftslehre, Opladen 1995
Tegtmaier, W.: Der Konsolidierungsbedarf in den Systemen sozialer Sicherung, in: H.H. Armin/K. Lettmann (Hrsg.), Finanzpolitik im Umbruch, Frankfurt 1984
Teubner, G./Willke, H.: Kontext und Autonomie: Gesellschaftliche Selbststeuerung durch reflexives Recht, in: Zeitschrift für Rechtsoziologie 6, 1984
Thiel, E.: Wiederbelebung der Wohnungsbaupolitik, in: Wirtschaftsdienst, Heft 2/1989

Thomé-Kozmiensky; K.J./Franke, M.: Verpackung und Umwelt, Berlin 1987
Thormählen, Th./Stahl, G.: Das „neue“ Budgetkonzept des SVR, in: Wirtschaftsdienst, Heft 2/1980
Thormählen, Th./Leibinger, H.B.: Sachverständigenrat: Zahlenmagier am Budget, in: Wirtschaftsdienst, Heft 1/1987
Thürmer, L.: Bürokratie und Effizienz staatlichen Handelns, Der Beitrag der ökonomischen Theorie der Politik zur Erklärung des Verhaltens demokratisch gesteuerter Verwaltungen, in: Volkswirtschaftliche Schriften, Heft 338, Berlin – München 1984
Thurow, L.: Die Zukunft des Kapitalismus, München 1996
Tideman, N./Tullock, G.: A New and Superior Process for Making Social Choices, Journal of Political Economy 84, Dezember 1976
Tietzel, M.: Die Ökonomie der Property Rights: Ein Überblick: Wirtschaftspolitische Chronik, Heft 3/1981
Timmermann, M.: Effizienzsteigerung der öffentlichen Verwaltung, in: E. Helmstädter (Hrsg.): Neuere Entwicklungen in den Wirtschaftswissenschaften, Schriften des Vereins für Socialpolitik, N.F., Bd. 98
Titmos, R.N.: Committment to Welfare, London 1968
Tofaute, H.: Übertragung öffentlicher Leistungen und Funktionen auf Private (Privatisierung), Eine Darstellung politischer, ökonomischer, gesellschaftlicher und arbeitnehmerorientierter Standpunkte, Stuttgart 1977
Tofaute, H.: Bemerkungen zur Problematik der Einführung eines Einkommensteuertarifs mit durchgehendem Progressionsverlauf, in: WSI-Mitteilungen 6/1978
Tofaute, H.: Anmerkungen zu der geplanten Steuerreform der Bundesregierung, in: WSI-Mitteilungen 12/1984
Tofaute, H.: Ökosteuern und -abgaben: Wirksame Instrumente des Umweltschutzes?, Zur Entwicklung und Bewertung in umweltprogrammatischen Aussagen der Gewerkschaften – Arbeitspapier Nr. 33 der Universität Trier, Fachbereich IV, Trier 1994
Tofaute, H.: Steuerverteilung in der Schieflage: Steigende Lohnsteuerquote – Sinkende Gewinnsteuerbelastung, in: WSI-Mitteilungen, Heft 3/1995
Tofaute, H.: Mehr Steuer- statt Beitragsfinanzierung für „versicherungsfremde“ Leistungen in der Sozialversicherung?, in: WSI-Mitteilungen Heft 6/1997
Tomuschat, Chr.: Tyrannei der Minderheit?, in: Jahrbuch für Internationales Recht 19/1976
Transfer-Enquête-Kommission: Das Transfersystem in der Bundesrepublik Deutschland, Bericht der Sachverständigenkommission, Stuttgart 1981
Traube, K.: Massenmotorisierung: Probleme und Auswege, in: M. Jänicke/U.E. Simonis/E. Weidmann (Hrsg.): Wissen für die Umwelt, Berlin 1985
Traxler, F./Vobruba, G.: Funktionale Äquivalente zum Recht durch neokorporatistische Steuerung?, Beiträge zur Konferenz „Grenzen des Rechts, Limitations of Law“, Bielefeld 1986
Treiber, H.: Programmentwicklung als politischer Prozeß, Zum Verhältnis von Bürokratie und politischer Führung aus der Sicht der empirischen Verwaltungswissenschaft, in: Zeitschrift für Politik, Heft 3/1977
Treutner, E.: Rückzug des Staates oder subtilere Steuerung im Bereich der Arbeits- und Sozialpolitik?, in: R. Voigt (Hrsg.): Abschied vom Staat – Rückkehr zum Staat?, Baden-Baden 1993
Troitzsch, K.G.: Volksbegehren und Volksentscheid, Meisenham am Glan 1979
Trojan, A./Faltis, M.: Re-Animation des „Sozialen“ und Demokratisierung des Systems, in: M. Opielka/I. Ostner (Hrsg.): Umbau des Sozialstaats, Essen 1987
Tuchtfeldt, E.: Der Wandel des Gerechtigkeitsbegriffs, Mitteilungen der Gesellschaft der Freunde der Universität Mannheim e. V., Jg.33, Nr.2, Oktober 1984
Tuchtfeldt, E.: Varianten des Liberalismus – Hilfe oder Hemmnis für Transformationsprozesse?, Vortrag auf dem 2. Müller-Armack-Symposium, Frankfurt/Oder 26.10.1994

Tudyka, K.P.: Umweltpolitik in Ost- und Westeuropa, Opladen 1988
Tullock, G.: The Politics of Bureaucracy, Washington 1965
Uhlmann, L.: Bestimmungsgründe der Investitionsentscheidung in der Industrie, in: Center for International Research on Economic Tendency Surveys (CIRET), (Hrsg.): München 1980
Uldall, G.: Ein Stufensystem für Deutschland, in: Wirtschaftsdienst, Heft 6/1996
Umweltbundesamt (UBA): Bedarf des Bundes an bodenschutzrelevanten Informationen: Sachverstand und weiteres Vorgehen zum Aufbau eines Fachinformationssystems Bodenschutz, Berlin 1994
Umweltbundesamt (UBA): Zustand der Fließgewässer und Entwicklung der Gewässergüte in der Bundesrepublik Deutschland (Entwurf), Berlin 1994a
Umweltbundesamt (UBA): Ozonsituation 1990-1994 in der Bundesrepublik Deutschland, Berlin 1995
Urban, H.-J.: Deregulierter Standort-Kapitalismus?, Krise und Erneuerung des Sozialstaats, in: H. Schmitthenner (Hrsg.): Der „schlanke" Staat, Zukunft des Sozialstaates – Sozialstaat der Zukunft, Hamburg 1995
Vanberg, V.: Der ökonomische Ansatz zu einer Entstehung und Entwicklung von Institutionen, in: Jahrbuch für Neue Politische Ökonomie, Tübingen 1983
Vaubel, R.: Wenn Beamte Unternehmer spielen ..., Die ökonomische Theorie des Staatsversagens, in: Die Zeit, Nr. 45 v. 2.11.1979
Vaubel, R.: Alternative Ansätze zur Kürzung der Staatsausgaben, in: Wirtschaftsdienst Heft 1/1982
Vaubel, R.: Eine Strategie für die Kürzung der Staatsausgaben, in: H. Giersch (Hrsg.): Wie es zu schaffen ist, Agenda für die deutsche Wirtschaftspolitik, Stuttgart 1983
Vaubel, R.: Die deutschen Staatsausgaben; Wende oder Anstieg ohne Ende?, in: Ordo, Bd. 35, 1984
Verband Deutscher Maschinen- und Anlagenbau (VDMA): Luftreinhaltungstechnik für Umweltschutz, Frankfurt 1989
Verband Deutscher Maschinen- und Anlagenbau (VDMA): Technologien und Verfahren zur Abwasserbehandlung, Frankfurt 1990
Vesper, D.: Steuern, Staatsausgaben und Umverteilung, in: Prokla, Heft 99/1995
Vester, M./von Oertzen, P./Geiling, H./Hermann, Th./Müller, D.: Soziale Milieus im gesellschaftlichen Strukturwandel, Zwischen Integration und Ausgrenzung, Köln 1993
Vieler, A.: Interessen, Gruppen und Demokratie, Eine sozialökonomische Untersuchung über den Einfluß von Interessenverbänden auf die wirtschaftspolitischen Entscheidungen, Tübingen 1986
Vitzthum, W. Graf: Parlament und Planung, Zur verfassungsrechtlichen Zuordnung der Funktionen von Bundesregierung und Bundestag bei der politischen Planung, Baden-Baden 1978
Vobruba, G.: Politik mit dem Wohlfahrtsstaat, Frankfurt 1983
Vobruba, G.: Entrechtlichungstendenzen im Wohlfahrtsstaat, in: R. Voigt (Hrsg.), Abschied vom Recht?, Frankfurt 1983a
Vobruba, G.: Entrechtlichung und Deregulierung im System sozialer Sicherung, Berlin 1986
Vobruba, G.: Arbeiten und Essen, Politik an den Grenzen des Arbeitsmarkts, Wien 1989
Vobruba, G.: Gemeinschaft ohne Moral, Theorie und Empirie moralfreier Gemeinschafts-Konstruktionen, 1994
Voelzkow, H.: Staatseingriff und Verbandsfunktion: Das verbandliche System technischer Regelsetzung als Gegenstand staatlicher Politik, in: MPIfG Discussion Paper 93/2, Köln 1993
Voelzkow, H./Hilbert, J./Heinze, R.G.: „Regierung durch Verbände" – am Beispiel der umweltschutzbezogenen Techniksteuerung, in: Politische Vierteljahresschrift, 28 (1987)
Vogel, O. (Hrsg.): Deregulierung und Privatisierung, Köln 1988

Vogler-Ludwig, K.: Kein Nachlassen der Modernisierungsaktivitäten in der deutschen Wirtschaft, in: Ifo-Schnelldienst, Heft 17-18/1984
Voigt, R. (Hrsg.): Abschied vom Recht?, Frankfurt 1983
Voigt, R. (Hrsg.): Grenzen des Rechts, Limitations of Law, Ein internationales Symposium, Band 1 der Abstracts, Bielefeld 1985 und Band 2, Bielefeld 1986
Voigt, R.: Der kooperative Staat: Auf der Suche nach einem neuen Steuerungsmodus, in: Derselbe (Hrsg.): Der kooperative Staat, Krisenbewältigung durch Verhandlung?, Baden-Baden 1995
Vomfelde, W.: Abschied von Keynes?, Eine Antwort auf die monetaristisch-neoklassische Gegenrevolution, Frankfurt/New York 1985
Vorholz, F.: Müll im Getriebe, Die wachsenden Abfallberge zeigen die Grenzen der Industrieproduktion, in: Die Zeit v. 28.10.1988
Voss, F.: Die Kommunen wurden bei der Steuerreform nicht benachteiligt, in: Wirtschaftsdienst, Heft 11/1987
Voss, F.: Der Bund steht zu seiner gesamtstaatlichen Finanzierungsverantwortung, in: Wirtschaftsdienst, Heft 5/1988
Voy, K./Polster, W./Thomasberger, C. (Hrsg.): Marktwirtschaft und politische Regulierung, Beiträge zur Wirtschafts- und Gesellschaftsgeschichte der Bundesrepublik Deutschland 1949-1989, Bd. 1, Marburg 1991
Waarden van, F.: Dimensions and Types of Policy Networks, in: European Journal of Political Research 21, 1992
Wacker-Theodorakopoulos, C./Kreienbaum, Ch.: Reform der Umweltpolitik im Lichte der deutschen Einigung?, in: Wirtschaftsdienst, Heft 10/1990
Walzer, M.: Socializing The Welfare State, Stuttgart 1994, unveröffentlichtes Manuskript
Waschkuhn, A.: Institution(en), in: D. Nohlen (Hrsg.): Pipers Wörterbuch zur Politik, Bd. 1, München 1985
Weber, M.: Wirtschaft und Gesellschaft, Grundriß der verstehenden Soziologie, Tübingen 1972
Weeber, J.: Mehrwertsteuererhöhung zur Finanzierung von Sozialleistungen?, in: Wirtschaftsdienst, Heft 2/1996
Weede, E.: „Schleichender Sozialismus", Marktvermachtung und wirtschaftliche Stagnation, in: M.G. Schmidt (Hrsg.): Staatstätigkeit, international und historisch vergleichende Analysen, in: Politische Vierteljahresschrift (PVS), Sonderheft 19/1988
Wegener, E.: Zu den Verteilungswirkungen eines existenzsichernden Grundeinkommens, in: M. Opielka/I. Ostner: Umbau des Sozialstaats, Essen 1987
Wegener, E.: Zu den Verteilungswirkungen eines gesellschaftlich garantierten Mindesteinkommens, Bremen 1988
Weidenbaum, M.L.: Government, Power and Business Performance, in: The Future of Business Regulation 1979, zitiert nach Economic Intact Nr. 34, 2/1981
Weidner, H.: Luftreinhaltepolitik in Japan, Regelungsinstrumente und Ergebnisse, in: Zeitschrift für Umweltpolitik 3/1983
Weidner, H.: Die Umweltpolitik der konservativ-liberalen Regierung, Eine vorläufige Bilanz, in: Aus Politik und Zeitgeschichte, B. 47-48/89
Weingast, B.R./Shepsle, K.A./Johnson, C.: The Political Journal of Political Economy LXXXIX, S. 642-664
Weizsäcker von, C.C.: Staatliche Regulierung – positive und normative Theorie, Schweizerische Zeitschrift für Volkswirtschaft und Statistik, Bern 1982, S. 334
Weizsäcker von, C.C.: „Föderalismus als Verjüngungskur", in: H. Buhofer (Hrsg.): Liberalismus als Verjüngungskur, Zürich 1987
Weizsäcker von, E.-U.: Internationale Harmonisierung im Umweltschutz durch ökonomische Instrumente: Gründe für eine europäische Umweltsteuer, in: Th. Ellwein u.a. (Hrsg.): Jahrbuch zur Staats- und Verwaltungswissenschaft, Bd. 3, Baden-Baden 1989

Weizsäcker von, E.-U./Jesinghaus, J.: Europäische Ebene, in: E.-U. von Weizsäcker (Hrsg.): Ökologische Steuerreform: Europäische Ebene und Fallbeispiel Schweiz, Chur u.a. 1992
Wellman, B./Wortley, D.: Different Strokes from Different Folks: Community Ties and Social Support, in: Journal of Sociology, Vol. 96/1990
Welsch, J.: Die „Produktions-Produktivitäts-Schere" – Argumente und Fakten für die Bundesrepublik Deutschland, in: WSI-Mitteilungen 6/1983
Welsch, J.: Umweltschutz und regionale Beschäftigungspolitik – Zur Verknüpfung von Arbeit und Umwelt in der Region, in: WSI-Mitteilungen 12/1985
Welz, W.: Ressortverantwortung im Leistungsstaat, Baden-Baden 1988
Welzmüller, R.: Bedarfsbezogene Grundsicherung – Element einer Anti-Krisenpolitik, in: WSI-Mitteilungen 7/1985
Welzmüller, R.: Investitionen bleiben weiterhin hinter Profiten zurück – Zur Entwicklung der Einkommensverteilung im Jahr 1987, in: WSI-Mitteilungen, Heft 7/1988
Westdeutsche Landesbank – Studie „Umwelttechnik", herausgegeben von Kessler/Opitz (ZB Volkswirtschaft), Düsseldorf 1989
Wicke, L.: Die ökologischen Milliarden, Das kostet die zerstörte Umwelt – So können wir sie retten, München 1986
Wicke, L.: Umweltökonomie, München 1989
Wicksell, K.: Vorlesungen über Nationalökonomie auf der Grundlage des Marginalprinzips, II. Bd., Geld und Kredit, Jena 1928
Wicksell, K.: Finanztheoretische Untersuchungen nebst Darstellung und Kritik des Steuerwesens Schwedens, Jena 1986
Widmaier, H.-P.: Aspekte einer aktiven Sozialpolitik, in: H. Sanmann (Hrsg.): Zur Problematik von Sozialinvestitionen, Schriften des Vereins für Sozialpolitik, Bd. 40, Berlin 1970
Widmaier, H.-P.(Hrsg.): Politische Ökonomie des Wohlfahrtsstaats, Frankfurt 1974
Widmaier, H.-P.: Sozialpolitik im Wohlfahrtsstaat, Reinbek b. Hamburg 1976
Wiegard, W.: Reform der Einkommensteuer: einfacher, gerechter, effizienter?, in: Wirtschaftsdienst, Heft 5/1987
Wiesenthal, H.: Die Konzertierte Aktion im Gesundheitswesen, Ein Beispiel für Theorie und Politik des modernen Korporatismus, Frankfurt 1981
Wiesenthal, H.: Zwischen Verkürzung und Flexibilität, Arbeitsumverteilung diesseits der schlechten Utopie der 20-Stunden-Woche, in: H.E. Maier/Th. Schmid (Hrsg.): Der goldene Topf, Vorschläge zur Auflockerung des Arbeitsmarkts, Berlin 1986
Wiesenthal, H.: Unsicherheit und Multiple Self-Identität, in: MPIfG Discussion Paper 90/2
Wiesenthal, H.: „Rational Choice", Unsicherheit und ökologische Rationalität, Bemerkungen zur ökologischen Stabilität von Unternehmensentscheidungen, in: F. Beckenbach (Hrsg.): Die ökologische Herausforderung für die ökonomische Theorie, Marburg 1991
Wildavsky, A.: How to Limit Government Spending, Berkely et al 1980
Wilensky, H.L.: The Welfare State and Equality, Strucural and Ideological Roots of Public Expenditures, Berkeley 1975
Wilensky, H.L.: Political Legitimacy and Consensus: Missing Variables in the Assessment of Social Policy, in: S.E. Spirow, E. Yuchtman-Yaar (Hrsg.): Evaluating the Welfare State: Social and Political Perspectives, New York 1983
Wilhelm, S.: Öko-Steuern, Marktwirtschaft und Umweltschutz, München 1990
Williamson, O.E.: Markets and Hierarchies: Analysis and Antitrust Implications, New York 1975
Williamson, O.E.: The Organization of Work, A Comparative Institutional Assessment, in: Journal of Economic Behaviour and Organization, 1/1980

Williamson, O.E.: The Modern Corporation, in: Journal of Economic Literature, Vol. 19/1981
Williamson, O.E.: The Economic Institutions of Capitalism, New York/London 1985
Willke, H.: Entzauberung des Staates, Überlegungen zu einer sozialen Steuerungstheorie, Königstein 1983
Willke, H.: Entzauberung des Staates, Grundlinien einer systemtheoretischen Argumentation, in: Th. Ellwein/R. Mayntz/F.W. Scharpf (Hrsg.): Jahrbuch zur Staats- und Verwaltungswissenschaft, 1/1987
Willke, H.: Die Ironie des Staates, Grundlinien einer Staatstheorie polyzentrischer Gesellschaft, Frankfurt a.M. 1992
Windhoff-Héritier, A.: Kommunale Sozialpolitik in der Finanzkrise: Abwehr- und Ausgleisstrategien, in: R.G. Heinze: Neue Subsidiarität: Leitidee für eine zukünftige Sozialpolitik?, Opladen 1986
Windhoff-Héritier, A.: Policy-Analyse, Eine Einführung, Frankfurt/New York 1987
Windhoff-Héritier, A.: Die Internationalisierung innerstaatlicher Politik: Ein Motor binnenstaatlicher Dezentralisierung?, Manuskript zum DVPW-Kongreß Hannover 1991, Bielefeld 1991
Windhoff-Héritier, A.: Der aktive Staat: Umweltpolitik in den USA, in: D. Grimm (Hrsg.): Staatsaufgaben, Baden-Baden 1994
Windisch, R.: Politische Verfügungsrechte, Umverteilung und konstitutionelle Budgetreform, in: Schriften des Vereins für Socialpolitik, N.F., Bd. 140/1983
Windolf, P.: Vom Korporatismus zur Deregulierung, in: Journal für Sozialforschung 29, S. 367-387
Winter, G.: Das Vollzugsdefizit im Wasserrecht, Berlin 1975
Wittmann, W.: Einführung in die Finanzwissenschaft, III. Teil, Öffentliche Schuld, öffentlicher Haushalt, Finanzausgleich, kommunale Finanzen, öffentliche Unternehmen, Sozialversicherung 1976
Wittmann, W.: Öffentliche Finanzen, Einführung in die Finanzwissenschaft, Opladen 1983
Wittmann, W.: Die Berücksichtigung von Steuern bei Investitionsentscheidungen der Unternehmen, in: WSI-Mitteilungen, Heft 12/1986
Wittmann, W.: Zum Postulat der Ausgabendrosselung im Bunde: Wirtschaft und Recht, Nr.2/1977
Wolf, C.: Markets or Governments, Cambridge 1987
Wolf, F.O.: Illusionärer Fordismus, in: Argument, Heft 2/1987
Wolf, R.: Der Stand der Technik, Geschichte, Strukturelemente und Funktionen der Verrechtlichung technischer Risiken am Beispiel des Immissionsschutzes, Opladen 1986
Wolf, R.: Normvertretende Absprachen und normvorbereitende Diskurse: Konfliktmanagement im „hoheitsreduzierten Staat" – Aufgabenfelder für Konfliktmittler?, in: W. Hoffmann-Riem/E. Schmidt-Aßmann (Hrsg.): Konfliktbewältigung durch Verhandlungen, Baden-Baden 1990
Wollenberg, J.: Aspekte einer arbeitsorientierten Weiterbildungsperspektive, in: P. Alheit (Hrsg.): Wie wir leben wollen, Hamburg 1986
Wollmann, H.: Politik und Verwaltungsinnovation in den Kommunen? – Eine Bilanz kommunaler Sozial- und Umweltschutzpolitik, in: Th. Ellwein u.a. (Hrsg.): Jahrbuch zur Staats- und Verwaltungswissenschaft, Bd. 4/1990
Wörl, V.: Abschied von Fetischen, in: Süddeutsche Zeitung v. 14./15.1.1989
W.S.I.-Studien zur Wirtschafts- und Sozialforschung des Wirtschafts- und Sozialwissenschaftlichen Instituts des Deutschen Gewerkschaftsbundes: Der solidarischen Gesundheitssicherung die Zukunft, Bd. 1, Köln 1987
Zacher, H.F.: Verrechtlichung im Bereich des Sozialrechts, in: S.F. Kuebler (Hrsg.): Verrechtlichung von Wirtschaft, Arbeit und sozialer Solidarität, Frankfurt 1985

Zehn-Punkte-Erklärung (zum ‚Solidarpakt'), in: Bulletin des Presse- und Informationsamts der Bundesregierung, Nr. 22/93, Bonn 1993
Zeuner, B.: Verbandsforschung und Pluralismustheorie, in: Leviathan, Heft 2/1976
Zimmermann, H.: Typen und Funktionsweise ökonomischer Anreizinstrumente in der Umweltpolitik, in: G. Schneider/R.-U. Sprenger (Hrsg.): Mehr Umweltschutz für weniger Geld, München 1984
Zimmermann, H./Henke, K.-D.: Finanzwissenschaft, Eine Einführung in die Lehre von der öffentlichen Finanzwirtschaft, München 1982
Zimmermann, K.: „Präventive" Umweltpolitik und technologische Anpassung, Berlin 1985
Zinn, K.-G.: Allgemeine Wirtschaftspolitik, Stuttgart 1970
Zinn, K.-G.: Die Konsumentwicklung im Zusammenhang mit Wachstumskrise und Beschäftigung – Theoretische Argumente und empirische Fakten, in: R. Künzel/D. Ipsen (Hrsg.): Die gegenwärtige Wachstumskrise: theoretische und empirische Beiträge zu ihrer Erklärung, Regensburg 1985
Zinn, K.-G.: Markt und Plan – Zwei Wege zur Gerechtigkeit, in: Marktwirtschaft – Ordnung der Freiheit? in: Forum Siegen Beiträge, Heft 3/1990
Zunker, A.: Finanzplanung und Bundeshaushalt, Zur Koordinierung und Kontrolle durch den Bundesfinanzminister, Frankfurt 1972
Zwintz, R.: Zur monetären Bewertung volkswirtschaftlicher Kosten durch die Grundwasserverschmutzung, in: Kosten der Umweltverschmutzung, Berichte 7/86 des Umweltbundesamtes, Berlin 1986

Anhang: Tabellen und Schaubilder

Tabelle 1: Einnahmen und Ausgaben des Staates[1]
Schätzung für das Jahr 1996 und Prognose für das Jahr 1997

Art der Einnahmen und Ausgaben[2]	1995[3]	1996 Mrd DM	1997
Einnahmen	1.628,5	1.647	1.704 ½
darunter:			
Steuern	838,6	827	846 ½
Sozialbeiträge	669,6	698 ½	734
Ausgaben	1.751,1	1.796,½	1827
davon:			
Staatsverbrauch	675,4	702 ½	716 ½
Einkommensübertragungen	807,5	830 ½	844
Zinsen	129,6	132	138
Vermögensübertragungen	51,9	50	49 ½
Investitionen	86,7	81 ½	79 ½
Finanzierungsdefizit	122,6	149 ½	122 ½
Staatsquote[4]	50,6	50,5	49,5
Abgabenquote‘[4]	43,6	42,9	42,8
Defizitquote[4]	3,5	4,2	3,3

1 Gebietskörperschaften und Sozialversicherung in der Abgrenzung der Volkswirtschaftlichen Gesamtrechnungen. Gebietskörperschaften: Bund,Länder und Gemeinden, EU-Anteile, ERP-Sondervermögen, Lastenausgleichsfonds, Fonds „Deutsche Einheit“, Vermögensentschädigungsfonds, Teile des Bundeseisenbahnvermögens, Erblastentilgungsfonds.

2 Abweichen der Summen durch Runden der Zahlen.

3 Einnahmen und Ausgaben bereinigt um die Vermögensübertragungen im Zusammenhang mit der Auflösung der Treuhandanstalt und der Schuldenübernahme von der ostdeutschen Wohnungswirtschaft.

4 Ausgaben/Steuern und Sozialbeiträge/Finanzierungsdefizit in Relation zum Bruttoinlandsprodukt in jeweiligen Preisen; Defizitquote im Jahr 1995 errechnet aus den unbereinigten Einnahmen und Ausgaben: 10,2 vH.

Quelle: Jahresgutachten 1995/96 des Sachverständigenrats zur Begutachtung der gesamtwirtschaftlichen Entwicklung, S.172

Tabelle 2: Staatsquote und Abgabenquote

	1970	1982	1989[1]	1994[2]
Staatsquote (Ausgaben)	39,1	50,1	45,8	50,1
Abgabenquote (Einnahmen)	36,6	42,8	42,4	43,6
darunter:				
Steuerquote	24,0	24,9	25,2	24,4
Sozialbeiträge[3]	12,6	17,9	17,2	19,2
Sozialversicherungsbeiträge	11,6	16,7	16,1	18,2
Saldo	- 2,5	- 7,3	- 3,4	- 6,5

1 Westdeutschland
2 Deutschland vorläufig
3 inklusive der fiktiven Beiträge für die Beamtenversorgung

Quelle: Peter Rosenberg, in: WSI-Mitteilungen, Heft 6/1995, S.360

Tabelle 3: Die Steuerlastverteilung: Entwicklung der Anteile wichtiger Steuern am Gesamtaufkommen in % (ab 1991 Gesamtdeutschland)

Jahr	direkte Steuern[1]	Lohn-steuer	veranlagte Eink.steuer	Körper-schafttsteuer	indirekte Steuern	Umsatz-steuer	verbr. bezog. Steuern	Real-steuern
980	49,2	30,6	10,1	5,8	50,8	25,6	15,1	9,3
1985	50,3	33,8	6,5	7,3	49,7	25,1	14,8	8,7
1990	48,1	32,3	6,6	5,5	51,9	26,8	15,3	8,6
1991	48,1	32,4	6,3	4,8	51,9	27,1	16,2	7,7
1992	48,4	33,8	5,7	4,3	51,6	27,0	16,3	7,6
1993	47,0	34,4	4,4	3,7	53,0	28,9	16,1	7,2
1994	45,1	33,9	3,2	2,5	54,9	30,0	16,7	7,2
1995	46,9	34,7	1,7	2,2	53,1	28,8	16,6	6,9
1996[2]	44,6	31,4	1,5	3,7	55,4	29,7	17,3	7,6

1 Lohnsteuer, veranlagte Einkommensteuer, Körperschaftsteuer, Zinsabschlag (ab 1993), nicht veranlagte Steuern vom Ertrag, Ergänzungsabgabe (1991/92 sowie ab 1995 Solidaritätszuschlag) sowie Vermögensteuer, Erbschaftsteuer.
2 Bereinigt um die Umstellung des Kindergeldes auf einen steuermindernden Faktor belief sich der Anteil der direkten Steuern 1996 auf 46%,darunter der der Lohnsteuer auf rund 33%

Quelle: Deutsche Bundesbank, Monatsbericht August 1997, S.89

Tabelle 4: Öffentliche Leistungen für die neuen Bundesländer Mrd DM

Leistungen	1991	1992	1993	1994	1995
Bund	75,7	95,9	117,8	120,4	156 ½
davon:					
an öffentliche Haushalte	18,4	20,1	23,3	26,4	33
an private Haushalte (eischl.Bundeszuschüsse an SV)	31,5	38,7	53,3	44,2	46 ½
Sonstiges[1]	24,7	29,4	37,0	41,6	48
Zins-und Tilgungszahlungen[2]	1,1	7,7	4,2	8,2	29 ½
Länder/Gemeinden West[3]	5,0	5,0	10,0	14,0	17
Fonds Deutsche Einheit"	35,0	33,9	35,2	34,6	9 ½
davon:					
Zuschüsse vom Bund[4]	4,0	9,9	14,2	19,5	2 ½
Zuschüsse von den Ländern West[4]	–	–	6,0	10,1	7
Kreditaufnahme	31,0	24,0	15,0	5,0	x
EU[5] Sozialversicherung insges.	30,2	50,8	56,4	49,8	51 ½
davon:					
GRV der Arbeiter u. Angestellten	5,6	12,3	16,9	22,2	28 ½
davon:					
Defizit Ost	–				
Zuschuß Bund	5,6	7,7	9,0	11,5	13
Bundesanstalt für Arbeit (BA)	24,6	38,5	39,5	27,6	23
davon:					
Defizit der BA	18,7	29,6	15,1	17,4	15 ½
Zuschuß Bund	5,9	8,9	24,4	10,2	7 ½
(I)Bruttoleistungen	134,4	164,1	170,8	173,5	2 ½
(II)Einnahmen aus d. neuen Ländern, insgesamt	28,7	33,1	34,9	42,6	50 ½
davon:					
dem Bund zustehende Steuern[6]	26,7	31,1	32,9	40,6	48 ½
Verwaltung	2,0	2,0	2,0	2,0	2,0
(I)-(II) Nettoleistungen	105,7	131,0	135,9	130,9	161,0
nachrichtlich:					
Nettoleistungsquote[7]	3,8	4,5	4,6	4,2	5,0

1 In wesentlichen Ausgaben des Bundes für die Eisenbahnendes Bundes und für Bundesausgaben.
2 Ab 1995 an den Erblastentilgungsfonds und den Fonds „Deutsche Einheit".
3 Verwaltungshilfen; Zins-und Tilgungszahlungen.
4 Ab 1995 Zins- und Tilgungszahlungen.
5 Von den EU-Leistungen werden nach Schätzungen des SVR 40% der Mittel öffentlichen Haushalten zugewiesen.
6 Bundesanteil des Aufkommens der Gemeinschaftsteuern in den neuen Ländern sowie 20% des Aufkommens der Bundessteuern.
7 Nettoleistungen (ohne EU) in Relation zum Bruttoinlandsprodukt des früheren Bundesgebiets.

Quelle: Jahresgutachten 1995/96 des Sachverständigenrats zur Begutachtung der gesamtwirtschaftlichen Entwicklung, S.151

Tabelle 5: Emissionen in Deutschland 1990 bis 1994 und Prognose bis 2005 (in kt)

Luftschadstoff	1990	1991	1992	1993	1994	2005	Veränderung gegenüber 1990
Kohlendioxid (CO_2)	1027	988	940	922	912	980	- 4,6
Stickstoffoxide (NO_2)	3071	2941	2913	2874	2872	2130	- 30,6
Schwefeldioxid (SO_2)	5331	4176	3440	3156	2997	740	- 86,1
Kohlenmonoxid (CO)	10280	9032	8640	8029	7428	4900	- 52,3
Ammoniak (NH_3)	759	670	649	634	622		
Distickstoffoxid (N_2O)	203	192	198	191	186	170	- 16,2
Staub	2059	1193	864	837	805	260	- 87,4
Flüchtige organ. Verbindungen (NMVOC)	3028	2858	2775	2560	2413	1750	- 42,2
Methan (CH_4)	5690	5272	5224	5229	5238	3250	- 42,9

Quellen der Prognoseergebnisse aus dem 3. Bericht der Interministeriellen Arbeitsgruppe „CO_2-Reduktion", BT-Drucksache 12/ 8557;die Werte für Schwefeldioxid und Staub sind UBA-Schätzungen.

Quelle:Umweltgutachten 1996 des Rates von Sachverständigen für Umweltfragen (SRU), S. 178

Tabelle 6: Wasserqualität der Elbe an der Meßstation Schnackenburg (Mittelwerte)

Kenngröße	1985	1989	1990	1992
Sauerstoff (mg/L)	5,5	6,3	7,9	11,4
Gesamt-Phosphor (mg/L)	0,7	0,7	0,66	0,41
Gesamt-Stickstoff (mg/L)	8,8	8,3	8,1	6,7
Ammonium-N (mg/L)	4,0	2,6	1,7	0,45
Nitrat-N (mg/L)	3,0	3,6	4,3	4,7
Quecksilber (µg/L)	1,6	0,78	0,46	0,27
Cadmium (µg/L)	0,85	0,45	0,45	0,38
Blei (µg/L)	6,8	7,0	6,0	5,0
Nickel (µg)	11,4	13,8	10,0	9,0
Zink (µg/L)	118,0	157,0	118,0	98,0
Kupfer (µg/L)	15,5	16,5	13,6	9,9
Chrom (µg/L)	8,9	14,1	11,9	8,3
Arsen (µg/L)	6,1	3,4	3,1	4,3

Quelle: Umweltgutachten 1996 des Rates von Sachverständigen für Umweltfragen (SRU),S. 137

Schaubild 1a:

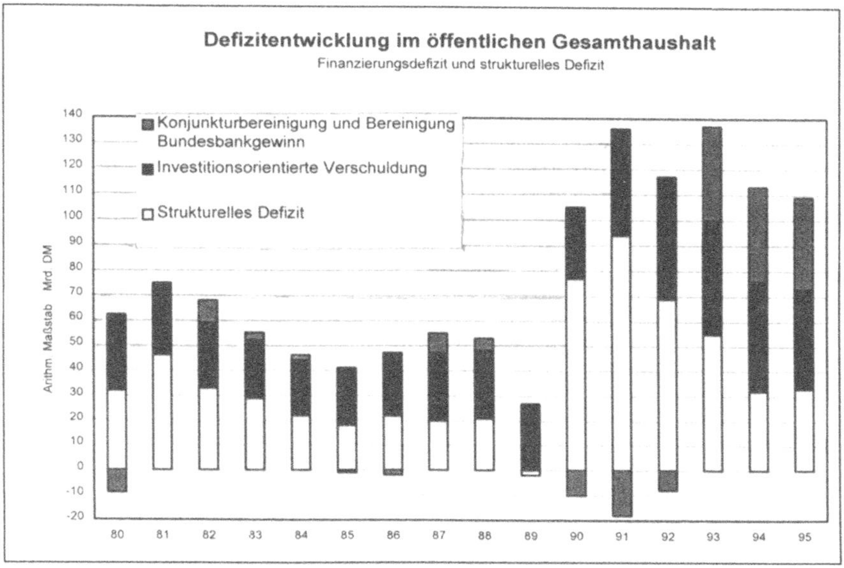

Quelle: Jahresgutachten 1995/1996 des Sachverständigenrates zur Begutachtung der gesamtwirtschaftlichen Entwicklung, S. 141.

Schaubild 1b:

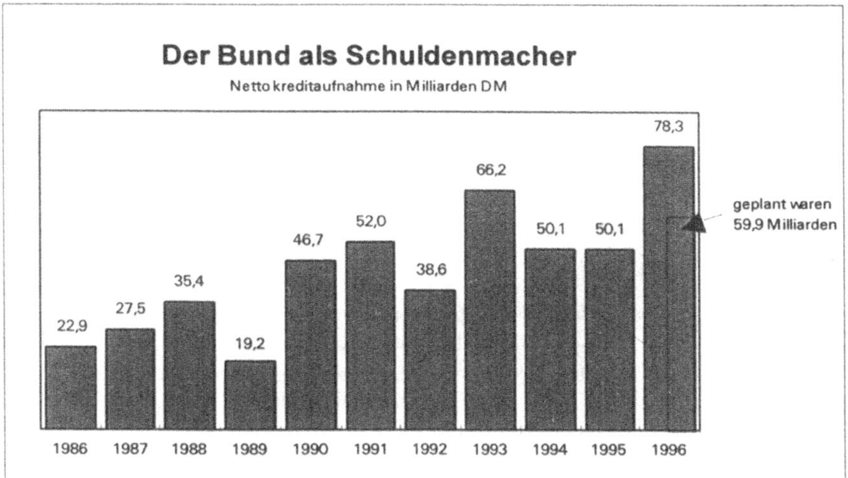

Quelle: SZ-Grafik

Schaubild 1c:

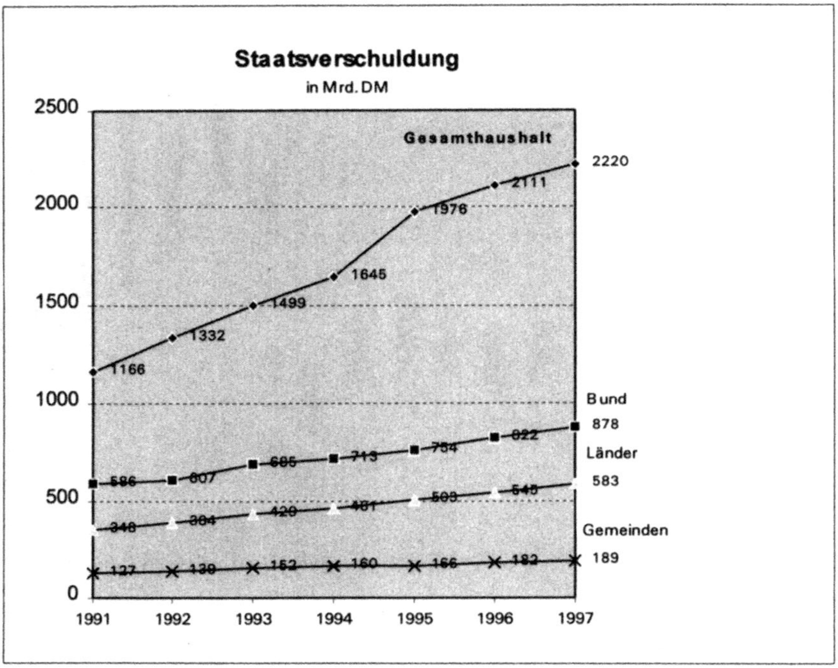

Quelle: Bundesfinanzministerium – Handelsblatt-Grafik

Schaubild 2: Zur Entwicklung der öffentlichen Investitionen

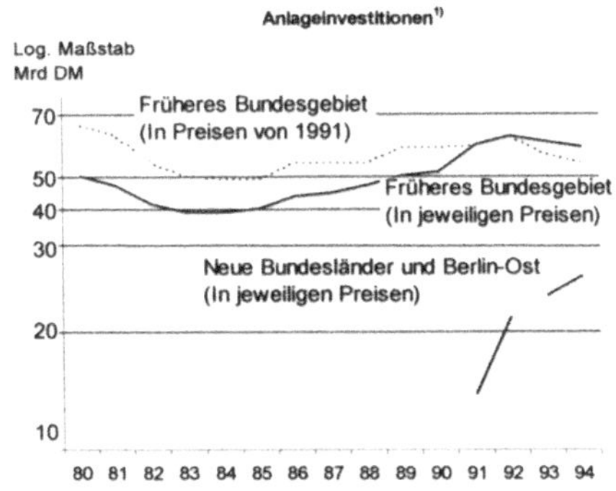

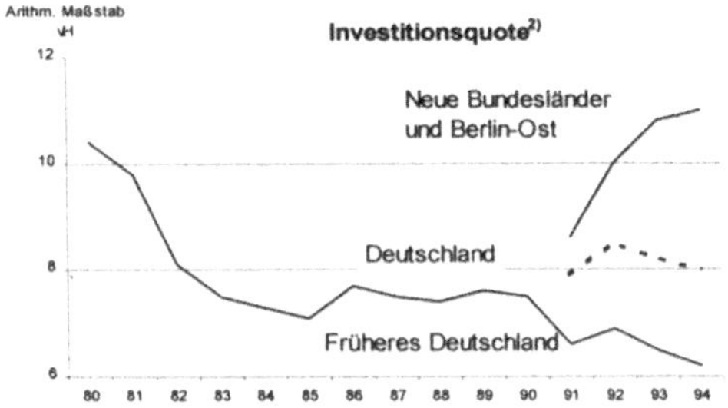

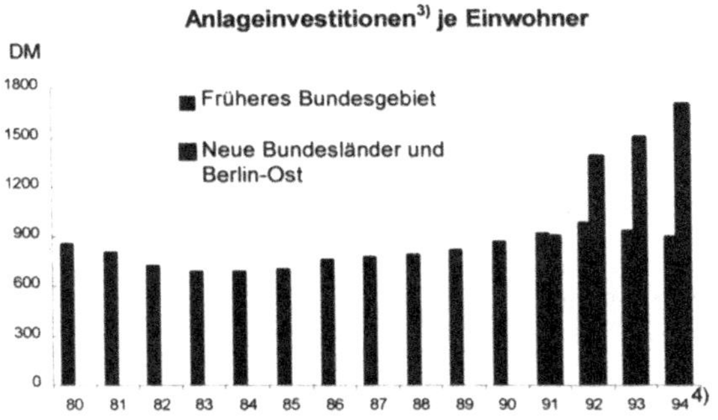

1)Anlageinvestitionen der Gebietskörperschaften in der Abgrenzung der Volkswirtschaftlichen Gesamtrechnungen

2)Anlageinvestitionen in Realisation zu den Gesamtausgaben der Gebietskörperschaften in jeweiligen Preisen.

3)In jeweiligen Preisen

Alle Grafiken nach eigenen Schätzungen

Quelle: Jahresgutachten 1994/95 des Sachverständigenrats zur Begutachtung der gesamtwirtschaftlichen Entwicklung, S. 134

Schaubild 3: Entwicklung der Luftbelastung im ländlichen Raum der Bundesrepublik Deutschland

Entwicklung der Luftbelastung in ländlichen Raum der Bundesrepublik Deutschland

(langjährige Jahresmittelwerte)

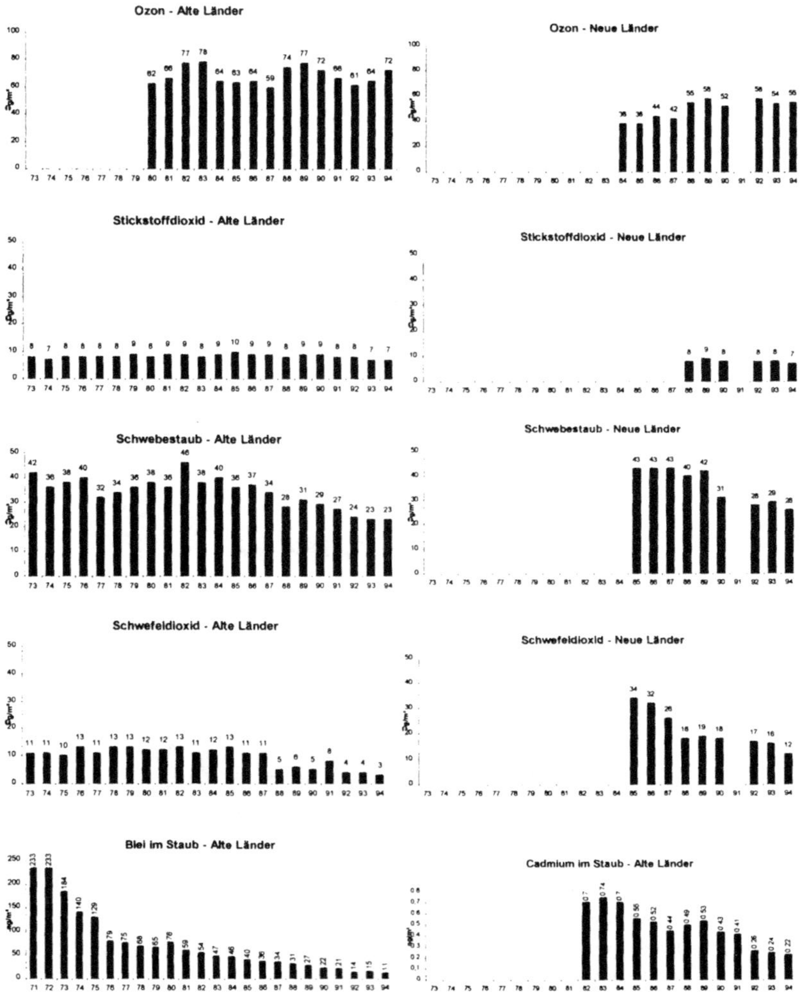

Alte Länder: Meßnetzmittel der UBA-Stationen Westerland, Waldhof, Deuselbach, Schauinsland, Brotjacklriegel

Neue Länder: Meßnetzmittel der Stationen Neuglobsow, Angermünde, Lindenberg, Schmücke; beim Ozon nur Mittel von Neuglobsow, Lindenberg, Schmücke; beim Stickstoffdioxid nur Mittel von Neuglobsow und Schmücke

Quelle: SRU-Umweltgutachten 1996, S. 177

GPSR Compliance

The European Union's (EU) General Product Safety Regulation (GPSR) is a set of rules that requires consumer products to be safe and our obligations to ensure this.

If you have any concerns about our products, you can contact us on ProductSafety@springernature.com

In case Publisher is established outside the EU, the EU authorized representative is:

Springer Nature Customer Service Center GmbH
Europaplatz 3
69115 Heidelberg, Germany

Batch number: 10809466

Printed by Printforce, the Netherlands